शाने तारीख़

इतिहास-गौरव शेरशाह सूरी
(उपन्यास)

सुधाकर अदीब

जन्म : 17 दिसम्बर, 1955, फैजाबाद (उ.प्र.)

शिक्षा : हिन्दी साहित्य में एम.ए. करने के उपरान्त *'हिन्दी उपन्यासों में प्रशासन'* विषय पर एक महत्त्वपूर्ण एवं चर्चित शोधप्रबन्ध रचकर पी-एच.डी. की उपाधि अर्जित की।

गतिविधियाँ : हिन्दी साहित्य के साथ इतिहास का भी अध्ययन। उत्तर प्रदेश सिविल सेवा के विभिन्न प्रशासनिक पदों पर कार्य कर चुके डॉ. सुधाकर अदीब वर्तमान में निदेशक, उत्तर प्रदेश हिन्दी संस्थान के पद पर कार्यरत हैं।

प्रकाशित साहित्य : उक्त शोध-प्रबन्ध के अतिरिक्त उनके चार काव्य-संग्रह : *अनुभूति, संवेदना, जानी जग की पीर, हथेली पर जान*, तीन कहानी-संग्रह : *मृगतृष्णा, देहयात्रा, उजाले अँधेरे* तथा चार उपन्यास : *अथ मूषक उवाच, चींटे के पर, हमारा क्षितिज, मम अरण्य* प्रकाशित हो चुके हैं। 'शाने तारीख़' उनका पाँचवाँ उपन्यास है।

सम्मान : अनेक पुरस्कारों एवं सम्मानों से समादृत।

आवरण : देव प्रकाश चौधरी

सुधाकर अदीब

शाने तारीख़

इतिहास-गौरव शेरशाह सूरी

लोकभारती पेपरबैक्स

पहला पेपरबैक संस्करण : 2013

लोकभारती पेपरबैक्स : उत्कृष्ट साहित्य के लोकप्रिय संस्करण

लोकभारती प्रकाशन
पहली मंजिल, दरबारी बिल्डिंग, महात्मा गाँधी मार्ग
इलाहाबाद-211 001

वेबसाइट : www.lokbhartiprakashan.com
ईमेल : info@lokbhartiprakashan.com

शाखाएँ : 1-बी, नेताजी सुभाष मार्ग, दरियागंज नई दिल्ली-110 002
अशोक राजपथ, साइंस कॉलेज के सामने पटना-800 006 (बिहार)

आवरण चित्र : देवप्रकाश चौधरी

इण्डियन प्रेस प्रा.लिमिटेड
इलाहाबाद-211002
द्वारा मुद्रित

मूल्य : ₹ 300.00

SHAANE TAREEKH
by Sudhakar Adeeb

ISBN : 978-81-8031-800-9

एक पुरानी विरासत
नयी पीढ़ियों
के हवाले

एक दिन मेरे एक दिवा-स्वप्न के दौरान एक भूली-बिसरी मगर ज़ोरदार तारीख़ी शख़्सियत ने मेरे मन के भीतरी दरवाज़े पर दस्तक दी। मैंने पूछा—''आप कौन?''

वह अज़नबी बोला—''वही...जिसने कभी 'शाहराह-ए-आज़म' की तामीर करवायी थी...जानते तो होगे ही तुम उस शाही सड़क को?''

''यह किस सड़क की बात कर रहे हैं आप?''—मैंने प्रतिप्रश्न किया।

उसने कहा—''वही जिसे तुम लोग आज की ज़ुबान में 'ग्रैण्ड ट्रंक रोड' कहते हो।''

मुझे याद आया यह तो उत्तर भारत की उस महान् सड़क की बात कर रहे हैं जो शेरशाही सूरी ने अपने शासनकाल में बंगाल के सोनारगाँव से सिन्धु नदी तक 1500 मील लम्बी और पक्की बनवायी थी। इस राहे अज़ीम पर हर कोस पर एक सराय, एक कुआँ और एक मस्जिद की तामीर भी उस बादशाह ने करवायी थी। ऐसी हर सराय में दो दरवाज़े होते थे। एक दरवाज़े पर पका हुआ खाना अथवा गल्ला और सामान मुसलमानों को और दूसरे दरवाज़े पर इसी तरह हिन्दुओं को बाँटा जाता था ताकि राह चलते मुसाफ़िरों को कोई तकलीफ़ न हो। हर सराय में डाक-चौकी के दो घोड़े हर समय मौजूद रहते थे। इस अच्छे इन्तज़ाम की वजह से सिन्ध से लेकर बंगाल तक की ख़बरें रोज़ाना बादशाह शेरशाह को मिलती रहती थीं। ....आजकल की खेल-कूद की भाषा में कहें तो यह एक तरह की 'रिले रेस' की तरह थी, जिसमें ख़बरों के ख़रीते प्रत्येक डाक-चौकी के घुड़सवार एक तरफ़ से भागकर लानेवाले घुड़सवारों से लेकर तुरन्त भागकर आगे की डाक-चौकी तक पहुँचाते थे और इस तरह क्रमशः ख़बरें निर्बाध रूप से बादशाह तक पहुँच जाया करती थीं। ...'शाहराहे-आज़म' के दोनों ओर खिरनी, जामुन और दूसरे मेवों के वृक्ष लगाये गये थे ताकि प्रजा उनके साये में आराम से सफ़र कर सके।...

''तो क्या आप शेरशाह सूरी महान् हैं?''—मेरे मुँह से निकला।

''हाँ बरखुरदार! मैं शेरशाह हूँ। मगर सिर्फ़ शेरशाह। यह महान् का तमग़ा मेरे साथ न लगाओ तो बेहतर। हम बड़े मामूली लोग थे। मेरे दादा-परदादा किसी ज़माने में अफ़ग़ानिस्तान की दिलकश पहाड़ियों से घिरे रोह नाम के एक क़स्बे में

रहते थे।...दादाजान इब्राहीम ख़ाँ और अब्बाजान हसन ख़ाँ नौकरी की तलाश में हिन्दुस्तान आ गये। उन दिनों दिल्ली की गद्दी पर सुल्तान बहलोल लोदी की हुकूमत थी। वह अफ़ग़ान बादशाह अफ़ग़ानों से बड़ी हमदर्दी रखता था।...दादा और अब्बा के हिन्द में आने के कुछ बरस बाद मैं तो यहीं पंजाब की ख़ूबसूरत वादियों में ही पैदा हुआ। इसलिए अफ़ग़ानिस्तान मेरे ख़ून में था तो हिन्दुस्तान मेरी साँसों में...मैं तो इस मुल्क की मिट्टी में खिला वह धूल का फूल था जो बचपन में फ़रीद, जवानी में शेर ख़ाँ और बुढ़ापे में शेरशाह के नामों से जाना गया। और देखो तो कैसी अजीबोग़रीब उतार-चढ़ाववाली ज़िन्दगी थी मेरी।...मेरे हिस्से में बेरुख़ी, ज़िल्लत, मशक्कत, ख़ाको-ख़ून के बाद हुकूमत, बादशाहत और आतिश आयी। मैंने करना तो बहुत-कुछ चाहा मगर कुछ ख़ास कर न सका।..."

कहकर शेरशाह उदास हो गया। तब मैंने उसे तसल्ली देते हुए कहा—"अरे नहीं। यही तो बड़े लोगों की ख़ासियत होती है कि वह जितना कुछ करते हैं उन्हें वह सब कम लगता है। आपने तो अपने वक़्त में बहुत-कुछ किया। जितना कुछ आपके बारे में पढ़ा है कम-से-कम उससे तो यही ज़ाहिर होता है।"

शेरशाह ने कहा—"अगर सच में देखो तो महज़ पन्द्रह बरस मैंने अफ़सरी और हुकूमत करते बिताये। और बादशाहत? वह तो सिर्फ़ पाँच साल के लिए मुझे नसीब हुई। मेरा यह सारा बीस बरस का अर्सा तमाम फ़ौजी मुहिमों और जंग के मोर्चों पर ही ज़्यादातर बीता। रियाया की भलाई का जहाँ तक सवाल है तो जो कुछ भी उसी दौरान मुझसे बन पड़ा वह मैंने ज़रूर किया।...कितना कर सका? नहीं जानता...मेरे फ़र्माबर्दार बेटे और मेरे लायक ओहदेदार बेशक तामीरी कामों में मेरी काफ़ी मदद किया करते थे और मेरा हुक्म पूरी शिद्दत से बजा लाते थे। इस मामले में मैं काफ़ी ख़ुशनसीब था।"

"आप इतना सारा कुछ...मेरा मतलब है ध्वंस और निर्माण एक साथ कैसे कर पाये?"

"जहाँ चाह वहाँ राह।...मेरा यक़ीन मानो...मैं वाक़ई ऐसा कर सका। यूँ समझ लो कि उस छोटे-से अर्से में लड़ाइयों और उनके सफ़र से जो वक़्त बचता उसमें मैं रियाया की बेहतरी और उसकी आसायिशों के लिए जो कुछ भी इन्तज़ामात हो सकें उनके लिए अपनी ओर से हर मुमकिन कोशिश करता था। 'शाहराह-ए-आज़म' तो ख़ैर मशहूर सड़क है। मैंने और भी कई सड़कों की तामीर करवायी। रास्तों को हमवार करके उन पर छायादार पेड़ लगवाना, कुओं-सरायों वगैरह की तामीर, उन्हें घुड़सवार डाक-चौकियों की तरह भी इस्तेमाल में लाना, मुसाफ़िरों की हिफ़ाज़त और उनके खान-पान के इन्तज़ामात और तमाम दूसरे काम जैसे कि ज़मीनी बन्दोबस्त को दुरुस्त करना वगैरह...ऐसे कई ज़रूरी काम मैंने अपने हाथों में लिये।"

"वाक़ई आपकी बनायी 'ग्रैण्ड ट्रंक रोड' तो सचमुच आपकी एक बड़ी शानदार देन है।"

"अरे वह तो सदियों से चली आ रही एक क़दीमी सड़क थी। मैंने अपने वक़्त में उसे बर्बाद हालत में पाया। मैंने देखा कि अवाम के लिए हर सूरत से वह सड़क बेहद फ़ायदेमन्द थी। फ़ौजों की आवाजाही के लिए भी ज़रूरी थी और तिजारत के लिहाज़ से भी। सो मैंने एक बार फिर से उसे अपने वक़्त में पक्का और चौड़ा करवाया। सड़क का जो काम अधूरा रह गया उसे मेरे बेटे जलाल ख़ाँ उर्फ़ इस्लामशाह ने पूरा किया होगा। दूसरे बादशाहों ने भी जो उस शाहराह-ए-आज़म पर कभी चले होंगे ज़रूर उसकी सुधबुध ली होगी।...और हाँ इस इक्कीसवीं सदी में तुम लोग भी तो उसकी देखभाल करते हो। भई मैं तो पन्द्रहवीं-सोलहवीं सदी का आदमी था। उस वक़्त मेरा जो फ़र्ज़ था मैंने वह किया।"

"मगर शेरशाह!..." इससे पहले कि मैं उससे आगे कुछ कहता उसने हाथ के इशारे से मुझे रोक दिया। वह प्रभावशाली व्यक्तित्व अब अपने पूरे शाही अन्दाज़ में आ चुका था। अपनी ही रौ में बहकर वह कह रहा था—"हिन्दुस्तान के लोगों का सफ़र उस शाही सड़क ने आसान कर दिया। उसके पीछे एक बहुत दूर का ख़्वाब मेरी आँखों में था। मगर उन दिनों जब कभी मैं आईने में अपनी सूरत देखता तो मुझे अपनी दाढ़ी और सिर के बाल पके हुए नज़र आते। इससे मुझे बड़ी कोफ़्त होती। मेरे दिल से आह निकलती कि—या अल्लाह! तूने यह इज़्ज़त, यह क़ुव्वत, यह बादशाहत जो मुझे बख़्शी है वह भी उम्र की इस ढलान पर जबकि मेरी ज़िन्दगी की शाम घिर चुकी है...अब यह दौलत भला मेरे किस काम की? इसे अवाम पर ख़र्च करना चाहूँ भी तो कब तक और कैसे?...पाँच बरस सिर्फ़ पाँच बरस ही मिल पाये थे मुझको।"

"जी। कालिंजर का वह हादसा पढ़ा है मैंने..." मैंने कहा।

'हाँ। वही तो।...और तुम मुझे महान् कहते हो। महानता क्या होती है?...वह तो मैंने सुना है कि यह शै मेरे बाद उस मुग़ल बादशाह हुमायूँ के होनहार बेटे जलालुद्दीन मुहम्मद अकबर के हिस्से में आयी।...वह मुग़ल जिसने मेरे बहुत-से छोड़े हुए कामों को आगे बढ़ाया और मेरे ही कई उसूलों को अपनाकर सही मायनों में वह हिन्दुस्तान का एक कामयाब शहंशाह बना। मेरी ही रखी बुनियाद पर आगे चलकर जिसकी शख़्सियत का महान् महल खड़ा हुआ। महान् भला मैं कहाँ? महान् तो वह कहलाया...अकबर!...अकबर-ए-आज़म!!...मेरा क्या? मैं तो महज़ एक अफ़साना हूँ। गर्दिशों में पला-बढ़ा...और बारूद से मिटा। क्या तुम मेरी भूली-बिसरी दास्तान लिखना चाहोगे?"

मैं ज़ेहन में उभरते-मिटते उस शेरशाह सूरी की धुँधली मुखमुद्राओं को अवाक् देख रहा था।

"क्यों मेरे अज़ीज़!...क्या ख़्याल है?" शेरशाह की पहले से कड़क आवाज़ मेरे कानों में गूँजी।

"जी हाँ!...क्यों नहीं!...बेशक!" हड़बड़ी में मेरे मुँह से निकला।

यह सुनकर एक ठहाका लगाया शेरशाह ने। एक पल को मुझे महसूस हुआ कि सिर से पाँव तक फ़ौजी लिबास और जिरह-बख़्तर से लैस बादशाह शेरशाह वास्तव में उन्मुक्त रूप से हँसा और हँसकर जैसे उसने मुझसे कहा—"अब से मैं रोज़ तुम्हारे सपनों में आया करूँगा। जब स्याह अँधेरा इस सरज़मीन को घेरे होगा। उस सन्नाटे में। रात के बीतते हुए घण्टों में। सुबह होने से क़ब्ल।"

इसी के साथ मेरा वह दिवा-स्वप्न टूट गया और इस ऐतिहासिक उपन्यास की नींव पड़ गयी। शेरशाह सूरी। एक ऐसा बादशाह जो वास्तव में 'शान-ए-तारीख़' है।

यह इतिहास प्रसिद्ध है कि शेरशाह के कारण मुग़ल बादशाह हुमायूँ को हिन्दुस्तान छोड़ना पड़ा। उसे आगरा की गद्दी से हाथ धोना पड़ा। मुल्क से निर्वासित होकर लाहौर, मुल्तान, काबुल, कन्धार और ईरान तक की ख़ाक छाननी पड़ी। अपने हलकान कुनबे और पस्त लश्कर के साथ बरसों दर-दर की ठोकरें खानी पड़ीं। उसी निर्वासित हुमायूँ के अनपढ़ मगर सुयोग्य बेटे अकबर ने, आगे चलकर जब वह हिन्दुस्तान का शहंशाह बना, अपने पिता के दुश्मन उस अफ़ग़ान बादशाह शेरशाह सूरी के गुणों से प्रभावित होकर अपने इतिहास लेखक अब्बास ख़ाँ सरवानी को हुक्म दिया कि वह 'तारीख़-ए-शेरशाही' लिखे।

यद्यपि अब्बास ख़ाँ सरवानी ने शेरशाह के उत्थान और अन्त तथा उसके शासनकाल का लेखा-जोखा अपनी उस किताब में काफ़ी ठण्डे अन्दाज़ में दर्ज तो किया, तथापि अकबर-ए-आज़म के लिहाज़ में वह उसे शेरशाह की तारीख़ का ख़िताब न दे सका। उसने अपनी इस इतिहास पुस्तक को नाम दिया—'तोहफ़त-ए-अकबरशाही'। अर्थात् अकबर का तोहफ़ा।

इस किताब के लिखे जाने के कुछ वर्ष बाद अहमद यादगार नामक एक अन्य इतिहासकार ने 'तारीख़-ए-सलातीन अफ़ग़ाना' लिखी। उसी अहमद यादगार ने तब 'तोहफ़त-ए-अकबरशाही' को 'तारीख़-ए-शेरशाही' कहा और तभी से यह उसी नाम से शेरशाह पर एक प्रमुख इतिहास-पुस्तक के रूप में प्रसिद्ध है। मैंने 'तारीख़-ए-शेरशाही' को अपने इस उपन्यास का मुख्य आधार बनाया है। इसके अतिरिक्त अन्य अनेक इतिहासकारों के ग्रन्थों का भी मैंने अध्ययन किया है।

प्रोफ़ेसर कालिका रंजन कानूनगो आधुनिक इतिहासकारों में ऐसे अग्रणी इतिहास-लेखक हैं जिन्होंने शेरशाह सूरी पर अत्यन्त शोधपरक एवं महत्त्वपूर्ण कार्य किया है, किन्तु वह शेरशाह की जन्मतिथि के बारे में अपनी नवीन अवधारणा प्रस्तुत करके उसके जीवन के घटनाक्रम में काफ़ी घालमेल कर गये हैं। के. आर. कानूनगो

ने अधिकांश इतिहास-लेखकों की मान्यता के विपरीत उसका जन्म सन् 1472 ई. में होना न मानकर उसे 1486 ई. में जन्मा बताया है। डॉ. परमात्मा शरण ने अपने प्रकाशित निबन्ध (जर्नल ऑफ बिहार एण्ड उड़ीसा रिसर्च सोसाइटी–मार्च 1934, भाग 20) से सिद्ध कर दिया है कि शेरशाह 1472 ई. में पैदा हुआ था और प्रोफ़ेसर कानूनगो द्वारा प्रतिपादित विवादग्रस्त जन्मतिथि से असल में 14 वर्ष पूर्व का उसका जन्म है। अतएव शेरशाह सूरी अपने राज्याभिषेक के समय 54 वर्ष का नहीं अपितु 68 वर्ष का था।

इतिहास-लेखन से अधिक महत्त्वपूर्ण होती है इतिहास-दृष्टि। मध्यकालीन भारतीय इतिहास-लेखकों के साथ दिक़्क़त यह है कि वह हिन्दू-मुस्लिम सभ्यताओं और संस्कृतियों की टकराहट और कालान्तर में उनमें हुए परस्पर विनिमय के द्वन्द्व में घिरकर विभिन्न प्रकार के मत-मतान्तर और वैचारिक पूर्वाग्रह रखते हैं। उसी आधार पर उनका इतिहास-लेखन भी हुआ है।

डॉ. ईश्वरी प्रसाद और डॉ. आशीर्वादी लाल श्रीवास्तव-जैसे प्रमुख इतिहासकार मुस्लिम शासकों की धार्मिक कट्टरता और उनकी हिन्दू-विरोधी विध्वंसकारी नीतियों को विशेष रूप से रेखांकित करते हुए वर्णन करते हैं। वहीं दूसरी ओर डॉ. रोमिला थापर और डॉ. इरफ़ान हबीब-जैसे इतिहासकार सल्तनतकाल और मुग़लकाल के शासकों की वकालत और काफ़ी हद तक उनके सकारात्मक पक्षों पर अधिक ध्यान केन्द्रित करते हैं।

इन सबके मध्य मुझे अब्बास ख़ाँ सरवानी, फ़रिश्ता और डॉ. सतीश चन्द्र-जैसे इतिहासकार ही ऐसे सन्तुलित लेखक लगे जिनके इतिहास-लेखन में पर्याप्त तटस्थता और निष्पक्षता है और जो इन दो विपरीत ध्रुवीय इतिहास-लेखन परम्पराओं से हटकर मध्यम मार्ग को अपनाते हैं। उनके लेखन में भावनाओं के ऊपर तर्क और घटनाओं तथा तत्कालीन परिस्थितियों को सन्तुलन के साथ देखने की दृष्टि मुझे अच्छी लगी। यह व्यावहारिक भी है और उचित भी। क्योंकि हमेशा जबरन धर्मान्तरण, पूरे साम्राज्य में विधर्मियों के उपासना-स्थलों का बेवजह ध्वंस और जनता के ऊपर तलवार का भय रखकर हुकूमत नहीं की जा सकती है। कुछ सनकी और संकीर्ण मनोवृत्ति के सुल्तानों ने यदि ऐसा अतिरेक अपने शासनकाल में बरता भी हो तो पूरे मध्ययुगीन शासकों को इसका दोष देना मुनासिब न होगा।

हाँ, यह बात सही है कि यह वह युग था जब राजतन्त्र के अन्तर्गत सुल्तानों और बादशाहों द्वारा साम्राज्य-विस्तार की नीति बहुधा अपनायी जाती थी और राज्य के विभिन्न कोनों में होनेवाले विद्रोहों को दबाने में ही तख़्त-ओ-ताज की ख़ैरियत समझी जाती थी। सत्ताधारियों को निरन्तर भाँति-भाँति के षड्यन्त्रों एवं तनावपूर्ण मनःस्थितियों से गुज़रना पड़ता था, जिनके कारण वह कभी भी निश्चिन्त होकर नहीं रह सकते थे। शक-ओ-शुबह की गुंजाइश सुल्तानों और बादशाहों की बेचैनी का

सबब बनकर उन्हें जासूसों, मुखबिरों, अय्यारों और कुट्टनियों की जमात को अपनी तीसरी आँख बनाकर अपने मस्तक पर धारण करने के लिए मजबूर करती थी।

जब विद्रोह दबाये जाते थे, क़िले फ़तह किये जाते थे और फ़ौजें मार्च करती थीं तो रास्ते में पड़नेवाले दुश्मनों और उनके घर एवं उपासना-स्थल उन्मादी फ़ौजियों की नृशंसता के शिकार अवश्य बनते रहे होंगे। जब 'मारो या मरो' का अभियान चल रहा हो तो इस तरह के उन्माद और कुकृत्य आम हो जाते हैं। मनुष्य की बुद्धि सिर से उतरकर उसके टख़नों में चली जाती है। उसका विवेक हथेली पर रखे हुए कपूर की तरह उड़ जाता है। लेकिन अच्छे शासक जिन्हें लम्बे समय तक राज करना होता था या जो इस दिशा में गम्भीरता से सोचते थे वह यह भी जानते थे कि जनता के साथ अकारण छेड़छाड़ उनके राजपाट को और उनके राजवंश को अचल नहीं होने देगी। प्रजा की भलाई और विकास के कार्य ही राज्य की स्थिरता की वास्तविक कुंजी हैं। दूरद्रष्टा शेरशाह सूरी को भी इसी दृष्टिकोण से देखा जाना चाहिए।

शेरशाह एक ऐसा न्यायप्रिय व्यक्ति एवं असाधारण प्रशासक था जिसने अपने संघर्ष के प्रारम्भिक दिनों में अन्याय को कभी भी सहन नहीं किया। आगे चलकर जब भाग्य ने उसका साथ दिया और वह शक्तिशाली बना तो वह कभी भी इतना ऊँचा नहीं उठा कि किसी निरीह पर अत्याचार करे। यही नहीं, वह हमेशा यह सुनिश्चित करता था कि उसके राज्य में बड़े-से-बड़ा व्यक्ति भी छोटे-से-छोटे व्यक्ति के साथ कोई अन्याय नहीं करे और उसका उत्पीड़न नहीं करे। शेरशाह सूरी एक ऐसा शासक था जिसने भारतीय इतिहास के उस मध्ययुग में भी, एक इकलौते रायसीन के विवादित उदाहरण को छोड़कर, धर्म अथवा मज़हब के नाम पर कभी कोई अन्याय नहीं किया। आम प्रजाजन के साथ तो बिलकुल नहीं। वास्तव में वह सामाजिक ऊँच-नीच-भेदभाव और मानवीय क्षुद्रताओं से परे एक अत्यन्त समझदार इन्सान था। यह उपन्यास अपने समय के उस आदर्श महानायक की एक दिलचस्प दास्तान है। इसे मैं अत्यन्त विनम्रता के साथ पाठकों की खुली अदालत में पेश कर रहा हूँ।

—सुधाकर अदीब

सिलसिला

शाने तारीख़

1

एक घायल मन फ़रीद

"आख़िर क्या ज़रूरत थी उसे आम लोगों के बारे में सोचने की?...उनके लिए दिन-रात एक करने की?...कितनी मशक्कत और जान लड़ाकर तो हासिल किया था उसने हिन्द का तख़्तोताज...न जाने कितना ख़ून बहाया था उसने अपना और अपने साथियों का। उसकी अफ़ग़ान फ़ौज का एक-एक सिपाही चाहे वह मुसलमान हो या हिन्दू, अफ़ग़ान हो या तुर्क उसका दीवाना था...उसका शैदाई था...उसके हुक्म का गुलाम था...उसका हर एक सिपहसालार उसके लिए जान निसार कर देने को हमेशा तैयार रहता था।"

—कहते-कहते बाबा की बूढ़ी आँखों का रंग बदल गया। उनके शागिर्द जान गये कि अब बाबा का तजुर्बा उन्हें कुछ अलग और दिलचस्प क़िस्म की दुनिया दिखायेगा। बाबा कहते गये—"लड़कर जीते गये इलाक़े लूटने और उन्हें जलाकर ग़ारत करने के बाद वहाँ जश्न मनाने के लिए जल्से हुआ करते हैं। शराबनोशी और वहशी-रक़्स वगैरह आम बात होती है फ़ौजियों के बीच। ...वह ज़ालिम सोचते हैं कि जंग में लड़ने-कटने-मरनेवाले लोग फ़तेहयावी के बाद इतना भी न करें तो फिर ख़ामख़्वा अपनी जान क्यों न्योछावर करें? अरे वाह भई...आला हुक्मरान तो हमारे दम पर गद्‌दी हासिल करें। इलाक़ों पर इलाक़े फ़तेह करें तो क्या हम दुश्मनों के ख़ून चटाते और अपना ख़ून बहानेवाले जानशीं अपनी ख़ून आलूदा तलवारों और नेज़ों को क़त्ल किये गये लोगों के कपड़ों से पोंछते-चमकाते उनके घरों को लूटते-खँगालते, सोना-चाँदी-अशर्फ़ियों से जेबें भरते, बेगानी औरतों के साथ ज़िना करते, भला अपनी जीत का मज़ा भी न लें?...यही तो चलन है इन लोगों के बीच।

"मगर शेरशाह?...वह तो भई अजीब मिट्टी का बना था। न जाने उस जियाले आदमी में रहम नाम की चिड़िया कहाँ से जाकर बैठ गयी थी...मेरे बच्चो! अल्लाह जानता है। अगर किसी शेर के दिल में कोई चिड़िया घोंसला बना ले तो फिर अल्लाह

ही उसका मालिक होता है। अल्लाह ही क़दम-क़दम पर उसका निगहबान। सारी तदबीरें फिर अल्लाह ही उसे सुझाता है और तक़दीर? वह तो ख़ैर अल्लाह के हाथों में होती ही है।''

अस्सी बरस के हज़रत रहमत अली अपने शागिर्दों से फ़र्मा रहे थे। पत्थरों को जोड़-जोड़कर बनायी गयी उस अज़ीमुश्शान सड़क पर दोनों ओर छायादार पेड़ लगे थे। कुछ पेड़ पुराने, घने और छायादार थे और कुछ पेड़ अभी जवान और पनपते हुए भी थे। सड़क से हटकर उत्तर की ओर कुछ दूरी पर एक दरगाह थी। दरगाह से सटा एक कुआँ था। कुएँ की जगत पक्की थी। वहाँ आम के कुछ पेड़ों की छाया थी। कुएँ की चौड़ी जगत पर हज़रत रहमत अली बैठे हाथों में तस्बीह फेरते, निगाहें अधमुँदी-सी किये अतीत के पन्नों को ज़ेहन में खँगालते बैठे अफ़ग़ान बादशाह शेरशाह सूरी की बातें कर रहे थे। जबकि हिन्दुस्तान में अब शेरशाह सूरी के दुश्मन हुमायूँ के सुयोग्य बेटे मुग़ल बादशाह अकबर का राज था।

अजीब थे वह दरगाह के सज्जादानशीन बाबा भी। जिन दिनों लोग अकबर के सुशासन की वाह-वाह किया करते थे उन दिनों क़ब्र में पाँव लटकाये यह बूढ़े बाबा उस जन्नतनशीं शेरशाह की शान में क़सीदे पढ़ने लगते। उनके शागिर्द उनसे बड़े हिले-मिले थे। वह उनसे डरते कम थे, प्यार ज़्यादा करते थे। बाबा थे भी बड़े नेकदिल और हरदिल अज़ीज़। इसलिए जब शेरशाह की बात छिड़ती तो वह उनसे कुछ भी पूछने-कहने में गुरेज़ न करते।

''तो बाबा! आपको यह सब कैसे पता? आप तो उस समय बच्चे थे।'' इश्तियाक़ बाबा से पूछता। सभी साथियों में वही बाबा का सबसे मुँह लगा था। बाबा के नहाने-धोने और खाने-पीने-आराम सभी का ख़ास ख़्याल रखने का ज़िम्मा उसी का था। बाबा भी इश्तियाक़ को अपने बेटे की तरह मानते थे।

''कहा था न मैंने...'' बाबा कहते—''मैं तो यहाँ इस पड़ोस के गाँव में अपने नाना के घर रहता था। माँ कम उम्र में ही नाना के हाथों मुझे सुपुर्द कर चल बसी थीं। मेरे अब्बा हुज़ूर जवानी में ही हुमायूँ की फ़ौज में सिपाहीगिरी में लड़ते हुए मारे गये थे। मगर मेरे एक मामू मुस्तकीम ख़ाँ शेरशाह सूरी की फ़ौज में डेरा बरदार थे। वह उनकी फ़ौज में डेरा लेकर और खाने-पीने का सामान लेकर चलते थे। यहीं हमारे कलाहारी गाँव के वह भी थे। मेरे नाना के भतीजे थे। अपना तम्बू-कनात-दाना-पानी का काम करते थे। एक बार शेरशाह की फ़ौजों ने यहाँ कुछ दिनों के वास्ते इसी कलाहारी गाँव के बड़े मैदान में डेरा डाला। मामूजान मुस्तकीम ख़ाँ ने उन दिनों उन सबकी बड़ी ख़िदमत की। शेरशाह ने खुश होकर तब मुस्तकीम ख़ाँ को अपनी मुलाज़िमत में रख लिया। तब से उनके आदमी डेरा-डण्डा-साज़ोसामान लेकर शेरशाह सूरी की फ़ौजों के पीछे-पीछे चलने लगे।...अल्लाह का करम...शेरशाह-जैसे फ़राकदिल से उनका जो वास्ता पड़ा था...तब से वह उन्हीं के होकर रह गये। मामूजान

कभी-कभी छुट्टियों में साल में एक-दो बार हमारे इस गाँव में आते तो हमें शेरशाह बादशाह के क़िस्से सुनाते। उन्हीं से हमें बचपन में ही बहुत-कुछ सुनने को मिला था उस शेर-अफ़ग़ान की बाबत।''

बूढ़े बाबा अब बोलते-बोलते थक गये थे। इसलिए उनके शागिर्दों ने आगे कोई सवाल आज नहीं किया। वह छड़ी के सहारे उठने लगे तो दो लड़कों ने आगे बढ़कर उन्हें सहारा दिया। सिर पर सफ़ेद गमछा लपेटे। कुर्ता और चूड़ीदार पैजामा पहने। दुबले-पतले-मझोले क़द के झुकी कमर के और लम्बे सफ़ेद कन्धों तक लहराते बालोंवाले बाबा रहमत अली को वह आहिस्ता से चलाकर सूफ़ी सन्त हज़रत कलीमशाह की दरगाह के बग़ल की उनकी कोठरी में ले गये और जाकर उन्हें उनके बिस्तर पर लिटा दिया।

बालक इश्तियाक़ बाबा रहमत अली के पाँव दबाने लगा। दूसरा साथी कमरे की चीज़ों को तरतीब से सजाने लगा। कोई लड़का कुएँ से पानी भरने लगा तो दरगाह का कोई दूसरा साथी खाना पकाने की फ़िक्र में जुटा। जिन्हें कुछ न सूझा वह आँगन में नीम की गिरी हुई पत्तियों को निम्बौलियों को झाड़ू से बुहारने में व्यस्त हो गये।

◙
◙

मियाँ मुस्तकीम ने अपने भानजे रहमत अली से शेरशाह सूरी के जीवन का क़िस्सा कुछ यूँ बयान किया था—

बहुत देर से वह उस टीले पर उदास बैठा था। अपनी वीरान दुनिया में खोया हुआ। दुबला-पतला-ऊँचे क़द का एक लड़का। चेहरा थोड़ा लम्बा। आँखें सपनीली। नाक कुछ सुती हुई। होंठ सख़्ती से भिंचे हुए। सिर के बाल काले घुँघराले। लम्बा पठानी कुर्ता ऊपर से एक काली सदरी और तंग मोरी का पैजामा। पैरों में नागरा जूतियाँ। सिर के बाल करीने के कटे हुए। साफ़-सुथरा-शफ़्फ़ाक।

एक हाथ में एक सण्टी लिये हुए वह लड़का अपने दूसरे हाथ की हथेली पर उसे रखे किसी गहरी सोच में डूबा हुआ था।

दोपहर का वक़्त था। टीले के इर्द-गिर्द अनेक मवेशी हरी घास चर रहे थे। उनका चरवाहा दूर एक पेड़ के नीचे बैठा उन मवेशियों पर नज़र रख रहा था।

उस एकान्त टीले पर तन्हा बैठा वह लड़का उदास दिखने पर भी बहुत नूरानी चेहरेवाला दिखता था। उसका चौड़ा माथा धूप में चमक रहा था। उसकी संजीदगी में जैसे कोई ख़ास बात थी। लड़कपन की उम्र के बावजूद उसकी शख़्सियत एक निहायत ज़िम्मेदार इन्सान-जैसी थी।

तभी उस लड़के के सिर पर से तोतों का एक झुण्ड उड़कर निकल गया मगर उसे पता ही नहीं चला। वह तोतों और दूसरे पंछियों को पिंजरे में क़ैद देखने के बजाय उन्हें खुले आसमान में आज़ाद उड़ते देखना पसन्द करता था। यह बात वह लोगों से कहता भी था। आज इस तरह तोतों का एक गिरोह की शक्ल में सिर के ऊपर से 'टें-टें' करते हुए गुज़र जाना भी उसे उसके उस ख़ामोश अकेलेपन से उबार नहीं पाया।...

कुछ बकरियाँ भी उस टीले पर आकर कब की कूदती-फाँदती वापस हो गयीं मगर वह जान नहीं पाया। हवा इस समय थमी-थमी-सी थी और धूप गुनगुनी। जाड़े के दिन थे। आरामदेह थे। मगर उस लड़के के लिए वह भी उलझन-भरे थे।

"अरे फ़रीद।...तू यहाँ बैठा है। मैं कब से तुझे ढूँढ़ रही हूँ।"—एक लम्बी-सी औरत ने उसे दूर से आवाज़ दी। दोहरे बदन की उस औरत का लम्बा क़ीमती चोंगा और उस पर ज़रदोज़ी से कढ़ी हुई एक रेशमी चादर उसके किसी बड़े घर की ख़ातून होने की कहानी कह रहे थे।

"आया अम्मीजान।" कहते हुए वह गोरा और ख़ूबसूरत-सा लड़का चौंककर उठ खड़ा हुआ। दूर खड़ी अपनी बीमार माँ को देखकर फ़रीद से रहा न गया। तक़रीबन भागता हुआ वह उस टीले से उतरा और भागते-भागते ही अपनी माँ की जानिब जा पहुँचा।

"अरे-अरे आपने क्यों तकलीफ़ की अम्मी!...निज़ाम को भेजकर बुलवा लिया होता।"

निज़ाम फ़रीद का छोटा भाई था। उससे क़रीब चार बरस छोटा। फ़रीद अपने इस छोटे भाई से बहुत प्यार करता था। जो प्यार उसे अपने बाप से नहीं मिलता था उसका तसव्वुर करके वही प्यार वह अपने उस छोटे भाई पर लुटाता था। फ़रीद अपने उस इकलौते सगे भाई और उससे भी दो बरस छोटी अपनी एक बहन शहला को इतना चाहता था कि उन्हें कभी ख़ुद की तरह बाप के प्यार की कोई कमी महसूस न होने देता। बहन शहला तो ख़ैर अम्मीजान के आँचल में सुकून की तलाश कर लेती। मगर छोटा भाई निज़ाम उसी की तरह बाप की तरफ़ से उपेक्षित रहकर फ़रीद के भीतर अपने बाप को तलाशता फिरता था। फ़रीद निज़ाम का बड़ा ख़्याल रखता। निज़ाम भी फ़रीद को अपने बाप की तरह ही पूजता था। दोनों जैसे एक-दूसरे के पूरक थे।

निज़ाम फ़रीद भाईजान के इर्द-गिर्द लट्टू की तरह नाचा करता। दुनियावालों ने बहुत-कम मौक़ों पर दोनों भाइयों को उनकी जोड़ी से अलग हाट-बाज़ारों, गली-कूचों और मस्जिदों में देखा होगा।

"बेटे!...निज़ाम को मैंने हकीम साहब के घर दवा लेने भेज दिया। उधर तेरे अब्बाजान तुझे आवाज़ें देने लगे।"—बीमार माँ ने अपने बेटे से कहा।

फ़रीद की पेशानी पर बल पड़ गये। "अब्बाजान। और मुझे?...क्या उनके नौकर-चाकर सब ग़ायब हो गये?"

"ऐसा नहीं कहते बेटे!" माँ ने समझाने के स्वर में फ़रीद से कहा— "होगा कोई काम जो वह सिर्फ़ तुझसे ही कराना चाहते होंगे। बाप हैं न तेरे..."

"काहे के बाप? हुँह!..." फ़रीद जैसे तड़प उठा—"कितनी बार कहा है अम्मीजान। यह लफ़्ज़ मेरे सामने न कहा करें मेहरबानी करके।"

"क्यों न कहा करूँ?...आख़िर बाप हैं वह तेरे...यानी कि वालिद...और वालिद जैसा भी हो वालिद ही होता है। तू बेकार की बात न किया कर।"

"मैं बेकार की बात करता हूँ?...माफ़ करियेगा अम्मी! क्या वालिद का मतलब भी समझते हैं जनाब हसन ख़ाँ सूर साहब?"

"वालिद का नाम इस तरह नहीं लेते।"

"क्यों नहीं लेते?"

"मेरा मतलब है...कि इस अन्दाज़ में नहीं लेते।"

"अच्छा अम्मी! यह बताइये मैंने उनका नाम लेने में कौन-सी बेअदबी की? अच्छा चलिये अब ज़रा इसे तफ़सील से कहे देता हूँ -" फ़रीद अपने दोनों हाथ आसमान की ओर उछालकर ऊँची आवाज़ में एक साँस में जैसे कोई नारा-सा बुलन्द करने लगा—

"आली जनाब हसन ख़ाँ सूर साहब नूरे चमन नूरे सहसराम नूरे खवासपुर टाँडा।"

"चुप!" माँ ने फ़रीद को तिरछी आँखों से तरेरकर देखा और एक प्यार-भरी झिड़की दी। फ़रीद ने एक पल ख़ामोश रहकर माँ की आँखों में देखा और फिर धीरे से बोला—"वल्द हुज़ूरेवाला इब्राहीम ख़ाँ सूर साहब...मेरे अच्छे दादाजान।"

जाने क्या था ऐसा फ़रीद की चमकती आँखों में कि उसकी अफ़ग़ान माँ को गुस्से के बजाय एकाएक हँसी आ गयी। यही नहीं हँसते-हँसते माँ खाँसने भी लगी। बेटे फ़रीद ने माँ की पीठ सहलायी और उसे सहारा दिया। इस तरह माँ-बेटे एक-दूसरे का सहारा बने हुए अपनी नामुराद हवेली की ओर चले गये।

फ़रीद ख़ाँ की मुसीबत यह थी कि वह एक ऐसे पिता की प्रथम सन्तान था जिसे अपनी पहली पत्नी से कोई विशेष लगाव नहीं था। फ़रीद की माँ एक सीधी-शरीफ़ अफ़ग़ान स्त्री थी। वह उसके पिता हसन ख़ाँ की पहली औरत थी। उसकी ब्याहता थी, जिससे उसने बाक़ायदा निकाह किया था। जबकि हसन ख़ाँ ने अपने घर में तीन और औरतें रख छोड़ी थीं। जो शुरू-शुरू में उसकी कनीज़ें थीं। फिर रखैल बनीं। बाद में उन तीनों से भी उसने निकाह कर लिया। तीनों औरतों से भी

हसन के दो-दो पुत्र थे। उनमें सबसे छोटी बीवी के दो बेटे सुलेमान और अहमद बड़े बेटे फ़रीद की जगह हसन ख़ाँ सूर को अधिक प्रिय थे। वह उनसे बड़ा लाड़-दुलार करता था। कारण थी उनकी कमसिन माँ जो घर की सारी औरतों में सबसे जवान और हसीन थी। वह हिन्दू कनीज़ जब से हसन ख़ाँ की ज़िन्दगी में आयी थी वह उसका दीवाना बन गया था। यह बीबी बड़ी दिलफ़रेब थी। वह मर्द को अपनी मुट्ठी में रखने की कला से अच्छी तरह वाकिफ़ थी। हसन ख़ाँ उसके रूप-जाल में ऐसा फँसा जैसे कोई पतिंगा किसी मकड़ी के जाल में फँस जाता है। फ़रीद कम उम्र में ही इस बात को समझ गया था। स्वयं की उपेक्षा के साथ-साथ वह दिन-ब-दिन बीमारी और तिरस्कार में घुलती हुई अपनी माँ के प्रति अपने बाप के उदासीन रवैये से बेहद खिन्न रहता था।

बचपन में जब फ़रीद और छोटा था, उसकी यह विमाता नयी-नयी आयी थी। आते ही उस कनीज़ ने उसके बाप को दूसरी औरतों से छीन-सा लिया था। हसन ख़ाँ इस कनीज़ को लिये हुए शराबनोशी और ऐयाशी के समन्दर में कई-कई दिनों तक ग़ोते लगाता रहता था। फ़रीद को घुड़ककर वह घर से बाहर निकाल देता। छोटा भाई निज़ाम उसकी माँ की गोद में बिलखता तो माँ उसे लेकर बग़ीचे में दूर निकल जाती।...फ़रीद के दूसरे सौतेले भाई भी अभी छोटे थे। उनकी माताएँ भी घर के माहौल से हैरान, परेशान अपनी-अपनी औलादों की देखभाल में मसरूफ़ रहतीं। फ़रीद की अम्मीजान ही फ़रीद का हवेली में एकमात्र सहारा थीं। निज़ाम की पैदाइश के बाद से वह काफ़ी कमज़ोर-सी हो गयी थीं। उनके पेट में अक्सर दर्द रहता और ज़रा-ज़रा दे. में वह हाँफने लगतीं। अम्मी ही जब उसे खाने को देतीं तभी वह कुछ खा-पी पाता।

ज्यों-ज्यों साल बीतते गये, पिता की उपेक्षा फ़रीद-निज़ाम और उसकी माँ की तरफ़ बढ़ती चली गयी। इस बीच एक बहन और न जाने कब उनके बीच आ गयी। उस लड़की के पैदा होने के बाद हसन ख़ाँ ने मानो हमेशा-हमेशा के लिए फ़रीद की माँ यानी कि अपनी उस बड़ी बेगम की ओर से मुँह फेर लिया। अब यह लोग उसे फूटी आँख नहीं सुहाते थे।

इस तरह घर का वह सबसे बड़ा बेटा फ़रीद बचपन में अपने ही बाप की निगाहों में कोई मायने नहीं रखता था। वह अपने घर में ही बेगाना था। यह दर्द, यह कसक हर वक़्त उसके मन में बनी रहती। यद्यपि वह एक सकारात्मक सोचवाला काफ़ी उत्साही बच्चा था, फिर भी नकारात्मक विचार कभी-कभी उसे अपनी गिरफ़्त में ले ही लेते। किसी अपमान से आहत हो जाने पर वह एकान्त में अपना मुँह छिपाकर घण्टों सिसकता रहता। पता नहीं क़ुदरत ने यह समझदारी उसके नन्हें दिमाग़ में कब और कैसे भर दी कि वह अपने आँसुओं को अपनी दुखियारी माँ से भी अक्सर

छिपाता था, यह सोचकर कि उसे रोता देखकर कहीं उसकी बेबस माँ और भी ज़्यादा दुःखी न हो जाये।

फ़रीद इब्राहीम ख़ाँ सूर का पोता था। उसके मुअज़्ज़िज़ दादाजान इब्राहीम ख़ाँ गोमल नदी के किनारे बसे एक पहाड़ी क़स्बे रोह के रहनेवाले थे। यह जगह पेशावर के निकट एक ख़ूबसूरत प्राकृतिक क्षेत्र था। दादाजान का घोड़ों की ख़रीद-फ़रोख़्त का कारोबार था। उसमें मन्दी आ जाने पर दादाजान इब्राहीम ख़ाँ और उनके बेटे हसन ख़ाँ बड़ी आर्थिक तंगी की स्थिति में आ गये। दिन बड़ी मुश्किलों में गुज़रने लगे।

यह उन दिनों की बात है जब दिल्ली की गद्दी पर एक अफ़ग़ान सुल्तान बहलोल लोदी का राज चल रहा था। लेकिन तब हिन्द के तमाम सूबे ऐसे थे जिन पर अलग-अलग सुल्तानों का स्वतन्त्र आधिपत्य था। जिनके नाम का ख़ुत्बा बतौर सुल्तान पढ़ा जाता था और जिनके ख़ुद के नाम के सिक्के उनके बाज़ारों में चला करते थे। यह अनेक सुल्तान दिल्ली की गद्दी को निरन्तर टेढ़ी निगाह से देखते थे। वह दिल्ली सल्तनत के दुश्मन थे। मगर बहलोल लोदी एक मज़बूत इरादोंवाला सुल्तान था। इसलिए जब तक वह दिल्ली में सिंहासनारूढ़ रहा और दिल्ली से बाहर नहीं निकला उसका ख़ौफ़ इन दूर-पड़ोस के छिटके हुए सुल्तानों पर बना रहा।

ये आज़ाद हुक्मरान थे—जौनपुर के तख़्त पर बैठा सुल्तान महमूद बिन इब्राहीम शर्की। गुजरात का सुल्तान कुतुबुद्दीन। दक्षिण का सुल्तान अलाउद्दीन अहमदशाह। कश्मीर का सुल्तान ज़ैनुल आबदीन। इनके अलावा मुल्तान, बंगाल और ठट्टा के सुल्तान भी अपनी-अपनी ढपली बजाते और अपना-अपना राग अलापते हुकूमतें कर रहे थे।

उन्हीं दिनों मुल्तान में शेख़ यूसुफ़ नाम का एक सुल्तान हुआ करता था। उसके एक ज़मींदार राय सिंहार लंगा ने विद्रोह करके सुल्तान शेख़ यूसुफ़ को मुल्तान से बेदख़ल कर उसके राज्य पर अधिकार कर लिया। वह ज़मींदार गद्दीनशीन होकर सुल्तान कुतुबुद्दीन उपाधिनाम धारण कर मुल्तान का शासक बन बैठा। टूटे-हारे शेख़ यूसुफ़ ने तब दिल्ली आकर बहलोल लोदी से फ़रियाद की कि वह उसे उसका खोया हुआ राज्य दिलवाने में उसकी मदद करे।

सुल्तान बहलोल लोदी को शेख़ यूसुफ़ पर दया आ गयी। बहलोल के पास अनुभवी सेना थी। उसने अपनी सेना के साथ शेख़ यूसुफ़ को ले लिया और स्वयं अपने उस विशाल लश्कर के साथ मुल्तान की ओर राजधानी दिल्ली से कूच किया। इधर अच्छा अवसर पाकर और दिल्ली को बहलोल लोदी की मौजूदगी से रहित जानकर, उसे एक आसान निशान समझ, जौनपुर के मनचले सुल्तान महमूद शर्की ने दिल्ली को आ घेरा। दरअसल बहलोल लोदी ने जिस सैय्यदवंशी सुल्तान अलाउद्दीन आलमशाह को अपदस्थ कर दिल्ली की गद्दी पर क़ब्ज़ा किया था, जौनपुर का सुल्तान महमूद शर्की उसी भगौड़े सैय्यद सुल्तान का दामाद था। वह शुरू से बहलोल लोदी को अपना सुल्तान मानने को तैयार नहीं था। उसकी बीवी अक्सर उसे उकसाती रहती थी। इसीलिए दिल्ली की ऊँची गद्दी पर बहुत पहले से उसकी निगाह थी।

इधर दिल्ली से कूच करके बहलोल लोदी दीपालपुर तक ही पहुँच पाया था कि उधर उसकी दिल्ली महमूद शाह शर्की की फ़ौजों से घिर गयी। यह बुरी ख़बर मिलते ही बहलोल लोदी ने अपने पठान सिपहसालारों और सरदारों से मन्त्रणा की। बहलोल और उसके साथियों को उन विपरीत और विषम परिस्थितियों में अपने मूल उद्गम-स्थान की याद आयी। अफ़ग़ानिस्तान के बहादुर और लड़ाके हमवतनों की उन्हें याद आयी। बहलोल ने तब द्रुतगामी अश्वारोही सन्देशवाहकों के माध्यम से अफ़ग़ानिस्तान के रोह प्रदेश के पठान मुखियाओं को यह सन्देश भिजवाया कि–

''ख़ुदा ने मेहरबानी करके दिल्ली की सल्तनत अफ़ग़ानों को अता फ़र्मायी है। मगर हिन्द के दीगर हुक्मराँ अफ़ग़ानों को इस मुल्क से निकाल देना चाहते हैं। इसमें हमारी क़ौम की औरतों की इज़्ज़त का भी सवाल उठ खड़ा हुआ है।..

''हिन्द की सरज़मीं बड़ी लम्बी-चौड़ी और ज़रख़ेज़ है। इसमें हज़ारों लोगों का गुज़ारा हो सकता है। मैं सुल्तान-ए-दिल्ली बहलोल लोदी तुम्हारा बिरादर तुम्हें आवाज़ दे रहा हूँ कि तुम इस मुल्क में आओ। आँधियों और तूफ़ानों की मानिन्द आओ और आकर हमसे मिलो। ऐ मेरे जाँबाज़ हम वतनों!...यह बहलोल लोदी तुम्हें आवाज़ दे रहा है।

"इस वक़्त जौनपुर का हमारा दुश्मन सुल्तान महमूद दिल्ली को घेरे हुए है, जहाँ हम अफ़ग़ानों के ख़ानदान बीवी-बच्चे और बुज़ुर्ग ख़तरे में हैं। अगर मुझे मदद देने की ख़्वाहिश हो तो अभी दो। तुम एक बड़ी फ़ौज की शक्ल में आकर मुझसे मिलो।"

इंशा अल्लाह! हमारी यकजहती से और हमारी तलवारों की खनक से फ़तेह हमें ही नसीब होगी। हमारे दुश्मन की यक़ीनन शिकस्त होगी। उसके पाँव उखड़ने के बाद जो हुकूमत हासिल होगी उसका नाम तो मेरे पास रहेगा। मगर जो भी ज़मीनें और जागीरें हम जंग में जीतेंगे उनको तुम मुझसे बिरादरों की तरह बाँट लेना।"

इस तरह के कई फ़र्मान चिन्ताग्रस्त बहलोल ने जारी किये और उन्हें घुड़सवार क़ासिदों के हाथों अलग-अलग अफ़ग़ान सरदारों को भिजवाया। इसका परिणाम सकारात्मक हुआ और कुछ ही दिनों में पठानों के ठट्ठ-के-ठट्ठ रोह तथा आस-पास के अफ़ग़ान इलाक़ों से निकलकर चींटियों और टिड्डी दलों की भाँति सुल्तान बहलोल लोदी से आन मिले।

इन अफ़ग़ान सूरमाओं की सहायता से बहलोल की फ़ौज की ताक़त कई गुना बढ़ गयी और पठानों का हौसला आसमान चूमने लगा। जब यह जियाले सिपाही एक साथ दिल्ली के क़रीब पहुँचे तो इनसे भिड़ने के लिए सुल्तान महमूद शर्की ने अपने सिपहसालार फ़तेह ख़ाँ हिरोई के नेतृत्व में एक बहुत बड़ी सेना भेजी। इस सेना में हाथी, घोड़े और पैदल सैनिकों सहित सभी तरह के लड़ाके थे, परन्तु अफ़ग़ानों ने उनकी फ़ौज को तहस-नहसकर डाला। उन्होंने उस भीषण युद्ध में सुल्तान महमूद के सेनापति फ़तेह ख़ाँ को भी मार डाला। महमूद ने जब अपने सेनापति के मारे जाने और अपनी फ़ौज की शिकस्त का समाचार सुना तो वह घबराकर बिना लड़े ही दिल्ली छोड़कर भाग खड़ा हुआ। इस भगदड़ में हिन्दुस्तान के और कई भू-भाग बहलोल लोदी के हाथों में आ गये और वहाँ उसका सिक्का चल निकला।

बहलोल लोदी बनाम महमूद शर्की के इस युद्ध में कई अफ़ग़ान शहीद हुए और कई घायल। इनमें बहलोल की सहायता में अपना मुल्क छोड़कर आये हुए अनेक अफ़ग़ान साथी भी थे। उनमें एक था सरदार कालू ख़ाँ। यह पठान सरदार महमूदखेल जाति का मुखिया था और साहूखेल बहलोली परिवार का सदस्य था। घायल कालू ख़ाँ के लिए मुआवज़े के तौर पर सुल्तान बहलोल ने उसके पास कुछ रक़म भिजवायी। लेकिन सरदार कालू ख़ाँ ने उस रक़म को यह कहकर लेने से इन्कार कर दिया कि—"सुल्तान से कहना मैं यहाँ अपने घावों को बेचने के वास्ते नहीं आया हूँ। अब मुझे और मेरे हमराहों को अपने वतन वापस जाने की इजाज़त दें।"

बहलोल लोदी पर इस बात का बड़ा असर हुआ। उसने कालू ख़ाँ और उसके साथियों के पास जाकर उनसे इल्तजा की कि वह लोग यहीं उसके साथ हिन्द में ठहर जायें। लेकिन वह लोग नहीं माने और कहा कि—"इस मुश्किल मौक़े पर हम आपकी इम्दाद के लिए और आपकी दोशीज़ाओं और दुख़्तरों की इज़्ज़त-ओ-आबरू की सलामती के वास्ते आये थे। अब हमारी दरख़्वास्त है कि फ़िलहाल हमको जाने दिया जाये। आगे फिर कभी इंशाअल्लाह! हम आपकी ख़िदमत में हाज़िर हो जायेंगे।"

तब सुल्तान बहलोल ने उन्हें उनकी उम्मीद से कहीं ज़्यादा रक़म और हीरे-जवाहरात की भेंट देकर उनकी वतन वापसी के लिए सारी आसाइशें मोहैया करायी और उन्हें बाइज़्ज़त रवाना किया। उनमें भी जिन अफ़ग़ानों ने सुल्तान के साथ हिन्दुस्तान में रुकना पसन्द किया उन्हें अच्छे ओहदे और जागीरें देकर सन्तुष्ट और प्रसन्न किया।

इसके बावजूद अपने उसूलों के पक्के कालू ख़ाँ सरदार ने हिन्द की सरज़मीन से ख़ाली हाथ विदा होना ही पसन्द किया और जाते-जाते बहलोल से यह कहा कि—"मैं आपकी मोहब्बत के अलावा आपकी दी हुई कोई भी चीज़ लेने से इन्कार करता हूँ। उसके लिए सुल्तान-ए-आलिया मुझे मुआफ़ करेंगे। यक़ीन जानिये बिरादर! मैं इस मुल्क में किसी दुनियावी मक़सद से नहीं आया था।"

उस पठान की ऐसी सादगी और ऐसी बात का इतना गहरा असर सुल्तान बहलोल लोदी के मन पर हुआ कि तभी से उसने यह अहद कर लिया कि इस सादगी और शराफ़त को वह भी भरसक अपनायेगा। कालू ख़ाँ पठान जैसे उस दिन से बहलोल की रूह में उतर गया। बहलोल लोदी हिन्दुस्तान का पहला अफ़ग़ान सुल्तान था जिसने 38 बरस दिल्ली सल्तनत पर राज्य किया। उसने अपने अमीरों के साथ हमेशा दोस्ताना ताल्लुक़ात रखे। उनके साथ राज्यकाल के दौरान ऐसा बर्ताव किया मानो वह सुल्तान न होकर उन्हीं अमीरों में से एक हो। यहाँ तक कि अपने अमीरों के सामने कभी वह शाही तख़्त पर भी नहीं बैठता था।

इस तरह बहलोल लोदी के शासनकाल में बड़ी संख्या में अफ़ग़ान हिन्दुस्तान आये। आते रहे। अफ़ग़ान सीधे-सादे मगर बहादुर इन्सान हुआ करते थे। उनमें यह विशेषता थी कि वह दूसरे लोगों के विपरीत गाँवों में बसने के लिए भी तैयार रहते थे। उन्हें किसान और सैनिक दोनों रूपों में सुल्तान को अपनी सेवा देना स्वीकार होता था, परन्तु उनमें अपने ख़ुद के क़बीलों से बड़ा मोह होता था। हर एक पठान अपने क़बीले पर सबसे ज़्यादा नाज़ करता था। अपने क़बीले की एकता को वह सर्वोपरि समझता था और उसके लिए जान दे देने और जान ले लेने से भी गुरेज़

नहीं करता था। इस क़बीलाई मानसिकता के कारण उन्हें एकजुट कर पाना बड़ा मुश्किल काम होता था। लेकिन विभिन्न क़बीलों से ताल्लुक़ रखनेवाले अफ़ग़ानों की यही कमज़ोरी उनकी ताक़त भी थी। उनके क़बीले के सरदार के साथ सम्बन्ध मज़बूत होने पर किसी सुल्तान अथवा बादशाह के लिए उन्हें एकजुट करके अपने हक़ में लड़ाई के मैदान में उतारना काफ़ी आसान काम भी होता था।

अफ़ग़ानों की एक विशेषता और थी। वह तुर्क अमीरों अर्थात् कुलीनों के विपरीत अत्यन्त सादा जीवन बिताने के आदी थे। सम्भ्रान्त शहरी अमीरों के साथ भी अपने परिधान और रहन-सहन की सादगी के कारण वह प्रायः देहातियों की भाँति दिखते थे। इसीलिए तुर्क और मुग़ल उनका पीठ पीछे, आगे के दौर में भी, मज़ाक उड़ाया करते थे।

◙
◙

अफ़ग़ान सुल्तान बहलोल लोदी, जो अपने मुसीबत के शुरुआती दौर गें रोह इलाक़े के अफ़ग़ानों के अहसान के बाद उन पर विशेष रूप से मेहरबान हो गया था, उसने उदारता के साथ उन्हें जागीरें और इनामात दिये। उसने अपने जाग़ीरदारों को भी यह ताकीद की कि—“अगर आप में से किसी के पास कोई अफ़ग़ान नौकरी के लिए आता है तो आप उसकी ज़रूरत पूरी कर उसे ख़ुश करें। क्योंकि अगर मैंने सुना कि रोह का एक भी अफ़ग़ान नौकरी या काम न मिलने की वजह से वापस चला गया तो मैं उस संगदिल सरदार की जागीर छीन लूँगा, जिसने उसे नौकर रखने से इन्कार किया होगा।” इसका बहलोल के अधीनस्थों पर व्यापक प्रभाव पड़ा।

सुल्तान बहलोल की उदारता के इन्हीं दिनों में फ़रीद ख़ाँ के दादाजान इब्राहीम ख़ाँ सूर और बाप हसन ख़ाँ सूर अफ़ग़ानिस्तान से हिन्दुस्तान आये थे। बहलोल ने एक दाऊद साहूखेल क़बीले के सुबहान ख़ाँ सूर को पंजाब के जिला होशियारपुर में कुछ परगने हरियाना तथा भगवाल आदि जागीर में दे रखे थे। फ़रीद के दादाजान इब्राहीम ख़ाँ और पिता हसन ख़ाँ ने सर्वप्रथम सुबहान ख़ाँ सूर की नौकरी क़बूल कर ली। यह दोनों बाप बेटे होशियारपुर से दो मील दक्षिण-पूर्व में बजवाड़ा नामक स्थान में टिक गये। यहीं हसन ख़ाँ और उसकी पहली बीबी, जो अफ़ग़ान थी, के घर शिशु फ़रीद ख़ाँ का जन्म सन् 1472 ई. में हुआ। आगे चलकर यही बालक फ़रीद ख़ाँ हिन्दुस्तान के महान् बादशाह शेरशाह सूरी के नाम से प्रसिद्ध हुआ।

कुछ वक़्त बीतने पर फ़रीद के दादा इब्राहीम ख़ाँ ने सुबहान ख़ाँ सूर की नौकरी छोड़कर हिसार फ़िरोजा के हाकिम जमाल ख़ाँ सारंगखानी की नौकरी कर ली। जमाल ख़ाँ ने इब्राहीम ख़ाँ को अपने नारनौल परगने के कुछ गाँव दे दिये, जिनकी मालगुज़ारी

से उसे 40 घोड़े पालने और उन पर अश्वारोही सैनिकों को तैनात करने का हुक्म दिया। उन दिनों फ़ौजों की तामीर के लिए घोड़े और सैनिकों की ख़रीद और खुराक़ के वास्ते गाँवों की खेती से मिलनेवाली मालगुज़ारी की रक़म के इस्तेमाल का चलन था। जो सरदार किसी जागीरदार की मातहती में गाँवों की मालगुज़ारी का बन्दोबस्त देखते थे वह सैनिकों और घोड़ों इत्यादि का भी इन्तज़ाम देखा करते थे।

फ़रीद के वालिद हसन ख़ाँ ने आगे चलकर सुल्तान बहलोल के अन्य दरबारी मसनदे-आली उमर ख़ाँ की नौकरी कर ली। उमर ख़ाँ जो कि बहलोल कि कृपा से लाहौर का भी शासक था, उसके पास शाहाबाद के साथ-साथ कई जागीरें थीं। उमर ख़ाँ ने फ़रीद के पिता हसन ख़ाँ को शाहाबाद के परगने के कई गाँव जागीर में दिये।

बालक फ़रीद पिता द्वारा उपेक्षित होने के बावजूद काफ़ी महत्त्वाकांक्षी था। अभी वह छोटा ही था। महज़ 10-11 साल का। मगर वह भी घर-द्वार से बाहर निकलकर अपने पिता की भाँति कुछ काम करना चाहता था। क्योंकि उसके पिता ने अपनी ख़ूबसूरत कनीज़ों से कालान्तर में निकाह कर लिया था। उनमें सबसे छोटी कनीज़ सबसे ख़ूबसूरत थी और हसन ख़ाँ अपनी इस चौथी बीवी के रूपजाल में सर्वाधिक फँसा रहता था। घर में पिता और उस चौथी विमाता के रूखे व्यवहार के कारण फ़रीद का दम घुटता था। इसलिए वह उस घर से बाहर निकल जाना चाहता था। एक दिन उसने पिता हसन ख़ाँ से कहा—''अब्बाजान! आप मुझे अपने मसनद-ए-आली उमर ख़ाँ साहब के सामने ले चलिये और उनसे कहिये कि फ़रीद आपकी नौकरी करना चाहता था।''

''वाह भई बरखुरदार!...आपने आपनी उम्र देखी है?'' पिता हसन ख़ाँ ने तब फ़रीद से तंज़िया ज़ुबान में कहा।

''क्यों उम्र से क्या? भले ही मैं छोटा हूँ पर कुछ-न-कुछ काम तो मैं भी कर सकता हूँ। अपने हाकिम से कहिये कि मेरे लायक जो भी काम मुनासिब समझें वह मुझे दें।''

''जाओ बाहर जाकर खेलो। अभी यह तुम्हारे काम करने की उम्र नहीं है।'' हसन ख़ाँ ने बेरुख़ी से कहा।

''नहीं मुझे काम करना है, करना है, करना है...'' फ़रीद ने बाप के सामने ज़िद की। बदले में बाप ने उसे एक ज़ोरदार थप्पड़ रसीद किया।

फ़रीद रोता हुआ घर से बाहर निकल गया। शाम होने को आयी तो उसकी माँ को फ़िक्र हुई यह लड़का कहाँ ग़ायब हो गया? सारा दिन निकल गया। फ़रीद खाने-पीने को भी वापस घर नहीं लौटा। घर की दूसरी कनीज़ों ने सुबह के बाप-बेटे के क़िस्से का हाल-हवाल फ़रीद की माँ को बता दिया था। इसलिए वह बड़ी फ़िक्रमन्द थी। मगर क्या करती? वह भी भूखी-प्यासी दोपहर तक बेटे की वापसी

की राह देखती रही। घर के नौकरों को भेजकर फ़रीद को ढुँढ़वाया। मगर वह कहीं नहीं मिला। वह सारा दिन उस ख़ातून पर पहाड़ की तरह गुज़रा।

देर शाम फ़रीद को तलाशकर एक नौकर घर लौटा। मुस्तफ़ा नाम था उसका। उसने बताया कि एक वीराने खँडहर में तन्हा बैठे पाया था इनको। एक बुढ़िया चिराग़ जलाये अपनी टूटी-फूटी कोठरी में बैठी थी। जब उसे फ़रीद का हुलिया बताया गया, तो उसने बताया कि वह दिन के वक़्त लकड़ी बीनने पास के जंगल में गयी थी। वहीं जंगल से सटे हुए उस वीरान बियाबान में एक लड़के को उसने गुमसुम बैठे देखा था।

दो-तीन दिन तक फ़रीद की माँ ने किसी से कुछ नहीं कहा। फिर एक बार मौक़ा पाकर, जब उसकी सबसे छोटी सौत बाज़ार गयी हुई थी, अपने ख़ाविन्द को अकेला पाकर उससे गुज़ारिश की—''ए जी! लड़का समझदार हो रहा है। आपका सबसे बड़ा बेटा है। ज़रा उसकी ओर ग़ौर फ़र्मायें। आपसे काम ही की तो दरख़्वास्त कर रहा है वह।''

''बेगम! अब आप भी उसकी वही बात ले बैठीं? फ़रीद अभी बच्चा है। क्या यह मुनासिब होगा कि...''

''मेरे सरताज! वह मसनद-ए-आली से मिलना चाहता है तो उसे एक बार मिल लेने दीजिये...अपने साथ इस बार लिवा ले जाइये...माना कि वह अभी नाबालिग़ है। मगर क्या पता? आपके ऐसे छोटे-से बेटे की किसी बात से खुश होकर वह उसे कुछ काम दे ही दें।''

हसन ख़ाँ को तसल्ली तो नहीं हुई। मगर वह फ़रीद की माँ की तसल्ली के लिए बेटे फ़रीद को अपने हाकिम उमर ख़ाँ के पास ले गया। उमर ख़ाँ के सामने उसने अपने उस छोटे-से लड़के का तार्रुफ़ कराया तो फ़रीद ने झुककर उमर ख़ाँ को बड़े अदब से सलाम किया। इतने छोटे लड़के के उस अन्दाज़ पर उमर ख़ाँ पहली नज़र में ही मुग्ध हो गया। बोला—''कहिये बेटे!...कैसे हैं?''

फ़रीद ने कहा—''आपकी इनायत है हुजूर।'' हालाँकि उस वक़्त फ़रीद की उम्र मुश्किल से दस बरस की रही होगी, मगर उसकी वाणी के ठहराव और आँखों की विनम्रता को देखकर मसनद-ए-आली उमर ख़ाँ-जैसे पिघल-सा गया। बोला—''हसन ख़ाँ! तुम्हारा यह बेटा तो कमाल का है।''

''मेहरबानी मेरे हाकिम!...'' हसन ख़ाँ ने इस बार कहा—''यह साहबज़ादे एक ख़ास मक़सद से आपके हुजूर में आज आये हैं।''

''हाँ-हाँ क्यों नहीं?...क्या नाम बताया इनका?''

''हुजूर इस नाचीज़ को फ़रीद ख़ाँ कहते हैं।''—बालक फ़रीद ने खुद ही तपाक से जवाब दिया। उमर ख़ाँ उस बच्चे की इस गम्भीरता के साथ कही गयी बात पर ठठाकर हँस पड़ा। फ़रीद से पूछा—''कहिये मेरे बेटे! आपको क्या चाहिए?''

"आप मुझे कोई नौकरी दे दें। बस इतना ही..."

उमर ख़ाँ इस बालक का मुख आश्चर्य से देखने लगा। फिर एक पल को उसने सोचा और अपने मातहत हसन ख़ाँ से कहा—"फ़रीद अभी छोटा लड़का ही है। जब यह बड़ा होकर ख़िदमत के लायक होगा तो मैं इसको रख लूँगा। यह बड़ा होनहार दिखता है। इसलिए इसको मैं अभी फ़िलहाल इनाम के तौर पर बलहू नाम का एक छोटा-सा गाँव देता हूँ।...हसन! तुम शायद जानते होगे शाहाबाद परगने में है वह बलहू गाँव?"

यह सुनकर हसन ख़ाँ कृतज्ञता से अपने आक़ा के सामने झुक गया। फ़रीद ख़ाँ ने भी अपनी प्रसन्नता को दबाते हुए झुककर तीन बार उमर ख़ाँ को सलाम किया। लेकिन उसका दिल भीतर-ही-भीतर बल्लियों उछलने लगा।

मसनद-ए-आली उमर ख़ाँ की हवेली से बाहर आते ही बालक फ़रीद पहली बार झुककर बाप के घुटनों से बुरी तरह लिपट गया। हसन ख़ाँ ने भी नम आँखों से फ़रीद बेटे को देखकर उसका सिर सहलाया। घर आकर फ़रीद ने उतावले स्वर में यह सारा क़िस्सा अपनी माँ को सुनाया और ख़ुशी से चहकते हुए कहा—"देखा अम्मीजान! अब्बू तो आपके कहने पर भी मुझे मसनद-ए-आली के पास नहीं ले जा रहे थे। मगर जब मैं वहाँ गया तो उन्होंने मुझे शाहाबाद परगने में एक पूरा-पूरा गाँव ही दे दिया। हुई न कमाल की बात?"

फ़रीद की अम्मी ने अपने उस प्यारे-से बेटे को यह सुनकर गले से लगा लिया और उसकी आँख़ों से ममता के आँसू मोतियों के रूप में झरने लगे। दिन बीतते गये और फ़रीद बड़ा होता गया। फ़रीद और उसकी माँ एक-दूसरे का सहारा बने रहे। निज़ाम भी उन्हें देख-देखकर बड़ा होता गया। बेटी शहला भी अपनी अम्मी की गोद छोड़कर उसका थोड़ा-बहुत हाथ बँटाने लगी। एक दिन ख़बर आयी कि दादाजान इब्राहीम ख़ाँ की मृत्यु नारनौल में हो गयी। हसन ख़ाँ ने जब अपने अब्बाजान की मृत्यु की ख़बर सुनी तो वह शाहाबाद छोड़कर अपने मालिक उमर ख़ाँ के पास गया। उससे इजाज़त माँगी कि वह अपने अब्बा हुजूर के घर उनके रिश्तेदारों और दोस्तों के बीच शोक मनाने के लिए जाना चाहता है। यह भी कहा कि कुछ दिन बाद वह वापस आ जायेगा और उमर ख़ाँ की ख़िदमत पहले की तरह ही करता रहेगा। उसके जो भी रिश्तेदार और मरहूम वालिद इब्राहीम ख़ाँ के नौकर-चाकर उसके साथ आना चाहेंगे उन्हें भी वह अपने साथ लेता आयेगा।

इस पर उमर ख़ाँ ने हसन ख़ाँ से कहा—"तुम जानते हो कि तुम्हारे हिस्से की जागीर तुम्हें मैंने पहले ही दे रखी है। अब मैं और अधिक आदमी नहीं रख सकता।...तुम्हारे वालिद के नौकर ज़रूर तुम्हारी ओर उम्मीद-भरी निगाहों से देखेंगे। तुम पर उनकी और ख़ानदान के दूसरे लोगों की ज़िम्मेदारी आयद होगी। नारनौल

जाओगे तो तुमको अपने वालिद मरहूम की भी जागीर मिल जायेगी। यह भी हो सकता है कि अपने वालिद से भी अधिक ज़िम्मेदारियाँ तुम्हें मिल जायें।...इसलिए मेरा दिल नहीं मानता कि तुम्हें अपनी थोड़ी-सी ही जागीर पर ही रहने दूँ और तुम्हारा मुस्तकबिल ख़राब करूँ।" इस तरह उमर ख़ाँ ने फ़राकदिली का परिचय देकर बड़ी इज़्ज़त के साथ हसन ख़ाँ को एक घोड़ा और ख़िलत, अर्थात् सम्मान में एक पोशाक, देकर अपने पास से विदा किया।

इससे पूर्व उसने सरदार जमाल ख़ाँ को बुलवाया और उससे इब्राहीम ख़ाँ के बेटे हसन ख़ाँ की बड़ी तारीफ़ की और बाक़ायदा उससे सिफ़ारिश की कि उसे उसके वालिद मरहूम की जागीर तो दी ही जाये, साथ में कुछ और गाँव भी उसे अलग से देने की मेहरबानी की जाये। यही नहीं, उमर ख़ाँ मसनद-ए-आली ने सरदार जमाल ख़ाँ से यह तक कहा कि—"आप हसन ख़ाँ पर जो भी मेहरबानी करेंगे समझिये वह मुझ पर होगी।"

अब क्या था? हसन ख़ाँ के तो जैसे भाग्य ही जग गये। जमाल ख़ाँ ने वाक़ई उस पर इनायतों और मेहरबानियों की बारिश कर दी। लेकिन उसके एवज़ में हसन ख़ाँ ने भी अपनी वफ़ादारी और कड़ी मेहनत के ज़रिये सरदार जमाल ख़ाँ का दिल जीत लिया।

लोदी सल्तनत का पहला सितारा डूब गया। बहलोल लोदी की मृत्यु हो गयी। उसके बाद दिल्ली की गद्दी पर उसका बेटा सिकन्दर लोदी आसीन हुआ। वह धार्मिक रूप से हिन्दुओं के प्रति और प्रशासनिक रूप से अमीरों के प्रति अपने पिता की तरह उदार और सहिष्णु नहीं था। हिन्दुओं के यमुना स्नान पर उसने रोक लगायी और मथुरा के कई मन्दिरों को तोड़वाया। मुस्लिम अमीरों को उनकी औक़ात बतायी और उन्हें बराबरी के दर्जे से वंचित कर दिया। सिकन्दर लोदी ही वह सुल्तान था जिसने आगरा शहर की नींव डाली और आगरा को एक सैनिक छावनी बनाया। उसने 28 बरस हुकूमत की और बाग़ियों को तलवार के बल पर सबक़ सिखाने के साथ अनेक युद्ध अभियानों द्वारा अपने साम्राज्य का विस्तार किया।

बहलोल लोदी ने अपने जीवन-काल में अपने एक पुत्र बारबक शाह को जौनपुर का सूबा सौंप दिया था। सुल्तान सिकन्दर लोदी जब गद्दी पर बैठा तो उसने अपने इस भाई को कुछ मौक़े दिये। पर उसके बग़ावती तेवरों को देखकर आख़िरकार उसने उसे बन्दी बना लिया। उसके बाद उसके सूबे जौनपुर को छीनकर उसका एक हिस्सा जमाल ख़ाँ को दे दिया। जमाल ख़ाँ को सुल्तान सिकन्दर लोदी ने हुक्म दिया कि वह 12,000 घुड़सवार सेना का प्रबन्ध करें और अफ़ग़ान सरदारों को अपने सूबे में से जागीरें प्रदान कर इस ख़र्चे का बन्दोबस्त करें। उन दिनों जमाल ख़ाँ पहले से ही हसन ख़ाँ वल्द इब्राहीम ख़ाँ की सेवा से बहुत प्रसन्न था। वह उसे अपने साथ ले गया और हसन ख़ाँ को उसने सहसराम और खवासपुर टाँडा के परगने जागीर में

प्रदान किये और 500 घुड़सवारों को रखने की ज़िम्मेदारी उसे दी। इस तरह हसन ख़ाँ अब और बड़ा जागीरदार नियुक्त हो गया। हसन ख़ाँ के बेटे फ़रीद ख़ाँ की शुरुआती किशोरावस्था सोन नदी के किनारे बसे सहसराम में ही व्यतीत हुई।

उस दिन बालक फ़रीद अपनी माँ के साथ पिता की हवेली में लौटा। वह उस हवेली को अपना घर नहीं मानता था। उसके लिए वह घर अमीर सरदार हाकिम-परगना सहसराम और खवासपुर टाँडा जनाब हसन ख़ाँ सूर साहब का दौलतख़ाना था। जब अपना बाप ही अपना नहीं तो फिर उसका घर भला अपना कहाँ? जिस घर में सिर्फ़ खाना-कपड़ा-रहना ही अपना हो मगर जहाँ प्यार-दुलार-मान-सम्मान-अपनापन और ख़ून के रिश्तों की गर्माहट न हो, वह घर अपना कहाँ?

फ़रीद को मौलवी साहब ने शिक्षारम्भ के समय बताया था कि—"फ़रीद का मतलब जानते हो? हर नाम का एक मतलब होता है। तुम्हारा नाम फ़रीद है। फ़रीद माने होता है—अकेला, तन्हा। इसका दूसरा मतलब होता है- बेमिसाल। कि जिसके जैसा पूरी दुनिया में दूसरा कोई इन्सान न हो।"

फ़रीद को अपने नाम के दोनों मायने बहुत अच्छे और दिलकश लगे थे। वह पहले मायने को तो देख और भोग ही रहा था। अब उसे धुन सवार हो गयी थी अपने नाम के दूसरे अर्थ को चरितार्थ करने की। क्योंकि बेमिसाल बनकर ही वह अपने अकेलेपन और दुर्भाग्य को दूर करना चाहता था। फ़रीद आज तन्हा है। अपने भरे-पूरे परिवार के मध्य भी अकेला है। क्योंकि वह अपनी माँ, भाई, बहन जो उसके अपने सगे हैं, उनके सिवा दूसरे सभी लोगों के लिए बस सौतेला है। पराया है। अवांछित है। यहाँ तक कि उसका अपना सगा बाप भी उसको प्यार नहीं करता। वह उसके प्यार और अपनत्व के दायरे में है ही नहीं। बाप की पसन्द वह नहीं है, उसके वह बेटे हैं जो कि कनीज़ों की कोख से जन्मे हैं। जिस इन्सान को अपनी क़ौम की बीवी का ही कोई पास नहीं, उसके लिए मैं क्या? मेरा वजूद क्या? कैसा बेमुरौव्वत बाप है उसका? और कैसा अभागा बेटा है वह स्वयं? यह सारे विचार रह-रहकर उसके कोमल मन में बचपन से आज तक उठते आये थे और इस समझदारी की उम्र तक भी किसी ज़हरीले कीड़े की भाँति उसे डंक मारते आये हैं। यह सब फ़रीद रह-रहकर सोचता और कभी-कभी तो तन्हाई में वह अपना ही सिर धुनने लगता कि नाहक़ वह एक ऐसे नामुराद इन्सान के घर पैदा हुआ जो इतना बेग़ैरत है कि घर का बड़ा फ़र्ज़न्द होने पर भी उसे उसकी रत्ती भर परवाह नहीं।

ठीक है आज मैं तन्हा हूँ। मगर कल देखना हज़ारों-लाखों को मैं अपना मुरीद बनाऊँगा। तन्हाई में रोयेंगे तो मेरे दुश्मन। मैं क्यों रोऊँ? मैं क़तई नहीं

रोऊँगा। अब से मैं वही सब करूँगा जो मेरा हौसला बढ़ाने, मेरी ताक़त और मेरी सोचने-समझने की क़ूवत बढ़ाने में मेरा फ़ायदा करे। मुझे बेमिसाल बनने में मेरी मदद करे। इस घटाटोप अँधेरे को हटाकर मेरी इस बेकार-सी दुनिया को रौशन करे। ताकि मैं वह बन सकूँ जो कोई न बन सका हो अब तक। यानी कि मैं ऐसा कुछ बनूँ...जैसा इस दुनिया में कोई दूसरा इन्सान न हो...न मुझसे पहले...न मेरे बाद।...

घर आ गया। अम्मीजान भीतर अपनी आरामगाह में चली गयीं। फ़रीद सीधा अपने वालिद के कमरे में पहुँचा। वह एक तख़्त पर मसनद पर कमर टेके छत की ओर ताक रहे थे। दाढ़ीदार चेहरे पर खरोंच के निशान, माथे पर कई शिकनें और साथ में उनकी ख़ामोशी उनकी किसी उलझन और शिकस्त का बयान कर रही थी। कमरे में हुक्के के तम्बाकू की गन्ध गूँज रही थी। फ़रीद धीरे से जाकर उनके क़रीब खड़ा हो गया। अगले पल हसन ख़ाँ की तन्द्रा टूटी।

''आ गये जनाब?...कहाँ थे अब तक?''—हसन ख़ाँ ने आँखें तरेरकर कहा।

''जी ...मैं ज़रा बाहर।''—फ़रीद ख़ुद को ज़ब्त करके बोला।

''जब देखो बाहर। जब देखो बाहर। आख़िर यह घर है या सराय?''—हसन ख़ाँ का स्वर और तेज़ हो गया।

''घर तो यह दिखता नहीं और सराय इसे कह नहीं सकते''—फ़रीद ने ढिठाई से मगर पूरे अप्रत्याशित ठण्डेपन के साथ इस बार पिता को उत्तर दिया।

''क्या कहा? यह घर नहीं है? क्यों?''

''क्योंकि उसमें आप और आपके अपने लोग क़याम करते हैं।''

''बदतमीज़।''

''जो भी हूँ जैसा भी हूँ आप ही का ख़ून हूँ। बुरे अल्फ़ाज निकालने से पहले सोच लीजिये।''

''फ़रीद!...ओह...तुमसे तो बात ही करना फ़िज़ूल है। इस घर को सराय ही तो बना दिया है तुमने।''

''कहा न आपसे कि यह सराय भी नहीं है।''

''वह कैसे?''

''क्योंकि इसमें मेरी एक बेबस माँ रहती है और वह आज भी ज़िन्दा है। उसके रहते कोई दोज़ख़ भी सराय नहीं बन सकती।''

''बड़ी कतरनी की तरह ज़ुबान चलने लगी है तुम्हारी? मैं कहता हूँ निकल जाओ यहाँ से। अभी इसी वक़्त।''

''ठीक है। जाता हूँ। मगर पहले मुझे यहाँ बुलाने का सबब बताइये।''

"भाड़ में जाओ। डूब मरो किसी ताल-तलइये में नालायक!...तुम्हारी-जैसी औलाद से तो कोई बे-औलाद हो तो! ज़्यादा बेहतर।"

दहाड़ते हुए हसन ख़ाँ और प्रतिवाद करते फ़रीद की आवाज़ें सुनकर कमरे में घर की औरतों का मजमा इकट्ठा हो गया। सबसे पहले सुलेमान और अहमद की माँ वहाँ आयी। हसन ख़ाँ की चौथी बीवी। क्योंकि नज़दीक के कमरे में, उसी का निवास था। फिर दूसरी और तीसरी बीवियाँ भी आ गयीं। सबसे आख़िर में पहुँची फ़रीद की बीमार अफ़ग़ान माँ। दूसरी-तीसरी विमाताएँ चुप्पी-क़िस्म की औरतें थीं। वह फ़रीद के सामने उसकी कभी कोई बुराई उसके बाप से नहीं करती थीं। भीतर-ही-भीतर भले ही उसकी जड़ काटें। मगर चौथी विमाता फ़रीद की मुखर विरोधी थी। वह उसके मुँह पर भी टिपोसी बोलकर प्रकारान्तर से उसे नीचा दिखाती रहती थी। पीठ पीछे तो वह ख़ैर ज़हर ही थी। उसका एक ही मक़सद था कि कैसे पहली बेगम के बेटे फ़रीद और निज़ाम उसके शौहर हसन ख़ाँ की नज़रों में दिन-ब-दिन गिरें और कैसे उसके खुद की आँखों के तारे सुलेमान और अहमद ज़्यादा-से-ज़्यादा उसके शौहर की निगाहों में चमकें? फ़रीद की यह छोटी माँ उसके लिए किसी मादा-बिच्छू से कम न थी।

"ऐल्लो सराय ही तो है यह मियाँ साहबज़ादे! ...आपके बाप ठहरे आपके गुलाम और हम सब घर की औरतें ठहरीं आपकी लौंडी। हमारे सरताज इसे मानें-न-मानें। पर यह कनीज़ तो शुरू से मानती है। आप फ़िक्र न करें हाँ!!.." छोटी माँ ने आते ही गेंद पूरी ताक़त से हवा में उछाल दी। फ़रीद ने फुँफकारती हुई नागिन-सरीखी उस विमाता की ओर एक नज़र देखा और कहा—

"मैं आपसे बात नहीं कर रहा हूँ।"

"तो फ़िर किनसे बात कर रहे हो? इनसे? अपने गुलाम से?"—विमाता तमककर पुनः बोली।

"......"—फ़रीद अब खून का घूँट पीकर रह गया। वह नाम की उस छोटी माँ को, दिल से एक कनीज़ ही मानता आया था और उससे भरपूर नफ़रत करता था। क्योंकि उसका कोई भी लक्षण ऐसा नहीं था जिसकी बिना पर उसे एक सौतेली माँ का भी दर्जा दिया जा सके।

"फ़रीद! यह सब क्या हो रहा है?" उसकी अपनी माँ उस मर्दाने कमरे में अब तक दाख़िल हो चुकी थी।

"कुछ नहीं अम्मीजान। आप ही ने कहा था कि अब्बाजान बुला रहे हैं। यहाँ आया तो यह आते ही बरस पड़े।"

"इसे समझाइये बेगम! यह लड़का हाथ से निकलता जा रहा है। ज़रा-सी भी बर्दाश्त नहीं है इसके अन्दर। कुछ कहो तो उल्टे-सीधे जवाब देता है।"

"जवाब क्या देता हूँ? आप हरबार बात ही ऐसी कहते हैं। मैं तो आपसे पूछने आया था कि मेरे लिये क्या हुक्म है? और आप उल्टे बेवजह नाराज़ हो गये।"

"बेगम! जो कुछ मैं कहना चाहता था अब इन साहबज़ादे से नहीं कहूँगा। अपना काम मैं किसी-न-किसी तरह चला लूँगा। आप बस इन्हें मेरी नज़रों के सामने से ले जाइये। अब मुझे इनकी क़तई ज़रूरत नहीं। कह दीजिये कि इनका बाप मर गया आज से। जाओ भई जाओ...चले जाओ यहाँ से...मुझे तो तुम बस माफ़ करो।"—कहकर हसन ख़ाँ ने मुँह फेर लिया।

सबके सामने ख़ुद से बाप की ऐसी बेरुख़ी फ़रीद को बहुत नागवार लगी। उसे लगा कि अब तो पानी नाक से भी ऊँचा हो गया है। घर तो यह कभी उसका था नहीं। आज तो यह वाक़ई सराय कहलाने लायक भी नहीं रहा।

उसकी अम्मीजान ने भी उसकी एक न सुनी। हाथ पकड़कर उसे कमरे से बाहर घसीट ले गयीं। गुस्से और हताशा में उन्होंने अपने ही बेटे को जी भरकर बुरा-भला कहा और बड़ी देर तक रोती रहीं। फ़रीद उस पूरी रात ठीक से सो न सका। सुबह बड़े तड़के उसने उठकर अपने छोटे भाई निज़ाम को सोते से जगाया।

अधनींदे निज़ाम से फ़रीद ने कहा कि वह घर छोड़कर जा रहा है और वह उसके पीछे अम्मीजान और छोटी बहन का ख़्याल रखे। यह सुनते ही निज़ाम चौंककर जाग उठा।

"क्या?...क्या कह रहे हैं भाईजान?..." निज़ाम आश्चर्य से बोला।

मुँह पर उँगली रखकर फ़रीद ने छोटे भाई को चुप कराया और फिर धीरे से कहा कि वह उसके पीछे-पीछे बाहर आये। दोनों भाई ख़ामोशी से उठ खड़े हुए।

शयनागार से हवेली की ड्योढ़ी तक फ़रीद निज़ाम को आहिस्ता से अपने साथ ले गया। फिर बोला—

"मैंने ख़ूब सोच-समझ लिया है। अब इस हवेली में मेरा गुज़ारा नहीं है। मैं अभी इसी वक़्त जौनपुर जा रहा हूँ। वहाँ जाकर हाकिम जौनपुर जमाल ख़ाँ साहब से मिलूँगा। वहीं कुछ पढ़ूँगा-लिखूँगा और अपने लिये कोई काम-धन्धा तलाश करूँगा..."

"लेकिन भाईजान!..."

"मेरी बात ग़ौर से सुनो निज़ाम। फ़िलहाल लेकिन-वेकिन कुछ नहीं। अगर मेरा बस चलता तो मैं अम्मी, तुम्हें और शहला को भी अपने साथ ले जाता। लेकिन अभी मेरा ही कोई ठिकाना नहीं।...पर चाहे जो हो मुझे अपने इस जल्लाद बाप के साये में अब बिलकुल नहीं रहना। मैं जा रहा हूँ। अम्मीजान को बता देना और अपना सबका ख़्याल रखना। तुम्हें मेरी क़सम। मेरे पीछे मत आना। जब मैं कुछ बन

जाऊँगा तब तुम्हें अपने साथ ज़रूर ले जाऊँगा। यह मेरा वायदा रहा तुमसे।"

यह कहकर फ़रीद ख़ाँ ने छोटे भाई निज़ाम ख़ाँ को गले से लगाया। छोटा भाई सिसककर रोने लगा। फ़रीद उसके बाद बिना मुड़े वहाँ से भाग चला। वह भागता गया। भागता गया। अस्तबल में जाकर उसने अपना प्रिय घोड़ा निकाला। उस पर ज़ीन कसी। फिर उस पर सवार होकर अपने मन में तय की हुई मंज़िल जौनपुर की दिशा में रवाना हो गया।

रास्ते में कई जगह उसने लोगों से राहगीरों से बस एक ही सवाल पूछा—

"जौनपुर किधर से जाते हैं?"

फ़रीद के घोड़े ने भी फ़रीद का उसकी इस पहली आज़ादी के सफ़र में पूरा साथ दिया।

वाक़ई नाम का बड़ा असर होता है। फ़रीद, जिसका एक मतलब है तन्हा। फ़रीद जिसका दूसरा मतलब है बेमिसाल।

सहसराम से जौनपुर का यह तन्हा सफ़र फ़रीद के बेमिसाल बनने में उसकी ज़िन्दगी का पहला पड़ाव भी था और उसकी ख़्वाहिशों की पहली मंज़िल भी। लोग दूरियों में मंज़िलें तय करते हैं, लेकिन फ़रीद ख़ाँ अर्थात् भावी शेरशाह सूरी ने इसके बाद बुलन्दियों में, एक के बाद एक कर अनेक मंज़िलें तय कीं।

फ़रीद की अफ़ग़ान माँ

2

वहाँ कौन है मेरा

यह सफ़र था नाउम्मीदी से उम्मीद की जानिब का। यह सफ़र था बेबसी, लाचारी और घुटन से आगे, ख़ुदमुख़्तारी, हौसलों और एक जुनून का। यह सफ़र था मख़मली मुलायम बिस्तर से घोड़े की कड़ी ज़ीन और लोहे की रक़ाब के अहसास का। यह सफ़र था एक होनहार बेटे का अपने भटके हुए बाप की नाइन्साफ़ियों के ख़िलाफ़ नाफ़र्मान बग़ावत का। यह सफ़र था इस दुनिया में अब अपना लोहा मनवाने की ख़ातिर कुछ कर गुज़रने का। यह सफ़र था अँधेरों से लड़ने की ख़ातिर इल्म की रौशनी हासिल करने के एक अहद का। फ़रीद ख़ाँ वल्द हसन ख़ाँ सहसराम से जौनपुर के सफ़र पर महज़ तफ़्रीह के लिए नहीं निकला था। वह समझता था कि इल्म और रूहानियत का मर्कज़ जौनपुर ही वह जगह है, जो शायद उसके सपनों को हक़ीक़त में बदलने में सबसे ज़रूरी और एक आला मुक़ाम साबित हो।

अपनी इस अनोखी और अकेले-अकेल की गयी पहली यात्रा में फ़रीद को बहुत-सी दुश्वारियों का सामना करना पड़ा। न उसके पास खाने को कुछ ख़ास था न रात में ओढ़ने को कुछ ख़ास। एक छोटी-सी मशक थी, जिसे उसने घोड़े की ज़ीन से बाँध रखा था। कमर में लपेटे अँगरखे की गाँठ में चन्द सिक्के और कौड़ियाँ ही सफ़र का सहारा थे। फ़रीद मुतवातिर चार-पाँच दिन तक रुक-रुककर चलता रहा। सहसराम से एक सड़क बनारस की ओर जाती थी। जगह-जगह उखड़ी हुई। कहीं-कहीं तो बीच में से मीलों ग़ायब। बाढ़ के पानी से बर्बाद। वक़्त की मार से पसमान्दा। इसलिए फ़रीद बीच-बीच में रास्ता भटक जाता। उसका घोड़ा उसे लिये-दिये जंगलों-खेतों-खलिहानों और मुख़्तलिफ़ मैदानों में भटका ले जाता। वह फिर लोगों से पूछता। जौनपुर किधर है? कोई कहता—"यह कौन जगह बतायी भइया?" कोई कहता—"बेटा! उधर आगे चले जाओ वहाँ मुखिया जी से पूछ लेना।

हम तो जनम जिन्दगी दो-चार गाँवों से बाहर ही नहीं गये। बूढ़े आदमी हैं।'' रास्ते में कोई कुआँ-पोखरा दिख जाता तो फ़रीद उतरकर अपनी और अपने घोड़े की प्यास बुझाता। ख़ाली हो चुकी मशक को भरता। कुछ घड़ी-कुछ पल किसी पेड़ की छाँव के नीचे गुज़ारता। कहीं कोई टूटी-फूटी सराय मिल जाती तो उसमें रात काट देता। न मिलती तो खुले आसमान के नीचे कहीं तारों की छाँव में ही कमर सीधी कर लेता। घोड़े के चारे की समस्या उसके लिए ख़ुद के निवाले से ज़्यादा कठिन थी। उसकी भी फ़िक्र उसे करनी पड़ती।

एक जगह पर सड़क की बेतरह ख़स्ता हालत देखकर उसे जौनपुर की मंज़िल और भी दूर दिखती नज़र आयी। कुछ राहगीरों से पूछा तो उन्होंने कहा कि—''बनारस के पास से एक रास्ता जौनपुर की तरफ़ जाता है। मगर आप उधर से न जायें। इधर से ही दाहिने वह जो गाँव देख रहे हैं, उधर निकल जायें। उसके ठीक पीछे से एक कच्चा रास्ता आपको जौनपुर की ओर ले जायेगा। गाँव-गाँव पूछते जाइये। जल्द पहुँच जाइयेगा।''

उनकी सलाह पर फ़रीद ने अपना घोड़ा उसी दिशा में मोड़ दिया जिधर उन अजनबियों ने इशारा किया था। यह इस सफ़र की उसकी अब तक की सबसे बड़ी भूल थी।

एक अनजान राही के लिए अनजान डगर भूसे में खोयी हुई किसी तीली की तरह होती है। अब ढूँढ़ो अगर खो गयी तुम्हारी राह। कोई कहता उधर से चले जाओ। कोई कहता—''इधर कहाँ चले आये? कहरुआ गाँव तो उधर नाले किनारे की डगर के बाद दो कोस पीछे छूट गया। अच्छा ऐसा करो तुम उस झण्डेवाले मन्दिर के बराबर से निकलकर बायें घूम जाओ। आगे एक पुलिया मिलेगी इसी नाले के ऊपर से। उसे पार कर फिर घास का एक मैदान मिलेगा। उसे पार करना। आगे पूछ लेना कि गुढ़ाई गाँव किधर है? गुढ़ाई पहुँच जाओगे तो वहाँ से कहरुआ होकर जौनपुर का आगे का रास्ता पूछ लेना।...''

जितने मुँह उतनी बातें। किसी से फ़रीद पूछता—भइया फ़लाँ गाँव बताया था किसी ने। कितनी दूर है? जवाब मिलता—''बस थोड़ी ही दूर है।'' फ़रीद घोड़ा दौड़ाता जाता। चार-छह मील बाद भी वह 'थोड़ी दूर' ख़त्म न होती। जिससे पूछो कहता—''वह क्या है आगे। थोड़ी दूर ही तो। अरे नगीचै समझो। बस जान ल्यो पहुँच गये।...''

फ़रीद को सहसराम से जौनपुर के उस तन्हा सफ़र ने काफ़ी तजुर्बा दिया। वह जिस्मानी तौर पर चाहे जितना हलकान हुआ हो, दिमाग़ी तौर पर उतना ही चलते-भटकते निखरता गया। उसे समझ में आया कि सड़क और सफ़र की आसाइशें अगर बेहतर हों तो मुसाफ़िरों को इस तरह की तकलीफ़ों और दुश्वारियों

से ख़ामख़्वा न गुज़रना पड़े। अगर रास्ते पक्के हों, उन पर सरायें हों, पेड़ों की छाया हो तो वह सब चीज़ें राहगीर को कितना सुकून और तसल्ली बख़्श सकती हैं। पीने के साफ़ पानी के लिए पक्के कुएँ भी रास्ते में कुछ दूरियों पर मिल जायें तो सूखते हलक और पपड़ाये होंठों को उनसे कितनी राहत मिले। जंगल-जंगल अनजान पगडण्डियों, बिच्छू घासों और कँटीले झाड़ों से होकर गुज़रना कितना वक़्त खपाऊँ और तकलीफ़देह होता है। बेवकूफ़ों की तरह आप चले जा रहे हैं। चले जा रहे हैं। वह भी अजनबियों और लफंगों की बातों के भरोसे? न कोई तयशुदा रास्ता है। न कोई सही बतानेवाला। ऐसे में तयशुदा मंज़िल की ओर आख़िर आप कैसे पहुँचें? अगर फ़रीद का बस चले तो वह इस ज़मीन की छाती पर एक ऐसा नुमायाँ नक्शा खींच दे जिस पर सड़कों, सरायों, दरख़्तों, कुओं का वह बेहतरीन इन्तज़ाम हो जो इन्सानों को सफ़र में दरबदर भटकने से हमेशा-हमेशा के लिए निजात दिला दे। हाँ...इबादत के लिए एक कहीं-न-कहीं मस्जिद भी होना ज़रूरी है।...

बड़ी मुश्किल से हफ़्ते भर के सफ़र के बाद सोते-जागते-थके-टूटे अन्दाज़ में फ़रीद ख़ाँ सूर आख़िर जौनपुर पहुँच ही गया। अल्लाह का शुक्र है कि उसके घोड़े ने उसे बिना दग़ा दिये उसकी मंज़िल तक सही-सलामत पहुँचा दिया। हालाँकि वह घोड़ा भी अपने सवार को मीलों और कोसों के उस तवील सफ़र में अपनी पीठ पर ढोते-ढोते तक़रीबन तबाह हो चला था। वह तो भला हो उसके सवार का कि वह एक रहमदिल और समझदार इन्सान था जिसने अपने खाने से पहले उस अरबी चौपाये की ख़ुराक की फ़िक्र की और अपने आराम से ज़्यादा उसके सुस्ताने का रात-दिन ख़्याल रखा। घोड़े की ताक़त और इन्सान की हिक्मत मिलकर आख़िरकार सफ़र को कामयाब कर ही देती है।

◘

◘

दरअसल, सगे बाप हसन ख़ाँ की और विमाता हुस्ना बेगम की कड़वी बातें और उनका मुतवातिर बुरा व्यवहार ही फ़रीद को उनसे विमुख कर देने का अकेला कारण नहीं था। उसके रूठने की असली वजह थी घर का बड़ा बेटा होने के बावजूद हसन ख़ाँ द्वारा उसे जागीर की देखभाल के मामले में ज़रा-सी तरजीह न देना। हसन ख़ाँ सारा काम-काज ख़ुद देखता था। कभी ऐयाशी और दूसरी वजूहात से ख़ुद न देख पाता तो नौकरों और अपनी चौथी बीवी के बेटों सुलेमान या अहमद को मौक़े पर भेजकर उनसे कोई काम निकाल लेता। उसके पीछे उसकी चौथी बीवी का उस पर चलनेवाला वह जादू था जो हसन ख़ाँ को मज़बूर किये रहता कि वह फ़रीद को अपने

से ज़ितना हो सके दूर रखे। अपनी जागीर के परगनों सहसराम, खवासपुर, टाँडा में से कोई भी अच्छे गाँव उसने उसके लिए मुक़र्रर नहीं किये। बेकार के चन्द गाँव जो कोसों दूर थे नाम के लिए उसने फ़रीद को दिये और वह उसे वहाँ भी जाने न देता। महीने में एक-दो बार वह फ़रीद की माँ को कुछ रक़म यूँ दे दिया करता जैसे किसी भिखारन को भीख दी जाती है। जबकि और बीवियाँ और उनकी औलादें बेहतर ज़िन्दगी जीते। सुलेमान और अहमद की तो ख़ैर चाँदी थी। उनकी माँ सोने-चाँदी के ज़ेवरातों से हमेशा लदी रहती और सुबह से शाम तक सजी-धजी रहकर हसन ख़ाँ को तर माल खिला-खिलाकर फाँसे रहती। हसन ख़ाँ की यह कम उम्र की चौथी बीवी एक हिन्दू कनीज़ थी, जिससे उसने बाद में निकाह कर लिया था। वह बेहद हसीन थी। हसन ख़ाँ उसके हुस्न का इस क़दर दीवाना था कि इसने उसका नाम हुस्ना बेगम ही रख दिया था।

इन्हीं हालातों में अपमान सहने की हद हो जाने पर फ़रीद ख़ाँ बाप से नाराज़ होकर जौनपुर के हाकिम जमाल ख़ाँ साहब के पास चला आया था। वही जमाल ख़ाँ जिनकी इनायत पर उसका बेरहम बाप सहसराम में पड़ा-पड़ा रंगरेलियाँ मना रहा था।

फ़रीद ख़ाँ को अचानक आया देखकर जमाल ख़ाँ को हैरत तो हुई मगर जल्द ही वह सारी बातें जान गये। फ़रीद ने तो ख़ैर लिहाज़ में बाप के ख़िलाफ़ उनसे ज़्यादा कुछ नहीं कहा। लेकिन जमाल ख़ाँ के अहलकारों ने उन्हें फ़रीद के प्रति उसके बाप हसन ख़ाँ की ओर से की जाती ज़्यादतियों के बारे में काफ़ी-कुछ बता दिया। जितना सुन रखा था या फिर जितना उन्हें फ़रीद से कुरेदने पर हासिल हुआ था।

उधर सहसराम में फ़रीद के अचानक घर छोड़कर चले जाने के बाद हंगामा मच गया। छोटे भाई निज़ाम ने सबसे पहले अपनी अम्मीजान को बताया। वह तड़पती-रोती अपना मुँह पीटने लगीं। निज़ाम और शहला भी बिलखने लगे। बात जब हसन ख़ाँ को पता चली तो वह गालियाँ बकने लगा। सुलेमान और अहमद की माता हुस्ना बेगम ने कहा कि—"अच्छा हुआ कि दफ़ा हो गया मरदूद।"

जबकि दूसरी माँओं ने फ़रीद की माँ बड़ी बेगम को घेरकर दिलासा देने-दिलाने में ही बेहतरी समझी।

वही नौकर मुस्तफ़ा जो कुछ दिन पहले फ़रीद बेटे को ढूँढ़कर वीरानों से लाया था उसे क़ासिद की तरह तैयार किया गया और जौनपुर रवाना किया गया। निज़ाम ने माँ-बाप को बता ही दिया था कि—"फ़रीद भाईजान अल्लसुबह घोड़े पर सवार होकर जौनपुर निकल गये। कह रहे थे पढ़ाई करेंगे और उसके अलावा कोई काम-काज करेंगे वहाँ।..."

क़ासिद के हाथ एक रुक्क़ा जमाल ख़ाँ के नाम लिखकर हसन ख़ाँ ने भिजवाया। उसमें लिखा था–"फ़रीद मुझसे बिला वजह रूठकर आपके पास चला गया है। उसकी वालिदा और सारे घरवाले बड़े परेशान हैं। मेरी आपसे गुज़ारिश है कि आप उसे मना-समझाकर सहसराम वापस भिजवा दें। उसकी अच्छी-से-अच्छी तालीम का हम यहीं बन्दोबस्त कर देंगे अगर तालीम की ख़्वाहिश से ही वह जौनपुर गया है। आपकी मेहरबानी पर मुझे पूरा ऐतबार है। अव्वल तो आप उसे समझा-बुझा लेंगे। फिर भी अगर वह लड़का आपकी बात न माने और वापस आने को तैयार न हो तो फिर आप उसे अपनी सरपरस्ती में वहीं रख लीजियेगा। उस हालत में मेरी दस्तबस्ता गुज़ारिश है कि आप उसकी दीनी और दुनियावी तालीम पर ज़रूरी ग़ौर फर्मायेंगे और उसे किसी अच्छी जगह दाख़िला दिला देंगे।"

अमीर ज़माल ख़ाँ ने पहले तो फ़रीद को समझाने-बुझाने की काफ़ी कोशिश की कि वह अपने ख़ानदान का बड़ा बेटा है। उसे यूँ घर छोड़कर अपने माँ-बाप से बिना बताये नहीं चले आना चाहिए था। बेहतर होगा कि वह अपने वालिद के पास लौट जाये और जाकर उनकी मदद करे। उनके कहे अनुसार करे। हसन ख़ाँ साहब बड़े परेशान हैं और उसे याद कर रहे हैं। उन्होंने इस बाबत क़ासिद के हाथों एक रुक्क़ा भी भेजा है। मगर फ़रीद ने विनम्रतापूर्वक जमाल ख़ाँ से कहा कि–"आप जिस तरह से मेरे वालिद के सरपरस्त हैं मैं भी आपके मुकद्दस साये में बैठने का ख़्वाहिशमन्द हूँ। हुजूर! आप उसी तरह मेरे भी सरपरस्त बनें और मुझे इल्म और तालीम की इस दुनिया में जो जौनपुर में रौशन है, उसमें कुछ वक़्त गुज़ारने का मौक़ा दें। आपका यह अहसान यह नाचीज़ फ़रीद कभी नहीं भूलेगा।"

जमाल ख़ाँ ने कहा–"सरपरस्त तो हम आपके हैं ही। मगर आपको अपने अब्बा हुजूर के बारे में भी तो सोचना चाहिए। फिर आपके अब्बा का कहना है कि आपको वह सहसराम में अच्छी-से-अच्छी तालीम दिलाने का बन्दोबस्त करने जा रहे हैं।"

"हुजूर गुस्ताख़ी माफ़!...आपसे मैं उनके बारे में कोई ग़ैर मुनासिब बात नहीं करना चाहता सिवा इसके कि उन्हें अब तक मेरी कितनी फ़िक्र रही है इसे मैं अच्छी तरह जानता हूँ। आप मेरे सरपरस्त ही नहीं मेरे बुज़ुर्ग भी हैं। मुझे आपमें अपने दादाजान का अक्स नज़र आता है।...ख़ुदा के वास्ते अब्बाजान से यह कह दीजिये कि अगर वह मुझे वापस बुलाकर तालीम ही दिलवाना चाहते हैं तो इस जौनपुर शहर में ही बड़े-बड़े आलिम हैं। फ़रीद उनसे और भी बेहतर इल्म हासिल कर सकेगा।"

जमाल ख़ाँ पर फ़रीद ख़ाँ की इस फ़रियाद और उसके अडिग इरादे का काफ़ी असर हुआ और वह आगे कोई उज्र नहीं कर सके। उन्होंने फ़रीद ख़ाँ का दाख़िला

जौनपुर के सबसे आला शैक्षिक संस्थान 'मदर्सतुल उलूम' में करवा दिया। फ़रीद के लिए इल्मोअदब की रौशन दुनिया का दरवाज़ा इस तरह खुल गया।

वह उसमें एक गम्भीर विद्यार्थी की तरह दाख़िल हुआ। फ़रीद जानता था कि उसकी विमाता के रूप-सौन्दर्य में गिरफ़्तार उसका पिता उसके मुस्तकबिल की बेहतरी की ओर ज़्यादा फ़िक्रमन्द नहीं है। हो सकता है कि कहीं हुस्ना बेगम नाम की उस औरत ने ही उसे यह न समझा दिया हो कि यह लड़का जाहिल ही रहे तो बेहतर। ज़्यादा पढ़-लिख गया तो और सिर पर चढ़ जायेगा।...या यह कि मेरे बेटे सहसराम में पढ़ें और यह मरदूद जौनपुर में तालेबिल्म होने का फ़ायदा उठाये? यह तो सरासर नाइन्साफ़ी है। या तो उसे वापस बुला लीजिये या मेरे सुलेमान और अहमद की भी बेहतर तालीम के वास्ते उन्हें वहीं भिजवा दीजिये...

सुलेमान और अहमद तो ख़ैर जौनपुर नहीं आये। मगर फ़िक्रमन्द फ़रीद ख़ाँ नतीज़नत मदर्सतुल उलूम में और भी लगन और परिश्रम से विद्या अध्ययन करने लगा। वह दूसरे विद्यार्थियों से काफ़ी भिन्न था। वह मौलवी साहबान के नज़दीक-से-नज़दीक बैठने की हमेशा कोशिश करता। उनसे बेहिचक सवाल करता और मन में उठनेवाले सवालों से टक्कर लेता रहता। समाधान न मिलने पर विद्वानों से दोबारा सवाल करता। मौलवी साहबान भी उसकी इल्म के प्रति इस क़दर रुझान और ज़हानत से बड़े खुश और मुतास्सिर थे। वह उसे पुस्तकालय में अच्छी-से-अच्छी किताबें पढ़ने का मशविरा देते। फ़रीद मदर्सतुल उलूम की पढ़ाई के घण्टों से जो वक़्त बचता उन्हें खेल-कूद में न गँवाकर वहाँ के पुस्तकालय में ज़्यादा-से-ज़्यादा ख़र्च करता।

फ़रीद ने मज़हबी तालीम के साथ-साथ दुनियावी तालीम भी वहाँ हासिल की। उसने अरबी और फ़ारसी भाषा में कई ग्रन्थ पढ़े। काज़ी शहाबुद्दीन की टीका से युक्त व्याकरण की पुस्तक 'काफ़िया' पढ़ी। उसे पुराने राजाओं और सुल्तानों की जीवनियों को पढ़ने का बड़ा शौक था। शासकों की जीवनियों को पढ़कर वह उनके संघर्षों और सफलताओं-असफलताओं के बारे में सोचता था। उसे यह भी तलाश रहती कि उन शासकों ने आख़िर ऐसे कौन-से काम किये जिन्हें लेकर रियाया की ज़िन्दगी में कुछ ख़ुशहाली और बेहतरी आयी हो, या फिर वह हुक्मराँ सिर्फ़ क़त्लों-ग़ारत तक ही अपने को महदूद रख सके। ज़्यादातर अफ़सानों में उसे विजय-अभियानों, युद्धों और शिकस्तों की ही दास्तानें पढ़ने को मिलीं। उसमें आम आदमी की ज़िन्दगियों का हवाला न के बराबर था। यह देखकर उसे हैरत होती।

फ़रीद ख़ाँ जब किताबों को पढ़ता तो इतिहास के पन्नों में दूर तक डूबा रहता। किसी-किसी लफ़्ज़ को पढ़कर उसके मायनों की तलाश में वह खो-सा जाता। वह

उसमें कही गयी परिस्थितियों से कुछ निष्कर्ष भी खोजता। फ़रीद ने निज़ामी गंजवी का फ़ारसी भाषा में लिखा जब 'सिकन्दरनामा' पढ़ा तो उसने मकदूनिया के राजा सिकन्दरे-आज़म के बारे में पहली बार जाना जो ईसा से 326 बरस पहले अपने विश्वविजय अभियान में हिन्दुस्तान आया था। सिकन्दर जिसकी यूनानी फ़ौजों ने नावों का पुल बनाकर सिन्धु नदी को पार किया। फ़रीद ने जाना कि उस दौरान पंजाब और सिन्ध में कई छोटे-छोटे राज्य थे। इनके राजा आपस में लड़ा करते थे। सिकन्दर ने इसका फ़ायदा उठाया। फ़रीद ने जाना कि तक्षशिला के राजा आम्भी ने अपने दुश्मन राजा पोरस को नीचा दिखाने के लिए सिकन्दर से हाथ मिला लिया और उसके सामने आत्मसमर्पण कर दिया। उसी ने सिकन्दर को झेलम के तट तक पहुँचने का आसान रास्ता दिखाया और रसद-पानी से उसकी यूनानी फ़ौज की मदद की। इसी से झेलम और चिनाब नदियों के बीच राज्य करनेवाले राजा पोरस को सिकन्दर युद्ध में हरा पाया था।

राजा पोरस आत्म-स्वाभिमानी था। उसने सिकन्दर के सामने हथियार नहीं डाले और वह उससे बड़ी बहादुरी से लड़ा। मगर हार गया। फ़रीद सिकन्दरनामा पढ़ते-पढ़ते एक जगह पर अटक गया। उसने पढ़ा कि सिकन्दर के पास गतिशील घुड़सवार और तीरन्दाज़ सैनिक थे। जबकि पोरस के पास ज़्यादातर पैदल सैनिकों की फ़ौज थी और कम गतिशील हाथी थे। हाथी नदी के किनारे दलदल में जगह-जगह फँस गये। जबकि तेज़ गति के यूनानी अश्वारोहियों ने हिन्द के पैदल सैनिकों को बड़ी तादाद में रौंद और काट डाला। पोरस की हार हुई। मगर फिर भी सिकन्दर के सामने बन्दी की हालत में लाये जाने पर राजा पोरस ने अपना राजसी-तेवर नहीं छोड़ा। सिकन्दर ने पोरस से पूछा कि वह अब उसका क़ैदी है। बताये कि अब वह उससे कैसा सुलूक चाहता है? तो पोरस ने जवाब दिया कि जैसा एक राजा को दूसरे राजा से करना चाहिए। सिकन्दर ने तब पोरस को फ़ौरन बन्धन-मुक्त कर दिया और अपने साथ मिला लिया। मगर आगे की कुछ लड़ाइयाँ जीतने के बाद सिकन्दर हिन्दुस्तान में बहुत आगे नहीं बढ़ सका। आगे मगध का शक्तिशाली साम्राज्य था, जिससे लड़ने को यूनानी फ़ौजें नाकाफ़ी थीं। दूर देश से आये उसके फ़ौजी भी अब आगे बढ़ने को तैयार न थे। लड़ते-लड़ते मरते-कटते उनके हौसले पस्त हो चुके थे। लिहाज़ा सिकन्दर को हिन्दुस्तान से वापस लौटना पड़ा।

फ़रीद सिकन्दर की तारीख़ को पढ़कर बहुत देर तक झेलम तट पर पोरस से हुए उस युद्ध के दृश्य की कल्पना में कई दिनों तक खोया रहा। गतिशील घुड़सवार। पस्त हाथी। इनके बीच भिड़न्त। इसका मतलब युद्ध में रफ़्तार का बहुत महत्त्व है। ज़ाहिर है जो जितना तेज़ होगा उतना ही बेहतर पैंतरेबाज़ होगा। उतनी ही तेज़ी से वह दुश्मन पर हावी हो सकेगा।...

फ़रीद विद्वानों से एक तालेबिल्म की हैसियत से बड़े अदब से पेश आता। विद्वान् मौलवी भी उसे बड़ा स्नेह देते। मौलाना वहीद उसके एक अत्यन्त प्रिय आलिम थे। फ़रीद के लिए जैसे वह एक संरक्षक तुल्य थे। वह उनसे स्वयं को बहुत नज़दीक पाता। अपनी जिज्ञासाओं का ज़्यादातर समाधान वह उन्हीं से करता। मौलाना वहीद भी अपने बेटे की तरह फ़रीद को चाहने लगे थे। अक्सर वह सुबह-सुबह मौलाना के साथ सैर पर निकल जाता।

मौलाना उसे बताते कि—"किताबों का इल्म तो ज़रूरी है ही। क़ुदरत से हमें बहुत-सा इल्म मिलता है। उसे जानना भी ज़रूरी है।...इन चींटियों को देखते हो तुम। उस कीड़े की भारी-भरकम लाश को किस तरह एकजुट होकर ढकेलती-पकड़ती अपने बिल की ओर ले जा रही हैं।...और देखो सब-की-सब कैसी एक क़तार में आ रही हैं और दूसरी क़तार में जा रही है।...कोई अफ़रा-तफ़री नहीं...कैसा तालमेल है इनके भीतर। यह चींटियाँ नन्हीं और कमज़ोर दिखने पर भी भीतर से बहुत मज़बूत हैं। यह मज़बूती इनकी यकजहती पर क़ायम है और उसी के बलबूते यह बड़ी-बड़ी मुहिमों को भी सर कर लेती हैं।..."

फ़रीद ख़ाँ ने अनेक ऐतिहासिक, दार्शनिक और अन्य महत्त्वपूर्ण पुस्तकें पढ़ीं। उसने 'सिकन्दरनामा', 'गुलिस्ताँ' और 'बोस्ताँ'-जैसे ग्रन्थों को तो काफ़ी हद तक ज़ुबानी याद कर लिया। फ़रीद ख़ाँ की स्मरण शक्ति गज़ब की थी। वह अक्सर उन किताबों के कई अंशों को सुनाकर दूसरे विद्यार्थियों को चमत्कृत कर देता। मौलाना वहीद अक्सर दूसरे विद्वानों के सामने फ़रीद से कहते कि फ़लाँ किताब से वह फ़लाँ प्रसंग सुनाये। फ़रीद जब लफ़्ज़-ब-लफ़्ज़ वह प्रसंग सुनाता तो उसे सुनकर विद्वान् वाह-वाह कर उठते। इससे फ़रीद का आत्मविश्वास कई गुना बढ़ जाता। फ़रीद को एक और पुस्तक बड़ी पसन्द थी जिसका नाम था—"हाशिया-ए-हिन्दया।" इस तरह जौनपुर की शिक्षा-दीक्षा ने फ़रीद के व्यक्तित्व के विकास में ज़बर्दस्त इज़ाफा किया।

मौलाना वहीद जहाँ क़ुदरत का गहराई से अवलोकन और विश्लेषण करनेवाले एक विद्वान् थे वहीं उनकी किताबों में और अध्ययन के अन्य तमाम साधनों में भारी दिलचस्पी थी। वह लोककथाओं के साथ इन्सानी अतीत और वर्तमान को सूत्रबद्ध करने में यक़ीन रखते थे।

इन्हीं तमाम साधनों से फ़ारसी शायरी में रचे गये निज़ामी के 'सिकन्दरनामा' के अस्पष्ट और टूटे-फूटे इतिहास को उन्होंने लोककथाओं और जनश्रुतियों से जोड़कर एक काफ़ी-कुछ साफ़ तस्वीर अपने शार्गिद फ़रीद ख़ाँ के सामने रखी। उस तस्वीर से हिन्दुस्तान के पश्चिमी सीमान्त-सिन्धु, झेलम और चिनाब नदियों के इलाक़े, सिकन्दर और पोरस की लड़ाई और उनका युग फ़रीद के ज़ेहन में एक नयी शक्ल में उभरा। फ़रीद ने यह सीखा कि केवल किताबी ज्ञान ही सब-कुछ नहीं है।

आम लोगों की जुबान से सदियों से चले आ रहे ख़लाँ में गूँजते तराने भी बहुत-कुछ सच्चाइयाँ बयान करते हैं।

जौनपुर में फ़रीद ख़ाँ के वह दिन बहुत सुकून और चैन के दिन थे। अपनी प्यारी माँ और भाई निज़ाम ख़ाँ की उसे बहुत याद आती थी। छोटी बहन का भी ख़याल आता। मगर जब उन तीन कनीज़ों को और उनकी औलादों को वह याद करता तो उसे अपने बाप क़ी बेरुख़ी और उनकी नाक़ाबिले बर्दाश्त बातें याद आ जातीं, जो उसके ज़ेहन का स्याह हिस्सा थीं।...हसन ख़ाँ की असल बीवी तो उसकी अफ़ग़ान माँ थी। पर उसे कभी उनकी बेगम का सही दर्जा हसन ख़ाँ सूर साहब ने नहीं दिया। उलटे अपने हरम में रखी हुई उन तीन कनीज़ों को एक के बाद एक निकाह कर उन्हें अपनी बीवियों का दर्जा ज़रूर दे दिया।...उनमें से सबसे छोटी और जो सबसे खोटी कनीज़ थी, सुलेमान और अहमद की माँ, उसे अपनी सबसे चहेती बेगम का वक़ार भी बख़्श दिया।...

यह बातें उसने अपने एक ख़ास दोस्त सईद अहमद को बतायी थीं। सईद मदरसे में फ़रीद ख़ाँ का सबसे नज़दीकी दोस्त था। सईद रिश्ते में उसका दूर का भाई भी लगता था। उसके बाप हसन ख़ाँ की एक फूफी का नवासा था वह। मदरसे से छुट्टी होने पर शाम के वक़्त अक्सर फ़रीद ख़ाँ सईद अहमद के घर चला जाता। फूफीजान और दूसरे रिश्तेदार फ़रीद को बड़ा पसन्द करते। उसकी बड़ी ख़ातिर करते। फूफीजान जब सईद को खाने को कुछ देती तो बड़े इसरार से फ़रीद ख़ाँ को भी खिलातीं। फूफीजान के हाथों के बने पराठे और ख़ुश्क सालन फ़रीद को बेहद पसन्द थे।

फ़रीद ख़ाँ अपने दोस्त सईद अहमद से अपने दिल की कोई बात नहीं छिपाता था। सईद भी फ़रीद से बड़ा बेतकल्लुफ़ था। दोनों में नौजवान दोस्तों के बीच होनेवाले हँसी-मज़ाक भी हुआ करते। कुछ शेर-ओ-सुख़न, कुछ लड़कियों और उनकी अदाओं की बातें, कुछ हुस्न की शोख़ियों के क़िस्से भी छुप-छुपकर बयान होते। पढ़ाई-लिखाई से हासिल होनेवाले इल्म का भी वह दोनों दोस्त परस्पर आदान-प्रदान करते। फ़रीद से सईद को उसके सहसराम की बहुत-सी बातें मालूम हुईं। फ़रीद के घर की बातें और उसकी विमाताओं और उनके कारण उस पर उसके माँ-भाई-बहन पर होनेवाले अन्याय के बारे में फ़रीद के गहरे असन्तोष का उसे अहसास हुआ। धीरे-धीरे सईद से बातें फूफीजान के कानों तक पहुँचीं और फूफीजान से होकर जौनपुर के दूसरे रिश्तेदारों और बिरादरों में फैलीं। हसन ख़ाँ की अऐयाशियों और बेटे फ़रीद ख़ाँ पर उसके द्वारा किये गये दोग़ले व्यवहार के क़िस्से आम हो गये। इस तरह फ़रीद ख़ाँ के घर की बातें परदे में छिपी न रह सकीं। जमाल ख़ाँ साहब जो फ़रीद के सरपरस्त थे, जिनकी हवेली के एक हिस्से में फ़रीद ख़ाँ उन दिनों रहता था, उनकी चारदीवारियों में भी यह राज़ की बातें क़ैद न रह सकीं। जमाल ख़ाँ साहब

के कुछ बूढ़े नौकर भी फ़रीद ख़ाँ से हमदर्दी रखते हुए उसके भीतर उमड़ते हुए दर्द को बहुत-कुछ जान गये। इस तरह जौनपुर क़याम के दौरान फ़रीद ख़ाँ के बेमुरव्वत बाप हसन ख़ाँ की अन्दरूनी कमज़ोरियों का राज़ बहुतों पर वाज़े हो गया।

हसन ख़ाँ का अपने मालिक जमाल ख़ाँ की ख़िदमत में जौनपुर आना-जाना लगा ही रहता था। मगर दो बरस तक बीनारी और दूसरी मसरूफ़ियात का बहाना बनाकर वह इधर जौनपुर नहीं आया था। उधर सहसराम में ही पड़ा-पड़ा वह मालगुज़ारी के रुपये, घोड़े, अनाज वगैरह नौकरों के ज़रिये अपने आक़ा तक पहुँचवा दिया करता था। उसे भय था कि उसकी सूरत देखकर उसका आक़ा जमाल ख़ाँ उसे फ़रीद के बारे में कहीं कोई नसीहत न देने लगे। या फिर कहीं कोई रिश्तेदार वहाँ उससे बेटे की बाबत कुछ उल्टा-सीधा न कहने लगे। चोर तो उसके मन में था ही, जो कि सरेआम गिरफ़्तारी से बचा फिरता था।

लेकिन दो बरस बाद एक दिन जमाल ख़ाँ के हुक्म से उसे जौनपुर आना ही पड़ा। किसी फ़ौजी मुहिम में घोड़ों की दरकार थी। लिहाज़ा उसे अपने आक़ा की फ़र्माइश के अनुसार घोड़ों की एक खेप के साथ कुछ महीनों के वास्ते जौनपुर आना पड़ा। अपने ठहरने की जगह पर हसन ख़ाँ ने फ़रीद बेटे को बुलवा भेजा। यह ऐसा वक़्त था जब एक पिता के मन में अपने पुत्र को लेकर अन्याय और पश्चात्ताप के मध्य बड़ा ज़बरदस्त अन्तर्द्वन्द्व चल रहा था। जबकि उसका पुत्र इस बात से बेख़बर अपनी शिक्षा-दीक्षा में रत, अभी भी अपने अतीत से आतंकित और आशंकित था।

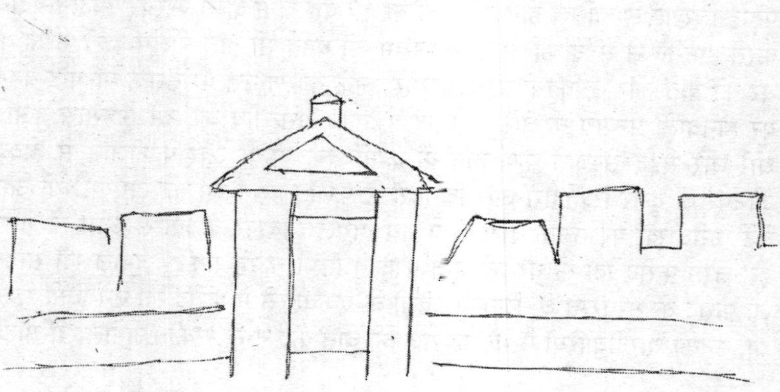

3

लौट आओ फ़र्ज़न्द

फ़रीद बाप के सामने जाने को राज़ी न हुआ। यह बात उसने अपने दोस्त सईद को बतायी। सईद ने फूफीजान से कहा। फूफीजान ने कुछ रिश्तेदारों को हसन ख़ाँ के पास भेजा। यह रिश्तेदार हसन ख़ाँ के भाई-बन्धु ही थे। वह जब उससे मिले तो उन्होंने पहले तो फ़रीद ख़ाँ की पढ़ाई-लिखाई और रहन-सहन का ज़िक्र किया। फिर इन रिश्तेदारों ने हसन ख़ाँ को काफ़ी बुरा-भला कहा। यह कि उसने घर के बड़े बेटे को उसका हक़ नहीं दिया। फ़रीद ख़ाँ बड़ा होनहार नौजवान है। वह बड़ा ज़हीन और तहज़ीब याफ़्ता है। हसन ख़ाँ आख़िर कैसा बाप है जिसने एक हिन्दू कनीज़ की ख़ातिर ऐसे होनहार बेटे को घर से निकाल दिया?

उन्होंने हसन ख़ाँ को समझाया कि—“फ़रीद ख़ाँ के माथे पर बड़ा नूर है। सारी-सूर क़ौम में ऐसा कोई न होगा जिसकी अक़्ल सूरत और सीरत फ़रीद की-सी हो। वह इतना क़ाबिल लड़का है कि अगर आप अपना एक परगना उसके सुपुर्द कर दें तो वह बहुत उम्दा इन्तज़ाम वहाँ करके दिखा सकता है। उसे ज़रा यह ज़िम्मेदारी देकर तो देखिये।”

हसन ख़ाँ रिश्तेदारों की बात मान गया और बोला—“आप लोग फ़रीद को समझा-बुझाकर मेरे पास ले आइये। फिर मैं आपकी बात मान लूँगा।” हसन ख़ाँ को अनुकूल होता देखकर रिश्तेदारों का मनोबल बढ़ा और वह दुगने जोश में पुनः बोले कि—“आप अक्सर जौनपुर में जमाल ख़ाँ साहब की ख़िदमत में रहते हैं। फ़ौजी मुहिमों में भी मसरूफ़ रहते हैं। बेहतर हो कि आप अपने दोनों परगनों की देखभाल फ़रीद के सुपुर्द कर दें।”

हसन ख़ाँ ने कहा—“यह भी ठीक है। मगर आप लोग पहले हमारे उस फ़र्ज़न्द को हम तक लेकर तो आयें। वह लड़का यहाँ आने को राज़ी ही नहीं है। आख़िर मैं क्या करूँ? अपना दिल चीरकर तो दिखा नहीं सकता।”

यह सुनकर रिश्तेदारों के होंठों पर एक आशा-भरी मुस्कान तैर गयी। उसके बाद वह बड़ी ख़ुशी-ख़ुशी हसन ख़ाँ के पास से लौटे। आकर उन्होंने फ़रीद से बताया कि—"तुम्हारे लिये जो-जो बातें हमने कहीं हसन ख़ाँ ने वह सब मान ली हैं। तुम्हें अपने परगनों की निगरानी की ज़िम्मेदारी भी सौंपने को वह तैयार हैं ; अब हम जैसा कहते हैं वैसा करो। जाकर अपने वालिद से फ़ौरन मिलो।"

फ़रीद ने कहा—"आप सबकी बड़ी इनायत। आप जैसा कहेंगे मैं वैसा करूँगा और अपने क़ौल से पीछे नहीं हटूँगा। पर आप लोग जान लीजिये कि वह उस कनीज़ का चेहरा जैसे ही देख लेंगे फिर से उसके कहे में आ जायेंगे। मैं अब्बा हुजूर की फ़ितरत से अच्छी तरह वाकिफ़ हूँ।..."

"नहीं...अब हसन ख़ाँ ऐसा कुछ न करेंगे।"

"नामुमकिन। यह हो ही नहीं सकता। आप सब देखियेगा वह औरत जैसा कहेगी वैसा-वैसा ही वह करेंगे।...करते आये हैं और करते रहेंगे।"

"जो भी हो...अब फ़िलहाल तुम्हें हमारी बात मान लेनी चाहिए। तुम एक बार हसन ख़ाँ के पास जाओ तो सही। उसने हमसे वादा किया है। अगर फिर भी वह अपने वायदे से डिगा तो हम उससे दोबारा कहेंगे।"

फ़रीद ख़ाँ कुछ देर को ख़ामोश हो गया। काफ़ी-कुछ सोचकर उसने सहमति में अपना सिर हिलाया। रिश्तेदार फ़रीद ख़ाँ को हसन ख़ाँ से मिलवाने के लिए साथ ले गये। बाप-बेटे की अर्से बाद मुलाक़ात हुई। हसन ख़ाँ ने फ़रीद को सीने से लगा लिया। फ़रीद भी बाप से सशंकित मुद्रा में आलिंगनबद्ध हुआ। रिश्तेदार अपने घरों को वापस लौट गये।

हसन ख़ाँ ने बेटे से भेंट के बाद काफ़ी सन्तोष का अनुभव किया। उसने अपने परगनों की देखभाल उसे देने की पेशकश की। मगर फ़रीद ने कहा कि उसकी अभी तीन-चार महीने की पढ़ाई और बाक़ी है। अपनी पढ़ाई पूरी करने के बाद ही वह ज़िम्मेदारी सँभालेगा। हसन ख़ाँ ने जौनपुर के अपने निवास पर ही ठहरने के लिए बेटे से कहा जिसे उसने स्वीकार कर लिया। इस तरह कुछ मास पिता-पुत्र जौनपुर में साथ-साथ रहे। घर-परिवार से अलग अकेले साथ रहते दोनों को पहली बार एक-दूसरे को समझने-बूझने का एक दुर्लभ अवसर प्राप्त हुआ। फलतः फ़ासले कुछ नज़दीकियों में तब्दील हुए।

"मैंने सुना है के...आपने यहाँ लोगों से शिकायत की है कि हम एक बाप होकर भी आपका ख़याल नहीं रखते.." हसन ख़ाँ ने कहा।

फ़रीद चुप रहा और नज़रें दीवार पर गड़ाये रहा।

"...और मैंने यह भी सुना कि आपकी छोटी अम्मी हुस्ना बेग़म की बाबत भी आपके ख़यालात माक़ूल नहीं हैं।"

फ़रीद अभी भी चुप रहा।

"मैं आपसे कुछ कह रहा हूँ।"

"जी अब्बा हुजूर! कहिये...आपने और भी जो कुछ सुना है मेहरबानी कर के पहले सब कह दीजिये...फिर मैं आपसे हक़ीक़त बयान करूँगा।"

"सुना तो बहुत-कुछ है मेरे बेटे!...पर जाने दीजिये"

"नहीं...आज आप सब-कुछ कह डालिये जो कुछ मेरी नालायकियाँ और नाफ़रमानियाँ आपके दिल को दुःखाती हों।"

"नालायक तो तुम ख़ैर क़तई नहीं हो बेटे।...मैं यह पहले से जानता हूँ। भले ही मैंने तुम पर कभी ज़ाहिर न किया हो। अब यहाँ आकर तुम्हारे उस्तादों और दूसरे लोगों से तुम्हारी ज़हानत की तारीफ़ें सुनीं तो मुझे तुम पर बड़ा फ़क्र हुआ। मुझे यक़ीन है कि तुम हमारे ख़ानदान का नाम ज़रूर रौशन करोगे।"

फ़रीद ख़ामोश रहा। पिता के शब्दों ने उसके मन के ज़ख्मों पर थोड़े मरहम का काम तो किया। पर पूरी तसल्ली उसे अब भी नहीं हुई। पिता की निगाह में निगाह डालकर उसने तब पहली बार देखा और कहा—"आप मेरे बारे में ऐसा सोचते हैं अगर....तो यह मेरी ख़ुशनसीबी है। वर्ना मैं अब तक की रुस्वाइयों की बिना पर अपनी एक अलग राह बनाने का फ़ैसला तो कब का कर चुका हूँ। यहाँ की तालीम से और कुछ हासिल हुआ हो या न हुआ हो इतना तो मैं समझ गया हूँ कि इस दुनिया में हर इन्सान तन्हा आता है और एक दिन उसे तन्हा ही जाना होता है। यह दुनिया एक सराय है और ज़िन्दा रहने की मुद्दत का दूसरा नाम है आज़माइश। इस आज़माइश के दौरान इन्सान को अपनी राह ख़ुद चुननी पड़ती है और कामयाबी की कोई-न-कोई मंज़िल भी ख़ुद ही तय करनी पड़ती है। एक माँ और एक अच्छे उस्ताद के अलावा बाक़ी सारे रिश्ते-नाते महज़ रस्मी हैं।"

"और बाप का रिश्ता?"—हसन ख़ाँ ने, जो बेटे फ़रीद ख़ाँ की बातें बड़े ग़ौर से सुन रहा था, एक कठिन मुस्कान चेहरे पर लाते हुए कहा।"

"वह रिश्ता भी अगर दिल से न हो तो उसे रस्मी ही कहा जायेगा।"—फ़रीद ने एक लम्बी साँस छोड़ते हुए जवाब दिया।

"साफ़ कहिये मेरे बेटे। हमारे बारे में आपकी क्या राय है?"

"आप अपने दिल पर हाथ रखकर ख़ुद से ही सवाल करें। मैं क्या कहूँ?"

"नहीं। आज हम आपसे ही सुनना चाहते हैं। आप हमारे बारे में आख़िर क्या कुछ महसूस करते हैं?"

"अब्बा हुजूर! अगर आप जानना ही चाहते हैं तो सुनिये।...आपने कभी मुझे अपने बेटे-जैसा प्यार नहीं दिया। मैं घर का बड़ा बेटा हूँ। उस दर्जे का मान रखना

तो दूर आपने कभी मुझे यह अहसास तक न होने दिया कि मैं आपकी सगी औलाद हूँ। आपकी हुस्ना बेगम और उनके दोनों बेटे सुलेमान और अहमद ही आपके लिए सब-कुछ हैं। मैं और मेरा भाई निज़ाम जैसे उनके सामने कुछ भी नहीं। ठीक है चन्द कनीज़ों को निकाह के बाद आपने बेगमों को दर्जा दिया। यह आपका अपना फ़ैसला है। पर आपकी जो असल और पहली बीवी और हमारी माँ हैं उन्हें आपने बेगम-ए-आलिया का मर्तबा देना तो दूर, उन्हें उन कनीज़ों से भी बदतर मुक़ाम पर पहुँचा दिया है। तो फिर आप क्या समझते हैं? क्या हम इस नाइन्साफ़ी को भी देखकर अन्धों की तरह अनदेखा कर सकते हैं?...ऐसे में हम आख़िर आपसे क्या उम्मीद करें? ख़ासकर अपने मुस्तकबिल के बारे में?''

''फ़रीद! यूँ मायूस न हो। हम तुम्हारे जज़बातों को समझते हैं। तुम अब जवान हो। समझदार हो। हमारी बहुत-सी मज़बूरियों को अब हमारे बिना कहे भी तुम समझ सकते हो। पर जो भी हो हम तुम्हें यक़ीन दिलाते हैं कि आगे से जैसा तुम चाहोगे हम वैसा ही करेंगे।...हमारी बेगम-ए-आलिया तो तुम्हारी वालिदा ही हैं और वही रहेंगी। आगे से हम उनका भी पूरा ख़याल रखेंगे। पर अब हम चाहते हैं कि यहाँ की तालीम पूरी होते ही हमारी जागीर की देखभाल में तुम हमारा हाथ बँटाओ। अगर तुम्हें मंजूर है बेटे!...तो कहो हाँ।''

फ़रीद कुछ पल चुप रहा और नज़रें घुमाये रहा। हसन ख़ाँ ने फिर कहा–

''बोलो बेटे...हम तुम्हें सहसराम और खवासपुर टाँडा दोनों परगनों का शिकदार मुक़र्रर करना चाहते हैं। यह ज़िम्मेदारी कबूल करोगे?''

फ़रीद ख़ाँ ने नज़र मिलाकर पुनः बाप की ओर देखा। उसकी आँखों में लौटते हुए विश्वास की एक चमक कौंधी और होंठों से निकला–

''जैसी आपकी मर्ज़ी।''

हसन ख़ाँ ने बेटे को सीने से लगा लिया। दोनों की आँखें कुछ पल को सजल हो आयीं। बाप-बेटे के बीच यह पहली बार एक अनुबन्ध-सा बना था। इसे वह ही समझ सकते थे। फ़रीद ख़ाँ ने बहुत जल्द स्वयं को संयत कर लिया और फिर उसने पिता हसन ख़ाँ से कहा–

''पर मेरी एक शर्त है अब्बा हुजूर।''

''शर्त?'' हसन ख़ाँ के लिए अब चौंकने की बारी थी।

''जी हाँ।...जागीर की देखभाल का काम मैं पूरी मेहनत और ईमानदारी से करूँगा। शर्त यह है कि उसमें किसी क़िस्म की बेजा दख़लन्दाज़ी और दबाव मुझ पर न रहे। न अन्दरूनी न बाहरी।...''

''अन्दरूनी न बाहरी?...क्या मतलब?...अन्दरूनी...जहाँ तक मेरा सवाल है मेरी ओर से तुम एक शिकदार की हैसियत से पूरी तरह ख़ुद मुख़्तार रहोगे। मैं तुम

पर कोई दबाव नहीं डालूँगा। न तुम्हारे दिन-ब-दिन के कामों में कोई दख़ल दूँगा। भरोसा रखो। मगर बाहरी दबाव से तुम्हारा क्या मतलब है?''

"मतलब साफ़ है अब्बा हुज़ूर।...आपके इन परगनों में आपके बहुत-से सिपाहियों की और मातहतों की खेती और ज़मींदारियाँ हैं। कई अफ़ग़ान रिश्तेदारों के भी खेत-खलिहान हैं। मैं जब इलाक़े की आमदनी बढ़ाने में लगूँगा और मालगुज़ारी की वसूली में सख़्ती करूँगा तो आपके यह ख़ास लोग मुझ पर हावी होने की कोशिश करेंगे। हुक्मउदूली भी करेंगे। मगर नादहिन्दों के साथ एक-जैसा सख़्त बर्ताव मुझे करना पड़ेगा। क्योंकि इन्साफ़ सबके साथ एक-सा होना चाहिए, ऐसा आलिमों का कहना है। तब आपके उन ख़ास लोगों का मैं क्या करूँगा?''

इस पर हसन ख़ाँ ने फ़रीद को आश्वासन दिया कि परगनों में उसके काम-काज में सभी बराबर रहेंगे। कोई कारिन्दा या ज़मींदार ख़ास न होगा। यह तक कहा कि–

"जब तुम यह ज़िम्मेदारी सँभालोगे उसी वक़्त मैं तुम्हें सिपाहियों को जागीरें देने और उन्हें ज़ब्त करने के भी अख़्तियार दे दूँगा। यही नहीं, तुम मुतमइन रहो...हमारे लिये जो कुछ तुम बतौर शिकदार-ए-जागीर करोगे उसको मैं कभी रद्द नहीं करूँगा।'' फ़रीद ख़ाँ के लिए यह बहुत बड़ा अधिकार और आश्वासन था। इसके बाद वह अपनी शिक्षा पूर्ण हो जाने पर सहसराम, खवासपुर टाँडा के परगनों का प्रबन्धक बनकर उनकी व्यवस्था और बेहतरी में जी-जान से जुट गया।

◙
◙

जौनपुर में फ़रीद ख़ाँ ने अपना अध्ययन-काल अत्यन्त सफलतापूर्वक पूर्ण किया। वह सारे मदरसे में अव्वल आया। सत्र के समापन के अवसर पर मदर्सतुल उलूम में एक शानदार जलसा हुआ। उस समय नये आलिम, फ़ाज़िल और अदीब बने विद्यार्थियों को उस ज़माने में दी जानेवाली शैक्षिक उपाधियाँ बँटीं। फ़रीद-जैसे बेहद कामयाब तालेबिल्मों को इनाम में 'कुरआन' की एक-एक प्रति और साथ में विशेष प्रशस्ति-पत्र भी प्रदान किये गये। तालियों की गड़गड़ाहट के बीच उनकी तारीफ़ों के क़सीदे पढ़े गये। मौलाना वहीद ने अपनी ओर से फ़रीद ख़ाँ को तोहफ़े में उस ज़माने की एक बेशक़ीमती किताब 'हाशिया-ए-हिन्दया' उसी जलसे में देकर उसे विशेष रूप से नवाज़ा।

युवक फ़रीद ख़ाँ मौलाना वहीद की सबसे ज़्यादा इज़्ज़त करता था। मौलाना वहीद उस पर बहुत मेहरबान थे और शुरू से उससे बेपनाह मुहब्बत करते थे। वह फ़रीद की अनेक जिज्ञासाओं का समाधान करने के लिए सदा तत्पर रहते थे। उस जलसे के समापन के बाद शाम के वक़्त फ़रीद मौलाना से मिलने उनके घर गया।

मौलाना उसे देखकर बहुत ख़ुश हुए। वह अकेले ही रहते थे। अपना खाना-पीना ख़ुद ही बनाते थे। सारा काम-काज ख़ुद ही करते थे। सादा जीवन, अध्ययन-अध्यापन बस यही उनकी ज़िन्दगी के मक़सद थे। गाँव में थोड़ी खेती-बारी थी। शादी उन्होंने की नहीं थी। भाई-भतीजे साल में दो बार रबी और ख़रीफ़ की फ़सलों पर उनके हिस्से का अनाज भिजवा देते। कभी-कभार साल में दो-एक बार वह ख़ुद भी गाँव हो आते। अपने पट्टीदारों से खेती-पाती का हिसाब समझ आते। उनका हालचाल ले आते और शहर जौनपुर में किताबों के ज़ख़ीरों और मदरसे के तालेबिल्मों की भीड़ में फिर से अपने-आपको ग़र्क़ कर देते।

जब फ़रीद ख़ाँ ने मौलाना वहीद को बताया कि उसके वालिद उसे अपनी जागीरों की देखभाल के लिए कल ही यहाँ से रवाना कर रहे हैं तो यह सुनकर मौलाना गम्भीर हो गये। कहने लगे—

"बेटे फ़रीद! होशियारी से काम करना।...गाँवों के कारकुन बड़े नामुराद और बेईमान होते हैं। वह किसानों को सताने में और उनसे ज़्यादा-से-ज़्यादा वसूलने की जुगत में हरदम लगे रहते हैं। इलाक़े के ज़मींदारों का हुक्का-पानी भरते हैं और रियाया का ख़ून चूसते हैं। सोचो ज़रा...जो किसान अपने ख़ून-पसीने से फ़सलें उगाता है, सारी दुनिया का पेट भरता है अक्सर उसे ही साल के कई महीनों में एक वक़्त भूखे पेट सोना पड़ता है। इन्हीं ज़ालिम ज़मींदारों और उनके भेड़िये सरीखे पटवारियों और मुकद्दमों के ज़ुल्म की वजह से। कोई-कोई कमीने तो ग़रीब किसानों की बहू-बेटियों तक को नहीं छोड़ते। उनसे बेगार लेना तो अलग...उनकी अस्मत तक से खिलवाड़ करते हैं।...सचमुच तुम एक ऐसी दुनिया में अब जा रहे हो जो ऊपर से क़ुदरती तौर पर बेहद ख़ूबसूरत है पर जिसके भीतर हद दर्जे की मक्कारी, तिकड़म, ऐयाशी और नाइन्साफ़ी के अँधेरे भी पनाह माँगते हैं। हो सके तो उन ग़रीब किसानों के बारे में कुछ करना। लगान वसूलते समय गाँव के सबसे ग़रीब इन्सान का चेहरा जब तुम अपनी निगाहों के सामने रखोगे तभी तुम अपनी जागीर की बेहबूदी के साथ-साथ रियाया के साथ भी सच्चा इन्साफ़ कर सकोगे।"

मौलाना वहीदुद्दीन के यह मार्गदर्शी और मार्मिक शब्द शीशे की तरह फ़रीद ख़ाँ के ज़ेहन में उतर गये और वह उन्हीं पर चिन्तन-मनन करते हुए मौलाना से विदा लेकर वहाँ से चल पड़ा।

दरअसल, जब उत्तर भारत में सुल्तान बहलोल लोदी की मृत्यु हुई तो उसके बाद उसका बेटा सिकन्दर लोदी गद्दी पर बैठा। सिकन्दर ने अपने भाई बारबक शाह से जौनपुर का इलाक़ा जीत लिया था जिसका एक हिस्सा उसने अपने प्रियपात्र जमाल ख़ाँ को दे दिया था। सुल्तान सिकन्दर लोदी ने ज़माल ख़ाँ को यह आदेश दिया था कि वह 12000 घुड़सवार फ़ौज रखे और सैनिकों को ज़मीनें दे, जिनसे उनका भरण-पोषण हो सके। जमाल ख़ाँ अपने अफ़ग़ान सेवक हसन ख़ाँ सूर से

अच्छी ख़िदमत पाकर उससे बेहद ख़ुश था। वह उसे अपने साथ जौनपुर ले गया और उसे सहसराम और खवासपुर टाँडा के परगने, जो कि बनारस के पास के भूभाग थे, वहाँ 500 सवारों के रख-रखाव के लिए उसे बतौर जागीर दे दिये। हसन ख़ाँ ने इन्हीं दोनों परगनों सहसराम और खवासपुर टाँडा का प्रबन्ध अपने बड़े बेटे फ़रीद ख़ाँ सूर के हाथों में आख़िरकार सौंपा।

फ़रीद ख़ाँ अपने पिता की आज्ञा पाकर इन जागीरों की देखभाल हेतु ग्रामीण अंचल में खड़ी एक हवेली में पहुँचा। वहाँ उसे बुज़ुर्गवार चचा हाशमी के दर्शन हुए। सारा गाँव उन्हें इसी नाम से पुकारता था। वर्ना उनका पूरा नाम था—मुहम्मद हुसैन हाशिम मिराजुल बख़्श ख़ाँ। चचा हाशमी की उम्र अस्सी साल से कम न होगी। लेकिन वह तन्दुरुस्ती और नियमित दिनचर्या की एक मिसाल थे। पाँचों वक़्त की नमाज़ पढ़ते। बहुत सादा भोजन करते। यह काम कई पीढ़ियों से उनके पूर्वज करते आये थे।

आमों के घने बग़ीचों के बीच खड़ी यह पुरानी हवेली अपनी लखौरी ईंटों के कारण बड़ी मज़बूत थी। क़रीब सवा-सौ बरस पुरानी। जब किसी ज़मींदार ने इसे तामीर कराया था तो कहते हैं कि चचा हाशमी के दादा मरहूम ने भी अपने सिर पर इसकी ईंटें ढोयी थीं। दादाजान का बेटा आगे चलकर पटवारी बना। पटवारी का बेटा गाँव का मुक़द्दम चुना गया। यानी कि चचा हाशमी। तीस साल तक चचा हाशमी ने गाँव के मुखिया का फ़र्ज़ बड़ी मेहनत और ईमानदारी से निभाया। फिर वह हज पर चले गये। अरब के कई शहरों की यात्रा की। कुछ बरस बाद लौटे तो संसार से प्रायः विरक्त हो चले थे। तत्कालीन ज़मींदार ने उन्हें अपनी इस हवेली पर रख लिया। अब इस गाँव का नया मुक़द्दम या मुखिया उनके-जैसा नहीं था। वह ख़ाता-पीता और रंगबाज़ आदमी था। मगर चचा हाशमी को अब दुनियावी बातों से कुछ लेना-देना नहीं था। वह सिर झुकाकर दीन की ख़िदमत में लगे रहते। जिस हवेली का नमक खाते उसकी रखवाली और ईमानदारी से देखभाल मात्र ही उनका एकमात्र दुनियावी फ़र्ज़ था। अक्सर लोगों से कहते कि -

"मैं तो बस नबी का ग़ुलाम और इस ड्योढ़ी का कुत्ता हूँ। मुझे किसी से क्या गरज़? जो साँसें बाक़ी हैं वह बस अल्लाह-पाक की अमानत हैं।"

▣

▣

"नींद अच्छी तरह आयी?"

फ़रीद ख़ाँ गाँव की उस हवेली में सुबह-सुबह पक्षियों के कलरव के साथ जागा। अभी उसकी लम्बी अँगड़ाई ख़त्म भी नहीं हुई थी कि यह शब्द उसके कानों में सबसे

पहले पड़े। उसने दूर गरदन घुमाकर देखा। चचा हाशमी अपनी चटाई समेटते हुए वहीं से कह रहे थे।

"जी चचा जान! आदाब।"—फ़रीद ख़ाँ ने मुस्कुराकर जवाब दिया।

फ़रीद ख़ाँ मसहरी से बाहर आ गया। आँगन में बिछा हुआ पलँग और बिस्तर दो सेवक आकर सँभालने लगे। उनमें से एक सेवक फ़रीद की जूतियाँ उसे पहनाने को झुका तो फ़रीद ने कहा—

"बस-बस...रहने दीजिये।...मैं कर लूँगा। आप ज़रा पानी का बन्दोबस्त कीजिये। मैं फ़ारिग़ होकर सीधे गुसुल करूँगा। फिर ज़रा खेतों के मुआयने पर जाऊँगा।"

"अरे बेटा! चले जाना। जल्दी क्या है? पहले ज़रा नाश्ता वगैरह कर लेना। फिर तो सारा दिन पड़ा है।"

चचा हाशमी ने नज़दीक आकर प्यार से फ़रीद ख़ाँ से कहा। उनके स्वर में इतनी आत्मीयता थी कि फ़रीद से आगे कुछ कहते नहीं बना। इस तरह उससे आज तक किसी अजनबी ने बात नहीं की थी। या तो उसके बड़ों में उसकी माँ इस तरह बोलती थी या फिर कभी-कभार उसके प्रिय मौलाना वहीदुद्दीन। मगर आत्मीयता से भीगे स्वर के साथ जब इन बुज़ुर्ग ने हौले से उसके सिर के बालों को भी छुआ तो इस अजनबी माहौल में जैसे उसके लिए अब कुछ भी अजनबी नहीं रहा। चचा हाशमी उसी क्षण फ़रीद ख़ाँ की आत्मा से मानो जुड़ गये।

"चचा हुज़ूर!...आप मुझे थोड़ा वक़्त दें। मैं अभी आया।" उसके मुख से चचा हाशमी के लिए अतिरिक्त-श्रद्धा के यह शब्द मानो भीतर से निकलकर होंठों तक आये थे।

उसके बाद सेवक के बुलावे पर फ़रीद ख़ाँ तेज़ी से आँगन से दाहिनी ड्योढ़ी पार कर बाहर की ओर चला गया।

चचा हाशमी ने दूसरे सेवक से कहा—

"करीम।...तुम तो समझदार हो। वह फ़कीरे ज़रा लापरवाह है। आज से तुम आलीजनाब फ़रीद ख़ाँ साहब का ख़ास ख़याल रखोगे। उनकी हर ज़रूरत को अच्छी तरह समझ लो और रोज़ाना उसी तरह अमल करो। जब जैसा उनका हुक्म हो। याद रहे...हमारे फ़रीद बेटे को किसी भी तरह की तकलीफ़ न होने पाये।"

"जी चचा जान।...आप बेफ़िक्र रहें। उम्रदराज़ सेवक करीम ने कहा और वह बिस्तर समेटकर भीतर के कमरे में चला गया।

उधर फ़कीरे जो एक जवान सेवक था, उसने गुसलख़ाने के बाहर की छोटी दीवार पर फ़रीद ख़ाँ के निर्देशानुसार उसका लम्बा कुर्ता और पायजामा और भीतरी अंगवस्त्र सँभालकर बाहर से रख दिये थे और वह उसकी जूतियाँ फिर से हाथ में लिये भीतर

गुसलख़ाने में नहाने के पानी की बौछार की आवाज़ों को सुनने के वास्ते कान लगाये था। फ़कीरे बीच-बीच में व्यग्रता में इधर-उधर टहलने लगता। भीतर फ़रीद ख़ाँ देर तक नहाता रहा। आख़िर बेचैनी के आलम में फ़कीरे से न रहा गया। वह बाहर से ही ऊँची आवाज़ में बोला—

"हुजूर! कुछ चाहिए तो नहीं?"

"नहीं!" भीतर से फ़रीद बोला।

"हुजूर! ऐ कहिये तो अन्दर आकर पीठ मल दूँ?"—फ़कीरे फिर चिल्लाकर बोला।

"जी नहीं! माफ़ कीजिये...आप वहीं रहिये।"—फ़रीद ख़ाँ की भीतर से आज़िज़ी से भरी आवाज़ आयी।

थोड़ी देर में कपड़े पहनकर जब फ़रीद बाहर आया तो उसने फ़कीरे को जूतियाँ हाथ में लिये खड़े देखा। इस पर उसने कहा—

"ये क्या हिमाकत है? नीचे रखिये इन्हें। नीचे रखिये।...सुना नहीं मैंने क्या कहा था?"

फ़कीरे ने फ़ौरन जूतियाँ नीचे रख दीं और कहने लगा—

"ऐ गुस्ताख़ी माफ़ हुजूरे आली!...मैं तो आप लोगों का बड़ा पुराना ख़ादिम हूँ। दस साल की उम्र का रहा हूँगा तब से इस हवेली की ख़िदमत में हूँ। यह सब तो हमारा फ़र्ज़ है। मेरे देखते-ही-देखते न जाने कितने नालायक नौकर आये और सब-के-सब चार दिन भी इस हवेली में टिक न सके। उन्हें न तो कोई ख़िदमत का शऊर था और न ही कोई हुनर।...ऐ कितने दिन चल पाते बेचारे?...बीस साल हो गये। फ़कीरे के काम पर आज तक कोई उँगली न उठा सका।...ऐ उँगलियों की बात पर याद आया। पिछलेवाले ज़मींदार साहब कहा करते थे कि फ़कीरे! तेरी तो उँगलियों में जैसे जादू है। जब चलती हैं तो लगता है के जलतरंग बज रही हो।..."

फ़रीद ख़ाँ को फ़कीरे की कतरनी-सी चलती ज़बान पर पहले तो थोड़ी उलझन हुई। मगर जलतरंगवाली बात सुनकर उसके चेहरे पर एक हल्की-सी मुस्कान उभर आयी।

"अच्छा! तो हम भी जानें कि जनाब की उँगलियों में कौन-सा हुनर है?"—उसने कहा।

"तेल मालिश हुजूर तेलमालिश।" फ़कीरे ने कहते हुए अपने होंठ कान तक चीर दिये। इस कसरत में उसकी पूरी बत्तीसी एक बार कसकर चमक उठी। अगले ही पल बत्तीसी समेट पुनः गम्भीर होकर अपनी आँखें गोल-गोल करके फ़कीरे ने कहा—

"हुजूर! ऐ आपके सिर में भी लगा दूँ नूरानी तेल की मज़ेचम्पी?"

"नहीं! फ़िलहाल आज तो नहीं। आज हमें बहुत-सारे काम करने हैं।" फ़रीद ख़ाँ ने शीघ्रता से कहा और हवेली के इस दक्षिणी कोने में दूर तक आम, कटहल और नीम के पेड़ों की बाग़ पर एक उचटती हुई-सी नज़र डालकर वह वापस उधर की ड्योढी से हवेली के भीतर दाख़िल हो गया।

फ़कीरे गुसलखाने में घुसकर फ़रीद ख़ाँ के मैले कपड़े धोने में तन्मय हो गया। वह मस्त होकर कुछ गुनगुनाने भी लगा। फ़कीरे को लग रहा था कि जैसे उसका तीर बहुत सही निशाने पर लग गया है। नया हाकिम ज़रूर उस पर मेहरबान हो जायेगा। कपड़ों को मलते-धोते फ़कीरे की आँखों में अरसे से सोये हुए अनगिनत ख़्वाब कुछ इस तरह जाग उठे जैसे बारिश के पहले लहरे के बाद तालाबों और खेतों में ग़ायब तमाम मेंढक, गीली धरती की सतह पर एकाएक निकल आते हैं।

◙
◙

फ़रीद ख़ाँ के ज़ेहन में अपने प्रिय शिक्षक मौलाना वहीद के वह शब्द ताज़ा थे कि—

"लगान वसूलते समय गाँव के सबसे ग़रीब इन्सान का चेहरा जब तुम अपनी निगाहों के सामने रखोगे तभी तुम अपनी जागीर की बेहबूदी के साथ-साथ रियाया के साथ भी सच्चा इन्साफ़ कर सकोगे।"

फ़रीद ख़ाँ अपने परगनों के हालिया बन्दोबस्त को समझने से पहले इसीलिए इलाक़े के किसानों और गाँववालों के रहन-सहन को क़रीब से देखना और समझना चाहता था। वह ऐसा इसलिए ज़रूरी समझता था ताकि मौजूदा व्यवस्था में सुधार दोनों तरह से लाया जा सके। एक ओर परगनों की आमदनी बढ़े। दूसरे किसानों पर बेवजह दुश्वारियाँ भी न आने पायें। इसके लिए ज़रूरी था कि किसानों के जीवन स्तर में भी सुधार हो, ताकि वह हुकूमत के प्रति दिल से वफ़ादार बनें। वह बन्दोबस्त को इस तरह बेहतर बनाना चाहता था जिससे कि अमन-चैन के साथ तरक़्क़ी की राहें खुलें। जिससे कि ग्रामीण जन के बीच ख़ुशहाली आये। इसीलिए अपने काम के पहले दिन फ़रीद ख़ाँ को गाँव के ग़रीब आदमियों को नज़दीक से देखने की सबसे ज़्यादा फ़िक्र हुई।

फ़रीद ख़ाँ ने हवेली से बाहर निकलने से पूर्व अपने कुर्ते-पायजामे-नागरा जूतियों के लिबास पर अम्मीजान की दी हुई अपनी वह प्रिय सदरी पहनी जो उसे ख़ास मौकों पर धारण करने को उन्होंने दी थी। किमख़ाब की सदरी पर सीने और बाज़ुओं पर सोने और चाँदी के तारों का बेशक़ीमती काम था। वह सदरी पहनने के बाद फ़रीद को पठानों द्वारा पहनी जानेवाली एक पगड़ी भी चचा हाशमी ने अपने हाथों से

पहनायी। कमरबन्द के साथ एक तलवार मय म्यान के उसकी कमर से बाँधी और उसकी पीठ पर दुआओं भरा हाथ फेरकर उसे रवाना किया।

हवेली के बाहर फ़रीद ख़ाँ की प्रतीक्षा चार घुड़सवार कर रहे थे। वह भी सशस्त्र थे और उन्होंने अपने सिरों पर फ़ौजी शिरस्त्राण पहन रखे थे। एक सफ़ेद घोड़े की लगाम थामे हवेली का नौकर फ़कीरे सीढ़ियों के नीचे खड़ा था। फ़रीद को बाहर आया देख चारों फ़ौजियों और फ़कीरे ने उसे झुककर सलाम किया। फ़कीरे ने उत्साह से कहा—

"हुजूर यह हमारे अस्तबल का सबसे ज़ोरदार घोड़ा है। ऐ इसका नाम है तूफ़ान। आप इस पर...।"

फ़रीद ख़ाँ ने हाथ के इशारे से फ़कीरे की ज़ुबान पर लगाम लगवा दी। तब तक एक घुड़सवार आगे आया। उसने दोबारा फ़रीद ख़ाँ को सलाम किया और कहा—

"हुजूर! नाचीज़ को अलीबख़्श कहते हैं। हम आपकी इजाज़त से आपके साथ चलेंगे। आपके मोहतरम वालिद साहब की फ़ौज का ही हम एक हिस्सा हैं। यहीं क़याम करते हैं। उनका हुक्म है कि हम आपकी सरपरस्ती में काम करें।"

"ठीक है! मैं इन तीनों सिपाहियों के भी नाम जानना चाहूँगा।"

"यह इनायत ख़ाँ है...यह मुराद ख़ाँ...और यह पीरबख़्श।...हुजूर! यह सब आपके वफ़ादार हैं और मैं इनका सरदार और आपका सबसे नाचीज़ ख़ादिम।"

"क्या हमारे आने की इत्तला यहाँ के लोगों में करवा दी गयी है?"

"नहीं हुजूर! कहिये तो गाँव में आपके मोआयने की डुग्गी पिटवा दी जाये? उसके बाद हम लोग यहाँ से निकलें।"—अलीबख़्श ने कहा।

"नहीं। उसकी कोई ज़रूरत नहीं। दरअसल हम यही जानना चाहते थे। आज हम किसी को बिना बताये ही गाँव में घूमना चाहते हैं। फ़रीद ने कहा और अपने सफ़ेद घोड़े की लगाम थामकर पैर उसकी रक़ाब में डाला और वह उस पर एक झटके से सवार हो गया।

देखते-ही-देखते पाँच घुड़सवार उस ग्रामीण इलाक़े की कच्ची सड़क, पगडण्डियों और खेतों के नज़दीक से गुज़रते हुए ख़रामा-ख़रामा चलने लगे।

फ़रीद ख़ाँ ने सरदार अलीबख़्श को हुक्म दिया था कि वह एक सवार को आगे-आगे रास्ता दिखाने के वास्ते चलने को कहे और खुद उसके बराबर में रहे। बाक़ी दो सवार पीछे-पीछे चलें।

पाँचों घुड़सवार इसी तरह कभी दुलकी चाल से तो कभी ख़रामा-ख़रामा आगे बढ़ने लगे। रास्ते में जो गाँववाले मिलते वह उन्हें झुककर सलाम करते। कुछ लोग हाथ जोड़कर एक ओर अदब से खड़े हो जाते। चारपाई पर लेटे-बैठे लोग भी उठकर खड़े होकर उनके सामने झुक जाते। मर्दों का तो यह हाल था। औरतें घर के बाहर

होतीं तो घूँघट खींचकर तुरन्त अपने घरों में घुस जातीं। खपरैल के कच्चे मकान ज़्यादातर! गलियाँ-पेड़-मवेशी उनकी नाँदें। कहीं-कहीं पर कुएँ और उन पर पानी भरती औरतें। फ़रीद ख़ाँ और उसके घुड़सवार हमराहों को देखते ही वह औरतें दहशत में आ जातीं। एक जगह तो तीन औरतें सिर पर घास के बड़े-बड़े बोझ लिये चली आ रही थीं। पगडण्डी पर चलती उन औरतों ने जैसे ही आते हुए उन घुड़सवार सिपाहियों को देखा अपने सिर के बोझ एक ओर फेंक वह तुरन्त भागकर पास के खेतों में छिप गयीं।

फ़रीद ख़ाँ को बड़ा अजीब-सा लगा। उसने बग़ल में चलते सरदार अलीबख़्श से पूछा—

"कौन हैं ये घसियारिनें?"

"हुज़ूर। पास के दक्खिन टोले की अछूत बस्ती की औरतें हैं।"

"ये किधर जा रही थीं?"

"हुज़ूर! घास काटकर मवेशियों का चारा ले जा रही थीं। होंगे कोई बड़े काश्तकार जिनके घर जानवर पले होंगे।"

"मगर यह औरतें हमें देखकर खेतों में क्यों भाग गयीं?"—फ़रीद ख़ाँ ने हैरत से पूछा।

अलीबख़्श इस पर ख़ामोश रहा। फ़रीद ख़ाँ आगे कुछ कहता कि वह बात बदलकर बोला—

"हुज़ूर! वह उधर इन अछूत लोगों की बस्ती है—दक्खिन टोला। चलियेगा देखने?"

"चलो!"—कहकर फ़रीद ख़ाँ ने अपना घोड़ा उधर ही मोड़ दिया।

ग्रामीण इलाक़े में घूमते हुए फ़रीद ख़ाँ अब ख़ुद ही आगे-आगे चलने लगा था। बाक़ी चार घुड़सवार उसके पीछे दो-दो की पंक्तियों में चल रहे थे। अगर वह कुछ पूछना चाहता तो अलीबख़्श घोड़ा बढ़ाकर उसके नज़दीक हो जाता। वर्ना वह भी अदब से उसके पीछे चलना ही मुनासिब समझता।

कुछ ही देर में वह खेतों-खलिहानों-बाग़ातों के एक लम्बे सिलसिले के बाद अलीबख़्श की बतायी उस अलग-थलग-सी बस्ती में पहुँच गये। फ़ूस के झोंपड़ों से आबाद वह बस्ती और वहाँ के निवासी कुछ अलग ही कहानी कह रहे थे। फ़रीद ख़ाँ ने देखा कि ज़्यादातर लोगों के पास पहनने को तन पर पूरे कपड़े नहीं थे। कृषकाय औरतें एक मैली धोती लपेटे लगभग अधनंगी-सी घरों में आ-जा रही थीं। उनके दरवाज़ों पर धूल में खेलते बच्चे प्रायः नंगे बदन थे। कई तो भूख से बिलख रहे थे।

घुड़सवारों को अपने बीच आता देख उन लोगों में कोई ख़ास हलचल नहीं हुई। अलबत्ता झुक-झुककर उन्होंने भी इन्हें हाथ जोड़े। फ़रीद ख़ाँ ख़ामोशी से उस ग़रीब मौजे का मुआयना करता रहा। एक जगह एक बूढ़े आदमी को देखकर वह ठिठक गया। वह आदमी एक धोती कमर में लपेटे ऊपर से नंगे बदन था। आँखें बन्द किये एक झोंपड़े के सामने खाट पर बैठा हुआ, अपने में डूबा हुआ, खँजड़ी बजाता वह बूढ़ा आदमी गा रहा था—

"कौन जतन कर राह निहारूँ
तू तो भीतर वास करे
अपना-अपना सब कोई चाहें
तू ही मेरी आस रे..."

फ़रीद ख़ाँ मन्त्रमुग्ध-सा घोड़े से उतरकर उस फ़कीरनुमा बूढ़े की ओर बढ़ चला। अलीबख़्श भी घोड़े से उतरकर उसके साथ हो लिया। बाक़ी घुड़सवार भी उतरने को हुए। फ़रीद ख़ाँ ने हाथ के इशारे से उन्हें दूर ही पर रोक दिया। खँजड़ी की थाप निरन्तर गूँज रही थी।

"अपना-अपना सब कोई चाहें
तू ही मेरी आस रे...
सद्गुरु! तू ही मेरी आस रे..."

"अन्धा है हुजूर!...कभी यह इन लोगों का मुखिया हुआ करता था। अब वैरागी हो गया है।"

फ़रीद ख़ाँ और अलीबख़्श के क़दमों की आहट सुनकर वह बूढ़ा गाना रोककर बोला—

"कौन?"

"कोई नहीं बाबा!...हम मुसाफ़िर हैं। इधर से गुज़र रहे थे। आपको गाते देखा तो ज़रा ठहर गये।"—फ़रीद ने मुलायम स्वर में कहा।

"अरे बेटा!...हम क्या? और हमारा गान क्या?"

"अरे नहीं बाबा! आप तो बड़ा सुरीला गाते हैं।...हमें कुछ और सुनाइये।"

"सुनोगे। अच्छा तो सुनो।"—कहकर बाबा फिर से गाने लगा—

"चिड़िया बाज लड़े दीवानी
चिड़िया बाज़ लड़े
चार दिनों की है जिन्दगानी
चिड़िया बाज लड़े...

चोंच में दाना पर भीगे हैं
उड़ न पाय लड़े
चिड़िया बाज लड़े...''

फ़रीद ख़ाँ ख़ामोशी से उस बूढ़े फ़कीर को देर तक सुनता रहा। तब तक उस बस्ती के दर्जनों नंग-धड़ंग बच्चे वहाँ इकट्ठा हो गये। फटे-पुराने-मैले वस्त्रों में कुछ किशोर भी वहाँ खड़े होकर विस्फारित नेत्रों से यह नज़ारा देखने लगे। अन्धे बाबा जो उस बस्ती के एकान्त में गाते रहते थे, जिन पर कोई ध्यान न देता था, आज वही पाँच अजनबी घुड़सवार सैनिकों के आकर्षण का केन्द्र बने हुए मस्ती में गा रहे थे। बस्ती के बच्चों को उन सैनिकों का कोई डर न था।

यह देखकर दो-तीन मर्द भी वहाँ आ गये। उन्हें देखकर फ़रीद ख़ाँ खड़े-खड़े मुस्कुराया। बाबा का गाना ख़त्म होते ही उसने उनमें से एक से पूछा--

''तुम लोगों को हमें देखकर ख़ौफ़ नहीं होता?''

सामनेवाले आदमी ने हाथ जोड़कर कहा -

''सरकार। आप हाकिम हैं। हम आपकी परजा।...हमारे पास क्या है जो हम...''

''बस-बस। ज़्यादा होशियारी नहीं।''—अलीबख़्श ने घूरकर उस आदमी को देखते हुए कहा। वह आदमी ख़ामोश हो गया।

फ़रीद ख़ाँ फिर भी उसी तरह मुस्कुराया और उस आदमी के कन्धे पर हाथ रखकर बोला—

''ये हमारे सरदार अलीबख़्श हैं। तुम इनकी बात का बुरा मत मानना। आज हम ज़रा जल्दी में हैं। कल या परसों में फिर आयेंगे। फिर हम तुम सबसे बातें करेंगे। तुम्हारी तकलीफ़ों को भी जानेंगे।...''

यह कहकर फ़रीद ख़ाँ फिर से अपने तूफ़ान घोड़े पर सवार हो गया और वहाँ से चल दिया। बाक़ी घुड़सवार उसके पीछे हो लिये। बस्ती से निकलकर बाहर आते ही उसने ज्यों ही एक चौड़ा-कच्चा चक-रास्ता देखा, अपने घोड़े को एक एड़ लगा दी और कहा—

''चलो सब। हवेली वापस चलते हैं।''

फ़रीद ख़ाँ का घोड़ा सरपट भागने लगा। अलीबख़्श और दूसरे सैनिकों ने भी अपने घोड़े उसके पीछे सरपट दौड़ा दिये।

सरदार अलीबख़्श ऊपर से जितना सख़्त आदमी था अन्दर से उतना ही रहमदिल इन्सान था। ज़माने के दस्तूर के मुताबिक वह अपने काम-से-काम रखता था। हाकिम की पसन्द-नापसन्द देखकर ही बात करता था। अपनी ओर से तब तक

कुछ न कहता जब तक उससे कुछ पूछा न जाता। सामनेवाले की नीयत देखकर नाप-तौलकर ही बोलता। मगर कुछ ही दिन फ़रीद ख़ाँ के साथ रहकर अलीबख़्श उसका मुरीद हो गया। वह जान गया कि यह शख़्स किसी अलग मिट्टी का बना है। यह भले ही अभी कम-उम्र है मगर बड़ा ही ज़हीन, इन्साफ़-पसन्द और दूर-अन्देश नौजवान है। इससे बातों में कुछ भी छिपाना मुनासिब न होगा।

अलीबख़्श ने ही रियाया के बारे में, ख़ासकर हिन्दू रियाया के बारे में उसे बहुत-सी बातें बतायीं। उसने बताया कि हिन्दू बुतपरस्ती भी करते हैं और वह पीपल के पेड़, पत्थर, साँपों और गाय को भी पूजते हैं। जात-पाँत का उनमें बड़ा परहेज़ है। बिरहमन, ठाकुर, बनिये वगैरह ऊँची जात में गिने जाते हैं और धोबी, चमार, मुसहर, पासी, भंगी वगैरह नीच जात के हिन्दू माने जाते हैं। ऊँची जातवाले नीची जातवालों से रोटी-बेटी का ब्योहार नहीं रखते। और तो और उनके हाथ का पानी तक नहीं पीते। सिर्फ़ मज़दूरोंवाला और साफ़-सफ़ाई का काम लेते हैं। उन्हें अछूत मानते हैं। उनके साये तक से दूरी रखते है। इन अछूतों की बिरहमन-ठाकुरों वगैरह के सामने बहुत गिरी हुई हालत है। तभी दक्खिन टोला-जैसे मौजे तक़रीबन हर गाँव की सरहद पर ही पाये जाते हैं। हिन्दुओं में जात-बिरादरी का यह ख़याल बहुत गहरा है।

बुज़ुर्ग चचा हाशमी का संग-साथ भी फ़रीद ख़ाँ के लिए एक वरदान सरीखा साबित हुआ। उनके बारे में उसे यह अहसास था कि जो शख़्स तीस-बरस किसी गाँव का मुक़द्दम रहा हो उससे गाँवों के लोगों की परम्पराएँ, उनका रहन-सहन, खेती-पाती-लगान और ज़मींदारों व उनके कारकुनों का अन्दरूनी हाल-हवाल भला क्या छिपा होगा? दिन भर फ़रीद गाँव-गाँव खेत-खेत घूमता। रात के वक़्त चचा हाशमी के पास बैठकर वह उनसे कुरेद-कुरेदकर सवाल पूछता। उनके संस्मरण सुनता। इससे उसके पास परगनों की और आम जनता के बारे में अनेकानेक विश्वसनीय जानकारियाँ और अनुभवों के ज़ख़ीरे जमा होने लगे।

चचा हाशमी से फ़रीद ख़ाँ को पता चला कि—"खेती की ज़मीन का बन्दोबस्त बड़ा ही अस्त-व्यस्त है। किसानों का जीवन हरदम अनिश्चितताओं से घिरा रहता है। क्योंकि एक ओर तो क़ुदरत की बरसात। गंगा और सोन नदियों की आनेवाली बाढ़ें। कभी सूखे की मार तो कभी ओलों की बरसात। जंगली जानवरों से खेती की फ़सलों का नुक़सान। ऊपर से बेलगाम पटवारियों और फ़ौजी ज़मीदारों द्वारा भी किसानों से अनाप-शनाप वसूली और उनसे बेगार लेने का क़हर। ग़रीब किसानों को कर्ज़ देकर उधर महाजनों की नामुराद क़ौम भी उनका ख़ून सूद की शक्ल में जोंक की तरह पीती रहती है। ज़्यादातर मुक़द्दम यानी कि गाँवों के मुखिया भी इनसे मिले रहते हैं। लगान वसूली के कोई तयशुदा तौर-तरीक़े नहीं हैं। कहीं फ़सलों से हिस्सा लेकर उन्हें मुनाफ़े पर बेचकर रक़म खड़ी की जाती है। कहीं नक़द की शक्ल में लगान वसूला जाता है। जिस चापलूस किसान पर मेहरबान हुए, जिसकी बहू-बेटी

की ख़ूबसूरती पर गहन लगाया, उससे कम वसूले। जिसने खुद्दारी दिखायी, उससे कसकर वसूला।

"खेती की ज़मीन कम हो या ज़्यादा पटवारी ने अपने बहीखाते में जो रकबा लिखना चाहा लिख लिया और फ़सल का एक-तिहाई साल में उससे वसूला। एक मसल है कि—'खाता न बही जो पटवारी कहे सो सही।' देखा जाये तो किसान को मुखिया, ज़मींदार, जागीरदार कहीं से इन्साफ़ नहीं मिलता।

"ज़मीदारों को भी अपनी रक़म से मतलब है। किसानों की चीख़-पुकार उनके कानों तक नहीं पहुँचती। वह इन पटवारियों और दूसरे अहलकारों की ओर से आँखें मूँदकर सिर्फ़ अपने ऐशो-आराम के बारे में ही सोचते हैं। लगान की रक़म के अलावा तरह-तरह के महसूल भी यह पटवारी और मुक़द्दम किसानों पर आयद करते हैं। कभी आला हाकिमों के लिए नज़रानों के नाम पर। कभी तीज-त्योहार के और मज़हबी जलसों के नाम पर। कभी अलाँ चन्दे के नाम पर, कभी फ़लाँ चन्दे के नाम पर। और इन सब महसूलों का तो वह अपने ज़मींदारों को भी कोई हिसाब नहीं देते। अगर कभी कुछ सुगबुगाहट हुई तो उसका भी एक मामूली-सा हिस्सा ऊपर तक कहते-सुनते पहुँचा दिया।

"लगान भी किस हिसाब से वसूला? कितनी पैदावार हुई? किस-किस मद से कितनी आमदनी हुई? उसे भी यह कारकुन सही-सही ज़मींदारों को नहीं बताते। इसीलिए ज़मींदार इन लोगों के बहकावे से आज़िज़ आकर हर एक गाँव से रबी और ख़रीफ़ की फ़सलों पर एक मोटी-मोटी मालगुज़ारी की रक़म अन्दाज़े से बाँध देते हैं। यह रक़म इन बिचौलियों द्वारा हड़पी जा रही रक़म की वजह से कहीं कमतर होती है।

"किसानों पर क़ुदरत और कारकुनों का कहर उन्हें कभी पनपने नहीं देता। लिहाज़ा वह पैदावार बढ़ाने की ओर ठीक से ध्यान भी नहीं दे पाते। मायूसी और बेबसी उन्हें ज़्यादा मेहनत करने का कोई मौक़ा नहीं देती। किसान साल भर अपने और अपने बीवी-बच्चों की खुराक, उनकी बीमारियों और दवा-दारू के मसलों और कर्ज़ों की अदायगी के पेचोख़म में ही उलझे रहते हैं। ऐसे में यह ज़रख़ेज़ इलाक़ा तरक़्क़ी करे भी तो कैसे? बिना इन हालातों में तब्दील लाये न तो किसान खुशहाल हो सकते हैं और न ही जागीर के परगनों की आमदनी में कोई बढ़ोत्तरी हो सकती है। इसके लिए कड़े-क़दम उठाने पर ही कुछ हल-निकल सकता है।"

चचा हाशमी की बातें मौलाना वहीद की बातों का ही विस्तार थीं। अलीबख़्श और बहुत-से गाँव के समझदार लोगों के सम्पर्क से जल्द ही फ़रीद ख़ाँ को यह अहसास हो गया कि किसान ही आर्थिक विकास की जड़ है। जब तक किसान के जीवन-स्तर में सुधार नहीं होगा, खेती और पैदावार में सुधार न हो पायेगा। पैदावार

बढ़ने से और उसकी नाप-जोख और उससे मिलनेवाले लगान की सब जगह एक समान और निश्चित व्यवस्था करने से ही मालगुज़ारी की वसूली में बिचौलियों की हठधर्मियों पर अंकुश लग सकेगा। किसान के खेतों का रक़बा सही-सही नपे। फ़सल आने पर उसकी भी पैमाइश ज़रीबों के माध्यम से सही-सही की जाये। फिर उस पर लगान की रक़म निश्चित की जाये और यह सब पटवारी के बहीखातों में सही-सही दर्ज हो, तब वसूली वक़्त पर की जाये। मुक़द्दम वसूली की रक़म का सही-सही हिसाब ज़मींदारों को दें। ज़मींदार वह लगान जमाकर मालगुज़ारी की रक़म उसे, यानी कि हाकिम परगना, यानी कि जागीरदार को अदा करें। तभी बात बनेगी।

अनावश्यक महसूलों को ग़रीब किसानों से वसूलने का प्रचलन भी बन्द करना होगा। किसानों को इनसे छूट मिले। साथ ही किसानों को यथासम्भव भय से मुक्त करना होगा कि वह अपने ख़िलाफ़ किसी भी नाइन्साफी या ज़ुल्म ज़्यादती की बात सीधे अपने जागीरदार से बेख़ौफ़ कह सकें। इसका भी इन्तज़ाम करना होगा।

फ़रीद निरन्तर कई दिनों तक चिन्तन करता रहा। जो बातें घूम-फिरकर विभिन्न लोगों और अहलकारों के माध्यम से अवाम तक पहुँचती हैं, उनका भरोसा थोड़ा कम होता है। स्वार्थी तत्त्व बातों को तोड़-मरोड़कर भी लोगों तक पहुँचाते हैं। यह ख़तरा हमेशा क़ायम रहता है। इसलिए फ़रीद ख़ाँ ने फ़ैसला किया कि वह सबकी मौजूदगी में परगने के किसानों और अपने अहलकारों से सीधी बात करेगा ताकि किसी को भी शको-शुबहे की गुंजाइश न रहे।

उसने आस-पास के बीसियों गाँवों में डुग्गी पिटवा दी कि—

"आज से दो दिन बाद सुबह ठीक दस बजे नये हाकिम परगना खवासपुर टाँडा और सहसराम आलीजनाब फ़रीद ख़ाँ सूर नूरे चश्म हाकिमे आलिया हसन ख़ाँ सूर एक आम जलसे को जागीर के मरकज़ी मुक़ाम खवासपुर टाँडा गाँव की अपनी हवेली से सटे मैदान में ख़िताब करेंगे। इसमें सभी गाँवों के मुक़द्दम, पटवारियों और फ़ौजियों का अपने ज़मींदारों के साथ आना लाज़मी है। गाँव के सभी बड़े-छोटे किसानों से भी गुज़ारिश है कि वह भी इस जलसे में ज़रूरी शिरकत करें। आलीजनाब फ़रीद ख़ाँ सूर हाकिम परगना खेती और लगान के बाबत कई ज़रूरी ऐलान सबके रूबरू करेंगे। यह उनकी दिली ख़्वाहिश भी है और उनका हुक्म भी।

इस ऐलान का बड़ा चमत्कारिक असर हुआ। नतीजा यह हुआ कि दो दिन बाद जलसे का मैदान दूर-दूर से आये ग्रामीण किसानों और अहलकारों से खचाखच भर गया। ज़मींदारों और फ़ौजी सरदारों की एक ओर अलग बैठने की व्यवस्था हुई।

निर्धारित वक़्त से आधे घण्टे के बाद फ़रीद ख़ाँ अपने अंगरक्षकों के साथ हवेली के बाहर आया। उसके प्रधान अंगरक्षक सरदार अलीबख़्श ने आगे बढ़कर मंच पर लोगों के बीच फ़रीद ख़ाँ के लिए रास्ता बनाया। फ़रीद अब एक गबरू जवान दिखता

था। सिर के बाल घुँघराले थे जिन्हें वह छोटे ही रखता था। लम्बे सुते हुए मुखमण्डल पर तराशी हुई काली दाढ़ी। इकहरा मगर गठा हुआ जिस्म। लम्बा-सा एक फुर्तीला नौजवान फ़रीद ख़ाँ। उसने आते ही जलसे को ख़िताब करना शुरू किया—

"इस इलाक़े के सारे मुक़द्दम और किसान सुनें। आपकी मेहनत पर ही इस इलाक़े की ख़ुशहाली और तरक़्क़ी मुनस्सर है। गाँव-गाँव में काम करनेवाले हमारे पटवारी भी इसे अच्छी तरह समझ लें कि किसानों की ख़ुशहाली उनकी मेहनत के पैमाने से जुड़ी हुई है। अगर किसान ख़ुशहाल होंगे वह अपने खेतों और घरों में अच्छी तरह ख़ुश और आबाद रहेंगे तभी वह अपना ख़ून-पसीना एक करके पैदावार को बढ़ा सकेंगे। मैं अपने सिपाहियों और उनके बहादुर सरदारों से भी कहना चाहूँगा कि एक बात वह सभी गाँठ बाँध लें। मेरे वालिद हाकिमे-आलिया जनाब हसन ख़ाँ सूर ने मुझे तुमको तैनात करने का और बर्ख़ास्त करने का अख़्तियार दे दिया है। तुममें से जो अपने फ़र्ज़ में मुस्तैद रहेगा, मेरा अपना होगा और जो हुक्म उदूली करेगा या खुदमुख़्तारी के कारनामे करेगा, वह किसी भी वक़्त अपनी नौकरी से हाथ धो बैठेगा। यही नहीं, सभी मुक़द्दम, पटवारी, घुड़सवार, सिपाही और दूसरे अहलकार सुन लें कि काश्तकारों और आम रियाया को बेवजह क़तई सताया न जायेगा जो यह काम करेगा उसका जुर्म साबित होने पर उसे सख़्त-से-सख़्त सज़ा देने में हम कोई मुरव्वत नहीं करेंगे। चाहे वह हमारा अपना ही कितना क़रीबी आदमी क्यों न हो।"

फ़रीद ख़ाँ के इन कड़े अल्फाज़ों को सुनते ही उस मजमे में एक बेचैन गुनगुनाहट-सी गूँज गयी। किसानों के चेहरे ख़ुशी और विस्मय से खिल उठे। जबकि अहलकारों के मस्तकों पर चिन्ता की रेखाएँ उभर आयीं। फ़रीद ख़ाँ अपना एक-एक लफ़्ज़ ठहर-ठहरकर बोल रहा था। वह आगे कहने लगा—

"घबराने की कोई बात नहीं है। जो सच्चा और खरा होगा उस पर कोई आँच नहीं आयेगी। क्योंकि हम शिकायत मिलने पर पहले खुद मोआमले की जाँच करेंगे फिर अपना फ़ैसला सुनायेंगे। वह सजा कोड़ों की भी हो सकती है और उससे कहीं ज़्यादा की भी। इनाम के मुश्तहक इनाम भी पायेंगे। सज़ा और इनाम दोनों देखभाल कर दिये जायेंगे। जो इन्तज़ामात और नये क़दम हम उठाने जा रहे हैं वह जाग़ीर और रियाया दोनों की बेहतरी के लिए हैं। सभी हाज़रीन मेहरबानी करके कान खोलकर उन्हें सुन लें। मैं यह सब मजमा-ए-आम में आप सबके सामने इसलिए कह रहा हूँ ताकि सभी लोग मेरे नज़रिये को समझ सकें। ताकि अब के बाद कोई किसी शख़्स को गुमराह न कर सके। बात को साफ़-साफ़ कह देना ही मैं मुनासिब समझता हूँ।"

फ़रीद ख़ाँ ने आगे कहा कि—

"दोस्तों! मैं यहाँ सिर्फ़ मालगुजारी वसूलने के मक़सद से नहीं आया हूँ। मैंने इलाक़े की ख़ुशहाली बढ़ाने का भी अहद कर लिया है। इस मक़सद में तुम लोगों की बेहतरी भी शामिल है। और इसके ज़रिये ही मैं अपनी शोहरत जमाना चाहता हूँ।"

फ़रीद ख़ाँ ऐसा कहते हुए जब अपने मुलाज़िमों से आग्रह कर चुका तो उसने कृषकों से कहा–

"किसान बिरादरो! आज मैं तुम लोगों के सामने ज़मीन का लगान अदा करने की दो सूरतें पेश करता हूँ। उपज में से अनाज का एक-तिहाई हिस्सा या फिर फ़सल के हिस्से के बजाय एक तयशुदा लगान की रक़म। तुमको इसमें से जो अपने लिये फ़ायदेमन्द लगे उसे चुन लो।"

कुछ मुक़द्दमों ने कहा कि किसानों का भूमिकर निश्चित करके उन्हें 'पट्टा-क़बूलियत' दे दिये जायें। वह उसी के अनुसार लगान की सालों-साल नक़द रक़म अदा करेंगे। अन्य लोगों ने उपज के एक-तिहाई हिस्से के रूप में 'क़िस्मत-ए-गल्ला' देना अधिक पसन्द किया। फ़रीद ख़ाँ ने इस तरीक़े को भी मंज़ूरी दे दी। उसने तदनुसार किसानों को ज़मीन के पट्टे देकर क़बूलियत लेने की व्यवस्था क़ायम की और उनके खेतों को नापने के लिए जरीबाना शुल्क निश्चित कर दिया और साथ ही कर संग्रह और पैमाइश का भी मुहासलाना शुल्क निर्धारित किया। फ़रीद ख़ाँ ने गाँव के मुक़द्दमों अर्थात् मुखियों से मुख़ातिब होते हुए कहा कि–

"मैं अच्छी तरह जानता हूँ कि खेती ग़रीब किसानों की मेहनत पर मुनस्सर है। अगर किसान दुःखी हुए तो कुछ भी पैदा नहीं होगा। अगर वह सुखी हुए तो बहुत अन्न पैदा करेंगे। और मैं यह भी जानता हूँ कि हमारे कारिन्दे बरसों-बरस से किसानों पर ज़ुल्म तोड़ते आये हैं और वह उनको चूसने के आदी हैं। इसलिए मैंने जरीबाना और मुहासलाना वसूली का क़ायदा लागू करने का फ़ैसला किया है। इसलिए सभी मुकद्दम साहेबान सुन लें कि अगर किसानों से तयशुदा रक़म से कौड़ी भर अधिक रक़म किसी ने वसूली या लगान की रक़म बढ़ाकर उनसे वसूली तो वह तुम्हारे हिसाब में मुजरा नहीं की जायेगी। इस बात को तुम लोग अच्छी तरह समझ लो कि मैं अपने सामने वसूली का हिसाब तुमसे करवाऊँगा। जो कुछ भी मुनासिब तौर पर लिया जायेगा उसे मैं मंज़ूर करूँगा और उसी को अदा करने के लिए किसानों पर ज़ोर डालूँगा। मैं रबी का लगान रबी के वक़्त और ख़रीफ़ का लगान ख़रीफ़ के वक़्त लूँगा। यह भी अच्छी तरह समझ लो मुक़द्दमो! तुम्हें तुम्हारे गाँव का मुखिया किसानों से वाजिब लगान की उगाही के लिए तैनात किया गया है।

मुझसे पहले के हाकिम ने तुम सबको तैनात किया है। अगर किसी मुकद्दम के ख़िलाफ़ किसानों से ज़्यादती या कोई बड़ी शिकायत पायी गयी तो मैं उसे बर्ख़ास्त करके उस गाँव में एक नया मुक़द्दम तैनात कर दूँगा।"

फ़रीद ख़ाँ ने यह भी कहा कि—"मुझे मालूम चला है कि हमारी जागीर के कई गाँवों में लगान वसूली के सिलसिले में कई बार झगड़े हुए हैं। किसानों पर बक़ाये की रक़म बढ़ती जाने पर जब उन पर एकबारगी सख़्ती की गयी तो अहलकारों से किसानों के मुचैटे हुए। अगर फ़सल आने पर उसकी सही पैमाइश हो और सही-सही लगान की रक़म तय की जाये तो वसूली के वक़्त दुश्वारियाँ कम होंगी। वसूली वक़्त पर की जाये। बक़ाया रक़म की वसूलियावी को दोनों फ़रीकैन टालें नहीं। मतलब यह कि वसूली से जुड़े मुक़द्दम और उनके कारकुन वक़्त पर गाँवों में असामियों के पास पहुँचकर उनसे वसूलियावी करें और किसान भी टालामटोली से बाज़ आयें। नादहिन्दगी हरगिज़ बर्दाश्त नहीं होगी। यह मेरा हुक्म है कि अब से फ़सल की पैमाइश के वक़्त मौसम का मिजाज़, असल पैदावार की सूरतेहाल वगैरह देखकर अहलकारान किसानों के बारे में नरमी करें और उनकी असल फ़सल को देखकर सही पैमाइश करें। मगर जब अदायगी का वक़्त आये तो क़तई नरमी न बरतें, बल्कि सख़्ती के साथ लगान की वसूलियावी की जाये। अगर यह देखने में आये कि कुछ किसान लगान जमा करने में आनाकानी कर रहे हैं तो उनको ऐसी सज़ा दें कि वह दूसरों के लिए भी एक सबक़ हो। ताकि दोबारा ऐसी जुर्रत उस इलाक़े में न हो।

"ऐ मुक़द्दमो! और दूर-दूर से आये काश्तकार बिरादरो!! मैं तुमसे यह भी कहता हूँ कि तुमको जब कभी कोई फ़रियाद करनी हो हमेशा मेरे पास आओ। मैं तुम्हारे ऊपर किसी को बेजा ज़ुल्म नहीं करने दूँगा।"

यह कहकर फ़रीद ख़ाँ ने इलाक़े के किसानों को एक-एक जोड़ा कपड़ा उनके सम्मान में देकर, उनको उनके गाँवों के लिए, विदा किया। धीरे-धीरे वह सारा मजमा विसर्जित हो गया।

◙

◙

शाम का समय था। हवेली के बड़े चबूतरे पर कई तख़त लगे थे जिन पर दरियाँ, चादर और मसनद बिछे थे। एक ओर एक बेशक़ीमती चादर और मसनदों से युक्त अलग तख़त सजा था जिस पर फ़रीद ख़ाँ चिन्तन की मुद्रा में बैठा था। आस-पास कुछ मशालें जल रही थीं।

उसने एक सेवक से कहा कि—

"मालूम करो कि सारे ओहदेदारान आ गये या नहीं?"

तभी वहाँ कुछ घुड़सवारों के साथ एक नौजवान आकर चबूतरे की सीढ़ियों के पास घोड़े से उतर पड़ा। वह सीधा तेज़ी से सीढ़ियाँ चढ़कर आया और ''आदाब भाईजान!'' कहता हुआ फ़रीद ख़ाँ से लिपट गया।

फ़रीद ख़ाँ हड़बड़ाकर खड़ा हो गया। उसने आगन्तुक युवक को कमर से पकड़कर हवा में ऊँचा उठा दिया और अत्यन्त आह्लाद के स्वर से बोला—''अरे निज़ाम तू!...अचानक यूँ? मेरा लख़्ते जिगर...''

''हाँ भाईजान! आप तो यहाँ आकर अपने छोटे भाई को भूल ही गये। पर अम्मी ने कहा जा निज़ाम फ़रीद से मिल आ। जाकर देख कैसा है वह वहाँ?''

अम्मी का नाम सुनते ही फ़रीद ख़ाँ तुरन्त संयत हो गया। बोला—

''कैसी हैं अम्मीजान?...और शहला कैसी है?''

''ख़ैरियत से हैं दोनों। पर अम्मी अक्सर आपका ज़िक्र करके रो पड़ती हैं।''

यह सुनते ही फ़रीद की आँखों में भी आँसू आ गये जिसे वह बहुत होशियारी से पी गया। फिर अपने छोटे भाई निज़ाम ख़ाँ से बोला—

''अरे पगले। अपने आने की इत्तला तो की होती। और यह इत्ती रात में आने की क्या ज़रूरत थी?''

''क्या बताऊँ भाई! रास्ते में कई जगह भटकते-भटकते शाम घिर आयी। हमराहों ने कहा कि एक-दो घण्टा और तकलीफ़ कर लें तो एक रात वीराने में ख़ामख़्वाँ न गुज़ारनी पड़े...बस हम चलते चले आये।''

''चलो कोई बात नहीं। जाओ अन्दर जाकर हाथ-मुँह धो लो। कुछ खा- पी लो। फिर यहाँ अभी कुछ देर बाद मैंने एक ज़रूरी बैठक बुलायी है। कुछ ख़ास ओहदेदार और अहलकार आते ही होंगे। तुम भी उसमें शामिल हो जाना।''

हवेली के ख़िदमतगार निज़ाम ख़ाँ को फ़रीद ख़ाँ के संकेत पर हवेली के भीतर ले गये। उसके साथ आये घुड़सवार साथी नज़दीक के मेहमानख़ाने में ले जाये गये।

अपने छोटे भाई निज़ाम ख़ाँ को फ़रीद ख़ाँ बेहद प्यार करता था। बचपन से निज़ाम उसका हमसाया था। उसके हर दुःख और सुख का राज़दार। वह उसका भाई ही नहीं, एक सबसे क़रीबी दोस्त भी था। निज़ाम के आ जाने पर फ़रीद को लगा कि आनेवाले दिनों में जिस बड़ी ज़िम्मेदारी को वह निभाने जा रहा है, उसका सबसे भरोसे का एक साथी बिलकुल सही मौक़े पर उससे आ मिला है। अब वह निज़ाम को अपने से दूर जाने नहीं देगा। जब तक उसके द्वारा सोची गयीं सुधारवादी नीतियाँ पूरी तरह अमल में नहीं आ जातीं तब तक तो क़तई नहीं। अम्मी और अब्बू से भी चाहे उसे इसके लिए इल्तिजा क्यों न करनी पड़े।

इस एकान्त प्रवास में निज़ाम ख़ाँ का आना फ़रीद ख़ाँ के लिए वैसा ही था जैसे किसी नाविक को लहरों में तैरती हुई अपनी कोई खोयी हुई मज़बूत पतवार खुद-ब-खुद मिल जाये।

"या अल्लाह!...तू कितना मेहरबान है।" फ़रीद ने अस्फुट शब्दों में कहा और आसमान की ओर उठा उसका चेहरा कृतज्ञता से भर गया।

थोड़ी देर में हवेली का वह चबूतरा आबाद हो गया। हसन ख़ाँ के साथ काम कर चुके परगनों के ख़ास अफ़ग़ान अफ़सरों और कुछ फ़ौजी सरदारों का एक दल अब फ़रीद ख़ाँ के सामने एकत्रित था। सबने फ़रीद ख़ाँ सूर को सलाम अर्ज़ किया और सब-के-सब उसके समक्ष अपनी-अपनी जगह टिककर बैठ गये।

फ़रीद ख़ाँ के चारों अंगरक्षक अलीबख़्श, इनायत ख़ाँ, मुराद ख़ाँ और पीरबख़्श उसके इर्द-गिर्द थोड़ा दूर हटकर खड़े हो गये। चौकन्नी निगाह के साथ। फ़रीद ने सभी ओहदेदारों और सरदारों का एक-एक कर परिचय प्राप्त किया और उनसे कहा कि—

"आज मैंने आप लोगों को परगनों के बेहतर इन्तज़ाम तजवीज़ करने के इरादे से यहाँ बुलाया है। क्योंकि आप सभी हाज़रीन हमारे वालिद के वफ़ादार और अपने इलाक़ों के तजुर्बेकार ओहदेदार हैं। इसलिए हम आपकी बेशक़ीमती सलाहों का फ़ायदा उठाना चाहते हैं और जो ज़िम्मेदारियाँ आली जनाब हसन ख़ाँ सूर साहब ने हमें बतौर शिकदार-ए-जागीर सौंपी हैं उनको हम बेहतर-से-बेहतर ढंग से अंजाम देना चाहते हैं।"

ओहदेदारान ने फ़रीद को यक़ीन दिलाया कि वह उसके हर हुक्म की पूरी दयानतदारी से तामील करेंगे। अभी यह बातचीत शुरू ही हुई थी कि छोटा भाई निज़ाम भी हवेली के भीतर से निकलकर वहाँ आ गया। फ़रीद ख़ाँ ने उसे अपने बराबर में ही बड़े प्रेम से बैठा लिया और सभी उपस्थित अफ़सरों और सरदारों से कहा—

"आप सबको इनसे मिलवाता हूँ। यह हैं हमारे छोटे भाई निज़ाम ख़ाँ सूर। हमें बेहद अज़ीज हैं। जागीरों की देखभाल में यह भी मेरा हाथ बँटायेंगे। मैं चाहूँगा कि आप इनको भी हमारे बन्दोबस्त में शामिल समझें। जहाँ कहीं मैं नहीं पहुँच सकूँगा निज़ाम हमारी ओर से निगरानी पर जायेंगे और हमारा हुक्म और ऐलान सुनायेंगे। मैं चाहूँगा कि उस पर पूरी तवज्जो दी जाये।"

निज़ाम ख़ाँ बड़े भाई का मुँह देखने लगा। उसे बहुत विस्मय हुआ। उसने कुछ कहना चाहा। मगर फ़रीद ख़ाँ की गम्भीरता और मौक़े की नज़ाकत को देखकर चुप लगा गया।

फ़रीद ख़ाँ ने हाज़रीन को ख़िताब करते हुए आगे कहा कि—

"किसान ही इलाक़े की असल तरक़्क़ी के बायस हैं। आपने आज देखा होगा कि मैंने उन्हें यहाँ से हौसला अफ़ज़ाई करके रवाना किया है। मेरी निगाह हमेशा किसानों पर रहेगी जिससे कि उनको कोई न तो बेजा सताये न ही नुक़सान पहुँचाये। मेरा यह मानना है कि अगर कोई जागीरदार अपने किसानों की जानो-माल और आबरू की हिफ़ाज़त नहीं कर सकता तो उसे उनसे लगान वसूली का भी कोई हक़ नहीं। क्योंकि उस सूरत में उनसे वसूलियावी करना हद दर्जे की नाइन्साफ़ी है। मैंने यह सुना है कि हमारे परगनों में कुछ ज़मींदार ऐसे हैं जो इलाक़े में बग़ावत पर आमादा हैं और जो हाकिमों के पास हाज़िर तक नहीं होते। वह ज़मींदार साल-दर-साल अपना पूरा लगान भी नहीं देते और खुद की तिजोरियाँ भरने के लिए आस-पास के गाँवों पर ज़ुल्म तोड़ते रहते हैं। क्या यह ख़बर सही है?"

कुछ देर को मजमे में सन्नाटा पसर गया। कोई कुछ न बोला। फ़रीद ख़ाँ की त्योरियों पर बल पड़ गये। वह गर्दन घुमाकर अपने प्रधान अंगरक्षक अलीबख़्श से बोला—

"हाज़रीन तो बताने से परहेज़ कर रहे हैं। सरदार अलीबख़्श! मैं तुमसे पूछता हूँ। क्या यह सही है कि ऐसे कुछ सरकश ज़मींदार भी हमारे इलाक़े में मौजूद हैं?"

अलीबख़्श ने कहा—"जी हुज़ूर! ऐसे तीन-चार अनासिर ज़रूर हैं।"

इतना सुनने पर सामने बैठे लोगों में से एक भारी बदन के अफ़ग़ान सरदार ने उठकर कहा—

"गुस्ताख़ी माफ़ हुज़ूर! ऐसे कुछ सरकश और बाग़ी ज़मींदार ही दूसरों पर बुरा असर डालते हैं। इससे लगान की अदायगी न करने की रवायत और हरामख़ोरी के चलन को बढ़ावा मिलता है।"

"कौन लोग हैं वे?"

"हुज़ूर इलाक़े का बच्चा-बच्चा उन्हें जानता है। नाम आपको पता चल ही जायेंगे। बीहड़ों में रहते हैं। उनकी हवेलियाँ घने जंगलात से घिरी हुई बड़ी महफ़ूज़ हैं। सरकश इतने हैं कि कोई वसूली का अहलकार उनके दरवाज़े तक पहुँचने की हिम्मत नहीं करता। एक-दो लोगों ने उनसे मिलने की हिम्मत की तो चन्द दिनों में इलाक़े से ही ग़ायब हो गये। आज तक उनकी लाश भी नहीं मिली। बताते हैं कि उन ज़मींदारों का ख़ौफ़ इतना है कि हर कोई शख़्स उनके ख़िलाफ़ हाकिमों तक उनके किसी भी ज़ुल्म के बारे में मुँह खोलने से डरता है। घड़ियाल पाल रखे हैं उन्होंने अपने ख़ानदानी तालाबों में। आदमी को मारकर घड़ियालों को खिला देते हैं। कोई सुबूत तक बाक़ी नहीं रहता।..."

फ़रीद ख़ाँ के मुँह से निकला—"ओह! क्या वाक़ई ऐसा?"

इस पर वहाँ मौजूद कई सिर सहमति में ऊपर-नीचे हिले। तब फ़रीद ख़ाँ ने कहा–

"यह तो इन्तेहा है। आप लोग इसे बर्दाश्त कैसे करते हैं?"

एक बुज़ुर्ग सरदार ने अपनी जगह बैठे-बैठे कहा–

"क्योंकि इससे पहले किसी हाकिम ने इस पर कोई तवज्जो ही नहीं दी।"

"मगर मैं ऐसी सरकशी और ऐसी नाफ़र्मानियों को अपने रहते बिलकुल बर्दाश्त नहीं करूँगा। मैं उन बाग़ी ज़मींदारों को ऐसा सबक सिखाऊँगा जो औरों के लिए भी नज़ीर हो। ताकि फिर कोई शख़्स मेरे इलाक़े में मनमानी और ज़ुल्म करने की जुर्रत न कर सके। मुझे आप लोग बतायें कि मैं इनको कैसे कुचल सकता हूँ? और कैसे इन साँपों को ख़त्म कर सकता हूँ?"

उस बुज़ुर्ग ने कहा कि–

"ज़्यादातर सिपाही मियाँ हसन के साथ गये हुए हैं। कुछ दिन इन्तज़ार करिये। वह वापस आ जायेंगे। तब आप उन बाग़ियों के ख़िलाफ़ फ़ौजी मुहिम चला सकेंगे। इस पर फ़रीद ख़ाँ ने फिर से अपनी गर्दन घुमाकर अलीबख़्श से पूछा कि क्या मैं उन सरकश लोगों के नाम जान सकता हूँ?"

सरदार अलीबख़्श ने कहा कि–

"हुज़ूर वह हैं तालगढ़ के ज़मींदार जबर सिंह और अतर सिंह। दोनों बाप-बेटे हैं। बेहद मग़रूर और सरकश।"

"क्या उन्हें हमारे सामने बुला सकते हो?"

सामने बैठे बुज़ुर्ग सरदार ने कहा–

"कोई फ़ायदा नहीं। वह हरगिज़ नहीं आयेंगे। आज कई बरस हो चुके हैं। किसी भी हाकिम परगना के सामने वह जाने से इन्कार करते आये हैं। आपके सामने भी वह शायद ही पेश हों।"

इस पर फ़रीद ख़ाँ ने कहा–

"जब वह बाग़ी ज़मींदार हाकिमों के पास आने से न करते हैं और ख़ुदा के बन्दों को सताते हैं तो मैं सब्र नहीं कर सकता। ऐसे में मैं इन बाग़ियों के ख़िलाफ़ क्या कर सकता हूँ? और किस तरह इन्हें सज़ा दे सकता हूँ? इस पर तुम लोग सलाह-मश्विरा कर लो। कल शाम को हमारी बैठक फिर यहीं होगी।...कल इसी वक़्त आप सब फिर तशरीफ़ लायें।"

कहकर फ़रीद अपने भाई निज़ाम के साथ उठकर हवेली के भीतर चल दिया। उसके अंगरक्षक भी उसके पीछे-पीछे हो लिये। कुछ दूर चलकर फ़रीद ने अपने प्रधान अंगरक्षक अलीबख़्श से कहा कि–वह वापस लौट जाये और बैठक में आये लोगों

के बीच जाकर उनकी बातें ग़ौर से सुने और बाद में उसे बताये। अलीबख़्श उल्टे पाँव लौट गया।

इनायत ख़ाँ और पीरबख़्श उसे हवेली के द्वार तक छोड़कर वहीं मुस्तैद खड़े हो गये। फ़रीद ने निज़ाम से पूछा -

"तुमने कुछ खाया?"

निज़ाम ने कहा—"नहीं भाईजान!...मैंने सोचा कि आपके ही साथ खाना खाऊँ। इतने दिनों बाद तो आपसे मिले हैं।"

"वाक़ई?...काफ़ी समझदार हो गया है मेरा भाई।"

"जी नहीं भाईजान! ऐसा नहीं है।...अच्छा यह बताइये आपने मेरे बारे में सबके सामने यहाँ रहकर आपका हाथ बँटानेवाली बात क्यों कही? मैं तो यहाँ अम्मीजान के हुक्म से चन्द दिनों के वास्ते ही आया हूँ।"

"निज़ाम! भूल जाओ अब तफ़्रीह और आराम को। अब यह हमारे काम करने के दिन हैं। अब तुम्हें वाक़ई मेरा साथ देना है। सिर्फ़ साथ ही नहीं देना है बल्कि यहाँ मेरा दाहिना हाथ बनना है।"

"वह तो मैं हूँ ही भाईजान!...इसमें क्या शक हे? मैं हर क़दम पर आपके साथ हूँ और हमेशा रहूँगा।"—सुनकर फ़रीद ख़ाँ का सीना ख़ुशी से चौड़ा हो गया और दोनों भाई हँसते हुए हवेली में अन्दर चले गये। अन्दर बड़े-से आँगन में बीचोबीच एक दस्तरख़्वान बिछाकर चचा हाशमी उनका इन्तज़ार कर रहे थे। दोनों भाइयों के हाथ सेवकों ने धुलवाये। फिर चचा हाशमी के संकेत पर गर्मागरम खाना उनके लिए परोसा जाने लगा।

◙
◙

फ़रीद अपने भाई निज़ाम के साथ अपने अंगरक्षकों की मौजूदगी में दिन में विभिन्न ग्रामीण अंचलों की सैर करता। जहाँ ज़रूरी समझता वह आम लोगों से बातें करता। जो अनुभव यहाँ के लोगों को देखकर किये होते उनके बारे में निज़ाम को बताता। साथ ही घर के सारे हालचाल भी निज़ाम से सुनता। निज़ाम ने इस बीच फ़रीद को बताया कि अब्बाजान का हुस्ना बेगम की क़दमबोसी का पुराना रवैया बदस्तूर क़ायम है। मगर अब वह उनके नालायक बेटों सुलेमान और अहमद को भी अक्सर जौनपुर भिजवा देने की धमकी देते हैं। जबकि वह लड़के अपनी अम्मी की मार्फ़त जौनपुर जाने से साफ़ इन्कार कर चुके हैं। हुस्ना बेगम अब्बाजान के तेवरों को बीच-बीच में ठण्डा कर देती हैं।

शाम को फ़रीद ख़ाँ की हवेली पर लगान मोहकमे से जुड़े अफ़सरों और उसके पिता के साथ के सरदारों की फिर से बैठक हुई। काफ़ी विचार-विमर्श के बाद उसने उन सरदारों से 200 घोड़े कसने के लिए कहा और इस बात का पता लगाने को भी कहा कि उसके अधिकार-क्षेत्र के परगनों में कितने सैनिक इन दिनों वास्तव में मौजूद हैं? उनकी फ़ेहरिस्त बनवायी जाये। अगर 200 सिपाहियों में कुछ कमी पड़े तो उसके लिए नयी भर्ती की जाये।

फ़रीद ने तमाम अफ़ग़ानों को और अपने क़बीले के लोगों को जिनके पास जागीरें नहीं थीं बुलाकर कहा कि–

"आलीजनाब हसन ख़ाँ साहब किसी फ़ौजी मुहिम पर रवाना हो चुके हैं। उनकी वापसी तक मैं तुमको खाना-कपड़ा दूँगा। तुमको कुछ सरकश ज़मींदारों को कुचलने से जो दौलत और सामान मिलेगा वह तुम्हारा होगा। उसे मैं तुमसे नहीं लूँगा। बल्कि तुम में से जो भी सिपाही अच्छा काम करेंगे उन्हें मैं अपने वालिद हसन ख़ाँ साहब से गुज़ारे के वास्ते ज़मीनें दिलवाऊँगा। मैं तुम लोगों को इस मुहिम में सवारी के लिए घोड़े भी दूँगा।"

यह सुनकर वह अफ़ग़ान बेरोज़गार युवक बहुत खुश हुए और बोले कि–"हुज़ूर हाकिमे इलाक़ा!...हम आपकी आन-बान-शान में जान लड़ा देंगे और आपके हुक्म से कभी पीछे नहीं हटेंगे।"

तब फ़रीद ने उन नवनियुक्त सिपाहियों को ख़ास तौर पर अन्न-वस्त्रादि दिये और उन्हें कुछ रुपये भी दिये। फ़रीद ख़ाँ ने इस तरह अपने लड़ाकू दस्ते में सैनिकों की कमी को पूरा किया। उसने अनेक गाँवों में किसानों से यह कहकर उनके उपयोग के घोड़े मँगवाये कि वह उसे अपने घोड़े थोड़े दिनों के लिए उधार दे दें। क्योंकि उसे एक मुहिम के वास्ते उनकी फ़ौरी ज़रूरत है। काम ख़त्म होते ही किसानों को उनके घोड़े लौटा दिये जायेंगे। किसान फ़रीद के इस आश्वासन पर अपने घोड़े उधार देने के लिए सहमत हो गये। हर किसान ने अपनी हैसियत के अनुसार अपने घोड़े ज़ीन कसकर मुहैया करा दिये।

घोड़ों का इन्तज़ाम हो जाते ही फ़रीद ने अपने हर सिपाही को जिसके पास सवारी हेतु घोड़ा नहीं था, एक घोड़ा दे दिया। उसके बाद उसने अपने दो घुड़सवार सन्देशवाहकों को जबर सिंह और अतर सिंह नाम के सरकश ज़मींदारों की गढ़ी में भेजा और उन्हें अपने सामने हाज़िर होने का हुक्म कहला भेजा।

जबर सिंह ने जब यह सुना कि नये हाकिम इलाक़ा ने अपने दो घुड़सवार फ़ौजियों के ज़रिये उसे और उसके बेटे अतर सिंह को तलब किया है तो उसने उन सन्देशवाहकों पर कुत्ते छोड़ देने का हुक्म दिया।

अतर सिंह ने गढ़ी के दरवाज़े पर आकर फ़रीद ख़ाँ के दोनों सन्देशवाहक सैनिकों को ललकारा और अपने नौकरों के द्वारा वाक़ई उनके पीछे अपने ख़ूँखार पालतू कुत्ते छुड़वा दिये। तब वह सैनिक वहाँ से घोड़े दौड़ाते हुए वापस भाग निकले। उन्होंने आकर सारा क़िस्सा अपने आला हाकिम से बयान किया। सुनकर फ़रीद ख़ाँ आग बबूला हो गया। उसने फ़ौरन ही उन बाग़ी ज़मींदारों पर चढ़ायी कर दी और उनकी गढ़ी में घुसकर उसे तहस-नहस कर डाला।

जबर सिंह और अतर सिंह को इतनी त्वरित गति से खुद पर जागीरदार के हमले की आशंका नहीं थी। वह अपने पूर्व अनुभवों और कारनामों की पीनक और ग़फ़लत में इस बार मात खा गये।

जब फ़रीद ख़ाँ के सिपाहियों ने गढ़ी को घेर लिया और उस गढ़ी का पुराना सदर दरवाज़ा बलपूर्वक तोड़ डाला गया तो दोनों ज़मींदार जबर सिंह और अतर सिंह एक सुरंग के रास्ते से होकर जान बचाकर भाग निकले। अपनी औरतों और बच्चों को भी वह कायर गढ़ी में ही असुरक्षित छोड़ गये। फ़रीद ख़ाँ ने गढ़ी की औरतों-बच्चों और सेवकों सभी को बन्दी बना लिया। वह उन्हें और उनके सारे पालतू पशुओं तक को वहाँ से पकड़कर ले आया। मुहिम के दौरान उसके सैनिकों ने वहाँ की सारी सम्पत्ति लूट ली और उन ज़मींदारों के सभी पालतू कुत्ते और उनके लठैत मार डाले गये।

फ़रीद ख़ाँ ने लूटी गयी सारी सम्पत्ति के अलावा वहाँ से हाँके गये मवेशियों को भी सैनिकों को दे दिया, परन्तु स्त्रियों, बच्चों और आस-पास के गाँवों से पकड़े गये ज़मींदार के हिमायती किसानों को अपनी हिरासत में रखा। उसने कुछ गाँवों के मुक़द्दमों अर्थात् मुखियों के माध्यम से उन फ़रार ज़मीदारों से कहलाया कि–

"मेरा हक़ मुझे दे दो। वर्ना मैं तुम्हारी औरतों और बच्चों को गुलामों की तरह बेच दूँगा। तुम जहाँ भी जाओगे मैं वहीं तुम्हारा पीछा करूँगा। तुम जिस भी गाँव में जाओगे वहाँ मैं तुम्हारा पीछा नहीं छोड़ूँगा। तुम जिस किसी गाँव में भागकर पहुँचोगे मैं उसके मुक़द्दम को यह हुक्म दूँगा कि वह फ़ौरन तुम्हें पकड़कर मेरे हवाले करे। अगर वह नहीं माना तो मैं उस गाँव पर हमला करके उस गाँव को बर्बाद कर दूँगा। घने जंगलों में शरण लिये हुए जबर सिंह और अतर सिंह ने जब फ़रीद ख़ाँ का यह फ़र्मान सुना तो उन्होंने उन्हीं मुक़द्दमों के माध्यम से यह कहलाया कि -

"ऐ आला हाकिम! हमारे पिछले अपराधों को क्षमा करो। यदि अब हम कोई फिर ऐसा काम करें जो आपको पसन्द न आये तो आप जो चाहे सो हमें दण्ड दे देना।..."

फ़रीद ख़ाँ ने फ़रार ज़मींदारों को जवाब में कहलाया कि—"तुम्हें सिर्फ़ इस शर्त पर माफ़ी दी जा सकती है कि तुम मेरे सामने हाज़िर हो और आइन्दा के लिए एक ज़मानत दो कि अगर तुम दोबारा नाफ़र्मानी का जुर्म करो या भाग निकलो तो ज़मानत देनेवाला इन्सान तुम्हारी हाज़िरी के लिए ज़िम्मेदार माना जाये।"

दोनों बाप-बेटे आकर फ़रीद ख़ाँ के क़दमों पर गिरे। उन्होंने तथा जिन मुक़द्दमों के स्त्री-बच्चे और दूसरे सम्बन्धी क़ैद में थे, उन सबके विरुद्ध जो कुछ भी मालगुज़ारी की रक़म उन पर बनती थी, फ़रीद ख़ाँ के ख़ज़ाने में यथासम्भव जमा करवा दी। जो कुछ कमी पड़ी उसके लिए अगली फ़सल तक के लिए मोहलत माँग ली। उन लोगों ने अपनी हाज़िरी की ज़मानत दे दी और इस प्रकार अपनी स्त्रियों और कुटुम्बियों को फ़रीद ख़ाँ के चंगुल से रिहा करा लिया।

यह वस्तुतः फ़रीद ख़ाँ का पहला सैनिक अभियान था। उसे और उसके भाई निज़ाम ख़ाँ को यद्यपि स्वयं तब तक कोई सैन्य अनुभव नहीं था, परन्तु फिर भी उसने अपनी आन्तरिक शक्ति और संकल्प के बलबूते उस अभियान में शातिर दुश्मनों को पराभूत किया। उसके अर्द्धप्रशिक्षित सिपाही दूसरे प्रशिक्षित सिपाहियों के साथ बड़े उत्साह से उस अभियान में जुटे थे। अभियान के फ़ौरन बाद उसने अप्रशिक्षित सिपाहियों को सैन्य अभ्यास में लगा दिया। फ़रीद ने खुद भी हर दिन सुबह-सुबह उस्ताद सैनिकों और सरदारों से बाक़ायदा सैन्य प्रशिक्षण लेना शुरू किया और निज़ाम ख़ाँ को भी दैनिक अभ्यास में शामिल किया। तलवार चलाना, भाला फेंकना, ज़मीन पर और घोड़े की पीठ पर बैठकर लड़ाई के दाँव-पेंच सीखना उसने पूर्ण मनोयोग से अपनी प्रातःकालीन दिनचर्या में शामिल कर लिया। फ़रीद अब सिर्फ़ एक जागीर का प्रबन्धक मात्र बनकर नहीं रह जाना चाहता था बल्कि अपने वक़्त के संकटों और कठिनाइयों की विविधतापूर्ण चुनौतियों को देख-समझकर एक कुशल योद्धा बनने की भी अपने मन में ठान ली थी।

चचा हाशमी, निज़ाम ख़ाँ, अलीबख़्श, इनायत ख़ाँ वगैरह सब फ़रीद ख़ाँ के व्यक्तित्व में हो रहे इस नवीन परिवर्तन को देखकर बड़े प्रसन्न थे। उन्हें यह यक़ीन हो चला था कि यह युवा हाकिम एक होनहार रहनुमा है जो आगे चलकर कई नयी मिसालें क़ायम करेगा। वह फ़रीद के छोटे भाई निज़ाम के व्यवहार से भी काफ़ी सन्तुष्ट थे। वास्तव में फ़रीद और निज़ाम को उनकी अफ़ग़ान माँ ने बहुत अच्छे संस्कार दिये थे। दोनों भाइयों की जोड़ी देखने क़ाबिल थी।

◙

◙

अपने पिता की जागीर की देखभाल में फ़रीद ने वास्तव में जान लगा दी। उसके भाई निज़ाम ने भी अपने बड़े भाई का पूरा साथ दिया। फ़रीद ने एक नहीं, दो नहीं, तीन

नहीं, पूरे 22 बरस हसन ख़ाँ की ज़मीन-जायदाद की बड़ी मेहनत से देखभाल की। उसका सुप्रबन्ध किया। उसका विकास किया। मालगुज़ारी में अभिवृद्धि की। कृषकों के जीवन में भी बाधाओं, दुश्वारियों और अन्यायों को दूर कर उनको उन्नत किया। अपने नीचे ईमानदार और वफ़ादार सैनिकों को सरदार बनाया। उन्हें जागीरें दीं। बेईमान और रियाया को सतानेवाले सैनिकों, पटवारियों और दूसरे अहलकारों की शिकायतें मिलने पर उसने स्वयं जाँच की और आरोप सिद्ध पाये जाने पर उन्हें दण्डित किया। छोटे-मोटे जुर्म की सज़ा तनख़्वाह में कटौती से लेकर उन्हें कोड़े लगाने की दी गयी। गुनाह बड़ा हुआ तो उन्हें नौकरी से बर्ख़ास्त भी किया। उसने इस बात की कभी परवाह नहीं की कि सज़ा पानेवाला उसके पिता का कोई क़रीबी सरदार या दूर-पास का रिश्तेदार है तो उसे छोड दिया जाये। दोषसिद्ध मामलों में ऐसे लोगों को भी नहीं बख़्शा गया। फ़रीद इस बात का ऐलान शुरू में ही कर चुका था।

उसने दण्ड और पुरस्कार देते वक़्त हिन्दू और मुसलमान में कोई विभेद नहीं किया। इस बात का सरकारी अमले पर ख़ासा मनोवैज्ञानिक प्रभाव पड़ा और अधिकांश अफ़सर और अहलकार तीर की तरह सीधे हो गये। सब लोग प्रायः अपने काम-से-काम रखने लगे। क्योंकि वह जानते थे कि फ़रीद ख़ाँ खुद बड़ा मेहनती है। वह कान का कच्चा नहीं है। खुद मामलों की तहकीकात करता है। उसे बेवकूफ़ नहीं बनाया जा सकता। वह ईमानदार और कर्त्तव्यनिष्ठ कर्मचारियों की क़द्र करता है और दुष्ट एवं बेईमानों का वह परम शत्रु है।

फ़रीद ख़ाँ ने फ़सलों के समय खेतों को जरीब से नपवाने और उपज का सही आकलन कर उसे अभिलेखों में दर्ज करने और तद्नुसार लगान तय करने, फिर उस लगान को सख़्ती से वसूलने की परम्परा क़ायम की। लगान की अदायगी नक़द अथवा अनाज की शक्ल में करने के दोनों विकल्प कृषकों को दिये गये। किसानों से बेजा वसूली के वह सख़्त खिलाफ़ था। फ़रीद ने वसूली कार्य से जुड़े कर्मचारियों के वेतन निश्चित कर दिये ताकि वह लगान की रक़म पर निर्भर न रहें और उसे तत्परतापूर्वक खज़ाने में जमा करें।

फ़रीद ख़ाँ जब दौरे पर निकलता तो अक्सर अपने भाई निज़ाम ख़ाँ को दूसरे इलाक़ों में भेजता। वह खेती-पाती का जायज़ा लेता और पटवारियों और अमीनों के अभिलेखों का निरीक्षण करता। किसानों को बुलाकर उनके हालचाल पूछता। अपने मातहतों की खतौनियों में दर्ज किसानों और खेती के विवरण को किसानों के सामने बाँचकर किसानों से ही उसकी तस्दीक करता। ज़मीन का रक़बा ठीक से दर्ज है कि नहीं? कोई किसान मर तो नहीं गया? अगर मरा तो कब मरा? उसके लड़कों या अन्य उत्तराधिकारियों के नाम मृतक काश्तकार की जगह समय से दर्ज हुए कि नहीं? अगर अभिलेखों में कोई गड़बड़ी पा जाता तो फ़रीद उस अहलकार को फ़ौरन सज़ा

देता। इन्हीं सब बातों से किसानों के बीच हाकिम परगना फ़रीद ख़ाँ सूर की हर तरफ़ बड़ी जय-जयकार होने लगी।

परन्तु फ़रीद के अनेक प्रयासों के बावजूद बीहड़ जंगली इलाक़ों के कुछ ज़मींदार नहीं सुधरे। क्योंकि वह दुष्ट घोर आपराधिक प्रकृति के मनुष्य थे। ऐसे लोग भूमिकर देने से तो इन्कार करते ही थे इतने ख़ूँखार और बेलगाम थे कि आस-पास के गाँवों में अपने लठैत और गुण्डे भेजकर डकैतों की तरह आये दिन लूटपाट किया करते थे। सड़क मार्ग से जाते किसी सेठ-साहूकार को वह लूट लेते। किसी महाजन के घर डकैती डलवा देते। कहीं शादी-ब्याह की ख़बर मिलती तो वहाँ घुसकर ज़ेवर, नक़दी और क़ीमती वस्त्र आदि लूट ले जाते। गाँवों में घुसकर उनके आदमी स्त्रियों से बलात्कार करते। कोई जवान और ख़ूबसूरत लड़की कहीं दिख जाती तो उसे उठवाकर इन क्रूर ज़मींदारों की हवेलियों में ले जाया जाता। यह कुकृत्य कुछ सुदूर दुर्गम क्षेत्रों में बसे ऐसे चोर-डकैत क़िस्म के ज़मींदारों द्वारा वर्षों से अंजाम दिये जाते थे। फ़रीद ख़ाँ द्वारा प्रबन्ध सँभालने के बाद भी ऐसी वारदातें समाप्त नहीं हुई। उनमें कुछ कमी भले ही आ गयी हो। जब बार-बार चेतावनी के बाद भी वह लोग नहीं थमे तब फ़रीद ख़ाँ ने अपनी निजी सैन्य-शक्ति और मालगुज़ारी का प्रबन्ध सुदृढ़ करने के उपरान्त एक दिन ऐसे विद्रोहग्रस्त क्षेत्रों की ओर रुख़ किया।

फ़रीद ख़ाँ ने सेना एकत्र की। इस सिलसिले में उसने यह आदेश दिया कि प्रत्येक ग्रामीण जिसके पास घोड़ा है उस पर सवार होकर आये। जिसके पास घोड़ा नहीं है पैदल आये। वह अपने आधे सिपाहियों की फ़ौज को विद्रोहियों को नष्ट करने के इस विशेष अभियान में अपने साथ ले गया। शेष आधे सैनिकों को निज़ाम ख़ाँ के नेतृत्व में भूमिकर का संग्रह करने और जागीर में कानून-व्यवस्था के कार्यों में लगा दिया।

इस बार फ़रीद ख़ाँ ने यह तय कर लिया था कि वह रहम की कोई गुंजाइश अपने दिल में नहीं रखेगा। इन बाग़ी ज़मींदारों और उनके संरक्षण में पलनेवाले उनके गाँववालों में से किसी को भी इस बार हरगिज़ बख़्शा नहीं जायेगा। उन्हें नेस्तोनाबूद कर पूरे सहसराम और खवासपुर टाँडा के निवासियों के मध्य फ़रीद ख़ाँ को ऐसी नज़ीर क़ायम करनी थी जिसे सभी लोग हमेशा याद रखें। इस बार 'माफ़ी नहीं मौत' उसका तयशुदा फ़ैसला था। वह जान गया था कि हाकिम की उदारता के साथ-साथ उसके कहर का ख़ौफ़ भी लोगों के मन में स्थापित होना प्रशासनिक दृष्टिकोण से परम आवश्यक होता है।

फ़रीद ख़ाँ के आदेश पर सैनिकों और किसानों की एक अच्छी-ख़ासी फ़ौज इकट्ठी हो गयी। इस फ़ौज ने फ़रीद के आदेश पर ही विद्रोहियों के गाँवों की ओर कूच कर दिया। वहाँ पहुँचकर एक कोस की दूरी पर फ़रीद ने खाइयाँ खुदवायीं और आस-पास के जंगलों को, जो विद्रोहियों और उसकी फ़ौज के लिए बाधा बने हुए

थे, काटने का आदेश दिया। उसने अपने सैनिकों से कहा कि उधर से जो आदमी आता हुआ तुम्हें मिले उसे खदेड़ो और पकड़कर मार डालो। गाँवों में घुस जाओ। वहाँ किसी को भी खेत जोतने न दो। बोयी हुई फ़सल को नष्ट कर दो। उनके पशुओं को ले आओ। जो भी आदमी विरोध करें उन्हें वहीं क़त्ल कर दो। उनके स्त्रियों और बच्चों को, जो दिखायी पड़ जायें, गिरफ़्तार करके मेरे पास ले आओ। घेराबन्दी इतनी सख़्त कर दो कि कोई भी आदमी आ-जा न सके। दूसरे गाँव से भी वहाँ किसी को कुछ न लाने दो, न ही गाँव की कोई चीज़ कोई आदमी बाहर ले जाने पाये। रात-दिन चौकसी रखी जाये।

इस तरह एक गाँव की घेराबन्दी कराने के पश्चात् फ़रीद ख़ाँ अपनी सेना के साथ दूसरे गाँव की ओर बढ़ जाता। मार्ग में जो घने जंगल पड़ते उन्हें काटकर उनमें से सेना रास्ता बनाती और आगे बढ़ती। अगले गाँव पर धावा बोला जाता, उसे उसी तरह घेरा जाता। इस तरह विद्रोहियों को कुचलने का यह सिलसिला कई हफ़्ते चलता रहा। नया मोर्चा आने पर फ़रीद ख़ाँ फिर से उस गाँव के सीमान्त पर खाइयाँ खोदवाता और विद्रोहियों को दण्डित करता।

आख़िर विद्रोही ज़मींदार भयाक्रान्त होकर अपने-अपने गाँव-घरों से भाग गये। उनकी कमर टूट गयी। उन्होंने फ़रीद ख़ाँ के पास अपना प्रतिनिधि भेजकर कहलाया कि यदि फ़रीद ख़ाँ उनके अपराधों को क्षमा कर दे तो वह उसकी अधीनता स्वीकार कर लेंगे।

फ़रीद ख़ाँ ने कहलाया कि वह उनकी मातहती हरगिज़ क़बूल नहीं करेगा। क्योंकि चोर-डकैत-बदमाशों और बलात्कारियों को वह कभी माफ़ नहीं करता। अगर वह सिर्फ़ नादिहन्द या नाफ़रमान ज़मींदार होते तो उन पर जुर्माना लगाकर बक़ाया मालगुज़ारी वसूली जा सकती थी और आगे के लिए उनकी ज़मानत वगैरह पर ग़ौर किया जा सकता था। लेकिन वहशी दरिन्दों के लिए उसके दिल में कोई रहम नहीं है। वह दुश्मन हैं और दुश्मन ही रहेंगे। खुदा उसे ही फ़तेहयाब करेगा जो हक़ की लड़ाई पर होगा।

तब उन ज़मींदारों ने अपना प्रतिनिधि दोबारा भेजकर दस्तबस्ता गुज़ारिश की और एक लम्बी रक़म अदा करने की पेशकश की। फ़रीद ख़ाँ ने इसे भी ठुकरा दिया और कहा—

"इन बाग़ियों का यही रंग-ढंग है। यह पहले तो अपने हाकिमों का मुक़ाबला करते हैं। अगर हाकिम कमज़ोर हुए तो यह बग़ावत जारी रखते हैं। अगर यह देखते हैं कि सामनेवाला मज़बूत है तो यह फ़रेब करते हुए उसके पास आते हैं और अपने को निहायत दीनहीन दिखाकर कुछ रुपया-कौड़ी दे-दिलाकर वक़्ती तौर पर निजात पा लेते हैं। लेकिन ज्यों ही मौक़ा मिलता है फिर से हाकिमों को आँखें दिखाने लगते

हैं। इसलिए इन्हें मुआफ़ करना ख़ुद अपने ही पाँवों पर कुल्हाड़ी मारने के बराबर है।"

अगली सुबह पौ फटते ही बिना देर किये फ़रीद ख़ाँ घोड़े पर सवार हुआ। उसने अपनी चुनी हुई घुड़सवार टुकड़ी के साथ उन ज़मींदारों के ऊपर आक्रमण कर दिया। मुखबिरों के द्वारा जंगल में उनके छिपने का ठिकाना पहले ही मालूम पड़ चुका था। उन सारे ज़मींदारों को मौक़े पर ही मौत के घाट उतार दिया गया। उनके लठैतों और सेवकों को भी मार डाला गया। उनकी स्त्रियों और बच्चों को पकड़ लिया गया। सैनिकों को हुक्म दिया कि वह उन्हें दास बना लें अथवा बेंच दें। जो विद्रोही भाग गये थे, उनकी जगह दूसरे लोगों को बाहर से लाकर उन गाँवों में बसा दिया गया।

इस तरह फ़रीद ख़ाँ सूर हाकिम-ए-आलिया का भारी आतंक चारों तरफ़ फैल गया। लोग भूमि-कर समय से अदा करने लगे। चोरी और डकैती की घटनाएँ उसकी जागीर में तक़रीबन बन्द हो गयी।

▣
▣

फ़रीद की मेहनत, फ़रीद की सख़्ती और फ़रीद की न्यायप्रियता के कारण देखते-ही-देखते दोनों परगने सम्पन्न हो गये। उसकी दूरन्देशी के चलते सैनिक और कृषक सब सन्तुष्ट हो गये। गाँव के रास्तों को ठीक करने और खेती की उपज को मण्डियों तक ले जाने में फ़रीद उनका सहायक बना। वह केवल उनसे लगान वसूली करनेवाला हृदयहीन हाकिम-सरीखा आदमी नहीं था। बल्कि इलाक़े का एक सबसे बड़ा हमदर्द और दोस्त-जैसा था। लगान की नीति और रक़म निश्चित होने से किसान निश्चिन्त हुए। उन्होंने जी-जान लगाकर खेतों में श्रम किया तो उत्पादन भी ड्योढ़ा-दुगना होने लगा। फलतः किसान ख़ुशहाल हुए और हसन ख़ाँ सूर की जागीर भी उसके होनहार फ़र्ज़न्द की हिक़मत से बुलन्दियाँ छूने लगी।

यह ख़बर सुनकर हसन ख़ाँ बहुत प्रसन्न हुआ। वह सब मिलने-जुलनेवालों से अपने परगनों की समृद्धि, अपने बेटे फ़रीद की योग्यता, बहादुरी और बाग़ी ज़मींदारों के दमन के क़िस्से बयान करने लगा।

फ़रीद की योग्यता की शोहरत बिहार राज्य में दूर-दूर तक फैलने लगी। जिन अफ़ग़ान सरदारों और बिरादरों ने भी यह बातें सुनीं वह भी उसकी प्रशंसा करने लगे। फ़रीद के लिए अब दूर-दूर से रिश्ते आने लगे। ऐसे में उसकी बीमार माँ ने एक दिन उससे कहा कि—"बेटा! अब तुम्हारी उम्र 30 बरस पार कर चुकी है। मैं भी बहुत बीमार रहती हूँ। न जाने कब ऊपरवाले के दरबार से बुलावा आ जाये। मैं मरने से पहले अपनी बहू का मुँह देखना चाहती हूँ। अब तुम शादी कर लो।"

फ़रीद अपनी माँ का कहा कभी नहीं टालता था। उसने फिर माँ की ही पसन्द की एक अच्छे पठान-ख़ानदान की बेटी से निकाह कर लिया। ख़ूबसूरत दुल्हन घर में आ गयी, जिसने फ़रीद की माँ को स्वर्गवास से पहले तीन चाँद से पोतों का मुख भी दिखलाया। फ़रीद के यशगान की ख़बरें सुलेमान और अहमद की माँ के कानों में जब पड़तीं तो वह बड़ी सन्तापित होती।

कुछ समय बाद जब मियाँ हसन ख़ाँ मसनद-ए-आली जमाल ख़ाँ साहब की नौकरी से फुर्सत पाकर अपने घर आये तो सभी सरदारों ने उनसे फ़रीद ख़ाँ के कार्यों की भूरि-भूरि प्रशंसा की। उनसे कहा कि उनके फ़र्ज़न्द फ़रीद ख़ाँ एक आला हाकिम हैं, जिनका कोई सानी नहीं। इस पर हसन ख़ाँ ने भी ख़ज़ाने और इलाक़े की समृद्धि एवं विकास कार्यों का जायज़ा लिया। सब-कुछ पहले से बहुत ही बेहतर देखकर वह इतना खुश हुए कि उनके दिल में जो भी नाखुशी फ़रीद और निज़ाम के बारे में बाक़ी थी अब वह भी जाती रही। उन्होंने अपने इन दोनों बेटों को बड़ा प्यार-दुलार दिया। उम्र के साथ-साथ हसन ख़ाँ अब काफ़ी पस्त हो चले थे। उन्होंने फ़रीद ख़ाँ से कहा—

"अब मैं बूढ़ा हो गया हूँ। लिहाज़ा जब तक ज़िन्दा हूँ इन परगनों और फ़ौजियों को सँभालने की ताक़त मुझमें बाक़ी नहीं रह गयी है। फ़रीद! ...मेरे बेटे! मैं चाहता हूँ कि अब तुम ही इनका बन्दोबस्त जारी रखो।"

इस बात से हसन ख़ाँ के नालायक बेटे सुलेमान और अहमद बड़े मायूस हुए। बेटों की मायूसी देखकर उनकी माँ हुस्ना बेग़म और भी अप्रसन्न हुईं। उसे लगा कि उसका उम्रदराज़ खाबिन्द सौतेले जवान बेटे फ़रीद के सामने कमज़ोर पड़ रहा है और पानी अब सिर से ऊपर चढ़ रहा है। हुस्ना बेगम और उसके बेटों ने तब एक बार फिर फ़रीद के ख़िलाफ़ झूठी शिकायतों का सिलसिला शुरू कर दिया। फ़रीद ने अपनी बहन शहला के विवाह के लिए कुछ अशर्फियाँ सुलेमान के पास रखवायी थीं। वह अशर्फियाँ उसने नकली सिक्कों से बदल दीं और मियाँ हसन से कहा कि फ़रीद भाईजान ने यह नकली सिक्के उसके पास रखवाये थे। सुलेमान और अहमद पीठ पीछे फ़रीद ख़ाँ को बड़ी गालियाँ देते। वह अपने अब्बा हसन ख़ाँ से आये दिन उसकी बुराइयाँ करते।

उनकी माँ हुस्ना बेगम तो फ़रीद को लेकर जली-कटी सुनाती ही रहती थी। इसमें वह पुरानी माहिर थी। लेकिन हसन ख़ाँ अब उन लोगों की बातों पर ज़्यादा ध्यान नहीं देते थे। प्रायः ख़ामोश रहते। किसी बात पर भड़कते भी नहीं थे। बिना हाथ-पाँव डुलाये मालगुज़ारी से पर्याप्त दौलत उन तक पहुँच ही रही थी। कहीं कोई बाहरी आदमी फ़रीद की शिकायत नहीं करता था। आये दिन उन्हें उसकी प्रशंसा ही सुनने को मिलती। जो कुछ शिकायत होती हुस्ना बेगम और उनके साहबज़ादे सुलेमान और अहमद की ही ओर से होती, जो कि उन्हें जली हुई राख से उठते धुएँ

की मानिन्द जान पड़ती थी। इसलिए हसन ख़ाँ इन बेबुनियाद बातों को एक कान से सुनकर दूसरे कान से निकाल देते।

एक दिन वह अपने चुगलख़ोर बेटों सुलेमान और अहमद की किसी बात पर भड़क उठे और बोले—

"बेवकूफ़ों...तुम लोग हमेशा फ़रीद के ख़िलाफ़ बकवास करते रहते हो। उसके लिए बुरे-से-बुरे अल्फ़ाज़ निकालते हो। तुम्हारे आलावा मेरे दोस्तों, सिपाहियों और मातहतों में से एक भी आदमी उसकी शिकायत नहीं करता। मैं उसके बर्ताव से मुतमइन हूँ और उसका शुक्रगुज़ार हूँ कि उसकी वजह से हमारे सहसराम और खवासपुर टाँडा यह दोनों-के-दोनों परगने ख़ुशहाल हो गये हैं। आइन्दा फ़रीद के बारे में मैं कोई बकवास सुनना नहीं चाहता।"

यह देख-सुनकर हुस्ना बेगम का तो कलेजा बैठ गया। वह ग़मज़दा होकर उसी दिन से हसन ख़ाँ से दूर-दूर रहने लगी। उसने उनसे शिकायत करना तो दूर, बात तक करना बन्द कर दिया। वह सबके सामने हरदम ग़म की मूरत बनी बैठी रहती। हसन ख़ाँ उसके सामने पड़ते तो उठकर दूसरी दिशा में चली जाती। अपने-आपको अक़्सर तन्हाई में एक कमरे में बन्द कर लेती। घण्टों वहाँ पड़ी रहती। इससे हसन ख़ाँ के साथ उनकी नज़दीकियाँ और इश्क़ का सिलसिला टूट गया। मियाँ हसन ने हुस्ना बेगम के उस महाशोक को देखकर एक दिन मौक़ा पाकर एकान्त में उससे कहा—'बेगम!...आख़िर तुम्हारे इस रंज की क्या वजह है? क्या तुम मुझसे नफ़रत करती हो?"

इस पर हुस्ना बेगम ने सिसकते हुए जवाब दिया—

"मैं कौन होती हूँ आपसे नफ़रत या मुहब्बत करनेवाली?...एक वक़्त था जब मैं आपकी एक दीन दासी थी। आपने मुझ पर अपनी मुहब्बतों की बारिश की थी। मुझे अपनाया था। आप बड़े ख़ानदान के अफ़ग़ान हैं। पठान हैं। आला हाकिम हैं। मैं ठहरी आपकी दासी...लौंडी...कनीज़। इसीलिए आपके ख़ानदान के बाक़ी लोग मुझसे जलते हैं। मेरे ऐसे भाग कहाँ जो वह मुझे भी थोड़ी बहुत इज़्ज़त दें?...आप तो सब जानते हैं। मैं अपने मुँह से क्या कहूँ? हालाँकि यहाँ कोई मुझे नहीं चाहता, लेकिन मैंने अपनी ओर से किसी के लिए अपने फ़र्ज़ में कभी कोई कोताही नहीं की।"

"कोताही तो आप कर रही हैं बेगम..." कहकर मियाँ हसन हौले से मुस्कुराये और बोले—"अपने ख़ाविन्द की ओर आपकी अब जरा भी तवज्जो नहीं है।"

हुस्ना बेगम समझ गयी कि मियाँ हसन पर मर्दाना जोश फिर से सवार होने लगा है। वह उठकर खड़ी हो गयी और बोली—

''आप फ़रीद निज़ाम और दूसरे बेटों के ही नहीं सुलेमान और अहमद के भी अब्बा हैं। मुझे अफ़सोस है कि आप इसे अक्सर भूल जाते हैं।''

''मैं कुछ भी भूला नहीं। आप दो पल बैठिये तो सही।...'' कहकर मियाँ हसन ने हुस्ना बेगम की कलाई पकड़ ली और उसे खींचकर अपने पास बैठा लिया।

तब हुस्ना बेगम ने कहा—''जाने दीजिये। आपसे तो कुछ भी कहना फ़िज़ूल है।''

''नहीं-नहीं कहो-कहो। आज तुम वह सब-कुछ कहो जो कहना चाहती हो। हम सुनने के लिए ही तो तुम्हारे पास आये हैं।''

''तो सुनिये। फ़रीद आपका सबसे बड़ा बेटा है और वह आपके बाद आपका ओहदा लेना चाहता है। बीस बरस होने को आये। वह आपकी जागीर पर काबिज़ है। आपकी शराफ़त और इजाज़त से आज तक वोह ज़बर्दस्त फ़ायदा उठा चुका है आपकी ज़मीन-जायदाद से। आख़िर मैं भी तो औलादवाली हूँ। फ़रीद वहाँ बरसों-बरस गुलछर्रे उड़ाये और मेरे बेटे यहाँ ख़ाक छानें?...जब आपने फ़रीद को अपनी जागीर की ज़िम्मेदारी सौंपी थी तो क्या मैंने आपको रोका था? अलबत्ता आपने मुझसे यह वायदा ज़रूर किया था कि मेरे बेटे सुलेमान और अहमद अभी छोटे हैं। जब वह बड़े हो जायेंगे तो जागीर के दोनों परगनों का इन्तज़ाम आप उन्हीं के सुपुर्द करेंगे। याद है न आपको? अब बहुत हो चुका। आपको इस बारे में अब फ़ैसला करना ही होगा। जल्द ही उस लड़के फ़रीद और उसके भाई निज़ाम को वहाँ से हटाइये और परगनों को अब मेरे सुलेमान और अहमद की सुपुर्दगी में दे दीजिये। तभी कुछ बात बनेगी।''

''क्या कहती हो हुस्ना?...यह सब...लेकिन।''

''देखिये मैं लेकिन-वेकिन कुछ नहीं जानती। मैं आपकी बेरुख़ी को अपनी औलादों की बाबत अच्छी तरह देख चुकी हूँ। इसीलिए कहती हूँ कि अगर आपने जीते-जी अपने और मेरे इन दोनों बेटों को अपनी जागीर नहीं दी और उस ज़मीन-जायदाद का इन्तज़ाम इनके सुपुर्द नहीं किया तो मैं बहुत जल्द आपके सामने अपनी जान दे दूँगी। और हाँ...मरने से पहले मैं अपने इन बेटों को भी ज़हर देकर मार डालूँगी।...याद रखिये मेरे सरताज! आपकी जागीर के अलावा जमा दौलत में से भी उनका वाजिब हक़ आपकी ज़िन्दगी में ही मेरे बेटों को मिल जाना चाहिए। क्योंकि आपके बाद मैं जानती हूँ कि फ़रीद और आपके जो अफ़ग़ान बिरादर लोग हैं, जो हमारे दुश्मन हैं, हमें बेइज़्ज़त करके आपकी जायदाद से फ़ौरन बेदख़ल कर देंगे। उससे तो बेहतर होगा कि दुश्मनों से रुसवा होने से पहले ही हम आपके सामने मर जायें।''

यह कहकर हुस्ना ज़ोर-ज़ोर से रो पड़ी। रोते-रोते उसका गोरा चेहरा गर्मागर्म आँसुओं के बीच सुर्ख़ हो गया। मियाँ हसन यह देखकर मोम की तरह पिघल उठे। वह हुस्ना के भभकते हुस्न को आख़िर कब तक नज़र-अन्दाज़ करते। उनके भीतर का आशिक़ उनकी बूढ़ी काया के भीतर एकबारगी फिर से जवान हो गया। उन्होंने खींचकर हुस्ना बेगम को अपनी बाँहों में भर लिया और उसे चूमते हुए कहने लगे—

"रो नहीं मेरी प्यारी! मेरी अच्छी बेगम!! तुम तो हमारी जान हो। ...देखो .. .देखो हम जल्द ही इस बारे में कुछ करते हैं।"

◙

◙

ज़िम्मेदारियों का जुआ ढोते हुए इक्कीस बरस बीत गये। फ़रीद ख़ाँ की इक्कीस बरस की मेहनत और सहसराम और खवासपुर टाँडा परगनों के अनुभवों ने केवल उसकी ख़ानदानी जागीर को ही समृद्ध नहीं किया, बल्कि स्वयं उसके अपने व्यक्तित्व के विकास में भी भारी योगदान किया।

वह हरदम अपने नियन्त्रण के परगनों के विकास और प्रजा के हितों के विषय में सोच-विचार किया करता। कोई दिन ऐसा न जाता जब किसान और आम ग्रामीणों के रहन-सहन में सुधार और उनके जीवन-स्तर को सँवारने के बारे में वह कुछ-न-कुछ कार्यवाही न करता हो। इसके लिए वह अपने इलाक़े के गाँवों का व्यापक परिभ्रमण करता तो कभी-कभी एक-दो सहायकों के साथ ही अकेला रात्रि में ग्रामीण बस्तियों में निकल जाता और जनसाधारण के बारे में जानकारियाँ एकत्र करने का प्रयास करता।

एक बार फ़रीद मुआयने के लिए किसी गाँव में गया। सुबह का समय था। उस गाँव के भीतर प्रवेश का कोई सीधा रास्ता नहीं था। लोग खेतों की मेंड़-मेंड़ होकर ग्रामीण बस्ती में जाते थे। जो कच्ची सड़क आस-पास के गाँवों को एक-दूसरे से जोड़ती थी उस सड़क से इस ग्रामीण बस्ती तक जाने का कोई सीधा रास्ता नहीं था। बस्ती के पिछवाड़े एक नाला बहता था। नाले के किनारे पतले-से रास्ते से होकर यदि उस सड़क तक आना होता तो लोग दो कोस घूमकर वहाँ पहुँच पाते।

इस मुख्य ग्रामीण सड़क और सामने के उस गाँव के मध्य लगभग तीन फ़र्लांग की ही दूरी थी। मगर बीच में खेत-ही-खेत फैले हुए थे। मेंड़-मेंड़ होकर जाइये। एक दूसरी ओर से पेड़ों की एक सीधी रेखा थी जिसके बराबर से एक पगडण्डी गुज़रती थी। लोगों को पैदल आना होता तो इस पगडण्डी को अपनाते। बैलगाड़ी से गाँव के बाहर जाना होता तो नालेवाला लम्बा रास्ता पकड़ते।

पगडण्डी की राह पकड़कर फ़रीद ख़ाँ और उसके घुड़सवार साथी उस गाँव में पहुँचे। गाँव का पटवारी मौलाहसन उन्हें मुख्य सड़क पर ही मिल गया। वह उन्हें उस पगडण्डी की राह तेज़-चाल से चलाता गाँव के भीतर ले गया। फ़रीद ख़ाँ के नेतृत्व में उसके अंगरक्षक घुड़सवार पंक्तिबद्ध होकर पटवारी के पीछे-पीछे चले। गाँव में प्रवेश कर वह गाँव के मुखिया राजबली के घर पहुँचे। राजबली भी पटवारी के साथ फ़रीद ख़ाँ को सलाम कर चौपाल की ओर हो लिया। गाँव में आला हाकिम शेर ख़ाँ के आने की ख़बर एक रात पहले ही पटवारी द्वारा कर दी गयी थी।

चौपाल पर जो सघन वृक्षों से घिरी थी, गाँववासी इकट्ठा थे। एक सफ़ेद चादर और दरी से युक्त तख़त पर फ़रीद ख़ाँ जाकर बैठ गया। गुड़-पानी, लैय्या-रामदाना लाया गया। उमस से निजात दिलाने के लिए कुछ गाँववासी फ़रीद और अन्य आगन्तुकों को बेंत से बने हाथ पंखे झलने लगे। चारपाइयों पर मुकद्दम और गाँव के मुअज़्ज़िज़ अर्थात् सुप्रतिष्ठित लोग बैठ गये। बाक़ी दीन-हीन लोग ज़मीन पर ही उकड़ूँ बैठे।

"कहिये मुक़द्दम राजबली! कैसे हैं आप सब?"—फ़रीद ने प्रश्न किया। फ़रीद की याददाश्त तेज़ थी। उसे अहलकारों के नाम प्रायः याद रहते थे।

"हुजूर की किरपा है।" राजबली ने हाथ जोड़कर कहा—

"फ़सल तो इस बार ठीक-ठाक हुई?"—फ़रीद ने पुनः पूछा।

"जी सरकार!"

"पैमाइश या वसूली वगैरह में कोई दिक़्क़त?"

"कोई नहीं सरकार!"

"कोई वारिसान दर्ज करने का लटका हुआ मामला?"

"साल भर में कोई मरा ही नहीं हुजूर तो का लटकिहै?"

पीछे ग्रामीणों में कोई अचकचाकर बोला। लोग हो-हो करके हँस पड़े।

फ़रीद ने कहा—"हूँ।...तुम पटवारी जी के रिश्तेदार लगते हो।"

इस पर लोग और भी ज़ोर से हँस पड़े। माहौल तनावमुक्त हो गया। राजबली मुखिया ने कहा कि—

"सरकार! एक समस्या है..."

"हाँ, बोलिये।"

"पास के मौजे में एक तालाब है। उसे पाटकर कुछ सरहंग लोगों ने उन पर घर बना लिये हैं। इस गाँव भर का पानी यूँ तो पास के नाले में चला जाता है। मगर जब भारी बारिश होती है तो उस मौजे का निचला हिस्सा और आस-पास के कई खेतों में पानी-ही-पानी भर जाता है।"

"यह तो ग़लत बात है।...तालाब तो फ़ालतू पानी की निकासी के लिए भी ज़रूरी है और बरसाती पानी को सोखने के लिए भी। मछली-पालने, सिंघाड़ा लगाने, मवेशियों की पानी की ज़रूरतों को पूरा करने और कई तरह से तालाब फ़ायदेमन्द होते हैं। आपने उन्हें बताया नहीं?..."

"सब-कुछ कहा-सुना गया सरकार! मगर दबंग हैं न ससुरे। मानते ही नहीं। पहले एक झोंपड़ी रखी। फिर दो। फिर पूरा कुनबा तालाब पाटकर उस पर काबिज हो गया। आज इस तालाब पर कम-से-कम बीसेक घर हैं। जबकि तालाब मौक़े से गायब है।"

"झूठ कहते हैं राजबली हुज़ूर!" पीछे से एक आदमी खड़ा हुआ। उसके पीछे दो लड़के और खड़े हो गये।

"कौन हो तुम? नाम बताओ अपना!..." फ़रीद ख़ाँ का अंगरक्षक सरदार अलीबख़्श कड़ककर बोला।

"माई-बाप हमारा नाम नन्हकू और यह हमारे दोनों लड़के गोपाल और भरोसे।..."

"कहाँ रहते हो?"

"वहीं तलाब किनारे। हमने इन मुक़द्दम जी से और पटवारी जी से कई बार कहा कि बरसात में हमारा घर गिर गया। हमें कहीं थोड़ी-सी जगह दे दो। तंगी है। परिवार बढ़ गया है। मगर नहीं...उस तालाब पर बसे कंजड़ों ने आधा तालाब कई बरस से पाट दिया था। इन लोगों की उन पर ख़ास मेहरबानी थी। मज़बूरी में एक दिन हम भी उधर चले गये।"

मुक़द्दम और पटवारी अब बग़लें झाँकने लगे।

"मगर मुखिया जी तो कह रहे हैं कि तुम लोगों ने पूरा तालाब पाट लिया।"—फ़रीद ने तब गम्भीरता से कहा।

"नहीं माई-बाप! आप चाहें तो खुदै चलकर देख लें।"

इस पर पटवारी मौलाहसन ने धीरे से कहा—

"हुज़ूरेवाला! एक बड़ा हिस्सा इन्होंने ही पाटा है। थोड़ा-सा अभी बाक़ी है।"

"तो तुमने अपने नायब साहब को इसकी ख़बर दी?"

पटवारी मौलाहसन ख़ामोश हो गया। तब फ़रीद ख़ाँ ने उससे कहा-

"कल शाम अपने नायब के साथ आकर मुझसे मिलो।" फिर वह सरदार अलीबख़्श की ओर घूमा और उससे कहा—

"ये हज़रत कल जब तशरीफ़ लायें तो इनका बस्ता रखवा लेना। नायब साहब से कहना कि पड़ोस के किसी दूसरे पटवारी को इनका बस्ता सौंप दें। मौलाहसन!

तुम्हें इसी वक़्त मोअत्तल किया जाता है। और....राजबली मुक़द्दम! यह ढिलाई नहीं चलेगी। चलिये चलकर मुझे वह जगह दिखाइये। मैं वह तालाब और वहाँ की ग़ैर कानूनी आबादी खुद देखना चाहूँगा।"

यह कहकर फ़रीद ख़ाँ उठ खड़ा हुआ। उसके सारे अंगरक्षक खड़े हो गये। नाले के रास्ते होकर सब चल पड़े। आगे-आगे मुँह लटकाये पटवारी मौलाहसन। उसके पीछे हाँफता चलता मोटा मुक़द्दम राजबली। पीछे-पीछे पाँच घुड़सवार। कुछ गाँववाले भी तमाशा देखने उनके पीछे लग लिये। उस तालाब के निवासी नन्हकू, गोपाल, भरोसे को तो साथ जाना ही था।

यह लोग फिर नाले की एक पुलिया पार कर एक पतले पगडण्डीनुमा रास्ते से उस जगह पहुँचे जहाँ लगभग दो दर्जन झोंपड़े पड़े थे। उनमें चार घर कच्ची मिट्टी के और छप्पर के भी थे। कुछ नट-बेड़नियाँ बैठी लोहा पीट रही थीं। दो बुड्ढे बैठे नारियल का हुक्का पी रहे थे। इन्हें आया देखकर वह औरतें अपने लहँगे समेटकर खड़ी हो गयीं। मर्द खड़े होकर जुहार करने लगे। कुछ आवारा कुत्ते उन्हें देखकर भौंकने लगे। एक सिपाही ने उतरकर एक कुत्ते को लात जमायी तो वह पें-पें करता वहाँ से भाग गया। दूसरे कुत्ते भी उसके पीछे भागे।

फ़रीद ख़ाँ ने देखा और अनुमान लगाया कि वाक़ई उस जगह कभी एक बड़ा-सा तालाब रहा होगा, जिसका दो-तिहाई हिस्सा इन्होंने पाटकर उस पर अपने घर बसा रखे थे।

"बाक़ी लोग कहाँ गये?" फ़रीद ख़ाँ ने पूछा।

"हुजूर माई-बाप। इनके मर्द मेहनत-मजूरी करने गये हैं। शाम तक लौटेंगे।" नन्हकू ने हाथ जोड़कर बताया।

"तुम लोग कब से हो यहाँ?"

"हुजूर कोई एक साल से।"

"और ये कंजड़?"

"हमसे भी दो-ढाई साल पहले से आबाद हैं हुजूर।"

फ़रीद ख़ाँ ने पलटकर नाराज़गी के साथ मौलाहसन और राजबली को देखा।

"माफ़ कर दीजिये हुजूरेवाला।...आइन्दा से शिकायत का मौक़ा नहीं मिलेगा हाकिम।"—मौलाहसन हाथ जोड़कर गिड़गिड़ाया।

"नहीं-नहीं। आपको तो क़तई माफ़ी नहीं दी जा सकती। कब से तैनात हैं इस गाँव में?"

"जी हुजूरेवाला...कोई तीन बरस से।"

"और आपने तालाब पर क़ब्ज़े की ख़बर आपने नायब साहब को आज तक नहीं दी? ढाई-तीन बरस में तालाब की मिट्टी पाट-पाटकर इन आदमियों ने अपने बीसेक घर बना लिये और आपने इस पर कोई उज्रदारी भी दर्ज नहीं की? ज़रा अपनी किसानबही दिखाइये।"

मौलाहसन ने अपने बस्ते में से एक बही निकालकर काँपते हाथों से हाकिम परगना फ़रीद ख़ाँ की तरफ़ बढ़ायी।

"ज़रा इसे खोलने की ज़हमत करेंगे?"

फ़रीद ख़ाँ ने ठण्डे स्वर में कहा।

मौलाहसन फ़ौरन उस बही के वर्क पलटने लगा। एक जगह जाकर वह रुका।

"हूँ।...तो हम कहाँ खड़े हैं? इस जगह का गाटा कौन-सा है?" फ़रीद ख़ाँ ने पटवारी से पूछा।

मोअत्तलशुदा पटवारी मौलाहसन ने उँगली रखकर बताया—

"हाकिम...हुजूर...यह रहा शकूर अहमद का खेत और उसके बाद यह तालाब।"

किसान बही हाथ में थामकर फ़रीद ख़ाँ ने उस इंगित जगह पर उँगली रखी। फिर वह बोला—"तालाब।...यह तो लिखा है। मगर यह नहीं दर्ज कि इस पर किन लोगों का क़ब्ज़ा गासिबाना है। क्यों?...इसका मतलब कि तुम इन लोगों से मिले हुए हो।" एक जवान नट बेड़नी ने यह सुनकर दूसरी नट बेड़नी को आँखों-ही-आँखों में देखा। दोनों मुस्कुरायी और मुँह बिचकाकर और पीठ फिराकर बैठ गयीं। वह अपने काम-काज का बहाना करने लगीं। उनके बूढ़े नट ज़ोर-ज़ोर से खाँसने लगे।

फ़रीद ख़ाँ ने सारा माजरा समझ लिया और सबके सामने गाँव के मुक़द्दम राजबली को हुक्म सुनाया—

"इन लोगों को बता दीजिये कि इन्हें एक हफ़्ते का वक़्त दिया जाता है। यह अपने घर ख़ुद ही उजाड़कर यहाँ से चले जायें। वरना आज से ठीक आठवें दिन आप अपने आदमी लगाकर उनके मकानात ढहाकर इस तालाब की ज़मीन को ख़ाली करा लेंगे।"

यह सुनकर नन्हकू और उसके परिजन फ़रीद ख़ाँ के क़दमों पर गिर गये। कंजड़ों के दोनों बुड्ढे भी देखादेखी ज़मीन पर गिरकर जुहार करने लगे—

"दुहाई है सरकार! दुहाई है। हमारे घर न उजाड़े जायें। हम बर्बाद हो जायेंगे।"

"तालाब को तो तुम्हें ख़ाली करना ही पड़ेगा।" फ़रीद ख़ाँ ने दृढ़ता से कहा।

"हुजूर हाकिम हम ख़ाली कर भी दें तो कहाँ जायें?"

"जहन्नुम में। उठो-उठो। हटो पीछे। हटो–" यह कहता हुआ फ़ौजी सरदार अलीबख़्श झपटकर उन लोगों की ओर बढ़ा। यह कहता हुआ उसका एक हाथ अनायास अपनी तलवार की मूँठ को छूने लगा।

फ़रीद ख़ाँ ने हाथ के इशारे से अलीबख़्श को मना किया। वह लोग कातर भाव से पीछे हट गये। फ़रीद ख़ाँ ने कहा–

"तीन दिन के भीतर दूसरा पटवारी तुम लोगों के मुक़द्दम से आकर मिलेगा। मैं उसके साथ इस इलाक़े के नायब साहब को भी भेजूँगा। वह जायज़ा लेंगे। गाँव की कोई परती बंजर ज़मीन का टुकड़ा अगर होगा तो वहाँ तुम्हें आबादी के पट्टे दिये जायेंगे। वह भी तब जब तुम लोग ख़ुद इस ग़ैरकानूनी बस्ती को अपने हाथों से उजाड़ोगे। यही नहीं, इस तालाब के पटानवाले हिस्से को तुम सब वापस खोदोगे। मुक़द्दम राजबली इस मिट्टी को यहाँ से उठवाने का इन्तज़ाम करेंगे और हाँ... राजबली!...क्योंकि तुम्हारे गाँव तक पहुँचने का कोई सीधा रास्ता नहीं है। इसलिए तुम्हें और तुम्हारे गाँववालों को मिलकर एक चक-सड़क बनानी होगी। बीस हाथ चौड़ी। इस चक-सड़क को उसी बड़े रास्ते से जोड़ना होगा जिधर से हम आये हैं। तमाम गाँवों के आने-जाने का जो आम रास्ता है।"

"मगर सरकार!...बीच में तो खेत-ही-खेत हैं।"–राजबली मुखिया ने कहा।

"जो पगडण्डी पेड़ों की छाँव तले आयी है। उसे ही चौड़ा करना होगा। बराबरवाले खेतों से ज़मीनें लेकर।"–फ़रीद ख़ाँ ने समाधान बताया।

अब वहाँ मौजूद दो तमाशबीन गाँववाले फ़रीद ख़ाँ के क़दमों पर अचानक गिर पड़े।

"तुम कौन हो भई? उठो खड़े हो"–फ़रीद ख़ाँ ने उनसे कहा।

"सरकार हुज़ूर...हम गरीब किसान हैं। बहुत थोड़ी-सी ज़मीन है हमारी। अगर सड़क में चली गयी तो हमारे चक बर्बाद हो जायेंगे। हमारे बाल-बच्चे भूखे मर जायेंगे।"

"और किसानों के भी तो चक जायेंगे उस चक-सड़क में...क्या तुम्हीं अनोखे हो?"–फ़रीद ख़ाँ ने कहा ।

"नहीं हुज़ूर बाक़ी सब बड़े काश्तकार हैं। हम बहुत छोटे किसान हैं माई-बाप।"

इस पर भी फ़रीद ख़ाँ ने व्यवस्था दी कि–"इन दोनों किसानों को गाँव के खाते की खेती लायक ज़मीन में से पट्टे की ज़मीन किसी दूसरी जगह दिलाकर इनके रकबे की भरपायी कर दी जाये। लेकिन पूरे गाँव को जोड़नेवाला यह रास्ता तो अब बनकर रहेगा। गाँव के हर घर से एक आदमी उसमें अपना बेमतलब पसीना बहायेगा। इस तालाब की मिट्टी और उन अगल-बगल के खेतों से मिट्टी लेकर बीस-हाथ चौड़ा एक सीधा रास्ता एक महीने के भीतर तामीर होना है। मैं एक महीने

बाद दोबारा यहाँ आऊँगा। याद रहे कि इस काम में किसी हरे पेड़ को कोई आदमी नहीं काटेगा। बल्कि इस गाँव की सड़क के किनारे-किनारे, आम, नीम, बरगद वगैरह के पेड़ों की पौध लाकर लगायी जाये।"

इस तरह फ़रीद ख़ाँ ने श्रमदान के माध्यम से गाँव में आने-जाने के वास्ते एक चौड़े चकमार्ग के निर्माण, छायादार वृक्षों के रोपण और साथ ही तालाबों की उपयोगिता का एक जन-उपयोगी नक्शा खींचा। यह मॉडल फिर दूसरे कई गाँवों में भी लागू किया गया। ग्रामीण जनता को इसके लिए अहलकारों ने पहले मानसिक रूप से तैयार किया उससे पहले और अहलकारों को इसके लिए फ़रीद ख़ाँ के कठोर निर्देशों और उसके स्पष्ट मार्गदर्शन ने कमर-कसने पर मजबूर किया।

फ़रीद ख़ाँ ने कुछ ग्रामीण रास्तों पर सरायों और मस्जिदों की भी तामीर करायी। जहाँ ज़रूरत के मुताबिक कुएँ भी खुदवाये। पहले से मौजूद कुओं को पक्का कराया और उन पर सुरक्षा के लिए जगत बनवायी और चरखी लगवायी। सभी मुक़द्दमों को कहलवाया कि वह भी अपने गाँवों में पर्याप्त संख्या में कुएँ खुदवायें। उन्हें पक्का करायें। साफ़ पानी का इन्तज़ाम करें। नये तालाब खुदवायें। जो पुराने तालाब हैं उनको सही करायें। तालाबों को हर हाल में ग़ैरकानूनी क़ब्ज़ों से आज़ाद करायें। गाँव खाते की ज़मीनों, चरागाहों और खलिहानों से भी ग़ैरकानूनी क़ब्जे हटवाये जायें। उसके बाद उनमें मुनासिब जगह देखकर ज़रूरतमन्दों को ज़मीन के पट्टे दिलाये जायें और सरकशों को सज़ा दिलवायी जाये।

फ़रीद ख़ाँ हवा और अन्धड़ से खलिहानों और घरों में हुई आगज़नी, भारी बरसात एवं ओलों से हुई फ़सलों की बर्बादी को देखने स्वयं जाता था। पीड़ित व्यक्तियों को अनाज़ और रक़म से सहायता करता था। सोन नदी में दो बार भयंकर बाढ़ उसके कार्यकाल में आयी। फ़रीद ख़ाँ अपने अमले के साथ वहाँ खुद गया। उसने पीड़ित लोगों को गेहूँ-चना-चारे-पानी से हर सम्भव राहत पहुँचायी। उस इलाक़े में खुद हफ़्तों क़याम किया। डेरा डालकर। उसने नावों का प्रबन्ध किया। वैद्य, हकीमों और दवाइयों का इन्तज़ाम किया। बाढ़ राहत में फ़रीद ख़ाँ को आम आदमी की तरह लोगों की मदद करता देख-देखकर उसके मातहतों ने भी राहत कार्य में जी-जान लगा दी। इससे बाढ़ पीड़ितों की जान-माल की हानि को काफ़ी हद तक कम किया जा सका। फ़रीद ख़ाँ सूर-जैसा आदर्श-हाकिम इससे पहले न तो उन परगनों में कभी देखा गया था न सुना गया था। उसके भाई निज़ाम ख़ाँ ने भी ग्रामीण जनता की बहुत सहायता की।

इधर फ़रीद ख़ाँ यह सब कर्त्तव्य निभा रहा था। उधर उसका वासनायुक्त बाप मियाँ हसन ख़ाँ फिर से हुस्ना बेगम में आसक्त होकर मतिभ्रम का शिकार हो गया

था। वह हाकिम परगना फ़रीद ख़ाँ के कार्यों पर पहले तो दबी-दबी नज़र रखने लगा। फिर हुस्ना बेगम और सुलेमान वगैरह के उकसावे पर इलाक़े के गाँवों में यदा-कदा जाकर लगान और उसकी रक़म अदायगी के बारे में भी लोगों से पूछताछ करने लगा। जब फ़रीद ख़ाँ को इसकी ख़बर मिली तो वह कुण्ठित और हतोत्साहित हो गया और उसकी अपने बाप से फिर से अनबन शुरू हो गयी।

एक दिन उससे न रहा गया। उसने हसन ख़ाँ के पास एक सन्देशवाहक भेजकर अपना खुला विरोध जताया। कहलाया कि–

"अगर आपको मुझ पर शक है तो आप अपने दिये हुए अख़्तियारात शौक से वापस ले लीजिये अब्बा हुजूर! लेकिन इस तरह मेरी रुसवाई न करें। आप जानते हैं कि कौन लोग मेरे ख़िलाफ़ शिकायतें किया करते हैं। आपका जब तक मेरे ऊपर भरोसा था मैंने परगनों का अपनी पूरी क़ुव्वत और ईमानदारी के साथ बन्दोबस्त किया। अब अगर आपको मेरे दुश्मनों की बातों पर मुझसे ज़्यादा यक़ीन है तो कोई बात नहीं। मैं इन परगनों की देखभाल बन्द कर रहा हूँ। मैं इन्हें फ़ौरन से पेश्तर छोड़ने को तैयार हूँ। इनके इन्तज़ाम का ज़िम्मा आप जिस किसी को भी सुपुर्द करना चाहें, कर दें। पर मैं इतना ज़रूर चाहूँगा कि मुझसे हसद की वजह से जिन लोगों ने भी मेरे ख़िलाफ़ आपको परेशान करनेवाली झूठी ख़बरें पहुँचायी हैं आप उनकी एक बार खुद जाँच ज़रूर करें। मैं तब आपको बताऊँगा कि असलियत क्या है?

मियाँ हसन ने फ़रीद को उत्तर में कहलाया कि–"मुझे तुम्हारे ख़िलाफ़ कोई जाँच नहीं करनी है फ़रीद बेटे! जब मैं फ़ौजी मुहिमों में मशगूल था और उसकी वजह से ग़ैर हाज़िर रहता था तब भी मुझे हमारे परगनों के असली हालात का पता था और मैं जानता था कि तुमने इलाक़ों की आमदनी अपनी मेहनत से दुगनी कर दी है। अगर तुमने उसके एवज़ में कुछ ले भी लिया हो तो उसमें कोई बुराई नहीं। आख़िर यह तुम्हारी अपनी ही जायदाद है। मगर तुम्हारे नीच भाई सुलेमान और बाक़ी लोग मुझे रोज़ाना तंग करते हैं। वैसे तो मेरे ख़्याल से वह इलाक़े का बन्दोबस्त करने की क़ाबिलियत नहीं रखते। मगर मैं उन्हें कुछ भी सलाह दूँ उन पर कोई असर नहीं पड़ेगा। उनकी तरफ़ से मुझे ज़रा भी चैन और सुकून हासिल नहीं है। अपनी औलादों की ओर से उनकी वालिदा मेरे कामों में मुतवातिर दख़ल देती रहती है। इसलिए मैं मज़बूर होकर सुलेमान और अहमद को कुछ दिनों के लिए दोनों परगनों के शिकदार तैनात कर रहा हूँ ताकि तुम रात-दिन की परेशानी से कुछ वक़्त के लिए राहत महसूस कर सको।"

जब फ़रीद ख़ाँ ने अपने पिता के कहे यह शब्द सुने तो उसने अपने क़रीबियों और मतहतों के समक्ष जाकर कहा–"ये दोनों परगने मेरे वालिद जनाब हसन ख़ाँ सूर साहब की अमानत हैं। यह सारी जागीर उन्हीं की मिल्कियत है। इनका इन्तज़ाम वह अब से चाहे जिसके सुपुर्द कर सकते हैं। आप सबने मुझे बेपनाह

इज्ज़त दी और मेरा भरपूर साथ दिया। उसके लिए मैं आप सबका ताउम्र शुक्रगुज़ार रहूँगा।"

जब हसन मियाँ के अफ़ग़ान बिरादरों ने सुना कि उसने दोनों परगनों का प्रबन्ध फ़रीद ख़ाँ से हटा लिया है और वह उन्हें उस कनीज़ हुस्ना की औलादों सुलेमान व अहमद के सुपुर्द कर रहा है और फ़रीद अपनी जीविका कमाने आगरा जाने की तैयारी कर रहा है तो उन्होंने हसन मियाँ को फिर से घेरा और बुरा-भला कहा। मगर हसन ख़ाँ पर इस बार किसी बात का असर नहीं हुआ।

रिश्तेदारों ने फ़रीद ख़ाँ की तारीफ़ करते हुए हसन ख़ाँ से यह कहा कि—"उसने बाईस सालों में अपनी मेहनत और क़ाबिलियत से आपकी जागीर को कहाँ-से-कहाँ पहुँच दिया है। अब आप अपने उस क़ाबिल और होनहार बेटे को उसकी ख़िदमतों का यह सिला दे रहे हैं? आपको इस बुढ़ापे में ऐसी वफ़ादार और होनहार औलाद से झगड़ा करना ज़ेब नहीं देता। ख़ासकर इन दिनों में जबकि सिकन्दर लोदी के बेटे सुल्तान इब्राहीम लोदी की हुकूमत डगमगा रही है और ऐसे में हर रसूख़दार अफ़ग़ान सरदार ताक़त और आज़ादी हासिल करने पर आमादा है।

इस पर हसन ख़ाँ ने उन्हें अपनी तमाम मज़बूरियाँ गिनाते हुए जवाब दिया कि—"अब मैं चाहकर भी कुछ नहीं कर सकता। मैं बीमार हूँ और बुढ़ापे की ज़द में हूँ। मौत मेरे क़रीब है। मैं जानता हूँ कि फ़रीद बहुत क़ाबिल है। वह ज़रूर अपना मुस्तकबिल सँवार लेगा। लेकिन मेरे यह दूसरे नालायक बेटे मेरे पीछे भूखे मर जायेंगे। इसलिए इनके खाने-ख़र्च के वास्ते यह ज़मीन-जायदाद मैं अपनी ज़िन्दगी में ही उनके हवाले किये देता हूँ। कुछ करेंगे-धरेंगे तो मिल्कियत बनी रहेगी। न कर पाये तो कम-से-कम अपने आगे की ज़िन्दगी की गुज़र-बसर का तो कुछ सरमाया जोड़ ही लेंगे।...मेरे अज़ीज़ो! मुझे मुआफ़ करें। इन सब बातों के बावजूद मुझे अपने फ़रीद बेटे की ज़हानत, उसकी क़ाबिलियन और उसकी दूरन्देशी पर पूरा यक़ीन है। मैं जानता हूँ कि एक-न-एक दिन मेरे मरने के बाद इन परगनों का अख़्तियार ख़ुद-ब-ख़ुद फ़रीद के सुपुर्द हो जायेगा। क्योंकि वही इसके लिए सबसे ज़्यादा लायक और सच्चा हक़दार है।

4

और बना वह शेर

सैंतालीस वर्ष की उम्र में फ़रीद ख़ाँ को पुनः अपने पिता के स्नेह से वंचित होना पड़ा। जिस जागीर को पूरे 22 साल उसने अपने ख़ून-पसीने से सींचा और सँवारा था उस जागीर के प्रबन्ध से उसे एक झटके से बेदख़ल कर दिया गया। यह उसके लिए किसी देशनिकाले से कम आघात नहीं था। यह सन् 1519 की बात है। फ़रीद ने फ़ैसला किया कि अब वह पलटकर अपने उन नामुराद रिश्तेदारों का मुँह नहीं देखेगा। उसने अपनी माँ और बीवी-बच्चों का हालचाल लेने के लिए छोटे भाई निज़ाम ख़ाँ को उनके पास भेजा और खुद सुल्तान इब्राहीम लोदी की राजधानी आगरा की राह पकड़ी। वह बनारस-कानपुर के रास्ते आगरा रवाना हुआ।

उसके मातहत और सैनिक उस पर जान छिड़कते थे। सबने उससे फ़रियाद की कि वह जागीर छोड़कर न जाये। सब-के-सब उसके वास्ते विद्रोह पर आमादा थे। वह फ़रीद ख़ाँ के लिए लड़-मरने के लिए तैयार थे। मगर फ़रीद ने उन्हें समझाया कि वह ऐसा नहीं कर सकता। उसे अब अपनी नयी मंज़िल की तलाश करनी थी। वह आज़ादी चाहता है। अपनी राह खुद बनाना चाहता है। मियाँ हसन ख़ाँ और उनके चहेते बेटों सुलेमान और अहमद को उनकी जागीर मुबारक। अब उसके वफ़ादार अपने नये हाकिमों की ख़िदमत करें। उसी में सबकी बेहतरी है।

यह क़हकर फ़रीद ख़ाँ नौकरी की तलाश में आगरा के लिए चल पड़ा। उसके मातहत मीलों दूर तक उसे छोड़ने आये। फिर वह लौट गये। उसका घोड़ा इस बार फिर उसका इकलौता हमसफ़र था। भाई निज़ाम को बाद में आगरा पहुँचने के लिए उसने कह ही दिया था। उसकी बदनसीब माँ और उसके अपने परिवार के बीच भाई निज़ाम ही अब एक मात्र सम्पर्क-सूत्र था। बहन शहला की शादी पहले ही हो चुकी थी।

अब फिर वही पुरानी सड़क उसके सामने थी। सहसराम से बनारस-इलाहाबाद-कानपुर-कन्नौज होकर आगरा की ओर जानेवाली सड़क। जगह-जगह हमवार तो जगह-जगह ख़स्ताहाल। ज़ाहिर है इस बार यह सफ़रे-जौनपुर नहीं था, सफ़रे-आगरा था। काफ़ी लम्बा था यह सफ़र। नयी मंज़िलों की तलाश का एक अनजाना सफ़र। आशाओं और निराशाओं के बीच झूलता हुआ एक तकलीफ़देह सफ़र।

मगर इस बार फ़रीद ख़ाँ ने तय कर लिया था कि वह किसी के बहकावे में नहीं आयेगा। इस लम्बी राह को ही पकड़कर चलेगा। सीधी और सधी हुई राह। कोई भटकाववाला छोटा रास्ता वह हरगिज़ नहीं अपनायेगा। यह सड़क ही उसे उसकी मंज़िल तक पहुँचायेगी। काश! यह ख़स्ता-हाल सड़क एक राहे-अज़ीम होती। पत्थरों से जड़ी हुई। चौड़ी चिकनी। हज़ार हाथी भी गुज़र जाते तो भी अपनी जगह से टस-से-मस न होनेवाली एक शाही सड़क। अपने घोड़े से वह राह चलते बात करने लगता। गोया कि वह घोड़ा न होकर कोई इन्सान हो।

"मेरे बच्चे!...मुझे अफ़सोस है कि यह सड़क तुम्हारे लायक नहीं है। वैसे तो आन-बान-शान में तुम किसी शहंशाही सवारी से कम नहीं हो फिर भी तुम्हारे इस्तेक़बाल के लिए यह तवील राह मुनासिब नहीं।...तुम्हें जहाँ कहीं थकान महसूस हो या भूख-प्यास लगे मुझे बता देना। देखो बच्चे! कुछ देर में हम बनारस पहुँचनेवाले हैं...देखो तो यह कौन-सी जगह है?"

एक मुसाफ़िर अपने परिवार के साथ उधर से बैलगाड़ी से चला आ रहा था। चलते-चलते फ़रीद ख़ाँ ने अपने घोड़े को लगाम खींचकर उसे रोककर पूछा—क्यों भाई!...यह कौन-सी जगह आयी?"

"का कही?...जगह तो अपनी जगह है। आयेगी कहाँ से?"—उस बूढ़े गाड़ीवान ने कहा।

फ़रीद ख़ाँ उस बूढ़े के चतुराई भरे प्रतिप्रश्न से झेंप गया। बोला -

"हाँ बाबा! बात तो ठीक है। फिर भी...कौन जगह है यह?"

"सारनाथ।...वह का है कि...बुद्ध भगवान् ने यहीं अपना पहला उपदेश दिया था।"—बूढ़ा यह कहता हुआ आगे निकल गया। यह भी बोला कि—

"सारनाथ...वह उधर दो कोस चलने पर है।"

फ़रीद को वह ऐतिहासिक जगह देखने की जिज्ञासा मन में हुई। वह फिर उसी तरफ़ को चल पड़ा। सारनाथ में फ़रीद ने बहुत-कुछ देखा। वहाँ के हरे-भरे बाग़-बग़ीचों और प्राकृतिक दृश्यों ने उसे बड़ा आकर्षित किया। एक जगह एक ऊँचा-सा पत्थर का स्तम्भ था जिस पर चारों ओर मुख करके चार शेरों की मूर्तियाँ थीं। नीचे भी कुछ निशान थे और किसी प्राचीन भाषा में कुछ इबारतें खुदी हुई थीं। उसे लोगों ने बताया कि यह अशोक की लाट है। महान् हिन्दू राजा अशोक जो

सैकड़ों-बरस पहले पैदा हुआ था, जिसने गौतम बुद्ध के बताये धर्म को हिन्दुस्तान में ही नहीं दुनिया के कई देशों में फैलाया। बौद्ध धर्म सत्य, अहिंसा और त्याग की बात कहता है। फ़रीद ने सोचा कि इस्लाम भी तो सच्चाई, अमन और सादगी को अपनाने की सीख देता है। फिर तो यह मज़हब भी हमारे पैग़म्बर साहब के बताये रास्ते के काफ़ी क़रीब है।

फ़रीद ने वह वट वृक्ष भी देखा जहाँ स्त्रियों-पुरुषों-बच्चों की भीड़ जमा थी। उस वट वृक्ष के पक्के चबूतरे पर किसी चित्रकार ने एक रंगीन चित्र रख छोड़ा था। चित्र में एक घुँघराले बालोंवाला सिर पर जूड़ा कसे एक संन्यासी शान्त मुद्रा में बैठा था। उसके इर्द-गिर्द उसी तरह की पोशाक में पाँच शिष्य बैठे उस संन्यासी को अपलक निहार रहे थे। संन्यासी के होंठों पर स्मित मुस्कान थी। नेत्र अधमुँदे-से। शीर्ष के पीछे एक आभामण्डल। दाहिना हाथ आशीर्वाद की मुद्रा में उठा हुआ। बायाँ हाथ बायें घुटने पर टिका हुआ।

भीड़ में किसी ने पूछा—"यह चित्र किसका है?"

"भगवान् बुद्ध का।..." दूसरे ने कहा।

"यहीं उन्होंने अपने पाँच शिष्यों को पहली बार बौद्ध धर्म का सन्देश दिया।"

"सन्देश नहीं...उपदेश।"

"हाँ-हाँ वही।...इसे धम्म चक्र प्रवर्त्तन कहते हैं।"

एक बौद्ध भिक्षु गेरुए वस्त्र में आ गया। उसकी मुखाकृति किसी चीनी या पहाड़ी मनुष्य-जैसी थी।

"बुद्धं शरणं गच्छामि...धम्मं शरणं गच्छामि...संघं शरणं गच्छामि..."

दोनों हाथ जोड़कर वह बौद्ध भिक्षु एक मन्त्र जाप-सा करने लगा। फ़रीद ख़ाँ ने सोचा कि अब यहाँ से चल देना चाहिए। शाम होने से पहले बनारस पहुँचना ठीक होगा। उसने पेड़ से बँधे अपने घोड़े को खोला और कहा -

"चल बेटा! अब आगे चलते हैं।"

मार्ग में फ़रीद को याद आया कि एक बार मौलाना वहीद ने उसे गौतम बुद्ध के बारे में बताया था। यह नेपाल के किसी राजा का इकलौता बेटा था। भरी जवानी में ही सब-कुछ अचानक छोड़कर फ़कीर बन गया। उसने बहुत दिनों तक इधर-उधर भटककर ज़िन्दगी के सच को जानना चाहा। इन्सान के दुःखों की वजूहात तलाशीं। फिर बिहार में गया के जंगलों में घोर तपस्या की। कहते हैं कि तब उसके भीतर इल्म की रोशनी पैदा हुई और सिद्धार्थ नाम का ऐशो-आराइश में पला-बढ़ा वह शहज़ादा एक दिन फ़कीर बन गया। बौद्ध मज़हब उसी की देन है।...बीच का रास्ता अख़्तियार करो—उस फ़कीर की एक ख़ास सीख थी इन्सानों के लिए।...और यह भी सीख थी कि किसी चीज़ की इन्तेहा बुरी होती है।...

मगर चलते-चलते फ़रीद ख़ाँ यह भी सोच रहा था कि बीच का रास्ता यानी कि...सादगी से गुज़र-बसर करने का रास्ता यों तो अपने लिये बहुत बेहतर है। मगर अगर आपका मक़सद सिर्फ़ अपनी ज़िन्दगी के बारे में नहीं सोचना है, आम आदमियों के लिए कुछ कर गुज़रने का जज़्बा आपके दिल में है तब भी क्या यह बीच का रास्ता अख़्तियार करना मुनासिब होगा?...तब तो आपको लामहाला लामहदूद ऊँचाई हासिल करनी ही होगी जिससे ज़्यादा-से-ज़्यादा लोगों के लिए आप अपनी रहती ज़िन्दगी में कुछ कर सकें।...क्या दौलत और ताक़त हासिल किये बिना आम इन्सानों की ज़िन्दगी को तरक़्क़ी की राह पर कोई शख़्स चला सकता है?...क्या सब-कुछ तजकर दूसरों की ज़िन्दगी को सँवारने का कठिन काम आसानी से किया जा सकता है?...बिना मेहनत और मशक्कत और आज़माइश के जब हम ख़ुद अपने लिये कुछ हासिल नहीं कर सकते तो भला दूसरों का हम क्या ख़ाक भला कर सकेंगे?...

चलते-चलते फ़रीद ख़ाँ के घोड़े ने अपने नथुनों से एक खरखराती हुई आवाज़ निकाली। फ़रीद ख़ाँ को लगा मानो उसका वह जानवर तक उसके मन की बातें समझ गया है और इस तरह की आवाज़ करके वह उनकी ताईद कर रहा है।

◙
◙

सईद अहमद फ़रीद ख़ाँ का जौनपुर के अध्ययन-काल में एक जिगरी दोस्त था। सईद अपनी नानी के घर रहकर जौनपुर में पढ़ा था। उन्हीं दिनों उसकी दोस्ती फ़रीद से हो गयी थी। सईद के पिता का बनारस में कपड़े का बहुत बड़ा कारोबार था। वह उसे अपने साथ व्यापार में लगाना चाहते थे। अपने अन्य एक बेटे की तरह। मगर सईद को पढ़ने का शौक था। इसलिए वह उच्च शिक्षा प्राप्त करने के लिए अपने पिता से ज़िद करके जौनपुर के आलिमों से पढ़ने हेतु मदर्सतुल उलूम में दाख़िल हो गया था। क़िस्मत में उसकी वहाँ फ़रीद ख़ाँ-जैसे होनहार दोस्त से मुलाक़ात बदी थी। सो हुई। उसने जौनपुर से अपने इस दोस्त से विदा लेते समय अपने बनारसवाले घर और अपनी कपड़े के कारोबारवाली दूकान का पता दिया था।

बनारस पहुँचकर फ़रीद को अपने विद्यार्थी दोस्त सईद को ढूँढ़ने में ज़्यादा मुश्किल नहीं हुई। दोनों दोस्त बड़ी प्रसन्नता से एक अरसे के बाद मिले। सईद ने फ़रीद ख़ाँ को अपने मेहमानख़ाने में ठहराया। उसने बताया कि जौनपुर से लौटकर वह अपने पिता के व्यापार में ही लग गया है। उसका निकाह भी हो चुका है और उसके तीन बच्चे हैं। आख़ीर बाईस बरस बाद मिले थे दोनों दोस्त। सईद ने फ़रीद ख़ाँ को ख़ुशी-ख़ुशी अपने परिवारवालों से मिलवाया। सईद के वालिदैन की मृत्यु हो

चुकी थी। अब वह और उसका बड़ा भाई मिलकर अपना पुश्तैनी कारोबार सँभाल रहे थे।

सईद के साथ फ़रीद ख़ाँ दो दिन ठहरा। सईद ने उसे अपने दो ख़ास दोस्तों से भी मिलवाया। एक का नाम था नईम। दूसरे का नाम था गोपीचन्द। उन तीनों ने मिलकर फ़रीद ख़ाँ को बनारस की सैर करायी। सबसे पहले बाज़ारों-हाटों से होते हुए वह उसे बनारस के गंगाघाट ले गये। सईद ने बताया कि इस जगह को दशाश्वमेध घाट कहते हैं। यहाँ लोग रोज़ सुबह स्नान करने आते हैं। पण्डे नहानेवाले हिन्दुओं को तिलक चन्दन लगाते हैं और उनसे दान-दक्षिणा लेते हैं।

पुराने-पुराने मन्दिरों की एक सीधी रेखा दशाश्वमेध घाट पर दाहिनी और बायीं ओर दूर तक चली गयी थी। फ़रीद ख़ाँ जब सीढ़ियों से उतरा तो गंगा के चौड़े पाट को देखकर उसका मन एकाएक खिल उठा। सीढ़ियाँ जहाँ ख़त्म होती थीं वहाँ कई नावें लगी थीं। लोग उनसे भी आ-जा रहे थे। फ़रीद ख़ाँ ने ख़्वाहिश ज़ाहिर की कि वह भी नाव की सवारी करना चाहता है। गोपीचन्द और नईम ने फ़ौरन हामी भरी और उसे बताया कि नाव से घाटों का दृश्य और भी ख़ूबसूरत दिखता है।

चारों दोस्त एक नाव पर सवार हुए और गंगा की लहरों में यात्रा करने लगे। जब नाव बीच नदी में पहुँची तो फ़रीद के मुँह से निकला–

''वाह! क्या नज़ारा है।''

मन्दिरों और घाटों का एक अटूट-सा सिलसिला निगाहों के सामने था। लगता था कि किसी महान् चित्रकार ने आसमान, ज़मीन और इस जलधारा को एक में मिलाकर एक बड़ा-सा चित्र अपनी कूची से रच डाला हो।

दशाश्वमेध घाट से जहाँ से यह लोग आये थे उससे कुछ दूर हटकर दर्जनों चिताएँ उन्हें धू-धूकर जलती हुई दिखीं। फ़रीद ख़ाँ ने पूछा कि–

''उधर वह सब क्या है?''

सईद ने बताया–''उस जगह को मणिकर्णिका घाट कहते हैं। वहाँ हिन्दू अपने मरनेवाले अज़ीज़ों का शवदाह करते हैं।''

गोपीचन्द भावुक हो गया। बोला -

''देखिये...इन्सान की क्या ज़िन्दगी है? यहीं देख लीजिये। एक जगह लोग नहा रहे हैं, हँस रहे हैं, पूजा-पाठ कर रहे हैं और रोज़मर्रा की ज़िन्दगी के कारोबार के लिए खुद को तैयार कर रहे हैं। दूसरी ओर उन जलती हुई चिताओं पर हमसे कुछ लोग. ..हमेशा-हमेशा के लिए विदा ले रहे हैं।''

नईम ने कहा–''हमारे यहाँ मरहूमों को दफ़्न करने का रिवाज है। आख़िरत के वक़्त तक क़ब्र में उन्हें महफ़ूज़ रखने का अल्लाह का हुक्म है, ताकि उनके आमालनामों का हिसाब-किताब क़यामत के वक़्त हो सके।''

फ़रीद ख़ाँ हँसा। उसने सईद के कन्धे पर हाथ रखकर कहा—"क्यों मियाँ आपके क्या ख़यालात हैं?"

सईद बोला—"क़यामत तो तभी आ जाती है जब इन्सान दम तोड़ देता है। उसके बाद किसने देखा है?...भला बताइये क्या क़ब्र में कोई जिस्म महफ़ूज़ रह सका है कभी?"

"दुरुस्त फ़र्माते हैं हुजूरे आली।" कहकर फ़रीद ख़ाँ हँसा और बोला-

"हिन्दू चाहे जिस्म को जलाकर राख कर दें और मुसलमान चाहे उसे मिट्‌टी में दफ़्ना दें।...सब-कुछ आख़िर में मिट्‌टी ही तो हो जाना है।...इस ज़मीन से सब उठते हैं और सब एक दिन इसी का हिस्सा बन जाते हैं।...इसलिए जब तक जियो शासन से जियो। मरने के बाद क्या होगा?...कौन जाने?"—यह कहते फ़रीद ने फिर एक ठण्डी साँस खींची।

गंगा का दूसरा किनारा आ गया। नाव रेतीले तट से जा लगी। सभी दोस्त उतर गये। नाववाले को रोक लिया गया। उसके बाद कपड़े उतारकर सभी दोस्त जी भरकर गंगा में नहाये। फ़रीद ख़ाँ मस्ती में देर तक नदी में तैरता रहा। सईद सबसे पहले नदी से बाहर आया। फिर नईम बाहर आया। गोपीचन्द किनारे पर ही कमर तक पानी में नहाता रहा। फ़रीद ख़ाँ अन्ततः तैरने का आनन्द लेकर गोपीचन्द के पास आ गया।

उसने गोपीचन्द से पूछा—"बनारस को काशी भी तो कहते हैं?"

"हाँ, हिन्दू धर्म के मुताबिक सात सबसे पुरानी धार्मिक नगरियों में से काशी एक है। मोक्षदायिनी पुरियों में से एक कहते हैं -

अयोध्या मथुरा माया काशी काञ्ची अवन्तिका।
पुरी द्वारावती चैव सप्तैता मोक्षदायिका।।

हमारे यहाँ शिव जी की पूजा ख़ासतौर पर होती है। यह उन्हीं की नगरी समझी जाती है। काशी की मान्यता यह है कि यहाँ आकर प्राण छोड़ने से मनुष्य आवागमन के चक्कर से मुक्त हो जाता है। इसी को मोक्ष कहते हैं।"

गोपीचन्द और नईम दोनों ने बताया कि बनारस अनोखा शहर है। यहाँ हिन्दू और मुसलमान बिरादराना अन्दाज़ में रहते हैं। एक-दूसरे के दुःख-सुख में शरीक होते हैं।

सईद ने कहा—"हाँ भाई फ़रीद! हम बड़े ख़ुशनसीब हैं कि हमारे यहाँ मज़हबी तास्सुब या धार्मिक कट्‌टरता के लिए कोई जगह नहीं है। इस बात पर बनारसवालों को बड़ा नाज़ है।"

इस पर फ़रीद ख़ाँ ने हँसकर कहा—"यहाँ यह जो क़ौमी मोहब्बत का रस बना हुआ है शायद इसीलिए इसे लोग बनारस कहते होंगे।"

फ़रीद की बात पर सईद, गोपीचन्द और नईम सभी हँस पड़े।

अगली सुबह फ़रीद ख़ाँ को सईद अहमद और उसके दोस्तों ने कबीर चौरा के दर्शन कराये। उसे 1440 ई. में जन्मे महान् सन्त कबीर की साधना की वह जगह दिखायी जहाँ उन्होंने पेट पालने के लिए जुलाहे का काम किया और अपना काम करते हुए ऐसे-ऐसे ऊँचे दोहे और पद रचे जो उन्हें एक कवि और सन्त के रूप में समाज को रास्ता दिखानेवाले एक आला दरवेश-सा साबित कर चुके हैं।

गोपीचन्द ने बताया कि कहा जाता है कि कबीर किसी विधवा ब्राह्मणी के पुत्र थे। उस कुँवारी स्त्री ने जब उन्हें जन्म दिया तो लोक-लाज के भय से एक तालाब के किनारे उन्हें छोड़ गयी। उसके बाद नीरू और नीमा नामक एक मुसलमान जुलाहा मियाँ-बीवी ने उन्हें पाला। कबीर स्वामी रामानन्द के शिष्य थे। गृहस्थ जीवन जीते हुए कबीरदास ने हमेशा पाखण्ड और फ़िरक़ापरस्ती के ख़िलाफ़ अपनी आवाज़ बुलन्द की।

नईम ने बताया कि कबीर की निगाह में सारे इन्सान एक हैं। न कोई हिन्दू है न कोई मुस्लिम। जो भी इन्सान अम्नो-ईमान में यक़ीन रखता है। वह एक ख़ुदा का बन्दा है। कबीर ने ताज़िन्दगी 'ढाई आखर प्रेम' की महिमा का बखान किया। वह काशी में बरसों रहे लेकिन आख़ीर में मगहर चले गये। किसी ने उनसे कह दिया कि काशी में मरने से मोक्ष मिलता है और मगहर एक ऐसी मनहूस जगह है जहाँ पर मरने से इन्सान सीधा नरक में जाता है। कबीर दकियानूसी बातों के बेहद ख़िलाफ़ थे। उन्होंने अपनी मौत के वक़्त के लिए मगहर को चुना जहाँ हाल ही में उनका इन्तिक़ाल हुआ है।

सईद ने बताया कि कबीर ने अभी पिछले साल ही मगहर में सन् 1518 ईसवी में अपनी आख़िरी साँस ली है। सुनते हैं कि...हिन्दुओं ने वहाँ उनकी एक समाधि बनायी है तो मुसलमानों ने एक मज़ार तामीर कर दी है।

इस पर फ़रीद ख़ाँ ने कबीर चौरे के सामने कुछ देर खड़े होकर ख़ुदा को याद किया और मन-ही-मन उन्हें ख़िराजे अक़ीदत पेश की। वापस होते समय वह बहुत गम्भीर था। उसने एक उसास छोड़ते हुए दोस्तों से कहा—"या ख़ुदा!...यहाँ मैं पहले आया होता तो ऐसे ऊँचे पीर के दीदार मुझे भी नसीब हुए होते।"

सईद अहमद ने फ़रीद ख़ाँ को आगे के सफ़र के लिए दो घोड़ों से जुती एक बग्घी दी और अपने एक सईस को उसके साथ रवाना किया। फ़रीद ख़ाँ ने इन्कार करना चाहा मगर जिगरी दोस्त के भारी इसरार के आगे उसकी एक न चली। सईद ने उससे कहा कि यह बग्घी कानपुर तक जायेगी और उसे कानपुर छोड़कर वापस आ जायेगी। वापसी पर कानपुर शहर से वह कुछ कपड़े और कुछ दूसरा सामान उसी के ज़रिये अपने कारोबार की ख़ातिर मँगवा लेगा।

इस तरह फ़रीद ख़ाँ सूर बनारस से आगे की यात्रा पर उस बग्घी पर रवाना हुआ। दो घोड़ों और सईस से युक्त यह बग्घी सफ़र के लिए बड़ी आरामदेह थी। फ़रीद ख़ाँ ने सईद को गले लगाकर उसका बड़ा अहसान माना और उससे विदा ली। उसने अपना घोड़ा साथ चलने के वास्ते बग्घी के पीछे बाँध लिया।

बनारस शहर से निकलकर फ़रीद ख़ाँ को लिये हुए वह बग्घी उस चौड़ी सड़क पर मज़े की चाल से आगे सफ़र का तय करने लगी।

वह चौड़ी और ऊबड़-खाबड़ सड़क फ़रीद ख़ाँ को बनारस से प्रयाग होती हुई काहनपुर ले गयी। उस ज़माने में कानपुर काहनपुर कहलाता था।

वह सड़क 'हाथी की सूँड़' की तरह हिन्दुस्तान के पूरब से पश्चिम तक आने-जाने की एक प्राचीनतम सड़क थी। व्यापारी, सैनिक, आम आदमी सदियों से उस पर चींटी की तरह चलते आये थे। मगर सड़क का कोई पुरसाहाल नहीं था। कोई राजा या सुल्तान मेहरबान हुआ तो अपने इलाक़े में कभी उसके गड्ढों की पटाई कराकर कुछ दूर तक उसे ठीक-ठाक करा दिया। वरना मौसम और वक़्त की मार सहने के लिए हमेशा से अभिशप्त थी वह सड़क।

बग्घी का सईस तजुर्बेकार था। वह बनारस और कानपुर के बीच साल में कई बार चक्कर लगाता था। ऐसा उसने बताया। इसलिए फ़रीद ख़ाँ को उससे ज़्यादा कुछ कहना-सुनना नहीं पड़ा। फ़रीद ख़ाँ ने महसूस किया कि मीलों ऐसे मुक़ाम मिलते थे जहाँ उस सड़क पर कोई छायादार पेड़ न मिलता। सूरज की चिलचिलाती गर्मी सफ़र को और भी तकलीफ़देह बना देती। नमाज़ का वक़्त होता तो कहीं कोई मस्जिद या ढंग की सराय नहीं मिलती। रास्ते पर क़ायदे के कुओं का भी अभाव था। मुसाफ़िरों को कितनी तकलीफ़ होती होगी। हुकूमतें आख़िर मुसाफ़िरों की आसाइशों की ओर तवज्जो क्यों नहीं देतीं? क्या सारा फ़र्ज़ आम आदमी का ही हुकूमत के वास्ते होता है? हुकूमत का आम आदमी के लिए क्या कोई फ़र्ज़ नहीं?....यही सब सोचता और अपने भविष्य की चिन्ता में डूबा हुआ फ़रीद ख़ाँ उस लम्बे सफ़र पर चलता गया।

इस बार का सफ़र फ़रीद ख़ाँ को क्रमशः शेर ख़ाँ और उसके बाद शेरशाह बनाने के सिलसिले की शुरुआत था। यह तब ख़ुद फ़रीद भी न जानता होगा।

फ़िलहाल उसका मक़सद था काहनपुर होकर तत्कालीन सुल्तान इब्राहीम लोदी की राजधानी आगरा पहुँचना और अपने लिये कोई नौकरी ढूँढ़ना। अपने बाप की जागीर से बेदख़ल एक इन्सान आधी उम्र बीत जाने के बाद फिर से दूसरों की दो जून की रोटियों पर ज़िन्दगी बिताने को मजबूर कर दिया गया था। उसके लिए कहा गया था कि वह सुयोग्य है इसलिए अपने मुँह का निवाला वह ख़ुद ही ढूँढ़ लेगा। कैसी विडम्बना थी? मगर फ़रीद ख़ाँ भीतर से बहुत मज़बूत था। वह हर परिस्थिति के लिए तैयार था। उसे भीख में मिली हुई सौग़ात नहीं चाहिए थी। ख़ुदा ने उसे दो हाथ दो पाँव और एक तेज़ दिमाग़ दिया था। फ़रीद ख़ाँ को यक़ीन था कि अपनी गुज़र-बसर के लिए वह अपनी जगह इस दुनिया में जल्द-से-जल्द बना ही लेगा। यही नहीं, इंशाअल्लाह! वह अपने अलावा हज़ारों दूसरे इन्सानों को भी सहारा देनेवाला बनेगा और एक दिन इसे साबित करके दिखायेगा।

जब अपने पिता की जागीर से वह काम-काज की तलाश में निकलने को हुआ तो उसने अपने प्रति हमदर्दी रखनेवाले सम्बन्धियों और मित्रों से अकेले में सलाह-मशिवरा किया। उसके कुछ सम्बन्धियों ने अपने रिश्तों और परिचय के कुछ सूत्र उसे बताये। यह सूत्र क्रमशः कानपुर और आगरा में थे। उन लोगा से मुलाक़ात करने पर फ़रीद ख़ाँ की नौकरी का प्रबन्ध हो सकता था। उन्हीं सम्पर्क सूत्रों के सहारे फ़रीद ख़ाँ नयी मंज़िल की तलाश में आगे बढ़ा।

उस समय परगना काहनपुर आज़म हुमायूँ सरवानी की जागीर में था और उसके पास काफ़ी सैनिक थे। सरवानी क़बीले के बहुत-सारे लोग उस परगने में रहते थे। कुछ सरवानी सरदारों का फ़रीद के पिता हसन ख़ाँ से क़रीबी सम्बन्ध था। उन्होंने फ़रीद की दिल खोलकर ख़ातिर-तवाज़ो की।

एक भोज में शेख़ इस्माइल नाम का एक भव्य व्यक्तित्व का आदमी फ़रीद को दिखा। उसने वहाँ उपस्थित लोगों से उसके बारे में पूछा। उन लोगों ने उसे भी अपने साथ का एक सरवानी बताया, परन्तु बाद में कहा कि शेख़ इस्माइल वास्तव में फ़रीद के ही सूर क़बीले का एक अफ़ग़ान है। परन्तु उसकी माँ सरवानी क़बीले से है।

अफ़ग़ानों में अपने-अपने क़बीलों के प्रति बहुत लगाव और गर्व का अहसास हुआ करता था। अपने क़बीले के सदस्यों के लिए अफ़ग़ान बड़ा जुड़ाव और आत्मीयता महसूस करते थे। यह जातिबोध इतना गहरा था कि एक क़बीले के सदस्य अवसर पड़ने पर एक-दूसरे के लिए जान देने से भी पीछे नहीं हटते थे।

जब फ़रीद ख़ाँ को पता चला कि शेख़ इस्माइल उसी के सूर क़बीले से ताल्लुक़ रखता है तो वह उस महफ़िल में उसके नज़दीक गया। फ़रीद ने उससे कहा—"आपने पहले मुझे क्यों नहीं बताया कि आप सूर क़बीले से हैं।"

शेख़ इस्माइल ने हँसकर जवाब दिया—"मैंने कब कहा कि मैं सरवानी हूँ? अगर यह लोग आपसे ऐसा कहते हैं तो उसमें मेरा क्या क़सूर?"

उसके बाद बातचीत में फ़रीद ख़ाँ की शेख़ इस्माइल से काफ़ी घनिष्ठता हो गयी। दोनों हमउम्र थे और शानदार क़द-काठीवाले एक जैसे मज़बूत इन्सान थे। फ़रीद को लगा कि शेख़ इस्माइल को दोस्त बनाकर वह भविष्य के संघर्षों में उसमें अपना एक वफ़ादार दोस्त पा सकता है। कुछ आन्तरिक प्रेरणा-सी हुई इस विषय में।

फ़रीद का यह निर्णय सही भी था। उसने शेख़ इस्माइल से अपने उस कानपुर के संक्षिप्त प्रवास में ही बताया कि वह अपने भविष्य को सँवारने के इरादे से निकला है। फ़िलहाल आगरा की यात्रा पर है। क्या ही अच्छा हो कि शेख़ इस्माइल भी उसके साथ चले। और शेख़ इस्माइल मान गया।

उस दिन से शेख़ इस्माइल और फ़रीद ख़ाँ पक्के दोस्त हो गये। शेख़ इस्माइल फ़रीद ख़ाँ के साथ ख़ुशी-ख़ुशी चल दिया। आगे चलकर फ़रीद ख़ाँ ने जब बंगाल के हाकिम के एक सिपहसालार कुतुब ख़ाँ को युद्ध में पराजित किया उस समय इसी शेख़ इस्माइल का शौर्य उसके बड़े काम आया। इस्माइल का भानजा हबीब ख़ाँ एक बेहद कुशल निशानेबाज़ था। वह अपने मामा के घर में ही साथ रहता था। हबीब ख़ाँ ने कुतुब ख़ाँ को एक ही तीर में मार गिराया। भानजा तो अपने मामा का अनुगामी था। इसलिए कुतुब ख़ाँ को मारने का श्रेय शेख़ इस्माइल को ही मिला। फ़रीद ख़ाँ तब तक बिहार में शेर ख़ाँ के नाम से विख्यात हो चुका था। तब उसने शेख़ इस्माइल के उस योगदान से प्रसन्न होकर उसे 'शुजात ख़ाँ' की उपाधि से नवाज़ा था। आगे चलकर जब शेर खाँ शेरशाह सूरी के नाम से पूरे उत्तरी भारत का शहंशाह बन गया तो उसने अपने इसी मित्र शेख़ इस्माइल उर्फ़ शुजात ख़ाँ को माण्डू का शासक नियुक्त कर दिया। ख़ैर, यह सब आगे की बातें हैं। अभी तो हम उस बेज़र बेरोज़गार फ़रीद ख़ाँ के साथ आगरा पहुँचते हैं।

कानपुर से दूसरी सवारियाँ मिल गयीं। इस बार एक के बजाय दो बग्घियाँ थीं। साथ में अदल-बदल करने के लिए दो अतिरिक्त घोड़े साथ में पीछे बँधे चल रहे थे। सफ़र अब कुछ आसान हो गया था क्योंकि खाने-पीने का काफ़ी सामान साथ में था और बातचीत के लिए शेख इस्माइल और उसके साथ उसका एक अन्य विश्वसनीय साथी शेख़ इब्राहीम भी फ़रीद ख़ाँ के साथ चल रहे थे।

इत्र-फुलेल के शहर कन्नौज से बग्घियाँ एक जगह पर उस चौड़ी सड़क को छोड़कर बायीं ओर मुड़ गयीं। अब जो रास्ता था वह कोई दूसरा रास्ता था। यह पतला रास्ता उन्हें मैनपुरी होकर आगरा की तरफ़ ले जा रहा था।

आगरा शहर जिसे कभी सिकन्दर लोदी ने अपनी सैनिक छावनी बनाया था और जो देखते-देखते दिल्ली के उस अफ़ग़ान सुल्तान की दूसरी राजधानी में तब्दील हो

गया अब वही आगरा काफ़ी आबाद और विकसित हो चला था। काम-धन्धों और व्यापार का एक महत्त्वपूर्ण केन्द्र बन रहा था। उसी आगरा में अब सिकन्दर लोदी का बेटा इब्राहीम लोदी गद्दी पर बैठा हुआ था। मगर उसकी गद्दी उन दिनों काफ़ी डाँवाँडोल थी। उसी के अनेक अफ़ग़ान सूबेदार और सरदार उसके ख़िलाफ़ बग़ावत पर आमादा थे।

जब फ़रीद ख़ाँ आगरा पहुँचा तो वहाँ पहुँचकर वह दौलत ख़ाँ से मिला। दौलत ख़ाँ काहनपुर के हाकिम परगना आज़म हुमायूँ ख़ाँ का नज़दीकी था। दौलत ख़ाँ सुल्तान इब्राहीम लोदी का एक कृपापात्र मनसबदार भी था। वह 12,000 अश्वारोहियों का नायक अर्थात् मनसबदार था। फ़रीद ख़ाँ ने दौलत ख़ाँ की मातहती में नौकरी कर ली। उसने उसके बाद से अपने नये हाकिम के आदेशों के पालन में अपने दिन-रात एक कर दिये। अस्तबल, अनाज की देखभाल, मालगुज़ारी का हिसाब-किताब जो भी काम दौलत ख़ाँ उसे सौंपता बड़ी मेहनत, ईमानदारी और सफलता के साथ फ़रीद ख़ाँ उन्हें अंजाम देता। अपने पिता की जागीर की बरसों देखभाल से प्राप्त हुआ अनुभव और कौशल अब यहाँ उसके बड़े काम आया। जल्दी ही फ़रीद की अभूतपूर्व सेवाओं और परिश्रम ने दौलत ख़ाँ का मन मोह लिया। वह लोगों से अक्सर खुलकर कहा करता—"फ़रीद ने आज तक मुझसे कुछ नहीं माँगा है। न ही कुछ कहा है। वह मेरा आला दर्जे का ख़िदमतगार है। पता नहीं क्यों यह आदमी मुझसे अपनी कोई ख़्वाहिश नहीं कहता? वह मुझसे मुँह खोलकर कुछ कहे तो मैं उसकी कोई भी बात ज़रूर पूरी करूँगा।"

जब फ़रीद को यह पक्का यक़ीन हो गया कि उसका मालिक दौलत ख़ाँ वाक़ई उस पर बड़ा मेहरबान है तो उसने एक दरख़्वास्त लिखकर दौलत ख़ाँ को दी—"मेरे वालिद मियाँ हसन ख़ाँ अब काफ़ी ज़ईफ़ हो गये हैं। उनका जिस्म कमज़ोर हो चला है। सोचने-समझने की ताक़त भी दिन-ब-दिन कम हो चली है। अक्सर बहकी-बहकी बातें किया करते हैं। लेकिन इन कमज़ोरियों के बावज़ूद वह एक कनीज़ की जकड़बन्दी में हैं। उसी के इशारे पर रक्स करते हैं। उस औरत की किसी बात को टालना उनके बस की बात नहीं। यहाँ तक कि अपनी हुकूमत की बागडोर भी उन्होंने उस कनीज़ के हाथों सौंप दी है। इससे उनकी जागीर के दोनों परगने सहसराम और खवासपुर टाँडा गर्त में जा गिरे हैं। अगर आप बादशाह से कहकर वह परगने मेरे सुपुर्द करवा दें तो आपका मुझ पर बड़ा अहसान होगा। मैं और मेरा छोटा भाई निज़ाम ख़ाँ उस सूरत में आपकी 500 घुड़सवारों के साथ ख़िदमत करेंगे और आपने जो भी काम मियाँ हसन ख़ाँ को सौंप रखे हैं हम उन्हें पूरा करेंगे।"

तब दौलत ख़ाँ ने फ़रीद ख़ाँ से कहा कि—"फ़रीद! तुम तसल्ली रखो। जल्द ही मैं बादशाह सलामत के हुजूर में पेश होकर तुम्हारा यह सारा हाल उनसे कहूँगा और तुम्हारे वालिद ने अपने सबसे बड़े बेटे यानी कि तुमसे जो नाइन्साफ़ी की है

उसे बताकर दोनों परगने तुम्हें वापस दिलवाने की ज़ोरदार सिफ़ारिश करूँगा।''

दौलत ख़ाँ उसी सिलसिले में एक दिन बादशाह से जाकर मिला। बादशाह इब्राहीम लोदी ने अपने दरबारे-ख़ास में भेंट करने आये अपने प्रिय मनसबदार दौलत ख़ाँ की बातों को ग़ौर से सुना। सुनकर जवाब देते समय उसकी निगाहें ज़रा सिकुड़ीं और फिर एक बुरा-सा मुँह बनाकर उसने कहा–''जो आदमी अपने बाप की शिकायत करे, उस पर तोहमत लगाये, वह हमारी नज़रों में एक निहायत बद एख़ालक इन्सान है। आप ऐसे शख़्स की सिफ़ारिश हमसे न ही करें तो बेहतर।''

दौलत ख़ाँ तब मन मसोसकर वापस लौट आया। मगर ज़ाहिर में उसने सुल्तान इब्राहीम लोदी के विचारों से फ़रीद को अवगत कराते हुए उससे कहा कि वह उसके बावजूद धीरज न छोड़े। इंशा अल्लाह! आगे कभी सही वक़्त आने पर वह उसे उसके दोनों परगने ज़रूर दिलवा देगा। दौलत ख़ाँ ने फ़िलहाल फ़रीद की तनख़्वा बढ़ा दी। वह उसे प्रतिदिन इतना देने लगा कि उससे फ़रीद ख़ाँ को ज़रूरी ख़र्चों के बाद काफ़ी-कुछ बचत भी होने लगी। फ़रीद ख़ाँ मायूस तो हुआ, पर वह फिर भी पूर्ण स्वामिभक्ति के साथ मनसबदार दौलत ख़ाँ की सेवा में लगा रहा।

◙

◙

समय बीतते क्या देरी लगती है। इधर फ़रीद ख़ाँ सूर आगरा में दौलत ख़ाँ की सेवा में व्यस्त था उधर उसके पिता मियाँ हसन ख़ाँ की मृत्यु हो गयी। मृत्यु के तीसरे दिन उसके छोटे पुत्र सुलेमान ने पिता को पगड़ी अपने सिर पर रख ली। ऐसा करके वह उनका वारिस बन बैठा। उस मौक़े पर जब वह अपने रिश्तेदारों और क़रीब के लोगों के साथ बैठा हुआ था तो फ़रीद ख़ाँ का छोटा भाई निज़ाम ख़ाँ अपने हिमायतियों के साथ वहाँ आया। निजाम ख़ाँ ने सुलेमान के सिर से पगड़ी खींच ली और आवेश में सबके सामने कहने लगा–

''सुलेमान! अपने बड़े भाई की ग़ैरमौजूदगी में तुम्हें अब्बा हुजूर की पगड़ी अपने सिर पर रखने का आख़िर क्या अख़्तियार है? क्या तुम्हीं उनके इकलौते वारिस हो? तुम्हारा यह बर्ताव तुम्हें ज़ेब नहीं देता फ़रीद भाईजान की आला शख़्सियत की शोहरत इस वक़्त चारों और फैली हुई है। आजकल वह बादशाह सलामत की ख़िदमत में हैं। घर से दूर हैं। ऐसे में तुम्हें दीन और ईमान को भी दरगुज़र करते शर्म नहीं आयी? अरे ख़ुदा से डरो और उसके नेक बन्दों की बातों पर अमल करो। बिला वजह का फ़सादो-फ़ितना मत पैदा करो। अब्बाजान के जीते-जी तुमने जैसा बुरा सलूक अपनी वालिदा के कहे में रहकर फ़रीद भाईजान के साथ किया वह किसी से कहने लायक नहीं। अब्बाजान के लिहाज़ में मैंने तुमसे तब कुछ कहना मुनासिब

नहीं समझा। वर्ना उन्हीं दिनों तुम्हें मैं तुम्हारी औक़ात बता देता। मगर अब यह जान लो कि अब यह तुम्हारे लिये सँभल जाने का वक़्त है। बेहतर होगा कि तुम अपना वह पुराना रवैया छोड़ दो और भाईजान से अदब का बर्ताव करो। क्योंकि अपने बड़े भाई से लड़ना मुनासिब नहीं। हमारे वालिद मियाँ हसन ख़ाँ ने हम सभी भाइयों को अलग-अलग ज़मीनें दी थीं। उसी में ख़ुशी से गुज़र-बसर करना सीखो और खुद को बड़ा मानना छोड़ दो। क्योंकि यह जो कुछ है, हमारे बड़े भाईजान का हक़ है। अगर फिर भी तुम लड़ने पर आमादा होते हो तो समझ लो कि यह परगने बर्बाद हो जायेंगे और तुम भी तबाह हो जाओगे।''

सुलेमान ने निज़ाम के रोष से घबराकर तब इतना ही कहा कि—''उसमें क्या है...अगर बड़े भाई साहब हमारे साथ हमदर्दी का सलूक करें तो मुझे उनकी ख़िदमत करनी ही चाहिए।''

इस वाक़ये के बाद निज़ाम ख़ाँ ने अपने बड़े भाई फ़रीद ख़ाँ को पिता हसन ख़ाँ सूर के निधन की ख़बर भिजवायी और ख़त में सुलेमान और उसके बीच हुई झड़प की बात भी विस्तार से लिख दी। यह सूचना मिलते ही फ़रीद ने सबसे पहले अपने वालिद के गुज़रने का शोक मनाया और उसने दौलत ख़ाँ को सुलेमान द्वारा अपने बाप की जागीर हथियाने की कोशिश की सारी बात बतायी। दौलत ख़ाँ ने फ़रीद को सान्त्वना देते हुए उसे ढाढ़स बँधाया। उससे कहा कि—''तुम बिलकुल न घबराना। अगर ख़ुदा ने चाहा तो इस बार तुम्हारे दोनों परगनों पर तुम्हारा हक़ मैं बादशाह से ज़रूर दिलवा दूँगा।''

दौलत ख़ाँ ने बादशाह इब्राहीम लोदी को हसन ख़ाँ सूर की मृत्यु का हाल सुनाया और उससे इल्तजा की कि फ़रीद ख़ाँ मरहूम हसन ख़ाँ का सबसे बड़ा और सबसे क़ाबिल बेटा है। उसने उसकी भी बड़ी सेवा की है और वह लोदी सल्तनत का बड़ा वफ़ादार है। इसलिए बादशाह हुजूर दोनों परगनों सहसराम और खवासपुर टाँडा की हुकूमत अब फ़रीद ख़ाँ के ही सुपुर्द करने की इनायत फ़र्मायें। इब्राहीम लोदी ने इस बार दौलत ख़ाँ का प्रस्ताव मंजूर कर लिया और हसन ख़ाँ सूर मरहूम के दोनों परगने फ़रीद ख़ाँ सूर के नाम करते हुए उनके बारे में एक शाही फ़र्मान भी जारी कर दिया। दौलत ख़ाँ ने वह शाही फ़र्मान अर्थात् राजाज्ञा फ़रीद ख़ाँ के हाथों में थमायी और उसे पिता के देहावसान के पश्चात् की ज़रूरी रस्में पूरी करने और अपनी जागीर की देखभाल के लिए लम्बी छुट्टी भी मंज़ूर कर दी।

जब फ़रीद ख़ाँ इस बार अपने परगनों पर पहुँचा तो उसके सभी नाते-रिश्तेदारों और मातहतों ने उसका हार्दिक स्वागत किया और प्रायः सभी ने उसकी हुकूमत को सहर्ष स्वीकार कर लिया।

लेकिन सुलेमान के दिल में तो दुश्मनी की आग सुलग रही थी। वह भला उसकी प्रभुता कैसे स्वीकार कर लेता? खुलकर फ़रीद का विरोध करने का साहस और

सामर्थ्य तो उसमें नहीं था। इसलिए वह चौंध के शासक मुहम्मद ख़ाँ सूर के पास चला गया। अपने साथ वह अपने दूसरे नालायक भाई अहमद को भी लेता गया।

चौंध बिहार में रोहतास ज़िले का एक हिस्सा था। चौंध का क़िला सहसराम से 46 मील दूर करमनासा नदी के उस पार स्थित था। अधिकार विहीन सुलेमान और अहमद रोते-गाते चौंध के अफ़ग़ान शासक मुहम्मद ख़ाँ सूर की शरण में जा पहुँचे। मुहम्मद ख़ाँ 1500 अश्वारोहियों का मनसबदार था। उसके और मरहूम हसन ख़ाँ सूर के बीच कुछ पुराना वैमनस्य था। वह हसन ख़ाँ या उनके कुटुम्बियों से कभी-न-कभी बदला लेने की फ़िराक़ में था। इसलिए सुलेमान और अहमद का उसकी शरण में आना उसके लिए अपनी पुरानी-खुन्नस निकालने का एक सुअवसर बन गया। ख़ानदानी झगड़े भाई-भाइयों को बर्बाद कर देते हैं। उनमें ख़ासकर अगर किसी बाहरी दुश्मन को रोटियाँ सेंकने को मिल जाये तो फिर बात ही क्या...!!

मुहम्मद ख़ाँ सूर ने सुलेमान को समझाते हुए कहा—"बरख़ुरदार! कुछ दिन तसल्ली करो।...क्योंकि इस वक़्त फ़रीद के पास परगनों की हुकूमत के लिए शाही फ़रमान है। ऐसे में कुछ दिन इन्तज़ार करना ही बेहतर होगा। मैं तुम्हें एक राज़ की बात बताता हूँ।...सुल्तान इब्राहीम ने अपने दादा बहलोल और बाप सिकन्दर के साथ के अफ़ग़ान अमीरों के साथ बड़ा ख़राब बर्ताव किया है। वह सब अफ़ग़ान अमीर अपने-अपने इलाक़ों में चले गये हैं और वहीं रहते हैं। इन बिगड़े हालातों में पंजाब के सूबेदार रहे ख़ानेख़ाना यूसुफ़खेल ने अपने बेटे दिलावर ख़ाँ को खुफिया तौर पर भेजकर काबुल के बादशाह बाबर को न्योता दिया है। वह चाहता है कि सुल्तान इब्राहीम को हराकर वह मुग़ल बादशाह बाबर दिल्ली सल्तनत पर क़ब्ज़ा कर ले।...तो अब वही दिलावर ख़ाँ मुग़लों के साथ हिन्दुस्तान वापस आ रहा है।

"जल्द ही इन दो बादशाहों के बीच ख़ूनी जंग होगी। अगर जंग में सुल्तान इब्राहीम लोदी को फ़तेह हासिल हुई तो तुम उसके पास चले जाना। मैं उसे ख़त लिखूँगा कि फ़रीद तुम्हारा मुख़ालिफ़ है और कहूँगा कि मियाँ हसन तुम्हें ही ज़्यादा चाहते थे। इसका सबूत यह है कि उन्होंने अपनी ज़िन्दगी में ही फ़रीद से वह परगने छीनकर तुम्हारी सुपुर्दगी में दिये थे। फ़रीद को कभी भी अपने बाप से मुहब्बत न थी। उसके बाद जैसा तुम्हारी क़िस्मत में होगा वैसा होगा।

"अब रही बात दूसरी सूरतेहाल की। ख़ुदा न ख़ास्ता उस जंग में अगर वह मुग़ल हमलावर बाबर जीत गया...तो भी कोई ग़म नहीं। तब उस अफ़रा-तफ़री के आलम में मैं जबरन वह दोनों परगने तुम्हें दिलवा ही दूँगा।"

चापलूस सुलेमान ने इस पर मुहम्मद ख़ाँ सूर को बार-बार फ़रशी सलाम करते हुए कहा—"हुज़ूरे आलिया! मैं फ़रीद के ख़ौफ़ से ही आपकी बारगाह में आया हूँ। क्योंकि सूर क़ौम में इस वक़्त आपके बराबर कोई सूरमा नहीं है। इसलिए मेरा यह पूरा वजूद आपके हवाले है। आपका हर हुक्म मेरे सर-माथे रहेगा मेरे हुज़ूर।"

यह सुनकर मुहम्मद ख़ाँ को बड़ी आन्तरिक ठण्डक मिली। उसने अपने एक प्रतिनिधि के माध्यम से फ़रीद ख़ाँ को यह सन्देश भेजा–"अगर तुम मेरी बात ध्यान से सुनोगे और समझोगे तो मैं ख़ुद वहाँ आकर सुलेमान और तुम्हारे बीच समझौता कराने की कोशिश करूँगा। इसके बरक्स अगर तुमने मेरी बात नहीं मानी तो याद रखो मैं तुम्हारा बड़ा हूँ। उस सूरतेहाल में मेरी बात से इनकार करनेवाले को अपने ख़ानदान के लोगों के सामने ही ज़लील और रुसवा होना पड़ेगा।"

फ़रीद ख़ाँ भला कहाँ झुकनेवाला था। उसने मुहम्मद ख़ाँ को जवाबी सन्देश भिजवाया कि–"ख़ाने आज़म! आप सूर क़बीले के सिरमौर हैं। हमारे क़बीले की सरपरस्ती हमेशा से करते आये हैं। आपको अगर यहाँ आने की ज़हमत उठानी पड़े वह मेरे लिये ज़लालत की बात होगी। आप तो मुझे वहाँ आने का हुक्म दें, जो कि मेरे लिये बायसे फ़क्र होगा। मेरा भाई सुलेमान तो आपकी ख़िदमत में है ही। यक़ीनन उसने आपसे मेरी काफ़ी शिकायतें की होंगी। मगर आपसे क्या छिपा है? आप तो सच और झूठ से अच्छी तरह वाकिफ़ हैं। सुलेमान का क्या? वह तो अब्बाजान के सामने ही मुझसे हमेशा लड़ता-झगड़ता रहता था। वह हमेशा मेरे ख़िलाफ़ उनके कान भरता रहता था। मैंने उनके इन्तिक़ाल के बाद उसे हरचन्द समझाने की कोशिश की कि अब्बाजान ने जो भी ज़मीन और जायदाद तुम्हें अलग से दे दी थी उस पर तुम्हारा ही हक़ है। अगर तुम चाहो तो मैं कुछ और गाँवों को उनमें शामिल कर उनकी बढ़ोत्तरी कर दूँ। ताकि हमारे बीच का मनमुटाव हमेशा-हमेशा के लिए ख़त्म हो जाये और हम सब भाई एक-दूसरे के साथ प्यार-मोहब्बत से रह सकें।

"लेकिन सुलेमान ने मेरी बातों को सुनकर भी अनसुना कर दिया। उसने ख़ानदान के बुज़ुर्गों की बात भी नहीं मानी। अपनी ज़िद पर अड़ा रहा। इसलिए मोहतरम ख़ाने आज़म! मेरी आपसे गुज़ारिश है कि आप सुलेमान को मेरी मुख़ालिफ़त करने से रोकें। अगर आप उसके दिल से मेरे लिये उबलते हुए वैर को ख़त्म कर मेरे लिये नेक-जज़्बे की बुनियाद डाल सके तो मैं आपका अहसान कभी नहीं भूलूँगा और हमेशा आपकी शान में क़सीदे पढ़ूँगा। क्योंकि इसी में मरहूम अब्बाजान हसन मियाँ के ख़ानदान की भलाई है।

"मैं अपने सगे भाई निज़ाम को आपकी ख़िदमत में भेजने को तैयार हूँ ताकि आपको तसल्ली हो जाये और वह सुलेमान को बख़ैरियत मेरे पास ले आये। मैं उसे ज़रूर ही उसकी तयशुदा ज़मीन-जायदाद दे दूँगा। मगर आप उसे मेहरबानी करके समझा दीजिये कि वह उन परगनों को लेने की कोशिश न करें जो अब्बा ने अपनी ज़िन्दगी में मुझे दिये थे और अब जिनका शाही फ़र्मान भी मेरे हक़ में है। अगर फिर भी वह इन परगनों का तसव्वुर करेगा तो वह उसके लिए एक बुरा ख़्वाब ही साबित होगा। क्योंकि अपने जीते-जी तो मैं उसके नापाक इरादों को कामयाब होने

नहीं दूँगा। वैसे भी एक म्यान में दो तलवारें और एक इलाक़े में दो हाकिम हरगिज़ नहीं रह सकते।"

जब मुहम्मद ख़ाँ का प्रतिनिधि फ़रीद ख़ाँ का यह सन्देश लेकर अपने आक़ा के पास वापस लौटा और उसने उसे फ़रीद ख़ाँ का कहा सारा सन्देश सुनाया तो मुहम्मद ख़ाँ बड़ा खिन्न हुआ। उसने फिर भी सुलेमान और अहमद को बड़ी तसल्ली दी और कहा—

"अब मैंने समझ लिया है कि फ़रीद तुम्हारा हक़ आसानी से तुम्हें नहीं देगा। लेकिन फ़िक्र न करो। मैं तुम्हारा हक़ तुम्हें जबरन दिलवाऊँगा। अब जब तुम दोनों भाई मेरे पास आ ही गये हो तो मेरा फ़र्ज़ बनता है कि मैं तुम्हारी हर मुमकिन मदद करूँ।"

मुहम्मद ख़ाँ के इन हमदर्दी-भरे वचनों ने सुलेमान और अहमद की डूबती आशाओं में एक बार फिर से हलचल पैदा कर दी। लेकिन उधर मुहम्मद ख़ाँ सूर की इन ख़तरनाक बातों का ब्योरा फ़रीद ख़ाँ को उसके जासूसों के मार्फ़त मिल गया। वह सावधान हो गया। उसने तुरन्त अपने भाई निज़ाम ख़ाँ और अन्य शुभचिन्तकों से इस विषय में विचार-विमर्श किया।

फ़रीद ने कहा कि—"मुझे अब मुहम्मद ख़ाँ के किसी मुख़ालिफ़ की तलाश करनी होगी। ऐसा कौन हो सकता है? मेरे ख़्याल से बिहार के सूबेदार दरिया ख़ाँ लोहानी के बेटे बहार ख़ाँ के अलावा ऐसा कोई नहीं जो मौक़ा पड़ने पर मुहम्मद ख़ाँ सूर का मुक़ाबला कर सके।....लेकिन अभी कुछ दिन ठहरना ही ठीक होगा। सुना है कि दिल्ली सल्तनत पर इन दिनों जंग के बादल मँडरा रहे हैं। मुग़ल बहुत तेज़ी से सरहद पार कर दिल्ली की ओर बढ़े आ रहे हैं। जंग तो होनी ही है और जंग में किसी एक ही फ़रीक़ की जीत होती है।...

...अगर सुल्तान इब्राहीम की जीत हुई तो मेरे ख़िलाफ़ आगे से कोई एक लफ़्ज़ बोल नहीं सकेगा। क्योंकि मेरे पास सुल्तान का फ़र्मान है। लेकिन अगर बदक़िस्मती से मुग़लों ने सुल्तान इब्राहीम को हरा दिया तो मुझे बहार ख़ाँ का सहारा लेना पड़ेगा और तब मैं उनकी ख़िदमत में चला जाऊँगा।"

◙
◙

सन् 1526 ई. में अप्रैल का महीना था। पानीपत के मैदान में दिल्ली सल्तनत के अफ़ग़ान सुल्तान इब्राहीम लोदी और काबुल से आये मुग़ल बादशाह ज़हीरुद्दीन मोहम्मद बाबर की फ़ौजों का आमना-सामना हुआ।

दरअसल, काबुल और कन्धार का बादशाह बाबर भारत की उत्तर-पश्चिमी सीमा के क्षेत्रों में पिछले कई सालों से अनेक बार मँडराता रहा था। वह 1519 से हिन्दुस्तान पर पंजाब के इलाक़ों पर चार बार आक्रमण कर चुका था। वस्तुतः इब्राहीम लोदी से विद्रोह करनेवाले उसके कुछ सूबेदार और रिश्तेदार ही बाबर को दिल्ली की गद्दी को हथियाने के लिए आमन्त्रित और आकर्षित करते रहते थे। बाबर हिन्दुस्तान की ओर चार क़दम बढ़ाता तो फिर बीच-बीच में अपने राज्य में विद्रोहों के चलते छह क़दम वापस खींचकर उसे अपने मुल्क में वापस लौटना पड़ता। ख़ासकर उसके अधीन कन्धार में अक्सर विद्रोह हो जाते थे और बाबर को उन्हें दबाने के लिए वापस जाना पड़ता था।

बाबर छोटी उम्र से ही अपने राज्यों में होनेवाले विद्रोहों और युद्धों में निरन्तर व्यस्त रहकर एक कुशल सैन्य संचालक बन चुका था। उसने अपने अनेक शत्रुओं से लड़ते-लड़ते उनकी अनेक युद्ध कलाएँ सीख ली थीं। तुर्क, मंगोल, उजबेक, ईरानी और अफ़ग़ान उसके विरोधी भी थे और अप्रत्यक्ष रूप से युद्धकला के प्रशिक्षक भी। उनकी अनेक फ़ौजी चालों को बाबर ने चतुराई से अपना लिया था।

उजबेकों से उसने 'तुलगमा' का इस्तेमाल करना सीखा। तुलगमा सेना का वह अश्वारोही दस्ता होता था जो कुशल तीरन्दाज़ सैनिकों द्वारा संचालित होता था। यह तीरन्दाज़ अश्वारोही भारी तादाद में सेना के दाहिने और बायें भागों के किनारे पर खड़े रहते थे। जब युद्ध शुरू होता तो चक्कर काटकर शत्रु दल के किनारे-किनारे जाकर उसके पृष्ठभाग पर तीरों की बौछार से शत्रु पक्ष पर मारक हमला करते थे। तुलगमा फ़ौज का इस प्रकार एक अत्यन्त घातक हिस्सा हुआ करता था।

बाबर ने मंगोल और अफ़ग़ानों से सेना के एक भाग को आरक्षित फ़ौजी दस्तों की तरह रखने और उनके सही समय पर दुश्मन के विरुद्ध इस्तेमाल की चालें भी सीखीं। यह छिपे हुए फ़ौजी दस्ते पस्त होती हुई दुश्मन की फ़ौज की कमर तोड़ने में आकस्मिक रूप से प्रयोग किये जाते थे और कभी-कभी यह उनकी रसद सामग्री के हिस्सों को भी तबाह करने के लिए पूर्व योजना के अनुसार प्रयोग में लाये जाते थे। इस आरक्षित फ़ौज को 'कोतल' कहा जाता था।

उसने ईरानियों से बन्दूकों को युद्ध में इस्तेमाल करना सीखा। अपने सजातीय तुर्कों से उसने तेज़ घुड़सवार सैनिकों के दस्तों का सफल संचालन सीखा। इनके अतिरिक्त अपनी सेना के अगले दस्तों की रक्षा के लिए ज़ंजीर से बँधी हुई गाड़ियों की कतार खड़ी करना, शक्तिशाली तोपख़ाने का इस्तेमाल इत्यादि बाबर की सैन्य शक्ति के प्रमुख आधार थे।

बाबर को सौभाग्य से उस्ताद अली नामक एक अत्यन्त कुशल तुर्क तोपची की सेवाएँ प्राप्त हुईं। बाबर ने उसे अपने तोपख़ाने की कमान सौंप दी। उस्ताद अली ने तोपख़ाने में अधिकाधिक तोपें ढलवाने, गोला बारूद का निर्माण करने और

बन्दूकचियों की फ़ौज खड़ी करने में बाबर की बड़ी मदद की। विस्फोटक बारूद और उनके हथियारों का प्रयोग ईरानियों ने तुर्कों से ही सीखा था और बाबर ने यह कला सर्वप्रथम ईरानियों से प्राप्त की। तुर्क तोपची उस्ताद अली के मुग़ल सेना से जुड़ जाने के कुछ वर्ष बाद बाबर को मुस्तफ़ा नामक एक अन्य तोप विशेषज्ञ की भी सेवाएँ प्राप्त हो गयीं। यह उसके लिए सोने में सोहागा था।

मार्ग की अनेक बाधाओं को पार करता हुआ बाबर जब सन् 1526 ई. में पानीपत पहुँच गया तो उसने अपने 12,000 सैनिकों, अश्वरोहियों, बन्दूकचियों, तीरन्दाज़ों और तोपख़ाने और रसद-तम्बू-कनात-घोड़ा गाड़ियों इत्यादि समेत वहाँ अपना शिविर डाल दिया।

बाबर ने अपने गहन अनुभवों के आधार पर पानीपत के युद्ध के मैदान में बड़ी सावधानी के साथ व्यूह रचना की। उसने अपनी फ़ौज की सात सौ बैलगाड़ियों के बैल खुलवाकर उनकी कई पंक्तियाँ दाहिने से बायें आगे-पीछे क्रम से समानान्तर रूप में उन्हें खड़ा कराया। इन कतारबद्ध गाड़ियों को गीली खाल से बने रस्सों से दो-दो गाड़ियों को आपस में बाँधकर अपनी फ़ौज की मोर्चाबन्दी के रूप में आगे खड़ा करा दिया था।

इन गाड़ियों को जो परस्पर रस्सों में सटाकर बाँधा गया था उनके समूहों के बीच-बीच में उसने चौड़े गलियारे छोड़ रखे थे जिसमें से होकर मुग़ल सैनिक आगे निकलकर दुश्मन की फ़ौज पर आक्रमण कर सकें। इसी रक्षात्मक पंक्ति के पीछे बाबर का आग उगलनेवाला तोपख़ाना था। तोपख़ाने पर अपने तोपचियों के साथ बाबर का प्रधान तोपची उस्ताद अली दाहिनी ओर तथा दूसरा मुख्य तोपची मुस्तफ़ा बायीं ओर मुस्तैद था। भालों और बन्दूकों से लैस अनेक सैनिक तोपों की जोड़ियों के बीच और उनके इर्द-गिर्द चौकस हालत में लगाये गये थे, ताकि तोपचियों को सुरक्षा मिल सके।

बाबर के इस सुदृढ़ तोपख़ाने की दीवार के पीछे उसके अग्रगामी सैनिकों का जमावड़ा था। उनके पीछे बाबर की मुख्य सेना थी जिसके केन्द्र में बाबर ख़ुद सर्वोच्च सेनानायक के रूप में उपस्थित था। इस मरकज़ी फ़ौज के दो हिस्से थे। दाहिना भाग और बायाँ भाग। फ़ौज का दाहिना भाग कटे हुए पेड़ों तथा मिट्टी की दीवार और खाइयों से सुरक्षित रखने के इन्तज़ाम किये गये थे। इस दाहिने सैन्य भाग पर दाहिनी ओर कुछ दूरी पर तुलगमा फ़ौज को तैनात किया गया था। इसी तरह सेना के बायें भाग पर कुछ दूरी पर बायीं ओर दूसरी तुलगमा फ़ौज को खड़ा किया गया था। तीरों से लैस यह अश्वारोही तुलगमा में अगले आदेश की प्रतीक्षा में रहते थे। बाबर के साथ उसका बड़ा पुत्र हुमायूँ इस पानीपत के युद्ध में शामिल था। बाबर ने सेना के दाहिने पार्श्व में पीछे की तरफ़ अब्दुल अज़ीज़ के सैन्य संचालन में अनुभवी घुड़सवारों की एक कोतल सेना को भी व्यवस्थित किया हुआ था।

कहा जाता है कि युद्ध के दिन इब्राहीम लोदी की फ़ौज में एक लाख सैनिक और एक हज़ार हाथी थे। किन्तु यह ग़ौर करने लायक बात है कि उस काल में सेना के साथ कई शिविर-रक्षक, नौकर-चाकर और गाड़ीवान वगैरह चला करते थे। उस हालत में इब्राहीम की असल फ़ौज 40,000 सैनिकों से ज़्यादा की नहीं रही होगी। उनमें भी अनेक भाड़े के सैनिक थे। अनेक सैन्य दस्ते अल्प-प्रशिक्षण प्राप्त सैनिकों से संयुक्त थे। इब्राहीम स्वयं एक नवयुवक था, जिसे युद्धों का अनुभव नहीं था। उसकी सेना परम्परागत युद्ध कला के अनुसार चार भागों में विभक्त हो मैदान में खड़ी थी—अग्रगामी दल, केन्द्रीय दल, दाहिना दल और बायाँ दल। इब्राहीम की सेना में कोई तोपख़ाना नहीं था। उसके सैनिक तोपों की मार से अनभिज्ञ थे।

पानीपत के मैदान में 12 अप्रैल, 1526 ई. को दोनों तरफ़ की सेनाएँ आकर छह कोस की दूरी पर डट गयीं। लेकिन आठ दिन तक किसी ने भी आक्रमण की पहल नहीं की। दोनों बादशाह एक-दूसरे की शक्ति का आकलन करते रहे और युद्ध का मन्सूबा बाँधते रहे। इस बीच दोनों दल अपने-अपने सैन्य शिविरों में जमे रहे।

सातवें दिन बाबर की फ़ौज की एक छोटी-टुकड़ी टोह लेती हुई इब्राहीम लोदी के डेरों तक जा पहुँची। बाबर के सैनिकों ने उस विशाल सैन्य छावनी पर कुछ तीर इत्यादि बरसाकर उकसानेवाली हरकतें कीं, परन्तु इब्राहीम के आदमियों पर उसका कोई असर नहीं हुआ। उन्होंने लौटकर सारा क़िस्सा बाबर के समक्ष बयान किया।

इस पर बाबर के कुछ हिन्दुस्तानी सलाहकारों ने उससे कहा कि—"अफ़ग़ान क़ौम एक ख़तरनाक और जुझारू क़ौम है। दिन में उन्हें हमला करके हरा पाना आसान नहीं। उन पर रात में हमला किया जाये तो कामयाबी मिल सकती है।

अपने अमीरों से सलाह-मश्विरा कर तब बाबर ने अपने एक सिपहसालार ख़्वाजा मेंहदी से कहा कि वह चार-पाँच हज़ार सैनिकों के साथ इब्राहीम के डेरे पर रात ही में हमला करे। मुग़ल सैनिकों को उनके ख़ेमों के बाहर निकालकर रात्रि में ही हमले के लिए तैयार कराया गया। पहले तो वह चुस्ती के साथ एकत्रित ही नहीं हुए। जब रवाना हुए तो दुश्मन के विरुद्ध रात में कोई कारगर हमला करने की स्थिति में ही नहीं रहे। प्रातःकाल हो गया। तब भी उनकी हिम्मत दुश्मन के शिविर के नज़दीक जाने की नहीं हुई। आख़िर एक बहुत बड़ी सेना का डेरा था सुल्तान इब्राहीम लोदी का वह शिविर। हाथी-घोड़े और हज़ारों सैनिक।

जब काफ़ी सवेरा हो गया तो इब्राहीम लोदी की अफ़ग़ान फ़ौज हाथियों पर सवार हुई और उसने अपने घुड़सवार और पैदल सैनिकों के अनेक जत्थों के साथ बाक़ायदा ढोल-नगाड़े बजाते और हू-हा करते हुए लड़ाई के लिए कूच किया।

यह देखकर रात भर के थके-माँदे बाबर के टहलुवा सैनिकों में दहशत फैल गयी और वह जैसे-तैसे इब्राहीम के उमड़ते हुए लश्करों पर तीरों की बौछार करते हुए उल्टे

पाँव भाग खड़े हुए। तब इब्राहीम लोदी के सैनिकों ने दूर तक उनका पीछा किया। बाबर के यह फ़ौजी ख़्वाजा मेंहदी की अगुवाई में वापस भागते नज़र आये। जब बाबर को इस घटना की ख़बर मिली कि उसके भेजे फ़ौजी दस्ते को इब्राहीम की फ़ौज खदेड़ रही है तो उसने हुमायूँ को उसके लश्कर के सार डेढ़ कोस आगे भेजा।

बाबर ख़ुद अपनी मुख्य सेना के साथ डटा रहा। उसने सेना को मुस्तैद किया और युद्ध के लिए तैयार रहने का हुक्म दिया।

उधर वापस भागकर आते ख़्वाजा मेंहदी के लश्कर और हुमायूँ के लश्कर की बीच रास्ते में मुलाक़ात हुई। उन्होंने पलटकर पीछा करती दुश्मन की फ़ौज को देखा। दुश्मन की फ़ौज तब उसी ओर थम गयी। यह लोग भी इधर थम गये। फिर दोनों दल अपने-अपने शिविरों में बिना लड़े वापस लौट गये। यह बिना ख़ून चाटे तलवारों की अपनी म्यानों में ख़ामोश वापसी थी।

यद्यपि बाबर की सेना में उस दिन कोई हताहत नहीं हुआ लेकिन उसका एक फ़ौजी सरदार मोहम्मद अली जंगजंग दुश्नन के एक घातक बाण से अवश्य घायल हो गया। घाव गम्भीर तो नहीं था मगर बाबर का वह योद्धा आगे आनेवाले पानीपत के युद्ध के लायक नहीं रहा।

आठवाँ दिन उसके बाद लगभग घटनाविहीन व्यर्थ में गुज़र गया। मगर रात में बाबर को इब्राहीम द्वारा हमला किये जाने की उड़ती-सी ख़बर मिली। बताया गया कि दुश्मन की फ़ौज कूच कर चुकी है। तब बाबर ने सबको रातोंरात चौकन्ना कराया। अपना एक द्रुतगामी अश्वारोही दल ख़बर की हक़ीक़त जानने के लिए इब्राहीम के सैन्य शिविर की ओर रवाना किया। ख़बर झूठी निकली। उस दौरान एक-दो घण्टों तक बाबर के डेरों में लोग अस्त्र-शस्त्र धारण किये हुए ख़ामोंख़्वा शोरगुल करते रहे। फिर किसी तरह वह अनिश्चय-भरी रात कटी।

भोर की नमाज़ के समय जब इतना उजाला हो गया कि एक चीज़ दूसरी चीज़ से अलग और साफ़ दिखायी देने लगे, तभी बाबर के मोर्चे पर आगे तैनात किये गये पहरेदारों ने ख़बर दी कि दुश्मन युद्ध के लिए तैयार होकर बाक़ायदा आगे बढ़ता चला आ रहा है।

बाबर भी तुरन्त जिरह-बख़्तर और लोहे का टोप पहनकर घोड़े पर सवार हो गया। उसके सभी सिपहसालार भी हथियार और जिरह-बख़्तर वगैरह धारण कर लड़ाई के लिए तैयार हो गये। सारी बाबरी फ़ौज अब सावधान की मुद्रा में आ गयी।

बाबर की फ़ौज का बायाँ भाग हुमायूँ के नेतृत्व में था। दायाँ भाग मोहम्मद सुल्तान मिर्ज़ा की कमान में था। मध्यभाग में चिन तिमूर सुल्तान और खलीफ़ा अपने प्रधान सेनानायक बाबर की सहायता में उसके साथ थे। मुग़लिया फ़ौज के अगले हिस्से का सिपहसालार खुसरो गोकुलताश था और उसका पिछला हिस्सा अब्दुल अज़ीज़ रिसालदार की कमान में था।

बाबर ने सेना के दाहिने बाज़ू पर छँटे हुए तीरन्दाज़ घुड़सवारों को वली किजल की अगुवाई में तुलगमा में लगा रखा था। सेना के बायें बाज़ू पर कारकोज़ी की

अगुवाई में तुलगमा की दूसरी ख़तरनाक टुकड़ी थी। दोनों तुलग्मा को यह हुक्म था कि ज्यों ही दुश्मन की फ़ौज काफ़ी क़रीब आ जाये त्यों ही चक्कर लगाकर उसके पीछे पहुँचा जाये और तीरों की बौछार द्वारा उस पर भीषण आक्रमण कर दिया जाये।

पानीपत का यह युद्ध इस प्रकार 21 अप्रैल, 1526 को छिड़ ही गया। इब्राहीम लोदी ने तेज़ गति से बाबर के मोर्चे पर आक्रमण करने का हुक्म दिया था। मगर तेज़ी से आगे भागती सेना में जब मोर्चे के नज़दीक जाकर बाबर की क़िलेबन्दी-जैसी व्यूहरचना को देखा तो उसे चकराकर अकस्मात् ठहर जाना पड़ा।

इब्राहीम की फ़ौजें अब काफ़ी नज़दीक आ चुकी थीं। रण-नीति के मुताबिक़ बाबर के दोनों तुलगमा दस्तों ने तेज़ी से दोनों किनारों से बढ़कर दुश्मन के पृष्ठभाग को छेंक लिया और उनके अश्वारोही उस पर पीछे से घातक तीर बरसाने लगे। उसी के बाद सामने की ओर से दुश्मन पर दहाड़ता हुआ बारूदी हमला हुआ। बाबर की तोपें ज़बरदस्त गोलाबारी करने लगीं। इससे अफ़ग़ानों की सेना में हलचल मच गयी। उधर हाथी पर सवार इब्राहीम लोदी ने अपनी फ़ौजों को बायीं ओर बाबर की सेना पर आक्रमण का आदेश दिया। तब बाबर ने तुरन्त अपनी कोतल सेना को आगे बढ़ाया। इस फ़ौज ने तिरछी जा रही इब्राहीम की फ़ौज को काटना शुरू कर दिया। तब तक दोनों फ़ौजों के सभी दस्ते परस्पर भिड़ चुके थे।

पानीपत के मैदान में घमासान युद्ध हुआ जो सुबह से दोपहर तक चलता रहा। तोपों के हमले से अफ़ग़ान सैनिक बौखला गये। अनेक राजपूत सैनिक भी ग्वालियर नरेश विक्रमाजीत के नेतृत्व में इब्राहीम लोदी की सेना में बाबर की फ़ौजों से वीरतापूर्वक लड़े, परन्तु इस युद्ध में बाबर के रण-कौशल से चारों ओर से घिरकर इब्राहीम की सेना परास्त हुई। उसके हज़ारों सैनिक और सेवक मारे गये और हज़ारों बन्दी बना लिये गये।

पानीपत के इस युद्ध में बाबर की फ़तेह हुई। इब्राहीम लोदी और उसके 15000 सैनिक युद्ध में मारे गये। बाबर के हुक्म से जानकार लोगों द्वारा लाशों के समूहों में इब्राहीम लोदी के शव की शिनाख़्त की गयी। फिर बाबर के समक्ष उसके दुश्मन इब्राहीम लोदी का सिर काटकर लाया गया। राजपूत नरेश विक्रमाजीत भी इस युद्ध में वीरगति को प्राप्त हुआ। इस तरह उस अनुभव-विहीन नवयुवक सुल्तान इब्राहीम लोदी के साथ ही दिल्ली सल्तनत का सदियों पुराना सियासी सितारा डूब गया और दूर देश से आया एक मुग़ल बादशाह बाबर इस तरह हिन्दुस्तान का बादशाह बन गया।

युद्ध की समाप्ति के फ़ौरन बाद बाबर ने अपने बेटे हुमायूँ को हुक्म दिया कि—"सब-कुछ यहीं छोड़-छाड़कर तुम अपने लश्कर के साथ जितनी जल्दी हो सके आगे बढ़कर आगरा पहुँचो। वहाँ के शाही ख़ज़ाने को अपने क़ब्ज़े में ले लो। बाद में मैं वहाँ आता हूँ।"

उसके बाद बाबर ने ख़्वाजा मेंहदी को हुक्म दिया—"तुम भी अपना साजो-सामान छोड़कर फ़ौरन से पेश्तर अपने लश्कर समेत आगे बढ़ो। तुम कूच-दर-कूच जाकर देहली में दाख़िल हो और वहाँ का शाही ख़ज़ाना अपने क़ब्ज़े में ले लो और मेरा इन्तज़ार करो।"

दूसरे दिन बाबर ने खुद अपनी विशाल मुग़ल फ़ौज के साथ आगे के लिए कूच किया। अब उसकी सेना में इब्राहीम की फ़ौज से पकड़े हुए बहुत-से हाथी भी शामिल हो गये थे। घोड़े-गाड़ियाँ, तम्बू-कनात सेवक और बहुत-सा युद्ध का साजो-सामान मय रसद के उसके हाथ लगा था।

बाबर कुछ ही दिन में दल-बल के साथ दिल्ली के नज़दीक पहुँचा। रास्ते में अपने घोड़ों को आराम देने के लिए वह जमुना के किनारे एक स्थान पर ठहरा। उसके बाद आगे जाकर कुछ दिन ठहरकर उसने कई सूफ़ी सन्तों के मक़बरों पर जाकर शुक्रिया अदा किया। उसने सुल्तान बलबन और सुल्तान अलाउद्दीन ख़िलजी के महल और उनके मक़बरे देखे। उसने क़ुतुबमीनार, शम्स तालाब, सुल्तान बहलोल लोदी और सुल्तान सिकन्दर लोदी के बाग़ों और मक़बरों का भी मोआयना किया।

बाद में बाबर आगरा पहुँचा। वहाँ उसे हुमायूँ ने ग्वालियर नरेश विक्रमाजीत के परिज़नों से भेंट में मिला दुनिया का सबसे बेशक़ीमती कोहिनूर हीरा सौंपा, जिसे बाबर ने अपने प्रिय पुत्र हुमायूँ को ही बख़्शीश में वापस लौट दिया। हिन्दुस्तान का तख़्तोताज अब मुगल बादशाह बाबर की मिल्कियत बन चुका था।

मुग़ल बादशाह की सत्ता क़ायम होने और पानीपत के मैदान में इब्राहीम लोदी की हार का समाचार तेज़ी के साथ पूरे हिन्दुस्तान में फैल गया। यह समाचार बहुत-से अफ़ग़ान अमीरों और सूरमाओं के लिए स्तब्धकारी था। फ़रीद ख़ाँ सूर ने भी जब

यह बुरी ख़बर सुनी तो वह चिन्ता में डूब गया। बहुत सोच-विचार तो वह पहले ही कर चुका था। देश के बदलते हुए राजनीतिक परिदृश्य में वह यह अच्छी तरह जान गया था कि अब उसे अपनी एक और नयी राह चुननी होगी। अपनी जीवनधारा को एक बार फिर से मोड़ना होगा। क्योंकि क़िसी मज़बूत संरक्षक के बिना अब गुज़र-बसर सम्भव न होगी।

उसके परगने जो उसे सुल्तान इब्राहीम लोदी की कृपा और उसकी राजसी मोहर की बदौलत प्राप्त हुए थे, अब फिर से ख़तरे की ज़द में आ गये थे। चौंध का हाकिम मुहम्मद ख़ाँ सूर पहले ही सुलेमान वगैरह के पक्ष में उन परगनों पर आँखें गड़ाये बैठा था। इसलिए अब बिहार के शासक बहार ख़ाँ के हुजूर में जाकर नौकरी करने और उनकी सरपरस्ती हासिल करने के सिवा और कोई चारा न था। फ़रीद ख़ाँ ने तब वही किया।

फ़रीद ख़ाँ वक़्त की नज़ाकत देखकर फ़ैसले करना पहले ही सीख चुका था। वह एक कुशाग्र बुद्धि का समझदार अफ़ग़ान था। वह अफ़ग़ानों की धूर्तताओं, पारस्परिक मनोमालिन्य और चालबाज़ियों के साथ-साथ उनकी सदाशयता, वफ़ादारों की क़द्र करने की आदत, उनकी सादगी और शराफ़त से भी भली-भाँति वाकिफ़ था। फ़रीद ख़ाँ अफ़ग़ानों की फ़राक़दिली से भी परिचित था और उसने अफ़ग़ान सरदार दौलत ख़ाँ लोहानी के बेटे बहार ख़ाँ लोहानी की इन ख़ूबियों की ख्याति भी सुन रखी थी। बहार ख़ाँ लोहानी उन्हीं दिनों बिहार के सूबे पर अधिकार कर बिहार का स्वतन्त्र सुल्तान बन बैठा था। इब्राहीम लोदी की मौत के बाद उसने सुल्तान मुहम्मदशाह नाम रखकर एक खुदमुख़्तार सुल्तान की हैसियत से अपने नाम के सिक्के ढलवा लिये थे और समस्त बिहार में उसके नाम का खुतबा पढ़ा जाता था। अब कोई पूछे कि यह ख़ुत्बा क्या होता है? मस्जिदों में जुम्मा अर्थात् शुक्रवार की नमाज़ दोपहर बाद होती है। इसे ज़ोहर की नमाज़ कहते हैं। इस जुम्मा की नमाज़ का धार्मिक दृष्टि से बड़ा महत्त्व होता है। इस नमाज़ के बाद ख़तीब धार्मिक प्रवचन करता है। उसी प्रवचन को ख़ुत्बा कहते हैं। सर्वप्रथम ख़तीब अल्लाह के रसूल हज़रत मुहम्मद साहब और उनके अनुयायियों की प्रशंसा में कुछ कहता है। आख़िर में ख़तीब अपने मुल्क के तत्कालीन बादशाह का नाम लेकर दुआ क़िया करता था। इसी को बादशाह के नाम का ख़ुत्बा पढ़ना कहा जाता था।

फ़रीद ख़ाँ ने उसी बहार ख़ाँ उर्फ़ सुल्तान मुहम्मदशाह के पास जाकर उसे सहसराम और खवासपुर टाँडा के परगनों से अपना ताल्लुक़ बताकर उसकी मातहती में नौकरी करने की दरख़्वास्त की। सुल्तान मोहम्मद ने उसे सहर्ष अपनी सेवा में रख लिया। उसके बाद वह अपने स्वभाव के अनुसार अपने मालिक की दिन-रात सेवा और स्वामिभक्ति में जुट गया। सुल्तान मुहम्मदशाह भी फ़रीद ख़ाँ के अथक परिश्रम और पौरुष को देखकर उससे बेहद ख़ुश हुआ। अल्प समय में फ़रीद ख़ाँ

सुल्तान मुहम्मदशाह का अत्यन्त विश्वस्त कृपापात्र बन गया। वह अपने मालिक के दरबार से उसके घर तक कहीं भी आने-जाने हेतु स्वतन्त्र हो गया। शीघ्र ही अपने कुशल प्रबन्धन और सुल्तान मुहम्मदशाह के अनुग्रह के कारण बिहार में फ़रीद ख़ाँ का नाम प्रसिद्ध होने लगा।

एक बार फ़रीद ख़ाँ सुल्तान मुहम्मदशाह के साथ शिकार के लिए जंगल में गया हुआ था। वहाँ शेर के शिकार के लिए हाँका लगा हुआ था। एक नाले में पानी पीने आये एक शेर को देखकर ढोल-नगाड़ा बजानेवालों ने शोर-शराबा और भी तेज़ कर दिया। शोरगुल से घबराकर वह शेर नाले के किनारे-किनारे उसके मुहाने की ओर भागा।

शेर जिस तरफ़ गया उधर तीन-चार हाथियों पर सवार सुल्तान और उसके कुछ अमीर दोस्त शिकार की गरज़ से बैठे लुत्फ़ ले रहे थे। तभी जंगल के बड़े-बड़े झाड़-झंखाड़ों से होकर वह शेर उनकी तरफ़ नमूदार हो गया।

शेर को देखकर हाथी बिदककर थम गये। आगेवाले शाही हाथी पर महावत के पीछे सुल्तान और फ़रीद ख़ाँ हौदे पर सवार थे।

शेर ने ज़मीन से एक छलाँग भरी। सुल्तान मुहम्मदशाह ने अपने हाथ का नेज़ा हवा में उछाला जो शेर की खाल को छूकर उसे तनिक ज़ख्मी ही कर सका। शेर दूसरी ओर जा गिरा और पैतरा बदलने लगा। इसी झटके में सुल्तान का नेज़ा ज़मीन पर कुछ दूर जा गिरा।

ख़तरे को भाँपकर फ़रीद ख़ाँ ने एक क्षण की भी देरी नहीं लगायी और वह हाथी से कूदकर ज़मीन पर खड़ा हो गया। एकदम निहत्था। शेर की आँखों मे आँखें डालकर। उस वक़्त वह दोनों हाथ फैलाकर उस शेर को नहीं जैसे अपनी मौत को ही चुनौती देने लगा। शेर दो क़दम पीछे हटा और कुछ झुका। तब तक हाथी पर बैठे सुल्तान को जैसे होश आ गया। उसने एक शमशीर फ़रीद को आवाज़ देकर उसके पास फेंक दी। फ़रीद ने झुककर वह शमशीर दोनों हाथों में मज़बूती से पकड़ ली और वह उस शेर की अगली झपट का इन्तज़ार करने लगा।

शेर उछला। फ़रीद ख़ाँ एक घुटने के बल बैठकर नीचे झुका। शमशीर को हाथों में साधकर उसने ख़ुदा का नाम लिया और पूरी ताक़त से उसे हवा में सामने उठा दिया। शमशीर शेर के पेट में धँस गयी। फ़रीद ख़ाँ शेर को लिये दिये ज़मीन पर जा गिरा। चन्द पलों के संघर्ष के बाद पूरी ताक़त से शमशीर सहित भिड़े फ़रीद ख़ाँ से वह घायल शेर हार गया और तड़पकर मर गया। चारों तरफ़ फ़रीद ख़ाँ के इस ग़ैर मामूली कारनामे से ज़बर्दस्त हल्ला मच गया। सुल्तान मुहम्मदशाह ने उसी दिन फ़रीद ख़ाँ की निडरता और बहादुरी की बेपनाह तारीफ़ करते हुए उसे शेर ख़ाँ के ख़िताब से नवाज़ा और कहा कि–"तुम तो मेरे असली शेर हो। इसलिए आज से तुम सारे आलम में शेर ख़ाँ के नाम से ही पुकारे जाओगे।"

यही नहीं, सुल्तान ने अत्यन्त प्रसन्न होकर फ़रीद ख़ाँ उर्फ़ शेर ख़ाँ को अपने बेटे जलाल ख़ाँ का शिक्षक भी नियुक्त कर दिया। तब से शेर ख़ाँ का मर्तबा बिहार में एकाएक बहुत बढ़ गया। फलतः जहाँ उसके चाहनेवालों की संख्या बढ़ी, वहीं उससे ईर्ष्या करनेवाले शत्रु भी उसके बारे में तरह-तरह की गुप्त चर्चाएँ करने लगे।

लम्बे समय तक सुल्तान की सेवा के पश्चात् शेर ख़ाँ को आख़िरकार अपनी जागीर की सुधि आयी। वह सुल्तान मुहम्मदशाह से कुछ दिनों का अवकाश लेकर अपनी जागीर की देखभाल के लिए रवाना हुआ। भाई निज़ाम की देख-रेख में संचालित सहसराम और खवासपुर टाँडा दोनों ही परगनों का उसने निरीक्षण किया। तत्पश्चात् उनके इन्तज़ाम को और बेहतर बनाने के लिए वह वहाँ कई तरह के कामों में इस क़दर उलझा कि उसे सुल्तान की सेवा में लौटने की सुधि आने में काफ़ी देर हो गयी।

इधर सुल्तान ने शेर ख़ाँ की लम्बी अनुपस्थिति में पहले तो बड़ी असुविधा का अनुभव किया। फिर धीरे-धीरे उसे शेर ख़ाँ पर खीझ होने लगी। एक दिन शेर ख़ाँ को याद कर वह अपने शाही दरबार में झुँझलाकर यह कह बैठा कि–"शेर ख़ाँ!! उसकी क्या बात करते हैं आप लोग? यह आदमी वायदे का पक्का नहीं है। दो हफ़्तों की मोहलत लेकर गया था। आज महीना भर होने को आया। अभी तक वापस नहीं लौटा है।"

यह सुनते ही शेर ख़ाँ के विरोधियों को उसकी शिकायत करने का सुनहरा मौक़ा मिल गया। दबी ज़ुबान में कुछेक ने शेर ख़ाँ के ख़िलाफ़ दो-एक जुमले भी कहे। हाकिम चौंध मुहम्मद ख़ाँ सूर को तो जैसे इसी मौक़े की तलाश थी। यह सुनकर कि सुल्तान मुहम्मदशाह इन दिनों ग़ैरहाज़िर शेर ख़ाँ उर्फ़ फ़रीद ख़ाँ से काफ़ी नाराज़ हैं, मुहम्मद ख़ाँ सूर भी फ़ौरन बिहार के सुल्तान के पास जा पहुँचा। वह शेर ख़ाँ की निन्दा करते हुए उनसे कहने लगा–

"यह आपका जो शेर ख़ाँ है न हुज़ूर...यानी कि फ़रीद बिन हसन ख़ाँ सूर...उसकी फ़ितरत और आमालनामे को मैं अच्छी तरह जानता हूँ। निहायत लालची, बेशर्म और ख़ुदगर्ज़ इन्सान है वह।"

"क्या फ़र्मा रहे हैं आप?" सुल्तान मुहम्मदशाह ने ज़रा हैरत से मुहम्मद ख़ाँ सूर को नज़र भरकर देखा और कहा।

"जी हाँ जहाँपनाह! मैं सच कहता हूँ। आख़िर हूँ तो मैं इन्हीं लोगों का ख़ानदानी बुज़ुर्ग। इनकी नस-नस से वाकिफ़ हूँ। मैं सब जानता हूँ इन लोगों के बारे में।... यह आपका शेर ख़ाँ जो है वह दरअसल अपने दिमाग़ में एक चालाक लोमड़ी की अक़्ल रखता है। जो इन्सान अपने बाप का नहीं हुआ वह भला मेरा और हुज़ूर का

क्या होगा? वह मौक़े की नज़ाकत देखकर कब कौन-सा पैंतरा बदल दे, कुछ कहा नहीं जा सकता। यक़ीन मानिये उसका नाम तो है शेर ख़ाँ, मगर फ़ितरत है लोमड़ी की-सी।"

सुल्तान ने तब अपनी मसनद से ज़रा उठँग होकर एक करवट-सी ली और अपने शाही चोगे को सीधा करके मुहम्मद ख़ाँ से कहा—"साफ़-साफ़ कहिये मियाँ। पहेलियाँ न बुझाइये।"

"वही तो मैं बता रहा हूँ बादशाह हुजूर।...फ़रीद ख़ाँ उर्फ़ आपका वह शेर ख़ाँ उधर अपनी जागीर में इतने दिनों यूँ ही नहीं अटका हुआ है। इन दिनों वह तमाम सियासी लोगों से मेल-जोल बढ़ा रहा है। मुल्क की हालत तो आप जान ही रहे हैं। मुग़ल बादशाह बाबर के दिल्ली और आगरा आ जाने के बाद अपनी हुकूमत फैलाने के लिए उसकी जंगी-कोशिशों का हाल किसी से छिपा नहीं है।...

"उधर राजपूत अपनी आज़ादी के लिए और इधर अफ़ग़ान और दूसरी क़ौमों का हर मज़बूत और दिलेर सरदार अपनी आज़ादी और ख़ुदमुख़्तारी के लिए कमर कस रहा है।...ऐसे में शेर ख़ाँ सूर भी ख़ुद को किसी से कम नहीं समझता है।...उधर मरहूम इब्राहीम लोदी का भाई यानी कि सुल्तान सिकन्दर मरहूम का दूसरा बेटा महमूद लोदी भी अपनी ताक़त तेज़ी से बढ़ा रहा है और ख़्वाब देख रहा है कि वह एक दिन फिर से लोदी सल्तनत की बहाली करके ख़ुद सुल्तान-ए-हिन्द बन सकता है। बहुत-सारे अफ़ग़ान सरदारों ने महमूद लोदी से उसका साथ देने का वायदा किया है। राजपूताना के राणा साँगा से भी उसकी बातचीत चल रही है। हुजूर यह फ़रीद भी इन दिनों महमूद लोदी की ही हाँ-में-हाँ मिला रहा है।..."

"तो फिर?"—सुल्तान मुहम्मदशाह उर्फ़ बहार ख़ाँ लोहानी की यह सुनते ही त्योरियाँ चढ़ गयीं। लोहा गरम जानकर मुहम्मद ख़ाँ सूर ने कहा—"अगर जहाँपनाह हुक्म दें तो मैं फ़रीद को कह-सुनकर यहाँ ले आऊँ। इसमें काई शोर-शराबा नहीं होगा। उसका एक भाई सुलेमान बड़ा क़ाबिल और नेक इन्सान है। उसे हसन ख़ाँ ने अपनी ज़िन्दगी में ही अपने दोनों परगनों की ज़िम्मेदारी दे दी थी और इस मक्कार शेर ख़ाँ को अपनी जायदाद से निकाल बाहर किया था। शेर ख़ाँ ने पहले तो अपने बाप पर तोहमतें लगायीं। फिर उसके बारे में सरदार दौलत ख़ाँ की मार्फ़त सुल्तान इब्राहीम लोदी से भी बुरा-भला कहकर उन परगनों की हुकूमत वापस हासिल करने की पेशकश की। इब्राहीम ने कहा कि यह बड़ा ख़राब आदमी है जो अपने बाप की शिकायत करता है। कहकर साफ़ इन्कार कर दिया। कुछ अरसे बाद हसन ख़ाँ के इन्तिक़ाल के बाद इसने फिर दौलत ख़ाँ से सिफ़ारिश करायी और रोया-गाया। दौलत ख़ाँ ने बड़ी कोशिशों के बाद बादशाह इब्राहीम से उन परगनों का फ़र्मान इसके नाम

करा लिया। सुलेमान के हक़ में हसन ख़ाँ सूर ने मरने से पहले एक सिफ़ारिशी ख़त बादशाह इब्राहीम लोदी के नाम लिखा था। उन्हीं दिनों दिल्ली सल्तनत को लेकर तमाम गड़बड़ियाँ शुरू हो गयी और सुलेमान बदक़िस्मती से आगरा पहुँच न सका। तभी से यह शेर ख़ाँ अपने भाई का हक़ दबाकर अपनी मज़बूती और बेहबूदी के लिए आपके क़दमों में मसलहतन आया है। यह शेर ख़ाँ यूँ ही यहाँ आपकी ख़िदमत नहीं कर रहा।..."

"तो आख़िर तुम कहना क्या चाहते हो?"

- बिहार के सुल्तान मुहम्मदशाह ने मनसबदार मुहम्मद ख़ाँ सूर से झल्लाकर पूछा।

"बस यही गुज़ारिश करनी है हुजूर कि सुलेमान और उसका भाई अहमद एक अरसे से मेरी पनाह में हैं। वह लड़के शेर ख़ाँ से ख़ौफ़ज़दा और सताये हुए हैं। मेरी ख़्वाहिश और इल्तिजा है कि उनके साथ इन्साफ़ हो। अगर आप शेर ख़ाँ के क़ब्ज़े के दोनों परगनों सहसराम और ख़वासपुर टाँडा सुलेमान के सुपुर्द कर देंगे तो एक ओर वह नामुराद फ़रीद उर्फ शेर ख़ाँ फ़ौरन आपके सामने हाज़िर हो जायेगा और इसी के साथ सुलेमान भी हमेशा के लिए आपका एक अहसानमन्द ख़ादिम बन जायेगा।"

बिहार का शासक शेर ख़ाँ की लम्बी ग़ैरहाज़िरी से नाराज़ अवश्य था। मगर वह अहसान फ़रामोश नहीं था। उसने मोहम्मद ख़ाँ सूर को निर्णायक उत्तर दिया—"शेर ख़ाँ ने बड़ी लगन और मेहनत से मेरी ख़िदमत की है। मैं उसकी ज़रा-सी लापरवाही के लिए उसे इतनी बड़ी सज़ा कैसे दे दूँ? वह भी बिना उससे दरियाफ़्त किये? उसकी जागीर मैं इस तरह से तो किसी दूसरे को क़तई नहीं दे सकता। हाँ, इतना ज़रूर कर सकता हूँ कि वह दोनों भाई तुम्हारे सामने पेश हों। दोनों ही तुम्हारे रिश्तेदार भी हैं। मैं चाहूँगा कि तुम उन दोनों को सुनकर बिना किसी की तरफ़दारी किये ख़ुद ही इन्साफ़ कर लो। जिसका जो सही हक़ बनता हो उसे मिले। ताकि यह झगड़ा हमेशा के लिए ख़त्म हो जाये।"

अन्धा क्या चाहे दो आँखें। मुहम्मद ख़ाँ सूर इतना-सा ही आश्वासन पाकर खुशी में फूला हुआ अपनी जागीर चौंध में वापस आ गया। उसके बाद उसने फिर से अपनी चौधराहट दिखायी। अपने एक विश्वासपात्र सरदार सादी गुलाम को उसने शेर ख़ाँ के पास इस सन्देश के साथ भेजा—"सुलेमान और अहमद तुम्हारे दोनों छोटे भाई मेरे पास काफ़ी दिनों से ठहरे हुए हैं। वह दोनों अपने वालिद की जायदाद से महरूम हैं। इसलिए बेहतर होगा कि तुम उनका हिस्सा उन्हें दे दो।"

शेर ख़ाँ ने जवाब भेजा—"यह ज़मीन किसी आदमी की मौरूसी जायदाद नहीं है। इस मुल्क को हिन्दुस्तान कहते हैं। यहाँ सल्तनत की जागीरें उसी इन्सान के

अख़्तियार में रहती हैं जिसे बादशाह अपना फ़र्मान देता है। आज तक यह दस्तूर और क़ायदा रहा है कि जो कुछ मरनेवाले का अपना होता है वह जायदाद उसके वारिसान में तक्सीम हो जाती है। मगर जागीरों की हुकूमत उसी को अता फ़र्मायी जाती है जो वारिसानों में अव्वल और क़ाबिल होता है। ख़्याल रहे कि मैं भी सुल्तान इब्राहीम लोदी के शाही फ़र्मान से सहसराम और ख़वासपुर टाँडा पर काबिज़ हूँ।

गुलाम सादी वापस आ गया। उसने शेर ख़ाँ का वह सन्देश मुहम्मद ख़ाँ सूर को सुना दिया। मुहम्मद ख़ाँ गुस्से में आपे से बाहर हो गया। उसने अपने उस सरदार गुलाम सादी को हुक्म दिया कि—“तुम मेरी पूरी फ़ौज लेकर वहाँ जाओ। अपने साथ सुलेमान और अहमद को भी ले जाओ। तलवार की ताक़त से शेर ख़ाँ से उसकी जागीर छीनकर इन दोनों भाइयों के सुपुर्द करो और फ़ौज का एक ख़ासा बड़ा हिस्सा इनकी हिफ़ाजत में छोड़कर वापस आ जाओ। जाओ बिना फ़तेहयाबी के यहाँ वापस न आना गुलाम सादी! मेरे जाँबाज़ ! तुम्हें ख़ुदा का वास्ता।...”

मलिक सुख नामक एक गुलाम उन दिनों खवासपुर टाँडा परगने का दारोगा था। शेर ख़ाँ ने दुश्मन के आने की ख़बर पाकर मलिक सुख को लिखा कि—“आनेवाले दुश्मन का मुक़ाबला करो। लड़ाई में कोई कोर-कसर बाक़ी न रहे।”

गुलाम सादी और मलिक सुख की फ़ौजों की भिड़न्त हुई। इसमें शेर ख़ाँ का वफ़ादार मलिक सुख मारा गया। इसलिए उसकी सेना तितर-बितर होकर मौक़े से भाग गयी। बहुत-से सैनिक भागकर सहसराम वापस आ गये। गुलाम सादी के नेतृत्व में मुहम्मद ख़ाँ की बड़ी फ़ौज से भिड़ने की ताक़त फ़िलहाल शेर ख़ाँ में नहीं थी। इसलिए उसने उस समय वहाँ से पलायन कर जाना ही बेहतर समझा। उसे कुछ लोगों ने राय दी कि बिहार के बादशाह की ख़िदमत में पटना लौट जाना ज़्यादा मुनासिब होगा। शेर ख़ाँ ने अपने शुभचिन्तकों से कहा कि -“मुहम्मद ख़ाँ सूर इस वक़्त मेरे पीछे पड़ा है। वह बिहार के सुल्तान का ख़ास अमीर है। इसलिए इस वक़्त सुल्तान मुहम्मदशाह मेरे लिये शायद ही मुहम्मद ख़ाँ को मायूस करें।”

शेर ख़ाँ ने तब अपनी क़िस्मत की एक और आज़माइश का फ़ैसला किया कि अब वह कड़ा मानिकपुर के हाकिम जुनैद बिरलास की शरण में जायेगा। जुनैद बिरलास को बादशाह बाबर ने कड़ा मानिकपुर का मनसबदार बनाया था। जुनैद बिरलास की ख़िदमत में जाने का मतलब था नये बादशाह मुग़लों के सरताज बाबर की मातहती।

5

चन्द क़दम बाबर के संग

अब तक शेर ख़ाँ सूर ने जीवन के अनेक उतार-चढ़ाव देखे थे। यह किसी पर्वत की चोटी पर पहुँचकर फिसलने और पुनः उस पर चढ़ने के कठिन प्रयास-जैसा अनुभव नहीं था। सीधे एक पहाड़ की ऊँचाई से खाईं में गिरकर हाथ-पैर तुड़वा लेने और फिर से किसी तरह स्वयं को बटोरकर एक साबुत जिस्म में तब्दील करने, उसके बाद पुनः किसी दूसरे पर्वतशिखर पर चढ़ने-जैसा दुस्साहस था। यह अदम्य साहस ही उसे निरन्तर आगे बढ़ा रहा था।

शेर ख़ाँ एक जुझारू और कभी हार नहीं माननेवाला असाधारण व्यक्ति था। उसने अपनी प्रौढ़ावस्था में भी अनेक बड़े आदमियों की नौकरी करते हुए हर बार हर एक को सन्तुष्ट ही नहीं किया, अपने हर नये मालिक का दिल जीता। उसका विश्वास जीता। अपने प्रति उसका आदर हासिल किया। सबकी नज़रों में एक आला मुक़ाम बनाया। यह कोई मामूली बात नहीं है। युवावस्था में भी जितना परिश्रम लोग सामान्यतः नहीं कर पाते उससे दुगना परिश्रम वह अपनी अधेड़ उम्र में कर लेता था। वह कठिन परिश्रम करता था। उसके लिए स्वयं को हरदम मज़बूत करता था। ताकि अपने मालिक अपने आक़ा की निगाहों में वह हमेशा ऊँचे-से-ऊँचा उठ सके।

शेर ख़ाँ का यह उसूल था कि जिस किसी का नमक खाओ उसको अपना खुदा समझो। वह नेक के लिए नेकी और बद के लिए बदी का भी हामी था। इसलिए अपने फ़ैसले लेते हुए वह अपने उसूलों पर प्रायः क़ायम रहता था। इसलिए शेर ख़ाँ से ग़ल्तियाँ भी अगर हुईं तो कम-से-कम हुईं।

फ़रीद ख़ाँ से शेर ख़ाँ बनने तक के सफ़र में उसकी सफलताएँ उसकी असफलताओं से कहीं आगे थीं। इसलिए एकान्त में शेर ख़ा़ जब उनके बारे में सोचता तो उसका आत्मविश्वास अपने भविष्य के प्रति और मज़बूत होता जाता। शेर ख़ाँ का सबसे निकट अगर कोई था तो उसका अपना सगा छोटा भाई निज़ाम

ख़ाँ। निज़ाम उसका आज्ञाकारी अनुज भी था, उसका सहायक भी और उसका सबसे अच्छा सलाहकार मित्र भी। संकट की उन विषम परिस्थितियों में जब दुश्मन की फ़ौज उसे सहसराम के परगने से भी बेदख़ल करने के लिए ख़वासपुर टाँडा से आगे बढ़ रही थी तो यह निज़ाम ही था जिसने उसे बाबर के निकट अमीर जुनैद बिरलास के पास चले जाने की सलाह दी। जबकि बाक़ी सलाहकार उसे पटना का रास्ता दिखा रहे थे। निज़ाम ख़ाँ ने अपने बड़े भाई शेर ख़ाँ को कड़ा फ़ैसला लेने का परामर्श दिया और उसे आगरा की राह दिखायी।

जब बातों के दौरान शेर ख़ाँ ने अपने सलाहकार मित्रों से यह कहा कि—"यह बड़ा डाँवाँडोल वक़्त है। मेरी ख़ातिर बेहार का सुल्तान मुहम्मदशाह इस चौंध के सूबेदार मुहम्मद ख़ाँ सूर से झगड़ा नहीं करेगा। बल्कि वह हमारे बीच कुछ समझौता कराने की कोशिश करेगा।"

तब निज़ाम ख़ाँ ने कहा—"अगर समझौता करना आपको माक़ूल नहीं लगता तो आपको किसी सही आदमी के मार्फ़त सुल्तान जुनैद बिरलास से कहलाकर उससे आगरा में मिलना चाहिए। सुना है वह बाबर बादशाह का क़रीबी है। कड़ा मानिकपुर का एक मज़बूत मनसबदार है। उसके पास एक बड़ी फ़ौज है। आपको उसकी ख़िदमत का मौक़ा मिला तो हमारे परगने दुबारा हासिल होने दुश्वार न होंगे। यही नहीं, हमें जुनैद बिरलास की फ़ौज की मदद से शायद अपने मुख़ालिफ़ों से बदला लेने और मुहम्मद ख़ाँ सूर को चौंध से निकाल भगाने का मौक़ा भी मिल जाये।"

शेर ख़ाँ भाई निज़ाम की बात पर राज़ी हो गया। उसने सहसराम को फ़ौरन अल्विदा कहा और फिर इधर-उधर से मालूमात कर जुनैद बिरलास के भरोसे का एक आदमी तलाशा। उस आदमी को शेर ख़ाँ ने पहले जुनैद बिरलास के पास आगरा भेजा और कहलाया कि—"अगर मुझ पर आक़ा जुनैद बिरलास यह मेहरबानी करें कि मुझे सताया नहीं जायेगा तो मैं उनकी ख़िदमत में हाज़िर हो जाऊँगा। मुझे इस बात की इजाज़त देने पर आक़ा ग़ौर फ़र्मायें।"

जुनैद बिरलास शेर ख़ाँ के प्रस्ताव पर सहमत हो गया। उसकी इजाज़त मिलने पर शेर ख़ाँ भेंटस्वरूप बहुत-सारा नज़राना लेकर जुनैद बिरलास की सेवा में उपस्थित हुआ। वह नया हाकिम भी शेर ख़ाँ की सेवा से बहुत प्रसन्न हुआ। कुछ ही दिनों बाद शेर ख़ाँ ने अपने मन की पीड़ा अपने हाकिम से कही। जुनैद बिरलास ने शेर ख़ाँ को उसके परगने वापस हासिल करने के लिए एक बड़ी सेना दी। शेर ख़ाँ ने तब पूरी ताक़त के साथ पहले तो अपने परगनों पर हमला किया। फिर उन्हें अपने क़ब्ज़े में लेने के बाद उसने वहाँ निज़ाम ख़ाँ को तैनात किया। उसके बाद उसने चौंध की रियासत पर हमला किया और उस पर भी अधिकार कर लिया। शेर ख़ाँ का हमला इन दोनों जगहों पर इतना तेज़ और अप्रत्याशित था कि सुलेमान और

मुहम्मद ख़ाँ सूर उसके सामने आँधी में उड़नेवाले तिनके की तरह टिक न सके। वह सब जान बचाकर रोहतास की पहाड़ियों में भाग गये।

इस तरह अब सहसराम और ख़वासपुर टाँडा परगनों के साथ-साथ चौंध तथा और भी काफ़ी बड़ा इलाक़ा शेर ख़ाँ के क़ब्ज़े में आ गया। मुहम्मद ख़ाँ के बहुत-से रिश्तेदार और उसके बहुत-सारे अफ़ग़ान साथी भी पहाड़ों की ओर भाग गये। उस भगदड़ में उस पूरे इलाक़े में शेर ख़ाँ की सींक खड़ी हो गयी। उसके बाद उसका वहाँ ऐसा दबदबा क़ायम हुआ कि उसका विरोध करने की ताब अब किसी में न रही। परन्तु ऐसे में भी शेर ख़ाँ ने अपना विवेक नहीं खोया। उसने बड़ी समझदारी से काम लिया।

शेर ख़ाँ ने भागे हुए अफ़ग़ान सरदारों को अपना लिखित सन्देश भिजवाया कि—"मेरे बिरादरो! तुम सब बेख़ौफ़ वापस आकर मुझसे मिलो। अगर तुम वापस आओगे तो जो जागीरें तुम्हारे पास थीं तुम्हें दुगनी करके वापस दी जायेंगी। हम अफ़ग़ान हैं। एक ही क़ौम है हमारी। हमारे घरों की औरतों की इज़्ज़त हम सबके लिए एक है। मुझे जिनसे बदला लेना था उनसे अपना बदला ले लिया है। मेरा तुम सबसे कोई ज़ाती वैर नहीं है। तुम सब मेरे अपने हो। अब हम मिलकर इस इलाक़े और इस मुल्क की क़िस्मत बदल सकते हैं।"

शेर ख़ाँ के इस आश्वासन पर दुर्गम पहाड़ियों में ख़ाक छान रहे अनेक अफ़ग़ान सरदार और सैनिक वहाँ से उतर-उतरकर मैदानों में आ गये और उन्होंने शेर ख़ाँ की अधीनता क़बूल कर ली। शेर ख़ाँ ने जब अपने साथ आये अफ़ग़ानों को देखा तो उसे बहुत तसल्ली हुई। जब उसे विश्वास हो गया कि हाकिम जुनैद बिरलास की फ़ौज जो उसकी सहायता के लिए भेजी गयी थी अब उसकी कोई आवश्यकता नहीं है तो उसने उन सभी सैनिकों को इनाम-इक़राम देकर उनके हाकिम जुनैद बिरलास के पास वापस रवाना कर दिया।

इसके बाद शेर ख़ाँ ने चौंध के पलायन कर चुके पुराने हाकिम मुहम्मद ख़ाँ सूर को अपना एक लिखित सन्देश रोहतास की पहाड़ियों में भेजा। सन्देश में लिखा—"चाचाजान! आप अपने दिल में मेरी ओर से डर न रखें। अपने मन को ठण्डा करें। आपसे मेरी गुज़ारिश है कि वापस आकर अपनी जागीरें सँभाल लें। अपने परगनों पर पहले की तरह अपनी हुकूमत क़ायम करें। बल्कि हो सके तो कुछ और परगनों को अपने नीचे ले लें। क्योंकि मैं समझता हूँ कि अफ़ग़ानों के लिए एक हो जाने का यही सही वक़्त है। मैंने कई ऐसे परगने और हासिल कर लिये हैं जो पहले सुल्तान इब्राहीम को मालगुज़ारी देते थे। यक़ीन जानिये मैं अपने ख़ानदानियों के परगनों की लालच नहीं करता हूँ। आपकी जागीर और जायदाद मेरे लिये हराम है। वह आपकी ही अमानत है। अब आप आकर ख़ुद ही उसे सँभाल लीजिये।...

दरअसल यह एक अजीबोग़रीब दौर है। हर अफ़ग़ान जिसके पास थोड़ी-बहुत भी फ़ौज है वह दूसरे का हक़ दबाने पर आमादा है। जबकि अफ़ग़ानों में भाईचारे और यकजहती की इस वक़्त सबसे ज़्यादा ज़रूरत है। हमें अपने मुल्क और क़ौम की हिफ़ाजत के लिए शान बशाना होकर अपनी पूरी ताक़त एक कर देनी चाहिए। मेरी हरचन्द कोशिश है कि मैं ऐसा कर सकूँ। इंशा अल्लाह! एक दिन यह ज़रूर होगा। आपके यक़ीन और अपकी मुआफ़ी का तलबगार आपका अपना फ़रीद उर्फ शेर ख़ाँ।''

शेर ख़ाँ का वह ख़त मिलने पर मुहम्मद ख़ाँ सूर के मन में बड़ा पश्चात्ताप हुआ। वह पहाड़ियों से उतर आया। उसने चौंध आदि परगनों की हुकूमत दोबारा हासिल कर ली और उसने तथा शेर ख़ाँ ने अपनी पिछली दुश्मनी और कटुताओं के लिए एक-दूसरे से माफ़ी माँग ली। इसका नतीजा यह हुआ कि मुहम्मद ख़ाँ अब हमेशा के लिए शेर ख़ाँ का अहसानमन्द हो गया।

इस बड़ी कामयाबी के बावजूद शेर ख़ाँ सूर को यह अहसास था कि वह कोई जन्मजात राजपुत्र नहीं है। सोने का चम्मच मुँह में लेकर पैदा होनेवाले शहज़ादों को आमजन के दुःखों और संघर्षो से मिलनेवाले दर्दों का अहसास नहीं होता है। वह ऊपर से भले ही स्वयं को जनसाधारण का कितना ही हितैषी क्यों न दर्शायें भीतर से वह सुविधाभोगी और स्वार्थी ही होते हैं। इसके विपरीत जो व्यक्ति ज़माने की ठोकरें खाकर और राहों की धूल फाँककर एक दिन किसी लायक बनता है उसके मन में आम इन्सान के दुःख-दर्द और तकलीफ़ों का अहसास भीतर-ही-भीतर स्वतः बना रहता है। इसीलिए ऐसा व्यक्ति बहुत जल्द निश्चिन्त नहीं हो जाता और अपने अतीत को कभी नहीं भूलता है।

शेर ख़ाँ ने इसीलिए जब अपने विरोधियों को इस बार कसकर धूल चटा दी, उसके बावजूद वह मदान्ध नहीं हुआ। बल्कि अफ़ग़ान क़ौम की एकता और उसे शक्तिशाली बनाने की उसकी सोच का और अधिक विस्तार ही हुआ। अपने बिगड़े हुए अफ़ग़ान बुज़ुर्ग मोहम्मद ख़ाँ सूर को उनकी खोयी हुई प्रतिष्ठा लौटाकर उसने एक तीर से दो निशाने साधे। एक तो, अपने एक प्रबल प्रतिद्वन्द्वी को हमेशा के लिए अपने पक्ष में कर लिया। दूसरे, शेर ख़ाँ की इस उदारता के कारण अन्य फ़िक्रमन्द और विरोधी अफ़ग़ान सरदारों में उसके प्रति मैत्री भाव पनप आया। यही नहीं जब शेर ख़ाँ ने दूसरे सभी अफ़ग़ान सरदारों का अह्वान किया और उनके पद एवं जागीरों की बहाली की, उसके बाद अफ़ग़ानों के सामने बिरादरी की एकजुटता का प्रस्ताव रखा, तो सब-के-सब अफ़ग़ान सहर्ष शेर ख़ाँ सूर के झण्डे तले इकट्ठे हो गये। इससे अफ़ग़ान क़ौम में शेर ख़ाँ की इज़्ज़त और सम्पूर्ण बिहार में उसकी शोहरत कई गुनी बढ़ गयी।

मुहम्मद ख़ाँ और अपने विरोधियों से पूरी तरह निश्चिन्त हो जाने पर शेर ख़ाँ ने पुनः आगरा की राह पकड़ी। वह अपने करमफर्मा जुनैद बिरलास के पास गया और उन्हें लाखों-लाख शुक्रिया अदा किये कि उन्हीं की वजह से आज वह यह दिन देख पाया। और यह कि उसे अपनी छिनी हुई जागीर ही वापस नहीं मिली, बल्कि उसे अपनी खोयी हुई मान-प्रतिष्ठा भी अपने ख़ानदानियों और बिरादरों के बीच फिर से हासिल हो सकी। शेर ख़ाँ ने अपने आक़ा से मुग़लों के लिए इसके एवज़ में कोई भी ख़िदमत अपने लिये तजवीज़ करने की बात जुनैद बिरलास ने कही।

जुनैद बिरलास ने प्रसन्नतापूर्वक शेर ख़ाँ से कहा कि उसने शेर ख़ाँ की बहादुरी के क़िस्से और युद्ध में उसके रण-कौशल की बातें सुनी हैं। वह शीघ्र ही उसे बादशाह सलामत बाबर से मिलवायेगा। जल्द ही चन्देरी का युद्ध होनेवाला है। मुग़ल फ़ौजों की क़वायद चल रही है। बाबर को कुछ विश्वसनीय सिपहसालारों की इन दिनों और ज़रूरत है। अभी मुग़ल हुकूमत नयी है। उसे जमाने के लिए और बग़ावतों से निपटने के लिए फ़ौजों को धार दिया जाना बहुत ज़रूरी है। उम्मीद है कि बादशाह बाबर शेर ख़ाँ-जैसे बहादुर लड़ाके का परिचय पाकर उस पर ज़रूर मेहरबानी करेंगे।

और एक दिन जुनैद बिरलास बादशाह बाबर से इजाज़त लेकर शेर ख़ाँ को बाबर के दरबार में ले गया। उसने शेर ख़ाँ को बाबर के समक्ष पेश किया। और कहा—

"जहाँपनाह! यही है शेर ख़ाँ सूर उर्फ़ फ़रीद ख़ाँ बिन हसन ख़ाँ सूर...जिसके बारे में हुज़ूर से मैंने इल्तजा की थी।"

बाबर ने अपनी राजगद्दी पर बैठे-बैठे उस लम्बे ख़ूबसूरत और मज़बूत काठी के पठान पर ऊपर से नीचे तक नज़र डाली और कहा—

"क्या तुम हमारे लिये जान लेने और जान देने के लिए तैयार हो?"

"आपके हर हुक्म की तामील होगी जहाँपनाह मोहतरम।"

शेर ख़ाँ ने एक क्षण का भी विलम्ब न करते हुए फ़ौजी अन्दाज़ में जवाब दिया। जवाब देते वक़्त एक बार उसने बाबर की आँखों में आँखें डालीं फिर अपनी निगाहें अदब से नीची कर लीं। उसके दोनों हाथ तो सामने की ओर अदब से जुड़े और झुके हुए ही थे।

बाबर ने जुनैद बिरलास की ओर उसी गम्भीरता के साथ देखा और कहा—"ठीक है...हम शेर ख़ाँ को अपनी फ़ौज में आपकी देख-रेख में शामिल करते हैं। फ़िलहाल यह आपके मनसब में ही काम करेंगे। इनका मर्तबा हम इनका काम-काज देखकर बाद में तय करेंगे।"

दोनों ने ही झुककर तीन बार बाबर को सलाम किया और ख़ुशी-ख़ुशी उसके दरबार से बाहर आ गये। उस दिन जुनैद बिरलास शेर ख़ाँ को मुग़ल फ़ौज के एक

प्रशिक्षण शिविर में ले गया। वहाँ उसने शेर ख़ाँ को अगली लड़ाई के लिए चल रही फ़ौजी क़वायद का नज़ारा दिखाया।

◙
◙

जुनैद बिरलास की सिफ़ारिश से शेर ख़ाँ को मुग़ल बादशाह बाबर की नौकरी मिल गयी। उसने मुग़ल फ़ौज के तौर-तरीक़े सीखे। उनके तुलगमा, कोतल और तोपख़ाने के कौशल समझे। बाबर की युद्ध की तकनीकों के साथ-साथ उसकी कूटनीतिक चालों को भी समझने का उसे दुर्लभ अवसर प्राप्त हुआ। इससे उसे अपनी युद्ध विषयक जानकारी को और अधिक समृद्ध करने का बड़ा स्वाभाविक अनुभव हुआ।

कुछ ही समय बीतने के बाद चन्देरी के युद्ध में सम्मिलित होने का भी शेर ख़ाँ को सुनहरा मौक़ा मिल गया। मुग़ल फ़ौज के साथ शानाबशाना युद्धरत होने का यह अनोखा मौक़ा जब शेर ख़ाँ को मिला तो उसने अपनी बहादुरी और जौहर दिखाने में ज़रा भी कोर-कसर नहीं छोड़ी। शहंशाहे-हिन्द की निगाह में तेज़ी से ऊपर उठने का इससे बेहतर तरीक़ा और क्या हो सकता था? शेर ख़ाँ इसे बख़ूबी समझता था।

पानीपत की लड़ाई के बाद बाबर को खानवा के युद्ध में मेवाड़ नरेश राणा संग्राम सिंह की विशाल राजपूत सेना का मुक़ाबला करना पड़ा था। राणा संग्राम सिंह की इस चुनौती को क़बूल करने में पहले बाबर को अपनी मुग़ल फ़ौज के पस्त हौसलों को मज़बूत करने के लिए काफ़ी कोशिशें करनी पड़ीं। उसे आख़ीर में अपने सैनिकों को उत्साहित करने के लिए दुश्मन के विरुद्ध 'जिहाद' अर्थात् धर्मयुद्ध करने का नारा बुलन्द करना पड़ा।

बाबर के भावुक भाषण को सुनकर मुग़ल सेनाएँ उसकी तोपखाने और अन्य आधुनिक रणनीतियों का उपयोग कर पानीपत की भाँति खानवा के युद्ध के मैदान में भी पूरे जोश और होश के साथ संगठित होकर लड़ीं। फलतः राणा साँगा को पराजय का मुख देखना पड़ा और 16 मार्च, 1527 ई. को हुए उस बड़े युद्ध के बाद राणा साँगा को अपनी सेना का एक भारी हिस्सा मरवा-कटवाकर अपना शेष जीवन एक निर्वासित शासक की भाँति जंगलों और वीरानों में दरबदर होकर बिताना पड़ा।

इस युद्ध में राणा संग्राम सिंह बहुत घायल हुए। उनके स्वामिभक्त सैनिक और कुछ दूसरे अनुगामी राजपूत सरदार उन्हें किसी सुरक्षित ठिकाने पर ले गये। आज़ादी का ख़्वाब देखनेवाला यह महायोद्धा राजपूत अन्ततः भग्नहृदय के साथ जनवरी, 1528 ई. में निर्वासित जीवन जीता हुआ दिवंगत हो गया। राणा साँगा के कई साथी

जिनमें हसन ख़ाँ मेवाती-जैसे दोस्त भी शामिल थे, खानवा के युद्ध में शहीद हुए। राणा की हारी हुई सेना मुग़लों द्वारा बुरी तरह मार-काट डाली गयी, परन्तु राणा का युद्ध सहयोगी महमूद लोदी उस युद्ध में साफ़ बचकर निकल गया। उस महायुद्ध में राजपूतों की सैन्य शक्ति मुग़लों द्वारा रौंद तो दी गयी, लेकिन वह पूरी तरह नष्ट नहीं हुई थी। उत्तर भारत में राजपूतों से अपने नव स्थापित साम्राज्य को सुरक्षित करने के लिए आगरा और खानवा से आगे कुछ और दूर तक अपने साम्राज्य का विस्तार और उसका सुदृढ़ीकरण करना बाबर ने आवश्यक समझा। इसके लिए उसने दक्षिण दिशा में चन्देरी के क़िले को क़ब्ज़े में लिया जाना सामरिक दृष्टि से बेहद ज़रूरी समझा। मगर सम्पूर्ण राजपूताने पर आक्रमण कर अपनी शक्ति गँवाने का बाबर का कोई इरादा नहीं था।

भोपाल के निकट और मालवा तथा बुन्देलखण्ड की सीमा पर स्थित चन्देरी के दुर्ग पर बाबर ने हमले की अगुआई की। चन्देरी इस समय सुप्रसिद्ध राजपूत सरदार मेदनीराय के स्वामित्व में था। मेदनीराय मालवा के राजाओं के निर्माताओं के रूप में जाना जाता था। मुग़ल फ़ौजों ने चन्देरी क़िले का घेरा डाल दिया। दरअसल, चन्देरी का सरदार मेदनीराय खानवा के युद्ध में राणा साँगा की ओर से बाबर के ख़िलाफ़ लड़ा था। खानवा की जीत के बाद बाबर का ध्यान ऐसे विरोधी राजपूत सरदारों को दबाने की ओर गया। इसी सिलसिले में सर्वप्रथम उसने अप्रैल, 1927 में मेवात पर हमला किया। मेवात क़ब्ज़े में आ जाने के बाद बाबर ने पुनः सैन्य शक्ति संगठित कर चन्देरी पर हमला किया। बाबर 28 जनवरी, 1528 ई. को चन्देरी पहुँचा। घेराबन्दी के बाद उसकी तोपों ने अगले दिन चन्देरी के क़िले की दिशा में गरजना शुरू किया। क़िले के फाटक पर हाथी हूले गये। क़िले की दीवारों पर भी कहीं-कहीं से चढ़ने की कोशिशें हुईं।

मेदनीराय के ख़िलाफ़ इस मुहिम को भी बाबर ने 'जिहाद' की संज्ञा दी। मुग़ल फ़ौजों के ज़ोरदार हमले से राजपूतों के बीच क़िले के भीतर हलचल मच गयी। वह धैर्य नहीं धर सके। अपनी आन-बान-शान को बनाये रखने के नाम पर अनेक राजपूत सैनिकों ने अपनी औरतों को चन्देरी के क़िले के भीतर स्वयं ही अपनी तलवारों से मौत के घाट उतार दिया। अनेक राजपूत स्त्रियों ने जौहर की प्रथा के अनुसार स्वयं ही अग्निकुण्ड में कूदकर अपनी जान दे दी।

अन्त में क़िले का द्वार खोलकर संक्षिप्त राजपूती सेना बाहर आयी। यह घुड़सवार और प्यादे मुग़लों की बड़ी फ़ौज के सामने टिक न सके और मारे गये। मुग़ल सैनिकों ने क़िले में घुसकर वहाँ शेष रह गये आदमियों का क़त्लेआम किया और इस तरह बाबर ने चन्देरी का क़िला 29 जनवरी, 1528 में जीत लिया। चन्देरी का शासन उसने अहमदशाह के सुपुर्द किया, जिसके पूर्वज कभी मालवा के शासक रह चुके थे।

चन्देरी के इस युद्ध में शेर ख़ाँ बाबर की सेना में शामिल होकर लड़ा। इस तरह शेर ख़ाँ ने अनेक अनुभव मुग़लों के सैन्य संचालन, उनके अनुशासन, उनके रहन-सहन के तौर-तरीक़ों आदि के विषय में प्राप्त किये। उसने मुग़लों की हरकतों और फ़ितरतों का बड़ी बारीकी से अध्ययन किया। शेर ख़ाँ मुग़लों के बीच रहकर अपने आँख-कान हमेशा खुले और चाक-चौबन्द रखता था। वह उन्हें बहुत ग़ौर से देखता और परखता रहता था।

अपने इन्हीं अनुभवों के आधार पर वह अक्सर अपने अफ़ग़ान मित्रों से दबी ज़ुबान में कहा करता था कि "अगर क़िस्मत ने मेरा साथ दिया तो मैं मुग़लों को एक दिन हिन्दुस्तान से निकाल बाहर करूँगा। तुम लोग देखना..."

शेर ख़ाँ के साथी उसकी इस बात को कोरी शेख़ी समझकर उसका मज़ाक उड़ाया करते थे। जब वह यार-दोस्त साथ में कभी बैठ पाते तो एक-दूसरे से कहते कि—"देखो तो शेर ख़ाँ को, कैसी गप्प मारता है। ऐसी बात करता है जो ख़्वाब में भी कभी पूरी नहीं हो सकती।"

चन्देरी के युद्ध के बाद मुग़ल फ़ौजें आगरा की ओर लौट रही थीं। रात हो जाने पर फ़ौज को कहीं-न-कहीं पड़ाव डालना पड़ता था। पड़ाव डालने के समय ऐसा स्थल खोजा जाता जहाँ ज़मीन बराबर की हो और जहाँ आस-पास पानी मिल सके। डेरे-तम्बू लगते। शाही डेरों से अलग सैनिक खुले में भी रात बिताते। ऐसी ही एक रात एकान्त स्थल पर शेर ख़ाँ अपने कुछ साथियों के साथ विश्राम कर रहा था।

दो अफ़ग़ान सरदार शेख़ मुहम्मद और शेख़ इब्राहीम सरवानी अपने घोड़ों पर सवार हो शेर ख़ाँ से मिलने आये। वह शेर ख़ाँ के परिचितों और मित्रों में से थे। शेख़ इब्राहीम सरवानी बहुत दिनों से शेख़ मुहम्मद से कह रहा था कि चलो ज़रा शेर ख़ाँ से चलकर मिला जाये। सुना है आजकल वह बड़ी-बड़ी डींगें हाँकने लगा है। कई दिनों से फ़ौजी व्यवस्थाओं में व्यस्तता के कारण इन लोगों का शेर ख़ाँ से मिलना-जुलना न हो सका था। आज अवसर मिलने पर रात के समय वह उससे तनहाई में मिलने आये।

आये तो वह मज़ाक-मज़ाक में थे। मगर वह यह नहीं जानते थे कि मुग़लों के बारे में अपने विचारों को लेकर शेर ख़ाँ वाक़ई कितना संजीदा था।

"सलाम आलेकुम शेर ख़ाँ!"

"वालेकुम अस्सलाम शेख़ इब्राहीम।...ओहो साथ में शेख़ मुहम्मद भी आये हैं। आइये आइये तशरीफ़ लाइये।" शेर ख़ाँ ने कहा।

शेख़ मुहम्मद ने बदले में अपनी दोनों बाँहें फैला दीं। शेर ख़ाँ उठकर उनसे गले मिला।

यार-दोस्तों में बतकही चल ही रही थी। हँसी-मज़ाक के माहौल में शेख़ इब्राहीम ने होशियारी में बात छेड़ी कि–''मुग़ल बड़े ताक़तवर हैं। इन्हें दोबारा हिन्द से निकालकर यहाँ का राजपाट अफ़ग़ानों के हाथ लगना नामुमकिन है।''

इतना सुनना था कि शेर ख़ाँ उत्तेजित हो उठा। उसने तपाक से जवाब दिया–''क्या बात करते हैं आप शेख़ इब्राहीम! मुग़लों को निकालना नामुमकिन है?''

शेख़ इब्राहीम ने मज़ा लेते हुए शेर ख़ाँ को चुनौती दी -''कौन निकाल सकता है मुग़लों को? क्या तुममें है वह दम?''

''हाँ बिलकुल। बेशक...मैं निकाल बाहर करूँगा एक दिन इन गीदड़ों को यहाँ से। शेर ख़ाँ नाम है मेरा।''

यह सुनते ही वहाँ उपस्थित सभी अफ़ग़ान दोस्तों ने एक साथ क़हक़हा लगाया। उन्हें इसी पल का तो जैसे इन्तज़ार था। शेर ख़ाँ इस ठहाके से बेचैन हो गया। वह उछलकर खड़ा हो गया और पैर पटक कर बोला–

''हँसते हैं आप सब?...तो सुन लीजिये।...यह कोई मखौल की बात नहीं है। आप लोग...अफ़ग़ानों की ताक़त उनके वक़ार और उनकी उजली तवारीख़ को भूल गये हैं। इसी से मेरी बात को हल्के से लिया करते हैं।''

शेर ख़ाँ उत्तेजना में काँपने-सा लगा। तब पास बैठे शेख़ मुहम्मद ने कलाई पकड़कर उसे नीचे बैठा लिया। शेख़ मुहम्मद ने सहानुभूति के स्वर में उससे कहा–''बैठो-बैठो शेर ख़ाँ। किसी और को हो न हो। मुझे तुम्हारी बात पर पूरा भरोसा है।'' शेख़ मुहम्मद ने आँख के इशारे से दूसरे दोस्तों को बरजा। फिर शेर ख़ाँ की जैसे किसी दुःखती रग को सहलाते हुए इतना और कहा–''दोस्त! हम तो फ़िलहाल बेबस हैं। अफ़ग़ानों का कितना बुरा हाल है? यह हम सभी जानते हैं। मगर इतना यक़ीन मानो हम तुम्हारे नेक जज़बातों की क़द्र करते हैं।''

यह सुनकर शेर ख़ाँ जो अब अत्यन्त गम्भीर हो चला था सिर घुमाकर शेख़ मुहम्मद से बोला–

''ऐ शेख़ मुहम्मद! आप मेरे और शेख़ इब्राहीम के बीच गवाह रहेंगे। मैं फिर कहता हूँ और ऐलानियाँ करता हूँ कि अगर ख़ुदा ने मेरी मदद की और क़िस्मत मेहरबान हुई तो मैं थोड़े ही अरसे में मुग़लों को हिन्दुस्तान की सरहद से बाहर खदेड़कर दम लूँगा।...अकेला मैं नहीं ऐसा करूँगा। हमारी शानदार और दमदार विरासतवाली अफ़ग़ान क़ौम की ताक़त की बदौलत इसे इन्तजाम दूँगा।...मत भूलिये कि अफ़ग़ानी सूरमा मुग़ल सिपाहियों से जिस्मानी ताक़त में कोई कमज़ोर नहीं। उनकी लड़ाई के नये क़िस्म के अन्दाज़ भी अब हमसे ढँके-छिपे नहीं रह गये हैं।

वह तो हमारी क़ौम के बीच क़बीलों और फ़िरकों की जो आपसी दूरी और अलगाव है उसके चलते अफ़ग़ानों ने हिन्द का तख़्तोताज बेवकूफ़ी में अपने हाथों ख़ुद गँवा दिया।...''

अब सारे-के-सारे अफ़ग़ान दोस्त भी उदास भाव से शेर ख़ाँ का मुँह देखने लगे। जलती हुई लकड़ियों के ढेर के इर्द-गिर्द बैठे यह अफ़ग़ान शेर ख़ाँ सूर के तमतमाये चेहरे पर आग की रोशनी में उठते-गिरते भावों को पढ़ते हुए उसे नीम ख़ामोशी के साथ सुनने लगे थे। शेर ख़ाँ कह रहा था—''मगर कोई बात नहीं। अभी भी वक़्त है...इन मुग़लों की सोहबत में उठते-बैठते मैं इनके तौर-तरीक़ों से अब अच्छी तरह वाकिफ़ हो चुका हूँ। इन लोगों में न वो ढंग का कोई फ़ौजी बन्दोबस्त है और न ही उनकी हुकूमत में कोई पायेदारी दिखती है। यह मुग़ल बादशाह ख़ुद को तैमूरी और चंगेज़ी नस्ल की आला औलाद मानकर अपने मातहतों के नज़दीक जाना अपनी हेठी समझते हैं। इसीलिए तख़्तोताज के नशे में डूबे हुए हुकूमत का सारा कामकाज अपने वज़ीरों, सलाहकारों और तमाम ओहदेदारों पर छोड़कर मुतमइन है। यही नहीं, बादशाह सलामत को उन पर पूरा यक़ीन भी है। नीचे आम-अवाम पर क्या बीत रही है? उससे बादशाह को कुछ लेना-देना नहीं।...आप सब भी देखते ही होंगे कि हम ज़मीन से जुड़े अफ़ग़ानों और इन आसमानी मुग़ल फ़रिश्तों में दुनियावी हक़ीक़त को लेकर कितना फ़र्क है?...''

सभी अफ़ग़ान दोस्तों ने अब एक-दूसरे की ओर सिर हिलाते हुए संजीदगी से पहली बार देखा। शेर ख़ाँ का वक्तव्य जारी था—

''बाबर बादशाह चाहे अपने मातहतों पर कितना ही भरोसा कर ले मगर हक़ीक़त तो यही है कि उसके ज़्यादातर आला ओहदेदार बेईमान हैं। उनका पहला और आख़िरी मक़सद किसी-न-किसी तरह से दौलत कमाना है। फ़ौजी मुहिम से लेकर खेती-किसानी और लगान उगाही हर मामले में वह पहले पहल अपनी तिजोरियाँ भर लेने में ही यक़ीन रखते हैं। उन्हें ज़मीदारों और निचले अहलकारों द्वारा लूटे जा रहे आम आदमी की कराहें सुनायी नहीं देतीं। अगर उन्हें कोई रिश्वत दे दे तो उसका नाजायज़ काम भी वह जायज़ करार देने से गुरेज़ नहीं करते। अगर किसी ग़रीब आदमी के पास इन नामुराद हाकिमों को देने के लिए रिश्वत नहीं तो उसका जायज़ काम भी हो पाना मुश्किल है। जबकि मुँह माँगी क़ीमत देने पर अपने नामुमकिन मसलों को भी कोई तगड़ा असामी तय करा सकता है। मुग़ल बादशाहत में कोई ऐसी जगह नहीं है जहाँ घूस का बोलबाला न हो। आप भी घूस देकर कभी भी कहीं भी अपना मुस्तकबिल सँवार सकते हैं।...सोने और चाँदी की चमक ने इन हुक्मरानों को अन्धा बना दिया है और मुग़ल बादशाह हुज़ूरेवाला इन सबसे बेख़बर, मौक़ा मिलते ही कभी शराब के तो कभी अफ़ीम के दौर में मस्त हो जाया करते हैं।..मेरे बिरादरो! अब मैं आपसे क्या कहूँ? कुछ कहता हूँ तो उसे मेरी शेख़ी समझा

जाता है। लेकिन मेरा ज़मीर गवाह है और मैंने अपने-आपसे यह वायदा किया है कि शेर ख़ाँ! अगर तुझे वाक़ई कभी इतनी ताक़त और अपनी बहादुर अफ़ग़ान क़ौम का साथ मिला तो इन मुग़लों को हिन्द की सरज़मीं से बेदख़ल करने में ज़रा-सी भी देरी मत लगाना। आप लोग देखियेगा कि वक़्त आने पर मैं पूरी अफ़ग़ान बिरादरी को इस तरह से यकजहती के माहौल में खड़ा करूँगा कि फिर कभी हममें एक-दूसरे से जुदा होने का ख़याल भी न आये।''

◙

◙

चन्देरी से आगरा की वापसी यात्रा का वह आख़िरी पड़ाव था। बाबर को उसके एक मुखबिर ने ख़बर की थी कि इन दिनों अपनी फ़ौज का एक अफ़ग़ान सरदार शेर ख़ाँ अपने यार-दोस्तों के बीच काफ़ी लोकप्रिय हो रहा है। कई अफ़ग़ान सरदार उसकी महफ़िल में देर रात तक उठते-बैठते और हँसते-बोलते हैं। मगर उनमें से कोई उस महफ़िल में हुई बातों का तस्किरा भूले से भी किसी दूसरे आदमी से नहीं करता। बहुत पूछो तो कोई इतना भर कहेगा कि—''भई यह शेर ख़ाँ है बड़ा दिलचस्प आदमी। यारबाज़ और चुटकुलेबाज़ ग़ज़ब का है। अपने जंगल के शिकारों के क़िस्से बड़े मज़ेदार ढंग से सुनाता है। हम लोग यूँ ही वक़्त काटने और तफ़्रीह के लिए शेर ख़ाँ के डेरे पर चले जाते है।''

मुखबिर ने बादशाह से यह भी कहा कि शेर ख़ाँ अपना डेरा भी सबसे अलग-थलग फ़ौजी छावनी से कुछ दूरी पर लगाता है। न तो वह ख़ुद कुछ पीता-पिलाता है और न किसी दूसरे को नशा कराता है। सिर्फ़ सादा खाने-पीने और बातों से ही लोगों का पेट भर देता है।

बादशाह बाबर को यह सुनकर बड़ी हैरत हुई। उसने जुनैद बिरलास से कहा—''आज रात हमारे शाही डेरे पर शेर ख़ाँ को हमारी दावत पर बुलवाओ और तुम भी हमारी दावत कुबूल करो।''

''जो हुक्म जहाँपनाह।...यह हमारी ख़ुशक़िस्मती होगी।'' मनसबदार जुनैद बिरलास ने कहा। उसने शाही दावत के न्योते की बात शेर ख़ाँ से कही तो उसे थोड़ा आश्चर्य हुआ। फिर कुछ सोचकर उसने अपने आक़ा जुनैद बिरलास से हामी भरते हुए शाम को हाज़िर होने को कह दिया।

बादशाह बाबर की दावत हो और उसके जैसे एक अदना से अफ़ग़ान सरदार को भी उसमें बुलाया जाय? यह बात शेर ख़ाँ के गले नहीं उतर रही थी। मगर मन-ही-मन में एक विचार यह भी था कि चन्देरी की फ़तेह में जिन सरदारों ने अच्छा काम किया है हो सकता है बादशाह सम्मान के तौर पर उन्हें अपने दस्तरख़्वान पर

साथ बैठाकर खिलाना चाहता हो। जो भी हो, आख़िर बादशाह सलामत के शाही डेरे पर हाज़िरी देनी थी। इसलिए अच्छे पूरे लिबास में पूरी सजधज के साथ ही वहाँ जाना मुनासिब था।

हाथ-मुँह धोकर शेर ख़ाँ ने एक लम्बा सफ़ेद रंग का पठानी कुर्ता-सलवार, उसके साथ एक सदरी पहनी। कमर में अँगरखा बाँधा। एक सुनहरी मूठ की कटार ख़ूबसूरत म्यान के साथ अपनी कमर में खोंसी। पैरों में नागरा जूते पहने। इत्र-फुलेल से लिबास को ख़ुशबू से तर किया। बाल तो वह छोटे ही रखता था। उनमें ख़ुशबूदार तेल लगाकर उन्हें क़रीने से काढ़ा। अपनी तराशी हुई दाढ़ी पर हाथ फेरा। आख़ीर में एक हरे रंग की पगड़ी, जैसी अफ़ग़ान सरदार पहना करते थे, अपने सिर पर बाँधी। इस काम में उसके साथ के एक पठान दोस्त ने उसकी मदद की। फिर उसे कुछ ख़याल आया। अपने उसी विश्वस्त साथी से उसने कहा कि वह उसके घोड़े को ज़रा दाना-पानी डाल दे। लौटकर वह सैर को जायेगा। एक अशर्फ़ियों से भरी थैली अपने क़मरबन्द में खोंसकर वह ख़ेमे से बाहर निकल गया।

चाक-चौबन्द शेर ख़ाँ चहलक़दमी करता हुआ अपने आक़ा जुनैद बिरलास के पास पहुँचा। तब तक शाम पूरी तरह से घिर आयी थी। उसने जाकर आक़ा को सलाम किया। कुछ ही देर में दोनों रेशमी परदों से युक्त बादशाह बाबर के शाही ख़ेमे में दाख़िल हुए। वहाँ का वैभव और माहौल देखकर शेर ख़ाँ अचम्भित हो उठा। उसने देखा कि मसनदों और गद्दों से संयुक्त उस शाही ख़ेमे में एक बड़ा-सा दस्तरख़्वान बिछा था। शाही ख़ेमे के बाहर बरछी-बल्लम और नंगी तलवारें लिये दस-बारह सिपाही हिफ़ाज़त के लिए मुस्तैद थे। भीतर बादशाह बाबर एक सल्मा-सितारा जड़ी मसनद पर टिका शराब का सोने की नक़्क़ाशीदार पैमाना हाथों में लिये बैठा था। उसके एक शाने पर उसका वज़ीर मीर ख़लीफ़ा भी उसका साथ दे रहा था। उसके अलावा तीन और मुग़ल अमीर दूसरी तरफ़ मसनद लगाये बैठे थे।

जुनैद बिरलास और खुद शेर ख़ाँ के आलावा और कोई फ़ौजी सरदार उस महफ़िल में उसे नज़र नहीं आया। दोनों आगन्तुकों ने बादशाह को सलाम अर्ज़ किया। दस्तरख़्वान पर बीचोंबीच सोने-चाँदी की रक़ाबियों में तरह-तरह के भुने-गोश्त और क़बाब परोसे गये थे। बादशाह और उसके मेहमान अपनी तश्तरियों में उन्हें रखकर अपनी पसन्द के मुताबिक़ लुत्फ़ उठा रहे थे। एक अमीर एक चाँदी की सुराही से अपने और दूसरों के चाँदी के पैमाने भर रहा था।

मीर ख़लीफ़ा ने उन दोनों का स्वागत किया और कहा—"आओ जुनैद। बड़ी देर कर दी। बैठो। आप भी बैठिये शेर ख़ाँ। तशरीफ़ रखिये।"

दोनों लोग बादशाह बाबर और उनके अमीरों की महफ़िल में शरीक हो गये। बाबर ने दो बार ताली बजायी। दाहिनी ओर का पर्दा उठाकर दो गुलाम भीतर दाख़िल हुए। उनके हाथों में एक बड़ी तश्तरी में दो चाँदी के पैमाने और एक पतली घुमावदार टोंटीवाली चाँदी की लम्बी सुराही थी।

दोनों गिलास उनके सामने सजा दिये गये। एक गुलाम चाँदी की सुराही से जुनैद बिरलास का पैमाना भरने लगा। इससे पहले कि वह शेर ख़ाँ के पैमाने में शराब उड़ेलता शेर ख़ाँ ने अपना गिलास उठाकर सीने से सटा लिया।

"यह क्या शेर ख़ाँ? तुम नहीं पियोगे?"—बाबर ने हैरत से उसे देखते हुए पूछा।

"जी नहीं। गुस्ताख़ी माफ़ जहाँपनाह करमफ़र्मा।"

"क्यों? हमारे साथ पीने में ऐतराज़ है या...?"

"हुजूरे आलिया! मैंने शुरू से ही शराब से तौबा कर रखी है।"

"तो फिर आप हमारा साथ कैसे देंगे?"—बाबर ने एक कुटिल मुस्कान फेंकते हुए कहा।

"जहाँपनाह करमफ़र्मा।...आपकी इजाज़त होगी तो मैं कोई शरबत वगैरह ले लूँगा।"

इस पर बाबर ने गुलामों को हुक्म दिया- "हमारे बहादुर सरदार शेर ख़ाँ साहब के लिए फलों का अर्क़ लाया जाये।"

शराबनोशी का दौर चलता रहा। शेर ख़ाँ ने एक रक़ाबी से तीतर का गोश्त और दूसरी रक़ाबी से कुछ कबाब आक़ा जुनैद की तश्तरी में डाले और कुछ ख़ुद अपने लिये ले लिये। उसके बाद उस महफ़िल में सहज होने के लिए ख़ुद से वह मन-ही-मन जद्दोजहद करने लगा। हिन्दुस्तान की सबसे बड़ी शख़्सियत के वह इस वक़्त रूबरू ही नहीं था, बल्कि उसके साथ रात के खाने में भी शरीक़ था। बीच-बीच में बाबर शेर ख़ाँ की तरफ़ उचटती-सी निगाह डालता। शेर ख़ाँ उस नज़र में छिपे रहस्य को समझ रहा था। वह सब-कुछ देखकर भी कुछ न देखने-जैसी एक चालाक निगाह थी। शेर ख़ाँ इत्तेफाक़ से बादशाह के एकदम सामने बैठा था। इसलिए वह थोड़ा अतिरिक्त सतर्क था। गोश्त का टुकड़ा मुँह में डालते समय वह अपने जिस्म को कम-से-कम हरकत देता। सिर्फ़ उसका एक हाथ मुँह तक जाता और बन्द मुँह धीरे-धीरे चलता।

न जाने बाबर ने उसे खाने पर क्यों बुलाया था? दूसरा कोई उसके बराबर का सरदार भी वहाँ नहीं बुलाया गया? कोई ज़्यादा गहमा-गहमी भी उस ख़ेमे में नहीं थी? बस चन्द ख़ास लोग थे और बादशाह बाबर था। हाकिम जौनपुर जुनैद बिरलास को बुलाया तो बुलाया। आख़िर उसे क्यों बुलाया गया? यह सवाल शेर ख़ाँ के ज़ेहन का पीछा नहीं छोड़ रहा था।...

"शेर ख़ाँ! हमने आपकी बहादुरी की बड़ी तारीफ़ें सुनी हैं। चन्देरी की लड़ाई के दौरान भी और चन्देरी से पहले की भी।" शराब के जाम को होठों से लगाकर उसे एक झटके में ख़ाली कर तब बाबर ने शेर ख़ाँ से कहा।

शेर ख़ाँ कुछ न बोला। कुछ कहने का मन्सूबा बनाता भी तभी बाबर आगे बोल पड़ा। कहने लगा—"सरदार शेर ख़ाँ! आज हमने आपकी ख़ातिर पेश करने के लिए एक ख़ास पकवान बनवाया है।"

ये कहकर बाबर ने इस बार चार-बार ज़ोर से ताली बजायी। एक गुलाम एक बड़ी-सी रक़ाबी में एक साबुत भुनी हुई मछली के साथ ख़ेमे में दाख़िल हुआ। वह इकलौती मछली का पकवान बाबर के इशारे पर शेर ख़ाँ के सामने पेश किया गया। गुलाम ने दस्तरख़्वान पर वह साबुत मछली की रक़ाबी शेर ख़ाँ के ठीक सामने लाकर रख दी।

शेर ख़ाँ कुछ पशोपेश में पड़ा। वह इन्तज़ार करने लगा कि यह पकवान और मेहमानों को भी परोसा जायेगा। मगर बाबर ने शेर ख़ाँ से कहा—"किस बात का इन्तज़ार है? आप हमारे आज के ख़ास मेहमान हैं। यह लज़ीज़ मछली सिर्फ़ आपके लिए है। नोश फ़रमाइये। ठण्डी न हो जाये।"

शेर ख़ाँ एकबारगी थोड़ा हिचकिचाया। उसे उस पकवान को खाना नहीं आता था। इससे पहले उसने इस तरह साबुत भुनी बड़ी-सी मछली कभी खायी न थी। फिर एक पल को उसने कुछ सोचा और अपनी कमर की म्यान में से कटार निकालकर उससे उसने उस मछली के छोटे-छोटे कई टुकड़े किये। काँटे जुदा किये। फिर मांस के उन टुकड़ों को एक चम्मच में रखकर वह बड़ी आसानी से खाता चला गया।

बादशाह बाबर शेर ख़ाँ पर नज़रें गड़ाये अब उसकी एक-एक हरकत को बड़े ग़ौर से देख रहा था। शेर ख़ाँ नज़रें नीची किये इत्मीनान से मछली का वह ख़ास पकवान बराबर खा रहा था। धीरे-धीरे वह उसे पूरा खा गया। बचपन में उसकी माँ ने उसे सिखाया था कि अन्न और खाने-पीने के सामान की क़द्र करनी चाहिए। उसे रक़ाबी या प्याले में ज़ाया नहीं करना चाहिए। उस पर यह पकवान तो बादशाह सलामत ने ख़ास उसी के लिए बनवाया था। तब भला शेर ख़ाँ उसके साथ नाइन्साफ़ी कैसे करता? सारी मछली खाने के बाद शेर ख़ाँ ने झुककर बाबर को सलाम किया और कहा—"शुक्रिया बादशाह मोहतरम।...जो आपने इस नाचीज़ को यह इज़्ज़त बख़्शी।"

बाबर ने शेर ख़ाँ के खाने की तरक़ीब पर आश्चर्य व्यक्त किया और अपने बग़ल में बैठे वज़ीर मीर खलीफ़ा से कान में धीरे से कहा -

"इस शेर ख़ाँ पर नज़र रखो। यह बहुत चालाक आदमी मालूम पड़ता है।... मुझे इसके माथे पर बादशाहत के शाही निशान नज़र आ रहे हैं। यह काफ़ी तेज़-तर्रार

भी है। मैंने बड़े-बड़े अफ़ग़ान सरदारों को देखा है। लेकिन कोई भी मुझे इतना ग़ैर मामूली नहीं मिला। इसे गिरफ़्तार कर लेना ही मुनासिब लग रहा है मुझे। क्यों न इसे अभी इसी वक़्त हिरासत में ले लिया जाये?''

मीर ख़लीफ़ा बाबर का ख़ास वज़ीर था। वह शेर ख़ाँ के आक़ा जुनैद बिरलास का बड़ा भाई था। मीर ख़लीफ़ा के ज़रिये ही जुनैद बिरलास ने बाबर तक शेर ख़ाँ की सिफ़ारिश पहुँचायी थी, जिससे बाबर की फ़ौज में शेर ख़ाँ को नौकरी मिली थी। उससे अहसानमन्द हो शेर ख़ाँ ने मीर ख़लीफ़ा को पहले ही शुक्राने के तौर पर काफ़ी रक़म और भेंटें दे रखी थीं। मीर ख़लीफ़ा का अनुग्रह फलस्वरूप शेर ख़ाँ को प्राप्त था।

जब अपना शक ज़ाहिर कर बाबर ने शेर ख़ाँ को फ़ौरन हिरासत में लेने की सलाह उससे माँगी तो मीर ख़लीफ़ा ने बाबर को धीरे से कान में समझाया कि—''शेर ख़ाँ बेगुनाह है। उसके पास इतना लश्कर भी नहीं है कि वह बादशाह हुज़ूर के लिए परेशानी का सबब बन सके। अगर आप इसको इस तरह गिरफ़्तार करेंगे तो आपके वफ़ादार अफ़ग़ान सिपाही आप पर शक करने लगेंगे और फिर कोई दूसरा अफ़ग़ान आगे से आपकी बात पर यक़ीन नहीं करेगा। इससे मुग़ल फ़ौज में भी नाहक़ फूट पड़ सकती है।''

यह सुनकर बाबर चुप हो गया। शेर ख़ाँ बाबर और उसके वज़ीर के बीच गुपचुप हुई उस बातचीत को सुन तो नहीं सका मगर उसके कान उसी वक़्त खड़े अवश्य हो गये। वह समझ गया कि वह गुफ़्तगू उसी को लेकर हुई है। उसे बाबर के इरादे अपने बारे में नेक नहीं मालूम दिये। होशियार तो था ही शेर ख़ाँ। अब बाबर की छावनी में एक पल भी गँवाना उसे अपने लिये ख़तरनाक महसूस हुआ। उसी क्षण अपने मन में उसने फ़ैसला ले लिया कि वह बाबरी फ़ौज को इसी वक़्त छोड़कर चल देगा।

उसके बाद शाही महफ़िल से इजाज़त लेकर शेर ख़ाँ जब अपने डेरे पर तेज़ी से वापस लौटा तो उसने अपने विश्वासपात्र साथियों से कहा—''आज बादशाह ने मेरी ओर बदनिगाह से देखकर अपने वज़ीर के कान में कुछ कहा है। मुझे उसके इरादे नेक नहीं लगते। इसलिए अब यह जगह मेरे लिये महफ़ूज़ नहीं रही। मैं इसी वक़्त यहाँ से जा रहा हूँ। तुम लोग अपना ख़याल रखना। ख़ुदा हाफ़िज़।''

यह कहकर शेर ख़ाँ ने एक तलवार और ढाल उठायी। अपने घोड़े पर एकदम से सवार हुआ और रातोंरात उस मुग़ल छावनी से कूच कर गया। उसने अपने घोड़े पर अपनी चिर-परिचित मंज़िल की ओर फ़र्राटा दौड़ लगा दी। उसका घोड़ा उसे लेकर सरपट चाल से वहाँ से निकल गया।

कुछ देर बाद बाबर के कुछ सिपाही शेर ख़ाँ की खोज-ख़बर लेने उसके डेरे पर आये। तब तक शेर ख़ाँ मीलों दूर जा चुका था। जब उस रात बादशाह बाबर को शेर ख़ाँ के अचानक फ़रार हो जाने का पता चला तो वह बहुत नाराज़ हुआ। गुस्से में काँपते हुए मीर ख़लीफ़ा से बाबर ने कहा—"देखा। कहता था न मैं। बहुत शातिर है यह अफ़ग़ान।...आख़िर निकल गया न हमारे हाथ से? अगर तुम मुझे उस वक़्त वह ग़लत सलाह न देते तो मैं उसे तभी क़ैद करवा लेता। अब वह कमबख़्त कौन-सा गुल खिलायेगा? इसे ख़ुदा ही बेहतर जानता है।"

6

अब वह था बेताज बादशाह

बाबर के चंगुल में फँसने से शेर ख़ाँ बाल-बाल बचा। उसकी छठी इन्द्रिय ने एकदम सही समय पर उसे चेताया। शेर ख़ाँ की बाबर के सैन्य पड़ाव से वापसी उसका बहुत ही अक़्लमन्दी का क़दम था।

शेर ख़ाँ कई दिन के सफ़र के बाद थका-माँदा जब अपनी जागीर पर पहुँचा तब जाकर उसे चैन मिला। अपने भाई निज़ाम ख़ाँ और अन्य सम्बन्धियों को उसने बीते दिनों के क़िस्से सुनाये। बाबर की कुदृष्टि की भी चर्चा की। सबने उससे कहा कि बाबर के पास से वापस आकर उसने बहुत अच्छा किया। वैसे भी मुग़ल अफ़ग़ानों के साथ हमदर्दी क्यों रखने लगे? उनसे वह काम भले ही निकाल लें उन्हें अपना दोस्त तो क़तई नहीं समझ सकते।

शेर ख़ाँ लेकिन मौक़े की नज़ाकत को समझता था। वह यह जानता था कि उसके शुभचिन्तक जुनैद बिरलास को भी उसका इस तरह बिना बताये चला आना बहुत खला होगा। न जाने अपने मन में क्या सोचता हो वह उसके बारे में? यह कि शेर ख़ाँ ने एक पल में उसे भी पराया कर दिया।

यह सब सोचकर अपने एक होशियार सन्देशवाहक के ज़रिये कुछ बहुमूल्य उपहारों के साथ शेर ख़ाँ ने एक ख़त जुनैद बिरलास के पास तत्काल रवाना किया। ख़त में लिखा—"मैं बेहद माज़िरत के साथ आपसे मुआफ़ी चाहता हूँ। उस दिन आपसे रुख़्सत हुए बिना में अचानक बादशाह के पास से चला आया। दरअसल एक बड़ी परेशानी भरी ख़बर आयी थी कि मेरे परगनों को लेकर सुलेमान ख़ाँ और उसके भाई अहमद ख़ाँ ने कुछ मुखालिफ़ों के ज़रिये फिर से उज्रदारी कर दी है। उन्होंने बिहार के सुल्तान मुहम्मदशाह से मेरी शिकायत कर दी है कि शेर ख़ाँ मुग़लों के साथ हो गया है और मुग़लों की ही मदद से दोनों परगने उसने छीन लिये हैं।

उन लोगों ने सुल्तान से यह भी गुज़ारिश की है कि अगर उनका हुक्म हो तो सुलेमान और अहमद मिलकर फिर से अपना हक उन परगनों पर जमा लें। मगर सुल्तान ने उन्हें कोई जवाब नहीं दिया है। अब आप समझ सकते हैं कि यह घड़ी मेरे लिये कितनी संगीन है? इन हालातों में अगर मैं बादशाह से छुट्टी माँगता भी तो शायद इतनी जल्दी मुझे जाने की इजाज़त न मिल पाती। लेकिन अचानक आयी इस ख़बर के बाद मेरा एक पल भी वहाँ टिके रह पाना मुमकिन न रहा और मैं अपने इलाक़े में भाग आया। हुजूर! आप मेरे सरपरस्त हैं। आपने हर क़दम पर मेरा साथ दिया है। आपकी दुआओं भरा हाथ हर पल मेरे सिर पर है। यक़ीन मानिये मोहतरम! यह शेर ख़ाँ हमेशा आपका ताबेदार है और रहेगा। बादशाह सलामत को आप बराये मेहरबानी समझा दीजियेगा कि शेर ख़ाँ दस्तबस्ता उनकी मुआफ़ी का तलबगार है। उनसे कहियेगा कि मैं उनका एक न्हिायत शुक्रगुज़ार ख़ादिम हूँ और वक़्त आने पर उनके हर हुक्म की तामील करूँगा।''

क़ासिद को रवाना करने के बाद शेर ख़ाँ ने निज़ाम ख़ाँ से गोपनीय मन्त्रणा की और कहा कि—''अब मुझे मुग़लों पर ज़रा भी यकीन नहीं है और न ही उन लोगों का मुझ पर। मैं समझता हूँ कि अब मुझे सुल्तान मुहम्मदशाह के पास फिर से चले जाना चाहिए। बोलो क्या कहते हो?''

निज़ाम ख़ाँ ने कहा—''ठीक है भाईजान!...मैं आपकी बात से इत्तेफाक़ करता हूँ।''

और शेर ख़ाँ ने पुनः पटना की राह पकड़ी। बिहार का सुल्तान पहले भी उस पर मेहरबान था। शेर ख़ाँ को आशा थी कि वह इस बार भी उसे निराश नहीं करेगा। हुआ भी वही। बहार ख़ाँ लोहानी उर्फ सुल्तान मुहम्मदशाह शेर ख़ाँ को वापस लौटा देखकर बहुत ख़ुश हुआ। उसने दोनों हाथ फैलाकर उसका स्वागत किया। सुल्तान अब काफ़ी रुग्ण और कमज़ोर हो गया। उसे शेर ख़ाँ-जैसे विश्वासपात्र और सुयोग्य नायब की ज़रूरत भी थी। शेर ख़ाँ उसके अवयस्क पुत्र जलाल ख़ाँ का पहले भी शिक्षक रह चुका था। सुल्तान मुहम्मदशाह ने दुबारा उसे उसका शिक्षक और अपना नायब नियुक्त कर दिया। सुल्तान ने कहा कि—''जलाल ख़ाँ अभी नादान है। उसकी तालीमो-तरबियत ज़रा देख-भालकर करना। तुम अब उसके उस्ताद ही नहीं, समझो कि उसके दूसरे सरपरस्त भी हो।''

''जो हुक्म सुल्तान मोहतरम! आप बेफ़िक्र रहें। आपके वलीअहद की ज़िम्मेदारी अब से मेरा अव्वल फ़र्ज़ होगा।''—शेर ख़ाँ ने सुल्तान को यह वचन दिया और वह पहले की भाँति प्राणपण से अपने कर्त्तव्यों के निर्वहन में जुट गया।

कुछ ही दिनों बाद सुल्तान मुहम्मदशाह का इन्तिक़ाल हो गया। उसके बाद उसका नाबालिग़ बेटा जलाल ख़ाँ बिहार की गद्दी पर बैठा। जलाल ख़ाँ की माँ का

नाम दूदू था। दूदू एक दासी थी जो सुल्तान मुहम्मदशाह के हरम में रहती थी। सुल्तान का किसी बेगम से बेटा न होने के कारण दूदू का यह बेटा ही सुल्तान का वारिस था।

शेर ख़ाँ ने अपने मेहरबान सुल्तान को दिये वचन का पालन करते हुए जलाल ख़ाँ और दूदू बीबी को पूरी इज़्ज़त दी। जलाल ख़ाँ की बाल्यावस्था के कारण बिहार का शासन दूदू बीबी को ही फ़िलहाल सँभालना पड़ा। उसने भी अपने मरहूम ख़ाबिन्द की तरह ही शेर ख़ाँ को राजकाज देखने के लिए अपना नायब बना लिया। इस तरह बिहार के वास्तविक शासन-सूत्र अब शेर ख़ाँ के ही हाथों में आ गये। अब वह पहले से और अधिक शक्तिशाली बन गया। शेर ख़ाँ उन दिनों सभी अफ़ग़ान क़बीलों के सरदारों और अमीरों से बनाकर रखता था। सूर क़बीले के अफ़ग़ान तो उसके अपने थे ही जो कि ज़रूरत पड़ने पर उसके लिए जान देने को तैयार रहते थे। वह बिहार में वर्चस्ववाले लोहानी क़बीले के सरदारों को भी पूरा सम्मान देता था। जब भी कोई महफ़िल या जलसा होता सबके बीच यह बात अवश्य दोहराता कि सभी अफ़ग़ानों को आपस में मिल-जुलकर मैत्रीभाव से रहना चाहिए। क्योंकि पूरी अफ़ग़ान क़ौम एक है। अब तक दुश्मनों ने जब भी फ़ायदा उठाया है अफ़ग़ानों के बीच अलगाव और मनमुटाव की बदौलत ही वह कामयाब हुए हैं। अगर हमारी पूरी क़ौम एक आवाज़ में किसी बड़े-से-बड़े दुश्मन को ललकार दे तो वह उसके सामने ठहर नहीं सकता।

लोहानियों को लेकिन अपने क़बीले पर बड़ा नाज़ था क्योंकि उनके नेता बहार ख़ाँ लोहानी ने बिहार पर इतने सालों राज जो किया था और अब नाबालिग ही सही, उसी का बेटा जलाल ख़ाँ लोहानी गद्दीनशीन था। मगर सुल्तान मुहम्मदशाह ने शेर ख़ाँ सूर को जो अपने जीवनकाल में इतना महत्त्व दिया और उसका जो महत्त्व आज भी दरबारियों के बीच बरक़रार था उसे लेकर कई लोहानी सरदार उससे जलते थे। क्योंकि शेर ख़ाँ उस ताजो तख़्त का एक सर्वमान्य सरपरस्त जो बना बैठा था। ऐसा कोई बहाना भी वफ़ादार और मेहनती नायब शेर ख़ाँ किसी को नहीं देता था जिसको लेकर उसके ख़िलाफ़ कुछ कहा जा सके।

◙

◙

स्वर्गीय बहार ख़ाँ लोहानी जितना सुयोग्य और समझदार सुल्तान था, उसका बेटा जलाल ख़ाँ लोहानी उतना ही कम अक़्ल और नासमझ नौजवान था। जलाल ख़ाँ के गद्दीनशीन होने के कुछ ही सालों के भीतर उसकी माँ दूदू बीबी भी चल बसी। अब

उसे सही-सलाह देनेवाला शाही ख़ानदान में कोई न बचा। उसका शिक्षक और संरक्षक शेर ख़ाँ यद्यपि उसे अच्छी शिक्षा और सलाह देने में पूरी नेकनीयती से लगा रहता था। मगर हर वक़्त तो वह सुल्तान जलाल ख़ाँ का हमसाया बना नहीं रह सकता था। सल्तनत की देखभाल के लिए शेर ख़ाँ को महल से भी अक्सर बाहर निकलना पड़ता और राजधानी पटना से बाहर भी दौरे करने पड़ते। सुल्तान जलाल ख़ाँ की सुबह-शाम देखभाल या कभी दिन के वक़्त उसे देखने के लिए शेर ख़ाँ अपनी रिहाइश की जगह से उसके महल आता-जाता रहता।

शेर ख़ाँ के मुख़ालिफ़ लोहानी सरदारों का एक तबक़ा अक्सर उसकी अनुपस्थिति में सुल्तान जलाल ख़ाँ के कान भरता। उसे गुमराह करता कि–"यह शेर ख़ाँ बड़ा चालाक है। यह आपकी आँखों में धूल झोंककर अपने ख़ुद के ख़जाने और ताक़त को बढ़ाने में लगा है। तख़्तोताज आपके अब्बा हुज़ूर का दिया हुआ है। आपका है। मगर असली मज़े यह शख़्स ले रहा है। अगर इसी तरह इसे छूट मिलती रही तो आगे चलकर यह आपके लिए भी मुश्किलें खड़ी कर सकता है।"

शुरू-शुरू में तो जलाल ख़ाँ को नातजुर्बेकारी की वजह से यह सियासी बातें कुछ अजीब-सी लगतीं और वह उन पर ज़्यादा कुछ सोच न पाता। लेकिन बाद में धीरे-धीरे उसकी बुद्धि भ्रमित होने लगी।

शेर ख़ाँ के विश्वसनीय सेवक और जासूस भी महल में आने-जानेवाले लोगों की ख़बर उसे देते रहते। जलाल ख़ाँ जब कभी शेर ख़ाँ से कोई सवाल करता तो उसके मजमून से वह जान जाता कि उसके विरोधी इन दिनों किस तरह का गुल खिला रहे हैं? शेर ख़ाँ जलाल ख़ाँ को बतौर अभिभावक नहीं बल्कि बतौर नायब सल्तनते-बिहार उसके सवालों का माक़ूल जवाब देता। उसे कामकाज का हिसाब-किताब तफ़्सील से समझाता। सुनकर जलाल ख़ाँ थोड़ी ही देर में उससे बात ख़त्म करने को कहता और बड़े आदर से शेर ख़ाँ से कहने लगता कि आप मेरे बुज़ुर्ग हैं और मुझे आपके इन्तज़ामात पर पूरा भरोसा है। यह सब इतना कुछ मुझसे न कहिये। मैं जानता हूँ कि आप जो कुछ भी कर रहे हैं, सही कर रहे हैं।

मगर अकेले में शेर ख़ाँ को सल्तनत के पुराने दिन याद आ जाते। सुल्तान मुहम्मदशाह के साथ बिताये दिन। उनकी इनायतें। उनका दोस्तों जैसा बर्ताव। उनका वह भरोसा जो आख़ीर तक उस पर क़ायम रहा। और वह जंगल में यादगार शेर का शिकार। उस शिकार के बाद मुहम्मदशाह द्वारा उसे 'शेर ख़ाँ' नाम दिया जाना और इस तरह उसका फ़रीद ख़ाँ से शेर ख़ाँ बनना। फिर वह बेइज़्ज़ती-भरे दिन और उसके बाद बाबर की नौकरी के साथ उसके हक़ों की बहाली। चन्देरी का वह ख़ूनी मंज़र। वह बाबर का डेरा। वह मुग़ल फ़ौज से उसकी फ़रारी। वह सुल्तान मुहम्मदशाह का उसकी बिहार में वापसी पर उसे फिर से गले लगाना।

मुहम्मदशाह की उदारताओं के आगे जलाल ख़ाँ की नादानियों-भरे ऐसे बचकाने बर्ताव शेर ख़ाँ को बड़े तुच्छ लगते। वह अपने को समझाता कि जो भी हो उसे अपना वचन निभाना है। सुल्तान मुहम्मदशाह और उनके बाद दूदू बीबी ने जो विश्वास उसमें व्यक्त किया है उसे किसी भी क़ीमत पर टूटने नहीं देना है। भले ही उसके आन्तरिक शत्रु सिर पटक डालें।

लोहानी सरदारों में भी एक बड़ा तबक़ा शेर ख़ाँ की योग्यता और उसके सद्व्यवहार का क़ायल था तथा उसके प्रति प्रतिबद्ध था। जबकि लोहानियों में कुछ मुट्ठी भर सरदार उसके दबे-छिपे विरोधी थे। इनका सरगना था राहत लाहौरी। यह काले दिलवाला अफ़ग़ान भीतर-ही-भीतर शेर ख़ाँ को नीचा दिखाने के लिए षड्यन्त्र किया करता था। राहत लाहौरी का साथ देनेवाले लियाक़त पश्तून, शक्का ख़ाँ, अब्दुल पठान, परवेज़ लोहानी और उनकी जैसी गिरी-सोच के दूसरे कुछ सरदारों का एक ख़ुराफ़ाती गुट था। यह ख़ुराफ़ाती गुट किसी ऐसे सही मौक़े की तलाश में था जबकि शेर ख़ाँ पर अचूक वार किया जा सके। राहत लाहौरी और परवेज़ लोहानी अक्सर मौक़ा पाकर सुल्तान जलाल ख़ाँ के पास जाते और जो मन में आये शेर ख़ाँ की उससे झूठी शिकायतें कर आते। साथ ही यह भी कह देते कि सुल्तान हुजूर भूले से शेर ख़ाँ के सामने आप हमारा नाम न लीजियेगा। उसका कोई ठिकाना नहीं कि हममें से वह कब किसका क़त्ल करवा दे। नौजवान जलाल ख़ाँ ऐसी बातों से और भी सहम जाता। इसी के साथ उसके दिमाग़ की बंजर ज़मीन पर एक टेढ़ा-मेढ़ा खचीना और खिंच जाता।

उधर पश्चिम में बाबर बादशाह अपने नवगठित मुग़ल साम्राज्य को सुदृढ़ करने और विद्रोहों को दबाने में व्यस्त था। इधर शेर ख़ाँ बिहार का बेताज बादशाह बना हुआ हरदम सुल्तान जलाल ख़ाँ की सल्तनत की हिफ़ाज़त और हुकूमत में बेहतरी लाने की चिन्ताओं में डूबा रहता। मालगुज़ारी, फ़ौज, अवाम के लिए आसाइशें सभी-कुछ उसे देखना पड़ता। उसकी कोशिश रहती थी कि जो व्यवस्थाएँ प्रशासन में पहले से चली आ रही थीं उनमें उत्तरोत्तर सुधार लाया जाये। लोगों को लगे कि पहले और अब में काफ़ी अच्छा बदलाव है। किसान, सिपाही, अहलकार सभी राहत महसूस कर सकें। ताकि उनका समर्थन बिहार की हुकूमत को और अधिक मज़बूती प्रदान करे।

जब लोहानियों के असन्तुष्ट गुट ने सारी तरक़ीबें आज़मा कर यह समझ लिया कि उनकी दाल शेर ख़ाँ के आगे नहीं गलनी है तो उनमें से कुछ चुपचाप बंगाल के सुल्तान नुसरतशाह के पास चले गये। उन्होंने उनसे शरण माँगी और उसे बिहार पर आक्रमण करने के लिए उकसाने लगे। इन गद्दार अफ़ग़ानों का नेता राहत लाहौरी भी उनके साथ गया था। अपने पीछे वह परवेज़ लोहानी को जलाल ख़ाँ के सम्मुख लगायी-बुझायी के लिए छोड़ गया था।

शेर ख़ाँ तो इन सब बातों से पहले ही बाख़बर था। उसने जब यह महसूस किया कि कुछ विद्रोही बंगाल के सुल्तान को बिहार फ़तेह करने का न्योता देने गये हैं तो वह और भी ख़बरदार हो गया। उसने एक ओर अपनी फ़ौज में भर्तियाँ तेज़ कर दीं। प्रशिक्षण शिविरों में अपनी आमदरफ़्त बढ़ा दी। साथ ही उसने बंगाल नरेश नुसरतशाह के बहनोई जो हाजीपुर परगने का हाकिम था, और जिसका नाम मख़दूम आलम था, उससे दोस्ती कर ली। शेर ख़ाँ ने यह जानकारी कर ली थी कि मख़दूम आलम यद्यपि नुसरतशाह का रिश्तेदार था, लेकिन उसके सम्बन्ध उससे अच्छे नहीं थे। शेर ख़ाँ ने इसी बात का फ़ायदा उठाया और मख़दूम आलम से अपना मेल-जोल बढ़ा लिया।

वस्तुतः हाजीपुर का परगना, जिसका हाकिम मख़दूम आलम था, पटना से निकट था और बंगाल के सुल्तान की राजधानी गौड़ से काफ़ी दूरी पर था। इसलिए शेर ख़ाँ और मख़दूम आलम को परस्पर मिलने-जुलने और मैत्री के अवसर अधिक थे। जब नुसरतशाह को यह ख़बर मिली कि इन दिनों मख़दूम आलम की शेर ख़ाँ से गहरी दोस्ती हो गयी है तो यह बात उसे बड़ी खटकी। उसने अपने एक सिपहसालार कुतुब ख़ाँ के नेतृत्व में बिहार फ़तेह के लिए एक सेना भेजी। बंगाल के शासक ने मख़दूम आलम को यह आदेश भेजा कि वह युद्ध में कुतुब ख़ाँ की सेना की सहायता करे। परन्तु मख़दूम आलम ने कुतुब ख़ाँ को कोई फ़ौजी मदद नहीं पहुँचायी। इसलिए कुतुब ख़ाँ को अपने दम पर ही शेर ख़ाँ से मोर्चा लेना पड़ा।

शेर ख़ाँ बिला वजह का युद्ध नहीं चाहता था। वह मख़दूम आलम को पहले ही अपने पक्ष में कर चुका था। हमलावर कुतुब ख़ाँ के सामने उसने पहले तो कूटनीतिक प्रस्ताव रखा, जिससे कि युद्ध को टाला जा सके। अनावश्यक ख़ूनख़राबे के लिए वह मानसिक रूप से तैयार नहीं था। ऐसा इसलिए नहीं कि वह कायर था और बंगाल की सेना से लड़ना नहीं चाहता था। बल्कि वह अनावश्यक युद्ध में अपनी सैन्य शक्ति को अभी ख़र्च नहीं करना चाहता था। क्योंकि उसे फ़िक्र थी कि बंगालियों से तो फिर भी निपटा जा सकता था। लेकिन मुग़लों की ओर से साम्राज्य-विस्तार के ख़तरे से जूझने के लिए भी बिहार की फ़ौजों की शक्ति का बना रहना उन दिनों बेहद ज़रूरी था। इसलिए शेर ख़ाँ बड़े ख़तरे का ख़याल कर छोटे ख़तरे को टालने में ही फ़िलहाल भलाई समझता था।

शेर ख़ाँ ने बंगाल से आये सिपहसालार कुतुब ख़ाँ को शान्ति का पहला पैग़ाम कुछ इस तरह भेजा—"हम दोनों ही फ़रीक मुसलमान हैं। हमने कभी आपकी मुख़ालफ़त नहीं की और न ही आपकी सरहदों में कभी दाख़िल हुए। इसके अलावा आपके मसनदे-आली दरिया ख़ाँ लोहानी से दोस्ताना ताल्लुक़ात रहे हैं। उनके फ़र्ज़न्द सुल्तान मुहम्मदशाह से भी अच्छे रिश्ते बंगाल की सल्तनत के रहे। उनका बेटा

सुल्तान जलाल ख़ाँ अभी बच्चा है। ऐसी हालत में उसके तख़्तोताज पर क़ब्ज़ा करने का ख़याल आप-जैसी आला शख़्सियत को ज़ेब नहीं देता। इसलिए आपसे गुज़ारिश है कि आप बंगाल की सरज़मीं पर वापस लौट जायें। नाहक़ ख़ून-ख़राबे से किसी का कोई फ़ायदा न होगा।''

लेकिन कुतुब ख़ाँ ने शेर ख़ाँ की इस अपील को ठुकरा दिया। इसके बाद कुतुब ख़ाँ को पुनः शान्ति प्रस्ताव भेजा गया। उसकी भी उसने अनदेखी कर दी और उसने शेर ख़ाँ को युद्ध के लिए ललकारा।

इसके बाद युद्ध के अलावा और कोई चारा न देखकर शेर ख़ाँ ने अपने अफ़ग़ान सरदारों को सम्बोधित करते हुए कहा–''साथियो! एक तरफ़ तो मुग़ल हमारे दुश्मन बने बैठे हैं और दूसरी ओर बंगाल के सुल्तान ने हमारे ऊपर चढ़ायी कर दी है। हमारे अम्नोअमान के पैग़ाम को उनकी फ़ौज ने ठुकरा दिया है। इसलिए अब उसका डटकर मुक़ाबला करने के अलावा दूसरा चारा नहीं है।''

इस पर अफ़ग़ानों ने एक स्वर में शेर ख़ाँ को यह आश्वासन दिया कि–''आप फ़िक्र न करें। हम पूरी ताक़त से दुश्मन का मुक़ाबला करेंगे। हम जीतने के बाद या फिर मरने के बाद ही मैदान छोड़ेंगे। हमने बिहार की सल्तनत का जो नमक खाया है वह हमारे ख़ून के भीतर दौड़ रहा है। हम नमकहरामी कर अपने सुल्तान के साथ बेवफ़ाई क़तई नहीं करेंगे।''

कुतुब ख़ाँ की बंगाली सेना के ऊपर अफ़ग़ानों की यह एकजुटता भारी पड़ गयी। शेर ख़ाँ ने अपनी सेना को डटकर सामना करने के लिए तैयार किया। दोनों सेनाओं में ज़ोरदार भिड़न्त हुई। तीर, तलवार, ढाल और बरछे युद्ध भूमि में हर तरफ़ चल पड़े। ऐसे में दोनों ओर के अनेक सैनिक लड़-कटकर गिरने लगे। शेर ख़ाँ के कानपुर के मित्र शेख़ इस्माइल ने इस अवसर पर बहुत अच्छा काम किया। उसका भानजा हबीब ख़ाँ एक ज़ोरदार तीरन्दाज़ था। उसने युद्ध के मैदान में घोड़े की पीठ पर सवार दुश्मन के सिपहसालार कुतुब ख़ाँ पर साधकर एक ऐसा तीर चलाया जो सीधा उसकी एक आँख में जा घुसा। तीर लगते ही कुतुब ख़ाँ घोड़े से नीचे गिर पड़ा और तड़प-तड़पकर मर गया। अपने सेनानायक को धराशायी होते देखकर बंगाली फ़ौज घबरा गयी और मैदान छोड़कर भाग खड़ी हुई। इस तरह बंगाल के सुल्तान नुसरतशाह की फ़ौज की पराजय हुई और विजयश्री शेर ख़ाँ की फ़ौज के हाथों लगी।

उस भगदड़ में दुश्मन का बहुत-सा सामान, धन, हाथी और घोड़े शेर ख़ाँ के हाथ लगे जिसे उसने लोहानियों में नहीं बाँटा, बल्कि बिहार के सुल्तान के नाम रख लिया। इससे लोहानी सरदार भीतर-ही-भीतर शेर ख़ाँ के और भी ख़िलाफ़ हो

गये। शेख़ इस्माइल, जिसके भांजे हबीब ख़ाँ ने कुतुब ख़ाँ को मार गिराया था, को शेर ख़ाँ ने 'शुजात ख़ाँ' की उपाधि से नवाज़ा और उसे इस विजय का एक बड़ा श्रेय दिया।

◙
◙

बंगाल की सेना से हाथ लगा धन, हाथी और घोड़े शेर ख़ाँ ने अपने क़ब्ज़े में रखे। उन्हें उसने किसी लोहानी सरदार को लूट के माल की तरह लेने नहीं दिया। सारा-कुछ राज्य की सम्पत्ति की भाँति केन्द्रीयकृत कर लिया। इससे लोहानियों में विशेषकर उसके विरोधी लोहानी सरदारों में असन्तोष एवं शत्रुता का भाव शेर ख़ाँ के प्रति और भी गहरा गया। प्रत्यक्षतः उन लोगों ने खुलकर उसका विरोध तो नहीं किया। मगर भीतर-ही-भीतर उन लोहानियों ने शेर ख़ाँ सूर के विरुद्ध एक प्रकार से असहयोग एवं बहिष्कार की मुहिम छेड़ दी।

बंगाल के शाह के सिपहसालार कुतुब ख़ाँ के फ़ौजी अभियान में उसके सम्बन्धी और हाजीपुर के हाकिम मख़दूम आलम ने कुतुब ख़ाँ को कोई सहायता नहीं दी थी। इस बात से बंगाल का शाह बहुत क्रोधित था। उसने मख़दूम आलम को ख़त्म करने के लिए अपनी राजधानी गौड़ से एक और सेना भेजी। जिन दिनों बंगाली फ़ौज मख़दूम आलम के ख़िलाफ़ हाजीपुर की ओर बढ़ी आ रही थी, पटना में मुख़ालिफ़ लोहानियों का उपेक्षापूर्ण रवैया जारी था। ऐसे में मख़दूम आलम ने जब शाहे-बंगाल की फ़ौज का मुक़ाबला करने के लिए अपने मित्र शेर ख़ाँ से सैन्य सहायता माँगी तो शेर ख़ाँ ने अफ़ग़ान सरदारों की एक बैठक बुलवायी।

बैठक में सूर, लोहानी, सरवानी और दूसरे पठान तबकों के सभी मनसबदार सरदार मौजूद थे। शेर ख़ाँ ने सभी सरदारों का पिछली लड़ाई में पूरी बहादुरी और मज़बूती से शिरकत करने और फ़तेह हासिल करने का शुक्रिया अदा किया।

तभी एक लोहानी सरदार परवेज़ लोहानी ने उठकर व्यंग्य में एक जुमला कहा–

"मगर उस फ़तेह से हमें क्या हासिल हुआ?"

यह सुनते ही पूरी बैठक में लोग दबी ज़ुबान से आपस में बातें करने लगे। शेर ख़ाँ समझ गया कि व्यंग्य का इशारा किस बात पर है? यह बेचैनी फ़ौजी लूट के माल का बँटवारा न होने को लेकर थी। परवेज़ लोहानी के साथ तब तमाम लोहानी सरदार उसकी-हाँ-में हाँ मिलाने लगे।

इससे शेर ख़ाँ को बड़ा बुरा लगा। अपनी उत्तेजना पर किसी तरह क़ाबू रखकर उसने कहा कि—"शायद आपका मतलब बंगाल की फ़ौज से हासिल हुए साज़ो-सामान और जानवरों से है।...वह सब तो सल्तनते-बिहार का हक़ था जिसे सल्तनत के ख़ज़ाने और अस्तबलों में दाख़िल करा दिया गया है।"

अब्दुल पठान ने कहा कि—"पहले तो ऐसा कभी नहीं हुआ। यह साज़ो-सामान मनसबदारों में भी इनाम के तौर पर बँटता था?"

इस पर परवेज़ लोहानी ने एक ज़हरीला क़हक़हा लगाया और कहा—"ओए ख़ोचे अब्दुल! तुम भी किस इनाम की बात करने लगे? अब तो पूरे बिहार में इनाम का सिर्फ़ एक ही हक़दार है। बाक़ी सारे-के-सारे तो यहाँ फ़िज़ूल और उल्लू के पट्ठे हैं।"

शेर ख़ाँ ने इस पर अपनी कोई प्रतिक्रिया नहीं जतायी और कहा कि—"एक अहम् मसले पर आप सबसे बात करने के लिए यह बैठक बुलायी गयी है। वह यह कि बंगाल की फ़ौज के सिपहसालार कुतुब ख़ाँ की चढ़ायी के वक़्त हाजीपुर के हाकिम मख़दूम आलम ने उसकी कोई मदद हमारे ख़िलाफ़ नहीं की थी। वह बिहार सल्तनत के दोस्त हैं जैसा कि आप सब जानते हैं। अब उनके ख़िलाफ़ शाहे-बंगाल ने बदला लेने की नीयत से कुछ फ़ौजी दस्ते इधर रवाना किये हैं। मख़दूम आलम अब मुसीबत में हैं और हमारी मदद चाहते हैं। मैं चाहता हूँ कि हम उनकी इस बुरी घड़ी में उनकी फ़ौजी इम्दाद करें। आप सबकी क्या राय है?"

यह सुनकर असन्तुष्ट लोहानियों के गुट ने एक-दूसरे की ओर देखा। वह तल्ख़ी के साथ मुस्कुराये कि अब आया है ऊँट पहाड़ के नीचे। तब परवेज़ लोहानी ने अब्दुल पठान से कहा—"क्या ख़याल है?"

अब्दुल पठान ने शक्का ख़ाँ लोहानी की ओर देखा और कहा—"आप कहिये सरदार! क्या किया जा सकता है?"

शक्का ख़ाँ लोहानी ने कहा—"जब कुतुब ख़ाँ हमारे सीने पर चढ़ आया और हम उससे जी-जान से लड़े...हमारे कितने सिपाही हलाक़ हुए? कितने ही घोड़े कट मरे? तब तो हमसे किसी ने नहीं पूछा।...कोई शुजात ख़ाँ बन गया तो कोई रुस्तम। कोई लूट का सारा इनाम अकेले-अकेले ले उड़ा। अब कहते हैं राय दो। भई मेरी तो कोई राय-वाय नहीं। इस पर तो आप लोग ही कुछ फ़ैसला करें।"

इन सबके बीच लियाक़त पश्तून अब तक ख़ामोश बैठा था। वह चमककर अचानक बोला—

"फ़ैसला हमें क्या करना? फ़ैसला जनाब नायबे-सल्तनत ख़ुद ही कर लें। आख़िर मख़दूम आलम उन्हीं के तो ख़ास दोस्त हैं।"

अब इन पठानों का सरगना परवेज़ लोहानी तड़पकर बोला—"बहुत ठीक। लियाक़त बिलकुल ठीक कहता है। आपके जिगरी दोस्त का मामला है शेर ख़ाँ साहब। आप ख़ुद ही मुनासिब इन्तज़ामात कर लें। लेकिन हम साफ़ कहे देते हैं कि हम सभी लोहानी आपकी इस मुहिम में क़तई शरीक़ नहीं होंगे। दोस्त-दोस्त का मामला है तो फिर दोस्त-दोस्त ही समझें।"

शेर ख़ाँ इस खुले असहयोग से तिलमिलाकर रह गया। परवेज़ लोहानी को देखकर अब शेर ख़ाँ ने भी कटाक्ष किया—"हम तो अपने पड़ोसी के दोस्त हैं। मगर हमने सुना है कि आपके कुछ ख़ास दोस्त इन दिनों शाहे-बिहार के दुश्मन से दोस्ती का इज़हार करने बंगाल गये हुए हैं।"

इस पर परवेज़ लोहानी ने शेर ख़ाँ से तमककर कहा—

"क्या मतलब है आपका? किस दोस्त और दुश्मन की बात कर रहे हैं आप?"

शेर ख़ाँ ने कहा—"आपके एक ही तो ख़ासुल-ख़ास हैं—राहत लाहौरी। आजकल दिखायी नहीं दे रहे हैं पटना में?"

"लाहौल विला क़ुव्वत!...आपसे तो बात करना ही फ़िज़ूल है। चलो भई चलो साथियो! अब यहाँ किसी लोहानी का एक पल रुकना भी उसकी शान के ख़िलाफ़ है। जा रहे हैं हम सब।"

—कहकर परवेज़ लोहानी अपनी मित्रमण्डली के साथ एकबारगी उठा और बैठक छोड़कर बाहर निकल गया। शेर ख़ाँ ने देखा कि सारे लोहानी सरदार परवेज लोहानी की देखा-देखी एक-एक करके बैठक का बहिष्कार करके वहाँ से चले गये। उनमें वह कुछ लोहानी सरदार भी शामिल थे, जिन्हें शेर ख़ाँ अपने समर्थकों के रूप में जानता-समझता आया था। आख़िर इस वक़्त बिरादरी और क़बीले की आन का सवाल हो ठहरा।

यह देखकर शेर ख़ाँ के मन को बड़ा धक्का लगा। उसे लगा कि इस समय परिस्थितियाँ प्रतिकूल हैं। लोहानियों की बड़ी तादाद बिहार की फ़ौज का अहम् हिस्सा थी। उनकी अनुपस्थिति में कोई युद्ध लड़ा जाना आसान काम नहीं था। अगर कुछ जोड़-तोड़कर मख़दूम आलम की सहायतार्थ कुमुक भेज भी दी जाती तो वह आधे-अधूरे मन से लड़ती जिसमें असफलता ही अधिक सम्भावित होती। लोहानियों इस शत्रुता के चलते शेर ख़ाँ अपने मित्र मख़दूम आलम की सीधी सहायता न कर सका। फिर भी उसने अपने एक अत्यन्त विश्वासपात्र सरदार मियाँ जियन को एक लश्कर के साथ मख़दूम आलम की सहायतार्थ भेजा। उधर मख़दूम आलम ने भी अपनी सारी दौलत और सोना-चाँदी कई बक्सों में बन्द कर अपने कुछ विश्वासपात्र अनुचरों और सिपाहियों के साथ शेर ख़ाँ के पास इस सन्देश के साथ भिजवायी

कि—"अगर मैं लड़ाई में फ़तेहयाब हुआ तो मेरी यह मालो-दौलत मेरी अमानत की शक्ल में मुझे लौटा दीजियेगा। लेकिन अगर ख़ुदा न ख़्वास्ता मैं मारा गया तो भाई शेर ख़ाँ! इसे ख़ुद आप ही सँभाल लीजियेगा। क्योंकि उस सूरत में मैं चाहूँगा कि यह किसी दुश्मन के हाथ लगे उससे बेहतर होगा कि यह आप-जैसे मेरे अज़ीज़ दोस्त के काम आ जाये।"

बंगाल के शाह की फ़ौज और मख़दूम आलम के लश्कर के बीच एक असामान्य-सा युद्ध हुआ। इसमें मख़दूम आलम की हार हुई और वह मारा गया। मियाँ जियन का लश्कर भी बंगाली फ़ौज से लड़ा। मगर उसे भी भारी शिकस्त का ही सामना करना पड़ा। मियाँ जियन किसी तरह बचकर अपने बचे-खुचे सिपाहियों के साथ घायल-अवस्था में वापस आ गया। बंगाली फ़ौज के हाथ मख़दूम आलम का वह ख़ज़ाना नहीं लग सका और वह उलटे पाँव लौट गयी। क्योंकि ख़ज़ाना शेर ख़ाँ तक ख़ुद ही चलकर पहले ही पहुँच चुका था। शेर ख़ाँ तब और भी साधनसम्पन्न हो गया। अब तो उसके विरोधी और भी जल-भुन गये। वह अब पूरी तरह से उसकी जान के दुश्मन बन गये। वह गोपनीय मन्त्रणाएँ करने लगे। शेर ख़ाँ को मार डालने के तरह-तरह के षड्यन्त्र उन दुष्ट लोहानियों द्वारा बुने जाने लगे। बिहार का युवा सुल्तान जलाल ख़ाँ लोहानी कान का कच्चा था ही। लोहानी सरदार आये दिन लगातार उसके कान भर रहे थे।

◙
◙

शेर ख़ाँ के लिए यह बड़ी परेशानी और उलझनों-भरे दिन थे। वह एक ऐसे राज्य का प्रमुख था जिसका सुल्तान एक मूर्ख और भ्रमित क़िस्म का युवक था। जिसके दरबारियों में कई उसके प्रबल विरोधी थे। वह बंगाल में बैठे हुए एक शत्रु को अपने ही राज्य तक साम्राज्य-विस्तार कर लेने के लिए उकसा रहे थे। यह अन्दरूनी दुश्मन बाहरी दुश्मन को तो बिहार पर हमले के लिए प्रेरित कर ही रहे थे, ऊपर से स्वयं अपने नादान सुल्तान जलाल ख़ाँ लोहानी को भी अपनी बिरादरी और झूठी वफ़ादारी का वास्ता देकर कुत्सित प्रेरणा दे रहे थे कि वह भी अपने दुश्मन बंगाल के सुल्तान की शरण में चला जाये। वह शेर ख़ाँ-जैसे विश्वसनीय नायब के प्रति ज़हर घोलते हुए गुपचुप तरीक़े से मुतवातिर तौर पर सुल्तान को यह समझा रहे थे कि शेर ख़ाँ ने धन-दौलत और बंगाली सेना से लूटे हुए हाथी-घोड़ों वग़ैरह की बदौलत अपरिमित शक्ति अर्जित कर ली है। शेर ख़ाँ निरन्तर अपने विश्वासपात्र लोगों को फ़ौज में भर्ती कर रहा है। इस तरह किसी दिन वह अचानक जलाल ख़ाँ का तख़्ता पलटकर बिहार का सर्वेसर्वा बन जायेगा।

इन आन्तरिक शत्रुओं की कानाफूसियों और चालों के अतिरिक्त दो वास्तविक ख़तरे बिहार के तख़्त के लिए निरन्तर विद्यमान थे ही। यह दोनों ख़तरे थे पूरब में शाहे-बंगाल और पश्चिम में बादशाह-ए-हिन्द। उस तख़्त के लिए यह दोनों तात्कालिक संकट थे जिसका वह पूरी निष्ठा के साथ रखवाला था। जिसके नाबालिग़ सुल्तान की शिक्षा और संरक्षण में उसने अपनी जानिब कभी कोई कोताही नहीं की थी।

युवा सुल्तान जलाल ख़ाँ अपने शक्की स्वभाव के कारण शेर ख़ाँ-जैसे अपने हितैषी को चन्द चुगलख़ोर और ईर्ष्यालु लोहानी सरदारों के कहने में आकर अब शक की निगाहों से देखने लगा था। यह बिहार का शासक अपने दायें-बायें सुदूर उमड़ते हुए बड़े ख़तरों को गम्भीरता से न लेकर इस आन्तरिक उठापटक पर ही अपना बेशक़ीमती समय बर्बाद कर रहा था।

उस दौर में लोहानियों ने शेर ख़ाँ के ख़िलाफ़ एक बड़ी साज़िश रची। उसे मार डालने की कुत्सित योजना। परवेज़ लोहानी और उसके दोस्तों ने आपस में सलाह की कि शेर ख़ाँ रोज़ाना अपने थोड़े-से अंगरक्षकों के साथ जलाल ख़ाँ से मिलने जाता है। इन दिनों उसने फ़ौज में नयी भर्ती के चलते महल में आमदरफ़्त भी थोड़ी कम कर दी है। पिछले कुछ दिनों से वह जलाल ख़ाँ के पास गया भी नहीं है। हम यह ख़बर फैला दें कि सुल्तान जलाल ख़ाँ बीमार हैं। तब शेर ख़ाँ सुल्तान की ख़बर मिजाज़ पुर्सी के लिए महल के भीतर जायेगा ही। तभी हम अपना मक़सद भी पूरा कर सकते हैं। ऐसा किया जाये कि जब शेर ख़ाँ सुल्तान से मिलकर महल से बाहर आने लगे तभी उसे घेरकर ख़त्म कर दिया जाये। जब वह बाहर निकल रहा हो तो एक दरवाज़ा उसे पार कर लेने दिया जाये। जब वह दूसरे दरवाज़े के नज़दीक पहुँचने लगे तो हमारे आदमी उस पर छिपने की जगह से निकलकर अचानक हमला कर दें और उस नामुराद का वहीं क़त्ल कर दें। उसके अंगरक्षकों को भी वहीं काट डाला जाये। हमारे लोग तादाद में ज़्यादा होंगे। उसके साथी नाकाफ़ी पड़ जायेंगे और अचानक टूट पड़ने से वह मुक़ाबला भी न कर सकेंगे। इस तरह उन सबको वहीं ख़त्म कर दिया जायेगा।

यह योजना जब कुछ ख़ास लोगों को अंजाम देने के लिए षड्यन्त्रकारियों ने बतायी तब उनमें से कुछ ऐसे भी थे जिनकी आस्था शेर ख़ाँ में थी। उन लोगों ने इस साज़िश से शेर ख़ाँ को पहले ही आगाह कर दिया। शेर ख़ाँ तो शुरू से ख़तरों से ख़बरदार था। इस ख़बर को सुनने के बाद वह और भी सतर्क हो गया। शेर ख़ाँ बहुत परिपक्व व्यक्ति था। इन बातों को उसने किसी से सार्वजनिक नहीं किया, किन्तु अपने विश्वसनीय अंगरक्षकों की संख्या में और वृद्धि कर ली। स्वयं भी वह चलते-फिरते अतिरिक्त सावधानी बरतने लगा।

युद्ध में हाथ आयी सम्पत्ति को उसने बिहारी सेना को और शक्ति सम्पन्न करने में व्यय किया। जब उसने यह महसूस किया कि लोहानी लोग अब उसे प्रत्यक्ष या अप्रत्यक्ष रूप से नुक़सान पहुँचा सकने की स्थिति में नहीं रहे तो उसने अपने ख़ास शत्रुओं को यह सन्देश पहुँचवाया कि अब तक उन्होंने शेर ख़ाँ की दोस्ती देखी है। अब वह उसका क़हर झेलने के लिए तैयार रहें। उसने परवेज़ लोहानी के एक आदमी को मौक़ा पाकर सरे-बाज़ार जूतों से पिटवा दिया। कुछ नक़ाबपोश उसे पीट-पीटकर चौराहे पर अधमरा करते रहे। उसके जिस्म के कपड़े तक फाड़ डाले। मगर पास खड़ी सिपाहियों की एक टोली महज़ तमाशा देखती रही।

बात सुल्तान जलाल ख़ाँ तक पहुँची तो उसने शेर ख़ाँ को तलब किया। और पूछा -

"यह सब मैं क्या सुन रहा हूँ? सुना है कि...किसी लोहानी सरदार के नौकर की आज सरेआम पिटायी हुई। उसे ज़लील करनेवाले नक़ाबपोश ऐलानियाँ कह रहे थे कि जाकर अपने आक़ा से कह दो कि शेर ख़ाँ से दुश्मनी बहुत महँगी पड़ेगी?..."

इस पर शेर ख़ाँ ने कहा कि—"यह ज़रूर मेरे दुश्मनों की कोई चाल होगी। मैं तो दूसरे कामों में मसरूफ़ था। आज शाम ही दौरे से लौटा हूँ। इस वाक़ये की तहक़ीक़ात करवाऊँगा।"

"मगर पीटनेवाले आपका नाम क्यों ले रहे थे?"

"अब यह मैं क्या कहूँ? तफ़्तीश के बाद ही इसका खुलासा हो पायेगा। मगर एक बात मैं आपसे आज साफ़-साफ़ अर्ज़ करना चाहूँगा।"

"हाँ-हाँ कहिये।"

"मैंने आपके वालिद और वालिदा मरहूम से आपकी परवरिश और ख़िदमत का जो वायदा किया था उसे मैंने आज तक अपनी पूरी ईमानदारी से निभाया है और इंशाअल्लाह! आगे भी निभाता रहूँगा।...मेरे ख़िलाफ़ इधर कुछ अरसे से चन्द लोहानी सरदार हद दर्जे की साजिशें कर रहे हैं। वह मेरी जान तक ले लेने पर आमादा हैं। मगर मैंने आज तक इस बाबत आपसे कुछ नहीं कहा। यही वजह है कि आपने शायद महसूस किया हो कि कुछ दिनों से मैंने आपके महल में आना-जाना भी काफ़ी कम कर दिया है। क्योंकि महल की पाबन्दियों की वजह से मैं अपने साथ ज़्यादा बड़े हिफ़ाज़ती दस्ते लेकर यहाँ नहीं आ सकता हूँ। मुझे ख़बर मिली थी कि मुझ पर किसी दिन मेरे दुश्मनों की ओर से आपके महल में आने-जाने के दौरान जानलेवा हमला होगा।...मुझे आप मुआफ़ करेंगे अगर आइन्दा मैं आपके पास और भी कम आमदरफ़्त करूँ। क्योंकि इस क़िस्म की बातें मुझे लगता है मेरे लोहानी ख़ैरख़्वाहों

की साज़िशों का तो कहीं हिस्सा नहीं? ऊपर से आप भी न जाने कैसे इन बेमुरौवत लोगों की बातों में आ गये?''

इस पर जलाल ख़ाँ ने पहलू बदलते हुए कहा—''यह बात नहीं है उस्ताद शेर ख़ाँ साहब! मैं जानता हूँ कि बहुत-से लोहानी फूहड़ और बेवक़ूफ़ होते हैं। उनकी ज़ुबान भी बेलगाम होती है। जो मुँह में आया बका करते हैं। उन्हें अपने कहे का भी कोई मोल नहीं होता। इस सिलसिले में आप-जैसा मुनासिब समझें कीजिये। आप अपने हमराहों के साथ कभी भी किसी भी वक़्त मेरे पास आ-जा सकते हैं। अपनी हिफ़ाजत का आप पूरा ख़्याल रखें। मैं तो यों ही आपसे कुछ जानना चाहता था।...''

शेर ख़ाँ ने इस पर जलाल ख़ाँ से आगे कहा—

''सुल्तान हुजूर। दरअसल, यह सारा तमाशा उन चन्द लोहानियों की वजह से हो रहा है जो मुझसे जलन रखते हैं और अवाम में मेरे ख़िलाफ़ मनगढ़न्त और बेबुनियाद अफ़वाहें फैलाते हैं। मसलन यह कि हालिया बंगाली फ़ौज से हुई लड़ाई में ज़ब्त किये गये हाथी-घोड़े-धन-दौलत को शेर ख़ाँ ख़ुद अकेला हज़म कर गया। अब भला बताइये ज़ब्तशुदा माल क्या शेर ख़ाँ की घरेलू मिल्कियत है? या कि सल्तनत का हक़? यह लोहानी सरदार जिन पर तीन-पीढ़ियों से दौलत की चर्बी चढ़ी है अपनी-अपनी जागीरों में ऐश कर रहे हैं। फिर भी इन्हें दुश्मन से ज़ब्त किये गये माल में भी हिस्सा चाहिए। सारी खुन्नस इसी बात को लेकर है कि यह हाथी-घोड़े वगैरह आख़िर इनके बीच तक्सीम क्यों नहीं किये गये? जबकि हक़ीक़त यह है कि शेर ख़ाँ वह सारा सरमाया अपने घर या अपनी जागीर में उठाकर नहीं ले गया। यहीं इस बिहार की सरज़मीन की हिफ़ाज़त के लिए खड़ी की जा रही फ़ौज की भर्ती और उसे बेहतर हथियार मोहइया कराने के वास्ते उसे ख़र्च किया जा रहा है। दुश्मन से जीते हुए हाथी-घोड़े-बैल और खच्चर आज आपकी मज़बूत फ़ौज का हिस्सा हैं। और ये...यह मूँजी शेर ख़ाँ को उनके लिए आये दिन बदनाम करते हैं? अपने नायबे-सल्तनत की नेकनीयती पर कीचड़ उछालते हैं? और आप भी सुल्तान?...''

कहते-कहते शेर ख़ाँ भावुक हो गया। एकाएक वह मुँह फेरकर चुप लगा गया। अपनी उखड़ती हुई साँसों पर क़ाबू पाने लगा। यह देखकर जलाल ख़ाँ उठ खड़ा हुआ। उसने अपने सेवकों को आवाज़ दी—''अरे कोई है? जल्दी से शेर ख़ाँ साहब के लिए पानी लाओ।''

शेर ख़ाँ भी सुल्तान को खड़े होते देख उठ खड़ा हुआ। उसने कहा—''मैं ठीक हूँ सुल्तान! आप बैठिये।''

पानी लाया गया। दोनों अपनी जगह बैठ गये। शेर ख़ाँ ने थोड़ा पानी पिया। कुछ पल को वहाँ सन्नाटा छा गया। फिर शेर ख़ाँ ने ही बात शुरू की। उसने जलाल ख़ाँ से कहा—

"आपको इस वक़्त एक नहीं, दो नहीं, एक साथ तीन-तीन मोर्चों पर बहुत ही एहतियात के साथ ग़ौर फ़र्माना होगा। हमारे एक ओर मुग़ल हैं और दूसरी ओर बंगाली। दोनों हमारी जमीन पर आँखें गड़ाये बैठे हैं। तीसरे हैं यह नामुराद लोग...आस्तीन के साँप...ग़द्दार। इन अन्दरूनी दुश्मनों से आप भी ख़बरदार रहिये और बराये-मेहरबानी मुझे भी अपना काम करने दीजिये। अज़ीज़ सुल्तान!...आपका जब तक मुझ पर ऐतबार हो मुझसे काम लीजियेगा। वरना मुझसे आप क़तई कोई उम्मीद न रखियेगा। आपकी जैसी मर्ज़ी। आप अगर कहें तो मैं यह नायब का ओहदा भी छोड़ने के लिए तैयार हूँ।"

शेर ख़ाँ के मुँह से यह सुनकर सुल्तान जलाल ख़ाँ भीतर से एकबारगी हिल गया। बोला—"अरे नहीं-नहीं। आप कैसी बात करते हैं उस्ताद मोहतरम! आप तो मेरे सरपरस्त हैं। मेरे वालिद की तरह हैं। मुझे आप पर पूरा भरोसा है। आप किसी कमज़र्फ़ इन्सान की बातों में न आयें और हुकूमत को हमेशा की तरह मज़बूती से चलायें।" जलाल ख़ाँ ने शेर ख़ाँ को हर तरह से यक़ीन दिलाया। शेर ख़ाँ सूर उसके बाद महल से ख़ामोशी के साथ वापस आ गया।

◙

◙

सुल्तान जलाल ख़ाँ से हुई उस मुलाक़ात के बाद शेर ख़ाँ और लोहानियों के बीच अलगाव की भावना और गहरी हो गयी। जलाल ख़ाँ एक ऐसा विवेकहीन व्यक्ति था जो कोई बात आसानी से पचा नहीं सकता था। उसने नित्यप्रति अपना कान भरनेवाले कुछ लोहानी सरदारों को बुलाया और उनसे शेर ख़ाँ से हुई बातों का ज़िक्र किया। कहा कि—"ज़ुबानी तौर पर नायबे-सल्तनत इस बार बहुत-कुछ कह गये। उन्हें लोहानियों की नीयत पर शक है कि वह उनके ख़िलाफ़ हैं और उनको जान से मारने की साज़िश में लगे हैं।

सरदार परवेज़ लोहानी ने कहा—"कोई सबूत पेश किया आपके सामने शेर ख़ाँ ने?"

इस पर सुल्तान जलाल ख़ाँ बोला—

"सबूत होता तो वह भी आपको दिखाता। फ़िलहाल तो उनकी ज़ुबान से निकले लफ़्ज़ ही आपको बता सकता हूँ।"

"हुजूर सुल्तान...बकवास करता है वह शख़्स। आप बेहद शरीफ़ इन्सान हैं जो उसकी चिकनी-चुपड़ी बातों पर यक़ीन कर लेते हैं। असल में ख़ुद वह आदमी बेहद ख़तरनाक है। लोहानी क्या उसे नुक़सान पहुँचायेंगे? उल्टे आप ही उससे बचकर

रहियेगा। वह बराबर अपनी ज़ाती-ताक़त में इज़ाफ़ा कर रहा है। किस दिन वह दग़ा दे जाये? कहा नहीं जा सकता...ऊँहुँह।''

राहत लाहौरी उसी दिन बंगाल के शाह के पास से लौटकर आया था। वह परवेज़ लोहानी के स्वर-में-स्वर मिलाकर सुल्तान से कपटपूर्वक बोला -

''जी हाँ हुजूर!...आज ही मैं बंगाल से सब हाल-हवाल लेकर वापस आया हूँ। यहाँ कहने को क्या-क्या नहीं हो गया इस बीच? पता चला कि बंगाली फ़ौज का सिपहसालार कुतुब ख़ाँ मारा गया। फिर बंगाल के शाह का क़हर इस शेर ख़ाँ के ख़ासुलख़ास यार मख़दूम आलम पर टूटा और वह मारा गया। शेर ख़ाँ ने पहले तो बंगाली फ़ौज से लूटा हुआ माल हज़म किया। फिर यह जिस मख़दूम आलम को अपना दोस्त कहता था उसका सारा ख़ज़ाना भी इसने हथिया लिया। और यहाँ यही शख़्स ऊपर से आपका सबसे बड़ा हमदर्द बना बैठा है।''

सुल्तान जलाल ख़ाँ इन लोहानियों की बातें आँखें फाड़े सुनता रहा। तब तक एक गुलाम ने आकर सुल्तान को सूचना दी कि बाहर से दरबान ने आकर बताया है कि कोई निज़ाम ख़ाँ साहब तशरीफ़ लाये हैं। उन्हें नायब साहब ने भेजा है।

यह सुनकर सुल्तान ने परवेज़ लोहानी और राहत लाहौरी से कहा--''आप हज़रात अब यहाँ से फ़ौरन रुख़सत हों। आपसे इत्मीनान से फिर बातें होंगी।''

दोनों लोहानी सरदार अपने दो अन्य दोस्तों के साथ सुल्तान जलाल ख़ाँ लोहानी को सलाम बजाकर वहाँ से रवाना हो गये।

रास्ते में राहत लाहौरी ने परवेज़ लोहानी से पूछा--''यह परिन्दा कौन है?''

परवेज़ ने जवाब दिया--''उसी बाज़ का छोटा भाई।''

गलियारे से गुज़रते हुए परवेज़ लोहानी और निज़ाम ख़ाँ की आँखें चार हुईं। एक आदमी निज़ाम के साथ था।

उस आदमी ने परवेज़ को घूरकर देखा और उसके मुँह से निकला--''ओह! तो यह माजरा है।''

जब दोनों आने-जानेवाले व्यक्ति-समूह दूर निकल आये तो निज़ाम ख़ाँ ने अपने साथ के उस आदमी से पूछा--''क्या बात है वकील मुहम्मद?...तुम इन लोगों को देखकर चौंके क्यों?''

वकील मोहम्मद ने कहा--''यही तो हैं वे हरामज़ादे जो सुल्तान को दिनरात गुमराह कर रहे हैं।''

''कौन लोग हैं ये?''--निज़ाम ख़ाँ ने पूछा।

''अरे हैं तो कमबख़्त हमारे ही बिरादर। मगर लोहानियों की नाक कटाने पर अमादा हैं। आपने उसके साथ उस ग़द्दार को देखा? जो कि आबनूस की तरह काला

है। वह जितना ऊपर से काला है अन्दर से भी उतना ही स्याह है। अभी-अभी हमारे दुश्मन शाहे-बंगाल का नमक खाकर लौटा है वह नमक हराम।''

''क्या नाम है उसका?''

''राहत लाहौरी!...वही सरगना है उस गिरोह का जो आपके भाईजान शेर ख़ाँ साहब के ख़ून का प्यासा है इन दिनों।''

बातें करते हुए दोनों जब महल के शाही मेहमानों के कमरे के नज़दीक पहुँचे तो ख़ामोश हो गये। एक गुलाम भीतर से आया और उसने उन्हें अन्दर आने का इशारा किया।

दोनों भीतर के कमरे में दाख़िल हुए। उस आलीशान बैठके में एक ऊँची कुर्सी पर सुल्तान जलाल ख़ाँ बैठा उनका इन्तज़ार कर रहा था। दोनों आगन्तुकों ने सुल्तान को झुककर आदाब अर्ज़ किया।

''कहिये निज़ाम ख़ाँ। कैसे आना हुआ? सब ख़ैरियत तो है?''—सुल्तान ने कहा।

''जी हुजूर सुल्तान!...और तो सब ख़ैरियत है। इन दिनों भाईजान शेर ख़ाँ साहब की तबीयत ज़रा नासाज़ है। उन्होंने एक दरख़्वास्त के साथ मुझे भेजा है।''

''हाँ-हाँ कहिये।''

''इन दिनों हमारी जागीरों में सूखे की वजह से कई गाँवों में बड़ी मुसीबत आयी हुई है। कई जगह हवा से आगज़नी भी हो गयी है। इसलिए अवाम को देखने के लिए कुछ दिनों के वास्ते भाईजान का वहाँ जाना बहुत ज़रूरी हो गया है। उसी की इजाज़त के लिए उन्होंने मुझे आपके पास भेजा है।''

''और इन साहब की तारीफ़।''

''हुजूर नाचीज़ को वकील मुहम्मद ख़ाँ कहते हैं। मैं सरदार नूर मुहम्मद ख़ाँ लोहानी का बेटा हूँ।''

''ओह! वही नूर मुहम्मद साहब जिनकी शेर ख़ाँ बड़ी तारीफ़ किया करते हैं?''

''जी हाँ! हुजूर के वालिद मोहतरम उन्हें क़रीब से जानते थे।''

''हाँ-हाँ मैंने उनका बड़ा नाम सुना है।''

इस पर निज़ाम ख़ाँ ने वक़्त ज़ाया न करते हुए कहा—''हुजूर सुल्तान! अगर आप शेर ख़ाँ भाईजान को सहसराम जाने की इजाज़त देंगे तो मैं भी उनके साथ वापस जाऊँगा। उस सूरत में भाईजान ने इन वकील मुहम्मद को मेरी जगह अपना क़ासिद मुकर्रर किया है। हुजूरे आली के पास शेर ख़ाँ भाईजान की तरफ़ से उनकी ग़ैरहाज़िरी में यही पैग़ाम लेकर आया-जाया करेंगे।''

"ठीक है। वकील मुहम्मद। तुम्हें इज़ाजत है। और निज़ाम ख़ाँ! भई कब जाना चाहते हैं हमारे उस्ताद शेर ख़ाँ?"

"हुज़ूरे आली कल या परसों में।...थोड़ी तबीयत सँभल जाने के बाद।"

"ठीक है। मगर उनसे कहना कि मुझसे मिले बग़ैर न जायें। हम सुबह से नाश्ते पर उनका इन्तज़ार करेंगे।"—कहकर सुल्तान उठा और अन्दर के महल में चला गया।

निज़ाम ख़ाँ और वकील मुहम्मद ने सिर झुकाया और वापस लौट चले।

अब तक लोहानियों में परस्पर-विरोधी दो दल बन चुके थे। उनमें बाक़ायदा फूट पड़ चुकी थी। एक-तिहाई लोहानी शेर ख़ाँ के विरुद्ध उसके दुश्मन गिरोह की मुट्ठी में थे। दो-तिहाई लोहानी जो शेर ख़ाँ की योग्यता और उसकी तख़्तोताज के प्रति वफ़ादारी के क़ायल थे, उसके साथ थे। इन लोहानियों ने बाक़ायदा शेर ख़ाँ के साथ जीने और मरने की क़समें खायीं थीं। शेर ख़ाँ जानता था कि पठान एक सिरफिरी क़ौम है। अगर वह किसी से भड़क गयी तो फिर उसके क़ाबू में नहीं आ सकती, जैसे परवेज़ लोहानीनुमा लोग। और वही पठान अगर किसी को ज़ुबान दे दें तो फिर किसी क़ीमत पर अपने क़ौल से पीछे नहीं हट सकते। जैसे कि उसके वकील मुहम्मद ख़ाँ लोहानी-जैसे वफ़ादार साथी।

जब शेर ख़ाँ को यह विश्वास हो गया कि लोहानियों का एक बिगड़ैल दल जलाल ख़ाँ, राहत लाहौरी, परवेज़ लोहानी वगैरह के साथ मिलकर उससे पूरी तरह उखड़ चुका है, लेकिन उसके पास लोहानियों में ही मतभेद के बाद से एक दूसरा मज़बूत और प्रतिबद्ध दल आज भी उसके साथ ही है तो उसने अपने प्रति उन वफ़ादार लोहानियों से अपने दिल की बात कही।

इन लोहानी सरदारों से अपनी गोपनीय बैठक में शेर ख़ाँ ने साफ़-साफ़ शब्दों में यह कहा—"आप सब बेहतर जानते हैं कि मैं पूरी मेहनत और अक़ीदत के साथ सुल्तान जलाल ख़ाँ लोहानी की ख़िदमत कर रहा हूँ। क्योंकि उनके वालिदेन के अनगिनत अहसान मुझ पर हैं। आप यह भी जानते होंगे कि जलाल जब बच्चा था तभी से मुझे उसकी तरबियत के लिए तैनात किया गया था। मैंने उस ज़िम्मेदारी को निभाने में कभी कोई कोर-कसर बाक़ी न रखी। अब यहाँ कुछ ख़ैरख़्वाहों की मेहरबानी से जो कुछ चल रहा है वह भी आपसे छिपा नहीं है। ऐसे में..."

जवाब में शेर ख़ाँ के हिमायती सरदारों ने कहा कि—"जिस बात के लिए आपका दिल गवाही दे वही ठीक है। क्योंकि लोहानी क़बीले के लोगों में जो दो फ़िरके हो गये हैं मौजूदा हालात में वह एक-दूसरे के दुश्मन-सरीखे हैं। दोनों फ़िरके अब एक साथ नहीं रह सकते।"

इस पर शेर ख़ाँ ने कहा कि—"मैंने इस मसले के हल के लिए और जलाल ख़ाँ की हिफ़ाज़त के लिए यह सोचा है कि उनसे कहूँ कि आपके पास दो मुश्किलें हैं। पहली अपने सबसे बड़े दुश्मन बंगाल के सुल्तान का मुक़ाबला करना। दूसरी मुल्क में अम्नो-अमान क़ायम रखकर किसानों से लगान वसूल करना। बदक़िस्मती आपके सिपाही दो फ़िरकों में बँट चुके हैं। वह कब आपस में भिड़ जायें? कहा नहीं जा सकता। ऐसा होना बिहार की सेहत के लिए क़तई मुनासिब न होगा। चुनाँचे एक फ़िरके को आप मुल्क की हिफ़ाज़त के लिए अपने पास रख लें। दूसरे फ़िरके को आप जागीरों में मालगुज़ारी की वसूली और अम्नो-अमान के काम में लगा दें।"

जवाब में लोहानी सरदारों ने शेर ख़ाँ से एक राय होकर कहा कि—"जब हम लोग एक बड़ी ताक़त की शक्ल में आपके पास मौज़ूद हैं तो ऐसे ग़द्दारों और फ़सादियों को शाही फ़ौज में रखने की क्या ज़रूरत है? आप आख़िर सुल्तान से कहते क्यों नहीं कि वह उन बेग़ैरतों को फ़ौज से निकाल बाहर करें और उनकी जागीरें ज़ब्त करके दूसरे सिपाहियों को दे दें।"

इस पर शेर ख़ाँ ने ठण्डे स्वर में कहा—"मेरा मक़सद महज़ अपनी और सुल्तान की हिफ़ाज़त करना है। किसी से बदला लेना नहीं। खुदा एक दिन मेरे मुख़ालिफ़ों को भी अक़्ल देगा। वक़्त की ठोकर अच्छे-अच्छों को पछतावे के लिए मज़बूर कर देती है। जहाँ तक हो सके हमें अपने मुख़ालिफ़ों को भी सँभलने का एक मौक़ा ज़रूर देना चाहिए। क्योंकि दुश्मनी को दोस्ती से जीतने की कोशिश किये बग़ैर अदावत की आग भड़काने से कुछ भी हासिल नहीं होता। कोशिश करना इन्सान का फ़र्ज़ है। आगे अल्लाह की मर्ज़ी।"

इस पर सभी उपस्थित लोहानी सरदारों ने शेर ख़ाँ के इन विचारों की प्रशंसा की।

शेर ख़ाँ ने पत्रवाहकों के माध्यम से सुल्तान जलाल ख़ाँ को कई ख़त भिजवाये। क़ासिद तीन-चार बार उसके सन्देशों को लेकर गया। जलाल ख़ाँ ने शेर ख़ाँ के विरोधियों और अपने तथाकथित हमदर्द लोहानी सरदारों को वह ख़त भी बुलाकर पढ़वा दिये। उन शातिर लोगों ने सुल्तान को सलाह दी कि अब जब शेर ख़ाँ अपने ऊपर हमले की साजिश का यूँ लिखकर अन्देशा ज़ाहिर कर चुका है और उसने लोहानियों में भी फूट डालकर उसके एक गुट को अपने चंगुल में कस लिया है तो वह जलाल ख़ाँ और बिहार के तख़्त के लिए और भी ख़तरनाक हो गया है। इसलिए जलाल ख़ाँ को इन बाग़ी हालातों में फ़ौरन से पेश्तर बंगाल के सुल्तान के पास चले जाना चाहिए। इससे पहले कि शेर ख़ाँ या कोई और बिहार की गद्दी पर क़ब्ज़ा कर ले उसे बंगाल के शाह को ही उस गद्दी की पेशकश करके बंगाल में अपने लिये क़ायदे की कुछ जागीरें ले लेनी चाहिए। बंगाल की फ़ौजी ताक़त के साथ मिलकर आगे शेर ख़ाँ से निपट लिया जायेगा।

अक़्ल से पैदल सुल्तान जलाल ख़ाँ को उन ग़द्दार लोहानियों की वह घातक सलाह बड़ी हितकर लगी और वह उनसे सहमत हो गया।

सहसराम की देखभाल के लिए प्रस्थान से पहले जब शेर ख़ाँ सूर सुल्तान जलाल ख़ाँ लोहानी के हुज़ूर में पेश हुआ तो उसने उसे जाने की इजाज़त देते हुए नज़दीक बुलाया और धीरे से कहा—

"मोहतरम शेर ख़ाँ! आप मेरे रहबर हैं मैं तो बस इतना जानता हूँ। मैंने आपकी बातों पर बहुत ग़ौर किया। वाक़ई आपका पाक दामन और शाही तख़्त के लिए बेमिसाल वफ़ादारी ही चन्द लोहानियों की दुश्मनी का सबब बन गयी है। लेकिन मेरी गुज़ारिश है कि आप बिना किसी उज्र के अपने फ़र्ज़ को अंजाम देते रहें। इधर मुग़लों की तरफ़ से होशियार रहें और वक़्त पड़ने पर उनसे मुक़ाबले के लिए तैयार रहें। मैं खुद शाही फ़ौज के साथ बंगाल के सुल्तान पर हमला करने के वास्ते जाता हूँ।"

इस पर शेर ख़ाँ ने सुल्तान से कहा—"बेहतर हुज़ूर सुल्तान!...मगर मेरी सलाह है कि कुछ दिन ठहर जायें। मेरी सहसराम से वापसी तक बिहार में ही इन्तज़ार फ़र्मा लें।"

जलाल ख़ाँ ने हामी भरी और शेर ख़ाँ अपनी जागीरों की देखभाल के लिए चला गया। चलते समय सुल्तान ने शेर ख़ाँ को एक घोड़ा और ख़िलत प्रदान की और बड़े आदर-सत्कार के साथ उसे विदा किया।

◙

◙

"इन्हें उस्तादों से कहकर अब घुड़सवारी और तलवारबाज़ी सिखाना शुरू करो निज़ाम! मेरे भाई!! यह लड़के बड़े हो रहे हैं"—शेर ख़ाँ ने अपने तीनों बेटों को बाग़ीचे में खेलते देखकर कहा।

"क्या भाईजान! आप भी? आदिल, जलाल और कुतुब अभी बच्चे हैं। मुश्किल से पन्द्रह बरस का है आदिल और बाक़ी दोनों दस-बारह बरस के।...अभी यह उनके खाने-खेलने के दिन हैं।"

"सियासतदानों और हुक्मरानों की औलादों के खाने-खेलने के दिन लम्बे नहीं होने चाहिए। हम जिस ज़िन्दगी को जीते हैं उसमें जंग के लिए तैयारी जितनी जल्दी शुरू हो वही बेहतर होता है। आराम और आसाइशें हमारी औलादों की जोखिम-भरी उम्र का हिस्सा नहीं बन सकतीं।"

"ठीक है भाईजान! मैं समझ गया..."

"आपको अब अपने तीनों भतीजों—की फ़ौजी तरबियत अपनी कड़ी निगरानी में करानी होगी। लगता है कि अभी हमें एक बहुत लम्बी लड़ाई लड़नी है। इन बच्चों को फिर जल्दी देख पाऊँ या नहीं, कह नहीं सकता। जागीर और यह घर अब आपको ही सँभालना और देखना है।"—शेर ख़ाँ ने और भी गम्भीरता से कहा।

"पर भाईजान! मैं भी आपके साथ आना चाहता था।"

"आपकी जब ज़रूरत होगी हम ज़रूर आपको बुलायेंगे। पर फ़िलहाल आपकी ज़रूरत सहसराम, ख़वासपुर टाँडा और हम लोगों की दूसरी जागीरों को ज़्यादा है।"

शेर ख़ाँ पूरे दस दिन अपनी जागीरों में दौड़ा-धूपा। वह अकालग्रस्त गाँवों में गया। भूख से बिलखते स्त्री-पुरुषों को उसने अनाज-वस्त्र आदि देकर राहत पहुँचायी। बीमारों को इलाज के लिए क़स्बाई अस्पतालों और हकीमों के पास भेजा। जिन परिवारों में मौत हो गयी थी उनके वारिसान को आर्थिक सहायता पहुँचायी। जहाँ किसी परिवार का मुखिया या जवान बेटा अकाल में अथवा आगज़नी में मरा था वहाँ के एक बालिग़ लड़के को फ़ौज में नौकरी दी। ग़रीबों में कम्बल और चादरें भी ज़रूरत के मुताबिक़ अपने हाथों से तक्सीम कीं। निज़ाम ख़ाँ के हाथों से भी बँटवायीं। अपने अहलकारों से कहा कि वह सूखाग्रस्त एवं अग्निपीड़ित क्षेत्रों में लगान की वसूली अगली फ़सल तक स्थगित रखें। सभी कर्मचारी यह सुनिश्चित करें कि किसी गाँव का एक भी आदमी भूख-प्यास से मरने न पाये। हर मुमकिन राहत का बन्दोबस्त किया जाये। क्योंकि जो अवाम हमें अच्छे दिनों में लगान और महसूल देते हैं उनके बुरे दिनों में काम आना हमारा अव्वल फ़र्ज़ है।

उसके बाद कुछ दिन अपनी बेगम, बच्चों और निज़ाम व उसके बीवी-बच्चों से मिलकर शेर ख़ाँ पटना वापस लौट आया। देहातों में जो दर्दनाक मंज़र उसने देखे थे उसने उसे विवश किया कि रातों में कभी-कभी घूमकर वह चुपचाप शहर के ग़रीबों के भी हालात का जायज़ा ले।

पटना आने पर उसे मालूम चला कि सुल्तान जलाल ख़ाँ और उसके हिमायती अनेक लोहानी सरदार एक लश्कर की शक्ल में बंगाल के सुल्तान की शरण में भाग गये हैं। वह भी कई दिन पूर्व। बग़ैर किसी से कहे-सुने। वकील मुहम्मद लोहानी ने शेर ख़ाँ सूर से बताया कि ग़द्दार लोग सुल्तान को लिये-दिये रातोंरात राजधानी से खिसक लिये। किसी ने बताया कि सुल्तान को समझा दिया गया था कि शेर ख़ाँ के इशारे पर पीठ पीछे उसके हिमायती सरदारों ने जलाल ख़ाँ को मौत के घाट उतार देने की पूरी तैयारी कर ली है। यह जानकर सुल्तान बड़ा घबरा गया और गौड़ देश को भाग खड़ा हुआ। किसी का कहना था कि ऐसा कुछ नहीं था। सुल्तान अपनी मर्ज़ी से गया और वह अपनी समझ से शेर ख़ाँ और उसके हिमायतियों को सोच-समझकर चकमा दे गया था।

शेर ख़ाँ ने वकील मुहम्मद से कहा—"अल्लाह जो करता है अच्छा करता है। जलाल ख़ाँ और मुख़ालिफ़ पठानों के निकल जाने के बाद अब बंगाल का सुल्तान बिहार जीतने के लिए हमला ज़रूर करेगा। जो ग़द्दार थे, हमारे बिरादर होकर भी हमारे अपने न थे, वह दुश्मन के साथ चले गये। अब जो हैं वह सब मेरे अपने हैं। कोई दुफ़र्कापन नहीं है। हम सब एक हैं। अफ़ग़ान सरदारों की यकजहती ही हमारी फ़ौज की सबसे बड़ी ताक़त है। बंगाल की फ़ौज हमारी सरज़मीं पर हमसे लड़कर हमारा कुछ भी बिगाड़ नहीं सकती। अब देखना अगर यह जंग हुई तो फ़तेह हर हाल में हमारी ही होगी।...बंगाली फ़ौज को हराने के बाद अगर मैं ज़िन्दा रहा तो इंशाअल्लाह! तुम देखना कि उसके बाद मैं कितनी जल्दी मुग़लों को हिन्दुस्तान से खदेड़ता हूँ।"

शेर ख़ाँ ने वे पुराने शब्द फिर कहे। मगर इस बार यह उसका कोरा आत्मविश्वास नहीं था, इसमें एक फ़कीर के वचन से निकला हुआ एक विश्वास भी जुड़ गया था। इसके पीछे एक विलक्षण घटना थी जो शेर ख़ाँ की ज़िन्दगी में अनायास घटित हुई थी।

उन दिनों शेर ख़ाँ पटना के बज़ारों में रात के समय घूमते हुए सो रहे ग़रीब इन्सानों और फ़कीरों के सिरहाने सोने-चाँदी के सिक्के रख जाया करता था। एक रात जब वह बाज़ार में चक्कर लगा रहा था तो उसने देखा कि एक दरवेश अचानक अपना सिर उठाकर उसे देखकर बोला—"या ख़ुदा! तेरी बड़ी मेहरबानी। देख तो...दिल्ली का शहंशाह आया है।" दरवेश के इन वचनों को शेर ख़ाँ ने भविष्यवाणी समझा।

जलाल ख़ाँ के नुसरत ख़ाँ की शरण में बंगाल भाग जाने से बिहार की शासन सत्ता अब पूरी तरह से शेर ख़ाँ के हाथों में आ गयी। वह बिहार का अब निर्विरोध शासक बन बैठा। मगर शेर ख़ाँ ने फिर भी कोई शाही पदवी धारण नहीं की। वह 'हज़रते-आला' के ख़िताब के साथ बिहार का राजकाज चलाता रहा। बंगाल का शासक नुसरतशाह सन् 1529 में शेर ख़ाँ की बहादुरी का मज़ा चख चुका था इसलिए वह चार वर्ष तक हमले का दुस्साहस न कर सका। उसकी मृत्यु के बाद उसका लड़का महमूदशाह बंगाल की गद्दी पर बैठा। तब उसने शेर ख़ाँ पर हमले की योजना बनायी। जिसके कारण सन् 1533 में सूरजगढ़ का निर्णायक युद्ध हुआ।

◙
◙

ख़बर मिली कि जलाल ख़ाँ और उसके ग़द्दार साथियों के उकसावे पर बंगाल का नया सुल्तान महमूद बिहार पर चढ़ाई करने की तैयारी शुरू कर चुका है। वहाँ गौड़

में देश भर से भारी फ़ौज जुटायी जा रही है। विगत युद्ध के कटु अनुभवों को ध्यान में रखकर उस फ़ौज को इस बार विशेष प्रशिक्षण दिया जा रहा है। बंगाल नरेश इस बार बिहार को बंगाल के साम्राज्य में मिलाकर अपनी शक्ति का ऐसा विस्तार करने का इरादा रखते हैं जिससे मुग़ल आततायी धुर पूरब की ओर बढ़ने का दुस्साहस न कर सकें। इसके विपरीत बंगाल में गीदड़ों की तरह दुबके बिहार के लोहानियों के लिए असली मक़सद और इज़्ज़त का सवाल यह था कि कैसे शेर ख़ाँ को ख़त्म करके विरोधी अफ़ग़ान सरदारों की कमर तोड़ी जा सके।

बंगाल से दुश्मन के सिर उठाने का यह समाचार शेर ख़ाँ के लिए सबसे बड़ी आज़माइश का मौक़ा था। वह भी उधर अपनी फ़ौज को धार देने में जुटा हुआ था। उसके लिए एक-एक दिन और एक-एक घड़ी क़ीमती थी। अपने सिपहसालारों और सुयोग्य सरदारों के साथ वह मश्विरा करके दुश्मन को युद्ध के मैदान में थामने, उसके बाद थकाने और आख़ीर में बर्बाद कर देने की अभिनव-योजना बना रहा था।

शेर ख़ाँ अपने साथियों से कह रहा था कि—"उस बंगाली कुतुब ख़ाँ की मौत और हार तो हुई मगर उसकी फ़ौज ने हमारा इलाक़ा देख लिया है। यह एक तरह से बुरा भी है और अच्छा भी।"

एक सरदार ने पूछा—"इसमें अच्छा क्या है?"

शेर ख़ाँ मुस्कुराया। कहने लगा कि बिल्ली जो रास्ता देख लेती है मौक़ा मिलने पर उसी तरफ़ से घर में घुसती है।...बंगाली किधर से आयेंगे? हमें इसका अन्दाज़ा है।

यह कहकर क़लम से शेर ख़ाँ एक नक्शे पर तीन रास्ते बनाने लगा।

उसने कहा कि—"यह रास्ता जो गंगा के किनारे-किनारे आता है वह आगे से दलदल और कच्चे रास्तों की वजह से बड़ी फ़ौज के गुज़रने लायक नहीं है। हम अपनी एक ख़ास हथियारबन्द फ़ौज को तीरन्दाज़ दस्तों के साये में इस जगह पर तैनात करेंगे कि वह यहाँ से दुश्मन पर नज़र रख सके और अगर दुश्मन यहाँ से आगे बढ़ना चाहे तो हमें अपनी मदद के लिए पहुँचने तक वह फ़ौज कुछ घण्टे उसे वहीं रोके रखे।

अव्वल तो दुश्मन की फ़ौज वहाँ तक आने न पायेगी कि उससे पहले हमारे घुड़सवार डाकिये उसके आने की ख़बर हम तक पहुँचा देंगे। इस जगह से कोई पचास कोस दूर यह जो जंगली और पठारी इलाक़ा है उनके लश्कर इस जगह से यह दूसरा रास्ता भी पकड़ सकते हैं जो कि सीधा सूरजगढ़ की ओर आता है। क्योंकि इसी रास्ते से होकर वे जंगली बिल्लियाँ पहले भी यहाँ आ चुकी हैं। समझ गये?"

"जी हाँ आला हज़रत मोहतरम!...मगर यह तीसरा रास्ता?"

"इससे उनका आना नामुमकिन है। क्योंकि यह रास्ता सबसे लम्बा और घूमकर है। अनजान रास्ते से फ़ौज को लाना ज़्यादा तकलीफ़देह, ख़र्चीला और वक़्त बर्बाद करनेवाला होता है। इसे तो इब्राहीन भी समझता होगा।" शेर ख़ाँ ने कहा।

"कौन इब्राहीम?"—एक साथ कई स्वर उस मन्त्रणा-कक्ष में गूँजे।

"मरहूम कुतुब ख़ाँ का बेटा। सुना है कि बाप की मौत का बदला लेने के नाम पर सुल्तान इस बार उस इब्राहीम ख़ाँ बिन कुतुब ख़ाँ को ही अपना सालारेजंग बनाकर भेज रहा है।"

"हज़रते-आला!! आपको अपने दुश्मने-अव्वल का नाम भी मालूम हो गया? अरे वाह!!!"

"यह सब तो हमारे चुस्त डाकियों और जाँबाज़ मुखबिरों का कमाल है।" शेर ख़ाँ ने फिर से मुस्कुराकर कहा।

वास्तव में शेर ख़ाँ का सूचनातन्त्र बहुत ही कारगर था। उसने तेज़ घुड़सवार डाकियों की एक ऐसी शृंखला विकसित की थी जो आज के खेलों की भाषा में कहें तो किसी 'रिले-रेस' से कम न थी। हर चार या छह कोस पर पड़नेवाले किसी गाँव या बस्ती के नज़दीक घुड़सवार सन्देशवाहक तैनात रहते थे जो अपने मुल्क की ज़मीन पर दुश्मन के इलाक़े में रह रहे जासूसों से प्राप्त ख़बरों को अगली जगह पहुँचाते थे। प्रत्येक तैनात घुड़सवार सन्देशवाहक दूसरे सन्देशवाहक को वह पीछे से प्राप्त सूचना देता। दूसरा घुड़सवार तीसरे घुड़सवार को और तीसरा चौथे को यह सन्देश या सूचना उस लिखित डाक के ज़रिये आगे पहुँचाता। इस सिलसिले के जारी रहते दुश्मन की गतिविधियों के समाचार शेर ख़ाँ तक निरन्तर प्रतिदिन पहुँचते रहते थे।

शेर ख़ाँ ने ऐसी व्यवस्था बनायी थी कि यह घुड़सवार डाकिये जिस गाँव-गिराँव के भीतर या उसके नज़दीक होते वहाँ का मुखिया इन डाकियों के भोजन और उनके घोड़ों के दाने-पानी की व्यवस्था और विश्राम हेतु झोंपड़ों-तबेलों या अस्थायी सराय का निर्माण सुनिश्चित करता था। हर डाकिये के पास आपात्काल में एक दूसरा घोड़ा भी रहता था। ताकि एक घोड़े के बीमार या किसी वजह से चोटिल हो जाने पर दूसरे घोड़े का तुरन्त इस्तेमाल किया जा सके। इस अतिरिक्त घोड़े को मोहैया कराने की ज़िम्मेदारी भी गाँव के मुखिया या मुक़द्दम की ही होती थी।

दुश्मन की फ़ौज की तादाद, फ़ौज के कूच करने के वक़्त उस फ़ौज का साज़ो-सामान, फ़ौज की तैयारी यह सारी ख़बरें बराबर हर दिन शेर ख़ाँ को मिलती रहती थीं।

उधर बंगाली फ़ौज तैयारियों में लगी थी और इधर शेर ख़ाँ युद्ध की एक अलग रणनीति के क्रियान्वयन में जुटा हुआ था। उसने सूरजगढ़ का इलाक़ा सुल्ताने-बंगाल की फ़ौज को थामने और उससे टक्कर लेने के लिए चुना था। यह जगह एक ओर

पहाड़ी और दूसरी ओर मैदानी इलाक़ेवाली थी। एक ढालदार पहाड़ी जो ऊँचाई से नीचे सेना के उतरने हेतु अपेक्षाकृत सुगम थी, उससे सटकर मैदान में उसने कई एकड़ भूमि के इर्द-गिर्द तीन तरफ़ खाइयाँ खुदवायीं। फिर उन खाइयों में निकली मिट्टी और पत्थरों की क़िलेबन्दीनुमा दीवारें खड़ी कीं। यह दीवारें छह फ़ीट से भी ऊँची थीं। इनमें बीच-बीच में आरपार देखने के लिए छेद भी रख छोड़े गये थे।

यह अस्थायी क़िलेबन्दी शेर ख़ाँ की कुशाग्र बुद्धि और सूझ-बूझ के अपने मौलिक रणकौशल का हिस्सा थी। उसने अपनी फ़ौज के पैदल और घुड़सवारों, सैनिकों को इस अस्थायी मगर प्रभावशाली क़िलेबन्दी के पीछे सुरक्षात्मक स्थिति में रखा था ताकि उचित अवसर आने पर उनका आक्रमण में भी इस्तेमाल कर सके। यह व्यूहरचना दुश्मन पर समय-समय पर अचानक हल्ला बोलने के लिए तैयार की गयी थी।

इसके अलावा शेर ख़ाँ ने मुग़लों की आरक्षित फ़ौज 'तुलगमा' की भाँति अपनी घुड़सवार फ़ौज का एक बड़ा हिस्सा बराबर में सटी एक पहाड़ी के पीछे छिपाकर रख छोड़ा था, जिसका सही वक़्त आने पर भरपूर इस्तेमाल किया जा सके।

शेर ख़ाँ ने इस युद्ध में बंगालियों को कई दिनों तक छकाकर उनकी शक्ति का ह्रास करने और उनका मनोबल गिराने की भी रणनीति बनायी थी। इसके लिए उसने खाइयों के पीछे खड़े किये गये उस मिट्टी के क़िले से 'छापामार युद्धकला' का प्रयोग करने और दुश्मन को हतप्रभ कर उसे यथासम्भव नुक़सान पहुँचाने और फिर भागकर अपने सुरक्षित क़िले में लौट आने के लिए अपने सैनिकों को विशेष प्रशिक्षण दिया था। शेर ख़ाँ ने इस सूरजगढ़ की लड़ाई में वाक़ई लोमड़ी की-सी चालाकी को अपनाया था।

बंगाली फ़ौज की प्रतीक्षा चल रही थी। इस बीच शेर ख़ाँ अक्सर मज़ाक में कहा करता था—"आने दो जंगली बिल्लियों को। पहले हमारी लोमड़ियाँ उन्हें नोचेंगी फिर हमारे भेड़िये अपनी माँद से निकलकर उन पर टूट पड़ेंगे। हम दुश्मन को इस बार ऐसा सबक सिखायेंगे कि वह आइन्दा हमारी ओर पलटकर देखने तक की जुर्रत न कर सके।"

◙
◙

सुल्ताने-बंगाल महमूद की भारी फ़ौज सूरजगढ़ पहुँच गयी। शेर ख़ाँ की फ़ौजों ने तब तक अपनी अस्थायी क़िलेबन्दी पूर्ण कर ली थी। दो-तिहाई अफ़ग़ान घुड़सवार लड़ाके और हिन्दुस्तानी सिपाही तनिक ऊँचाई पर बनायी गयी मिट्टी की उस मोर्चाबन्दी के पीछे थे। जबकि एक-तिहाई घुड़सवार और पैदल फ़ौज बराबर

की पहाड़ी के पीछे छिपाकर रख छोड़ी गयी थी। यह शेर ख़ाँ सूर की आरक्षित फ़ौज थी।

सुल्तान बंगाल ने इब्राहीम ख़ाँ बिन कुतुब ख़ाँ को अपनी सेना का नायक नियुक्त किया था और उसे बिहार राज्य को जीतने के लिए गाजे-बाजे के साथ रवाना किया था। भगोड़ा जलाल ख़ाँ लोहानी और उसके ग़द्दार अफ़ग़ान साथी राहत लाहौरी वगैरह भी तब उस सेना के साथ हो लिये थे। इब्राहीम की कमान में बंगाल की विशाल सेना थी। उसमें बहुत-से हाथी और तोपें भी शामिल थीं। हज़ारों पैदल और घुड़सवार सैनिक तो थे ही।

इब्राहीम अपने घमण्ड में चूर शेर ख़ाँ की सेना को निहायत मामूली समझता था। जबकि शेर ख़ाँ एक कुशल रणनीतिकार था। उसे दुश्मन की सेना के आगे बढ़ते हुए क़दमों की लगातार जानकारी मिल रही थी। अपनी मोर्चेबन्दी से कोई तीन कोस आगे उसने दो द्रुतगामी घुड़सवारों के लश्कर दुश्मन के आने के रास्ते से हटकर जंगलों में दोनों ओर छिपाकर तैनात कर दिये थे।

दुश्मन की सेना भारी तादात में बढ़ी चली आ रही थी। इब्राहीम के घुड़सवार दस्ते आगे चल रहे थे। पैदल सैमिक उनके पीछे थे। हाथी और तोपख़ाना सबसे पीछे चल रहा था। इन्हीं में से एक हाथी पर जलाल ख़ाँ लोहानी भी सवार था। एक-दूसरे हाथी पर इब्राहीम बैठा हुआ था। अभी यह लोग सूरजगढ़ से कोई ढाई-तीन कोस दूर थे। इब्राहीम के हाथी एक उथले नाले को पार कर रहे थे। सामने घना जंगल था। अचानक आगे के फ़ौजी दस्तों में हलचल-सी मची। शोरगुल होने लगा।

सिपहसालार इब्राहीम ने जानना चाहा कि "माज़रा क्या है?" तब तक दो घुड़सवारों ने आकर उसे बताया कि "आगे शेर ख़ाँ के कुछ छिपे हुए हथियारबन्द घुड़सवारों ने अचानक हमारी फ़ौज पर हमला कर दिया है। वह दायें-बायें दोनों बाज़ू से पैदल सिपाहियों के बीच घुस आये हैं और उन्हें काट रहे हैं। सरदार शुजावल ख़ाँ ने हमें हुजूर को ख़बरदार करने को भेजा है।"

इब्राहीम ने फ़ौरन अपने हाथी को झुकवाया और वह हाथी से उतर पड़ा। उसने उन सिपाहियों में से एक का घोड़ा ले लिया और दूसरे घुड़सवार से कहा कि तुम मेरे साथ आओ।

इब्राहीम सतर्कता से अपने लश्करों से हटकर थोड़ा किनारे-किनारे होकर आगे की ओर बढ़ा। आगे जाकर जब वह वारदातवाली जगह पर पहुँचा तब तक वहाँ से हमलावर मारकाट करके निकल चुके थे।

वहाँ इधर-उधर क़रीब डेढ़ सौ घायल सिपाही पड़े हुए थे। उनमें जब दिखवाया गया तो कोई पचास एक आदमी मरे पाये गये। इब्राहीम के सिपाहियों ने बताया कि—"क़रीब दो-तीन सौ घुड़सवार दुश्मनों ने अचानक दोनों तरफ़ से निकलकर उन

पर हमला किया। जब तक सँभलते उन्होंने मार-काट मचा दी। हमारी बंगाली फ़ौज का रिसाला आगे से पल्टा। उसके आने पर थोड़ी ही देर मुक़ाबला चला। हमारे लोगों ने भी उनके पाँच घुड़सवार मार गिराये। यह रही उनकी लाशें। तीन घोड़े हमने पकड़ लिये और दो घोड़े भागते हुए दुश्मन के साथ ही जंगलों में फ़रार हो गये हैं। वह जिधर से आये थे उधर ही घने जंगलों में गुम हो गये।''

इब्राहीम समझ गया कि चालाक शेर ख़ाँ ने छापामार तरीक़े से उसकी फ़ौज का स्वागत किया है। तब तक सरदार शुजावल ख़ाँ अपने घोड़े पर सवार होकर इब्राहीम के नज़दीक आया। उसके पीछे से दो दर्जन घुड़सवार और वहाँ आ गये। उनमें से एक ने शुजावल ख़ाँ से कहा—''हुजूर! आगे हम देख आये हैं। यह घना जंगल क़रीब आधा कोस और दूर तक है। उसके बाद काफ़ी खुला मैदान है।''

शुजावल ख़ाँ ने इब्राहीम ख़ाँ से कहा—''हुजूरेवाला! अगर हुक्म हो तो आज यहीं क़याम किया जाये।''

इब्राहीम ने कहा—''ठीक है। शाम हो रही है। आगे बढ़कर किसी सही मुक़ाम पर डेरे लगवाओ। मगर रात में सभी ख़बरदार रहना।''

उधर शेर ख़ाँ के छापामार दस्ते उसकी क़िलेबन्दी में लौटे आये। उन्होंने शेर ख़ाँ को दुश्मन की फ़ौज का जायज़ा दिया और आँखों देखा हाल सुनाया।

रात में जासूस सिपाहियों का एक टोही दल इब्राहीम ख़ाँ के हुक्म से आगे सूरजगढ़ की तरफ़ भेजा गया। अपने दुश्मन के इलाक़े में रातभर छिप-छिपाकर घूमते हुए जब यह सिपाही सुबह वापस लौटे तो उन्होंने इब्राहीम को शेर ख़ाँ की बनायी मिट्टी की क़िलेबन्दी और उसके आगे खोदी गयी चौड़ी खाइयों की जानकारी दी। दुश्मन की इस अजीबोग़रीब मोर्चेबन्दी की ख़बर सुनकर इब्राहीम ने अपने 500 घुड़सवारों और 1000 पैदल सैनिकों की एक टुकड़ी तैयार की और उसे अगली सुबह शुजावल ख़ाँ की अगुआई में शेर ख़ाँ के मोर्चे पर पहला हमला बोलने के लिए हाँक दिया।

बंगाली फ़ौज शुरू में तो सतर्कता से आगे बढ़ी। मगर जब वह सैनिक ऊँचाइयों पर बनाये गये उस क़िलेबन्दीनुमा मोर्चे के सामने चार फ़र्लांग दूर रह गये तो वहाँ कोई हलचल न देखकर ठिठक गये।

इधर शेर ख़ाँ के सिपाही मिट्टी और पत्थरों की दीवारों के मोखलों से आँखें लगाये सामने युद्ध के मैदान में आ खड़ी हुई दुश्मन की फ़ौज और उसकी सारी हरकतों को दिल थामे देख रहे थे। मगर बिलकुल ख़ामोश थे। वह पूरी तरह से जै.. किसी व्यूह-रचना के लिए प्रशिक्षित किये गये थे। अब उन्हें जैसे इसी ख़ास अवसर की प्रतीक्षा थी। शेर ख़ाँ के घुड़सवार सैनिक भी क़िलेबन्दी के दोनों पार्श्वभागों के निकासद्वारों पर मुस्तैदी से तैयार थे। उन सबको यह निर्देश दिये गये थे कि शेर ख़ाँ

के ही आदेश पर सब-के-सब उस मोर्चाबन्दी से बाहर निकलेंगे और दुश्मन को तीन ओर से घेरकर उस पर अचानक बिजली की तरह टूट पड़ेंगे। उससे पहले सबको मरघट और क़ब्रिस्तान-जैसी ख़ामोशी अख़्तियार करे रहने की हिदायत थी।

दोनों ओर से बहुत देर तक कोई आगे नहीं निकला। न बंगाली फ़ौजों ने आगे क़दम बढ़ाये। न बिहारियों की छिपने की मोर्चाबन्दी से कोई बाहर आया।

फिर इब्राहीम का भेजा लश्कर आगे बढ़ा। सधी हुई चाल से। शुजावल ख़ाँ के नेतृत्व में। शुजावल ख़ाँ एक काले घोड़े पर सवार था। वह एक मज़बूत काठी का योद्धा था। जिरहबख़्तर ढाल और तलवार से लैस।

शुजावल ख़ाँ और उसके आजू-बाजू दो अन्य सरदार अपने घोड़ों पर सबसे आगे चल रहे थे। उनके पीछे घोड़ों की पाँच कतारें बायें से दाहिने चल रही थीं। पीछे पैदल सेना के जवान पंक्तिबद्ध थे। उनके पीछे के हिस्से में फिर और घुड़सवार फ़ौजी दस्ते थे। इब्राहीम ख़ाँ ने इस शुरुआती मुचैटे में हाथियों के दस्ते उन लोगों के साथ नहीं भेजे थे। तोपख़ाना भी अभी इस्तेमाल नहीं किया जाना था। पहले दुश्मन के बलाबल की थाह लेनी थी। उसका यह पहला दिन था।

शेर ख़ाँ अपनी मिट्टी की प्राचीर के पीछे बढ़ते हुए बंगाली लश्कर को देख रहा था। उसकी सेना की अग्रिम पंक्ति उनकी गतिविधियों पर नज़रें जमाये थी। सेना के पिछले दस्ते भी तैयारी की हालत में थे। घुड़सवार जाँबाज़ अपने हथियारों पर अपने हाथों की पकड़ बनाये हुए थे।

जब बंगाली फ़ौज शेर ख़ाँ की मोर्चाबन्दी से एक फ़र्लांग दूर पहुँच गयी तो वह फिर थोड़ा और आगे आकर ठहर गयी वहीं से तब शुजावल ख़ाँ ने ऊँची आवाज़ में ललकारा.....“कहाँ हो बुज़दिलो!...यह चूहों की तरह बिलों में छिपकर क्यों बैठे हो? बाहर आओ।”

इतना सुनना था कि शेर ख़ाँ के इशारे पर प्राचीरों के भीतर से ही उसके तीरन्दाज़ सिपाहियों ने दुश्मन की सेना पर तीरों की बौछार शुरू कर दी।

बंगाली फ़ौज के घुड़सवार घबराकर पीछे हटे। कुछ सवार तीर लगने से घोड़े से नीचे गिर गये। बेलगाम घोड़ों में भगदड़ मच गयी। तब तक सामने के दोनों द्वार खोलकर सीधी पंक्तियों में शेर ख़ाँ के घुड़सवार दस्ते तेज़ी से बाहर निकले। उनके पीछे पैदल सेना भी भारी हो-हल्ला करती हुई निकल पड़ी। दुश्मनों के संहलने से पहले ही शेर ख़ाँ की वह सेना उस पर पूरी ताक़त से टूट पड़ी। देखते-ही-देखते भीषण संग्राम छिड़ गया।

सामने के दोनों द्वार बन्द कर दिये गये। जो खाईं के ऊपर लकड़ी के पुल डाले गये थे उन्हें क़िलेबन्दी से फ़ौजों के बाहर जाते ही वापस उठा लिया गया। ताकि दुश्मनों का कोई दल ग़लती से भी भीतर घुस या झाँक न सके।

अभी उस लड़ाई को चलते कोई आधी घड़ी ही बीती होगी कि क़िलेबन्दी के दाहिने-बायें दरवाज़े खोल दिये गये और उनमें से शेर ख़ाँ के जाँबाज़ घुड़सवारों के दो और द्रुतगामी दस्ते बाहर निकले। यह घुड़सवार सैनिक पूरी तरह से ताज़ा दम थे। इन्होंने दो तरफ़ से दुश्मनों के समूह को घेरकर भयंकर मारकाट मचा दी। इस अचानक पड़ी दोहरी मार से शुजावल ख़ाँ के सिपाहियों के पाँव उखड़ गये। उन्हें भागता देखकर घायल हालत में शुजावल ख़ाँ और उसके सूरमा भी वापस भाग चले।

दुश्मन के बहुत-से घोड़े और हथियार शेर ख़ाँ की फ़ौज के हाथ लगे। सारे लड़ाकू दस्ते उन्हें लिये-दिये अपनी सुरक्षित क़िलेबन्दी में वापस आ गये। उनको भीतर लेने के बाद प्राचीरों के सभी द्वार फिर से बन्द हो गये और खाइयों को खुला छोड़ दिया गया।

शेर ख़ाँ की यह अनोखी तरक़ीब काम आ गयी। उसने अपने सरदारों से सलाह-मशिवरा किया। शेर ख़ाँ ने कहा कि—"दुश्मन अब निचला नहीं बैठेगा। वह जल्द ही अपनी तोपों के इस्तेमाल पर आमादा होगा जिससे कि हमारी क़िलेबन्दी को ध्वस्त किया जा सके।

"हमें दुश्मन के इस मन्सूबे को कामयाब नहीं होने देना है। उसे अपने ठहरने की जगह से आगे नहीं बढ़ने देना है। यह हमारा इलाक़ा है। यहाँ के एक-एक चप्पे को हम बेहतर जानते हैं। अब हम चार छापामार दस्ते बनाते हैं। हर एक दस्ते में 100 तीरन्दाज़ और 200 तलवारों और नेज़ों से लैस 200 लड़ाके होंगे। सब-के-सब घोड़ों पर सवार।"

शेर ख़ाँ तब छापामार दस्तों से मुख़ातिब हुआ। उसने कहा—"तुम्हें सुबह और शाम के झुटपुटे में दुश्मन की फ़ौज के किसी-न-किसी सिरे पर उसके ठिकाने पर ही वक़्त-बेवक़्त हमला करना है। ख़्याल रहे कि तुम्हें बेआवाज़ जाना है। बिजली की तरह दुश्मन पर टूटना है और वापस वहाँ से भाग जाना है। याद रखना। हमारे यह चारों छापामार दस्ते बारी-बारी से दुश्मन पर हमला करेंगे। एक साथ नहीं। यह जंगलों में ही छिपे रहेंगे और दुश्मन को हरदम उलझाये रहेंगे। और हाँ...जब तुम लोगों की रसद ख़त्म हो जाये तो वापस यहाँ मोर्चे के भीतर लौट आना।"

"याद रखो तुम्हारा काम दुश्मनों को मारना और उनके डेरों में तबाही बरपा करके चले आना है। वहाँ ख़ुद मरना या नाहक़ जान देना नहीं है। इसलिए तुम जितनी तेज़ी से जाओगे। दुश्मन को छकाकर उतनी ही तेज़ी से वापस भी निकल आओगे। तुम्हें इसी बात की अच्छी तरबियत दी गयी है और फिर से ताकीद की जा रही है। अगर तुम्हारा पीछा किया जाये तो तुम तितर-बितर होकर जिधर सींग समाये उधर भाग निकलोगे। मगर दुश्मन के हाथ तुम्हें नहीं आना है।"

अगले दो दिन तक इस प्रकार शेर ख़ाँ के छापामार दस्तों और इब्राहीम ख़ाँ की फ़ौज में चूहा-बिल्ली का खेल चला। सुबह-शाम इन आकस्मिक हमलों से जब इब्राहीम तंग आ गया तो तीसरे दिन उसने अपने एक और बड़े फ़ौजी दस्ते को शेर ख़ाँ की मोर्चेबन्दी को ध्वस्त करने के लिए आगे भेजा।

मगर शेर ख़ाँ की क़िलेबन्दी को यह बंगाली लश्कर भी भेद नहीं पाया। इस बार शेर ख़ाँ ने मिट्टी की दीवारों के पीछे ही सुरक्षित रहकर युद्ध का मोर्चा खोला। वह दुश्मन से लड़ने बाहर नहीं निकला। जो सिपाही उसके मोर्चे के नज़दीक पहुँचने की कोशिश करते वह शेर ख़ाँ के तीरन्दज़ों और बरछा फेंकने में उस्ताद सिपाहियों का निशाना बनते।

घण्टों निरर्थक आक्रमण करने के बाद वह बंगाली फ़ौज हार-थककर वापस लौट गयी। उसके बाद अगले दिन भर युद्ध विराम की-सी स्थिति बनी रही। दोनों पक्ष अपने-अपने ठिकानों पर रहकर अगली रणनीति पर विचार करते रहे।

उसके बाद रात में शेर ख़ाँ के जासूसों ने उसे ख़बर दी कि इब्राहीम ख़ाँ ने अपने सुल्तान महमूदशाह को यह सन्देश भेजा है कि शेर ख़ाँ की क़िलेबन्दी के आगे उसके लश्कर कामयाब नहीं हो पा रहे हैं। उसके पास जो सेना है वह नाकाफ़ी है। दुश्मन बहुत चालाक और शोहरेपुश्त है। लिहाज़ा और कुमुक भेजी जाये।

बंगाल से और बड़ी सेना के लाये जाने का समाचार चिन्ता का विषय था। शेर ख़ाँ ने इस पर गम्भीरता से विचार किया और अपने योद्धा सरदारों से मन्त्रणा की। यह राय बनी कि अब यह लुका-छिपी का खेल बन्द कर दुश्मन से आमने-सामने का खुला युद्ध करना ही श्रेयस्कर होगा। इसके पहले कि सुल्ताने-बंगाल की कुमुक सूरजगढ़ में आये और इब्राहीम की फ़ौज को और मज़बूती प्रदान कर दे इन थके-परेशानहाल बंगालियों को युद्ध में पहले ही निबटा देना ज़्यादा आसान होगा।

शेर ख़ाँ जानता था कि इब्राहीम और जलाल ख़ाँ के साथ आयी फ़ौज संख्या बल में उसकी फ़ौज से कहीं अधिक थी। मगर उसे अपने अफ़ग़ान साथियों और अपनी बिहारी फ़ौज की बहादुरी पर पूरा भरोसा था। जब उसने अपने सैनिकों को इकट्ठा करके कहा कि अब दुश्मन से आमने-सामने दो-दो हाथ करने का वक़्त आ गया है। क्या तुम सब उसके लिए तैयार हो? तो पूरी फ़ौज ने यह सुनकर एक ज़बर्दस्त हुंकार भरी।

शेर ख़ाँ ने कहा—"अल्लाह! बड़ा कारसाज़ है। बहादुर जवानो! तुम्हें याद होगा कि बंगालियों और हमारे बीच कई बार मुचैटा हो चुका है। सब लड़ाइयों में पाक परवरदिगार की मेहरबानी से हमारे ही जियालों को फ़तेह मिली। उन तजुर्बों की बिना

पर मैं पूरे यक़ीन से कह सकता हूँ कि बंगाली फ़ौज का हमारे सामने ज़्यादा देर डटे रह पाना नामुमकिन है। बिहार की सरज़मीन सूरमाओं की सरज़मीं है। अगर हम सब कल सुबह अल्लाह का नूर याद करके दुश्मन पर धावा बोल दें तो दुश्मन हमारे सामने टिक नहीं पायेगा।''

पूरी फ़ौज ने सहमति जतायी। पास की पहाड़ी के पीछे छिपी तुलगमा फ़ौज के जो सरदार शेर ख़ाँ के बुलावे पर आये हुए थे उन्हें भी युद्ध विषयक योजना के नये नीतिगत परिवर्तन से अवगत कराया गया। उनसे अकेले में बात कर शेर ख़ाँ ने निर्देशित किया कि–

''तुलगमा को पूरी तरह से तैयार रहना है। इधर से लड़ाई की शुरुआत हो जाने पर वह तब तक पहाड़ी के पीछे थमे रहेंगे जब तक उन्हें नगाड़ों का इशारा न मिले। नगाड़ों की लगातार आवाज़ सुनायी देने पर हमारी आरक्षित सेना को पहाड़ी के पीछे से निकलकर दुश्मन को घेर लेना है और पूरी ताक़त से उस पर पिल पड़ना है।''

यह बात तुलगमा के सरदारों से शेर ख़ाँ ने अकेले में इसलिए कही ताकि उसके हरावल दस्तों को इस योजना की पूर्व जानकारी न रहे और वह किसी अतिरिक्त सेना के भरोसे में न रहें और अपने बल-बूते पर दुश्मन से अपनी जगह खड़े होकर जी-जान से लड़ते रहें।

तुलगमा के सरदारों को शेर ख़ाँ ने यह भी बताया है कि वह पहले आज बंगाली सेनानायक इब्राहीम ख़ाँ को यह सन्देशा भेजेगा कि हम उसकी फ़ौज से अब खुले में लड़ने को तैयार हैं। क़िले से बाहर निकल कर। एक-दूसरे से बहुत दिनों तक ज़ोर-आज़माइश हो गयी। अब हम आमने-सामने का युद्ध चाहते हैं। उसके बाद शेर ख़ाँ ने अपने दूसरे सरदारों को भी बुलाकर उनसे आगे की रणनीति पर विस्तृत चर्चा की।

युद्ध की खुली चुनौती का प्रस्ताव उसने अपने सफ़ेद झण्डाबरदार दो सन्देशवाहक घुड़सवारों के ज़रिये दुश्मन के पड़ाव की ओर रवाना कर दिया। कुछ ही घण्टों बाद दुश्मन का भी जवाब आ गया कि वह शेर ख़ाँ से फ़ैसलाकुन जंग लड़ने के लिए तैयार है। शेर ख़ाँ की सेना अब दुगने जोश से तैयारियों में जुट गयी।

◙

◙

वह रात क़त्ल की रात थी। इसलिए दोनों पक्षों में से कोई भी नहीं सोया। इब्राहीम ख़ाँ ने अपनी निगरानी में पूरी सेना रातोंरात चलाकर अग्रिम मोर्चे पर लगा दी। वह

शेर ख़ाँ की क़िलेबन्दी से कोई एक मील के फ़ासले पर आकर रुका। रातोंरात ही इब्राहीम ने अपनी तोपों को अग्रिम पंक्ति में लाकर जमवाया और कहा कि—"अब अफ़ग़ान देखेंगे इन तोपों का क़हर।"

उसने हुक्म दिया कि—"घुड़सवार दस्ते तोपों के पीछे रहेंगे। तोपों की मार के बाद सही मौक़ा आने पर वह आक्रनण के लिए आगे निकलेंगे। जैसे ही क़िले की दीवारें टूटेंगी या दुश्मन ख़ुद ही लड़ने को बाहर आकर भिड़ने को दौड़ेगा हमारा घुड़सवार रिसाला उस पर टूट पड़ेगा।"

उसने अपने मातहत सिपहसालारों को निर्देशित किया कि घुड़सवार फ़ौज के पीछे कमरबन्द प्यादे रहेंगे और हाथी दोनों बाज़ुओं में और पीछे के हिस्से को घेरकर खड़े होंगे। इब्राहीम ख़ाँ को अपने साथ आये बिहार के भगोड़े सुल्तान जलाल ख़ाँ लोहानी के ऊपर ज़्यादा भरोसा नहीं था। इसलिए उसे और उसके दोग़ले साथियों को उसने सेना के पृष्ठभाग में ही रखा था। वैसे भी जलाल ख़ाँ कायर था। वह इस युद्ध में अपना भाग्य आज़माने के इरादे से आया था कि अगर इस लड़ाई में कुछ हो जाये तो शाहे-बंगाल से वह बिहार की गद्दी की जगह कम-से-कम उसकी सूबेदारी ही पा जाये। उसके बाप बहार ख़ाँ लोहानी आख़िर शुरू-शुरू में बिहार के सूबेदार ही तो थे। वह तो जब बाबर ने अफ़ग़ान शासक इब्राहीम लोदी को हराया, उन्हीं दिनों स्वयं को बिहार का स्वतन्त्र सुल्तान घोषित कर उन्होंने अपने नाम का ख़ुत्बा पढ़वाना शुरू किया था और अपने नाम के सिक्के ढलवाये थे। जलाल ख़ाँ के ग़द्दार लोहानी सरदार भी सूरजगढ़ की इस लड़ाई में अपने-अपने मौक़ों की तलाश में थे। जलाल ख़ाँ फ़ौज के पिछले हिस्से में जिस हाथी पर सवार था उसे यह सरदार अपने-अपने घोड़ों पर सवार होकर घेरे हुए थे।

इब्राहीम ख़ाँ अपने विश्वस्त सरदारों के साथ फ़ौज के आगे था। वह इधर-से-उधर चहलक़दमी कर रहा था और सुबह होने का बेसब्री से इन्तज़ार कर रहा था।

जब रात का एक पहर बाक़ी रह गया तो शेर ख़ाँ सूर ने अपनी सेना को हथियारबन्द होकर इकट्ठा होने का हुक्म दिया। सुबह तड़के फ़ज़र की नमाज़ पढ़कर शेर ख़ाँ अपने तम्बू से बाहर निकला। उसने उस अस्थायी क़िले में अपनी सेना को आख़िरी बार सम्बोधित किया—

"दुश्मन के पास हाथी, तोपों और एक बड़ी भारी पैदल सिपाहियों की फ़ौज है। हम उनसे एक ख़ास तरीक़े से लड़ेंगे। हमें उनके मोर्चे को शुरू में ही गुमराह करके उनके लश्करों को तितर-बितर कर देना है। ऐसा कुछ करना है जिससे कि उनकी तोपें आग उगलने से पहले ही नाकाम हो जायें। दुश्मन गोला-बारूद का इस्तेमाल कर ही न सके।"

"वह कैसे हज़रते-आला?"–शेर ख़ाँ के फ़ौजियों में से कोई अधीरता से बोला। जिधर से वह आवाज़ आयी थी उधर लक्ष्य करके शेर ख़ाँ ने कहा–

"बहुत सही सवाल। सभी सरदार और हमारे सभी फ़ौजी सुनें। इब्राहीम ख़ाँ के सिर पर अपने बाप के बदले का भूत सवार है। वह हमसे लड़ने के लिए उतावला है। उसे अपनी बड़ी फ़ौज और ख़ासकर अपने तोपख़ाने की ताक़त पर बड़ा घमण्ड है। इस बार वह अपनी तोपों को आगे लाया है। वह उन्हीं तोपों के ज़रिये हमें तबाह करने का ख़्वाब देख रहा है। हम उसका वह घमण्ड और ख़्वाब चूर-चूर कर देंगे।...साथियो! लड़ाई में बहादुरी का सही वक़्त पर इस्तेमाल करना जितना ज़रूरी है, उतना ही मौक़े की नज़ाकत के हिसाब से पैंतरा बदलना भी ज़रूरी होता है। दुश्मन ने हमारी ज़मीन, हमारी ज़ेहन और हमारी आज़ादी पर क़ब्ज़ा जमाने की इससे पहले भी हिमाक़त की है। और अब वह दोबारा हम पर हमले को तैयार है। उसके नापाक इरादों को हमें किसी भी सूरत में कामयाब नहीं होने देना है।

"यह सही है कि तोपख़ाने की ताक़त की बदौलत वह हमसे थोड़ा सवासेर है। इसलिए हमें दुश्मन की इसी उठी हुई कमर को सबसे पहले तोड़ना है। हम उसके साथ शुरुआत में ही उससे ऐसा फ़रेब करेंगे कि वह हमारे झाँसे में आकर अपनी मोर्चाबन्दी ख़ुद ही छोड़कर हमारे पीछे-पीछे वक़्त से पहले दौड़ पड़े। हम पहले उसे ललकारेंगे। फिर अचानक पीठ दिखाकर वापस भागेंगे। दुश्मन हमारे पीछे दौड़ेगा। उसके बाद पलटकर हम उससे पूरी ताक़त से भिड़ जायेंगे। नतीजा यह कि ऐसी अफ़रा-तफ़री में दुश्मन के लिए तोपों का इस्तेमाल बेमानी हो जायेगा। दुश्मन पशोपेश में पड़ जायेगा कि तोपखाने का इस्तेमाल किया जाये या न किया जाये? क्योंकि सामने के मैदान में अगर वह गोला-बारूद दागता है तो उसकी चपेट में उसके भी बहुत-से सिपाही आ जायेंगे और मारे जायेंगे। हम उन्हीं लम्हों में दुश्मन की फ़ौज को घेरकर उस पर फ़ैसलाकुनवार करेंगे।"

"मगर हज़रते-आला! यह सब होगा कैसे?"

अबकी दूसरी तरफ़ से एक आवाज़ उभरी। सारी फ़ौज नीम-ख़ामोशी में अपने आला सिपहसालारे-जंग को सुन रही थी।

शेर ख़ाँ सूर ने फ़ौज को समझाया कि–"पहले थोड़े से घुड़सवार तीरन्दाज़ एक क़तार में आगे बढ़कर दुश्मन की फ़ौज पर तीरों की बौछार करेंगे। हमारे तमाम पैदल सिपाहियों के दस्ते उनसे कई क़दम पीछे हटकर खड़े होंगे। ज्यों ही वह तीरों की बारिश कर फ़ारिग होंगे त्यों ही अपने घोड़ों सहित पलटेंगे और पीछे की ओर भाग खड़े होंगे। हमारे सिपाही भी उन्हें देखकर घबराने का दिखावा करके मुड़कर भाग चलेंगे। यह देखकर इब्राहीम ख़ाँ के सीने में हमले की उतावली तेज़ हो जायेगी और वह अपने घुड़सवारों के साथ अपने तोपख़ाने और अपने पैदल सिपाहियों को पीछे

छोड़कर ख़ुद ही आगे बढ़ आयेंगा। इस तरह उसकी फ़ौज में अफ़रा-तफ़री मच जायेगी और उसका सारा फ़ौजी इन्तज़ाम बेतरतीब हो जायेगा। उसका तोपखाना धरा-का-धरा रह जायेगा।"

शेर ख़ाँ ने अब खुलासा किया कि—"उस वक़्त जब तुम भाग रहे होगे और भागकर बराबरवाली पहाड़ी पर चढ़ने का धोखा पैदा कर रहे होगे ठीक उसी वक़्त मैंने हमारी जो आधी घुड़सवार फ़ौज उस पहाड़ी के पीछे छिपा रखी है उस तुलगमा को सामने लाकर मैं ख़ुद दुश्मन पर ज़ोरदार धावा बोल दूँगा। बंगाली घुड़सवारों के इस तरह अलग-थलग हो जाने से उन्हें अपने तोपख़ाने और पैदल फ़ौज की कोई ख़ास मदद नहीं मिल पायेगी और वह हमारे अफ़ग़ानी घुड़सवारों का मुक़ाबला करने में कमज़ोर पड़ जायेंगे। उनके प्यादे मदद को जब तक पहुँचेंगे तब तक हमारे सारे जियाले सिपाही पलटकर उनको अपने जौहर से इंशाअल्लाह धूल चटा देंगे। ख़ुदा की मेहरबानी से इस तरक़ीब से तब हम अपने दुश्मन के पैर देखते-ही-देखते उखाड़ देंगे। दुश्मन मैदान छोड़कर भागेगा। उसके हाथी अपने ही प्यादों को पैरों तले रौंद डालेंगे। जो दुश्मन बचेंगे उन्हें हम सब अपनी तलवारों और नेज़ों के नीचे कुचलकर रख देंगे।"

शेर ख़ाँ की इस अनोखी रणनीति को सुनकर उसके सभी फ़ौजी सरदार और सिपाही दंग रह गये। उन्होंने समझ लिया कि इससे बेहतर और क्या जुगत हो सकती है। इसके बाद सभी से जब शेर ख़ाँ ने पूछा- "कोई सवाल?"

सामूहिक जवाब मिला—"नहीं।'

उसने फिर दोहराया—"कोई शक?"

और भी तेज़ सामूहिक स्वर आया—"न...हीं!!"

"शाबाश मेरे शेरों!!...सबसे पहले दो सौ घुड़सवार हबीब ख़ाँ के पीछे इन पुश्तों से बाहर निकल जायें। उसके बाद जैसा मैंने बताया है हमारे सभी पैदल जवान मैदान में निकलेंगे। मैं तुलगमा फ़ौज को सँभालने पहाड़ी के पीछे जाता हूँ। अब यह सारी मोर्चेबन्दी खाली कर दी जाये।...निज़ाम तुम्हें अपनी निगरानी में दुश्मन के रिसाले के अपना मोर्चा छोड़कर आगे बढ़ आने के फ़ौरन बाद यहीं से नगाड़ों की आवाज़ बुलन्द कर देनी होगी। जिन्हें सुनकर पहाड़ी के पीछे से हमारी घुड़सवार कुमुक नमूदार हो जायेगी।"

सब-कुछ वैसा ही हुआ। शेर ख़ाँ के अग्रगामी घुड़सवार दुश्मन फ़ौज के सामने जाकर एक क़तार में आगे खड़े हुए। उनसे थोडी दूरी पर पीछे आकर शेर ख़ाँ की पैदल सेना भी लामबन्द होकर खड़ी हो गयी। घुड़सवारों ने एक साथ दुश्मन की फ़ौज पर तीरों की बौछार की और फिर पलटकर वापस तिरछे-तिरछे उस पहाड़ी की दिशा में

दौड़ पड़े जिधर शेर ख़ाँ ने अपनी बाक़ी फ़ौज को छिपा रखा था। अपने घुड़सवारों के पीछे-पीछे बिहारियों की पैदल फ़ौज भी तब मानो सिर पर पाँव रखकर भागी।

यह देखते ही इब्राहीम ख़ाँ का धैर्य जवाब दे गया और वह तलवार आगे करके बोला—"भाग रहे हैं बुज़दिल। बचकर जाने न पायें। यल्ग़ार हो।"

और अपने प्रधान सेनानायक का हुक्म सुनते ही सारे बंगाली घुड़सवार शेर ख़ाँ की भागती फ़ौज के पीछे-पीछे दौड़ पड़े।

तभी क़िलेबन्दी के भीतर से एक साथ कई नगाड़े बज उठे। ढम-ढम ढमर-ढमर...ढम-ढम...ढमर-ढमर...ढम-ढम ढमर-ढमर...

इस संकेत के साथ ही शेर ख़ाँ की अगुआई में उसकी ज़बरदस्त तुलगमा फ़ौज पहाड़ी के पीछे से बिजली की रफ़्तार से सरपट घोड़े दौड़ाती निकली और इब्राहीम तथा उसकी घुड़सवार फ़ौज से भिड़ गयी। भागे हुए बिहारी सवार और सैनिक भी अब पल्टे और आगे बढ़ आयी बंगाली सेना से आमने-सामने और दाहिने पार्श्व से भिड़ गये। उधर शेर ख़ाँ ने अपने कुछ कोतल दस्ते भी अपनी क़िलेबन्दी में हिदायत के साथ छोड़ रखे थे। वह भी युद्ध की उस गर्मागर्मी में बायीं ओर से मोर्चेबन्दी से द्वार खोलकर बाहर आ गये और उन्होंने दुश्मन पर तीरों से निशाना लगाना शुरू कर दिया।

इस तरह तीन तरफ़ से घिर जाने पर बंगाली सेना के छक्के छूट गये। बड़े-बड़े सूरमा उस लड़ाई में कट-कटकर शहीद होने लगे। भयानक रक्तपात हुआ। अफ़ग़ान फ़ौज के इस अचानक पलायन और अचानक पलटवार के अप्रत्याशित रणकौशल से बंगाली फ़ौज के हौसले पस्त हो गये। उसके सिपाही बहुत देर उस लड़ाई में टिक न सके। उस घमासान के बीच बंगाली फ़ौज के विशालकाय हाथी भी बेक़ाबू होकर अपनी ही फ़ौज को पैरों तले कुचलने लगे। तोपख़ाना वाक़ई धरा का धरा रह गया। ऐसी दुर्गत बनी शेर ख़ाँ के दुश्मन की, जिसकी उसने कभी स्वप्न में भी कल्पना नहीं की होगी।

बंगाल की मरने-कटने से बची-खुची सेना आख़िरकार उल्टे पाँव भाग चली। इब्राहीम ख़ाँ ने अपने सैनिकों को रोकना चाहा। हताशा में उसने यह तक कहा कि—"वापस जाकर हम अपने सुल्तान को कौन-सा मुँह दिखायेंगे? यह इम्तेहान की घड़ी है। हिम्मत न हारो। वापस आओ।"

मगर उस भगदड़ में कौन किसकी सुनता है? उसी भगदड़ में बुज़दिल जलाल ख़ाँ लोहानी भी वापस भाग निकला। इब्राहीम ख़ाँ ने आख़ीरी ज़ोर लगाया। मगर अब सब बेकार था। वह आख़िरी दम तक लड़ा। बहादुरी के साथ लड़ता रहा। अन्त में वह उसी युद्ध भूमि में मारा गया।

शेर ख़ाँ सूरजगढ़ की उस जीत के बाद पूरे बिहार और बंगाल के कई इलाक़ों का बेताज बादशाह बन गया।

जलाल ख़ाँ लोहानी बंगाल भाग गया। उसके लोहानी साथी-बराती भी भाग गये। उनके साथ के बहुत-से लोहानी सरदार श्रीहीन होकर वापस शेर ख़ाँ के समर्थकों की जमात में शामिल हो गये। बंगाल की फ़ौज का छोड़ा हुआ एक बड़ा हथियारों का ज़ख़ीरा, सैकड़ों हाथी, घोड़े उनका ज़बर्दस्त तोपख़ाना और भारी मात्रा में गोला-बारूद शेर ख़ाँ के हाथ लगा। जिससे उसकी शक्ति कई गुना बढ़ गयी।

अब बिहार में शासन प्रबन्ध, सेना का पुनर्गठन, लगान और मालगुज़ारी की आदर्श व्यवस्था, सरायों-कुओं-पुलों के निर्माण और पुनर्निर्माण-जैसे अनेक विकासोन्मुख कार्यों पर हज़रते-आला शेर ख़ाँ ने अपना सारा ध्यान केन्द्रित करना शुरू किया। उसका उसूल था कि सिपाही या अहलकार के लिए जो माहवारी तनख़्वा तय है वह हर महीने वक़्त पर उसे नक़द मिले। बदले में कोई सिपाही या अहलकार आम आदमियों और किसानों को न सताये। वह लोग ऐसा आचरण करें जिससे आवाम उन्हें अपना हमदर्द समझे, दुश्मन नहीं। यह वक़्त था जब शेर ख़ाँ सूर के नाम का पूरे उत्तर पूर्वी हिन्दुस्तान में डंका बज रहा था।

7

दौलत और हुस्न

सन् 1530 ई. की बात है। एक थी लाड मलिका। बेपनाह हुस्न की मालकिन। लम्बी, गोरी, छरहरी। कमर तक झूलते हुए काले बाल। मुखड़ा पतले और तराशे हुए नयन-नक़्शवाला। आँखें नीली-सपनीली। नाक ख़ूबसूरत। जिस पर हीरे जड़ी कौंधती हुई लौंग उसे और भी आकर्षक बना देती थी। ख़ूबसूरत होंठ जैसे गुलाब की दो पत्तियाँ। कानों में लटकते झूमर। माथे पर थिरकता एक नवरत्न का क़ीमती चँदोवा। उभरे हुए यौवन कलश और अत्यन्त क्षीण कटि। लाड मलिका जब चुनारगढ़ के शाही महल में इधर-से-उधर चलती तो लगता जैसे कोई सम्पूर्ण सौन्दर्य बेसुध करनेवाले स्वरूप में एक स्त्री का भेस धरे इस धरती पर विचर रहा हो। लाड मलिका को जो देखता, देखता ही रह जाता। वह सबको एक अप्सरा-सरीखी ही दिखती।

चुनार के क़िले के क़िलेदार ताज ख़ाँ सारंगखानी के हरम की वह ज़ीनत थी। सुल्तान इब्राहीम लोदी ने अपने शासनकाल में चुनार के क़िले का प्रबन्ध ताज ख़ाँ सारंगखानी को सौंपा था। ताज ख़ाँ सुल्तान इब्राहीम लोदी का अत्यन्त विश्वासपात्र था। इसलिए जब इब्राहीम लोदी ने अपने ऊपर मुग़लों का संकट गहराता देखा तो अपना अधिकांश शाही ख़ज़ाना ताज ख़ाँ की अभिरक्षा में चुनारगढ़ के क़िले में रखवा दिया। इस तरह वहाँ लोदी सल्तनत की अकूत दौलत भी जमा थी। इब्राहीम लोदी की मौत और दिल्ली और आगरे पर बाबर के काबिज़ हो जाने के बाद यह सारी दौलत सोना-चाँदी और जवाहरात की शक्ल में ताज ख़ाँ की निजी मिल्कियत बन गयी।

ताज ख़ाँ की यों तो कई बेगमें थीं और उनसे उसे कई नालायक पुत्र भी प्राप्त थे। लेकिन अपने रूप, सौन्दर्य की प्रचुरता के कारण लाड मलिका उन सबों पर भारी थी। यद्यपि लाड मलिका की स्वयं की कोई सन्तान नहीं थी फिर भी वह चुनार के दुर्ग की एकच्छत्र स्वामिनी थी। क्योंकि ताज़ ख़ाँ लाड मलिका के रूपजाल में बुरी तरह जकड़ा हुआ था।

लाड मलिका केवल एक रूपवती महिला ही नहीं, एक अत्यन्त बुद्धिमान् स्त्री भी थी। वह चतुर थी, नीति कुशल थी और ताज ख़ाँ के दरबारियों और उसके अनुचरों सभी को अपने सुमधुर व्यवहार और उदारता से प्रसन्न रखने का हुनर जानती थी। ज़रूरत पड़ने पर वह मातहतों की आर्थिक मदद भी करती। महल के दास-दासियों को तीज-त्योहार और दूसरे ख़ुशी के मौक़ों पर इनामो-इक़राम से मालामाल करती रहती। चुनारगढ़ का सारा माहौल भी इसीलिए उसकी मुट्ठी में था।

लाड मलिका कूटनीतिज्ञ थी। इसलिए वह ताज ख़ाँ की दूसरी पत्नियों और उनकी औलादों को हमेशा आर्थिक रूप से अभाव की हालत में रखती। वह उन्हें किसी भी हाल में पनपने नहीं देती। ताज ख़ाँ ने सत्ता-सूत्र वस्तुतः लाड मलिका के हाथों में ही बहुत हद तक सौंप रखे थे। लाड मलिका के हुक्म का मतलब ताज ख़ाँ का ही हुक्म हुआ करता था।

ताज ख़ाँ ने तीन तुर्कमान सगे भाइयों को अपना नायब बना रखा था, जो उसके शासन प्रबन्ध और जागीरों की देखभाल किया करते थे। इनके नाम थे- मीर अहमद, मीर इशाक और मीर दाद। सबसे बड़ा भाई मीर अहमद चुनार के क़िले और आस-पास के परगनों का इन्तज़ामकार था। मीर इशाक और मीर दाद दूर की जागीरों की मालगुज़ारी वसलूने और कानून-व्यवस्था के इन्तज़ामकार थे। तीनों भाई बहुत सुलझे हुए और आज्ञाकारी थे। वह तजुर्बेकार, सुयोग्य और कुशाग्रबुद्धि थे। जब उन्होंने यह देख लिया कि ताज ख़ाँ अपनी बीवी लाड मलिका के पूरी तरह वश में है तो उन्होंने उसका भी अनुग्रह प्राप्त कर लिया। उन्होंने लाड मलिका के सामने क़सम खायी कि वह हमेशा उसके वफ़ादार रहेंगे। किसी भी परिस्थिति में उसका विरोध नहीं करेंगे।

लाड मलिका ने भी उन तीनों भाइयों को अपना विश्वासपात्र क़बूल कर लिया था और वह तब से स्वयं में काफ़ी निश्चिन्त थी।

वह सुन्दर स्त्री वह सारे पैंतरे प्रयोग में लाती थी जिनसे मर्द को अपने क़ाबू में रखा जा सकता है। वह ताज ख़ाँ के खाने-पीने-सोने और मालिश तक का ख़ास ख़्याल रखती। वह जानती थी कि उसका ख़ाविन्द एक बढ़ती उम्र का मर्द है, जिसे जिस्मानी देखभाल की पहले से ज़्यादा ज़रूरत है। वह ताज ख़ाँ के साथ बाग़ीचे की हर सबेरे सैर करती। पूरे शाही बाग़ के उसे कम-से-कम दस चक्कर लगवाती। तेज़

क़दमों से। ख़ुद भी साथ में क़दमताल करती। वह उसे जूस पिलाती। गुसल से पहले क़नीज़ों के मार्फ़त उसकी अच्छी मालिश कराती। बाद में क़नीज़ों को शयनागार से हटाकर ख़ुद उसकी मालिश करती। ताज ख़ाँ उसके साथ अठखेलियाँ करने की कोशिश करता तो उसे शरारती आँखों से देखकर बरज देती। कहती कि—"एक-दो बार आपके चंगुल में फँस चुकी हूँ। अब गिरफ़्तारी न दूँगी। पहले जाइये गुसल कीजिये।"

अभिसार के वक़्त लाड मलिका पुरुष के साथ पूर्ण उन्मुक्तता में विश्वास रखती थी। झीने परदों के पार घण्टों उन दोनों का प्रेमालाप चला करता। वह ताज ख़ाँ को शराब के जाम अपने हाथों से बना-बनाकर पिलाती। रमण के समय पूर्ण निर्वसन देह ही उसे रास आती थी। मर्द की देह पर पसरी हुई अपने सुडौल पयोधरों को उसके वक्ष में गड़ाकर पहले तो उसे भरपूर आनन्द देती। फिर उन अन्तरंग क्षणों में लाड मलिका आक्रामक हो जाती। कभी-कभी तो वह हिंसक-सी हो जाती और ताज ख़ाँ को विभोर करने के बजाय नाखूनों और दाँतों से आहत करने लगती। तब वह उससे पनाह माँगने लगता। औरत की यह आक्रामकता उसके लिए अनूठी थी जो उसे अपनी दूसरी बीवियों से नहीं मिलती थी। ताज ख़ाँ इसी से लाड मलिका का दीवाना था। ऊपर से उसकी ज़हानत भी उसे सब-कुछ उसी पर छोड़ देने पर मजबूर कर देती थी।

हरम की दूसरी औरतें स्वयं की ओर ताज ख़ाँ की उदासीनता से बेज़ार थीं। ताज ख़ाँ से मौक़ा मिलने पर वह लाड मलिका की शिकायत करने का कोई अवसर न चूकतीं। फिर भी ताज ख़ाँ उनकी बातों पर ध्यान न देता। किन्तु चतुर लाड मलिका अपने मुख से कभी किसी बीवी या उनकी सन्तानों की बुराई न करती। वह बस यह सुनिश्चित करती थी कि सौतों और उनकी सन्तानों को ख़ुराक-ख़र्चा ज़रूरत से एक दमड़ी ज़्यादा न दिया जाये। बड़े घरों के बेटों के चाल-चलन प्रायः बिगड़ जाते हैं। यद्यपि ताज ख़ाँ के लड़के अभी छोटे थे मगर काफ़ी बिगड़े स्वभाव के हो चले थे। वह लाड मलिका से नफ़रत करते थे। उनमें से एक सबसे बड़े किशोर वय के पुत्र ने एक दिन लाड मलिका से हक़ जताते हुए कुछ रुपयों की माँग की। लाड मलिका ने देने से इनकार किया। तब उसने ख़ंजर से उस पर अचानक वार कर दिया और वहाँ से भाग निकला।

लाड मलिका ख़ुद पर हुआ वार झटके से घूमकर काफ़ी हद तक बचा ले गयी। मगर वह लड़का उसकी एक बाँह को जख़्मी तो कर ही गया। ख़ून बह निकला। लाड मलिका के चीख़ने की आवाज़ सुनकर महल के नौकर-चाकर दौड़े। किसी ने ताज ख़ाँ को भागकर ख़बर की। वह दीवानख़ाने से दौड़ा-दौड़ा आया। अपनी प्रिय बेगम के आँसू और उसका वह घाव देखकर वह बुरी तरह भड़क गया। क्रोधावेश

में वह एक नंगी तलवार लिये हुए उधर भागा जिधर उसका वह बेटा ख़ंजर लेकर भागा था। किसी ने इशारे से बताया कि वह लड़का भागकर एक छत पर चढ़ गया है। ताज ख़ाँ सीढ़ियाँ चढ़कर ऊपर पहुँचा। उसने वहाँ छिपे उस लड़के को देखा और वह उसे गालियाँ बकता उसकी ओर झपटा। जब उस लड़के ने यह देखा कि उसका अपना बाप उसके ख़ून का प्यासा है और उसकी सौतेली माँ का इस हद तक गुलाम हो चुका है तो उसने अपने हाथ का ख़ंजर बाप के सीने को निशाना बनाकर फेंका। ख़ंजर का वह फेंककर मारा गया वार अचूक था। ताज ख़ाँ उस घातक ख़ंजर को सीने में लिये हुए ज़मीन पर गिर पड़ा और एड़ियाँ रगड़-रगड़कर वहीं मर गया। उसके बाद वह पितृघाती बेटा भयभीत होकर चुनारगढ़ से ही फ़रार हो गया।

◙
◙

शेर ख़ाँ ने सूरजगढ़ की विजय के बाद बिहार के साथ-साथ बंगाल के हाथ आये हिस्सों में अपना शासन प्रबन्ध सुदृढ़ किया। इसी के साथ उसे साम्राज्य-विस्तार और अपने शासित प्रदेशों को सुरक्षा की दृष्टि से सुदृढ़ करने का भी विचार आया। चुनार का क़िला दक्षिण दिशा में एक रणनीतिक महत्त्व का एक मज़बूत क़िला था। ताज ख़ाँ की हत्या का समाचार उसे अपने एक विश्वस्त सूत्र से ज्ञात हुआ। उसे यह भी पता चला कि चुनारगढ़ में इब्राहीम लोदी का शाही ख़ज़ाना और अकूत दौलत जमा है। उसने ताज ख़ाँ की विधवा लाड मलिका के अप्रतिम सौन्दर्य के काफ़ी चर्चे सुन रखे थे। उसे यह भी जानकारी मिली कि लाड मलिका न सिर्फ़ एक बेहद हसीन ख़ातून है बल्कि वह चुनारगढ़ की वास्तविक मालकिन भी है। वहाँ का पूरा अमला उसे ही मरहूम ताज ख़ाँ का असल उत्तराधिकारी मानता और स्वीकारता है। ताज ख़ाँ सारंगखानी को क्योंकि उसके ही एक नालायक बेटे ने मार डाला था और उसके अन्य नाबालिग लड़के भी अयोग्य थे इसलिए चुनार के किसी सरदार या अफ़सर की उनमें दिलचस्पी नहीं थी। वहाँ लाड मलिका पहले भी शासन-व्यवस्था पर हावी थी। ताज ख़ाँ के मरने के बाद अब वही वहाँ की वास्तविक शासक भी बन चुकी थी। तीन सगे भाई मीर अहमद, मीर इशाक और मीर दाद उसकी अनुमति से चुनारगढ़ और उससे जुड़ी जागीरों की बतौर नायब देखभाल कर ही रहे थे।

शेर ख़ाँ सूर को उसके उस सूत्र ने बताया कि सबसे छोटा भाई मीर दाद ख़ुद उस ख़बरी का दोस्त है। मीर दाद ने उससे यह चिन्ता व्यक्त की है कि यूँ तो ताज ख़ाँ की विधवा लाड मलिका एक सुयोग्य और समझदार स्त्री है। परन्तु क़िलेदार ताज ख़ाँ के आकस्मिक निधन के बाद वह अकेली उस क़िले और अपनी परिसम्पत्तियों की रक्षा कब तक कर पायेगी? वैसे भी कई दुश्मन चुनार पर आँखें गड़ाये बैठे हैं।

अभी तो ज़्यादा वक़्त नहीं गुज़रा है। लाड मलिका के यह शोक के दिन चल रहे हैं। मगर जैसे ही यह ख़बर आगरा तक पहुँचेगी कि ताज ख़ाँ का इन्तिक़ाल हो गया है और चुनार का क़िला असुरक्षित है, उसी दम कहीं मुग़ल फ़ौजें चुनारगढ़ को हथियाने के वास्ते कूच न कर दें?

इस विश्वस्त सूत्र ने शेर ख़ाँ से कहा कि—"लाड मलिका अभी जवान है और बेपनाह ख़ूबसूरत है। क़िले में बेशुमार दौलत भी तहख़ानों में क़ैद है। अगर शेर ख़ाँ लाड मलिका से शादी कर ले तो वह हुस्न और दौलत के दोनों ख़ज़ानों का एक साथ मालिक बन जायेगा और उसकी ताक़त से चुनार का क़िला भी महफ़ूज हो जायेगा।"

शेर ख़ाँ ने उसी व्यक्ति के ज़रिये चुनार के नायबों में सबसे छोटे भाई मीर दाद को अपने पास बुलवाया और उससे कहा कि अगर वह उसके प्रस्ताव को मानकर लाड मलिका को उससे निकाह करने और चुनार का क़िला उसके अख़्तियार में देने के लिए राज़ी कर सके तो शेर ख़ाँ उसे और उसके भाइयों को अनेक प्रकार से लाभान्वित करेगा। मीर दाद से उसने कहा कि वह चुनारगढ़ में सबसे पहले अपने बड़े भाई मीर अहमद को इस विषय में समझाये। फिर वह तीनों भाई एक राय होकर शेर ख़ाँ के रिश्ते का प्रस्ताव लाड मलिका के पास ले जायें और उसे इसके लिए राज़ी करें।

मीर दाद अपने मझले भाई मीर इशाक को साथ लेकर चुनार के क़िले में अपने बड़े भाई मीर अहमद से मिला। अत्यन्त गोपनीय ढंग से शेर ख़ाँ और लाड मलिका के वैवाहिक सम्बन्ध और चुनार के क़िले पर शेर ख़ाँ के स्वामित्व के इस प्रस्ताव पर तीनों भाइयों में विचार-विमर्श हुआ।

फिर वह तीनों भाई लाड मलिका से जाकर मिले और उन्होंने एकान्त में उससे शेर ख़ाँ का पैग़ामे-मोहब्बत सुनाया। उसे सियासी दाँव-पेंच भी समझाये। दुश्मनों का ख़ौफ भी जताया। और शेर ख़ाँ से निकाह करने की भी दोस्ताना तजवीज़ पेश की।

इस पर लाड मलिका, जो उन दिनों सोग की मूरत बनी हुई थी और सफ़ेद परिधान पर सफ़ेद आँचल अपने सिर पर रखकर नीली आँखें झुकाये बैठी थी, उनकी सब बातें सुनकर उनसे बोली—"मीर अहमद। आप बुज़ुर्ग हैं। मेरे लिये अब्बा-जैसे हैं। और यह आपके दोनों भाई मेरे भाई-जैसे हैं। लिहाज़ा आपकी जो राय होगी, मुझे क़बूल होगी। मैं शेर ख़ाँ से निकाह भी कर सकती हूँ। यह चुनार का क़िला भी उनको दे सकती हूँ। मगर आप मीर दाद को शेर ख़ाँ के पास भेजकर उनसे कहें कि मेरी एक शर्त है।"

"शर्त?"—तीनों भाइयों के मुख से एकबारगी निकला।

"हाँ। मेरी यह शर्त है कि निकाह के बाद शेर ख़ाँ साहब को उस बदमाश लड़के के नाक और कान काटने होंगे...जिस नालायक ने अपने बाप का क़त्ल किया है...ताकि दूसरों के वास्ते एक मिसाल क़ायम हो सके।"

यह सुनकर चुनार के तीनों नायबों के मुख पर एक दबी हुई मुस्कान तैर गयी। उन्होंने बड़ी मुश्किल से अपनी ख़ुशी के इज़हार पर क़ाबू पाया।

इससे पहले किसी को कुछ पता चलता या ज़्यादा हो-हल्ला मचता शेर ख़ाँ ने एक हल्का-लश्कर लेकर कुछ ही दिन में चुनार के क़िले में प्रवेश किया। नायबे-सदर मीर अहमद ने आगे बढ़कर शेर ख़ाँ और उसके अनुयायियों का इस्तेक़बाल किया। उन्हें मेहमान की तरह क़िले में दाख़िल कराया। शेर ख़ाँ का वह लश्कर किसी सैन्य अभियान पर नहीं आया था, बल्कि वह तो एक तरह से उसकी बारात थी। क़िले में तीनों तुर्कमान भाइयों ने निकाह के सारे इन्तज़ाम कर रखे थे। काज़ी जी भी वहाँ मौजूद थे। बेहद सादगी और शीघ्रता के साथ उसी दिन शेर ख़ाँ और लाड मलिका का निकाह सम्पन्न हो गया।

शादी के बन्धन में बँध जाने के बाद ख़ूबसूरत लाड मलिका ने अपने पति शेर ख़ाँ को 150 नग बेशक़ीमती जवाहरात, सात-मन मोती और 150 मन सोना पेश किया। उसी के साथ चुनार के क़िले और उससे जुड़े परग़नों पर अब शेर ख़ाँ सूर का निर्विरोध अधिकार सम्पन्न हो गया। लाड मलिका शेर ख़ाँ के जीवन में क्या आयी मानो साक्षात् बहार आ गयी लाड मलिका ने अब अपना सारा प्यार शेर ख़ाँ को समर्पित कर दिया। वह उसके मादक सौन्दर्य में कुछ दिन इस तरह डूबा जैसे कोई भँवरा कमल की पंखुड़ियों में ख़ुद को बन्द हो जाने देता है। शेर ख़ाँ लाड मलिका के साथ वस्ल की घड़ियों में कहता—"तुम कितनी दिलफ़रेब हो। मुझे पहले क्यों नहीं मिलीं? उफ़! यह तेज़ी से गुज़रती हुई मेरी ज़िन्दगी। इसने आज तक तुम्हारे इस जानलेवा इश्क़ से मुझे कितनी दूर रखा।"

लाड मलिका कहती—"हाँ मेरे सरताज! अब यह हमारे और आपके ख़ास दिन हैं।...आम दिनों को भूल जाइये और मुझे अपनी बाँहों में समो लीजिये। देखिये...कितनी हसीन ज़िन्दगी अभी भी हमारे दरमियाँ रक्स कर रही है।"

और वह दोनों सब-कुछ भुल कर एक-दूसरे के भीतर ज़िन्दगी के नये मायने तलाशने-खोजने लगते।

अभावों, ठोकरों, ज़िल्लतों, षड्यन्त्रों, युद्ध की विभीषिकाओं और हुकूमत के न जाने कितने अन्धे मोड़ों से गुज़रकर शेर ख़ाँ को यह कुछ सुकून और मौज-मस्ती-भरे दिन मिले थे। और वह उन्हें अपनी तरह से जी रहा था। उन दिनों उसे सूर्योदय और सूर्यास्त के नज़ारे, चिड़ियों को चहचहाहट, लज़ीज खानों की ख़ुशबू, इत्र और

लोबान से महकते शयन-कक्ष, सुनहले दिन और रुपहली रातों को ठीक से देखने और महसूस करने का लुत्फ़ हासिल था। क़त्लों-ग़ारत-शोरगुल से दूर वह एक ऐसी दुनिया थी जिसका शेर ख़ाँ आदी न था। लेकिन कुछ अरसे के लिए उन पुरसुकून घड़ियों में ख़ुद को गुम कर देने की वह आदत डाल रहा था।

उसके शुभचिन्तक सरदार, सम्बन्धी और निज़ाम ख़ाँ-जैसे वफ़ादार भाई इस बीच उसे बाहरी दुनिया की ख़बरें देते रहते थे। वह भी आने-जानेवालों को समुचित निर्देश चुनार की सम्मोहक दीवारों के मध्य रहकर बराबर देता रहता था। शृंगार की ऊष्मा ने उसके दायित्वों को कभी पूरी तरह नज़र-अन्दाज़ नहीं होने दिया। क्योंकि वह शेर ख़ाँ जो था। एक अलग ही मिट्टी का बना हुआ इन्सान।

अभिसार और अधिकार के और भी कई मौक़े उसके बाद शेर ख़ाँ की ज़िन्दगी में आये। कूटनीतिज्ञ शेर ख़ाँ ने उनका भरपूर फ़ायदा अपनी शक्ति बढ़ाने में उठाया। उसे युद्धों में या चुनार-जैसे कूटनीतिक सम्बन्धों की बदौलत जो भारी धन-सम्पत्तियाँ प्राप्त हुईं उन्हें उसने अपनी सेना के आकार और उसकी मारक क्षमता को बढ़ाने में व्यय किया। जन-कल्याण और विकास- कार्यों में लगाया। और बहुत-सारा धन उसने भविष्य के लिए संचित भी किया। उसने अवसर आने पर गाज़ीपुर के नसीर ख़ाँ नुहानी की सन्तानहीन विधवा गौहर गुसाईं से विवाह कर साठ-मन सोना प्राप्त किया और अपना साम्राज्य-विस्तार किया। इसी तरह उसने अवध के सूबेदार मियाँ मुहम्मद कालापहाड़ की विधवा पुत्री फ़तेह मलिका से भी विवाह किया और उससे 300 मन सोना लेकर अपनी आर्थिक स्थिति मज़बूत की।

जैसा कि शेर ख़ाँ अपने दोस्तों की जमात में कहता आया था कि मुग़ल अफ़ग़ानों के वास्तविक दुश्मन हैं, क्योंकि हिन्दुस्तान का ताजोतख़्त मुग़लों ने ही अफ़ग़ानों से छीना है, अतः मुग़लों से प्रतिशोध लेने का एक दुर्लभ-सा लक्ष्य अफ़ग़ान-अस्मिता का प्रश्न बनकर उसके मानस को भीतर-ही-भीतर मथता रहता था। शेर ख़ाँ उस बड़े लक्ष्य को प्राप्त करने के लिए स्वयं को निरन्तर भीतर-ही-भीतर तैयार कर रहा था। मुग़ल सत्ता को चुनौती देने से पूर्व स्वयं की शक्ति बढ़ाना परम आवश्यक था। इसलिए शेर ख़ाँ तीन कार्यों पर सर्वाधिक ध्यान दे रहा था।

एक तो, वह अपनी क्षेत्रीय जनता का विश्वास और समर्थन अर्जित करने का हर सम्भव प्रयत्न कर रहा था। इसके लिए जन-कल्याणकारी कार्यों और यातायात के साधनों व सूचना-तन्त्र को विकसित करने पर वह बहुत ध्यान देता था। कोई कर्मचारी, सैनिक या सरदार जनसाधारण से धर्म, जाति या व्यवसाय के नाम पर कोई ज़ुल्म-ज़्यादती न करने पाये। कर वसूली के नाम पर भी किसी के साथ ठगी या अन्याय न हो। चोरी, लूटपाट, डकैती का निवारण करना स्थानीय हाकिमों का सीधा

उत्तरदायित्व था। वह हिन्दू-मुस्लिम जनता में विभेद करने के बिलकुल ख़िलाफ़ था। किसानों का वह सबसे बड़ा हितैषी था। अपनी इस प्रकार की सजग, न्यायपूर्ण और धर्मनिरपेक्ष नीति के कारण उसने बहुत जल्द जनसाधारण में अपने प्रति सच्ची आस्था अर्जित कर ली। यह शेर ख़ाँ की सबसे बड़ी शक्ति थी।

दूसरे, वह अपनी सेना का तेज़ी से आधुनिकीकरण और शक्ति संवर्द्धन कर रहा था। सेना में सैनिकों की निरन्तर भर्ती, उनकी समय से वेतन की व्यवस्था और उन्हें युद्ध की नवीन तकनीकों के साथ प्रशिक्षण दिलवाने में उसका पूरा ज़ोर था। युद्ध की नवीन तकनीकों नें मुग़लों से सीखा हुआ तुलगमा और कोतल सेना का प्रयोग, नवीन व्यूह-रचनाएँ, युद्ध में तोपख़ाने और गोला-बारूद का प्रयोग-जैसी कई नयी बातें शामिल थीं। जो तोपें उसने बंगालियों को हराकर छीनीं उनके अलावा उसने इधर-उधर से तलाशकर कई जानकार तोपची और तोपें ढालनेवाले उस्ताद भी बुलवाकर नौकरी पर रखे और अपने तोपखाने को सुदृढ़ किया। इस प्रकार बढ़ी हुई सैन्य शक्ति शेर ख़ाँ की दूसरी किन्तु अत्यन्त महत्त्वपूर्ण शक्ति थी जो निरन्तर विकासमान् थी।

तीसरे, वह जानता था कि उसे भविष्य में अगर मुग़ल ताक़त से टक्कर लेनी है तो बिहार और आस-पास के उन क्षेत्रों में उसे अपना साम्राज्य-विस्तार करना आवश्यक होगा जहाँ अभी तक मुग़ल बादशाह के क़दम नहीं पड़े हैं। मुग़लों से भिड़न्त से पहले उसके निकटवर्ती प्रतिद्वन्द्वियों अथवा शत्रुओं को शक्तिहीन कर उनके राज्यों को अपने साम्राज्य में शामिल करना उसकी इस वक़्त की सबसे बड़ी प्राथमिकता थी। इस प्रकार साम्राज्य-विस्तार शेर ख़ाँ के लिए वक़्त की सबसे बड़ी ज़रूरत थी। यह तीसरा कार्य ही उसे और अधिक सशक्त बना सकता था। सूरजगढ़ की विजय और चुनार के बिहार राज्य में विलय के बाद शेर ख़ाँ अब इसी दिशा में सोच रहा था।

◙

◙

बाबर ने इब्राहीम लोदी को पानीपत के युद्ध में हराया और दिल्ली और आगरा पर क़ब्ज़ा कर लिया। फिर सीकरी के पास खानवा के युद्ध में उसने राणा साँगा और उसके सहयोगियों को शिकस्त दी। वस्तुतः इब्राहीम लोदी के एक-दूसरे भाई महमूद लोदी की ताज़पोशी राणा साँगा और उसके कुछ सहयोगी मित्रों ने, जिनमें हसन ख़ाँ मेवाती और कई अफ़ग़ान सरदार शामिल थे, परस्पर मिल-बैठकर कर दी थी। यह मुग़ल विरोधी शक्तियाँ हिन्दुस्तान में बाबर के विकल्प के रूप में महमूद लोदी को खड़ा करना चाहती थीं।

ये सारे लोग हसन ख़ाँ मेवाती, महमूद लोदी और दूसरे कई अफ़ग़ान सरदार बाबर के विरुद्ध राणा संग्राम सिंह उर्फ राणा सांगा के नेतृत्व में मुक़ाबले के लिए खानवा के मैदान में भारी सैन्य बल के साथ आ डटे थे। मुग़ल बादशाह बाबर ने इनका सामना किया और अपने बेहतर युद्ध-कौशल से इन्हें बुरी तरह हरा दिया। इस लड़ाई में हसन ख़ाँ मेवाती और डूँगरपुर के राजा रावल सहित कई योद्धा वीरगति को प्राप्त हुए। सुल्तान महमूद लोदी और राणा सांगा को अपने बचे-खुचे सिपाहियों के साथ परास्त होकर पलायन करना पड़ा। यह लोग भागकर चित्तौड़ जा पहुँचे। कुछ दिन तो सुल्तान महमूद लोदी चित्तौड़ के आस-पास सुरक्षित इलाक़ों में ठहरा रहा, परन्तु बाद में वह पटना चला गया।

यद्यपि दिल्ली सल्तनत में लोदी राजवंश का सूर्य अस्त हो चुका था मगर सुल्तान महमूद के रूप में सत्ता-क्षितिज पर उसकी थोड़ी-बहुत लाली अभी शेष थी। कई अफ़ग़ान सरदार जो अभी भी शेर ख़ाँ सूर को तुच्छ समझते थे, सुल्तान महमूद की अपने द्वारा की गयी ताजपोशी के नशे में डूबे हुए थे। वह महमूद लोदी में हिन्द के एक और भावी अफ़ग़ान सुल्तान-जैसी सम्भावनाएँ तलाश रहे थे।

इनमें जो अफ़ग़ान सरदार प्रमुख रूप से सुल्तान महमूद के पक्षधर थे उनमें उसका ससुर मसनदे-आली आज़म हुमायूँ सरवानी, लाहौर का हाकिम ईसा ख़ाँ सरवानी, इब्राहीम ख़ाँ यूसुफ़खेल, सरहिन्द का हाकिम मियाँ बब्बन तथा मियाँ बायज़ीद फ़रमूली प्रमुख थे। इन सभी अफ़ग़ान सरदारों ने एकजुट होकर उन दिनों मुग़लों के लिए मुसीबतें खड़ी कर रखी थीं। मियाँ बब्बन और मियाँ बायज़ीद के पास विशाल सेनाएँ थीं। उन्होंने कई मौक़ों पर मुग़ल लश्करों का बड़ी बहादुरी से मुक़ाबला किया था। इसीलिए मियाँ बब्बन और मियाँ बायज़ीद दोनों अफ़ग़ान सूरमाओं के रूप में बड़े मशहूर हो गये थे।

इन्हीं अमीरों ने बाबर से पिटे और चित्तौड़ के जंगलों में दुबके हुए महमूद लोदी को पटना जाने की सलाह दी थी। उन्होंने कहा था कि—"आप जल्द वहाँ पहुँचें। रास्ते में हम सभी सरदार आपके हमराह हो जायेंगे। पटना में आपको हम वहाँ का सुल्तान मुन्तख़िब कर देंगे। यह हमारा आपसे वायदा रहा।"

जब सुल्तान महमूद लोदी इन अमीरों के साथ उनकी फ़ौज-फाटे सहित बिहार पहुँचा तो शेर ख़ाँ ने मौक़े की नज़ाक़त को फ़ौरन भाँप लिया। उसने सोचा कि सुल्तान के साथ आनेवाले कई सरदार उसके विरोधी हैं। यह लोग फ़ौजें भी अपने साथ लाये हैं। इसीलिए इनकी संगठित शक्ति का मुक़ाबला फ़िलहाल सम्भव नहीं है। यह भविष्य की अफ़ग़ान-एकता के लिए भी हानिकारक होगा। भली-भाँति इस प्रकार सोच-विचारकर शेर ख़ाँ सुल्तान महमूद लोदी के पास स्वयं जा पहुँचा।

जब वह सुल्तान के समक्ष पहुँचा, तब तक सुल्तान के साथी-बराती यह अफ़ग़ान सरदार सियासी खिचड़ी पका चुके थे। उन्होंने खुद ही बिहार राज्य के हिस्सों को कठपुतली-सुल्तान से अनुमति लेकर आपस में बँटवारा कर डाला, परन्तु अपने बीच शेर ख़ाँ को आया देख वह उससे कहने लगे -

"फ़िलहाल हम सबने जौनपुर को मुग़लों से छीनने की मन्सूबाबन्दी की है। उसके लिए हमें बिहार में ठहरकर कुछ अरसा अपनी फ़ौजों को तैयार करना है और उसे बढ़ाना है। जैसे ही आगे चलकर हम जौनपुर फ़तेह कर लेते हैं, वैसे ही सुल्तान महमूद तुम्हें बिहार फिर से दे देंगे। क्यों सुल्तान?..."

"हाँ-हाँ क्यों नहीं। बेशक" सुल्तान महमूद ने कहा—"शेर ख़ाँ! तुम मुतमइन रहो...जब जौनपुर पर मेरा अख़्तियार हो जायेगा तो बिहार का सूबा तुम्हें मैं वापस लौटा दूँगा। क्योंकि आख़िर यह तुम ही तो हो जिसने इसे बंगाल के सुल्तान की गिरफ़्त में जाने से रोका है। हम जानते हैं कि बिहार तुम्हारी हुकूमत का एक अहम् हिस्सा है। इसलिए तुम क़तई फ़िक्र न करो। जैसे मेरे वालिद सुल्तान सिकन्दर लोदी ने बिहार की हुकूमत दरिया ख़ाँ लोहानी को दी थी जो बाद में जलाल ख़ाँ लोहानी के पास आयी और फिर तुम तक...वैसे ही वक़्त आने पर इसे मैं तुम्हें दोबारा दे दूँगा।"

यह सुनकर उन अफ़ग़ानों के सामने शेर ख़ाँ ने सोचा कि 'जबरा मारे रोवै न दे।' उसने इतना और कहा—"हुजूर सुल्तान की बड़ी इनायत। आपके क़ौल पर मुझे तहेदिल से यक़ीन है। मगर बिहार की रियाया को भरोसा दिलाने के लिए अगर आप एक फ़र्मान लिखकर जारी कर दें कि बिहार की हुकूमत फ़िलहाल हुजूर के हाथों में है जो कि बहुत जल्द फिर से शेर ख़ाँ को इन्तज़ाम के लिए सुपुर्द की जायेगी, तो आपकी बड़ी मेहरबानी होगी।"

सुल्तान महमूद ने शेर ख़ाँ की यह प्रार्थना स्वीकार कर उसके हक़ में फ़र्मान लिखवा दिया। इस फ़र्मान को लेने के बाद उसने अपनी जागीर पर लौटने के लिए कुछ महीनों की छुट्टी सुल्तान से माँगी। सुल्तान मन-ही-मन ख़ुश हो गया। उसके अफ़ग़ान अमीर भी ख़ुश हो गये कि चलो बला खुद ही टली। सुल्तान महमूद लोदी ने शेर ख़ाँ सूर को छुट्टी दे दी। वह ख़ामोशी से अपनी जागीर सहसराम पर लौट गया और अपने बीवी-बच्चों और अपनी जागीर की देखभाल में जुट गया। उसके बेटे आदिल ख़ाँ, कुतुब ख़ाँ और जलाल ख़ाँ अब काफ़ी जवान हो गये थे। अपने चाचा निज़ाम ख़ाँ की परवरिश में उन्होंने पढ़ाई-लिखाई और सैन्य प्रशिक्षण भली-भाँति हासिल किया था। आजकल वह भी परग़नों की देखरेख में चचाजान निज़ाम ख़ाँ का हाथ बँटाते थे। जब कभी निज़ाम ख़ाँ को बड़े भाई शेर ख़ाँ के युद्ध अभियानों की ख़बर मिलती तो वह चिन्तित हो जाता। वह बिना बुलाये अपने तीनों

भतीजों पर ही शेर ख़ाँ की जागीरों का प्रबन्ध छोड़कर शेर ख़ाँ के पास चला जाता। शेर ख़ाँ बिहार की आन्तरिक सुरक्षा व्यवस्था भाई निज़ाम ख़ाँ पर छोड़कर निश्चिन्त हो युद्ध लड़ता, परन्तु सूरजगढ़ की लड़ाई में निज़ाम ख़ाँ बक़ायदा शेर ख़ाँ के साथ युद्ध के मैदान में डटा रहा। शेर ख़ाँ ने वहाँ अपने छोटे भाई की बहादुरी देखी और उसके रण-कौशल को सराहा। तब से निज़ाम ख़ाँ छाया की तरह बड़े भाई शेर ख़ाँ का आगे के युद्धों में उसका साथ देने लगा।

इधर सुल्तान महमूद लोदी अपनी फ़ौजी ताक़त में इज़ाफ़ा करने लगा। आख़िर उसे मुग़ले आज़म हुमायूँ से मुक़ाबला जो करना था। हिन्दुस्तान का तख़्तो-ताज हासिल करने का सुनहरा ख़्वाब उसके दिलो-दिमाग़ में रह-रहकर मचल रहा था।

जब बिहार के उस क़याम में सुल्तान महमूद ने अपनी फ़ौज को अच्छी तरह से हथियारों से लैस कर अपने सिपाहियों से ख़ासी क़वायद करा ली तब उसने जौनपुर कूच करने का इरादा किया। उसने शेर ख़ाँ को एक हुक्मनामा भेजा कि वह फ़ौरन उसके सामने हाज़िर हो जाये। जंग के लिए उसकी ख़िदमात की ज़रूरत है।

जब यह शाही हुक्मनामा शेर ख़ाँ को सहसराम में मिला तो उसने जवाब में यह लिख भेजा कि वह इन दिनों अपने लश्करों को जुटाने में लगा है। इन्तज़ामात में अभी कुछ कसर बाक़ी है। फ़ौज का बन्दोबस्त मुक़म्मल होते ही वह सुल्तान की ख़िदमत में पेश हो जायेगा। उसे कुछ दिनों की मोहलत दी जाये।

जब सुल्तान को शेर ख़ाँ का यह जवाब मिला तो वह अपने अमीरों से बोला—"अरे भई! यह शेर ख़ाँ तो कुछ अलग क़िस्म की बात कह रहा है। यह देखिये आप लोग...लिखकर भेजा है कि उसकी फ़ौज अभी तैयार नहीं। बन्दोबस्त में लगा है वह। कुछ दिनों की मोहलत माँग रहा है..."

इस पर मियाँ बब्बन ने कहा—"कैसी मोहलत? मोहलत-वोहलत कुछ न दीजियेगा उसे सुल्ताने-आली! यह तो सिर्फ़ उसका बहाना है। उसकी फ़ितरत चालाक लोमड़ी-जैसी है। जिधर अंगूर खट्टे लगे उधर से मुँह फेरा।"

मियाँ बब्बन की बात मियाँ बायज़ीद फ़रमूली ने लपक ली—"ठीक कहते हैं मियाँ बब्बन। हुज़ूरे-आली आप यह जान लीजिये यह शेर ख़ाँ मुग़लों से मिला हुआ है। पहले यह बाबर मरहूम के साथ चन्देरी की लड़ाई में शामिल था। इसने जुनैद बिरलास का नमक खाया। फिर सुना है जब बाबर की निगाहें इस पर एकबारगी सख़्त हो गयीं तो यह बिना बताये मुग़ल फ़ौज को भी चकमा देकर भाग गया।...अब हुज़ूर मोहतरम इसका साथ चाहते हैं तो यह मक्कार आदमी आपसे इन्कार कर रहा है...कहीं यह दोबारा मुग़लों से तो नहीं मिल गया? यह कि..."

सरदार ईसा ख़ाँ सरवानी ने कहा—"इतनी जल्द शेर ख़ाँ को लेकर हमें किसी नतीजे पर नहीं पहुँचना चाहिए। हम उसे अपने साथ लेने की एक और कोशिश करेंगे।"

यह सब सुनकर सुल्तान महमूद लोदी के बूढ़े ससुर आज़म हुमायूँ सरवानी से न रहा गया। उस तजुर्बेकार सरदार ने सबको सलाह दी कि—"मैं समझता हूँ कि हमें इतनी जल्दी परेशान होने की ज़रूरत नहीं है। शेर ख़ाँ को देखा जाये तो...अपने साथ लेना कोई मुश्किल काम भी नहीं। आख़िर जौनपुर का रास्ता उसकी जागीर से ही तो होकर गुज़रता है। चलो यहाँ से रवाना होकर हम लोग शेर ख़ाँ की जागीर में सीधे चलते हैं। वह वहाँ जहाँ कहीं भी होगा हमारे सिपहसालार उसे तलाश लेंगे। आख़िरकार वह जायेगा कहाँ? हमारी मेहमाननवाज़ी उसे करनी ही पड़ेगी। हमें हमारी फ़ौज को वह खिलायेगा-पिलायेगा और उसके बाद हमारे साथ भी चलेगा। समझो कि उसकी तरफ़ से पेश की जानेवाली वह ख़ातिर-तवाज़ो ही उसकी सबसे बड़ी सज़ा होगी।"

इस पर सारे-के-सारे अमीर हँस पड़े। सुल्तान महमूद लोदी ने भी सबके साथ अपने ससुर की तजवीज़ की बड़ी तारीफ़ की और वह सब-के-सब मय लाव-लश्कर अगले दिन बिहार से जौनपुर वाया-सहसराम कूच कर गये।

◙
◙

सहसराम में शेर ख़ाँ को ख़बर मिली कि सुल्तान महमूद लोदी अपनी फ़ौज और अफ़ग़ान साथियों के साथ जौनपुर अभियान के लिए निकल पड़ा है। वह सहसराम की ओर ही आ रहा है और वह शेर ख़ाँ को साथ लेकर ही जौनपुर फ़तेह के लिए आगे जायेगा। ऐसा वह तय कर चुका है।

उसके विश्वस्त जासूसों ने उसे यह भी बताया कि अपने साथी सिपहसालारों से सलाह करके वह बलपूर्वक उसे साथ ले जाने के इरादे से ही यहाँ आ रहा है। यह जानकर शेर ख़ाँ को बड़ी झुँझलाहट हुई। उसने अपने भाई, बेटों और जागीर के कुछ ख़ास मातहत सरदारों को बुलाकर उनसे सलाह-मश्विरा किया। परिस्थितियाँ प्रतिकूल थीं। इसलिए उस मीटिंग के बहाने वह सभी अपनों को सजग और तैयार भी करना चाहता था। शेर ख़ाँ ने कहा—

"मेरी तरक़ीब नाकामयाब होती दिख रही है। सुल्तान महमूद मुझे मुग़लों के ख़िलाफ़ जंग में साथ लेने के लिए ज़िद पर आमादा है। उसके साथ तरह-तरह के लोगों का इस वक़्त जमावड़ा है।...सुल्तान का ससुर आज़म हुमायूँ सरवानी और लाहौर का पुराना सूबेदार वह ईसा ख़ाँ सरवानी...यह लोग बहुत ही होशियार और

ज़हीन इन्सान हैं। हुकूमत के कामों में बड़े तजुर्बेकार भी हैं। मगर सिर्फ़ अफ़ग़ानों की खोयी हुई इज़्ज़त और वक़ार को दोबारा हासिल करने के इरादे से वह सुल्तान के साथ आ गये हैं। हालाँकि यह लोग पूरी तरह अपने दिल में पक्के नहीं हैं। यह अच्छी तरह समझते हैं कि इस सबसे शायद ही कोई फ़ायदा मिलनेवाला हो। क्योंकि इन अफ़ग़ान सरदारों के आपसी मनमुटाव और हसद इतने ज़्यादा हैं कि इनकी यकजहती शायद ही ज़्यादा दिनों तक आगे क़ायम रह सके।''

निज़ाम ख़ाँ ने कहा—''मगर भाईजान! सवाल तो फ़िलवक़्त का है। इस वक़्त तो यह सब साथ हैं। इन सबका दुश्मन एक है और वह है हुमायूँ बिन बाबर। और...''

यह कहकर निज़ाम रुका और भाई की प्रतिक्रिया जानने के लिए उसकी आँखों में देखने लगा। शेर ख़ाँ ने कहा—''हाँ-हाँ कहो...अपनी बात पूरी करो।''

इस पर निज़ाम ख़ाँ ने कहा—''मैंने यह भी सुना है कि...मियाँ बब्बन और बायज़ीद फ़रमूली काफ़ी ताक़तवर हैं और उनकी बहादुरी के बड़े चर्चे हैं। क्या उनकी ताक़त मुग़लों से टक्कर लेने के लिए काफ़ी न होगी?''

इस पर शेर ख़ाँ ने कहा— ''बेशक बब्बन और बायज़ीद जाँबाज़ हैं और बड़े लश्करों के साथ हैं। लेकिन बड़ी फ़ौज ही सब-कुछ नहीं होती। किसी सिपहसालार की ख़ुद की बहादुरी ही काफ़ी नहीं होती। जब तक उसमें और उसकी फ़ौज में दूध और पानी के मिल जाने-जैसी आपसी समझ न हो। वह रिश्ता न हो जिसमें सिपाही अपने सिपहसालार की इशारों में कही बात को भी समझकर फ़ौरन अमल के लिए तैयार हो जाये। मियाँ बब्बन और बायज़ीद फ़रमूली फ़ौज की नब्ज थामने के हुनर से नावाक़िफ हैं। कोरी जाँबाज़ी और क़िस्मत हर दफ़ा साथ नहीं देती।''

सब-के-सब शेर ख़ाँ का मुँह देख रहे थे। तब उसका बड़ा बेटा आदिल ख़ाँ बोला—

''मगर अब्बा! हमारे पास वक़्त कम है। कोई-न-कोई फ़ैसला तो आपको लेना ही पड़ेगा।''

शेर ख़ाँ ने थोड़ी निराशा के साथ कहा—''ठीक कहते हो बेटे! कोई-न-कोई फ़ैसला अब हमें लेना ही है। इसीलिए मैंने तुम सबको बुलाया है। इस वक़्त मुझे तुम सबका साथ चाहिए।''

निज़ाम ने कहा—''आप हुक्म करिये भाईजान! हम सब हैं न।''

''तो सुनो'' शेर ख़ाँ बोला—''अगर मैं चाहता तो इन्हें हीलाहवाला कर टाल सकता था। मैंने कोशिश भी की। लेकिन यह मुझे अपनी मुहिम में शामिल करने के लिए बज़िद हैं। अब तो वह हमारी सरहद में भी दाख़िल हो चुके हैं। उनके साथ एक बड़ी फ़ौज है। इसलिए अब उनको नज़र-अन्दाज़ करना ठीक न होगा। ऐसे

में मुझे फ़िलहाल यही बेहतर लगता है कि हम इन बिन बुलाये मेहमानों का मुस्कुराते चेहरों के साथ अपनी जागीर में इस्तेक़बाल करें। इनकी ठीक से मेहमाननवाज़ी और ख़ातिरतवाज़ो करें। उनके खाने-पीने आराम-आसाइशों का अच्छे-से-अच्छा बन्दोबस्त करें। आदिल, कुतुब और जलाल तुम लोग यहाँ रुककर इन अफ़ग़ान लश्करों के ठहरने और उनके खाने-खुराक का इन्तज़ाम देखो। मैं और निज़ाम एक मुनासिब लश्कर के साथ सुल्तान महमूद से रास्ते में मुलाक़ात करने और उनकी यक़ीनदेहानी और अगवानी के सबब से रवाना होते हैं।''

इस तरह 'मान न मान मैं तेरा मेहमान' बनकर आ रहे महमूद लोदी और उसकी समर्थक फ़ौज का मन मारकर स्वागत करने के लिए शेर ख़ाँ को अपने सरदारों के साथ एक छोटी-सी सैनिक टुकड़ी लेकर जाना पड़ा। उसने निज़ाम ख़ाँ को एक अपेक्षाकृत बड़े सैन्यदल के साथ अपने से एक कोस पीछे रखा। ताकि अगर आनेवाले अफ़ग़ानों का कोई ग़लत इरादा हो तो वक़्त रहते उसकी मदद ली जा सके।

सुल्तान और उसके साथी सरदारों की रास्ते में मिजाज़पुर्सी के लिए शेर ख़ाँ को आया देखकर सब आगन्तुक अफ़ग़ान सन्तुष्ट हो गये और उसके आमन्त्रण पर उसके साथ सहसराम हो लिये। शेर ख़ाँ ने अपनी जागीर में सैन्यदलों को बाग़ीचों और दूसरे माक़ूल स्थानों पर ठहरवाया। सुल्तान महमूद और उसके साथियों को अपनी हवेली पर ले जाकर अलग से उनकी ख़ातिरदारी की। उनके लिए बेहतरीन ख़ेमे लगवाये और लज़ीज़ पकवान तैयार करवाये। शराब तो शेर ख़ाँ पीता नहीं था। मगर मेहमान अफ़ग़ान सरदारों और सुल्तान महमूद के लिए अच्छी-से-अच्छी शराब का बन्दोबस्त भी उसने अपने मातहतों से कहकर करवाया। अपने ख़ास मेहमानों के सम्मान में बहुमूल्य उपहार उन्हें भेंट किये। शेर ख़ाँ की मेहमान नवाज़ी से तब सभी आगन्तुक काफ़ी प्रसन्न हुए।

शेर ख़ाँ ने सुल्तान महमूद से यह गुज़ारिश की कि वह कुछ दिन सहसराम में ही ठहरे। ताकि इस दौरान वह अपनी फ़ौज को पूरी तरह से हथियारबन्द कर उसके साथ आगे के युद्धपथ पर चल सके। सुल्तान ने भी शेर ख़ाँ की यह बात मान ली।

कुछ दिन बाद जब यह सारा लाव-लश्कर आगे बढ़ा और चलते-चलते जौनपुर के निकट पहुँचा तो सुल्तान महमूद लोदी को पता चला कि जौनपुर में कुछ मुग़ल फ़ौजी टिके हुए हैं। उसने अपना एक भारी सैन्यदल जौनपुर की ओर भेजा। जब मुग़लों को यह पता चला तो वह संख्याबल में बहुत-कम होने के कारण वहाँ से जान बचाकर भागे। इस तरह जौनपुर शहर और आस-पास का इलाक़ा बिना किसी

मारकाट के सुल्तान महमूद के हाथों में आ गया। शेर ख़ाँ भी अपने लश्कर को साथ में लेकर इन लोगों के साथ हल्लू-हल्लू चलता रहा।

अब यह अफ़ग़ान फ़ौज मार्ग में निर्विरोध जौनपुर से लखनऊ की ओर बढ़ी। लखनऊ में छावनी डाले पड़े मुग़ल सैनिक भी बिना लड़े वहाँ से भाग खड़े हुए। इससे अफ़ग़ानों के हौसले और बुलन्द हो गये। बायज़ीद फ़रमूली तो इतना ख़ुश हुआ कि उसने उन दिनों शराब पीने के सारे रिकार्ड तोड़ दिये। जौनपुर और लखनऊ से भागे सैनिकों में से कुछ ने आगरा पहुँचकर हुमायूँ को अफ़ग़ान फ़ौजों के हमले की सूचना दी। कहा कि यह लोग लखनऊ तक आ पहुँचे हैं। अगर अब इन्हें नहीं रोका गया तो यह आगरा या दिल्ली किसी भी दिशा में कूच कर सकते हैं।

जो फ़ौज लखनऊ पहुँची थी वह मियाँ बब्बन और बायज़ीद फ़रमूली के नेतृत्व में वहाँ पहुँची सुल्तान महमूद लोदी की आधी फ़ौज ही थी। सुल्तान महमूद अपनी उस अस्थायी जीत से ख़ुश होकर आधी फ़ौज की सुरक्षा में जौनपुर में ही कई दिनों तक पड़ा-पड़ा रँगरेलियों में डूबा हुआ था।

मुग़ल बादशाह हुमायूँ ने जब उस अफ़ग़ान हमले की ख़बर सुनी तो वह फ़ौरन अपनी विशाल सेना लेकर आगरा से लखनऊ के लिए चल पड़ा। लखनऊ पहुँचते-पहुँचते उसकी फ़ौज की कई अफ़ग़ान सैन्य टुकड़ियों से झड़पें हुईं। इस बीच सुल्तान महमूद ने भी जब सुना कि हुमायूँ लखनऊ के लिए चल पड़ा है तो उसने अपने होशो-हवास दुरुस्त किये और अपनी बाक़ी सेना को साथ लेकर जौनपुर से लखनऊ के लिए चल पड़ा।

शेर ख़ाँ ने इतने दिनों में यह देख लिया था कि महमूद लोदी के सरदारों में परस्पर मतैक्य नहीं था। सब अपनी-अपनी मनमानी करते थे। पहले तो सब-के-सब जौनपुर तक एक-साथ रहे। फिर कुछ लखनऊ की तरफ़ बढ़ गये और कुछ जौनपुर में ही रह गये। कुछ का ख़याल था कि हुमायूँ उनके हमले की ख़बर सुनकर आयेगा ज़रूर। उसे जौनपुर तक आने दिया जाये। कुछ का कहना था कि लखनऊ तक का इलाक़ा पहले फ़तेह कर लिया जाये। फिर उससे दो-दो हाथ वहीं किये जायें। महमूद लोदी तो आरामतलब था। उसे जौनपुर में इन्तज़ार करने का प्रस्ताव ज़्यादा पसन्द आया।

शेर ख़ाँ से जब सुल्तान महमूद लोदी ने यह कहा कि—"तुम भी लखनऊ जा सकते हो।" तो शेर ख़ाँ ने बड़ी संजीदगी से उसे जवाब दिया कि वह सुल्तान के साथ आया है। अतः उसकी हिफ़ाज़त के लिए वह उसी के साथ रुकना पसन्द करेगा। ऐसा करके एक ओर उसने सुल्तान का विश्वास और अधिक जीत लिया, दूसरी ओर कुछ वक़्त के लिए उसे मुग़लों से गुप्त सम्पर्क साधने का मौक़ा भी मिल गया।

मुग़ल बादशाह हुमायूँ का एक सिपहसालार था हिन्दूबेग। वह बहुत पुराना और मुग़लों का एक अत्यन्त विश्वसनीय आदमी था। बाबर के समय में वह पानीपत और खानवा के युद्धों में लड़ चुका था। बाबर ने हिन्दूबेग को सम्भल का हाकिम नियुक्त किया था। वह शेर ख़ाँ को उसके पिछले सेवाकाल से जानता था। इसलिए अपने सन्देशवाहकों के ज़रिये शेर ख़ाँ ने हिन्दूबेग को यह गुप्त सन्देश भेजा कि–''मुग़लों ने ही मुझ-जैसे अदना-से इन्सान को धूल से उठाकर किसी लायक बनने दिया है। सुल्तान महमूद लोदी और उसके आदमी मुझे ज़बर्दस्ती अपने साथ लड़ाई के लिए ले आये हैं। पर मैं असली लड़ाई के दिन मुग़ल फ़ौज का मुक़ाबला नहीं करूँगा और बिना लड़े मैदान से हट जाऊँगा। आप बादशाह हुमायूँ से मेरे बारे में ऐसा कह दीजिये कि जंग के दिन मैं अपने लश्कर के साथ वापस लौट जाऊँगा। मुझे बादशाह सलामत के मुख़ालिफ़ खड़े होने में बड़ी तकलीफ़ हो रही है। लेकिन मैं इन लोगों के हाथों फ़िलहाल मजबूर हूँ।''

जब हिन्दूबेग ने शेर ख़ाँ सूर का वह ख़त हुमायूँ बादशाह को दिखाया तो उसने शेर ख़ाँ को यह संक्षिप्त उत्तर लिखवाकर भिजवाया–''तुम इन लोगों के साथ आये हो इस बात से परेशान मत हो। इनके साथ ही रहो। मुझे कोई उज्र नहीं। अपने लिखे के मुताबिक काम करो। अगर वैसा ही करोगे तो इंशाअल्लाह मौज करोगे।''

कुछ दिन बाद लखनऊ के निकट एक युद्ध के मैदान में मुग़लों और अफ़ग़ानों के बीच ज़बर्दस्त जंग हुई। जब लड़ाई अपने नाज़ुक मोड़ पर पहुँची तो शेर ख़ाँ ने वायदे के मुताबिक अपने लश्कर को पीछे हटा लिया और वह बिना लड़े मैदान से वापस चल दिया। शेर ख़ाँ के इस तरह अचानक मैदान छोड़कर चले जाने के बाद सुल्तान महमूद की सेना में भगदड़ मच गयी।

महमूद लोदी और उसके कई लड़ाके सरदार भी भाग चले। तब एक ही सरदार अफ़ग़ानों की आन-बान-शान की ख़ातिर अपने लश्कर के साथ युद्ध क्षेत्र में डटा रहा। उसका नाम था इब्राहीम ख़ाँ यूसुफ़खेल। उसने बहादुरी का अद्भुत प्रदर्शन किया। जब तक उसके शरीर में प्राण रहे वह मुग़लों से लड़ता रहा। लेकिन अकेला कब तक लड़ता? उसके दूसरे साथी सरदार तो एक-एक कर वह लड़ाई छोड़कर खिसकते गये थे। इब्राहीम ख़ाँ यूसुफ़खेल आख़ीरकार उस लड़ाई में शहीद हो गया और मुग़लों के हाथों तिक्का-बोटी काट डाला गया।

उधर एक और अफ़ग़ान लड़ाका मैदान में किसी तरह टिका रहा। यों तो, पिछले कई लड़ाइयों में उसका बड़ा नाम था- मियाँ बायज़ीद फ़रमूली। लेकिन इधर पता नहीं उसे क्या हो गया था? उसने इस लड़ाई के दिन भी इतनी शराब पी रखी थी कि उसे अपने बारे में ठीक से होश तक नहीं था। अपने फ़ौजियों से घिरा हुआ घोड़े की पीठ पर चढ़ा वह–''हुमायूँ। किधर है तू?'' चिल्ला रहा था। और हवा में तलवार भाँज रहा था। उस भगदड़ में जब उसके साथी घुड़सवार उससे अलग हो गये तो वह

मुग़लों में अकेला घिर गया। तब नशे में धुत्त उस बायज़ीद फ़रमूली को भी दुश्मनों ने घेरकर मार डाला।

इस तरह दर्जनों अफ़ग़ान सरदार और सैकड़ों अफ़ग़ान सिपाही लखनऊ की उस लड़ाई में मारे गये। और हज़ारों युद्ध के मैदान से भाग गये। जीत बादशाह हुमायूँ के हाथ आयी। शेर ख़ाँ अफ़ग़ान उन महत्त्वाकांक्षी सरदारों की जमात से अचानक अलग क्या हुआ कि ऐन मौक़े पर सुल्तान महमूद लोदी की जैसे क़िस्मत फूट गयी।

शेर ख़ाँ यद्यपि इन अफ़ग़ानों में से कुछ सरदारों की वक़त से सुपरिचित था और मन-ही-मन उनकी बड़ी इज़्ज़त भी करता था मगर जो अपवित्र गठजोड़ उन लोगों ने कई दूसरे दुष्ट-सरदारों के साथ मिलकर किया था उसे शेर ख़ाँ ने पसन्द नहीं किया। वह जानता था कि यह गठजोड़ महमूद लोदी को दिल्ली की गद्‌दी पर एक कठपुतली सुल्तान बनाकर अपनी रोटियाँ सेंकने की ख़ातिर बना था, जो एक ओर स्वयं शेर ख़ाँ की खुद की महत्त्वाकांक्षा के रास्ते में रुकावट था, दूसरे यह बहुत ज़्यादा दिनों तक चलनेवाला नहीं था। इसलिए मुल्क और अवाम के लिए भी फ़िज़ूल था। मुग़लों की ताक़त फिर से इनको रौंदकर हिन्द में छा जानी थी। और सबसे बड़ी हिमाक़त यह होती कि इनका साथ देकर फ़ौरी तौर पर वह खुद भी मुग़लों की आँख की किरकिरी बन जाता। इतनी मेहनत से उसने बिहार और बंगाल के एक बड़े इलाक़े में अभी कुछ ही सालों में अपने जो पाँव पसारे थे, वह इलाक़ा मुग़लों के साम्राज्य-विस्तार अभियान का अव्वल निशाना बन जाता। यह सब-कुछ सोचकर ही शेर ख़ाँ ने इस अफ़ग़ान-गठबन्धन का साथ नहीं दिया।

महमूद लोदी अपने बचे-खुचे सरदारों के साथ युद्ध के मैदान से जान बचाकर भाग निकला। वह वापस बिहार जा पहुँचा। रास्ते में सभी सरदार उसे एक-एक कर छोड़ते चले गये। अब न महमूद लोदी के पास कोई मज़बूत साथी था, न कोई धन, न कोई मुल्क, न जागीर, जिससे वह सेना रख पाता। जिन सरदारों ने उसे बिहार की गद्‌दी पर बिठाया उनमें से अनेक या तो लखनऊ की लड़ाई में मारे गये या हारकर तितर-बितर हो गये। लिहाज़ा ग़रीब क्या करता? नाच-गानों-नर्तकियों और शराब का पुराना शौकीन था ही। अपनी बची-खुची दौलत पर एक मामूली-आदमी की तरह वह किसी तरह आगे ज़िन्दा रहा। पड़ा-पड़ा भोग-विलास वगैरह करता रहा। फिर कुछ सालों में एक उपेक्षित आदमी की तरह चल बसा। इस तरह लोदी राजवंश का वह आख़िरी चश्मोचिराग़ अपने अन्तिम दिनों में एक लावारिस दीये की तरह बुझ गया।

8

हुमायूँ बनाम शेर ख़ाँ

अगस्त, 1532 में लखनऊ-विजय के बाद मुग़ल बादशाह हुमायूँ की नज़रें शेर ख़ाँ के अधीन चुनार के क़िले की ओर घूम गयीं। उसके सलाहकारों ने उसे बताया कि—"चुनार का क़िला शेर ख़ाँ सूर ने बड़ी हिकमत और चालाकी से लाड मलिका से हासिल कर लिया है। उसी के साथ क़िले में जमा सुल्तान इब्राहीम लोदी की बेशुमार दौलत को भी हथियाकर वह उस इलाक़े की एक बड़ी-ताक़त बन बैठा है। पूरा बिहार इस वक़्त उसके क़ब्ज़े में हैं। बंगाल के काफ़ी परगने उसकी हुकूमत के साये में आ चुके हैं। वह दिनरात दुनिया भर के कोने-कोने से अफ़ग़ान लड़ाकों को इकट्ठा कर उन्हें जागीरें दे रहा है और एक बड़ी फ़ौज खड़ी करने में जुटा है! जो आदमी अपने अफ़ग़ान बिरादर महमूद लोदी का न हुआ, वह हुज़ूर का क्या होगा? इस वक़्त शेर ख़ाँ लखनऊ से जौनपुर होता हुआ सीधा चुनारगढ़ गया है अपनी ख़ूबसूरत माशूका लाड मलिका के पास। अगर उसे फ़ौरन क़ाबू में न किया गया तो आगे चलकर वह मुग़ल सल्तनत के लिए एक भारी परेशानी का सबब बन सकता है। इसके लिए ज़रूरी है कि दुश्मन को उसकी माँद में ही जाकर घेर लिया जाये।"

इस सलाह पर बादशाह हुमायूँ बड़ा फ़िक्रमन्द हुआ। उसने अपने ताक़तवर सिपहसालार हिन्दूबेग को उसके लश्कर के साथ चुनार रवाना किया और हुक्म दिया कि वह वहाँ जाकर उस अफ़ग़ान सरदार शेर ख़ाँ से कहे कि वह शराफ़त के साथ चुनार का क़िला मुग़लों के हवाले कर दे। इससे पहले कि हिन्दूबेग की फ़ौज चुनार का क़िला घेर लेती, हिन्दूबेग के भेजे सन्देशवाहक को क़िला सुपुर्द करने से साफ इन्कार की बात कहकर शेर ख़ाँ अपने परिवार के स्त्री-पुरुष और कुछ अनुचरों को साथ में लेकर चुनार के क़िले से बाहर निकल गया। शेर ख़ाँ चुनार के दक्षिण-पश्चिम में 50 मील दूर स्थित बहरकुण्डा की पहाड़ियों में चला गया। अपने पीछे वह अपने

एक बेटे जलाल ख़ाँ को क़िले की हिफ़ाज़त के लिए 5000 विश्वसनीय और युद्धकुशल सैनिकों के साथ छोड़ गया। यही जलाल ख़ाँ आगे चलकर शेरशाह सूरी का उत्तराधिकारी हुआ और इस्लामशाह के नाम से हिन्द की गद्‌दी पर बैठा था।

जब हुमायूँ को पता चला कि शेर ख़ाँ ने हिन्दूबेग को ठेंगा दिखा दिया है, तब वह स्वयं अपने लाव-लश्कर के साथ चुनार के लिए चल दिया। कुछ ही दिनों में हुमायूँ की सेना ने चुनारगढ़ का घेरा डाल दिया। अब आये दिन जलाल ख़ाँ और हुमायूँ के दरमियान मुठभेड़ें होने लगीं। शेर ख़ाँ के इस बेटे ने इन झड़पों में बड़ी वीरता दिखायी और हुमायूँ को परेशान करके रख दिया। इससे जलाल ख़ाँ की शौर्यगाथा चारों ओर फैलने लगी।

शेर ख़ाँ का गुप्तचर तन्त्र बड़ा विकसित था। वह बिहार में रहकर भी दूर-दराज़ के राजाओं और हाकिमों की ख़बरें रखता था। उसके गुप्तचर उसे विभिन्न राज्यों में हो रही सियासी उठापटक, षड्‌यन्त्रों, बग़ावतों एवं युद्ध अभियानों की विभिन्न ख़बरें बराबर दिया करते थे। यह सावधान और चौकन्नी दूरदृष्टि उसे लोहानी सरदारों के षड्‌यन्त्र के दिनों से विशेष रूप से हासिल हुई थी।

उसने अपने अधीन जासूसों का एक अलग से मोहकमा क़ायम कर गुप्तचरी की चुनौती-भरी परिस्थितियों से निबटने के लिए बुद्धिमान् युवकों की भर्ती की और उन्हें सैन्य एवं अन्य आवश्यक प्रशिक्षण दिलवाये।

शेर ख़ाँ के जासूसों ने अपने उन्हीं निर्वासन के दिनों में, जब वह बहरकुण्डा की पहाड़ियों में अपने कुटुम्बियों और अनुचरों के साथ छिपा हुआ था, जब उसका पुत्र जलाल ख़ाँ चुनार के क़िले से मुग़लों से मोर्चा ले रहा था, यह जानकारी हासिल कर ली कि उधर गुजरात के सुल्तान बहादुरशाह ने मालवा पर आक्रमण कर माण्डू का क़िला जीत लिया है और अब वह दिल्ली को छीनने का विचार कर रहा है। यही नहीं, जल्द ही बहादुरशाह दिल्ली कूच का ऐलान करनेवाला है। शेर ख़ाँ समझ गया कि हज़रत हुमायूँ बादशाह अब ज़्यादा दिन चुनार की मुहिम पर टिक न सकेंगे। इनको अपना साम्राज्य बचाने के लिए उल्टे पाँव आगरा लौटना ही पड़ेगा।

यह सोचकर शेर ख़ाँ ने फ़ौरन मौक़े का फ़ायदा उठाया और अपनी पुरानी आदत के मुताबिक पैंतरा बदला। उसने एक सन्देशवाहक अपने एक ख़त के साथ हुमायूँ बादशाह के पास भेजा। ख़त का मजमून कुछ इस तरह था—

"बादशाह सलामत! मैं शेर ख़ाँ आपका गुलाम हूँ। आपके मातहत और अपने पुराने हाकिम जुनैद बिरलास का नमकख़्वार हूँ। अलावा इसके आप लखनऊ की जंग में मेरी ख़ास ख़िदमत से ख़ुद भी अच्छी तरह वाकिफ़ हैं। चुनार का क़िला यह

गुलाम आपकी नज़र करने को तैयार है। मगर ग़ौरतलब बात यह है कि यह क़िला फिर आपको किसी-न-किसी के सुपुर्द तो करना ही पड़ेगा। मैं भी आपका ही एक ख़ादिम हूँ। मेरी गुज़ारिश है कि अगर चुनार का क़िला आप मुझे ही सुपुर्द कर दें तो मैं अपने बेटे कुतुब ख़ाँ को आपकी ख़िदमत में भेज दूँगा। मेरी यह गुज़ारिश क़बूल फ़र्माकर हुज़ूर आला इस इलाक़े के हुकूमती बन्दोबस्त से बिलकुल बेफ़िक्र हो सकते हैं। मैं पूरी मेहनत और ईमानदारी से आपकी मातहती करूँगा। मेरा बेटा आपकी ख़िदमत में साथ रहेगा। अगर मैं या मेरा कोई सरदार मुग़ल तख़्त के साथ ग़द्दारी करे तो आप मेरे जानशीं कुतुब ख़ाँ को ऐसी सज़ा दे सकते हैं तो दूसरों के लिए सबक हो। आपका अहसानमन्द शेर ख़ाँ।''

शेर ख़ाँ के दूत से तब हुमायूँ ने यह सन्देश कहला भेजा कि—मुझे शेर ख़ाँ को चुनार उसकी सुपुर्दगी में देने की उसको पेशकश मंज़ूर है। बशर्ते वह अपने उस दूसरे बेटे जलाल ख़ाँ को मेरे पास भेज दे।

तब शेर ख़ाँ ने जवाब भेजा कि—''माँ-बाप की निगाहों में सब बेटे एक-जैसे अज़ीज़ होते हैं। जलाल ख़ाँ किसी मायने में कुतुब ख़ाँ से बढ़कर नहीं है। लेकिन अस्लियत यह है कि इस इलाक़े में मेरे न जाने कितने दुश्मन हैं। मैंने अहद लिया है कि मैं इधर किसी ऐसे मुख़ालिफ़ के पैर जमने न दूँगा जो आगे चलकर बादशाह के लिए भी सिरदर्द साबित हो और बादशाह को बाद में उससे निबटने के लिए ख़ुद ज़हमत उठानी पड़े। जलाल ख़ाँ इस मुहिम में यहाँ बेहतर काम कर रहा है। इसलिए बादशाह सलामत! आप मेरे छोटे बेटे कुतुब ख़ाँ को ही अपने हुज़ूर में बुलवाने का हुक्म फ़र्मायें।''

अभी यह बातचीत का सिलसिला चल ही रहा था कि हुमायूँ के पास भी गुजरात के सुल्तान बहादुरशाह द्वारा माण्डू की फ़तेह और उसके दिल्ली हड़पने के इरादों की सूचना आ गयी। साथ ही, एक बुरी ख़बर यह भी आयी कि हुमायूँ का एक पुराना दुश्मन मुहम्मद ज़मान मिर्ज़ा जो बयाना के क़िले में उसका क़ैदी था, उसी का एक जाली फ़र्मान दिखाकर क़िले से आज़ाद हो गया था। अब वह बदबख़्त मुग़लों के उस सीमित साम्राज्य में जगह-जगह घूमकर बदअमनी फैला रहा था।

नतीजा यह हुआ कि हुमायूँ अब अपना साम्राज्य बचाने की उलझन में पड़ गया। तनावग्रस्त स्थिति में हुमायूँ ने शेर ख़ाँ को कहलाया कि हमें शेर ख़ाँ की वफ़ादारी और नेकनीयती पर भरोसा है। इसलिए हम उसकी पेशकश को मंज़ूर करते हैं। चुनार के क़िले को हम उसी की निगरानी में सौंपते हैं। उससे कहो कि वह फ़ौरन कुतुब ख़ाँ को हमारे पास भेज दे।

शेर ख़ाँ ने तब ख़ुशी-ख़ुशी अपने साथ क़याम कर रहे अपने बेटे कुतुब ख़ाँ को अपने एक सरदार ईसा ख़ाँ के साथ 500 घुड़सवारों की एक टुकड़ी के साथ हुमायूँ

बादशाह के पास भेज दिया। इनके आने पर बादशाह हुमायूँ चुनार के क़िले का चार महीने से पड़ा हुआ घेरा दिसम्बर, 1932 में उठाकर आगरा के लिए अपनी शाही फ़ौज के साथ रवाना हो गया। उसके बाद वह जल्द ही गुजरात के सुल्तान बहादुरशाह के विद्रोह के दमन में लग गया। आपाधापी के उन्हीं दिनों में कुतुब ख़ाँ बिन शेर ख़ाँ सूर अपने सैनिकों के साथ मौक़ा पाकर एक दिन हुमायूँ के फ़ौजी डेरों से भाग निकला और वापस आकर अपने वालिद शेर ख़ाँ से मिल गया।

इधर हुमायूँ की चुनार की ओर से पीठ फिरी, कि शेर ख़ाँ फिर से तेज़ी से बिहार में अपनी शक्ति को बढ़ाने और अपने विरोधियों का सफ़ाया करने के अभियान में जुट गया। उसने अपने एक-एक अफ़ग़ान दुश्मन सरदार को चुनकर मौत के घाट उतार दिया। शेर ख़ाँ के दुश्मन उसका इलाक़ा छोड़कर भाग गये। अगर उनमें से कुछ पकड़े गये तो मार डाले गये। दूसरी ओर शेर ख़ाँ ने अनेक स्वामिभक्त अफ़ग़ानों को अपनी हुकूमत और फ़ौज में भी शामिल कर लिया और उनकी सरपरस्ती की। बहुत-से अफ़ग़ान अपने दुर्दिनों में भिखारी बन गये थे। उसने उन सबों को अपनी सेना में भर्ती कराया। कइयों ने बाक़ायदा काला चोगा पहनकर और हाथ में भीख का कश्कोल थामकर फ़कीरों का भेस धारण कर लिया था। इन लोगों को भी उसने फ़कीरी छोड़कर एक सैनिक का स्वाभिमानपूर्ण जीवन जीने के वास्ते राज़ी किया। मगर कुछ लोग फिर भी न माने। उन्हें फ़कीरी का धन्धा ही रास आने लगा था। शेर ख़ाँ ने ऐसे लोगों को पकड़वाकर बेरहमी से मरवा डाला और सरेआम यह ऐलान करा दिया कि जो कोई फ़ौज में भर्ती होने से इन्कार करेगा उसका यही हश्र होगा। तब ऐसे सभी कायर तुरन्त रास्ते पर आ गये।

शेर ख़ाँ ने अफ़ग़ान क़ौम की परवरिश में ऐसा माहौल पैदा किया जैसा माहौल एक ज़माने में सुल्तान बहलोल लोदी ने बनाया था। उस दौरान भी भारी संख्या में देश-देशान्तर से अफ़ग़ान बहलोल लोदी की सेवा के लिए उमड़ पड़े थे। शेर ख़ाँ के इस दौर में भी अफ़ग़ानों के ठट्ठ-के-ठट्ठ उसकी ख़िदमत में आ-आकर इकट्ठे होने लगे। अफ़ग़ान आते गये। शेर ख़ाँ और ज़्यादा शेर होता गया।

उधर हुमायूँ ने बहादुरशाह को हराया और वह बाग़ी भागकर गुजरात में सूरत की ओर निकल गया। उसके साथ के प्रायः सभी अफ़ग़ान सरदार और सिपाही शेर ख़ाँ के पास आ गये और उन्होंने उसकी नौकरी क़बूल कर ली। यही नहीं, कई ताक़तवर अफ़ग़ान सरदार जो पहले शेर ख़ाँ की मातहती क़बूल करने में अपनी तौहीन समझते थे, जब उन्होंने शेर ख़ाँ का सितारा बुलन्द होते देखा तो वह भी अपना ग़रूर छोड़कर उसकी ख़िदमत में आने के लिए तैयार हो गये। बड़े-बड़े सूरमा आज़म हुमायूँ सरवानी, ईसा ख़ाँ साहूखेल, मियाँ बब्बन, हैबत ख़ाँ, कुतुब ख़ाँ मोचीखेल, मारूफ़ फ़रमूली और उनके जैसे कितने ही सरदार शेर ख़ाँ के झण्डे तले आ गये।

अब शेर ख़ाँ ने 'हज़रत-ए-आला' की उपाधि धारण की और वह अफ़ग़ानों का सर्वमान्य नेता बन गया।

◙

◙

शेर ख़ाँ ने हुमायूँ के साथ लुका-छिपी का खेल कई बरस खेला। हुमायूँ अपने पिता बाबर की तरह सही समय पर सही फ़ैसला करनेवाला व्यक्ति नहीं था। वह अक्सर भूलें करता था। प्रमाद में पड़ जाता था। अपने बाप के बराबर कर्मठता की कमी, अतिशय दयालुता की प्रकृति और आलस्य हुमायूँ के आत्मघाती अवगुण थे। जिनका फ़ायदा उसके अपने भाई हिन्दाल, असकरी और कामरान और अन्य कई सम्बन्धियों, मातहतों से लेकर उसके साम्राज्य के बाहरी दुश्मन सभी उठाते थे। शेर ख़ाँ सूर ने भी हुमायूँ की शराफ़त और उसकी कमज़ोरियों का वक़्त-बेवक़्त फ़ायदा उठाया। इसीलिए जब भी हुमायूँ शेर ख़ाँ के विरुद्ध मैदान में निकला शेर ख़ाँ उससे ज़्यादा होशियार और इक्कीस साबित हुआ।

बाबर का सन् 1530 में इन्तिक़ाल हुआ। तब शहज़ादा मिर्ज़ा हुमायूँ सम्भल का हाकिम मुन्तख़िब था। वह बाबर का सबसे बड़ा बेटा था। उसने हिन्दुस्तान का तख़्त हासिल करने से लेकर उसे क़ायम रखने की जद्दोजहद में अपने बाप के लिए वीरतापूर्वक कई लड़ाइयाँ लड़ी थीं। यह बाबर के जीवन के अन्तिम वर्ष की बात है कि हुमायूँ सम्भल में बहुत बीमार पड़ गया। ज्वर से तपती हुई हालत में उसे आगरा लाया गया। बाबर ने उसका बहुत उपचार कराया। मगर हुमायूँ की हालत गिरती गयी। तब कहते हैं कि बाबर को मौलवियों ने सलाह दी कि तुम्हारी जो सबसे क़ीमती चीज़ हो उसे खुदा को भेंट कर अपने बेटे की सलामती की दुआ माँगो। तब कहते हैं कि बाबर ने कहा कि जान से ज़्यादा क्या क़ीमती चीज़ हो सकती है किसी इन्सान के पास। इसलिए ऐ परवरदिगार! मेरी जान मैं अपने बेटे पर सदक़े मैं तुझे सौंपता हूँ। चाहे तो तू उसे ले ले और मेरे बेटे हुमायूँ की जान बख़्श दे। यह कहकर बाबर ने रोगशय्या पर पड़े हुमायूँ की एक परिक्रमा की और वह उसी दिन से बीमार पड़ गया। खुदा ने उसकी दुआ क़बूल कर ली और वह रोगग्रस्त होकर अशक्त होता चला गया और हुमायूँ चमत्कारिक ढंग से चंगा होता गया। अपनी आख़ीरी साँसों से पहले बाबर ने हुमायूँ मिर्ज़ा को अपना वलीअहद यानी कि उत्तराधिकारी घोषित किया और फिर 26 दिसम्बर, 1530 को हमेशा के लिए अपनी आँखें मूँद लीं।

हुमायूँ की ताजपोशी 30 दिसम्बर, 1530 को सम्पन्न हुई। उस वक़्त मुग़लों का वह नवस्थापित साम्राज्य काँटों की सेज था। हुमायूँ एक सीधा-शरीफ़ विद्याव्यसनी और आज्ञाकारी बेटा था। वह अलग बात है कि उसने जब भी कभी बाप की आज्ञा

से कोई फ़ौजी मुहिम पकड़ी तो अपनी पूरी निष्ठा और वीरता से उसे अंजाम दिया। वरना राजकाज की तीन-तिकड़मों से हुमायूँ ज़्यादा वास्ता नहीं रखता था। ख़ाली समय में किताबें पढ़ना या थोड़ा-बहुत नशा कर लेना ही उसका शौक था। बाबर के मरने के बाद एकाएक राजकाज की भारी ज़िम्मेदारी 23 वर्ष के इस नवयुवक के कन्धों पर आ गयी।

यह वह समय था जब मुग़ल रियासत में हिन्दुस्तान के पश्चिमी सीमान्त से सटे बलख, कुन्दुज और बदख़्शाँ के सूबे शामिल थे और हिन्द में पंजाब, आज के उत्तर प्रदेश और बिहार के कुछ इलाक़े और ग्वालियर, धौलपुर, बयाना और चन्देरी शामिल थे। यह सब एक असंगठित साम्राज्य के रूप में हुमायूँ को मिला था।

यही वह समय था जब मुग़ल हुक़ूमत के अनेक शक्तिशाली सरदार, ख़ासकर अफ़ग़ान सरदार अभी तक अपना सिर उठाये हुए थे। उधर जन्नतनशीं सुल्तान इब्राहीम लोदी के भाई महमूद लोदी ने मुग़लों की मुट्ठी से अपने पूर्वजों के राजसिंहासन को दोबारा छीन लेने की आस अपने मन में पाली हुई थी। इधर अफ़ग़ानों के बीच तेज़ी से उभरता हुआ एक सरदार शेर ख़ाँ सूर सारे अफ़ग़ानों को एक करके उनकी सहायता से मुग़लों को हिन्दुस्तान से बाहर खदेड़ देने और एक नये अफ़ग़ान साम्राज्य के शासन के गठन का ख़्वाब सँजोये हुए था।

और भी बहुत-से दुश्मन थे हुमायूँ के, जो अवसर की ताक में थे। उदाहरण के लिए मियाँ बब्बन और मियाँ बायज़ीद जिनको उनके सूबों से निकाल बाहर किया गया था और जो पुनः अपने अधिकारों की वापसी के लिए संघर्ष कर रहे थे। बंगाल का सुल्तान नुसरतशाह उन दिनों अपनी अलग ढपली और अलग राग अलाप रहा था। वह शेर ख़ाँ सूर की ख़िलाफ़त करनेवाले अफ़ग़ानों को सहयोग दे रहा था ताकि आगे बढ़कर बिहार और उसके आगे तक क़ब्ज़ा कर सके।

बाबर को हिन्द पर आक्रमण करने का न्योता देनेवाले प्रमुख लोगों में से एक आलम ख़ाँ लोदी इन दिनों गुजरात के सुल्तान बहादुरशाह के दरबार में शरणार्थी बना हुआ था। अब वह उसी बाबर के बेटे हुमायूँ के विरुद्ध बहादुरशाह को भड़का रहा था। बहादुरशाह ने भी हिन्दुस्तान की हुक़ूमत की हवस पाल रखी थी। बहादुरशाह ने उस दिशा में क़दम भी बढ़ाये। उसने मालवा पर क़ब्ज़ा किया। वहाँ माण्डू का क़िला जीतकर अपना पैर जमाया। फिर उसने तातार ख़ाँ बिन आलम ख़ाँ को अस्त्र-शस्त्र और तोपख़ाने से लैस एक बड़ी फ़ौज और पर्याप्त धन देकर आगरा पर आक्रमण करने के वास्ते रवाना किया।

इससे पहले हुमायूँ ने लखनऊ के निकट महमूद लोदी को हराया था। उसने अफ़ग़ानों के हिमायती दल की कमर तोड़ी। फिर शेर ख़ाँ के ख़िलाफ़ उसने चुनारगढ़ को जा घेरा था। जब गुजरात के बहादुरशाह के मालवा अभियान और उसके बाद

आगरा पर लगी उसकी कुदृष्टि की ख़बर हुमायूँ तक पहुँची तो शेर ख़ाँ के कूटनीतिक आश्वासन पर विश्वास करके उसे अपना चार माह पुराना घेरा चुनारगढ़ के इर्द-गिर्द से उठाना पड़ा था। तब हुमायूँ अपनी फ़ौज के साथ मजबूरी में ख़ाली हाथ आगरा लौट गया था।

मिर्ज़ा हुमायूँ समय और धन की बर्बादी करने में कोई गुरेज़ नहीं करता था। वह शाहख़र्च था। मौज में होता तो शाही ख़जाना खाने-पीने, मौज-मस्ती, इनाम-इक़राम में लुटाने लगता। उधर गुजरात का सुल्तान बहादुरशाह अपनी शक्ति को बढ़ाने में लगा था, जो कि हुमायूँ की ही लगभग उम्र का नौजवान था। इधर हुमायूँ दोनों हाथों से आमोद-प्रमोद में धन लुटा रहा था। आगरा और दिल्ली में उसने इसी हालत में 1533-34 ई. के मध्य पूरे डेढ़ वर्ष मौजमस्ती और शाहख़र्ची में गुज़ार दिये। उसका कोष रिक्त हो रहा था, पर उसके राजसी ठाठबाट कम नहीं हो रहे थे। अपने मातहतों, सरदारों में ख़िलअतें बाँटना, सेवकों को इनामात देना उसका नित्य का शग़ल था। उसने राजकोष का काफ़ी धन दिल्ली में 'दीनपनाह' नाम का एक विशाल क़िला तामीर करने में भी नष्ट कर दिया।

जब हुमायूँ का पुराना वैरी मुहम्मद ज़मान मिर्ज़ा बयाना के क़ैदखाने के अफ़सरों को चकमा देकर भाग निकला तो वह भागकर सीधा हुमायूँ के बड़े दुश्मन गुजरात के बहादुरशाह के पास जा पहुँचा। हुमायूँ ने अपने उस फ़रार क़ैदी को वापस करने की माँग बहादुरशाह के पास भेजी। लेकिन बहादुरशाह ने हुमायूँ की वह माँग ठुकरा दी। बहादुरशाह ने पहले ही हुमायूँ के कई क़ैदियों आलम ख़ाँ लोदी और अनेक अफ़ग़ान सरदारों को अपने यहाँ आसरा दे रखा था। बहादुरशाह बराबर अपनी शक्ति और सीमाओं का विस्तार कर रहा था। गुजरात से बढ़ते-बढ़ते उसने 1531 में मालवा को जीता फिर 1532 में रायसीन के दुर्ग पर क़ब्ज़ा किया। उसके बाद 1533 में चित्तौड़ के सिसौदिया राजा को हराया। बहादुरशाह ने कुशल बन्दूकचियों का एक दस्ता तैयार किया और कुस्तुनतुनिया के प्रसिद्ध तोपची रूमी ख़ाँ की सेवाएँ भी प्राप्त कर अपनी फ़ौज की ताक़त बहुत बढ़ा ली।

हुमायूँ और बहादुरशाह के बीच लम्बी ख़तोकिताबत का एक कड़वा सिलसिला चला। आख़िर में जंग का ऐलान ही सारे मसलों का हल साबित हुआ। यह तो होना ही था। बहादुरशाह का भेजा आलम ख़ाँ लोदी का जंगजू बेटा तातार ख़ाँ आगरा की ओर जब बढ़ा तो हुमायूँ ने अपने भाइयों असकरी और हिन्दाल को मुग़ल फ़ौज के साथ उसके विरुद्ध भेजा। तातार ख़ाँ से, जिसने बयाना का क़िला जीत लिया था, मुग़ल फ़ौज की नवम्बर, 1534 ई. में भिड़न्त हुई। हुमायूँ के सिपहसालार भाइयों ने तातार ख़ाँ को शिकस्त दी और उसे हराकर मार डाला। बयाना दुर्ग पर मुग़ल फ़ौज का फिर से झण्डा लहरा गया।

इसके बाद हुमायूँ ने बहादुरशाह के विरुद्ध युद्ध अभियान छेड़ दिया। उसने मालवा पर हमला किया। चित्तौड़, माण्डू और चम्पानेर हुमायूँ ने एक-एक कर जीते और हर जगह से उसने बहादुरशाह को आगे और आगे खदेड़ा। चम्पानेर के क़िले को फ़तेह करने में तो हुमायूँ ने व्यक्तिगत एवं अद्भुत साहस का प्रदर्शन किया। क़िले की प्राचीर पर मुग़ल सैनिकों का एक छोटा-सा दल रात के वक़्त एक ऐसे रास्ते से चढ़ गया जो अगम्य माना जाता था। चालीस मुग़ल सैनिक एक के बाद एक क़िले की दीवार पर ख़ामोशी से चढ़ गये। हुमायूँ स्वयं उस दीवार पर चढ़नेवाला इकतालीसवाँ व्यक्ति था। इस मुग़ल दस्ते ने बहादुरी से क़िले के भीतर घुसकर मुख्यद्वार हल्के संघर्ष के बाद खोल दिया। उसके बाद मुग़ल फ़ौज हरहराकर चम्पानेर के दुर्ग में जा घुसी। बहादुरशाह चोर दरवाज़े से भाग निकला। वह भागकर पहले अहमदाबाद गया और अन्त में भागकर काठियावाड़ जा पहुँचा। हुमायूँ ने वहाँ भी उसका पीछा नहीं छोड़ा। उन लड़ाइयों में मालवा और गुजरात-जैसे समृद्ध सूबे और माण्डू एवं चम्पानेर में जमा कई भारी ख़ज़ाने, हुमायूँ के हाथ लगे।

गुजरात की फ़तेह के बाद उसे उसने अपने भाई मिर्ज़ा असकरी के नियन्त्रण में दे दिया, जिसे वह ज़्यादा दिन सम्भाल न सका। ख़ुद हुमायूँ माण्डू में रुककर वहाँ की अच्छी जलवायु और बेहतरीन शराब का मज़ा लेने लगा। काफ़ी वक़्त और धन उसने अपनी आदत के मुताबिक़ वहाँ बर्बाद किया।

बहादुरशाह के अमीरों की बग़ावत और उनके दबाव के चलते असकरी के हाथ-पाँव गुजरात में फूल गये और वह वहाँ से जान बचाकर भाग निकला। जब हुमायूँ को पता चला कि असकरी आगरा की ओर भागा जा रहा है तो हुमायूँ को उससे अपनी गद्दी बचाने की फ़िक्र हुई। फलतः वह भी मालवा में कोई उचित प्रबन्ध किये बग़ैर आगरा की ओर चल पड़ा। दोनों भाई राजस्थान में एक-दूसरे से मिले। फिर सुलह के हाथ मिलाकर दोनों सूरमा आगरा लौट आये। इस तरह बड़ी मेहनत से जिस मालवा और गुजरात को मुग़लों ने जीता था उतनी ही आसानी से वह हुमायूँ के हाथ से निकल भी गये।

लेकिन गुजरात के बहादुरशाह के ख़िलाफ़ छेड़ी गयी यह मुहिम पूरी तरह से नाकामयाब भी नहीं कही जा सकती है। भले ही इस मुहिम से हुमायूँ का साम्राज्य-विस्तार मालवा और गुजरात तक स्थायी रूप से न हो सका हो लेकिन बहादुरशाह-जैसे मुग़लों के प्रबल शत्रु का ख़तरा हमेशा के लिए मिट गया। क्योंकि कुछ ही समय बाद क़िस्मत का मारा बहादुरशाह अपने एक जहाज़ पर पुर्तगालियों के जंगजू बेड़े से भिड़ गया। बहादुरशाह का वह जहाज पुर्तगालियों की तोपों का शिकार बना और उसी चपेट में डूब गया। उसी के साथ ही सुल्तान बहादुरशाह भी समुद्र में डूब मरा। गुजरातियों का दिल्ली-आगरा पर रहा-सहा मँडराता ख़तरा भी

समाप्त हो गया। इसका नतीज़ा यह हुआ कि हुमायूँ अब शेर ख़ाँ और अफ़ग़ानों के ख़िलाफ़ अपनी पूरी ताक़त लगाने के लिए आज़ाद हो गया।

◙

◙

जब गुजरात और मालवा की मुहिम से बादशाह हुमायूँ आगरा वापस आ गया तब ख़ानेख़ाना यूसुफ़खेल ने उसे सलाह दी कि—"शेर ख़ाँ की ओर से बेफ़िक्र रहना ठीक नहीं है। वह बग़ावत पसन्द है। साथ ही राजकाज में काफ़ी होशियार है। सभी अफ़ग़ान इन दिनों उसके झण्डे तले इकट्ठे हो गये हैं।" हुमायूँ को मुग़ल फ़ौज की विशालता और अपनी राजसत्ता पर गर्व था। वह शेर ख़ाँ-जैसे अफ़ग़ानों को अपने समक्ष तुच्छ समझता था।

सलाहकारों के समझाने पर भी हुमायूँ को पूरब में निरन्तर बढ़ता अफ़ग़ानों का ख़तरा बहुत ग़ैरमामूली नहीं लगा। उसने वर्षा ऋतु बिताने के बाद अपने विश्वसनीय हाकिम हिन्दूबेग को जौनपुर का सूबेदार बनाकर वहाँ भेज दिया इस हिदायत के साथ कि वह वहीं से अपने जासूसों के माध्यम से शेर ख़ाँ पर नज़र रखे। उसकी हरकतों और इलाक़े की सरगर्मियों की सूचना वह जौनपुर से आगरा भेजता रहे। उसी के मुताबिक बादशाह हुमायूँ तय करेगा कि वह शेर ख़ाँ के विरुद्ध उधर कब बढ़े?

जब शेर ख़ाँ को अपने सूचनातन्त्र के ज़रिये यह पता चला कि सियासत की शतरंज की बिसात पर बादशाह हुमायूँ ने हिन्दूबेग के रूप में अपने एक अहम् मोहरे ऊँट को जौनपुर के ख़ाने पर लाकर बिठा दिया है और खुद अपने घर में बैठा वह बिहार की ओर बढ़ने का मन्सूबा बना रहा है तो शेर ख़ाँ एक घोड़े की भाँति ढाई घर चला।

शेर ख़ाँ ने साम-दाम-दण्ड-भेद की नीति के अन्तर्गत निहित अपना पहले का आज़माया नुस्ख़ा फिर इस्तेमाल किया। उसने जौनपुर के हाकिम हिन्दूबेग के पास बेशक़ीमती तोहफ़ों के साथ एक दरख़्वास्त लिखकर भेजी, जिसमें लिखा था—"मैंने जो ज़ुबान हज़रत हुमायूँ बादशाह को दी थी उस पर मैं आज भी पूरी तरह क़ायम हूँ। मेरे मन में कभी यह ख़याल तक नहीं आया कि मैं मुग़ल सल्तनत के किसी हिस्से पर चढ़ायी करके उसे दबा लूँ। मेहरबानी करके आप बादशाह सलामत को मेरी वफ़ादारी और नमकख़्वारी का यक़ीन दिलायें और उन्हें समझायें कि वह इधर की ओर कूच न करें। क्योंकि मैं तो वैसे ही उनका ख़ादिम और ख़ैरख़्वाह हूँ।"

हिन्दूबेग शेर ख़ाँ की महँगी भेंटों को देखकर रीझ गया। वह इतना ख़ुश हुआ कि उसने शेर ख़ाँ के वकील से कहा कि—"शेर ख़ाँ से कहना कि जब तक मैं ज़िन्दा हूँ वह बिलकुल फ़िक्र न करे। उसको कोई नुक़सान नहीं पहुँचा सकता।"

फिर शेर ख़ाँ के उस वकील के सामने ही अपने बादशाह हुमायूँ को उसने यह अश्वासनयुक्त पत्र लिखा—"शेर ख़ाँ सूर आपका नमकख़्वार है और आप ही का इक़बाल बुलन्द करता रहता है। वह आपके नाम के सिक्के ढलवाता और खुतबा भी आप ही के नाम का पढ़वाता है। उसने मुग़ल सल्तनत के किसी हिस्से को कभी भी नहीं छुआ है। न ही आपके चन्देरी से चले जाने के बाद एक भी ऐसा काम किया है जिसे लेकर आप नाराज़ हों। इसलिए आप शेर ख़ाँ की ओर से निशाख़ातिर रहें।"

हिन्दूबेग का यह भरोसा दिलानेवाला ख़त मिलने के बाद हुमायूँ ने बिहार की तरफ़ अपनी कूच मुल्तवी कर दी और वह उधर पूरे एक वर्ष तक नहीं झाँका। इस तरह हुमायूँ की ओर से निश्चिन्त होकर शेर ख़ाँ ने अपने बेटे जलाल ख़ाँ, सरदार ख्वास ख़ाँ और अन्य अफ़ग़ान योद्धाओं के साथ एक बड़ी सेना लेकर बंगाल के गौड़ नगर पर आक्रमण कर दिया। सुल्तान महमूद में शेर ख़ाँ की शक्तिशाली सेना से मुक़ाबला करने की क्षमता न थी। इस कारण वह शेर ख़ाँ की फ़ौज के पहुँचने से पहले ही भयभीत होकर गौड़ के क़िले में जा छिपा।

गौड़ बंगाल के सुल्तान की राजधानी था। यह प्राचीन नगर पूर्वी बंगाल में मालदा जिले से छह मील दूर स्थित था। यही नगर गौड़ उस समय बंगाली वैभव का केन्द्र हुआ करता था। इसमें स्थित गौड़ का क़िला बहुत मज़बूत और वास्तुकला की दृष्टि से उन दिनों बड़ा प्रसिद्ध था। गौड़ के क़िले के उत्तर में सलामी दरवाज़ा था जिसे रुकुनुद्दीन बारबकशाह ने अपने ज़माने में 1474 ई. से पहले कभी बनवाया होगा। क़िले के बाहर पूरब में 85 फुट ऊँची और 21 फुट गोलाई की 12 मंज़िली एक मीनार थी। क़ुतुब मीनार-जैसी। गौड़ के इस भव्य दुर्ग के दक्षिण-पूर्वी द्वार पर सुल्तान महमूद के बाप नुसरतशाह ने 1530 ई. में 'क़दम रसूल' नाम की एक मस्जिद बनवायी थी। इस मस्जिद में एक ऐसा दुर्लभ पत्थर विद्यमान था जिस पर कहते हैं कि हज़रत मुहम्मद साहब के पाँव का मुक़द्दस निशान अंकित था। सुल्तान महमूद शेर ख़ाँ के हमले से आक्रान्त हो अब इसी मस्जिद में ख़ुद के लिए दुआएँ माँगने लगा।

शेर ख़ाँ की फ़ौजें जब बिना किसी प्रतिरोध के गौड़ तक जा पहुँचीं तो शेर ख़ाँ ने क़िले में छिपे दुश्मन को शिकस्त देने के लिए उसको चारों ओर से सेना द्वारा घेर लिया। दोनों ओर से गोलाबारी होने लगी। जब कभी रात-बिरात रसद जुटाने के लिए सुल्तान महमूद की फ़ौजी टुकड़ियाँ क़िले के किसी दरवाज़े से निकलतीं तो उनकी अफ़ग़ान फ़ौज से झड़पें होतीं। गौड़ के क़िले की घेरेबन्दी को अपने बेटे

जलाल ख़ाँ की देखरेख में छोड़कर शेर ख़ाँ वापस लौटा। बंगाल का अभियान जलाल ख़ाँ के नेतृत्व में जारी रहा।

अगले साल बादशाह हुमायूँ ने बिहार और बंगाल की दिशा में कूच किया। जब हुमायूँ चुनार के नज़दीक पहुँचा तो उसने अपने अमीरों से सलाह-मशिवरा किया कि पहले चुनार के क़िले को फ़तेह करना चाहिए? या जहाँ शेर ख़ाँ का लड़का जलाल ख़ाँ हमले कर रहा है उस गौड़ के क़िले को हासिल करना चाहिए? नौजवान अमीरों ने हुमायूँ को सलाह दी कि—"पहले चुनार को जीत लेना चाहिए। उसके बाद गौड़ की ओर कूच करना चाहिए।" वही तय हुआ।

मगर कुछ देर बाद जब ख़ानेख़ाना यूसुफ़खेल हुमायूँ के डेरे में आया तो उसने उसके विपरीत यह सलाह दी कि—"हमारे नौजवान साथियों की राय में चुनार पहले फ़तेह किया जाना चाहिए। मगर हम बुज़ुर्गों की राय यह है कि—गौड़ में बेशुमार दौलत जमा है। इसलिए पहले गौड़ को फ़तेह किया जाना ज़्यादा फ़ायदेमन्द होगा। उसके बाद चुनार को छीनना खुद ही आसान हो जायेगा।"

इस पर नातजुर्बेकार हुमायूँ ने हँसकर जवाब दिया—"जनाब ख़ानेख़ाना साहब।...आप हमारे बड़े और हमदर्द हैं। मगर मैं क्या करूँ? खुद भी एक नौजवान हूँ। इसलिए जवान दोस्तों की राय मुझे ज़्यादा अच्छी लगती है। मुझे मुआफ़ करें। मैं गौड़ की ख़ातिर इस चुनार के क़िले को बिना क़ब्ज़ा किये अपने पीछे नहीं छोड़ूँगा।"

ख़ानेख़ाना यूसुफ़खेल तब मुँह लटकाकर शाही डेरे से वापस अपने डेरे में आ गया। वहाँ आकर वह एक लम्बी साँस छोड़कर अपने साथियों से बोला—"हमारा अफ़ग़ान बिरादर शेर ख़ाँ बड़ा क़िस्मतवाला है। तभी तो यह बदनसीब मुग़ल गौड़ को जीतने वहाँ नहीं जा रहे हैं। हम लोग चुनार का क़िला जीत सकें, उससे पहले ही शेर ख़ाँ के आदमी गौड़ के क़िले को जीत लेंगे और वहाँ की सारी दौलत उनके हाथ लग जायेगी। और इधर हमारे बादशाह हुज़ूर यहाँ चुनार में फाख़्ताएँ उड़ाते रहेंगे।"

◙
◙

जब हुमायूँ की फ़ौज चुनार के क़िले को घेरने के लिए आ रही थी उससे पहले ही शेर ख़ाँ ने सुरक्षा की दृष्टि से अपने और अन्य अफ़ग़ान सरदारों के परिवारों को बहरखण्ड की सुदूर स्थित पहाड़ियों में शरण लेने के लिए भेज दिया। शेर ख़ाँ ने गाज़ी ख़ाँ सूर और चुनार के क़िलेदार सुल्तान बरानी को चुनारगढ़ की हिफ़ाजत के

लिए सेना की कुछ टुकड़ियों के साथ क़िले के भीतर छोड़ दिया और ख़ुद भी वहाँ से निकल गया।

वह अपनी फ़ौज के कुछ लश्कर साथ में लेकर रोहतास के क़िले की ओर निकल गया। उसे मुसीबत की उन घड़ियों में रोहतास के राजा हरिकृष्ण के एक विश्वसनीय नायब चूड़ामन की याद हो आयी। चूड़ामन शेर ख़ाँ का पुराना मित्र था। वह एक अत्यन्त योग्य व्यक्ति था। रोहतासगढ़ के राजा ने चूड़ामन की योग्यता से प्रभावित होकर अपना सारा राजकाज उसे ही सौंप रखा था।

पहले भी चूड़ामन ने शेर ख़ाँ के संकट के दिनों में उसके भाई निज़ाम ख़ाँ के परिवार को रोहतास के क़िले में राजा से सिफ़ारिश करके एक बार शरण दिलवायी थी। संकट के दिन बीत जाने के बाद निज़ाम के परिवारी जन अपने घरों को लौट गये थे।

अब इस बार तो संकट और भी विकट था। मुग़ल बादशाह हुमायूँ पूरी ताक़त के साथ बिहार-बंगाल को रौंदने के इरादे से चुनारगढ़ पर चढ़ आया था। जिसके कारण शेर ख़ाँ को अपने सगे-सम्बंधियों सहित चुनारगढ़ से इस तरह पलायन करना पड़ा था। शेर ख़ाँ की मजबूरी थी। फ़िलहाल उसकी फ़ौज दो हिस्सों में बँटी हुई थी। एक हिस्सा ख्वास ख़ाँ और उसके पुत्र जलाल ख़ाँ की ज़ेरे क़यादत बंगाल में गौड़ के क़िले को जीतने की मुहिम में लगा था। इधर शेर ख़ाँ अपने दूसरे बेटों आदिल ख़ाँ, कुतुब ख़ाँ और दूसरे मुअज़्ज़िज़ अफ़ग़ान सरदारों मुज़फ्फ़र ख़ाँ, शेख़ मुहम्मद, ईसा ख़ाँ वगैरह के साथ मुग़लों की एक विशाल और संगठित सेना के सामने बेबस होकर सुरक्षित ठिकाने तलाश रहा था।

शेर ख़ाँ और रोहितासगढ़ के राजा के सम्बन्ध यों तो मैत्रीपूर्ण थे, परन्तु इस बार शेर ख़ाँ के आश्रित परिवारों की तदाद बहुत ज़्यादा थी। उसे चिन्ता थी कि सबकी ठीक से देखभाल शायद ही बहरखण्ड की कष्टसाध्य पहाड़ियों में ज़्यादा दिन तक हो पाये। रोहतास का क़िला काफ़ी बड़ा था। यह सोन नदी के तट पर पर्वतीय क्षेत्र में एक त्रिकोण की शक्ल की पहाड़ी पर स्थित था। इसलिए यह अभेद्य था। कहा जाता है कि इस क़िले का सम्बन्ध किसी युग में राजा हरिश्चन्द्र के पुत्र राजकुमार रोहिताश्व से भी रहा था। बनते-बिगड़ते इस क़िले का वर्तमान अधिपति राजा हरिकृष्ण था। शेर ख़ाँ को सन्देह था कि उसके और अन्य अफ़ग़ान सरदारों के भारी कुनबे को क्या राजा अपने क़िले में पनाह लेने देगा? इसीलिए उसने उसके नायब चूड़ामन से सम्पर्क साधा था। शेर ख़ाँ ने अपने सन्देशवाहक के ज़रिये चूड़ामन से कहा था—''आज फिर मुझे तुम्हारी मदद की ज़रूरत आन पड़ी है। वैरी हुमायूँ मेरे पीछे पड़ा है। वह चुनार हथियाना चाहता है। अगर कुछ दिनों के लिए रोहतास का क़िला मुझे मँगनी में दे दो तो मैं अपने रिश्तेदारों और औरतों-बच्चों को उसमें महफ़ूज़

रख दूँगा। उसके बदले में ताउम्र तुम्हारा अहसानमन्द रहूँगा। यह मनहूस दिन ख़त्म होते ही रोहतास फिर से वापस कर दूँगा।''

चूड़ामन ने दूत को आश्वासन देकर वापस भेजा और स्वयं अपने राजा के पास जाकर बोला—''इस समय शेर ख़ाँ सूर संकट में है। वह अपने परिवार को शरण दिलाने के लिए आपसे कुछ समय के लिए रोहतास का दुर्ग देने की प्रार्थना कर रहा है। वह आपका पड़ोसी भी है और एक नेक अफ़ग़ान भी है। मेरी राय में उसके परिवार को संकट की इन घड़ियों में सहारा देना नीति अनुकूल भी है और दूरदर्शिता भी। अगर आपकी अनुमति हो राजन्! तो शेर ख़ाँ को उसकी प्रार्थना स्वीकार करने का सन्देश भिजवा दिया जाये?''

राजा रोहतासगढ़ ने थोड़ा सोच-विचारकर चूड़ामन की बात मान ली। उसने शेर ख़ाँ के परिवारों को क़िले में भिजवाने की रज़ामन्दी भेज दी। शेर ख़ाँ ने बहरखण्ड में टिके नाते-रिश्तेदारों और परिवारों को रोहतास बुलवा लिया। जब शेर ख़ाँ ने इन परिवारों को क़िले में प्रवेश कराना शुरू किया तो उनकी बड़ी तादाद देखकर राजा घबरा गया। उसने आधे परिवारों के प्रवेश के बाद ही क़िले का सदर दरवाज़ा अपने द्वारपालों से कहकर बन्द करवा दिया। राजा अपने वचन से एकाएक फिर गया। चूड़ामन को यह पता चला तो वह राजा के पास पहुँचा। उसने राजा से कहा—''यह क्या अनर्थ कर रहे हैं आप राजन्? आप ही ने शेर ख़ाँ को अनुमति प्रदान की। अब आप ही उसके कुटुम्बियों को क़िले में आने से रोकने का आदेश दे रहे हैं?''

इस पर राजा ने उत्तर दिया कि—''देखो भई चूड़ामन!...जिस समय मैंने मियाँ निज़ाम ख़ाँ के परिवार को यहाँ ठहराया था उस समय उन लोगों की संख्या बहुत-कम थी और दुर्ग में मेरा वर्चस्व था किन्तु अब शेर ख़ाँ और उसके समर्थकों के रिश्ते-नातेदारों की संख्या अत्यधिक है और मैं संख्याबल में इन लोगों के सामने कुछ भी नहीं। अगर मैं यह रोहतासगढ़ आज पूरी तरह उनके हवाले कर दूँ और कल को वह उसे ख़ाली करने से मना कर दें तो मैं उनका क्या बिगाड़ लूँगा? तब शक्ति के बल पर इन्हें क़िले से बेदख़ल करना मेरे लिये असम्भव हो जायेगा।''

यह सुनते ही राजा के प्रायः सभी दरबारियों ने रोहतास नरेश की हाँ-में-हाँ मिलायी और चूड़ामन को वहाँ से निराश होकर वापस लौटना पड़ा। अपने प्रासाद में वापस आकर चूड़ामन ने शेर ख़ाँ को सूचित करते हुए लिखा कि—''कुछ लोगों ने जो राज-दरबार में मेरे विरोधी हैं, राजा के कान भर दिये हैं। उन्होंने राजा को क़िला न देने के लिए बाध्य करके उनके वचनों से विमुख कर दिया है। इसलिए अब मैं भी विवश हूँ।''

चूड़ामन का यह सन्देश मिलने पर शेर ख़ाँ को बड़ा धक्का लगा। उसके साथ सैकड़ों स्त्री-पुरुष और बच्चे जो उनके सगे-सम्बन्धी थे और उसके मातहतों के

कुटुम्बीजन थे इस समय रोहतास क़िले के बाहर आश्रयहीन दशा में खड़े हुए थे। बच्चे बिलख रहे थे और कमज़ोर वृद्धों की बुरी हालत थी। जो सम्बन्धी और मित्र क़िले के भीतर चले गये थे बाक़ी साथ के लोगों को वहाँ न पाकर क़िले के रक्षकों से हुज्जत कर रहे थे। उनमें से कई ज़िद करके क़िले के मुख्य द्वार से पुनः बाहर आ गये। इन लोगों में एक कोहराम-सा मचा हुआ था। अब क्या करें कहाँ जायें? बेड़ा ग़र्क हो रोहतास के राजा का।

तब तनावग्रस्त दशा में शेर ख़ाँ ने रोहतास नरेश को एक ख़त लिखकर क़िले के भीतर भिजवाया—"राजा हरिकिशन! आप यह ठीक नहीं कर रहे हैं। आपकी रज़ामन्दी की बिना पर ही मैं अपने ख़ानदानियों को बहरखण्ड के जंगलों से बुलाकर आपके पास भेज रहा था और आपने बीच में ही इन्कार करके क़िले के दरवाज़े बन्द कर दिये। आपको हरगिज़ ऐसा नहीं करना चाहिए था। यह एक राजे-रजवाड़े के वक़ार के एकदम ख़िलाफ़ है। अगर मेरी इस कोशिश की भनक भी मुग़ल बादशाह हुमायूँ को लग गयी तो वह अपनी फ़ौज को यहाँ भेजकर सभी अफ़ग़ान औरतों बच्चों और बुज़ुर्गों को मौत के घाट उतार देगा। उस हालत में इनका सारा ख़ून आपके सिर होगा। ख़ुदारा क़िले का फाटक खुलवाइये और हमारे इन मजबूर रिश्तेदारों को अन्दर आने दीजिये।"

इसी के साथ शेर ख़ाँ ने चूड़ामन को छह मन सोना देने का प्रलोभन देते हुए कहलवाया कि वह जैसे भी हो राजा से हमारे परिवारों को कुछ दिन क़िले में ठहरने की मंज़ूरी दिलाने की इनायत करे। चूड़ामन राजा को यह भी समझा दे कि अगर ऐसा न हुआ तो शेर ख़ाँ मजबूरन हुमायूँ बादशाह से समझौता करने को मजबूर हो जायेगा और बाद में राजा से इस वायदा-ख़िलाफ़ी का बदला लेगा।

चूड़ामन मौक़े की नज़ाकत को समझ गया। उसने शेर ख़ाँ के दूत से कहा कि—"जाकर शेर ख़ाँ साहब से कहो कि थोड़ा वक़्त दें। मैं राजा को समझाने की पूरी कोशिश करूँगा।"

नायब चूड़ामन अपने राजा के पास एक अन्तिम कोशिश करने गया। उसने शेर ख़ाँ के सन्देश और उसकी नाराज़गी की बात राजा से साफ़-साफ़ कही और उसके रिश्तेदारों को क़िले में शरण देने में ही समझदारी की बात दोहरायी। साथ ही कहा कि—"अगर राजन इस आपाधापी के समय में शेर ख़ाँ के परिवार के लोग मुग़लों के द्वारा मार डाले गये तो उनकी हत्या में मैं भी भागीदार कहलाऊँगा। मुझ ब्राह्मण का वचन भी वृथा जायेगा। ऐसे में मेरे पास फिर विष खाकर अपनी जान देने के सिवा और कोई चारा न रहेगा।" चूड़ामन की इतनी बड़ी बात पर रोहतास का राजा शेर ख़ाँ के कुटुम्बी जनों और तमाम औरतों, बच्चों और उनके सेवकों को क़िले में प्रवेश कराने के लिए सहमत हो गया।

शेर ख़ाँ को अभी इस सकारात्मक परिवर्तन की ख़बर नहीं मिल पायी थी कि उसे बंगाल के मोर्चे से एक बुरी ख़बर मिली की उसका मुख्य सिपहसालार ख्वास ख़ाँ गौड़ के दुर्ग की खाईं में डूबकर मर गया। दूसरी बुरी ख़बर फिर चुनार के दुर्ग से आयी कि उसके दुर्गरक्षकों ने हारकर चुनार का दुर्ग हुमायूँ के सुपुर्द कर दिया है और आत्मसमर्पण कर दिया है। एक तरफ़ गौड़ के मोर्चे पर अपने एक ख़ास साथी के मारे जाने और दूसरी तरफ़ चुनार का क़िला हाथ से निकल जाने की इन मनहूस ख़बरों से रोहतास क़िले के बाहर रोते-बिलखते परिजनों के साथ खुले आसमान के नीचे खड़े शेर ख़ाँ को कुछ अरसे के लिए घोर निराशा हुई।

गहन चिन्तन के बाद शेर ख़ाँ ने फ़ैसला किया कि चुनार तो हाथ से गया ही है। रोहतास का क़िला सामने है। यहाँ मैं खुद मौजूद हूँ। इसे आज नहीं तो कल चाहे छल से चाहे बल से मैं हासिल कर ही लूँगा। यहाँ मेरे बेटे आदिल ख़ाँ और कुतुब ख़ाँ मेरे साथ हैं ही। वहाँ मेरा वह जाँबाज़ बेटा जलाल ख़ाँ ख्वास ख़ाँ की मौत के बाद अकेला पड़ गया है। उसे फ़ौरी मदद की ज़रूरत है। मुग़ल इधर चुनार से फ़ारिग हो गये हैं। अब हुमायूँ का अगला निशाना गौड़ का क़िला होगा। इससे पहले कि मुग़ल गौड़ पहुँचें हमें वहाँ का क़िला जल्द-से-जल्द फ़तेह कर लेना अब लाज़मी है। गौड़ का ख़जाना हाथ लग जाये तभी हम अपनी ताक़त को और बढ़ाकर इन मुग़लों को मुल्क से खदेड़ने के क़ाबिल हो सकेंगे।...

शेर ख़ाँ ने मरहूम सरदार ख्वास ख़ाँ के छोटे भाई मुसाहिब ख़ाँ को अपने पास बुलाया और उससे कहा—''तुम्हारे और हमारे बड़े ख्वास ख़ाँ साहब अब इस दुनिया में नहीं रहे। लेकिन उनकी छोड़ी हुई मुहिम हरगिज़ नाकामयाब न होगी। हम तुम्हारी बहादुरी के बड़े क़ायल हैं मुसाहिब ख़ाँ! आज से तुम ख्वास ख़ाँ साहब की जगह हमारे अहम् सिपहसालार होगे। हम सब तुम्हें आज से 'ख्वास ख़ाँ' के ही नाम से पुकारेंगे। इससे पेश्तर कि बादशाह हुमायूँ गौड़ की ओर बढ़े हम तुम्हें उस क़िले की घेराबन्दी को मज़बूत करने और क़िले को जीतने की मुहिम पर तैनात करते हैं। कल सुबह भोर की पहली किरन के साथ तुम अपने जियाले लश्कर के साथ गौड़ के लिए रवाना हो जाओ। वहाँ जाकर जलाल से कहना कि अब उस मुहिम को सर करने में ज़रा भी देरी न लगाये। यह मेरा हुक्म है।''

इस तरह छोटे ख्वास ख़ाँ नामक वह तेज़-तर्रार योद्धा रोहतास से गौड़ के लिए चल पड़ा। वहाँ पहुँचकर उसने वही कहा और किया जैसा उसके हज़रते-आला शेर ख़ाँ सूर का फ़र्मान था। उसने अपनी तेज़ी के साथ-साथ शेर ख़ाँ के बेटे जलाल ख़ाँ को भी गौड़ के मोर्चे पर और तेज़ी दिखाने पर मजबूर कर दिया। अब जो धावा गौड़ के क़िले पर हुआ वह बहुत ज़ोरदार था। छोटे ख्वास ख़ाँ की अपूर्व वीरता और जलाल ख़ाँ, शुजात ख़ाँ और दूसरे अफ़ग़ान सरदारों के प्रबल सहयोग से शेर ख़ाँ की फ़ौज

क़िले के द्वार को ध्वस्त कर और उसकी प्राचीर को कई जगह से भेदकर क़िले में घुस गयी। बंगाल का सुल्तान महमूद अपने मुट्ठी भर साथियों के साथ क़िले से जान बचाकर भागा और किसी तरह चोर दरवाज़ेवाली सुरंग से निकलकर फ़रार हो गया। भारी मारकाट के बाद गौड़ का क़िला अफ़ग़ानों द्वारा जीत लिया गया।

◙

◙

इधर शेर ख़ाँ चौतरफ़ा तनाव से घिरा रोहतास के बाहर दो-दिन से अपने परिजनों और सिपाहियों के साथ पड़ा हुआ था। अगर उसके बीबी-बच्चे और दूसरे नाते-रिश्तेदार यूँ बेहाल साथ में न होते तो वह लड़-भिड़कर वह क़िला हासिल करने की भी सोचता। मगर वह लड़ाई की बजाय हिक़मतअमली से काम लेना ही इस वक़्त बेहतर समझ रहा था।

शेर ख़ाँ और उसके रिश्तेदारों ने दो रातें पेड़ों के साये में गुज़ार दीं। क्योंकि साथ लाये तम्बू-कनात भी उन स्त्री-पुरुषों को साया देने के लिए नाकाफ़ी थे। तम्बुओं में बीमारों और अशक्त बूढ़ों को रखा गया था। सुबह चूड़ामन ने शेर ख़ाँ को ख़ुद क़िले से बाहर आकर इत्तला दी कि राजा ने शेर ख़ाँ के प्रस्ताव को स्वीकृति दे दी है। उसके परिवारीजन को क़िले में ठहराने को राजा सहमत हो गया है।

यह सुनकर शेर ख़ाँ को बड़ा सन्तोष हुआ। वह फ़ौरन सभी नाते-रिश्तेदारों के साथ औरतों को डोली में बैठाकर क़िले के फाटक पर जा पहुँचा। क़िले के मुख्य द्वार पर स्वयं रोहतास नरेश ने शेर ख़ाँ का स्वागत किया। शेर ख़ाँ ने भी कृतज्ञता दर्शाते हुए राजा को नज़राने में बहुमूल्य वस्तुएँ, स्वर्ण मुद्राएँ इत्यादि भेंट कीं और कहा कि–''अगर क़िस्मत ने मेरा साथ दिया तो मैं आपके इस अहसान का बदला ज़रूर चुकाने की कोशिश करूँगा।''

मगर शेर ख़ाँ ने अपने मातहतों को पहले ही समझा दिया था कि- ''हम जिन हालात से इस वक़्त गुज़र रहे हैं उनमें हमें फिर से मज़बूती पाने के लिए अभी बहुत-कुछ करना है। अगर एक बार इस क़िले में हम दाख़िल हो गये तो समझो यह हमारा हो गया। हमें फिर इसे छोड़ना नहीं है।''

शेर ख़ाँ की फ़ौजी छावनी रोहतासगढ़ के बाहर पूर्व की भाँति जमी रही। उसके परिजनों स्त्री-बच्चों की डोलियाँ क़िले में हिफ़ाज़ती दस्तों के साथ प्रवेश कर गयीं। वह लोग जाकर अपने ठहराये जाने के स्थानों पर ठहर गये। फिर शेर ख़ाँ ने स्वयं एक छँटे हुए घुड़सवार लश्कर के साथ उस क़िले में प्रवेश किया।

क़िले के भीतर जाकर शेर ख़ाँ ने स्वयं चारों तरफ़ घूमकर उस लम्बे-चौड़े दुर्ग का निरीक्षण किया। वह यह देखकर दंग रह गया कि यह क़िला वाक़ई कितना

विशाल था। पूरब से पश्चिम तक यह चार मील लम्बा था और उत्तर से दक्खिन तक यह पाँच मील तक फैला हुआ था। इसकी दीवारें इतनी चौड़ी और ऊँची थीं कि उनको भेद पाना तक़रीबन नामुमकिन था। शेर ख़ाँ ने मन-ही-मन सोचा कि चुनार का क़िला तो इस रोहतासगढ़ के सामने कुछ भी नहीं। अगर चुनार मेरे हाथ से निकल भी गया तो क्या हुआ? अल्लाह ने उससे भी कहीं बड़ा और यह बेहतरीन क़िला मुझे दे दिया है। ख़ुशी के आलम में शेर ख़ाँ ने क़िले के प्रहरियों से कहा—"जाओ जाकर अपने राजा से कहो कि अब तुम लोग इस क़िले में नहीं रह सकोगे और तुम लोग यह क़िला छोड़कर जाना चाहते हो। सुन लो यह कि तुम्हें वाक़ई अब इस क़िले से बाहर चले जाना है। अब यहाँ सिर्फ़ मेरे अफ़ग़ान सिपाही ही पहरे पर तैनात होंगे।"

तब राजा के प्रहरियों में एक बूढ़ा सरदार हिम्मत करके शेरशाह से बोला—"मगर हुजूर। हम अपने सरपरस्त राजा साहब को छोड़कर कहाँ चले जायें?"

"जहन्नुम में!...ज़बानदराज़ी करता है बेवकूफ़!" आदिल ख़ाँ तैश में आकर बोल पड़ा। वह शेर ख़ाँ का बड़ा बेटा था। शेर ख़ाँ ने हाथ के इशारे से आदिल ख़ाँ को शान्त किया।

शेर ख़ाँ तब राजा के सिपाहियों से बोला—"तुममें से कोई चाहे तो जाकर राजा साहब के महल में उनसे मिल आये और कह आये कि तुम सब सिपाही शेर ख़ाँ के अफ़ग़ान सिपाहियों के साथ एक साथ क़िले में नहीं रह सकते हो। क्योंकि इनके साथ रहने से तुम लोगों की सेहत कभी-न-कभी बिगड़ सकती है।"

फिर शेर ख़ाँ ने अपने सबसे छोटे बेटे कुतुब ख़ाँ को हिदायत दी कि—"इन सभी क़िले के पहरेदारों और राजा के दूसरे सिपाहियों को बाहर का रास्ता दिखा दो। अगर इनमें से कोई क़िले से बेदखल होने से इन्कार करे तो उसे ताक़त का इस्तेमाल कर निकाल बाहर करना। यह ज़िम्मेदारी हम तुम्हें सौंपते हैं बेटे!"

कुतुब ख़ाँ ने यह सुनते ही अपनी म्यान से तलवार खींच ली। उसके देखते-ही-देखते शेर ख़ाँ के लश्कर के सभी सिपाहियों ने भी अपने हाथों में नंगी तलवारें खींच लीं और राजा के रक्षकों को हुक्म हुआ कि फ़ौरन क़िला खाली कर दें। अब इतनी तादाद में दुश्मनों से क़िले के भीतर और बाहर घिरे राजा के सिपाही लाचार हो गये और एक-एक कर रोहतास के दुर्ग से बाहर हो गये।

राजा हरिकृष्ण इस तरह अपने ही क़िले का एक क़ैदी बनकर रह गया। अब रोहतासगढ़ का नया स्वामी था शेर ख़ाँ। राजा हरिकृष्ण क़िले के भीतर अपने परिवारजन के साथ कुछ दिन अपने महल में नज़रबन्द रहा। फिर वह स्वयं क़िला छोड़कर चला गया।

उधर क़िले से भगाये गये सैनिकों ने यह अफ़वाह फ़ैला दी कि शेर ख़ाँ ने स्त्रियों के बहाने अपने अफ़ग़ान सैनिकों को डोलियों में बैठाकर क़िले में उतार दिया है और छलपूर्वक एवं बलात् रोहतासगढ़ पर क़ब्ज़ा कर लिया है। यह भी दुष्प्रचार किया कि शेर ख़ाँ के रिश्तेदारों की औरतों की डोलियाँ आगे-आगे थीं। उनके पीछे-पीछे तमाम ऐसी डोलियाँ थीं जिनमें सशस्त्र अफ़ग़ान सैनिक छिपे बैठे थे। जब यह डोलियाँ भीतर पहुँचीं तो अफ़ग़ान सैनिक उतर पड़े और रोहतास दुर्ग के अनेक रक्षकों की उन्होंने हत्या कर दी। अनेक को बलपूर्वक क़िले से बेदख़ल कर दिया और क़िले पर शेर ख़ाँ ने जबरन क़ब्ज़ा कर लिया।

बहरहाल...जब शेर ख़ाँ का रोहतास के क़िले पर पूर्ण नियन्त्रण स्थापित हो गया तब उसने अपने परिवार की महिलाओं और बच्चों की सुरक्षा के लिए उन्हें अपने दोनों बेटों आदिल ख़ाँ और कुतुब ख़ाँ की देखभाल में वहीं छोड़ दिया और स्वयं उस क़िले को छोड़कर अपनी थोड़ी-सी सेना सहित बहरखण्ड की पहाड़ियों में वापस लौट गया।

▣
▣

यह वह दौर था जब शेर ख़ाँ अपनों से अलग वीरानों में भटक रहा था। जब अपनी उस बदहाली के आलम में शेर ख़ाँ को गौड़ का क़िला फ़तेह होने का शुभ समाचार मिला तो उसके हर्ष का ठिकाना न रहा। बहरखण्ड की पहाड़ियों में सुरक्षा कारणों से जगह-जगह भटकते एक योद्धा के लिए, जिसके परिवार और दो बेटे पचास-साठ मील दूर एक क़िले में शरण लिये हों और जिसका एक बेटा सुदूर पूरब में बंगाली फ़ौजों से जूझ रहा हो, जिसे उसके सबसे बड़े दुश्मन, वह भी कौन? स्वयं मुग़ल बादशाह से भविष्य में टक्कर लेनी हो, इससे अच्छी ख़बर उस बर्बाद समय में और क्या हो सकती थी? उसके बेटे जलाल ख़ाँ ने और छोटे ख्वास ख़ाँ ने आख़ीरकार बंगाल को वाक़ई जीत लिया था। यह ख़बर सिर्फ़ ख़ुशी की ही नहीं थी, शेर ख़ाँ को बेहद राहत पहुँचानेवाली ख़बर थी। शेर ख़ाँ ने फ़ौरन अपने सन्देशवाहक आवश्यक निर्देशों के साथ गौड़ के लिए दौड़ा दिये। शेर ख़ाँ ने अपने उन दोनों सिपहसालारों को गौड़ की फ़तेह को मुल्के-बंगाल की असल फ़तेह क़रार देते हुए मुबारकबाद भेजी और यह हुक्म दिया कि हुमायूँ जल्द ही बंगाल पहुँचने की कोशिश कर सकता है। इसलिए उसके पहुँचने से पहले ही गौड़ के क़िले से प्राप्त शाही ख़ज़ाना रोहतासगढ़ भिजवा दिया जाये।

इधर जब बादशाह हुमायूँ ने चुनार के क़िले पर अधिकार कर लिया तो वह वहाँ अपनी मुग़ल फ़ौज के हिफाज़ती दस्ते छोड़कर वापस अपनी राजधानी आगरा की ओर

लौटा। हुमायूँ वापसी में बनारस में कुछ दिन ठहर गया और वहाँ आराम फ़र्माकर रागरंग के मज़े लेने लगा।

हुमायूँ ने बनारस से शेर ख़ाँ के पास अपना एक दूत भेजा। बहरखण्ड की पहाड़ियों में शेर ख़ाँ को तलाश कर मुग़ल बादशाह का यह दूत एक शाही फ़र्मान के साथ शेर ख़ाँ से मिला। हुमायूँ ने कहला भेजा था कि शेर ख़ाँ मुग़ल तख़्त की मातहती क़बूल कर ले और बिहार का सूबा उसे सौंप दे।

शेर ख़ाँ ने इस पर अपना यह सन्धि-प्रस्ताव उस दूत के समक्ष हुमायूँ के लिए रखा कि–"अपने बादशाह से जाकर कहो कि मैंने गौड़ का क़िला बंगाल के सुल्तान महमूद शाह से छीन लिया है। मेरे पास अफ़ग़ानों की एक बड़ी फ़ौज इकट्ठी है। अगर बादशाह बंगाल को हासिल करने का ख़्याल छोड़ दें तो मैं बिहार उनकी पेशेनज़र कर दूँगा। बादशाहे-हिन्द की तरफ़ से जो हाकिम मुक़र्रर किया जायेगा मैं बिहार को उसकी सुपुर्दगी में दे दूँगा। और मैं बंगाल की वही सरहद अपने लिये क़बूल कर लूँगा जो कभी सुल्तान सिकन्दर लोदी के वक़्त में रही थी। मैं बंगाल का अख्तियार मेरे पास रहने की सूरत में बिहार में मौजूद शाही छत्र, शाही तख़्त वगैरह जो भी हुकूमत की निशानियाँ हैं, उन्हें बादशाह हुमायूँ को लौटा दूँगा। यही नहीं, मैं बंगाल की तरफ़ से 10 लाख टका सालाना ख़िराज की रक़म भी बादशाह को भेजता रहूँगा। अगर समझौते की यह पेशकश उन्हें मंज़ूर हो तो इस बाबत अपनी लिखत मुझे भिजवा दें और बराय करम आगरा की तरफ़ वापस लौट जायें।"

हुमायूँ का वह दूत अपने बादशाह के पास आया और शेर ख़ाँ के इस प्रस्ताव से उसे अवगत कराया। बादशाह हुमायूँ बड़ा खुश हुआ। उसने शेर ख़ाँ को एक शानदार लिखत भिजवायी कि–"ऐ शेरशाह अफ़ग़ान! हमें तुम्हारी पेशकश मंजूर है। तुम बंगाल को अपने पास रखो। बिहार को फ़ौरन हमारे हवाले करो। हम इस लिखत के साथ तुम्हारे लिये एक अरबी घोड़ा बतौर तोहफ़ा भेज रहे हैं। हमारा वकील जो यहाँ से जा रहा है उसके मार्फ़त क़रारनामा अंज़ाम देकर उसे हमारे पास वापस कर देना।"

शेर ख़ाँ ने अत्यन्त प्रसन्नतापूर्वक हुमायूँ के वकील के द्वारा लाये गये उस शाही सन्धि-पत्र को देखा और उस पर बतौर क़रारनामा अपनी मोहर लगायी। उस वकील की ख़ूब ख़ातिरदारी की और उसे हुमायूँ के पास इस सन्देश के साथ वापस भेजा कि "मैं इन मंज़ूरशुदा शर्तों को पूरा करूँगा और मैं अल्लाहो-अकबर से यह रात-दिन दुआ माँगूँगा कि जब तक मेरी ज़िन्दगी है मुझमें और बादशाह सलामत में कोई वैर पनपने न पाये। क्योंकि मैं उनका ताबेदार और ख़िदमतगार हूँ।"

इस ख़रीते के तीन दिन बाद बंगाल के शाह सुल्तान महमूद का एक राजदूत बादशाह हुमायूँ की सेवा में उसकी फ़रियाद लेकर आया। शाहे-बंगाल के साथ हुआ यों कि गौड़ के क़िले में बुरी तरह घिर जाने पर शेर ख़ाँ के सिपहसालारों ने क़िले की सप्लाई लाइन काट दी। अनाज रसद आदि क़िले में जाने से पूरी तरह रोक लगा दी। फ़ौज का शिकंजा दिन-ब-दिन कसता गया तो सुल्तान महमूद अपनी वह राजधानी छोड़कर रात-बिरात चोरी से सुरंग के रास्ते भाग निकला। शुरुआत में वह उत्तर बिहार की ओर भागा। ख़बर मिलने पर अफ़ग़ानों ने उसका पीछा किया। जो भी मरा-टूटा लश्कर शाह बंगाल के पास उस वक़्त था उसे अफ़ग़ानों ने एक मुठभेड़ में मार काट डाला। इस मुचैटे में हारा हुआ सुल्तान महमूद बुरी तरह घायल हुआ। तब उसे अफ़ग़ानों ने दूर तक खदेड़ा। फिर वह किसी तरह बचता-बचाता अर्द्धविक्षिप्त मानसिक स्थिति में हाजीपुर की ओर भाग आया।

शेर ख़ाँ की फ़ौजों से लुटा-पिटा शाहे-बंगाल शाहे-हिन्द हुमायूँ से मिलना चाहता था। मगर उसकी हिम्मत नहीं पड़ रही थी। जब उसे ख़बर मिली कि हुमायूँ इन दिनों बनारस में है तो उसने अपने राजदूत को उसके पास भेजा, यह सोचकर कि दुश्मन का दुश्मन एक तरह से दोस्त ही होता है। शेर ख़ाँ की शिकायत करने और मुग़ल बादशाह से मुलाक़ात करने की ख़्वाहिश के साथ ही महमूदशाह ने अपना यह राजदूत वहाँ भेजा था।

राजदूत ने हुमायूँ बादशाह से सलाम अर्ज़ करके कहा कि—"हमारे सुल्तान महमूद हुजूरेवाला आपसे मिलने की ख़्वाहिश रखते हैं। उन्होंने अपनी नेक तमन्नाओं का इज़हार करके हुजूर बादशाहे-हिन्द के वास्ते यह पैग़ाम भेजा है कि...अफ़ग़ानों ने हमारा गौड़ का क़िला वक़्ती तौर पर छीन ज़रूर लिया है लेकिन बंगाल का ज़्यादातर हिस्सा अभी भी मेरे ही क़ब्ज़े में है। आप इस निहायत चालाक और फ़ितरती अफ़ग़ान शेर ख़ाँ है नाम जिसका...उस पर क़तई यक़ीन न करें। मेरी मानें और फ़ौरन इधर बंगाल की ओर कूच करें। अफ़ग़ान लोगों में आपस में ही अन्दरूनी फ़ूट चल रही है इस शख़्स के ख़िलाफ़।...बेहतर होगा कि...अफ़ग़ान लोग यहाँ अपनी जड़ें जमा सकें इसके पहले ही आप उन्हें यहाँ से निकाल बाहर करें। यह जो बग़ावत की है इन मूँजियों ने इसे कुचलने में आप पूरी तरह से क़ाबिलियत रखते हैं।...अगर आप शेर ख़ाँ के ख़िलाफ़ जंग के लिए कूच करेंगे तो मैं भी उसमे आपके साथ शरीक़ हो जाऊँगा। उस हालत में उसमें इतनी ताक़त नहीं कि वह आपका मुक़ाबला कर सके।"

यह सुनकर हुमायूँ ने शेर ख़ाँ से किया हुआ वह 'बंगाल के बदले बिहारवाला सन्धि-प्रस्ताव ठुकरा दिया। जैसे कोई अदूरदर्शी इन्सान किसी सिरफिरे के कहने से चने की झाड़ पर चढ़ जाने की कोशिश करे, हुमायूँ का यह निर्णय कुछ वैसा ही था।

सुल्तान महमूद के इस मनोनुकूल सन्देश को सुनकर बादशाह हुमायूँ का मन बदल गया। उसने अपनी फ़ौज के सिपहसालारों की एक मीटिंग बुलाकर यह हुक्म दिया कि—"हमारे फ़तेहयाबीवाले झण्डे बंगाल की सरज़मीं की ओर रवाना किये जायें। ख़ानेख़ाना यूसुफ़खेल! आप बिरलास के सरदारों और दूसरे अमीरों को जो आपकी पसन्द के हों उनके लश्करों सहित बहरखण्ड की पहाड़ियों की ओर कूच करें। वहाँ कहीं वह बाग़ी शेर ख़ाँ छिपा बैठा है। आपका काम उसे ख़त्म करना और उसकी फ़ौजी ताक़त को नेस्तोनाबूद करना होगा...और मिर्ज़ा हिन्दाल! तुम्हारे लिये हमारा यह कहना है कि तुम शाही फ़ौज के आधे हिस्से के साथ गंगा पार करके हाजीपुर की ओर आगे बढ़ो।...इधर मैं खुद भी कुछ ही अरसे में बंगाल के लिए रवाना होता हूँ।...

मिर्ज़ा हिन्दाल की फ़ौज जो कि बंगाल फ़तेह के लिए आगे-आगे जा रही थी उससे फ़ासला रखकर हुमायूँ भी अपनी बाक़ी फ़ौज के साथ बनारस से पूरब की ओर चल पड़ा। जैसा कि होता है लम्बी कूच के अभियानों में दिन भर के सफ़र के बाद शाम को फ़ौज कहीं-न-कहीं डेरा डालती है, यह मुग़ल-फ़ौजें कई दिनों तक उसी तरह रुकती गयीं-चलती गयीं।

बंगाल के शाह महमूद ने फिर कुछ दिन बाद स्वयं मानेर के मुग़ल शिविर में आकर बादशाह हुमायूँ से भेंट की। हुमायूँ ने उस उजड़े-चमन सुल्तान से काफ़ी उपेक्षापूर्ण बर्ताव किया, जिससे मन-ही-मन वह बड़ा लज्जित हुआ। मगर क्या करता? बेहया की तरह वह हुमायूँ के पीछे-पीछे लगा रहा। हुमायूँ ने पूरब की तरफ़ अपनी सेना के साथ यात्रा जारी रखी। अत्यधिक तनाव और अवसाद की हालत में आख़िरकार सुल्तान महमूद खलगाँव में, सफ़र के दौरान ही, चल बसा। हुमायूँ की गौड़-विजय के इरादे से आगे की यात्रा जारी रही।

हुमायूँ द्वारा इस तरह सन्धि तोड़े जाने और बंगाल-विजय के लिए उसके प्रयाण की ख़बर जब शेर ख़ाँ को मिली तो वह बहुत खिन्न हुआ। उसने अपने अफ़ग़ान सरदारों को बुलाकर कहा कि—"बादशाह हुमायूँ ने हमारे साथ किया अहदनामा ठुकरा दिया है। मैंने बंगाल के बदले अपनी ताक़त का मरकज़ बिहार, उसे देने का मोआयदा किया था। बंगाल से भी 10 लाख टके सालाना ख़िराज अदा करने का वायदा किया था। मगर हुमायूँ ने शायद इसे हमारी कमज़ोरी समझ लिया। अब इस मुग़ल बादशाह पर यक़ीन नहीं किया जा सकता। लगता है यह पूरी अफ़ग़ान क़ौम को तबाह करने के इरादे से इस बार निकला है। मगर इसे अभी अफ़ग़ान क़ौम की ताक़त और यकजहती का अहसास नहीं है। लिहाज़ा मुझे अब आप सबका साथ चाहिए। हुमायूँ को हमें अपनी क़ौम की ख़ुद्दारी और बहादुरी की बदौलत एक करारा सबक सिखाना होगा। अब वह वक़्त आ गया है।"

शेर ख़ाँ के सरदारों ने उसका पूरा-पूरा साथ देने और अफ़ग़ान क़ौम की आन-बान-शान की हिफ़ाजत के लिए आख़िरी दम तक लड़ने का उसे आश्वासन दिया।

शेर ख़ाँ को यह ख़बर भी मिली की ख़ानेख़ाना यूसुफ़खेल एक बड़े लश्कर के साथ बहरखण्ड की ओर उसके ख़िलाफ़ बढ़ा चला आ रहा है। स्वयं हुमायूँ गौड़ की तरफ़ जा रहा है। इस जानकारी के बाद शेर ख़ाँ ने अपने पास की सेना को रोहतास के क़िले की रक्षार्थ भेज दिया। वह स्वयं कुछ घुड़सवारों के साथ चुपचाप गौड़ की दिशा में चल दिया। चलते-चलते वह मार्ग में किन्हीं अन्य पहाड़ियों की ओर गोपनीय ढंग से गया। वहीं कहीं जाकर शेरशाह कुछ समय के लिए छिप गया।

उसने अपने कुछ गुप्तचर हुमायूँ के फ़ौजी शिविरों पर निगरानी रखने और उसके कार्यक्रमों की समय-समय पर सूचना के लिए लगा दिये।

हुमायूँ शेख़ याहिया के क़स्बे के निकट अपनी फ़ौज के साथ ठहरा। कुछ दिन सुस्ताने के बाद उसने अपनी फ़ौज को आगे कूच करने का हुक्म दिया। मुफ़ीद बेग, जहाँगीर कुली, मीर नूरका, तरदीबेग, मुबारक फ़रमूली और अन्य अमीरों को 30 हज़ार घुड़सवारों सहित बादशाह की सेना से सात कोस आगे चलने का हुक्म दिया गया।

इसका एक कारण यह भी था कि सफ़र की दो मंज़िलें तय करने पर ही हुमायूँ को यह समाचार मिल गया कि शेर ख़ाँ अपने ठिकाने से निकल गया है और वह किन्हीं अन्य गुप्त ठिकानों पर पहाड़ियों में जा छिपा है। ख़ानेख़ाना यूसुफ़खेल और बर्री बिरलास जिन्हें शेर ख़ाँ के विरुद्ध भेजा गया था उन्होंने ही आकर यह ख़बर हुमायूँ को दी थी। इसलिए उन्हें भी हुमायूँ ने अब अपने साथ रोक लिया और शेर ख़ाँ की खोज-ख़बर का अभियान फ़िलहाल स्थगित कर दिया गया। 30 हज़ार मुग़ल घुड़सवारों का एक दस्ता आगे-आगे जा रहा था। उनके सात कोस पीछे यह लोग हुमायूँ के साथ अब युद्ध के प्रयाण में चल रहे थे।

जब शेर ख़ाँ ने सुना कि हुमायूँ बादशाह पुनः चल पड़ा है तो वह भी अपने घुड़सवार दस्ते के साथ अपने छिपने के स्थान से आगे चल पड़ा।

हुमायूँ तो पटना पहुँच गया, परन्तु उसकी सात कोस आगे चल रही सेना मार्ग में रास्ता भटककर अभी भी वहाँ न पहुँच पायी थी। इस भटकी हुई सेना का एक अश्वारोही दल किसी गाँव के निकट पहुँचा तो इन लोगों को उस गाँव के एक बाग़ में कुछ घुड़सवार दिखायी दिये।

मुग़ल अश्वारोहियों ने एक किसान से पूछा कि—"यह घुड़सवार किसके हैं?"

किसान ने उत्तर दिया—"यह तो स्वयं शेर ख़ाँ ही यहाँ मौजूद है।"

उस किसान के मुख से शेर ख़ाँ का नाम सुनते ही यह मुग़ल घुड़सवार दहशत में फ़ौरन वहाँ से भाग खड़े हुए। उन्होंने मुड़कर यह भी देखने की ज़हमत नहीं उठायी कि शेर ख़ाँ के पास कितने फ़ौजी सवार वास्तव में वहाँ थे? इन भागकर आये सवारों ने सरदार मुयीद बेग को यह सारी बात कह सुनायी। यह भी कहा कि यह सूचना बादशाह हुमायूँ के पास जल्द-से-जल्द भिजवा दें। मुयीद बेग ने अपने कुछ आदमी बादशाह को ख़बर करने को भेजे और बड़ी बेसब्री से उनके हुक्म का इन्तज़ार करता रहा।

कुछ देर बाद मुयीद बेग ने कुछ मुग़ल सवारों को उसी गाँव में दोबारा भेजा, परन्तु इस बार इन्हें वहाँ कोई अफ़ग़ान घुड़सवार न मिला। मुग़ल फ़ौजियों ने गाँव में लोगों से पूछताछ की।

गाँव के मुक़द्दम ने उन्हें बताया कि—"शेर ख़ाँ अपने कुछ घुड़सवारों के साथ गाँव में ठहरा तो था, परन्तु मुग़ल घुड़सवारों का आगमन देखकर वह बड़ी तेजी के साथ मुँगेर की ओर बढ़ गया है।"

जब यह सैन्य दल लौटकर गाँव से वापस आया तब तक बड़ी देर हो चुकी थी। सूर्यास्त होनेवाला था। सारा माहौल डूबते सूरज की लालिमा से साराबोर था। रात के पसरने में ज़्यादा वक़्त नहीं रहा गया था। इसलिए उस वक़्त शेर ख़ाँ का पीछा करने का विचार मुग़लों को स्थगित करना पड़ा।

इस तरह से शेर ख़ाँ और हुमायूँ के बीच चूहे-बिल्ली का खेल उन दिनों चल रहा था। शेर ख़ाँ अपने मुट्ठी भर सवारों के साथ मुग़ल फ़ौज को जैसे मुँह चिढ़ा रहा था। उन्हें छका रहा था।

◘

◘

शेर ख़ाँ उन परिस्थितियों में अच्छी तरह जानता था कि उसका इस बार एक अत्यन्त शक्तिशाली शत्रु से साबिका पड़ा है। उसकी एक ज़रा-सी चूक उसे बर्बाद कर देगी। अगर वह हरदम चौकन्ना रहेगा तभी वह अपने अस्तित्व की रक्षा के साथ-साथ अपनी अफ़ग़ान क़ौम को सहेज और एकजुट कर सकेगा और उसी ताक़त की बदौलत ही वह उस मज़बूत दुश्मन को कभी मात दे सकेगा।

वह जानता था कि मुग़लों के पास काफ़ी ताक़त है, मगर वह मग़रूर हैं। वह जानता था कि उनके पास भारी-भरकम फ़ौज है, मगर वह सुस्त हैं। वह यह भी जानता था कि यह वस्तुतः एक हाथी और एक शेर की लड़ाई-जैसी है। इसलिए

हुमायूँ की फ़ौज गौड़ की तरफ़ ठुम्मक चाल से बढ़ रही थी और शेर ख़ाँ का वह छोटा-सा सैन्य दस्ता उससे कई कोस आगे दुलकी चाल से बढ़ा जा रहा था। शेर ख़ाँ के जो भी सैन्य संसाधन और गुप्तचर तन्त्र था उसे शेर ख़ाँ इस समय स्वयं आगे-आगे मुग़ल-ख़तरे से आगाह करता चल रहा था।

इसी क्रम में जब शेर ख़ाँ मुँगेर के पश्चिम में स्थित सूरजगढ़ के दरवाज़े को लाँघ गया तो उसने वहाँ सैफ़ ख़ाँ अच्छखेल सरवानी को देखा। सैफ़ ख़ाँ उस वक़्त अपने परिवार को रोहतास की ओर ले जाने के लिए तैयार था। क्योंकि सैफ़ ख़ाँ को अपनी जानिब बढ़ती हुई हुमायूँ की फ़ौज की ख़बर लग चुकी थी।

शेर ख़ाँ ने सरदार सैफ़ ख़ाँ से कहा—''फ़ौरन वापस लौट जाओ। मुग़ल फ़ौज मेरे पीछे आ रही है। वह सूरजगढ़ के बेहद क़रीब पहुँच चुकी है।''

इस पर सैफ़ ख़ाँ ने शेर ख़ाँ सूर से कहा कि—''यह मैं क्या देख रहा हूँ हज़रते-आला?...आपके साथ महज़ मुट्ठी भर सिपाही? जब मुग़ल इतने नज़दीक आ पहुँचे हैं तो उन्हें इस बात की भी यक़ीनन ख़बर होगी। वह पूरी उम्मीद लगाये होंगे कि जल्द ही वह हुजूर को पकड़ने में कामयाब हो जायेंगे।...''

''अरे नहीं सैफ़ ख़ाँ। उसकी तुम फ़िक्र न करो! तुम अपने बाल-बच्चो को फ़ौरन लेकर यहाँ से निकाल ले जाओ। मैं भी आगे जा रहा हूँ।''—शेर ख़ाँ ने कहा।

''नहीं हज़रते-आला! आप मेरी अर्ज़ सुनिये।...आपकी जान इस वक़्त ख़तरे में है। मुग़ल फ़ौज जो पीछे आ रही है किसी उम्मीद पर ही आ रही होगी। यह बहुत ही संगीन मौक़ा है। बेहतर यह होगा कि आप इस नाचीज़ ख़ादिम की राय मानें। आप अपने साथ मेरे ख़ानदानवालों को भी ले जायें और जाकर अपनी भी हिफ़ाज़त करें।...मैं कल सुबह सूरजगढ़ के दरवाज़े पर खड़ा होकर आख़िरी साँस तक हुमायूँ की फ़ौज से मुक़ाबला करूँगा। हम उसे तब तक यहाँ रोकेंगे जब तक उसमें और आपमें ख़ासा-फ़ासला न हो जाये। आप हमारे रहनुमाँ हैं और रहनुमाँ की हिफ़ाज़त पूरी क़ौम का फ़र्ज़े-अव्वल है।''

शेर ख़ाँ ने जब सैफ़ ख़ाँ के यह उद्गार सुने तो वह अपने भीतर बहुत विचलित हो गया। कहने लगा—

''ऐ सैफ़ ख़ाँ! तुम-जैसे बहादुरों पर ही तो मुझे नाज़ है। मगर यह वक़्त जज़्बाती होने का नहीं। अपनी जान बचाने की फ़िक्र में मैं तुम्हें बर्बादी की खाईं में ढकेल दूँ? यह मुनासिब नहीं।

इस पर सैफ़ ख़ाँ ने तपाक से जवाब दिया—''सभी इन्सान एक-से नहीं होते। इन्सान का फ़र्ज़ है कि वह अपने कुनबे की भलाई के लिए वक़्त पड़ने पर अपनी जान की बाज़ी लगा दे। इसी तरह एक कुनबे को अपने क़बीले के लिए, एक क़बीले को अपने शहर के लिए, शहर के बाशिन्दों को अपनी क़ौम यानी कि मुल्क के लिए

अपनी शहादत दे देनी चाहिए। क्योंकि क़ौम या मुल्क के रहनुमा या सरदार की हिफ़ाज़त में ही सभी क़बीलों और कुनबों की बेहतरी है।''

''लेकिन सरदार सैफ़...''

शेर ख़ाँ ने कुछ कहना चाहा।

''आप बस इस वक़्त मेरी बात सुनिये...जो वक़्त का तकाज़ा है उसे हमें मानना चाहिए हुजूर!...एक सिपाही के लिए उससे ज़्यादा शान की बात और क्या हो सकती है कि वह अपनी क़ौम के रहनुमा के लिए अपनी जान कुर्बान कर दे और अपने नाम को हमेशा के लिए ज़िन्दाबाद कर दे। इसलिए हज़रते-आला!... मेरे और मेरे इन सारे बिरादरों की ज़िन्दगियाँ अब आपके वास्ते निसार हैं।''

चिलचिलाती धूप में हवा के बगूले उड़ रहे थे। आवारा धूल आँखों में पड़कर इठला रही थी। घोड़े अपनी टापें तपती ज़मीन पर पटक रहे थे। शेर ख़ाँ के साथ के मुट्ठी भर जाँबाज़ घुड़सवार सैफ़ ख़ाँ सरदार के उस जोशीले अन्दाज़ को रश्क के साथ देख रहे थे। सैफ़ ख़ाँ के परिवार के बाक़ी सदस्य उस सड़क पर अपने आनेवाले अनिश्चित भविष्य की चिन्ता में डूबे हुए थे। उसके बिरादर भी अपने कुटुम्ब के मुखिया के मुख को उनके अगले हुक्म के लिए निहार रहे थे। मुसीबतों और फ़र्ज़ के बीच एक अजीबोग़रीब कशमकश का आलम था वह।

शेर ख़ाँ ने तब सैफ़ ख़ाँ से कहा—''मुश्किलों का दौर रोज़-रोज़ नहीं आता। अब अगर आया तो हम क्यों न उसका मिल-जुलकर सामना करें? ऐसा करिये कि आप भी मेरे हमराह हो लें। हम साथ-साथ चलेंगे। आगे जो होगा देखा जायेगा।''

मगर सैफ़ ख़ाँ ने शेर ख़ाँ की एक न चलने दी। उसका कहना था कि इस तरह सारे कुटुम्बी जनों को भी साथ ले चलने से उन लोगों की रफ़्तार धीमी ही रहेगी। जिसका दुश्मन कभी भी फ़ायदा उठा लेगा। ख़ामोख़्वा भिड़न्त में सभी लोग मारे जायेंगे। हक़ीक़त तो यह है। इसलिए बेहतर होगा कि सैफ़ ख़ाँ और उसके भाई यहीं रुककर दुश्मन के नामने रुकावट खड़ी करें और शेर ख़ाँ बाक़ी लोगों के साथ किसी महफ़ूज़ जगह की ओर निकल जाये।

शेर ख़ाँ सूर सैफ़ ख़ाँ अच्छखेल सरवानी की इस वफ़ादारी से बहुत ख़ुश हुआ। वह मज़बूर होकर उसके परिवार को अपने साथ लेकर आगे चल दिया। शेर ख़ाँ सैफ़ ख़ाँ के परिवार की औरतों-बच्चों और बुज़ुर्गों को अपने सैनिकों की हिफ़ाज़त में लिये हुए तब वहाँ से मीलों आगे निकल गया। इस बीच शाम घिर आयी। हुमायूँ की फ़ौजों ने सूरजगढ़ से चन्द मील पहले अपना रात्रिकालीन डेरा डाल दिया।

अगले दिन सवेरे जब सूरज पूरब दिशा में उदय हो रहा था। सैफ़ ख़ाँ और उसके भाई जाग गये। उन्होंने नहा-धोकर सुबह की नमाज़ पढ़ी। सभी को पता था कि आज

उन्हें एक बड़े मक़सद के लिए मौत को गले लगाना होगा। नमाज़ के बाद सैफ़ ख़ाँ ने अपने भाई-बिरादरों को सम्बोधित करते हुए कहा कि—

"मेरे जाँबाज़ बिरादरो! अफ़ग़ान क़ौम के सूरमाओ! आज मरने और मारने का दिन है। दुश्मन तादाद में भले ही हमसे कितना ज़्यादा हो मगर हमारे हौसलों से कहीं कमतर है। हमें अपने रहनुमाए-क़ौम आली जनाब शेर ख़ाँ साहब की ख़ातिर आज अपनी जानें न्योछावर करनी हैं। हुमायूँ बादशाह के सिपाहियों को इस गढ़ी के दरवाज़े से मरते दम तक आगे बढ़ने से रोकना है। हज़रते-आला की सलामती हमारी इस जाँनिसारी का पहला और आख़ीरी मक़सद होगा। क्या तुम सब तैयार हो?"

सैफ़ ख़ाँ के इस आह्वान पर उसके भाइयों ने बड़ी अधीरता से उसे उत्तर दिया—"अगर आपका यही फ़ैसला है तो हमारी जानें आप पर निसार हैं। फ़र्ज़ को अंजाम देने का यही वक़्त है। अब किसी और बात से हमें क्या गरज़? भाईजान!...हम लड़ाई के वक़्त किसी क़िस्म की कोताही न करेंगे।"

यह कहकर वह सारे जुझारू योद्धा अस्त्र-शस्त्र से लैस होकर सूरजगढ़ के द्वार पर जा पहुँचे। वह जाकर सिंहद्वार के दोनों ओर छिप गये। हुमायूँ बादशाह की सेना जैसे ही निकट आयी सैफ़ ख़ाँ अपने साथियों सहित उस पर टूट पड़ा। उसके साथ का एक-एक अश्वारोही बिरादर दस-दस मुग़लों पर भारी पड़ा। उन लोगों ने मुग़ल फ़ौज पर ऐसा अप्रत्याशित आक्रमण किया कि पहले तो उसे सँभलने न दिया। फिर यह लोग पूरी ताक़त से बड़ी देर तक मुग़ल घुड़सवारों और सैनिकों से जूझते रहे। वह भयानक मारकाट मची जिसकी मुग़लों ने अपनी उस मज़बूत हालत में कभी परिकल्पना तक न की होगी। सैफ़ ख़ाँ और उसके भाइयों ने ऐसी अपूर्व-वीरता दिखायी जो वर्णन से परे है। उस युद्ध-स्थल पर सैफ़ ख़ाँ के अधिकांश भाइयों ने वीरगति प्राप्त की। आख़ीर में ख़ुद सैफ़ ख़ाँ गम्भीर घावों की पीड़ा और थकान से मूर्छित हो गया।

घायल सैफ़ ख़ाँ को उठाकर मुग़ल सैनिक अपने सिपहसालार मुयीद बेग के पास लाये। मुयीद बेग ने उसे हज़रत हुमायूँ बादशाह के सामने पेश किया। दरअसल अपनी विशाल मुग़ल सेना के बहुत पीछे हुमायूँ चला आ रहा था। हुमायूँ को जब सैफ़ ख़ाँ की बहादुरी और शेर ख़ाँ के प्रति दिये गये उसके भाइयों के बलिदान की बात मालूम चली तो उस अनोखे जंगजू दुश्मन की प्रशंसा करने से हुमायूँ भी स्वयं को रोक न सका।

हुमायूँ सैफ़ ख़ाँ से बोला—"एक सिपाही का ईमान इसी में है कि अपने आक़ा की ख़ातिर वह अपनी जान दाँव पर लगा दे। हम तुम्हारी बहादुरी और तुम्हारे इस

बेमिसाल क़िरदार से बहुत खुश हुए। सुना है तुम्हारे कई भाई इस लड़ाई में शहीद हो गये हैं। अब तुम अकेले हमारे सामने मौजूद हो। जाओ! हम तुम्हें आज़ाद करते हैं। तुम्हारा जहाँ दिल चाहे जा सकते हो।''

हुमायूँ की इस उदारता को देखकर सैफ़ ख़ाँ ने विनम्रता से कहा कि—''जनाब!.. ..मैं अपने बीवी-बच्चों के पास जाना चाहूँगा।''

हुमायूँ ने कहा कि—''मैंने तो तुम्हारी जान बख़्श ही दी है।...अब तुम जैसा मुनासिब समझो, करो।''

तब सैफ़ ख़ाँ, जिसे मुग़ल बादशाह का अभयदान मिल गया था, अपने मृत भाइयों को कुछ मुग़ल सैनिकों की सहायता से ही सुपुर्दे-ख़ाक करके शेर ख़ाँ सूर की खोज में निकल पड़ा।

◙

◙

शेर ख़ाँ को इस समय हुमायूँ से पहले गौड़ पहुँचने की जल्दी थी। क्योंकि उसे वहाँ क़िले में सुरक्षित बंगाल का ख़ज़ाना, जो गौड़-विजय से प्राप्त हुआ था, उसे वहाँ से हटाकर रोहतासगढ़ भिजवाना था। शेर ख़ाँ जानता था कि अगर एक बार बादशाह हुमायूँ मुग़ल फ़ौज के साथ गौड़ पहुँच गया तो उससे वहाँ टकराना बहुत कठिन काम होगा। बंगाल का ख़ज़ाना भी तब शेर ख़ाँ के हाथ से जाता रहेगा। इसलिए शेर ख़ाँ अपने बेटे जलाल ख़ाँ और उसकी फ़ौज को नयी परिस्थितियों में नये आदेश देने स्वयं आगे-आगे जा रहा था।

शेर ख़ाँ मुँगेर पहुँचा। उसने वहाँ मौजूद शुजात ख़ाँ नियाज़ी को बताया कि—''मुग़ल बादशाह हुमायूँ की फ़ौज आ रही है। मेरे साथ सैफ़ ख़ाँ के घर के यह लोग हैं। इन औरतों-बच्चों वगैरह को यहाँ से फ़ौरन गढ़ी के क़िले में हिफ़ाज़त से पहुँचाना ज़रूरी है।''

शुजात ख़ाँ नियाज़ी ने कहा—''हुक्म करें।''

शेर ख़ाँ ने हुक्म दिया कि—'तुम सैफ़ ख़ाँ के इन ख़ानदानियों को लेकर गढ़ी के क़िले में चले जाओ। वहाँ इनके रहने और खाने-पीने का बन्दोबस्त करो।''

''और हुज़ूर आप?''

''मेरी फ़िक्र न करो। मैं ख़ुद को सँभाल लूँगा।''

कहकर शेर ख़ाँ फिर स्वयं अपने कुछ आदमियों के साथ एक तीव्रगामी नौका में बैठकर नदी के रास्ते गौड़ के लिए रवाना हो गया।

पीछे ख़रामा-ख़रामा हुमायूँ की फ़ौज बराबर बढ़ी चली आ रही थी।

गौड़ के क़िले में पहुँचकर शेर ख़ाँ ने वहाँ मौजूद अपने पुत्र जलाल ख़ाँ को निर्देश दिया कि वह तेलियागढ़ी की ओर अपनी सेना के साथ बढ़ जाये और वहाँ पहुँचकर उस दुर्गम घाटी में स्थित उस दर्रे को अपने नियन्त्रण में ले ले जो कि बंगाल में दाख़िल होने का एक तंग रास्ता है। ताकि इस बीच गौड़ का ख़ज़ाना सुरक्षित रोहतासगढ़ भिजवाया जा सके।

तेलियागढ़ी पहुँचकर जलाल ख़ाँ ने अभी अपनी सेना और 7000 घुड़सवारों को व्यवस्थित किया ही था कि उसे हुमायूँ की सेना का हरावल-दस्ता आता दिखायी दिया। उसने अपने अमीरों से कहा कि—"मुग़ल फ़ौज आ रही है। हम दर्रे की आड़ में हैं। दुश्मन हमसे अभी बेख़बर है। आइये हम इन पर इसी वक़्त हमला बोल दें।"

इस पर अमीरों ने जलाल ख़ाँ को युद्ध करने से रोका। उन्होंने कहा कि—"शेर ख़ाँ आला हज़रत ने हमें यहाँ जंग करने के लिए नहीं, बल्कि इस हिदायत के साथ भेजा है कि हम इस दर्रे की हिफ़ाज़त बड़ी चाक-चौबन्दी से करते रहें। हमें हुमायूँ की फ़ौज को यहीं से गौड़ की ओर बढ़ने से रोकना है।"

लेकिन शेर ख़ाँ का वह बेटा बहुत तेज़ मिजाज़ था। नहीं माना। उसने दर्रे की सुरक्षा के लिए 1000 घुड़सवार वहीं छोड़े और 6000 घुड़सवारों को लेकर हुमायूँ के उस अग्रगामी दल पर टूट पड़ा। ज़बर्दस्त मुठभेड़ हुई। मुग़ल फ़ौज काफ़ी संख्या में हताहत हुई। इस लड़ाई में मुग़लों के मुबारक फ़रमूली, अब्दुल फ़तेह लंगा-जैसे कई अमीर और सैकड़ों सैनिक मारे गये।

वहाँ से वापस आकर जलाल ख़ाँ ने जलमार्गों पर भी अपना पहरा डाल दिया। लड़ाई के बाद उस रात ऐसी घोर बरसात हुई कि चारों ओर पानी-ही-पानी दिखायी देने लगा। आवागमन के अनेक रास्ते अवरुद्ध हो गये। इस प्राकृतिक आपदा के आलम में हुमायूँ को अपनी सेना सहित एक महीने तक बीच ही में पड़ाव डालकर ठहरना पड़ गया।

मुग़ल फ़ौज के बीच में ही यूँ ठहर जाने से और उधर जलाल ख़ाँ द्वारा तेलियागढ़ी के उस दर्रे की नाकाबन्दी किये रहने का अच्छा फ़ायदा शेर ख़ाँ ने उठाया। इस बीच गौड़ से प्राप्त बेशक़ीमती ख़ज़ाना उसने पार करा दिया। उस ख़जाने को वह गौड़ से लेकर वहाँ से झारखण्ड के रास्ते रोहतासगढ़ बड़ी आसानी से स्वयं ही पार कराता चला गया। जब यह कार्य पूरा हो गया तो शेर ख़ाँ ने जलाल ख़ाँ और उसके सैन्यदल को तेलियागढ़ी से वापस रोहतास बुलवा लिया। जलाल ख़ाँ ने वह दर्रा और घाटी तब इतनी ख़ामोशी के साथ छोड़ दी कि मुग़लों को अफ़ग़ानों के हट जाने की जानकारी दूसरे दिन बड़ी देर बाद मिल पायी। तब तक इनका दुश्मन अपनी चौकी छोड़कर यह-जा वह-जा हो चुका था।

बादशाह हुमायूँ ने जब सुना कि जलाल ख़ाँ तेलियागढ़ी को छोड़कर चला गया है तो उसने मुग़ल सेना का एक भाग अपने भाई मिर्ज़ा हिन्दाल के नेतृत्व में आगरा रवाना कर दिया और उसने स्वयं बंगाल की राजधानी गौड़ की ओर कूच किया। हुमायूँ जब बिना किसी प्रतिरोध के गौड़ के क़िले में दाख़िल हुआ तब तक ख़ज़ानारूपी चिड़िया वहाँ से उड़ चुकी थी। गौड़ की हालत उस समय उस चुसे हुए आम की भाँति थी जिसकी गुठली अलग पड़ी हो और छिलका अलग। हुमायूँ उस स्थिति में हाथ मलता रहा गया।

उसके बाद वह उस गौड़ के क़िले में आराम फ़रमाने लगा। मौज-मस्ती में ग़र्क होकर हुमायूँ वहाँ अपने हरम अर्थात् अन्तःपुर से तीन महीने बाहर ही नहीं निकला। इस बीच न वह किसी से मिलाजुला न ही उससे मिलने की किसी को इजाज़त थी। बस साग़रो-मीना और हुस्नो-इश्क़ और अफ़ीम ही उन दिनों उसकी सोहबत में रहा करते थे।

शेर ख़ाँ को पल-पल की ख़बर रहती थी। उसके जासूस उसे दोस्तों और दुश्मनों की महत्त्वपूर्ण सूचनाएँ निरन्तर देते रहते थे। शेर ख़ाँ को हुमायूँ के गौड़ के क़िले में निठल्ले पड़े रहने की ख़बरें मिल रही थीं। उसने अपनी कुशाग्र बुद्धि से यह अनुमान लगा लिया कि अब मुग़ल बादशाह जल्दी अपनी अफ़ीम की पीनक से बाहर नहीं आनेवाला। जब इसे होश आयेगा तभी इसे आगरा वापसी की सूझेगी। वापसी में भी हफ़्तों गुज़र जायेंगे। आख़ीर मीलों की लम्बी दूरी है गौड़ और आगरा के बीच। इसीलिए क्यों न इस दौरान इसके सूबों में घुसकर इसकी मुग़लिया ताक़त को आज़मा लिया जाये और इसकी आगरा वापसी को ज़रा मुश्किल बना दिया जाये?

शेर ख़ाँ ने रोहतास से अफ़ग़ानों के कई फ़ौजी दल बनारस, जौनपुर, कालपी और कन्नौज के लिए रवाना कर दिये। उसने इन सेनाओं को इस हिदायत के साथ वहाँ भेजा कि यह उन मुग़ल सूबों में प्रवेश कर मुग़ल अफ़सरों को निकाल बाहर करें अथवा उन्हें मार डालें और उन पर बलपूर्वक अधिकार कर लें। इसी क्रम में अफ़ग़ानों ने तिरहुत पर अधिकार कर लिया। बनारस में घुसकर वहाँ के सूबेदार मीर फ़ज़ली को मार डाला और बनारस फ़तेह कर लिया। जौनपुर पर क़ब्ज़ा करने के बाद शेर ख़ाँ के सिपहसालार कन्नौज की तरफ़ बढ़े। उन्होंने कन्नौज और वहाँ से भी आगे बढ़कर सम्भल तक क़ब्ज़ा कर लिया। अफ़ग़ान फ़तेह-दर-फतेह करते चले गये। जो भी मुग़ल हाकिम उनके सामने पड़ा वह या तो लड़ाई में मारा गया या फिर मैदान छोड़कर भाग खड़ा हुआ। अफ़ग़ानों के इस भीषण और अप्रत्याशित आक्रमण का दबाव विकट था।

जब हुमायूँ बादशाह गौड़ गया था तो अपने पीछे उसने ख़ानेख़ाना यूसुफ़खेल को मुँगेर में छोड़ दिया था। शेर ख़ाँ ने जब स्वयं बनारस आकर वहाँ के सूबेदार की घेराबन्दी की तो उसने वहाँ से अपने सुप्रसिद्ध योद्धा ख्वास ख़ाँ को मुँगेर भेजा। शेर

ख़ाँ ने ख्वास ख़ाँ को यह आदेश देकर भेजा कि ख़ानेख़ाना यूसुफ़खेल को मुँगेर में पकड़कर बन्दी बनाया जाये। फिर उसे उसके सामने पेश किया जाये। क्योंकि यह ख़ानेख़ाना वही शख़्स था जो बाबर को काबुल से हिन्दुस्तान लाया था और यह ख़ानेख़ाना वही बदमाश था जिसने शेरशाह के ख़िलाफ़ बहरखण्ड की पहाड़ियों में हुमायूँ के हुक्म से पेशक़दमी की थी। ख्वास ख़ाँ ने रात के वक़्त एकाएक मुँगेर नगर में छापा मारकर ख़ानेख़ाना यूसुफ़खेल को गिरफ़्तार कर लिया और वह शेर ख़ाँ की आज्ञानुसार उसे बनारस ले गया। शेर ख़ाँ ने तब उस ख़ानेख़ाना यूसुफ़खेल को, जो एक अफ़ग़ान होते हुए भी अफ़ग़ानों का दुश्मन था, क़ैदख़ाने में डलवा दिया। उसके बाद ही बनारस जीत लिया गया। उस लड़ाई में बनारस में मुग़लों के अनेक दुर्गरक्षक मारे गये और उनका सूबेदार भी मौत के घाट उतार दिया गया।

बनारस फ़तेह के बाद शेर ख़ाँ द्वारा हैबत ख़ाँ नियाज़ी, जलाल ख़ाँ जलू, सरमस्त ख़ाँ सरवानी और अन्य अमीरों को बहराइच भेजा गया। इन लोगों ने वहाँ से भी मुग़लों को मार भगाया। इस तरह तेलियागढ़ी से कन्नौज तक का सम्पूर्ण भूभाग अब शेर ख़ाँ के हाथों में आ गया। उसने मुख्य-मुख्य स्थानों पर अपने अफ़सरों को तैनात भी कर दिया और शासन-व्यवस्था और कर-वसूली के समुचित प्रबन्ध भी सुनिश्चित कर दिये।

शेर ख़ाँ के लिए एक बड़ा चुनौतीपूर्ण और बाग़ी इलाक़ा था। उसका नाम था महारथ नगर। यह सहसराम के उत्तर-पश्चिम में एक दुर्गम क्षेत्र था। यहाँ का चैरो राजा बहुत दुष्ट था। जब कभी शेर ख़ाँ विपत्ति में होता महारथ नगर का वह दुष्ट राजा पहाड़ियों और जंगलों से निकलकर क्षेत्र के किसानों को बड़ा परेशान करता। रास्तों पर डकैतियाँ करके आने-जानेवाले मुसाफ़िरों और व्यापारियों के लिए मुसीबतें खड़ी कर देता। यहाँ तक कि वह शेर ख़ाँ के डेरों में से भी ऊँट, घोड़े और बैलों को लूटने का कोई अवसर नहीं चूकता था। शेर ख़ाँ ने मुँगेर से ख़ानेख़ाना यूसुफ़खेल को पकड़वाने के बाद अपने बहादुर सिपहसालार ख्वास ख़ाँ को उस महारथ नगर के लुटेरे राजा के विरुद्ध एक विशेष अभियान में लगा दिया। शेर ख़ाँ ने ख्वास ख़ाँ को समझा दिया कि जिन घने जंगलों में छिपकर वह बाग़ी राजा रहता है उन्हें काटकर साफ़ कर दिया जाये ताकि उसे पकड़ने में आसानी हो।

इधर मिर्ज़ा हिन्दाल पहले ही बंगाल से आगरा वापस लौट आया था। हुमायूँ का यह छोटा भाई मन में बरसों से ताजो-तख़्त की लालसा पाले था। मौक़े की तलाश में रहता था। हुमायूँ के सुदूर गौड़ में अटक जाने से उसे अपना मक़सद कामयाब होता नज़र आने लगा। हुमायूँ का एक श्रद्धापात्र था शेख़ बहलोल। यह एक अत्यन्त धार्मिक मनोवृत्ति का व्यक्ति था। हुमायूँ ने एहतियातन उसे अपने छोटे भाई हिन्दाल को ज्ञान-ध्यान का सबक देने और उसकी बाग़ी फ़ितरत को ठण्डा रखने के उद्देश्य से उसके ऊपर लगा रखा था। हिन्दाल एक दिन जब शेख़ बहलोल के प्रवचनों से तंग आ गया तो उस सिरफिरे नौजवान ने सबसे पहले उसे ही ठिकाने लगा दिया।

उसके बाद मिर्ज़ा हिन्दाल ने शेख़ बहलोल को मारकर यह ऐलान कर दिया कि वही अब मुग़ल सल्तनत का असली बादशाह है। उसके रास्ते में जो भी आयेगा उसका वैसा ही हश्र होगा जैसा इस शेख़ बहलोल का हुआ। इससे आगरा में मुग़ल राजपरिवार के बहुत-से लोग और मुग़ल सरदार हिन्दाल के शत्रु बन गये। उन्होंने मिर्ज़ा हिन्दाल की बग़ावत और शेर ख़ाँ सूर की सरकशी की ख़बरें हुमायूँ बादशाह तक पहुँचायी।

यह वह विषम समय था जब मुग़ल बादशाह सुदूर पूरब में सोया पड़ा था और उसका शाही तख़्त इधर हिल रहा था। जबकि उसका ताज़ घर के भेदिये ही हथियाने की फ़िराक़ में थे। ऐसे में ख़ुदा भी उसका कब तक और कहाँ तक साथ देता?

◙
◙

रोहतास के क़िले के इर्द-गिर्द इन दिनों विशेष चहल-पहल थी। शेरशाह के विभिन्न लश्कर, जो मुग़ल इलाक़ों को दबाने के लिए भेजे गये थे, एक-एक करके रोहतासगढ़ लौटकर आ रहे थे। शेरशाह ने अपनी पूरी फ़ौज को वहाँ इकट्ठा होने का हुक्म दिया था।

बिहार, जौनपुर, कन्नौज, बहराइच सभी जगहों से अफ़ग़ानों के लड़ाकू दल चले आ रहे थे। शेर ख़ाँ ने केवल महारथ नगर के बाग़ी राजा के विरुद्ध भेजी गयी ख्वास ख़ाँ की फ़ौज को वापस नहीं बुलाया था। सारी सेनाओं ने आकर रोहतासगढ़ के आस-पास डेरा डाल दिया। शेर ख़ाँ की यह विशाल युद्धकुशल सेना वास्तव में देखने योग्य थी। सारे अफ़ग़ान जो परस्पर मनमुटाव का शिकार रहा करते थे अब चमत्कारिक ढंग से शेर ख़ाँ सूर के झण्डे तले शानाबशाना एकत्र थे।

उधर जब मुग़ल बादशाह हुमायूँ ने अपने बंगाल प्रवास में यह सुना कि उसके भाई मिर्ज़ा हिन्दाल ने शेख़ बहलोल को मारकर आगरा में बग़ावत का झण्डा बुलन्द कर दिया है और शेर ख़ाँ ने उसके कई इलाक़ों को रौंद डाला है तो गौड़ के क़िले में उसके सामने जैसे एक ज़लज़ला-सा आ गया। वह बड़ा नाराज़ हुआ। उसने फ़ौरन बंगाल से आगरे की ओर प्रस्थान कर दिया। मौसम की गर्मी भी कुछ कम हो गयी थी। इसलिए बादशाह ने कूच के लिए इसे सही समय समझा। उसने फ़ैसला किया कि शेर ख़ाँ से तो वह बाद में निबट लेगा। पहले इस नालायक भाई हिन्दाल को सही किया जाये।

शेर ख़ाँ ने रोहतास के पास अपनी पूरी फ़ौजी छावनी सजवा ली थी। उसने अपने साथ के पुराने अमीरों की एक सभा बुलवायी और उनसे नयी परिस्थितियों के विषय में खुलकर विचार-विमर्श किया।

शेर ख़ाँ ने कहा–"बंगाल में काफ़ी वक़्त बीत जाने से बादशाह हुमायूँ की फ़ौज बड़ी लस्टम-पस्टम हो चली है और आगरा में बग़ावत खड़ी हो गयी है। इसी वजह से बादशाह मेरी ओर तवज्ज़ो दिये बग़ैर कूच कर रहा है। अगर आप लोग रज़ामन्द हों तो मैं इसी वक़्त अपनी क़िस्मत की आज़माइश करूँ। क्योंकि इस वक़्त मेरी फ़ौज पूरी तरह से तैयार है।

"आप सबको याद होगा कि बादशाह हुमायूँ के बंगाल कूच से पहले ही मैंने उसकी मातहती क़बूल करते हुए उसे सालाना ख़िराज अदा करने का भी वायदा कर लिया था। मैंने हुमायूँ को बिहार सौंपने और बदले में बंगाल का तख़्त ख़ुद के लिए रखने का मोआयदा भी कर लिया था जिसे उसने मंज़ूरी भी दे दी थी मगर...उधर शाहे-बंगाल का जादू बादशाह पर ऐसा चला कि रातोंरात उसकी नीयत बदल गयी। उसने हमसे दोस्ताना ताल्लुक़ात बनने से पहले ही तर्क कर दिये और अदावत का वही पुराना रास्ता अख़्तियार कर लिया। मजबूरन मुझे उससे वैर मोल लेना ही पड़ गया। इधर आप सबकी ताक़त से मैंने मुग़ल फ़ौजों को कई जगह हराया है। बिहार, जौनपुर और कुछ दूसरे मुग़ल इलाक़े भी हमने जीते हैं। इन हालतों में अब सुलह के सारे रास्ते बन्द हो चुके हैं। आप सब अच्छी तरह से सोच लें और मुझे अपनी बेशक़ीमती राय से नवाज़ें। फ़िलहाल यह महफ़िल बर्ख़ास्त की जाती है।"

सारे पुराने अमीरो-उमरा वहाँ से उठकर चले गये। आज़म हुमायूँ सरवानी नामक एक बुज़ुर्ग अमीर शेर ख़ाँ के पास बैठा रहा। यह सिकन्दर लोदी के समय का एक अमीर था जो अब शेर ख़ाँ के साथ था। वह उसका एक प्रमुख सलाहकार भी था। आज़म हुमायूँ सरवानी ने तब एकान्त में शेर ख़ाँ से कहा -

"आपको मुग़लों के साथ लड़ाई करने में सुल्तान बहलोल और सिकन्दर के हम-जैसे पुराने अमीरों से अब सलाह नहीं लेनी चाहिए। वजह यह है कि हम उन बदक़िस्मत लोगों में से हैं, जिन्होंने जो भी जंग की तैयारी की वह आगे जाकर बेकार साबित हो गयी और जब भी हम लड़े हमारी अन्दरूनी फूट की वजह से हम हार गये। अब क़िस्मत ने आपका साथ दिया है। क्योंकि हम देखते हैं कि आपके नीचे सारे-के-सारे अफ़ग़ानों के दिल-ज़िस्म और जानें एक हो गयी हैं। तजुर्बेकार और अक़्लमन्द लोगों ने मुझसे कहा है कि बहादुरी में अफ़ग़ान मुग़लों से ज़रा भी कम नहीं हैं। अब तक अफ़ग़ानों की फूट ही उनकी शिकस्त का बायस बनती आयी है। जब यह लोग किसी एक सरदार का हुक्म मानने लगेंगे और उसके नीचे एकजुट हो जायेंगे तो वह यक़ीनन मुग़लों को हिन्दुस्तान से बेदख़ल कर देंगे...शेर ख़ाँ! ऐसे ख़ुशक़िस्मत इन्सान हमारे बीच अब सिर्फ़ आप हैं। इसलिए बेहतर होगा कि आप अपने दूसरे अमीरों से राय लेकर उसके मुताबिक़ काम करें। मैं सिर्फ़ आपसे यही कहना चाहूँगा कि फ़तहयाबी ने अभी आपके हाथ चूमे हैं। इंशाअल्लाह! आगे वह आपके क़दम भी चूमेगी। और मैं क्या कहूँ?"

शेर ख़ाँ ने जब उन बुज़ुर्ग और अमीर के यह शब्द सुने तो वह उत्साह से भर उठा। उसकी आँखों में कृतज्ञता के आँसू आ गये और उसने आज़म हुमायूँ सरवानी को गले लगाते हुए उसके प्रति अपना अदब और हार्दिक स्नेह प्रकट किया। उसके बाद उसने कुतुब ख़ाँ, हैबत ख़ाँ नियाज़ी, शुजात ख़ाँ नियाज़ी, सैफ़ ख़ाँ, जलाल ख़ाँ बिन जलोई, सरमस्त ख़ाँ सरवानी-जैसे अन्य अमीरों से सलाह-मश्विरा किया। सबने सर्वसम्मति से शेर ख़ाँ से कहा कि हुमायूँ से युद्ध करना ही उचित है। क्योंकि ऐसा मौक़ा उनको फिर नहीं मिलेगा।

जब शेर ख़ाँ ने देखा कि अफ़ग़ानों में पूरी एकता है और सब-के-सब उसके समर्थन में युद्ध लड़ने के लिए पूरे मन से तैयार हैं, तो उसने रोहतास की पहाड़ियों और आस-पास के क्षेत्र में एकत्रित अपनी सेना को बादशाह हुमायूँ की सेना से टक्कर लेने हेतु कूच करने का ऐलान कर दिया।

शेर ख़ाँ की फ़ौजें चल पड़ीं। उसके एक-से-एक योद्धा सरदार अपने-अपने लश्करों का नेतृत्व कर रहे थे। उन फ़ौज़ों का सुप्रीम कमाण्डर था स्वयं शेर ख़ाँ सूर। यात्रा के दौरान हर एक मंज़िल पर उसने मिट्टी की दीवारें बनायीं। खाइयाँ खुदवायीं। उनके पीछे फ़ौजी दस्तों ने आराम किया। उसके बाद पुनः सब आगे बढ़े। इस तरह छोटी-छोटी मंज़िलें तय करते हुए शेर ख़ाँ अपनी ताज़ादम फ़ौज के साथ आगे बढ़ता गया। इस तरह यह लोग एक दिन रोहतास से चौसा के निकट जा पहुँचे।

बादशाह हुमायूँ को तो हिन्दाल के विद्रोह को दबाने के लिए आगरा पहुँचने की जल्दी थी। मगर जब उसने सुना कि उसकी फ़ौज की दिशा में शेर ख़ाँ आ रहा है तो उसने अपने क़दम पीछे खींच लिये और शेर ख़ाँ की सेना की ओर मुड़ गया।

जब शेर ख़ाँ के गुप्तचरों ने उसे सूचना दी कि मुग़ल फ़ौज अचानक ठहर गयी है और अब वह उसी की प्रतीक्षा कर रही है तो शेर ख़ाँ ने पुनः एक कूटनीतिक चाल चली। उसने हुमायूँ को एक ख़त लिख भेजा कि—"अगर बादशाह सलामत! बंगाल की हुकूमत मुझे दे दें तो ख़ुत्बा मुग़ल बादशाह के नाम का ही पढ़ा जायेगा और सिक्के भी उन्हीं के नाम के वहाँ ढलेंगे और चलेंगे। मैं और मेरे सभी अफ़सर और मुलाज़िम बादशाह सलामत की ही मातहती में काम करते रहेंगे।"

इस ख़त को रवाना करने के साथ ही शेर ख़ाँ का कूच भी अपनी अफ़ग़ान सेना के साथ जारी रहा। जब शेर ख़ाँ चौसा के काफ़ी निकट पहुँच गया तो उसने एक ऐसी जगह पसन्द की जो उसके लिए युद्ध के लिहाज़ से बेहतर थी। वह एक बड़ा गाँव था जहाँ पर उसके और हुमायूँ की मुग़ल फ़ौज के बीच में कर्मनासा नदी बहती थी। यह नदी चौसा के पाँच मील दूर पूरब में जाकर गंगा नदी में गिरती थी। इस कर्मनासा नदी का पाट पच्चीस गज़ चौड़ा था। यहाँ मिट्टी की खाईं खोदवाकर शेर ख़ाँ अपनी सेना सहित उसके पीछे जम गया।

शेर ख़ाँ का सन्देश मिलने पर हुमायूँ ने उसे बंगाल का राज्य देने पर रज़ामन्दी जतायी। मगर शर्त यह रखी कि शेर ख़ाँ पहले अपने सैन्य शिविर को पीछे हटाये और बादशाह के प्रति सम्मान प्रकट करे। उससे यह अपेक्षा की कि वह अफ़ग़ान फ़ौज को दो या तीन मंज़िल तक विपरीत दिशा में कूच कराये और नदी का मार्ग पूरी तरह मुग़लों के लिए ख़ाली कर दे। जब अफ़ग़ान फ़ौज पीछे हट गयी तो हुमायूँ ने उस नदी पर पुल बनवाया। उसके बाद अपनी बेगमात, कनीज़ों और अन्य स्त्रियों को कुछ सैनिकों और सेवकों के साथ नदी पार कराया। उनके डेरे उस ओर एक सुरक्षित स्थान पर लगवाये। उसके बाद हुमायूँ बादशाह स्वयं भी नदी के उस पार चला गया और वहाँ उसने सैन्य छावनी डाल दी।

शेर ख़ाँ ने मुग़लों पर अपनी ओर से आक्रमण नहीं किया। दोनों ओर की फ़ौजें एक-दूसरे का मुक़ाबला किये बग़ैर अपनी-अपनी छावनी में तीन महीने तक पड़ी रहीं। शेर ख़ाँ ने ऐसा जान-बूझकर किया। क्योंकि वह जानता था कि आगे जब बरसात का मौसम आयेगा तो वह सुस्त और पस्त मुग़ल फ़ौज पर बहुत भारी पड़ेगा। तब युद्ध में बारिश का और भी फ़ायदा उठाया जा सकेगा।

इस अकर्मण्यता की अवधि में दोनों ओर से अनेक लुभावने सन्धि-प्रस्ताव और झाँसा देनेवाली बातचीतें चलती रहीं। हुमायूँ अपनी कमज़ोरी जानता था। वह जानता था कि यह शेर ख़ाँ का अपना इलाक़ा था। उसे रसद पहुँचने में कोई दिक़्क़त नहीं थी। जबकि मुग़लों के पास रसद सामग्री का भी टोटा था। आगरा में उसका सगा भाई हिन्दाल बग़ावत किये बैठा था। उससे मदद की कोई उम्मीद न थी। उसके सिपाही महीनों बाद बंगाल की सरज़मीं से चौसा के इस मैदान तक मरे-टूटे लौटे थे। चौसा में भी वह आगरा लौटने और वहाँ से अपने घरों को छुट्टी पर लौटने के लिए दिन गिन रहे थे। उनका मनोबल अत्यन्त गिरा हुआ था। ऐसे में शेर ख़ाँ पर सीधा हमला मुग़लों के लिए बड़ा कठिन काम था।

इसलिए इन दिनों में हुमायूँ ने लड़ाई टालने और शेर ख़ाँ से शान्तिपूर्ण ढंग से सन्धि करने के हर सम्भव प्रयास किये। उसने अफ़ग़ान शिविर में अपने एक दूत को इस सन्देश के साथ भेजा कि—"अगर शेर ख़ाँ बादशाह हुमायूँ के ही नाम का खुतबा पढ़वाये और उसी के नाम का सिक्का चलवाने के साथ उसकी मातहती क़बूल करे तो बंगाल ही नहीं बिहार का सूबा भी उसी के अख़्तियार में छोड़ा जा सकता है। लेकिन उस सूरत में उसे अपने क़ब्ज़े में आ चुके दूसरे सभी इलाक़ों को छोड़ना पड़ेगा।"

गोया कि शेर ख़ाँ मुग़लों के हाल में जीते हुए सूबे जौनपुर, बनारस, बहराइच, कन्नौज और सम्भल वापस मुग़लों के हवाले कर दे।

शेर ख़ाँ ने तब इन शर्तों को मान लेने का बहाना किया और हुमायूँ को कहलवाया कि–"ठीक है।" मुझे मंजूर है। मगर यह तभी मुमकिन होगा जब बंगाल और बिहार के साथ चुनारगढ़ भी मेरे हवाले कर दिया जाये।"

यह सुनकर हुमायूँ आग बबूला हो गया। मगर करता क्या? दाँत पीसकर रह गया। सन्धिवार्त्ता टूट गयी। कुछ दिन दोनों शिविरों के बीच संवादहीनता की स्थिति बनी रही।

लेकिन अपनी कमज़ोरी का ख़याल करके मुग़ल बादशाह ने चौसा के युद्ध से पूर्व एक और कोशिश की। उसने साधु स्वभाव के एक मुल्ला मुहम्मद परघरी को शेर ख़ाँ के पास वैर त्याग देने और बादशाह से सुलह कर लेने की सलाह देने हेतु भेजा।

शेर ख़ाँ ने तब अपनी ओर से भी एक वैसे ही साधु स्वभाव के व्यक्ति शेख़ ख़लील को तलाशकर हुमायूँ के पास सन्धिवार्त्ता हेतु भेजा। हुमायूँ इस अफ़ग़ान दूत से बहुत प्रभावित हुआ। उसने अपनी ओर से सन्धि की शर्तें तय करने का कार्य भी शेख़ ख़लील को ही सौंप दिया।

दोनों ओर से सन्धिवार्त्ताओं का क्रम शेख़ ख़लील के माध्यम से पुनः चल निकला।

शेख़ ख़लील शेख़ फरीद शकरगंज का वंशज था और शेर ख़ाँ की पितृ भूमि एवं शेख़ फ़रीद की जन्मभूमि संयोग से एक ही थी। इसलिए उस नाते मध्यस्थ शेख़ ख़लील से बात करने-कराने में शेर ख़ाँ सूर को और भी सुविधा महसूस हुई। वैसे भी आख़िर वह अफ़ग़ान बिरादर तो थे ही।

हुमायूँ ने इस बार सन्धिवार्त्ता के दौरान शेख़ ख़लील को भेजकर शेर ख़ाँ से यह कहलाया कि वह कूच-दर-कूच करता हुआ सीधा रोहतास चला जाये। इसमें ज़रा भी देरी न करे। अगर वह इस बात पर अमल करने का वायदा करे तो बादशाह अपनी फ़ौज उसके पीछे-पीछे कुछ मंज़िल तक उसे रुख़सत करने के लिए भेजेगा और फिर अपनी फ़ौज को वापस बुलवाकर अहदनामे के मुताबिक़ शेर ख़ाँ के वकील को बंगाल की हुकूमत का फ़र्मान दे देगा।

शेर ख़ाँ ने सोचा कि यह मुग़ल आख़िर फिर अपनी औक़ात पर आ गया। कहाँ तो पहले बंगाल के साथ बिहार भी देने का सब्ज़बाग़ दिखा रहा था। अब फिर यह मोलतोल पर उतर गया है। पहले जौनपुर से सम्भल तक के इलाक़े लौटाने की माँग की इसने। चुनारगढ़ पर अड़ गया। अब जब बात फिर शुरू की तो फिर से मुर्गी की तीन टाँग...बंगाल ले लो और चलते बनो। ...वाह क्या बात है? हुमायूँ मिर्ज़ा...आप भी ख़ूब हैं। ऐसा सोचकर शेर ख़ाँ मन-ही-मन मुस्कुराया। दुश्मन जब कमज़ोर हो और उसके बावजूद भी वह नख़रे दिखाये तो मन में हँसी तो आती ही है। पठान शेर ख़ाँ तनाव में था। फिर भी मुस्कुराकर रह गया।

जब हुमायूँ की यह नयी बात शेख़ ख़लील ने शेर ख़ाँ से कही तो उसने जवाब दिया—"फ़र्ज़ कीजिये कि बादशाह की यह बात मैं मान लूँ तो बादशाह भी अपनी बात पर क़ायम रहेंगे इसका कैसे यक़ीन हो?" ऐसा कहते हुए शेर ख़ाँ ने अपने डेरे में शेख़ ख़लील और उसके साथ आये हुमायूँ के कुछ अन्य आदमियों की अच्छी ख़ातिर-तवाज़ो की।

शेर ख़ाँ के सन्देह जताने पर इन आदमियों ने उसे हरचन्द समझाने की कोशिश की और कहा—

"शाही ज़ुबान की अहमियत होती है।"

"वह तो मैं देख चुका हूँ।" शेर ख़ाँ ने प्रत्युत्तर दिया -

"उस महमूदशाह बंगाली के कहे पर आपके बादशाह सलामत मुझसे किये गये क़रार से तीन दिन के अन्दर ही मुकर गये थे।"

"वह वक़्त और था।"

"कैसा वक़्त? एक हारे हुए शाह की बात का इतना यक़ीन? और एक जीता हुआ सरदार जो आपके हुज़ूर में वफ़ादारी की पेशकश अपनी जीत के बावजूद कर रहा हो उससे इतनी नफ़रत?"

"देखिये शेर ख़ाँ! आप समझने की कोशिश करें।"

"वही तो मैं समझना चाह रहा हूँ। अगर मैं यहाँ से वापस चला जाऊँ। बिहार और दूसरे सारे फ़तेह किये इलाक़े छोड़ दूँ। महज़ बंगाल का हाकिम होकर रह जाऊँ तो क्या बादशाह सलामत की मेहरबानियाँ तब भी मुझ पर क़ायम रहेंगी?"

"बेशक!" हुमायूँ के आदमियों में से एक बोला। बाक़ी लोगों की ज़ुबानों को जैसे लकवा मार गया। इसलिए बोलनेवाला वह आदमी तन्हा पड़ गया। तब शेख़ ख़लील ने उन लोगों से कहा—"आप लोग अपने डेरों पर जाइये। मैं हज़रते-आला शेर ख़ाँ साहब से बात करता हूँ।"

सारे लोग उठे और वहाँ से चले गये। अब शेर ख़ाँ के उस शाहाना तम्बू में सिर्फ़ दो लोग ही बचे। एक शेख़ ख़लील। दूसरा ख़ुद शेर ख़ाँ।

शेख़ ख़लील के मुँह से तब तनहाई में यह शब्द निकल पड़े—

"शेर ख़ाँ! अगर तुम सुलह नहीं करते हो तो न करो। जंग का एलान कर दो और मुग़ल बादशाह से लड़ो।"

शेर ख़ाँ ने इस पर कहा—"अगर आप ऐसा कहते हैं तो यह मेरे लिये बड़ा ही मुबारक शगुन है। ख़ुदा ने चाहा तो मैं ज़रूर लड़ूँगा।"

इसके बाद अपनी ओर से बेशक़ीमती भेटों का एक थाल भेंटकर शेर ख़ाँ शेख़ ख़लील से बोला—"अफ़ग़ान लोगों को पाक मोमिन शेख़ फ़रीद शकरगंज पर

बड़ा अक़ीदा है। हम लोग एक ही मादरेवतन से भी हैं। इसलिए मैं चाहता हूँ कि आप मुझे नेक सलाह दें कि वाक़ई मैं हुमायूँ बादशाह के साथ सुलह करूँ या कि जंग?''...आलिमों का यह कहना है कि ज़हीन, दूरन्देश और इल्म की रोशनी से रौशन फ़कीरों से सलाह लेना समझदारी है। बाखुदा आप इन सारी ख़ुसूसियात के मालिक हैं। आप जो कहेंगे वह मेरे लिये बायसे-खुशक़िस्मती ही होगा। बताइये कि मैं सुलह में फ़ायदे में रहूँगा या जंग में? ज़्यादा कामयाब किसमें रहूँगा?...''

शेख़ ख़लील पहले तो बहुत हिचकिचाये। आँख बन्द कर उन्होंने कुछ देर सोचा। फिर शेर ख़ाँ से मुख़ातिब होकर कहने लगे—

''मुझसे सलाह माँगकर तुमने मुझे दो तरह की मुश्किलों में डाल दिया है। एक तो मैं तुम्हारे पास इस वक़्त मुग़ल बादशाह के वकील की हैसियत से आया हूँ। इसलिए मुझे ऐसी कोई बात नहीं करनी चाहिए जो बादशाह के ख़िलाफ़ हो। दूसरे तुमने मेरी नेक सलाह माँगी है तो भई पुराने लोगों का कहना है कि अगर तुम्हारा दुश्मन भी तुमसे कोई सलाह माँगे, तो जो सच हो वही कहना चाहिए। ऐसे में अगर मैं अपने ज़मीर के बरख़िलाफ़ कोई सलाह तुम्हें देता हूँ तो वह बेईमानी होगी।... वह क्या है कि कई पीढ़ियों से अफ़ग़ान लोग मेरे बुज़ुर्गों का बेहद एहतराम करते आये हैं और सल्लललाहो अलैह वसल्लम हज़रत पैग़म्बर साहब का भी फ़र्माना था कि जो कोई किसी को सलाह दे ईमान के साथ दे। तो मुझे भी क़सदन सच ही बोलना पड़ेगा।''

''हाँ-हाँ बोलिये-बोलिये हुज़ूर। यह नाचीज़ सुनने के लिए बेक़रार है'' -- शेर ख़ाँ ने शीघ्रता से कहा।

''तो सुनो।...मेरे हिसाब से हुमायूँ से सुलह के बजाय जंग करना तुम्हारे लिये ज़्यादा फ़ायदेमन्द होगा। सबब यह कि उसकी फ़ौज में बड़ी गड़बड़ी मची है इस वक़्त। न उसके पास क़ायदे के घोड़े हैं और न ख़च्चर और न बैल। उसके सारे भाई उसके ख़िलाफ़ बग़ावत की फ़िराक़ में हैं। आगरा में सिर्फ़ मिर्ज़ा हिन्दाल ही नहीं, वह कामरान जो लाहौर में दूर बैठा है, यह असकरी जो इस वक़्त उसके साथ-साथ चल रहा है, उसका कोई भी भाई दरअस्ल मन से उसके साथ नहीं है। इन सूरतों में मेरा ख़्याल है कि हुमायूँ भले ही वक़्ती तौर पर तुमसे यहाँ सुलह की पेशकश कर रहा है लेकिन आख़ीर में वह इसको निभायेगा नहीं। आगरा जाते ही वह दोबारा शेरे-बबर बन जायेगा। इसलिए बस यही एक मौक़ा तुम्हारा अपना है। यह दोबारा हाथ नहीं आनेवाला।''

शेख़ ख़लील के अपने प्रति इन सकारात्मक विचारों और सलाह को सुनकर शेर ख़ाँ के मन में रही-सही दुविधा भी समाप्त हो गयी। वह दुगने उत्साह से भर उठा। इस बीच उसने अपने अत्यन्त वीर सेनानायक ख्वास ख़ाँ को भी महारथ और उसके

विद्रोहियों के इलाक़े से अपने पास बुला लिया था। उसने युद्ध के लिये अपना दृढ़ निश्चय ख्वास ख़ाँ और अपने अन्य सिपहसालारों से मन्त्रणा करके कह सुनाया।

सन्धिवार्त्ता विफल हो गयी। इस नतीजे के साथ शेख़ ख़लील भी हुमायूँ के पड़ाव की ओर वापस लौट गया। इस बीच शेर ख़ाँ ने यह अफ़वाह उड़वा दी कि महारथ चैरो राजा इन दिनों बड़ा नाक में दम किये है। वह फिर शेर ख़ाँ के इलाक़े में लूटपाट के इरादे से आनेवाला है। इसलिए शेर ख़ाँ उसे वहाँ जाकर इस बार कुचलने के लिए बुरी तरह से मजबूर है।

शेर ख़ाँ ने तब ख्वास ख़ाँ से कहा कि तुम अपने लश्कर सहित चार कोस महारथ की दिशा में चले जाओ। झूठमूठ यह दिखाओ जैसे उन बाग़ियों का हमला होने को है जिसे तुम्हें दबाना है।

ख्वास ख़ाँ अपनी घुड़सवार फ़ौज लेकर निकला। वह चार कोस जाकर शेर ख़ाँ के डेरों में फिर वापस आ गया। उसने ऐलानिया कहा कि जासूसों ने ख़बर दी है कि महारथ का चैरो राजा अभी उधर नहीं आ रहा है।

वर्षा ऋतु प्रारम्भ हो गयी। जैसे ही आकाश से पानी की झड़ी लगी शेर ख़ाँ ने युद्ध की तैयारियाँ शुरू कर दीं। मुग़लों की छावनी, जो गंगा और कर्मनासा नदियों के मध्य एक निचले भूखण्ड पर स्थित थी, वहाँ बाढ़ का पानी लगने लगा। इससे मुग़लों को बड़ी किचाहिन और अस्तव्यस्तता का सामना करना पड़ा।

25 जून, 1539 ई. को शेर ख़ाँ ने अपनी अफ़ग़ान फ़ौज को तैयार रहने का हुक्म दिया। लेकिन उसने बिहार के शाहाबाद ज़िले के अन्तर्गत आदिवासियों के सरदार महारथ चैरो पर आक्रमण करने जाने का बहाना बनाया। यह ख़बर सुनकर बरसात और बाढ़ से जूझते मुग़ल बेफिक्र हो गये।

शेर ख़ाँ अपने पूरे फ़ौज-फाटे के साथ चैरो के इलाक़े की ओर चल पड़ा। वह आधी रात से पहले कुछ कोस दूर जाकर ठहर गया। इस बीच उसने अपनी फ़ौज को संगठित किया। उसे तीन भाग में बाँटकर अपने सिपहसालार अमीरों को व्यूह रचना समझायी। उनसे कहा कि—"मैं जान-बूझकर अब तक महारथ चैरो से लड़ाई का झाँसा हुमायूँ को देता आया हूँ। आज भी वह मुग़ालते में होगा। अब यही वक़्त है जब हमें उसे पलटकर करारी शिकस्त देनी है। हमें उसके डेरों पर तीन तरफ़ से घेरकर बिजली की-सी फुर्ती से हमला करना है। दुश्मन लड़ने को खड़ा भी न हो पाये कि उसके पैर उखड़ जायें, ऐसा कहर उस पर नाज़िल कर देना है। पूरी अफ़ग़ान क़ौम आज एक है। बस यही हमारे इम्तेहान का असली वक़्त है। ख़ुदा हमारी ओर है।"

फ़ातेहा अर्थात् विजय के लिए प्रार्थना पढ़ने के बाद शेर ख़ाँ ने अपने सिपहसालारों को हुक्म दिया कि—"वापस चलो। अब हमारा निशाना मुग़ल बादशाह हुमायूँ है। काट दो मुग़लों को गाजर-मूली की तरह।"

सब-के-सब पलटकर तेज़ रफ़्तार के साथ मुग़लों के शिविर की ओर चल पड़े। आधी रात को इस तरह शेर ख़ाँ ने मुग़लों के ऊपर आकस्मिक हमला बोल दिया। अफ़ग़ान फ़ौज तीन भागों में विभक्त थी। बीच के हिस्से का कमाण्डर स्वयं शेर ख़ाँ था। दाहिने और बायें बाज़ू के सैनिक दस्ते क्रमशः उसके पुत्र जलाल ख़ाँ और बहादुर सिपहसालार ख्वास ख़ाँ के नेतृत्व में पूरी ताक़त से मुग़लों के ऊपर टूट पड़े। उधर मुग़लों पर अफ़ग़ानों द्वारा तलवारों और भालों की वर्षा हो रही थी उधर आसमानी बारिश बरछियों की मानिन्द उन पर बरस रही थी। इस अकल्पनीय प्रहार से मुग़ल ख़ेमों में भगदड़ मच गयी। कोई लड़ा। कोई बिना लड़े ही धराशायी हो गया। कोई दो-चार हाथ चलाकर ही भाग खड़ा हुआ।

शोरगुल सुनकर हुमायूँ जाग पड़ा। वह घोड़े पर चढ़कर अपने सैनिकों को एकत्र करने लगा। लेकिन उसके ज़्यादातर सिपाही अपने बादशाह की आवाज़ सुनने के बावजूद अपने प्राणों की रक्षा में तितर-बितर होकर भाग रहे थे। हुमायूँ को तब उसके कुछ विश्वासपात्र अनुयायियों ने उस संकट से घिरे मुग़ल शिविर से किसी तरह बाहर निकाला। मिर्ज़ा हुमायूँ वहाँ से लड़ते-मारते-काटते गंगा नदी की ओर भागा। एक हाथी पर सवार होकर उसने गंगा पार करना चाहा। मगर मूसलाधार पानी तथा बाढ़ ने नदी को और गहरा एवं वेगमय बना दिया था। हुमायूँ हाथी की डगमगाती पीठ से नदी की धार में जा गिरा। तब एक भिश्ती ने अपनी मशक उसे थमा दी जिसके सहारे युद्ध में शिकस्त खाये उस मुग़ल बादशाह ने किसी तरह गंगा के प्रवाह को पार करके अपनी जान बचायी। चौसा का युद्ध शेर ख़ाँ ने जीत लिया। यह उसकी अब तक की सबसे बड़ी जीत थी।

बेशक़ीमती साज़ो-सामान से युक्त मुग़लों के परित्यक्त डेरे शेर ख़ाँ के हाथ लगे। भागते हुए हुमायूँ ने यह भी नहीं देखा कि उसके हरम की बहुत-सी स्त्रियाँ, जिनमें उसकी एक ख़ास चहेती बेगा बेगम भी थी, उन्हीं मुग़ल शिविरों में लावारिस हालत में छूट गयी। इस युद्ध में लगभग 7000 मुग़ल सैनिक और अनेक प्रमुख अमीर मारे गये। अपने सेवकों के साथ बचता-बचाता हुमायूँ उधर आगरा पहुँच गया। बक्सर के पास चौसा में इधर अफ़ग़ानों की मुग़लों पर यह अकल्पनीय विजय स्वयं में परिपूर्ण थी।

हुमायूँ जो गौड़ में एक छोटा-सा दस्ता छोड़कर आगरे तक चला था, अपनी उस विशाल फ़ौज को तमाम अन्तर्विरोधों, मौसम और यात्रा के कष्टों के बावजूद किसी तरह चौसा तक सुरक्षित ले आया था। मगर जब शेर ख़ाँ के प्रतिरोध के रूप में संगीन मुसीबत का सामना हुआ तो उसकी वह लम्बी-चौड़ी फ़ौज उसके किसी काम नहीं आयी। न ही काम आये उसके भाई-बन्धु। यह निर्णायक युद्ध जब घटित हुआ उससे बहुत दिनों पहले हिन्दाल की बग़ावत को कुचलने के लिए हुमायूँ का दूसरा भाई कामरान लाहौर से एक भारी सेना लेकर आगरा पहुँच चुका था। हालाँकि कामरान

तब हुमायूँ के प्रति वैसा अहसान फ़रामोश नहीं था जैसा कि हिन्दाल था। फिर भी संकट की उन घड़ियों में कामरान ने अपने बड़े भाई और बादशाह हुमायूँ की सहायतार्थ कुमुक भेजने का कोई भी प्रयास नहीं किया। भाग्य जब विपरीत होता है तो कोई सहायता नहीं करता। यदि कर भी दे तो वह सहायता भी किसी काम की साबित नहीं होती।

◙

◙

इस तरह चौसा की लड़ाई में हुमायूँ जान बचाकर भागा। एक भिश्ती ने उसे गंगा पार करायी। फिर वह आगरा की ओर पराजित हालत में निकल गया।

शेर ख़ाँ ने अब अपने डेरों से पहले मुग़लों के डेरों की सुधि ली। युद्ध- क्षेत्र की विभीषिका के मध्य यह डेरे प्रलय के बीच बचे हुए कुछ दरख़्तों की भाँति थे। ऐसे दरख़्त जिन पर अभी भी कुछ मासूम चिड़ियों का आशियाना था। सहमी हुई चिड़ियाँ। सिमटे हुए कुछ जीव।

शेर ख़ाँ स्वयं अपने घुड़सवारों के साथ मुग़ल डेरों पर जा पहुँचा। उन मुग़ल ख़ेमों को शेर ख़ाँ के सैनिकों ने घेर रखा था। ख़ेमों के भीतर सैकड़ों औरतों, दासियों और बच्चों के रोने-बिलखने के स्वर वहाँ गूँज रहे थे। बरसात कुछ थमी थी। मगर झींसी अभी भी पड़ रही थी। ऊँचे भूभाग पर लगे हुए मुग़लों के वह डेर, उनके तम्बू-कनात एक अजीब-सी मनहूसियत की चादर ओढ़े थे।

जब उनका बादशाह ही भाग गया हो उन बदनसीब शाही हरम की औरतों और उनकी बाँदियों का भला क्या पुरसाहाल होता? एक भी मुग़ल सैनिक अथव मर्द वहाँ नज़र नहीं आता था। सब-के-सब या तो मारे गये थे अथवा डेरों को छोड़कर भाग गये थे।

युद्ध से पसमाँदा शेर ख़ाँ के अफ़ग़ान सैनिक मुग़ल डेरों को अस्त्र-शस्त्रों से लैस हो घेरे खड़े थे। परन्तु शेर ख़ाँ के ख़ौफ़ से वह किंकर्त्तव्यविमूढ़ मनःस्थिति में थे कि दुश्मन की इन औरतों का आख़िर क्या किया जाये?...

इन्हें क़त्ल कर दिया जाये या छोड़ दिया जाये? कुछ सैनिक मन-ही-मन विचार कर रहे थे कि एक-दो कमसिन लड़कियाँ मिल जातीं तो उनके साथ मौज करते।...कि तभी -

"क्या हो रहा है यहाँ?" एक कड़कदार आवाज़ फ़िज़ाँ में गूँजी। सफ़ेद रंग के एक कसे हुए घोड़े पर सवार उनके आक़ा शेर ख़ाँ सूर आला हज़रत उनके बीच तशरीफ़ ले आये। शेर ख़ाँ के साथ दस-बारह अंगरक्षक घुड़सवार भी थे। सारे पैदल सैनिक दोनों तरफ़ अदब से पीछे हट गये।

एक फ़ौजी सरदार सामने आया। उसने झुककर घोड़े पर सवार शेर ख़ाँ को सलाम किया और बोला- "हज़रते-आला। दुश्मन के घर की बेगमात और कनीज़े हैं ख़ेमों के भीतर। उनका..."—कहकर वह चुप हो गया।

"उनका क्या किया जाये?" कहकर उम्रदराज़ आला हज़रत शेर ख़ाँ घोड़े से उतरे और मुस्कुराये।

एक सैनिक ने बढ़कर आक़ा के शानदार सफ़ेद घोड़े की लगाम थाम ली।

"इनायत ख़ाँ! फ़ौरन किसी को हमारे डेरों पर भेजकर वहाँ से हमारी बड़ी ख़ानम और तीन-चार बाँदियों को बुलवा भेजो। तब तक हम सामनेवाले उस ख़ाली ख़ेमे में क़याम करते हैं।...और हाँ। पूरी फ़ौज में...फ़ौज़ की हर टुकड़ी में हरकारे भेजकर यह ऐलान करा दो कि कोई भी आदमी किसी मुग़ल औरत, बच्चे या क़नीज़ को अपने डेरे में क़ैद करके नहीं रखेगा। अगर किसी ने ऐसी नामकूल-हरकत कर दी हो तो वह फ़ौरन ऐसे क़ैदियों को मुग़ल बेग़मात के शाही डेरों में बाइज़्ज़त दाख़िल करा दे वरना उस शख़्स को बख़्शा नहीं जायेगा। सीधे सर क़लम करने की सज़ा दी जायेगी।"

इस ऐलान और शेर ख़ाँ के सख़्त तेवर ने बिजली का-सा असर दिखाया। इधर-उधर से कुछ लड़कियाँ बरामद हुईं, जिनको पकड़नेवाले सिपाही उन्हें ख़ुद ही फ़ौरन से पेश्तर मुग़लानियों के हवाले कर आये।

शेर ख़ाँ सूर को घोड़े से उतरते देख उनके सभी अंगरक्षक अपने घोड़ों से उतर पड़े और घोड़ों की लगाम थामे-थामे शेर ख़ाँ के पीछे हो लिये। महज़ सबसे पीछेवाला एक अंगरक्षक अभी भी अपने घोड़े पर सवार था और चील की निगाहें आस-पास के मज़मे पर दौड़ा रहा था।

आला हज़रत शेर ख़ाँ पैदल चलते हुए सारे फ़ौजियों के देखते-देखते कुछ दूर पर लगे उस शाही डेरे की ओर बढ़ गये जो कई दिनों से हुमायूँ बादशाह की आरामगाह था और अब ख़ाली पड़ा हुआ अपनी क़िस्मत को रो रहा था। विजेता शेर ख़ाँ ने वहाँ जाकर भगोड़े हुमायूँ के शाही दीवान पर कुछ देर अपनी कमर सीधी की।

थोड़े समय बाद शेर ख़ाँ के अपने शिविर से बड़ी ख़ानम और कुछ स्त्रियाँ आ गयीं। शेर ख़ाँ ने हिदायत के साथ उन्हें मुग़लानियों की देखभाल के लिए उनके ज़नाना डेरों में भेज दिया, उन मजलूम औरतों को सँभालने के वास्ते, जो हुमायूँ की फ़ौज के छिन्न-भिन्न हो जाने के बाद से रोती-कलपती, अपने अनिश्चित भविष्य की आशंका से, अभी भी काँप रही थीं।

शेर ख़ाँ ने उन औरतों की गिनती करने, उनमें रोगी स्त्रियों और बच्चों की शिनाख़्त करने और तदनुसार उन्हें भोजन-पानी दवा-इलाज मुहैया कराने के निर्देश

बड़ी ख़ानम बीबी और सरदार इनायत ख़ाँ को दिये। यह भी कहा कि–"सभी फ़ौजियों में एक बार फिर मुनादी कराओ कि जनाब हुमायूँ जो चौसा के मैदान से फ़रार हो गये हैं उनके हरम की इन औरतों की आबरू और जानोमाल को क़तई कोई शख़्स नुक़सान नहीं पहुँचायेगा। याद रहे इन्हें कल ही सुबह बाइज़्ज़त आगरा रवाना किया जायेगा।...यह बेग़में और क़नीज़ें अभी से सुबह की कूच के लिए तैयारियाँ शुरू कर दें।...यह भी याद रहे हम पठान हैं और हमारे कुछ उसूल होते हैं। बाख़ुदा हम उन उसूलों के पाबन्द हैं।"

इस प्रकार चौसा के युद्ध में शेर ख़ाँ को हुमायूँ के हरम की अनेक बेगमात और दूसरी स्त्रियाँ मिलीं। परन्तु शेर ख़ाँ ने उन सबको सही-सलामत हुमायूँ के पास आगरा के महल में वापस पहुँचवा दिया। सिर्फ़ हुमायूँ की एक ख़ासुलख़ास बेगम, जिसको बेगा बेगम कहते थे, ने आगरा जाने से इस बिना पर इन्कार कर दिया कि–"जब मुसीबत के लम्हों में वह हमारा साथ ही छोड़ गये तो अब उनके साये के पीछे-पीछे क्या भागना?" बड़ी ख़ानम के समझाने-बुझाने पर भी जब वह रोती-बिसूरती बेगा बेगम नहीं मानी तो शेर ख़ाँ ने उस ख़ूबसूरत बला को अपने एक विश्वस्त सरदार हसन ख़ाँ की निगरानी में अपने रोहतासगढ़ के महल में भिजवा दिया।

9

शाहे-हिन्द शेरशाह

यह वह ज़माना था जब अमीर और जागीरदार सूबेदार बनने, सूबेदार सुल्तान बनने और सुल्तान हिन्दुस्तान का बादशाह बनने का ख़्वाब देखा करते थे। उनमें से कई लोग यह ख़्वाब शराब और शबाब के बीच ऐयाशियों में डूबे-डूबे देखते थे और कुछ जान हथेली पर लेकर कमर में तलवार बाँधे हाथी के हौदे अथवा घोड़े की पीठ पर सवार होकर अपनी फ़ौजों की अगुआई करते हुए देखते थे और उस ख़्वाब की तामीर में लगातार जुटे रहते थे।

कामयाबी उन्हें ही मिलती थी जो बहादुर होते थे। जागते रहते थे। लड़ते रहते थे। लड़ना उनकी ज़रूरत भी था और मज़बूरी भी। अगर न लड़ते तो उनके दुश्मन उन्हें ख़त्म कर देते। इसलिए दुश्मनों को पग-पग पर कुचलते रहना ही उनके लिए हितकर था। ऐसे योद्धा दूसरों के सूबों के छोटे-बड़े हिस्से तलवार के दम पर हथिया लेते। दूरद्रष्टा और उत्तम योजनाकार हुए तो वह पूरा-का-पूरा सूबा ही एक दिन उनकी मिल्कियत बन जाता। उसके बाद दिल्ली की केन्द्रीय सत्ता उन्होंने स्वीकार की तो ठीक। वरना एक बाग़ी सुल्तान के अन्दाज़ में अपना राजकाज चलाते। उस सूरत में जब तक वह दिल्ली सल्तनत का कोपभाजन न बन जाते तब तक उससे मुक़ाबला करने की तैयारियों में ही अपनी नींद हराम करते रहते।

उस ज़माने में एक सूबेदार अथवा सुल्तान के हटने और उसकी जगह दूसरे व्यक्ति के गद्दी पर बैठ जाने पर उस सूबे या सत्ता के अधीन पुराने घुड़सवार फ़ौजी और सिपाही और तमाम क़िस्म के मुलाज़िमान और मातहत सब-के-सब अपने-आप उस नये हुक्मराँ के ताबेदार बन जाते थे। जो मनसबदार या जो ज़मींदार खुलकर बग़ावत करते-करते वह बेदख़ल कर दिये जाते या फिर मौत के घाट उतार दिये जाते।

जो चालाक मातहत दबे-छिपे षड्यन्त्र रचते रहते उनके चिह्नित हो जाने की सूरत में उन पर सुल्तानी-कहर ही टूट पड़ता। वह मारे जाते। क़ैदख़ानों में डाल दिये जाते। किसी-किसी की आँखें फोड़कर उन्हें जीते-जी नाकारा बना दिया जाता। किसी की ज़िन्दा हालत में खाल खिंचवा ली जाती। ऐसे चन्द नृशंस उदाहरण बाक़ी मातहतों में दहशत फैलाने और उन्हें स्वामिभक्ति के लिए विवश करने के वास्ते सियासी हथकण्डों के रूप में अपनाये जाते थे।

भारत के उस सतत राजनीतिक उठापटक और साम्राज्यवादी युग में जहाँ तक जनता के रुख़ का सवाल है घोर अनिश्चितता के वातावरण में भी साधारण कृषक अपने खेतों में कृषि कार्य करते रहते। दस्तकार, बुनकर, श्रमिक और व्यापारी सब अपने-अपने काम-धन्धों में लगे रहते। सभी आम आदमी जागीरदारों के माध्यम से अपने करों की अदायगी राज्य को करते रहते, चाहे वह कर ज़मीन का 'लगान' हो, अथवा विभिन्न धार्मिक कर हों जैसे- 'जज़िया' अथवा 'ज़कात'।

लगान भूमिकर था जो किसान अपनी उपज के प्रायः एक-तिहाई अंश के रूप में चुकाता था। जज़िया हिन्दुओं से वसूला जानेवाला एक धार्मिक कर था जिसके बदले में उन्हें अपने हिन्दू धर्म में बने रहकर जीने और खाने की शासकीय गारण्टी थी। ज़कात मुसलमानों से दानस्वरूप लिया जानेवाला एक धार्मिक कर था जिसकी पाबन्दी इस्लाम के अन्तर्गत शरीअत के अन्तर्गत बतायी गयी थी।

कुल मिलाकर गद्दी के लिए आये दिनों लड़ी जानेवाली रक्तरंजित लड़ाइयों के बीच जनसाधारण का रुख़ प्रायः उदासीनता का और अपने काम-से-काम रखनेवाला हुआ करता था। कोई राजा हो हमें क्या? वाला फ़लसफ़ाना अन्दाज़। मध्य युग में लोग इसी गुलाम मानसिकता में जीने, रहने और मरने के आदी थे। फिर भी किसी शासक के लिए उस युग में हुकूमत का ताज वाक़ई काँटों भरा ताज हुआ करता था। एक ऐसा ताज जिसे पहनकर बादशाह अपने वैभवशाली जीवन में भोगविलास के जितने कुछ आरादायक दिन अपने शाही महल में बिताते उससे कहीं ज़्यादा दिन उन्हें विभिन्न षड्यन्त्रों, विद्रोहों और युद्धों की आग से निबटने में चटियल मैदानों और बियाबानों में गँवाने पड़ते थे। उस ज़माने में बादशाह एक ऐसा अभिशप्त इन्सान हुआ करता था जो कमज़ोर पड़ा तो मरा, दमदार निकला तो और अधिक शक्तिसम्पन्न होकर पहले से ज़्यादा बड़े संकटों और सिरदर्दों में सिर फोड़ने के लिए जीवित रह गया।

सन् 1539 ईस्वी। यह वह वक़्त था जब चौसा के युद्ध के समापन के साथ ही भाग्य के क्षितिज पर नौजवान मिर्ज़ा हुमायूँ का सितारा असमय में ही डूब रहा था और बुज़ुर्ग शेर ख़ाँ सूर का सितारा तेज़ी से बुलन्द हो रहा था।

शेर ख़ाँ ने 'हज़रते-आला' की उपाधि तो बिहार में बरसों पहले धारण कर ली थी। चौसा का युद्ध समाप्त होने के बाद अगले दिन शेर ख़ाँ ने अपने मुन्शियों को बुलाकर चौसा के ही मैदान में सब अमीरों और अफ़ग़ान सरदारों के सामने यह इच्छा प्रकट की कि इस विजय का वर्णन क़लमबन्द किया जाये। उस ज़माने की भाषा में कहा जाये तो उसने अपने मुन्शियों को अपना फ़तेहनामा लिखने और उनकी प्रतिलिपियाँ तैयार कर अपने राज्य के सभी हिस्सों में भेजने का निर्देश दिया।

वहाँ जमा अमीरों में उमर ख़ाँ के पुत्र मसनदे-आली ईसा ख़ाँ का अफ़ग़ानों में बड़ा मान-सम्मान था। वह सुल्तान बहलोल के समय से लाहौर का जागीरदार था और उसे 'ख़ाने-आज़म' की भी उपाधि प्राप्त थी। शेर ख़ाँ के 'फ़तेहनामा' लिखे जानेवाली बात पर मसनदे-आली ईसा ख़ाँ ने शेर ख़ाँ से कहा—''आपके यह फ़तहनामे, फ़र्मान की शक्ल में लिखे जाने चाहिए।''

इस पर शेर ख़ाँ सूर बड़े संकोच के साथ बोला—

''आप हज़रात जो पहले सुल्तान बहलोल लोदी और सिकन्दर लोदी के अज़ीज़ ओहदेदार और अमीर थे, अफ़ग़ानों की भलाई के लिए आपने मेरा बड़ा साथ दिया और मुझ पर नवाज़िश की। अब मेरे लिये यह मुनासिब नहीं कि मैं आप लोगों को शाही फ़र्मान भेजकर अपनी फ़तेह का ऐलान करूँ। भला यह कहाँ मुमकिन होगा कि मैं ख़ुद तो तख़्त पर बैठ जाऊँ और आप सब मेरे चौगिर्द खड़े रहें? हिन्द का बादशाह जान बचाकर भले ही भाग गया है मगर मुल्क के ज़्यादातर हिस्से अभी उसी के क़ब्ज़े में हैं।''

तब ईसा ख़ाँ ने और भी ज़ोर देकर कहा—''लेकिन हम सब की यह दिली ख़्वाहिश है कि अब आप और कुछ न सोचें और शाही तख़्त पर जलवा-अफ़रोज हों। सुल्तान बहलोल लोदी और उनके वारिसान अगर अपने जात-बिरादरों का लिहाज़ करके शाही तख़्त पर नहीं बैठे तो उन्होंने हुकूमत के क़ायदों के ख़िलाफ़ अमल किया। जिसको ख़ुदावन्द करीम ने बादशाहत से नवाज़ा हो और बाक़ी इन्सानी क़ौम पर बरतरी हासिल करायी हो उसे चाहिए कि वह पहले के ख़लीफ़ाओं के आदाब और क़ायदों पर ही चले।''

इसके बाद बुज़ुर्ग अमीर आज़म हुमायूँ सरवानी ने भी अपनी राय पेश करते हुए कहा—''मुग़ल लोग दो पीढ़ियों से हिन्दुस्तान के बादशाह बने हुए हैं। पहले बाबर। उसके बाद यह हुमायूँ। यह लोग हम अफ़ग़ानों से नफ़रत करते हैं और जंग के दिन तो हमको अपने बराबर का भी नहीं समझते। लेकिन यह आपकी आला-सूझबूझ और आपकी ज़बर्दस्त क़िस्मत और मेहनत ही है जिसकी बदौलत अफ़ग़ानों ने इन मुग़लों को आख़िरकार जंग के मैदान में धूल चटा दी। इसलिए आपको ताज़ो-तख़्त को क़बूल करने में अब ज़रा भी देरी नहीं करनी चाहिए। यही वक़्त है और यही

सबसे सही वक़्त है। हम सब चाहते हैं कि हमारे बादशाह की शक्ल में अब आपकी शानदार ताजपोशी हो।''

यह सुनते ही सारे अफ़ग़ान वहाँ—''अल्लाहो अकबर'' ''हज़रते-आला शेर ख़ाँ ज़िन्दाबाद'' के नारे लगाने लगे। इस अवसर पर मियाँ बब्बन लोदी और अन्य अफ़ग़ान अमीरों ने एक आवाज़ में कहा कि—''अफ़ग़ान फ़ौज में मसनदे-आली ईसा ख़ाँ और आज़म ख़ाँ सरवानी की बराबरी करनेवाला कोई नहीं। उन्होंने जो भी कहा है कि वह बिलकुल सही है। अब और ज़्यादा देर करना मुनासिब न होगा।''

तब शेर ख़ाँ ने प्रसन्नतापूर्वक कहा कि—''लफ़्ज़ बादशाह बड़ा अज़ीम है। मगर यह ओहदा उतने ही ज़्यादा झंझटों से भरपूर है। फिर भी आप सब करम फ़र्माओं और मेरे अज़ीज़ों के ख़यालात का एहतराम कर मैं हिन्द की बादशाहत क़बूल करता हूँ।''

पूरी अफ़ग़ान क़ौम को इस तरह अपने साथ खड़ा पाकर उसके सामूहिक निर्णय को शेर ख़ाँ सूर ने बड़ी विनम्रतापूर्वक स्वीकार किया और ज्योतिषियों को बुलवाकर उनसे राज्याभिषेक के लिए शुभ मुहूर्त्त विचारने का आग्रह किया।

तिथि-पत्रों तथा पंचांग के अध्ययन के उपरान्त समस्त ज्योतिषियों ने एक स्वर से शेर ख़ाँ से कहा कि—''आपके जन्म-लग्न के सौभाग्य से इस समय शुभ घड़ी चल रही है। आपका चन्द्रमा आपके अनुकूल है। यदि आप इसी क्षण सिंहासन पर पधारें तो पराजय तो क्या कोई भी संकट आपकी विजयी सेना के सम्मुख टिक न सकेगा। और महोदय! ठीक इस समय तो मध्याह्न का समय है। अभिजित मुहूर्त्त चल रहा है। सिंहासनारूढ़ होने के लिए इससे शुभ मुहूर्त्त तो कोई हो ही नहीं सकता।''

यह सुनते ही सर्वशक्तिमान् ख़ुदा का नाम लेकर शेर ख़ाँ तुरन्त राज सिंहासन पर आसीन हो गया। उसके सिर पर एक रेशमी राज-छत्र तान दिया गया। उसने अपने अनुयायियों के सामने तब अपना नाम 'शेरशाह' घोषित किया। शाही मुद्रा उसी नाम से प्रचलित की गयी तथा ख़ुतबा भी शेरशाह के नाम का पढ़ा जाने लगा। शेरशाह को आगे चलकर 'शाह-ए-आलम' 'सुल्तान-उल-आदिल' इत्यादि नामों से भी पुकारा गया। मगर वह 'शाने-तारीख़' शेरशाह सूरी के नाम से ही सारी दुनिया में मशहूर हुआ।

बतौर बादशाह शेरशाह सूरी ने मसनदे-आली ईसा ख़ाँ को पहला हुक्म दिया—''आप एक आला शख़्सियत के बेटे हैं। आप ही ने मेरे नाम के सिक्के चलाने और ख़ुतबा पढ़े जाने की राह खोली है। इसलिए मेरी आपसे गुज़ारिश है कि मेरा पहला फ़तेहनामा आप ही अपने दस्ते-मुबारक से लिखें। बाक़ी नक़लें हमारे मुन्शी तैयार कर देंगे।''

तब ईसा ख़ाँ ने ख़ुशी-ख़ुशी शेरशाह सूरी का पहला फ़तेहनामा अपने हाथों से लिखा। इस मौक़े पर सात-दिन का विजयोत्सव मनाया गया। शेरशाह के पूरे राज्य में जहाँ-जहाँ वह फ़तेहनामे पहुँचे लोगों ने ढोल और नगाड़ों की धमक के साथ उसका स्वागत किया। अफ़ग़ानों के झुण्ड-के-झुण्ड अपने क़बीलाई नृत्य-गान करने लगे। जनता में केसर और गुलाब की बौछारें हुईं। मिठाइयाँ बँटीं। सर्वत्र शेरशाह की ताजपोशी के जश्न हर्षोल्लास एवं धूमधाम से मनाये गये।

◙
◙

चौसा की हार के बाद हुमायूँ के बुरे दिन शुरू हो गये, परन्तु अपनी हार से उसने कोई सबक नहीं लिया। रस्सी जल जाती है मगर उसकी ऐंठन नहीं जाती है। अफ़ग़ानों के उस ज़बर्दस्त उत्कर्ष के बावजूद हुमायूँ के दिमाग़ में मुग़लिया जाति का आभिजात्य अभिमान बनकर दौड़ रहा था।

वह मुग़लों के सामने अफ़ग़ानों को बहुत नीचा समझता था। आगरा पहुँचकर भी उसने सही दिशा में सोचना शुरू नहीं किया। यह तेवर तब थे जबकि हुमायूँ के अपने दूसरे भाइयों कामरान, असकरी और हिन्दाल के साथ अपने वालिद बाबर की मौत के बाद से ही परस्पर भाईचारे और नफ़रत के मिलेजुले रिश्ते थे। यह रिश्ते ऐसे नाज़ुक क़िस्म के हुआ करते हैं जो मुसीबत में सिकुड़ जाते हैं और मजबूरी में फिर से सुधर जाते हैं।

जब हुमायूँ आगरा पहुँच गया तो कामरान जो बाग़ी हिन्दाल को दबाने के लिए लाहौर से अपनी 10,000 सैनिकों की एक मज़बूत और सुप्रशिक्षित फ़ौज के साथ आगरा आ धमका था, बग़ैर बादशाह हुमायूँ की ज़्यादा दिन सहायता में ठहरे अपनी उस सेना सहित लाहौर वापस लौट गया।

मगर बादशाह तो बादशाह। हुमायूँ का साथ उसका दूसरा भाई असकरी दे रहा था। इसलिए तीसरे भाई हिन्दाल ने भी हुमायूँ के सामने तनी हुई अपनी अदृश्य पूँछ दबा ली। उन दिनों हारे हुए उस मुग़ल बादशाह ने शेरशाह की ताजपोशी की ख़बर सुनी तो उसे आगरा के साथ-साथ दिल्ली का भविष्य भी डोलता हुआ नज़र आया।

हुमायूँ ने विचार किया कि शेरशाह की नयी-नयी बादशाहत कहीं उसके साम्राज्य को पूरी तरह नेस्तोनाबूद न कर दे, इसलिए शीघ्र-से-शीघ्र शेरशाह पर फ़ैसलाकुन हमला कर उसे हमेशा के लिए ख़त्म कर दिया जाये। यह सोचकर उसने अपने साम्राज्य के सभी इलाक़ों से सेना इकट्ठी करनी शुरू कर दी। हुमायूँ इतने से ही सन्तुष्ट नहीं हुआ। वह अफ़ग़ानों की तलवारों का स्वाद चख चुका था। इसलिए उसने सोचा कि बग़ैर बहुत भारी फ़ौज के शेरशाह को युद्ध में हराया नहीं

जा सकता। इसलिए उसने अपनी फ़ौज में ताबड़तोड़ सिपाही-भर्ती भी साथ-ही-साथ शुरू कर दी। परन्तु उसने यह नहीं सोचा कि यह अधकचरे अर्द्ध-प्रशिक्षित रंगरूटों की फ़ौज शेरशाह सूरी की अति-प्रशिक्षित और जंगजू फ़ौज का मुक़ाबला भला कैसे कर सकेगी?

उधर शेरशाह सूरी को मिर्ज़ा हुमायूँ के उससे एक बार और भिड़ने के यह इरादे पता चल गये। वह दूरदर्शी तो था ही। उसने अपने पुत्र कुतुब ख़ाँ को मालवा के राजपूत राजाओं और माण्डू के शासक के पास इस उद्देश्य से भेजने की योजना बनायी ताकि वह उनसे सहायता प्राप्त करे और जब बादशाह हुमायूँ शेरशाह की ओर युद्ध के लिए निकल आये तो उसके यह नये-दोस्त उसके छोटे पुत्र कुतुब ख़ाँ के साथ मिलकर आगरा और दिल्ली पर चढ़ायी कर दें और मुग़लों के राज्य को तहस-नहस करने में उसका साथ दें। इधर बादशाह हुमायूँ से निबटने के लिए शेरशाह स्वयं तो तैयार था ही।

इस तरह हुमायूँ जाने-अनजाने में अपनी पूर्ण तबाही को ख़ुद ही दावत दे रहा था। मगर शेरशाह की बढ़ती ताक़त से आक्रान्त उसके भाई हिन्दाल और असकरी फ़िलहाल उसके साथ चिपके हुए थे।

हुमायूँ चौसा के युद्ध में पिटकर सीधा आगरा निकल गया था। मगर आगे जगह-जगह राह में मुग़लों की फ़ौजी छावनियाँ थीं। शेरशाह अब इन मुग़ल डेरे-तम्बुओं को उखाड़ने और आगे के भूभागों पर क़ब्ज़ा करने के लिए स्वयं आगे बढ़ा। शेरशाह की फ़ौज ने ज्यों-ज्यों आगे की ओर एडवान्स किया हुमायूँ की सुरक्षा-फ़ौजें भयभीत हो अपना स्थान छोड़कर भाग खड़ी हुईं। दुश्मनों का पीछा करते हुए शेरशाह ने इस तरह कालपी तथा कन्नौज तक का इलाक़ा क़ब्ज़ा कर लिया। फिर वह स्वयं कन्नौज में ठहर गया। वहाँ से उसने महारथ चैरो को पूरी तरह समाप्त करने के अपने आला सिपहसालार ख्वास ख़ाँ को उसके ख़िलाफ़ पुनः भेजा।

उधर बंगाल में हुमायूँ द्वारा नियुक्त सूबेदार जहाँगीर कुलीबेग अपनी 6000 घुड़सवार फ़ौज के साथ गौड़ के क़िले की रक्षा कर रहा था और वहाँ मुग़ल शासन का परचम लहरा रहा था। शेरशाह ने उस मुग़ल सूबेदार को मारकर वहाँ भी पुनः क़ब्ज़ा करने के लिए अपनी फ़ौजें रवाना कीं।

बहुत-से हिन्दू सरदार हुमायूँ की फ़ौज के साथ थे जो विगत लड़ाइयों में गिरफ़्तार हुए थे। उन्हें शेरशाह ने बिना कोई नुक़सान पहुँचाये जाने दिया। मगर शेख़ ख़लील जो हुमायूँ और उसके बीच सन्धिवार्त्ताओं में मध्यस्थ रह चुका था उसे बहुत सम्मानपूर्वक अपने साथ रखकर शेरशाह ने उसे अपना मित्र और ख़ास सलाहकार बना लिया। एक हिन्दू सेनानायक ब्रह्मजीत गौड़ ने भी शेरशाह को अपनी सेवाएँ अर्पित कीं।

शेरशाह ने दोस्तों और दुश्मनों के साथ उठाये जानेवाले सभी ज़रूरी क़दमों की ओर ध्यान दिया और कई ज़रूरी काम इस बीच निबटाये। नित नया आकार और स्वरूप ले रहे अपने अफ़ग़ान-साम्राज्य की मज़बूती और स्थायित्व के प्रति शेरशाह हर प्रकार से सजग एवं चाकचौबन्द था।

उसने मसनदे-आली ईसा ख़ाँ को गुजरात और माण्डू की ओर भेजा और वहाँ के शासकों को लिखा कि—''मैं अपने एक बेटे कुतुब ख़ाँ को आप लोगों के पास जल्दी ही भेजनेवाला हूँ। जब बादशाह हुमायूँ कन्नौज की ओर कूच करें तो आप मेरे बेटे कुतुब ख़ाँ के साथ मिल जाना और आगरा और देहली के आस-पास के इलाक़ों पर क़ब्ज़ा करके मुग़लों को तबाह कर देना।''

उन दिनों एक मल्लू ख़ाँ नामक सरदार माण्डू, सारंगपुर और उज्जैन का स्वतन्त्र शासक बन बैठा था। मल्लू ख़ाँ ने बतौर सुल्तान कादिरशाह अपना नाम धारण कर लिया था। रायसीन और चन्देरी में राजपूत राजा प्रताप, जो अभी बालक ही था, उसका नायब पूरणमल वास्तविक अर्थों में राजकाज का संचालन कर रहा था। सेवास में सिकन्दर ख़ाँ मियाना का शासन था। भोपाल में महेसर का राज्य था। मालवा के इन राजाओं ने शेरशाह को जवाब में लिखा कि—''जब आपका लड़का कुतुब ख़ाँ हमारे राज्यों में आयेगा तो हम उसकी सहायता अवश्य करेंगे।''

इस पत्र पर मल्लू ख़ाँ ने अपने नाम के नीचे अपनी शाही मोहर भी ठोंकी हुई थी।

ईसा ख़ाँ जब मालवा और माण्डू आदि से लौटकर शेरशाह के दरबार में उपस्थित हुआ तो उसने वहाँ के उन नरेशों का वह जवाबी पत्र शेरशाह के समक्ष पेश किया। पत्र की भाषा और उसके नीचे ख़ासतौर पर मल्लू ख़ाँ द्वारा बहैसियत सुल्तान लगायी गयी उसकी मोहर को देखकर शेरशाह मन-ही-मन तिलमिलाकर रह गया। उसने उसी वक़्त वह ख़त पढ़कर सबके सामने फाड़ा और उसे गोलियाकर एक तिरस्कारपूर्ण मुस्कान के साथ अपनी पगड़ी में खोंस लिया।

इसी क्रम में शेरशाह के मैत्री प्रस्ताव को लेकर ईसा ख़ाँ गुजरात भी गया था। वहाँ का सुल्तान महमूद अभी नाबालिग़ था। उसके मन्त्री दरिया ख़ाँ ने शेरशाह को उत्तर में यह लिखकर भेजा कि—

''हमारे गुजरात के सुल्तान अभी नाबालिग़ हैं। यहाँ के दरबारी अमीरों में आपसी दुश्मनी है। इसके अलावा ख़ानेख़ाना यूसुफ़खेल हुमायूँ बादशाह के संग जाते हुए माण्डू और गुजरात की तक़रीबन सारी फ़ौज अपने साथ ले गया। इसलिए हम चाहकर भी आपकी कोई फ़ौजी मदद नहीं कर सकेंगे। इसका हमें अफ़सोस है।''

बात पते की थी। शेरशाह सूरी ने दरिया ख़ाँ की इस बात का क़तई बुरा नहीं माना। उसी ख़ानेख़ाना यूसुफ़खेल को उसने मुँगेर से पकड़वाकर क़ैद कर रखा था।

इसलिए अपने सुप्रतिष्ठित अमीर मसनदे-आली ईसा ख़ाँ से उसके बारे में सलाह-मश्विरा किया। ईसा ख़ाँ ने शेरशाह से कहा—"जब कभी मुग़लों की तरफ़ से अफ़ग़ानों पर कोई मुसीबत आयी है इसी आदमी की वजह से आयी है। यह ख़ानेख़ाना यूसुफ़खेल ही वह शख़्स है जिसने बाबर को काबुल से हिन्दुस्तान का रास्ता दिखाया। इसी की वजह से इब्राहीम लोदी मारा गया और अफ़ग़ानों का राज मिट्टी में मिल गया। यही वह शख़्स है जिसने आपके ख़िलाफ़ हुमायूँ को भी उकसाने में कोई कसर नहीं छोड़ी। अगर हुमायूँ इसकी सलाह पर चलता तो वह अपने शुरुआती दौर में ही आपको शिकस्त दे सकता था। इसी ने गौड़ के ख़जाने को शुरू में ही हथिया लेने और बाद में चन्देरी का क़िला फतेह करने की अपनी बेशक़ीमती सलाह मुग़ल बादशाह को दी थी। मगर आपकी रोशन क़िस्मत के चलते नादान हुमायूँ ने इसकी वह सलाह नहीं मानी। उसका ठीक उल्टा काम किया...और नतीजा आप जानते ही हैं।"

"तो फिर इस आदमी का क्या किया जाये?" शेरशाह ने पूछा।

"मेरी मानें तो यह बदबख़्त ज़िन्दा रखने लायक नहीं है। इसे फ़ौरन मार देना ही बेहतर होगा।"—ईसा ख़ाँ ने कहा।

"मगर आज तक जिस किसी अफ़ग़ान से भी मैंने इसके बारे में पूछा है उसने यही कहा कि यह अफ़ग़ान बुड्ढ़ा रहम के लायक है?"

ईसा ख़ाँ ने तब ज़रा झुककर शेरशाह से कहा—

"आप हमारे बादशाह हैं...मोहतरम हैं। आप जो हुक्म देंगे उसमें नानुकुर की कोई गुंजाइश ही नहीं। आप जैसा मुनासिब समझें...मगर ज़हरीला साँप घर में पालना ख़तरे से कभी ख़ाली नहीं होता।"

शेरशाह ने ज़रा देर अपनी दाढ़ी खुजलायी और कहा—"मसनदे-आली!...आप दुरुस्त फ़र्माते हैं। भले ही लोग कुछ कहें मुझे आपकी राय ही इस मामले में जँचती है।...ख़ानेख़ाना यूसुफ़खेल है तो बड़ा ज़हरीला। मुँगेर छीने जाने के वक़्त से ही यह हमारी क़ैद में है। इसको रोज़ाना आधा सेर बिना पिसा जौ खाने को दिया जाता है। मैं समझता हूँ कि यह मरदूद अब उसके लिए भी महँगा है।"

शेरशाह ने तब उस अफ़ग़ान बुड्ढे को पूरी अफ़ग़ान क़ौम का आला दुश्मन करार देते हुए उसके लिए मौत की सज़ा का हुक्म दिया। ख़ानेख़ाना यूसुफ़खेल क़ैदख़ाने में दबोचकर उसी दिन मार डाला गया। एक शातिर क़िस्म के क़ौमी दुश्मन का इस तरह अचानक खेल ख़त्म हो गया।

अब ख़बर यह आयी कि बादशाह हुमायूँ अपनी फ़ौज के साथ कन्नौज की ओर कूच करने ही वाला है। इस पर पूर्व योजना के मुताबिक़ शेरशाह ने अपने पुत्र कुतुब ख़ाँ को चन्देरी और माण्डू की ओर उसके लश्कर के साथ रवाना कर दिया। इस बात की ख़बर उधर मिर्ज़ा हुमायूँ को लग गयी। उसने फ़ौरन अपने दोनों भाइयों मिर्ज़ा

हिन्दाल और मिर्ज़ा असकरी को अन्य सरदारों के साथ कुतुब ख़ाँ वल्द शेरशाह के विरुद्ध भेज दिया। जब मालवा क्षेत्र के शासकों को मालूम हुआ कि मुग़ल बादशाह के दो भाई कुतुब ख़ाँ सूर का मुक़ाबला करने आ रहे हैं तो उन्होंने शेरशाह के उस पुत्र को कोई सैन्य सहायता नहीं दी और वह ऐन मौक़े पर बहानेबाज़ी कर गये। कुतुब ख़ाँ अपने लश्कर के साथ अकेला ही चन्देरी से चौंध नगर की ओर चला। वहाँ उसका मुग़ल फ़ौज से आमना-सामना हुआ। उस लड़ाई में संख्या बल में कम होने पर भी शेरशाह का वह बेटा बड़ी बहादुरी के साथ मुग़लों से लड़ा। किन्तु अन्त में मारा गया। यह लड़ाई जीतकर असकरी और हिन्दाल पुनः अपने भाई मिर्ज़ा हुमायूँ से जा मिले।

जवान बेटे कुतुब ख़ाँ की शहादत बुज़ुर्ग पिता शेरशाह के लिए एक बहुत बड़ा आघात थी। उसे मालवा और माण्डू के शासकों से ऐसी उम्मीद नहीं थी। अतः सन्ताप के साथ उन विश्वाघातियों के प्रति उसे बड़ा क्रोध आया, परन्तु वक़्ती तौर पर शेरशाह उस क्रोध को पी गया। लेकिन दग़ाबाजों के ख़िलाफ़ इन्तेक़ाम की आग उसी दिन से उसके मन में स्थायी रूप से घर कर गयी।

दूसरी ओर चौंध में शेरशाह के पुत्र कुतुब ख़ाँ और उसकी सेना के संहार से विजयी मुग़लों में एक अतिरिक्त आत्मविश्वास का संचार हो गया। उन्हें लगा कि अब वक़्त फिर से हमारे हक़ में करवट बदल रहा है। यह शेरशाह अफ़ग़ान आख़िर हमारे सामने चीज़ ही क्या है? चलो कन्नौज...। इस बार इसे क़ायदे से देख लेते हैं। और मुग़ल फ़ौज भारी ढोल-नगाड़े-नफ़ीरी बजाती हुई अपने भारी-भरकम स्वरूप को पुनः प्राप्त कर आगरा से कन्नौज तक चढ़ आयी।

◙
◙

यह अप्रैल, 1540 ई. की बात है। हुमायूँ अपनी क़िस्मत आज़माने और शेरशाह से दोबारा दो-दो हाथ करने कन्नौज के निकट बिलग्राम आ धमका, भारी लाव-लश्कर के साथ। वह गंगा के इस किनारे पर आकर ठहर गया। शेरशाह ने भी गंगा के दूसरे किनारे पर अपना शिविर लगाया और उसके चारों ओर मिट्टी की दीवारें खड़ी कर दीं।

यह शेरशाह का जाना-माना पुराना सुरक्षा प्रबन्ध था। अब उसे अपने प्रबलतम राजनैतिक प्रतिद्वन्द्वी से एक बार फिर टक्कर लेनी थी। इसलिए वह हर प्रकार से सावधान था।

शेरशाह को यह शुभ समाचार मिला कि आख़िरकार ख़्वास ख़ाँ ने उस बाग़ी महारथ चैरो को मार गिराया है। यह सुनकर पूरे अफ़ग़ान शिविर में दुगने हर्ष की

लहर दौड़ गयी। शेरशाह ने तब प्रसन्नापूर्वक ख्वास ख़ाँ को तुरन्त वापस आ जाने का सन्देश भेजा। ख्वास ख़ाँ अपने लश्कर सहित महारथ्य नगर से कन्नौज की दिशा में चल पड़ा।

जब शेरशाह को अपने उस विजयी सेनानायक ख्वास ख़ाँ के लश्कर के काफ़ी क़रीब आ जाने की सूचना मिली तो उसने बादशाह हुमायूँ के पास अपना सन्देशवाहक भेजकर कहलाया कि–"मैं इधर गंगा पार अपना डेरा डाले बैठा हूँ। आप बादशाहे-हिन्द हैं। आपमें तय करने की क़ुव्वत है, तय कर लें। अगर आप नदी पार करना चाहें तो इधर आपकी मेरे साथ लड़ाई हो सकती है। और अगर आप चाहें तो मैं नदी पार कर आपकी तरफ़ आ सकता हूँ और उस किनारे पर आपसे दो-दो हाथ कर सकता हूँ।"

सन्देशवाहक ने बादशाह हुमायूँ के डेरे पर पहुँचकर जब युद्ध का यह सन्देश उसे सुनाया तो हुमायूँ को यह मुग़ल आन-बान-शान के ख़िलाफ़ एक बड़ी तौहीनवाली बात लगी और अदूरदर्शिता के कारण हुमायूँ शेरशाह के उस शब्दजाल में फँस गया।

तब उत्तेजना की हालत में शेरशाह के प्रति घोर घृणा प्रकट करते हुए हुमायूँ ने उस सन्देशवाहक से कहा–"वह शेर ख़ाँ...अपने-आपको बहुत तीसमार ख़ाँ समझता है? जाकर उसे कह देना कि अगर वह नदी से कुछ कोस दूर चला जाये तो मैं वहीं आकर उससे लड़ूँगा।"

सन्देशवाहक गंगा नदी पार करके वापस शेरशाह के पास पहुँचा। उसने बादशाह हुमायूँ की कही बात शेरशाह को कह सुनायी। सुनकर शेरशाह मुस्कुराया। उसने अपनी फ़ौज को पीछे हटने का हुक्म दिया। शेरशाह की फ़ौज जल्द ही डेरे-तम्बू उखाड़कर कई-कोस पीछे चली गयी। जब शेरशाह की फ़ौज पीछे चली गयी तब हुमायूँ ने नदी पर एक पुल बनवाकर बाक़ायदा नदी पार की। मुग़ल फ़ौज लश्कर-दर-लश्कर गंगा पार कर पुल के ज़रिये इस पार आने लगी।

उधर शेरशाह के एक अमीर हमीद ख़ाँ काकर ने उस स्थिति में शेरशाह को सलाह दी कि–"इससे पहले कि मुग़ल फ़ौज पूरी तरह नदी पार करे आपको तुरन्त हुमायूँ पर हमला बोल देना चाहिए।"

इस पर शेरशाह ने इन्कार करते हुए कहा–"अब पाक परवरदिगार के फ़ज़ल से मेरी फ़ौज भी हुमायूँ की फ़ौज से उन्नीस नहीं है। मैं इस वक़्त अपना वायदा नहीं तोड़ूँगा। मैं चाहूँ तो इन पर अभी बेशक हमला कर सकता हूँ और उसका फ़ायदा भी अफ़ग़ानों को मिलेगा। मगर ऐसे में मुग़लों के मन में फिर से अपनी ताक़त का मुग़ालता रह जायेगा कि अरे! वह तो शेरशाह ने हम पर बिना हमारे तैयार हुए इस बार भी छल-फ़रेब से अचानक हमला कर दिया इसलिए हम हार गये।...हमीद ख़ाँ

साहब! इस बार मैं चाहता हूँ कि मुग़लों और हमारे बीच बाक़ायदा आमने-सामने की जंग हो। मैं खुले मैदान में अपनी फ़ौज को खड़ा करके हुमायूँ से बाक़ायदा जंग करूँगा। धोखे या हिकमत से काम इस बार नहीं लूँगा। मैं चाहता हूँ कि अबकी बार खुदा हम दोनों में किसी एक के हक़ में अपनी रज़ा ज़ाहिर कर दे।"...

कुछ कोस दूर चले आने पर अफ़ग़ान सैनिकों ने अपने शिविर के आगे पहले की तरह सुरक्षात्मक-दीवार खड़ी कर ली।

कुछ ही दिन में ख्वास ख़ाँ भी अपनी सेना सहित शेरशाह से आ मिला। जिस दिन शेरशाह से वह मिला उसी दिन शेरशाह ने अपनी सेना को कमरबन्दी कर कूच करने का हुक्म दे दिया।

हुमायूँ की सेना को रसद पहुँचानेवालों को शेरशाह के एक विशेष फ़ौजी दस्ते ने मार्ग में घेर लिया। जो भी सामान हुमायूँ बादशाह की सेना के लिए आ रहा था सब छीन लिया गया। शेरशाह के सैनिकों ने 300 ऊँट और बैलों का वह काफ़िला पकड़ लिया और उन्हें घुमा-फिराकर वह अफ़ग़ान कैम्प में ले आये।

17 मई, 1540 ई. को दोनों फ़ौजें एक-दूसरे के आमने-सामने युद्ध के लिए खड़ी हो गयीं। बिलग्राम का मैदान। पीछे बहती गंगा। उसके पीछे कन्नौज का इलाक़ा। युद्ध के मैदान में आमने-सामने डटी हुई मुग़ल और अफ़ग़ान फ़ौजें। दोनों संख्याबल में लगभग बराबर-बराबर। हुमायूँ की फ़ौज में हाथी, घोड़े, पैदल और तोपख़ाने में कुल मिलाकर 40,000 सैनिक। लगभग इतने ही सैनिक और संसाधन शेरशाह की फ़ौज में भी दुश्मन से आरपार का मुचैटा लेने के लिए मचलते हुए।

शेरशाह ने अपनी फ़ौज इस प्रकार खड़ी की थी—सबसे आगे सिपहसालार ख्वास ख़ाँ का हरावल दस्ता था। उसके पीछे मध्यभाग में शेरशाह सूरी खुद घोड़े पर सवार, युद्ध के लिए पूरे जिरह-बख़्तर और लोहे के टोप के साथ, मुस्तैद था। शेरशाह के साथ हैबत ख़ाँ नियाज़ी, जिसे आज़म हुमायूँ की उपाधि मिली हुई थी, मसनदे-आली ईसा ख़ाँ सरवानी, कुतुब ख़ाँ लोदी, हाजी ख़ाँ, बुलन्द ख़ाँ, सरमस्त ख़ाँ, सैफ़ ख़ाँ सरवानी, बिजली ख़ाँ और दूसरे मोअज़्ज़िज़ अफ़ग़ान सरदार घोड़ों की पीठ पर सवार थे। सबके हाथों में नेज़े-ढालें या नंगी तलवारें मज़बूती से थमी हुई थीं। सब-के-सब जिरह-बख़्तरबन्द थे।

शेरशाह की फ़ौज के दाहिने हिस्से में शेरशाह का बहादुर बेटा जलाल ख़ाँ सूर मुख्य सेनानायक था। जलाल ख़ाँ के साथ ताज ख़ाँ, सुलेमन ख़ाँ किरानी, जलाल ख़ाँ जलोई, मियाँ अयूब कलकापुर सरवानी, गाज़ी मुसली और दूसरे कई युद्धकुशल सरदार थे।

शेरशाह के बायीं ओर उसक बड़ा बेटा आदिल ख़ाँ सूर, राय हुसैन जलवानी और अन्य लोग थे। जब पूरी सेना शेरशाह की इस व्यूहरचना के अनुसार सज गयी तब शेरशाह ने आगे निकलकर अपने सभी सरदारों को अपने सामने खड़ा किया। फिर उसने बुलन्द आवाज़ में उन्हें इस तरह सम्बोधित किया जिससे कि उसकी सेना में दूर तक उसका स्वर सुनायी दे सके।

शेरशाह ने कहा—"मेरे बहादुर साथियो! मैंने पूरी ताक़त लगाकर तुम लोगों को जंग के लिए तैयार किया है। मैंने लड़ाई के लिए जो अब तक तुमसे ज़बर्दस्त क़वायद करायी है वह आज ही के दिन के लिए तुम्हें तैयार करने के वास्ते करायी थी। आज आया है वह इम्तेहान का दिन। आज तुम्हें अपने सच्चे फ़ौजी होने का सबूत देना है। मैं शेरशाह सूरी आज इस जंग के मैदान में यह ऐलान करता हूँ कि तुममें से जो भी लड़ाई के मैदान में अच्छा काम करेगा मैं उसको उसके साथियों से ऊपर फ़ौरी-तरक़्क़ी दूँगा। बोलो क्या कहते हो?"

शेरशाह के सरदार अदब से उसे सुनकर ख़ामोश खड़े रहे। पीछे खड़ी फ़ौज में अनेक अफ़ग़ान सिपाहियों ने हुंकार भरी। कई स्वर एक के बाद एक फ़ौज के मध्य से पूरे जोश के साथ उभरे—

"महाबली बादशाह सलामत ने हमारी हमेशा हिफ़ाज़त की है। आज हम उनके लिए जान लड़ा देंगे।"

"हुज़ूर शेरशाह शाहे-आलम हमारे अज़ीम रहनुमा हैं। उनकी हम पर बेपनाह इनायतें हैं। हम मर जायेंगे मगर दुश्मन के सामने से पीछे न हटेंगे।"

"आज आया है दिन हमारे आक़ा के लिए जाँनिसार करने का। हम दुश्मन को कुचलकर रख देंगे।"

"शेरे-अफ़ग़ान ज़िन्दाबाद! ज़िन्दाबाद!!"

"शाहे-हिन्द शेरशाह! ज़िन्दाबाद!! ज़िन्दाबाद!!"

शेरशाह ने दोनों हाथ उठाकर फ़ौज को शान्त कराया और कहा—"साथियो। अपने इस जज़्बे को अपने दिल में सँभालकर रखो। अपनी ताक़त को अपने बाज़ुओं और पाँवों में महफ़ूज़ रखो। अब यह दुश्मन को सबक सिखाते वक़्त ही तुम्हें ख़र्च करनी है। खुशबाश। पाइन्दाबाद।"

फिर शेरशाह ने अपने अभी एकत्रित सरदारों को हुक्म दिया कि वह अपने-अपने सिपाहियों के पास जायें और वहीं ठहरें। शेरशाह ने तब घोड़ा दौड़ाकर एक सिरे से दूसरे सिरे तक अपनी उस जोशीली फ़ौज का एक जोशीला मुआयना किया। उसके बाद वह फ़ौज के मध्यभाग में अपने मरकज़ी मुक़ाम पर वापस आ खड़ा हो गया। युद्ध के मैदान में दोनों सेनाएँ बड़ी देर तक ख़ामोश खड़ी रहीं और प्रतिपक्षी की ओर से पहल की प्रतीक्षा करती रहीं। हवा रुकी हुई थी। आकाश में

बादल छाये हुए थे। अफ़ग़ान पक्ष आसमान की ओर देखता हुआ मना रहा था कि चौसा की तरह इस बिलग्राम में भी बरसात हो जाये।

सामने मिर्ज़ा हुमायूँ की विशाल फ़ौज खड़ी थी। फ़ौज के मध्यभाग में पीछे की ओर एक शाही हाथी पर सवार बादशाह हुमायूँ अपनी फ़ौज का हौसला बढ़ा रहा था। उसके दाहिने बाज़ू की फ़ौज की कमान उसके भाई मिर्ज़ा असकरी के हाथों में थी जो कि एक घोड़े पर सवार जिरह-बख़्तर के साथ लैस था। हुमायूँ की फ़ौज का बायाँ हिस्सा उसके दूसरे भाई मिर्ज़ा हिन्दाल के नेतृत्व में था। अनेक अमीर और मुग़ल सरदार अपनी-अपनी फ़ौजी टुकड़ियों के साथ हुमायूँ की फ़ौज में शामिल थे। इस फ़ौज में आगे की ओर हुमायूँ का तोपख़ाना पंक्तिबद्ध हो खड़ा था। उसके पीछे उसकी घुड़सवार फ़ौज तैयार थी।

इधर शेरशाह की सेना में आगे खड़ा हरावल दस्ता ख्वास ख़ाँ के नियन्त्रण में उसके आदेश की बेसब्री से प्रतीक्षा कर रहा था। ख्वास ख़ाँ ने अपने चुस्त-दुरुस्त घुड़सवार दस्ते को समझा रखा था कि हमें अचानक हमला करना है और तोपों का मुँह खुलने से पहले ही उन्हें ठण्डा कर देना हमारा अव्वल मक़सद होगा। शेरशाह के रिसाले में कई घुड़सवार अचूक तीरन्दाज़ भी थे। उन्हें मुग़ल तोपचियों पर चुन-चुनकर तीर चलाने का हुक्म दिया गया था।

घण्टाभर बीत जाने के बाद शेर ख़ाँ के हरावल दस्ते को आख़िर वह मनचाहा मौक़ा मिल गया। क़ुदरत भी लगता था शेरशाह सूरी का ही साथ दे रही थी। अचानक बिलग्राम के उस मैदान में धूल-भरी आँधियाँ चलने लगीं। हवा का रुख़ गंगातट की ओर खड़ी मुग़ल फ़ौज़ों की ओर था। अन्धड़ के चलते ही हुमायूँ के तोपची कुछ ग़फ़लत में आ गये। वह अपना गोला बारूद और दूसरा साज़ो-सामान झुककर पीछे घसीटने लगे। अभी वह सँभलते-सँभलते कि तेज़ बारिश आ गयी। तोपची और विचलित हो गये।

उसी समय ख्वास ख़ाँ ने अपनी तलवार हवा में उठाकर मुग़लों की ओर झुका दी और अपने घुड़सवारों को ललकारा—"यलग़ार!!!" और इसी के साथ उसका वह हरावल दस्ता द्रुतगति से दुश्मन की ओर हमलावर हो गया।

सन-सन-सन-सन करके अनेक तीर छूट गये। कई मुग़ल तोपची उनकी ज़द में आ गये। यह देखकर मुग़ल घुड़सवार भी अपना धैर्य खो बैठे। वह तोपों की अग्रिम रक्षापंक्ति तोड़कर उनके बीच से निकलकर शेरशाह की फ़ौज की ओर दौड़ पड़े। मुग़ल तोपख़ाना इस तरह बिना दगे निष्प्रयोज्य हो गया।

ठन-ठना-ठन-ठना-ठन करके तलवारों से तलवारें टकराने लगीं। दोनों ओर की फ़ौजों ने तब एक-दूसरे पर पूरी तरह हमला बोल दिया। खचा-खच-खचा-

खच...सिपाहियों पर सिपाही कट-कटकर गिरने लगे। युद्ध का तुमुलनाद सारी फ़िज़ाँ में गूँज पड़ा।

यद्यपि ख्वास ख़ाँ की सेना के अग्रिम दस्ते ने हुमायूँ की सेना की अगली पंक्तियों को नष्ट करके उसमें बड़ी गड़बड़ी मचा दी तथापि शेरशाह की फ़ौज का दाहिना बाज़ू कमज़ोर पड़ने लगा। असकरी की फ़ौज का धड़ा उस पर ज़्यादा भारी पड़ा। शेरशाह के पुत्र जलाल ख़ाँ के कई अफ़ग़ान सरदार और सैनिक उस हल्ले में मारे गये। यद्यपि जलाल ख़ाँ स्वयं और उसके सरदारों में मियाँ अयूब कलकापुर सरवानी और गाज़ी मुसली अपनी-अपनी जगह वीरतापूर्वक डटे रहे।

जब शेरशाह ने देखा कि उसकी फ़ौज का दाहिना बाजू छिन्न-भिन्न हो रहा है और दुश्मन का दबाव उस हिस्से पर सर्वाधिक है तो उसने उसकी मदद के लिए उधर स्वयं जाना चाहा, परन्तु शेरशाह के साथ के सरदार कुतुब ख़ाँ लोदी ने शेरशाह से कहा—"मेरे मालिक! आप अपनी जगह को हरगिज़ न छोड़िये। वर्ना दुश्मन समझेगा कि हमारा यह मरकज़ी हिस्सा डोल गया है। आप तो सीधे आगे बढ़कर दुश्मन के मरकज़ में धावा बोलें।"

शेरशाह को अपने साथी की यह बात पसन्द आयी और उसने अपनी फ़ौज को हुमायूँ की दिशा में पूरी ताक़त से आगे बढ़ा दिया। शेरशाह को आगे बढ़ता देख असकरी की फ़ौज का वह भाग जो जलाल ख़ाँ की ओर रुख़ किये हुए था अब पलटकर शेरशाह की ओर हो चला।

दोनों पक्षों में तब परस्पर ज़बर्दस्त मुठभेड़ हुई। इस बार अफ़ग़ान मुग़लों पर भारी पड़े। उनके कहर से मुग़ल घुड़सवार और प्यादे बड़ी संख्या में हताहत होने लगे। अफ़ग़ानों के सूरमा शेरशाह सूरी को स्वयं विकट युद्ध करते देखकर मुग़लों के हौसले पस्त हो गये। उन्होंने देखा कि उनका बादशाह हुमायूँ तो बहुत पीछे एक हाथी के हौदे पर चढ़कर बैठा हुआ था और इधर शेरशाह एक घोड़े की पीठ पर सवार होकर मुग़लों के ऊपर बिजली की तरह टूटा पड़ रहा था। दूसरे अफ़ग़ान सरदार भी पूरे जोशोख़रोश से मुग़लों से भिड़े हुए उन्हें सँभलने का मौक़ा नहीं दे रहे थे। तब इस ज़ोरदार हमले में चोट खाकर हुमायूँ का यह बायाँ फ़ौजी भाग उखड़कर उल्टे पाँव भाग चला। शेरशाह द्वारा इस तरह धकेले जाने पर जब यह मुग़ल सैनिक प्राण बचाकर भागे तो हुमायूँ की मध्य कमान में भी भगदड़ मच गयी।

इधर शेरशाह की फ़ौज के बायें बाजू में, जिसमें उसका बड़ा बेटा आदिल ख़ाँ और अन्य सरदार थे, उन्होंने भी अपने सामने की सेना के पाँव उखाड़ दिये। तब तक शेरशाह की दाहिने बाज़ू की सेना भी सँभल गयी। मुग़ल फ़ौज में मची भगदड़ का लाभ उठाकर अफ़ग़ानों ने मुग़ल सेना को अब चारों ओर से घेर लिया और उसे

गाजर-मूली की तरह काटने लगे। इसके बाद शेरशाह अपने घोड़े पर हुमायूँ के हाथी की दिशा को लक्ष्य करके आगे बढ़ा।

वहाँ हुमायूँ अपने हाथी पर अभी तक तो स्थिर था। मगर अपने भागते हुए सैनिकों को वह आवाज़ें दे रहा था कि—"भागो नहीं मुक़ाबला करो। ठहरो। यह लड़ाई अभी ख़त्म नहीं हुई है।..." मगर एक बार जंग में जो कायरता की केंवाच पड़ जाये तो फिर उससे उत्पन्न खुजली और भगदड़ को कौन रोक सकता है?

हुमायूँ मौक़े की नज़ाकत को समझ गया। तब उसने एक घोड़ा मँगवाया। शाही हाथी से मुग़ल बादशाह उतर पड़ा। और घोड़े पर सवार हो नदी पर बने पुल की दिशा में उसने सरपट दौड़ लगा दी। हुमायूँ के साथ अन्य कई सरदार भी उल्टी दिशा में अपने-अपने घोड़ों पर जान तुड़ाकर भागे। यह देखकर अफ़ग़ान घुड़सवारों ने उनका पीछा किया। सन-सन-सन-सन। पीछे से तीर चलने लगे। हुमायूँ और उसके घुड़सवार साथी भागते गये। भागते गये। संयोग से कोई तीर हुमायूँ को नहीं लगा और वह ज़िन्दा और सही सलामत अपने द्वारा बनवाये नदी के पुल को किसी तरह पार कर गया।

मुग़ल फ़ौज ने भी पुल के रास्ते नदी पार करना चाही। मगर मुग़लिया फ़ौज के भारी दबाव से वह पुल अचानक बीच में ही अर्राकर टूट गया। कई लोग नदी में बह गये। अनेक सिपाही तैराक होने पर भी नदी में डूब गये और कई पार हो गये। जो पार हो गये वह गिरते-पड़ते कन्नौज की दिशा में भागे। हुमायूँ उनके भी आगे भागता हुआ लुटा-पिटा आगरा निकल गया।

बिलग्राम के उस निर्णायक युद्ध में विजयश्री एक बार फिर शेरशाह सूरी के हाथ लगी। लेकिन इस बार यह शेरशाह की बादशाहत को हिन्द में पूरी तरह क़ायम कर देनेवाली जीत थी और हुमायूँ के लिए यह शाही तख़्तो-ताज से उसे बेदख़ल कर देनेवाली शर्मनाक हार थी।

जब मुग़लों की ओर से शेरशाह निश्चिन्त हो गया तब उसने फ़ौरी तौर पर तीन काम किये। एक तो यह कि सरदार शुजात ख़ाँ को रोहतास और आस-पास के कुछ बिहारी क्षेत्रों का फ़ौजदार नियुक्त कर दिया। फिर शुजात ख़ाँ को लिखित फ़र्मान भेजा कि तुरन्त ग्वालियर के क़िले का घेरा डाला जाये। फ़र्मान ले जानेवाले क़ासिद को यह हिदायत दी कि इस जंग में शुजात ख़ाँ का बेटा महमूद ख़ाँ मारा गया है। यह बात रोहतास से रवाना होने से पहले शुजात ख़ाँ को न बतायी जाये। ऐसा न हो कि बेटे के ग़म में सरदार शुजात ख़ाँ ग्वालियर कूच में देरी कर दे। फ़र्मान मिलते ही शुजात ख़ाँ ने अपनी फ़ौज के साथ ग्वालियर को जा घेरा।

दूसरे, स्वयं शेरशाह बिलग्राम से गंगा पारकर कन्नौज जा पहुँचा और उसने कन्नौज शहर पर अधिकार कर लिया। फिर उसने अपने एक हिन्दू सेनानायक

ब्रह्मजीत गौड़ को कन्नौज से एक बड़ी सेना देकर आगरा के लिए रवाना किया। शेरशाह ने ब्रह्मजीत गौड़ को यह हिदायत दी कि वह बादशाह हुमायूँ का धीरे-धीरे पीछा करेगा। उसे आगरा पहुँचकर वहाँ पर घेरेगा। मगर स्वयं उससे युद्ध नहीं करेगा। ब्रह्मजीत गौड़ अफ़ग़ानों और हिन्दुओं की मिली-जुली सेना के साथ आगे-आगे रवाना हो गया।

तीसरा काम शेरशाह ने यह किया कि उसने एक और सेना नासिर ख़ाँ के नेतृत्व में सम्भल पर पूर्ण नियन्त्रण करने और वहाँ शान्ति एवं सुव्यवस्था बहाल करने के उद्‌देश्य से भेजी।

इसके बाद शेरशाह स्वयं कुछ दिन कन्नौज में रुका रहा। उसने कन्नौज से गुज़रनेवाली सबसे मुख्य सड़क की बुरी दशा को देखा। स्थानीय लोगों और व्यापारियों को बुलाकर उसने पूछा—"यह कितनी पुरानी सड़क है?"

किसी ने कहा—"सैकड़ों बरस पुरानी।"

किसी ने कहा—"बाबा आदम के ज़माने से चली आ रही है यह सड़क।"

एक वेद-पुराणों के जानकार पण्डित ने बताया कि—"यह सड़क नहीं हिन्दुस्तान के हृदय की रेखा है।"

शेरशाह को इस तरह आम लोगों ने बताया कि—"विदेशों से होनेवाला वाणिज्य और देश भर में एक ओर से दूसरी ओर चलनेवाला व्यापार सब इसी मार्ग के द्वारा प्राचीनकाल से संचालित होता आ रहा है। अनेक शताब्दियों से नहीं, बल्कि प्राचीन युग से यह इधर से गुज़रते हुए पूर्व दिशा की ओर प्रयाग, काशी, बिहार में पाटलीपुत्र यानी कि पटना और बंगाल में सोनारगाँव तक चली गयी है। पश्चिम में यह देहली और उससे भी आगे पंजाब में लाहौर तक निकल गयी बताते हैं। उधर आगरा से लाहौर तक यह सड़क पहले के राजाओं, सुल्तानों, बादशाहों द्वारा बीच-बीच में कहीं-कहीं मरम्मत करायी जाती रही है। मगर आगरा से कन्नौज के बीच और कन्नौज से प्रयाग के बीच आजकल यह बहुत बुरी हालत में है।"

शेरशाह ने तब यह फ़र्मान जारी किया कि—"इस सड़क को सभी शिकदार और हाकिमे-इलाक़ा अपने-अपने इलाक़ों में ख़ास-तवज्जो दें। इसकी फ़िलहाल मौजूदा मालगुज़ारी की रक़म से मरम्मत करायें और उस पर हुए ख़र्च का हिसाब रखें। यह शाही सड़क है। आगे इस सड़क को हम अपनी ख़ास निगरानी में फिर से तामीर करवायेंगे। इस सड़क की अहमियत को देखते हुए आज से हम इसे नाम देते हैं—"शाहराहे-आज़म।"

इस तरह आज जिस राष्ट्रीय राजमार्ग को हम अंग्रेजों के दिये 'ग्रैण्ड ट्रंक रोड' अथवा 'जी.टी. रोड' के नाम से जानते हैं, उसके दिन बहुरने की शुरुआत शेरशाह के ज़माने में कन्नौज के आस-पास से हुई। शेरशाह सूरी कन्नौज के आस-पास की

अन्य प्रशासनिक एवं राजस्व वसूली सम्बन्धी व्यवस्थाएँ सुनिश्चित करके अपनी विजयी सेना के साथ हुमायूँ की खोज ख़बर लेने आगरा की ओर रवाना हुआ।

◙
◙

जब बदहवासी के आलम में हारा हुआ हुमायूँ गिरता-पड़ता किसी तरह आगरा पहुँचा तो उसके चेहरे की रंगत बदली हुई थी। वह अपनी शर्म छिपाने के लिए महल के लोगों से अज़ीबो-ग़रीब बातें कर रहा था। हार के बावजूद हार को क़बूल कर लेना तैमूरी शान के बरख़िलाफ़ बात जो थी।

हुमायूँ ने आगरा में एक अमीर सईद अमीरुद्दीन से यह तक कहा कि—उसकी फ़ौज अफ़ग़ानों से नहीं हारी है। बल्कि उसने देखा कि उसके सिपाहियों से कुछ ग़ैबी लड़ाके लड़ रहे थे और मुग़लों के घोड़ों को जंग के मैदान से वापस मोड़ रहे थे। जब उसने देखा कि इस तरह कुदरत भी वहाँ दुश्मन का साथ दे रही थी तो फिर उसने उस जंग के मैदान से फ़िलहाल रुख़सत हो जाना ही बेहतर समझा।

हुमायूँ को उसके पीछे-पीछे गये ब्रह्मजीत गौड़ ने आख़िर आगरा में जा घेरा। उसकी फ़ौज ने आगरा का घेरा डाल दिया। हुमायूँ उस समय बड़ी साँसत में था। उसे मालूम था कि वह आगरा में ज़्यादा समय तक टिक नहीं सकेगा। क्योंकि शेरशाह के एक सिपहसालार ने इस तरह आगरा को पहले ही आ घेरा था। पीछे से शेरशाह सूरी के खुद अपनी फ़ौज के साथ आगरा की ओर बढ़े आने की ख़बरें आ चुकी थी।

हुमायूँ इसलिए किसी भी दिन आगरा छोड़ने की तैयारी में लगा हुआ था। जबकि शेरशाह का सेनानी ब्रह्मजीत गौड़ दुश्मन के भागने के रास्तों पर नज़र रखे हुए था। आगरा की सड़कों पर आने-जानेवाले लोगों की इन दिनों भारी जामा-तलाशी चल रही थी। उसी में कुछ लोग एक अवसर पर बेक़ाबू हो गये। आगरा शहर में पत्थरबाज़ी शुरू हो गयी। फिर छुरे-काँते-बल्लम सड़कों पर निकल आये। शेरशाह के सिपाहियों ने क़ाबू पाना चाहा। उसी में भिड़न्त हो गयी। इस पर ब्रह्मजीत गौड़ ने भीड़ को उकसानेवाले आदमियों के क़त्लेआम का हुक्म दे दिया।

इस सारी गड़बड़ में हुमायूँ अपने कुछ साथियों के साथ लाहौर की दिशा में रातोंरात निकल भागा। उसके अनेक सिपाही और अनुयायी हुमायूँ से आगे किसी गोपनीय मुक़ाम पर दी गयी हिदायतों के अनुसार जा मिले। जिनमें हुमायूँ के कई क़रीबी रिश्तेदार भी शामिल थे। इतना सब हो जाने के बाद अगली सुबह के वक़्त ही अफ़ग़ान फ़ौज को यह जानकारी हो पायी कि शाही चिड़िया आगरा से उड़ चुकी है। सेनापति ब्रह्मजीत गौड़ तब अपना माथा पीटकर रह गया।

शेरशाह जब आगरा के निकट पहुँचा तो ब्रह्मजीत उससे मार्ग में ही आगे बढ़कर मिला। उसने शेरशाह को विगत अर्द्धरात्रि में हुमायूँ के लाहौर की ओर फ़रार हो जाने की ख़बर दी। यह सुनते ही शेरशाह ने ब्रह्मजीत को बहुत बुरा-भला कहा। यह भी कहा कि–

"तुम क्या मुझे बताओगे? यह ख़बर मुझे आज तड़के ही मेरे पड़ाव पर मिल गयी थी।...तुम लोग जिसे पकड़ना था उसे तो पकड़ नहीं सके और आम अवाम पर तलवारों के जौहर दिखा रहे थे कल? आगरा की सड़कों और आबादी में कितने बेगुनाहों का ख़ून बहा है उसकी सब ख़बर है मुझको।"

ब्रह्मजीत गौड़ ने जब शेरशाह को इतना क्रोधित देखा तो वह सिर झुकाये एक ओर खड़ा हो गया। बाद में शेरशाह को ख़याल आया कि उसी ने अपने इस सिपहसालार को हुमायूँ से युद्ध न करने और सिर्फ़ आगरा की घेराबन्दी की हिदायत दी थी। इसलिए शेरशाह ने आगरा में कुछ दिन टिकने का इरादा करने के साथ फ़ौरन ही अपने दूसरे सिपहसालार ख्वास ख़ाँ को एक बड़ी सेना तैयार कर हुमायूँ के पीछे लाहौर की तरफ़ कूच करने का हुक्म दिया। उसने गुस्सा थूककर ब्रह्मजीत गौड़ को भी इस पीछा करनेवाली फ़ौज में शामिल कर ख्वास ख़ाँ के साथ ही पुनः रवाना किया।

शेरशाह सूरी ने अपने इन दोनों सिपहसालारों को साफ़-साफ़ हिदायत दी कि–"तुम्हें हुमायूँ और उसके लश्कर के पीछे-पीछे जाना है। पूरे एहतियात मगर ख़ामोशी के साथ। तुम्हारा काम हुमायूँ से लड़ाई करना नहीं है। बस उसे हिन्द की सरहद से बाहर का रास्ता दिखा देना है। याद रहे कि उस मुग़ल के पीछे चलते हुए तुम्हारी फ़ौज की दूरी हमेशा पचास कोस की रहेगी। वह आगे-आगे। तुम पीछे-पीछे। धीमे-धीमे इस फासले को तुम घटाते जाना। इस तरह दुश्मन हिन्दुस्तान की सरहद से पार हो जायेगा।"

शेरशाह सूरी कुछ दिन आगरा में ठहरा। इस बीच 68 वर्ष की परिपक्व अवस्था में वह 18 जून, 1540 ई. को आगरा के राजसिंहासन पर आरूढ़ हुआ। इसके कुछ दिन बाद उसने देहली की ओर कूच किया। जब शेरशाह देहली पहुँचा तो वहाँ उससे सम्भल नगर के मुखिया और कुछ सम्भ्रान्त नागरिक आकर मिले। उन्होंने बादशाह शेरशाह से शिकायत की कि सम्भल के हाकिम नासिर ख़ाँ ने उन्हें बड़ा सताया है और शोषण किया है। और वह बड़ी उम्मीद लेकर बादशाह के पास आये हैं।

शेरशाह ने अपने एक सरदार कुतुब ख़ाँ से कहा–"अगर सम्भल के हाकिमों का दिमाग़ ख़राब हो गया है और उसके आदमी वहाँ ग़दर काट रहे हैं तो हमें उन पर लगाम लगानी होगी।...हमें सम्भल भेजने के लिए कोई ऐसा आदमी चुनना

चाहिए जिसमें ताक़त के साथ इन्साफ़पसन्दी भी हो और जो वहाँ के हाकिम और उसके आदमियों को क़ाबू में रख सके।"

सरदार कुतुब ख़ाँ ने कहा—"मसनदे-आली ईसा ख़ाँ कलकापुर से बेहतर ऐसा कोई अफ़ग़ान हमारे बीच नहीं है।"

शेरशाह ने कहा—"ठीक है। यही मुनासिब होगा। ऐसा करो कि तुम ख़ुद मसनदे-आली ईसा ख़ाँ के पास जाओ और उनसे सम्भल की जिम्मेदारी क़बूल करने की पेशकश मेरी ओर से करो। अगर उन्हें यह मंज़ूर हो तो मैं उन्हें वहाँ तैनात कर दूँगा।"

कुतुब ख़ाँ के कहने के बाद ईसा ख़ाँ ने अपनी मंज़ूरी बादशाह शेरशाह को भिजवा दी। शेरशाह ने ईसा ख़ाँ को फ़ौरन सम्भल का आला हाकिम नियुक्त कर दिया। शेरशाह ने नासिर ख़ाँ को सम्भल से हटाया नहीं, बल्कि मसनदे-आली ईसा ख़ाँ के नीचे ही रखकर उसे वहीं रहने दिया। शेरशाह ने ईसा ख़ाँ को सम्भल के अलावा उनके परिवार के पालन-पोषण के लिए काँठ और गोला के परगने भी दे दिये। बादशाह ने ईसा ख़ाँ को यह हुक्म दिया कि वह 5000 घुड़सवारों की एक फ़ौज रखें। ऐसा करते हुए जब शेरशाह ने ईसा ख़ाँ को गले लगाकर सम्भल के लिए विदा किया तो उनसे कहा कि—"अब आपके रहते मुझे देहली से लखनऊ तक की कोई फ़िक्र नहीं रहेगी।"

ईसा ख़ाँ सम्भल पहुँचे। वहाँ पहुँचने पर सबसे पहली बात उन्हें यह पता चली कि नासिर ख़ाँ ने मुग़लों के एक बेहद ख़ास सरदार बैरम ख़ाँ को पकड़ लिया है। यह वही बैरम ख़ाँ था जिसे हुमायूँ बादशाह ने ख़ानेख़ाना की उपाधि दी थी और जो आगे चलकर कभी अकबर का संरक्षक बना।

यह वही बैरम ख़ाँ था जो फ़िलहाल मुग़लों की शाही मोहरों का रखवाला था। उधर मुग़लों के दिन फिरे इधर इस बैरम ख़ाँ के भी बुरे दिन आ गये। जब बादशाह हुमायूँ की सेना भंग हो गयी तो बैरम ख़ाँ आगरा से भागकर सम्भल चला आया और यहाँ उसने मियाँ अब्दुल वहाब से दोस्ती कर ली। यह अब्दुल वहाब सम्भल का एक मुअज़्ज़िज़ आदमी था। नासिर ख़ाँ के डर से अब्दुल वहाब बैरम ख़ाँ को अपने घर में ज़्यादा दिन न रख सका। उसने शीघ्र ही उसे अपने एक क़रीबी राजा मित्रसेन के हवाले कर दिया। मित्रसेन ने अपने राज्य के उत्तरी हिस्सों में, जहाँ घना जंगल हुआ करता था, बैरम ख़ाँ को शरण दी। नासिर ख़ाँ को इस बात का पता चल गया। उसने राजा मित्रसेन को लिखा कि बैरम बेग उर्फ़ बैरम ख़ाँ को उसके पास भेज दिया जाये। शेरशाह के भय से मित्रसेन ने नासिर ख़ाँ हाकिमे-सम्भल की आज्ञा का पालन किया। बैरम ख़ाँ नासिर ख़ाँ के सुपुर्द कर दिया गया। नासिर ख़ाँ ने बैरम ख़ाँ को कालकोठरी में डाल दिया और उसे क़त्ल कर देने की योजना बनाने लगा।

अब्दुल वहाब, जिसकी मसनदे-आली ईसा ख़ाँ से सुल्तान सिकन्दर लोदी के समय से मित्रता थी, ने ही ईसा ख़ाँ के सामने आकर यह सारा क़िस्सा बयान किया था। उसने ईसा ख़ाँ से यह भी कहा कि वह बैरम ख़ाँ को नासिर ख़ाँ के हाथों से बचाये वरना नासिर ख़ाँ किसी भी वक़्त बैरम ख़ाँ को मार डालेगा।

मसनदे-आली ईसा ख़ाँ अब सम्भल के आला हाकिम थे। उन्होंने नासिर ख़ाँ को हुक्म दिया कि वह सही-सलामत बैरम ख़ाँ को उसके सामने पेश करें। इस तरह ईसा ख़ाँ बैरम ख़ाँ को नासिर ख़ाँ के पंजों से बचाकर उसे अपने घर ले आये। यही नहीं, उन्होंने बैरम ख़ाँ को जीवन-निर्वाह के लिए कुछ रुपए और पहनने के लिए वस्त्र भी दिये। उसका इलाज कराया। अपने घर लम्बे अरसे तक रखा। खिलाया-पिलाया और उसकी देखभाल की। मसनदे-आली ईसा ख़ाँ से राजा मित्रसेन ने भी यह आश्वासन माँगा कि—"जब भी आप बादशाह शेरशाह सूरी के पास जायेंगे तो बैरम ख़ाँ को भी अपने साथ ले जाकर अपने बादशाह से उसके लिए अभयदान माँग लेंगे। क्योंकि इन बैरम ख़ाँ के हम लोगों पर बड़े अहसान हैं।"...लम्बी कहानी है। आगे चलकर बैरम ख़ाँ की मुलाक़ात एक बार शेरशाह सूरी से करायी गयी। कुछ दिन बैरम ख़ाँ वहाँ रहा। फिर एक दिन वह अचानक चुपचाप फ़रार हो गया और भागकर हिन्दुस्तान से भागते हुए अपने आक़ा हुमायूँ से जा मिला।

◙
◙

अब शेरशाह को सही अर्थों में अपना सबसे बड़ा वह संकल्प पूरा करना था जिसे वह अपनी जवानी के दिनों में अपने अफ़ग़ान दोस्तों के सामने अक्सर दोहराता रहता था। मुग़लों को हिन्दुस्तान से निकाल बाहर करने का संकल्प। वह संकल्प जिसे किसी ज़माने में उसके दोस्त उसके दिवा-स्वप्न और उसकी हास्यास्पद डींग से अधिक कोई मान्यता प्रदान नहीं करते थे। जिसे सुनकर वह सब हँसते भी थे और पीठ पीछे उसका मज़ाक भी उड़ाते थे। उस बात को जिसे कभी शेर ख़ाँ की अतिशयोक्ति समझा जाता था और एक मामूली अफ़ग़ान सरदार की एक अविश्वसनीय सनक माना जाता था वही इन्सान अब शेर ख़ाँ से शेरशाह बन चुका था।

जो काम शेर ख़ाँ नहीं कर सका था, उसे शेरशाह तो अंजाम दे ही सकता था। इसलिए शेरशाह ने हिन्दुस्तान का तख़्तोताज सँभालने के फ़ौरन बाद अपने उस पुराने संकल्प को पूरा करना अपनी सर्वोच्च प्राथमिकता में शामिल कर लिया ताकि तारीख़ लिखे-जाते समय कोई उसे बड़बोला आदमी न कह सके।

मुग़लों को हिन्दुस्तान से निकाल बाहर करने का संकल्प। अफ़ग़ानों का खोया हुआ आत्मगौरव फिर से बहाल करने का संकल्प। वस्तुतः यह दोनों बातें एक ही

सिक्के के दो पहलू थे। इस नायाब सिक्के को तवारीख़ी तौर पर गढ़ने जा रहा था एक अद्भुत शिल्पी। शेरशाह सूरी नाम था जिसका।

शेरशाह ने ख्वास ख़ाँ और ब्रह्मजीत गौड़ को लाहौर की ओर पलायन करते हुए हुमायूँ का हौले-हौले पीछा करते रहने के अभियान पर पहले ही लगा दिया था। आगरा, दिल्ली और सम्भल की व्यवस्थाएँ पूर्ण करने के बाद शेरशाह अब स्वयं मुग़ल बादशाह को खदेड़ने के अभियान पर निकल पड़ा।

जब हुमायूँ भागकर लाहौर पहुँचा तो कुछ नवधे क़िस्म के मुग़ल जो अभी-अभी अपने मुल्कों से आये थे आकर हुमायूँ से मिले। उन्होंने अन्य मुग़लों से सुन रखा था कि अफ़ग़ानों के किसी सरदार शेर ख़ाँ ने बादशाह हुमायूँ को धोखे से शिकस्त दे दी है। वह तो कुछ ग़ैबी ताक़तें तब शेरशाह के साथ थीं जिनकी वजह से हुजूर मुग़ल बादशाह को मैदान छोड़कर जाना पड़ा। वरना वह क़तई वह लड़ाई न हारते। हुमायूँ ने अपनी शर्म छिपाने के लिए कई लोगों से ऐसी बेतुकी बातें कही भी थीं। कायर तो ख़ैर हुमायूँ नहीं था। मगर शेरशाह की बेहतर रणयोजना और युद्धकौशल के कारण दो-दो बार उसकी मुग़ल फ़ौज के पैर उखड़ गये थे। अब अगर कोई फ़ौज जीतती है तो जीत का सेहरा जिस तरह जीतनेवाले बादशाह अथवा प्रधान सेनानायक के सिर बँधता है, हारने की दशा में हार का ठीकरा भी उसी के सिर फूटता है।

भागते हुए हुमायूँ को अपने से हमदर्दी जतानेवालों से कुछ तो कहना ही था। उसने ग़ैबी ताक़तों के शेरशाह के पक्ष में लड़ने की बात नवागन्तुक मुग़लों में से भी कुछ लोगों से कही थी। इनमें सरहिन्द से आया मुहीबुद्दीन सरहिन्दी भी था। ऐसी बेपर की बात हुमायूँ ने उससे भी कही। मुहीबुद्दीन ने इस बात पर विश्वास नहीं किया। किन्तु नवागत मुग़लों को उसने समझाया कि हुमायूँ बादशाह परेशान हालत में है। इसलिए ऐसी बातें हमें टालने की गरज़ से कहता है। यह सुनकर वह नये-नये आये मुग़ल बिला वजह के जोश में भर गये। वह यह उम्मीदें लेकर हिन्दुस्तान आ रहे थे कि मुग़ल बादशाह की ख़ुशामद-दरामद से वह भी हिन्द में अपने लिये रोज़गार और कुछ ढंग के ओहदे जुटा लेंगे। तो क्या हुआ? अगर बादशाह इस वक़्त कड़की में है। टूटा हुआ है। तो भी क्या बुरा है? उसका इस वक़्त साथ देना तो और भी अच्छा है। अगर हमारी ख़िदमत कहीं वाक़ई उसके काम आ गयी तो आगे चलकर वह हमें सोने-चाँदी में तौल देगा।

इन नवधे-मुग़लों ने अभी-अभी हिन्दुस्तान की सरहद के आगे अपने क़दम बढ़ाये थे। इन्होंने कभी भी जंगजू अफ़ग़ानों का सामना नहीं किया था। जातिगत घमण्ड से इनके सिर अभी तने हुए थे। अपने सामने वह भी अफ़ग़ानों को हेठी निगाह से ही देखते थे। हुमायूँ से इन लोगों ने कहा—''बादशाह

हुजूर! हमको अफ़ग़ानों से लड़ने के लिए भेजिये। यह अफ़ग़ान हमारे सामने हैं क्या? क्या हैसियत है इन मूजियों की जो हम बहादुर मुग़ल-लड़ाकों का सामना करें?"

हुमायूँ इन अति उत्साही मुग़लों की शेख़ी में आ गया। या यों कहें कि अपना पीछा छुड़ाने के लिए उसने सोचा कि जाओ भइया तुम सब भी अपनी क़िस्मत आज़मा लो। प्रत्यक्ष में बादशाह बोला—"ठीक है। जाओ तुम भी कोशिश करके देख लो। मेरे पीछे शेर ख़ाँ की भेजी एक फ़ौज आ रही है। हौसला हो तो उससे निपट लो।"

ये लोग हथियारबन्द होकर ख्वास ख़ाँ और ब्रह्मजीत गौड़ की बढ़ी चली आ रही सेना की ओर गये। एक जगह सुल्तानपुर के निकट एकत्र हुए। वहाँ इनकी अफ़ग़ान फ़ौजों से भिड़न्त हुई। शेरशाह के आदमियों ने इन मुग़लों को भी मार-मारकर छट्ठी का दूध याद दिला दिया। मरने-कटने से जो मुग़ल सैनिक बचे, भाग खड़े हुए। भागकर सीधे लाहौर में जाकर अपने आक़ा हुमायूँ के सामने औंधे मुँह गिरे।

यद्यपि ख्वास ख़ाँ इत्यादि युद्ध के बाद आराम करने के लिए पड़ाव डालकर सुल्तानपुर में ही ठहर गये, परन्तु इनसे पिटकर लौटनेवाले सूरमाओं का बुरा हाल देखकर मिर्ज़ा हुमायूँ और उसका भाई हाकिमे-लाहौर मिर्ज़ा कामरान दोनों दहशत में आ गये। उन्हें ख़बर मिली कि ख्वास ख़ाँ वगैरह तो अभी सुल्तानपुर तक ही आये हैं। उनके पीछे शेरशाह ख़ुद अपनी भारी-भरकम फ़ौज के साथ लाहौर आ रहा है। यह सुनते ही मुग़लों के घोड़े खुल गये और हुमायूँ और कामरान दोनों लाहौर छोड़कर भाग खड़े हुए। इस तरह शेरशाह और उसकी फ़ौज को लाहौर अपने दुश्मनों से ख़ाली मिला और उसने उस पर बिना किसी प्रतिरोध के आराम से क़ब्ज़ा कर लिया।

लाहौर पर अधिकार कर लेने के बावजूद शेरशाह सूरी ने अभी आराम हराम समझा। वह स्वयं लाहौर में नहीं ठहरा। वह लाहौर से आगे चल पड़ा। लाहौर के बाद तीन मंज़िल आगे जाने पर शेरशाह ने सुना कि मिर्ज़ा कामरान युद्ध की पहाड़ियों के रास्ते काबुल की ओर चला गया है। उसने अपने भाई मिर्ज़ा हुमायूँ का साथ छोड़ दिया है। वह तो था ही शुरू से ग़द्दार। हुमायूँ उसे फूटी आँख नहीं सुहाता था। शेरशाह से हारने के बाद अब तक किसी तरह वह हुमायूँ को सहारा देने का नाटक कर रहा था। उसे भय था कि कहीं हुमायूँ लाहौर पर क़ब्ज़ा न कर ले और आगे चलकर काबुल और कन्धार भी कहीं उसके हाथ से न निकल जाये। लाहौर को हाथ से निकलता देख कामरान अपने काबुल को और कन्धार को बचाने के लिए आगे दौड़ा और अपने मुसीबतज़दा बड़े भाई हुमायूँ का साथ अब उसने हमेशा-हमेशा के लिए छोड़ दिया।

शेरशाह ने जहाँ एक ओर यह सुना कि कामरान काबुल की ओर निकल गया है, वहीं उसने यह भी सुना कि हुमायूँ सिन्धु नदी के किनारे-किनारे अपने बचे-खुचे लश्कर और शाही हरम के साथ बदहवासी में मुल्तान की ओर कूच कर रहा है।

इस जानकारी के बाद शेरशाह खुशआब पहुँचा और वहाँ से उसने हुमायूँ का पीछा करने के लिए कुतुब ख़ाँ बनेत, ख्वास ख़ाँ, हाजी ख़ाँ, हबीब ख़ाँ, सरमस्त ख़ाँ, जलाल ख़ाँ जलोई, ईसा ख़ाँ नियाज़ी और ब्रह्मजीत गौड़ के साथ अपनी फ़ौज के एक बड़े भाग को मुल्तान की तरफ़ रवाना कर दिया। शेरशाह ने इन सेनानायकों को भी पहले जैसे ही निर्देश दिये कि—"भागते हुए मुग़ल बादशाह पर दबाव बनाये रखना। उससे लड़ाई न लड़ना। बस उसे हिन्द की सरहद से बाहर निकालकर वापस चले आना।"

शेरशाह की भेजी हुई यह सेना धीरे-धीरे आगे बढ़ रही थी। शेरशाह अपनी थोड़ी-सी सेना के साथ पीछे खुशआब में ठहर गया था।

जब अफ़ग़ानों की इस बड़ी सेना ने हुमायूँ का पीछा करते हुए दो मंज़िलें तय कर लीं तो उनको सूचना मिली कि हुमायूँ की सेना के फिर दो फाड़ हो गये हैं। इन अफ़ग़ान कमाण्डरों को इससे बड़ी चिन्ता हुई। विशेषकर यह सोचकर कि उनके बादशाह शेरशाह सूरी के पास इस वक़्त बहुत थोड़ी-सी ही फ़ौज है। अफ़ग़ान फ़ौज का बड़ा हिस्सा तो उन्हीं के साथ है। ऐसे में यह दो हिस्सों में विभक्त मुग़ल सैनिक कहीं जल्दी-जल्दी कूच करके और घूमकर हमारे बादशाह पर हमला न कर दें। इसलिए अफ़ग़ान सेना को भी उनके सिपहसालारों ने दो हिस्सों में बाँट दिया। एक हिस्सा ख्वास ख़ाँ, ईसा ख़ाँ और अन्य सरदारों की सदारत में रहा और उसने नदी पार करके झेलम नदी के किनारे-किनारे मुल्तान की ओर कूच किया, जिधर हुमायूँ के जाने की ख़बर थी। अफ़ग़ानों की सेना का दूसरा हिस्सा कुतुब ख़ाँ बनेत और दूसरे कुछ सरदारों की सदारत में इसी नदी के दूसरे किनारे पर आगे की ओर चला। यह उस दूसरी मुग़ल फ़ौज के पीछे था जो बादशाह हुमायूँ से अलग होकर काबुल की ओर कूच कर रही थी। दरअसल, यह उन भगोड़े मुग़ल सैनिकों का दल था जिन्होंने बीच रास्ते में ही अपने पसमाँदा मुग़ल बादशाह हुमायूँ का साथ छोड़ दिया था और अब वह कामराज मिर्ज़ा की मातहती में अपनी क़िस्मत आज़माने काबुल भाग रहे थे।

अब हुआ यह कि यह भगोड़े मुग़ल सैनिक नदी के किसी मोड़ पर ख्वास ख़ाँ की फ़ौज के सामने पड़ गये। इन कायरों में इतनी शक्ति कहाँ थी जो वह ख्वास ख़ाँ से भिड़ते? इसलिए मुग़लों की यह भटकी हुई सेना अपने नगाड़े, नफ़ीरी और झण्डे तक छोड़कर वहाँ से भाग खड़ी हुई। तब यह चीज़ें और उनके कई हथियार

और सामान ख्वास ख़ाँ के हत्थे चढ़ गये। इसके बाद ख्वास ख़ाँ अपनी सेना को लेकर वापस शेरशाह से जा मिला।

शेरशाह की दूसरी सेना उसी तरह पचास कोस का फ़ासला घटाते-घटाते क्रमशः तीस कोस फिर बीस कोस और दस कोस तक चलती गयी और इस तरह निरन्तर हुमायूँ के लुटे-पिटे लश्कर के पीछे अपना दबाव बढ़ाते हुए यह अफ़ग़ान फ़ौज निरन्तर चलती गयी। शेरशाह के इन अनुयायियों ने आख़िरकार हुमायूँ बादशाह को हिन्द की सीमा पार कराकर ही दम लिया। शेरशाह का एक बड़ा अज़्म इस तरह उस दिन पूरा हो गया।

इस तरह सन् 1540 ई. के समाप्त होते-होते शेरशाह वास्तविक अर्थों में हिन्दुस्तान का बादशाह बन गया। एक धूल के कणों से उठा हुआ इन्सान कैसे शाहों का शाह बन गया? यह उस जमाने में लोगों के लिए वाक़ई एक हैरतंगेज़ करिश्मा था। आख़िर करिश्माई शख़्सियतें शेरशाह सूरी-जैसी ही तो होती हैं। ऐसे लोग ही अपने महान् कर्मों के महायोग से अपने सौभाग्य की लकीर को साधने का विलक्षण एवं असाधारण कार्य करते हैं। यदि यों कहें तो यह और भी तार्किक होगा कि ऐसे ही लोग केवल कर्म में विश्वास रखते हैं और फल स्वयमेव इनका अनुसरण करता है।

10

वे धधकते साल

शेरशाह सूरी अब हिन्दुस्तान के बादशाह थे। उत्तर में कश्मीर को छोड़कर और दिल्ली-आगरा के दक्षिण में राजपूताने को छोड़कर, पश्चिम में लाहौर से लेकर पूरब में बिहार और बंगाल तक का पूरा उत्तरी-भारत का भूभाग अब उनके अधीन था। दक्षिण भारत के सभी राज्य प्रायः अविजित और स्वतन्त्र थे।

शेरशाह के सामने राजपूताने को अधिकार में लेने और अपने साम्राज्य-विस्तार के साथ अपने राज्य को सुदृढ़ एवं सुशासित करने की बड़ी चुनौतियाँ थीं। वह हुमायूँ का पीछा करते हिन्दुस्तान के उत्तर-पश्चिमी सीमान्त तक स्वयं चलकर आये थे। दिल्ली, आगरा में जहाँ साम्राज्य के सिंहासन अथवा राज्य का केन्द्र विद्यमान था, अपने बेटों आदिल ख़ाँ और जलाल ख़ाँ की देखरेख में छोड़ आये थे। सहसराम से जौनपुर तक का इलाक़ा उनके भाई निज़ाम ख़ाँ की निगरानी में था। पटना, चुनार, रोहतास और गौड़-जैसे अनेक महत्त्वपूर्ण सत्ता केन्द्र सुयोग्य सूबेदारों और अमीरों के द्वारा संचालित हो रहे थे।

सभी हाकिमों को जनता के साथ सद्व्यवहार करने, इन्सानियत और इन्साफ़ के साथ कर वसूली करने और विकास के कार्य प्राथमिकता से करने के बादशाह शेरशाह सूरी के विभिन्न फ़र्मान जारी हो चुके थे। जो 'शाहराहे-आज़म' हिन्द के पूरबी छोर से पश्चिमी छोर तक गुज़रती थी, जिसे दुरुस्त कराने की घोषणा शेरशाह ने कन्नौज में कर दी थी, उसे सभी सूबेदार अपने-अपने इलाक़े में मरम्मत कराने में जुटे थे। शेरशाह का आदेश सभी तक पहुँचा था कि अगले साल से इस सड़क को चौड़ी करने और पक्का करवाने का काम शुरू होगा। पत्थर बिछाकर इसे एकदम सही मायनों में 'शाहराहे-आज़म' की शक्ल दी जानी है। इसकी शुरुआत दिल्ली से ख़ुद बादशाह शेरशाह सूरी करेंगे। उसके बाद पूरे मुल्क में इस अज़ीम सड़क की

एक-सी तामीर की ज़िम्मेदारी सभी मुक़ामी हाकिमों की होगी। यह सड़क सिर्फ़ एक सड़क नहीं होगी। यह कोई मामूली राजमार्ग न होगा। इस सड़क के दोनों ओर मुसाफ़िरों की आसाइश के लिए कई तरह के इन्तज़ाम किये जायेंगे। मसलन छायादार पेड़ लगवायें जायेंगे। कोस-कोस पर सरायों की तामीर होगी, जिसमें मुस्लिम और ग़ैर-मुस्लिम दोनों ही तरह के मुसाफ़िरों के लिए खाने-पीने और आराम का बन्दोबस्त होगा। घोड़ों के लिए अलग से अस्तबल, दाना और पानी रहेगा। कुआँ, मस्जिद वगैरह सभी-कुछ होगा। जिस गाँव से सटी यह सरायें होंगी वहाँ का मुक़द्दम इनकी देखभाल और ख़र्चेपानी का बन्दोबस्त करेगा। बहुत बड़ी योजना थी यह शेरशाह की। शाहराहे-आज़म पर बनी हुई सरायें डाक-चौकियों का भी काम करेंगी। यह सन्देशवाहकों का विश्राम-स्थल भी होंगी।

मगर पकी हुई उम्र के बादशाह शेरशाह को अपनी जनहितकारी और विकासोन्मुखी योजनाओं को अमल में लाने से पूर्व अभी अनेक झंझावातों से गुज़रना था। इसलिए अभी तो वह इसी उलझन में थे कि कैसे अपनी सत्ता को मनचले और मनबढ़ विद्रोहियों से निष्कण्टक करें? और कैसे अपने नाम का सिक्का अपने पूरे राज्य में चारों तरफ़ जमायें?

हुमायूँ के पलायन के बाद शेरशाह कुछ समय तक ख़ुशआब में ठहरे रहे। उस अवसर पर कुछ बिलूची सरदार अफ़ग़ानों के मूल निवासों के प्रदेश और आस-पास से इलाक़ों से आकर शेरशाह से मिले। इनमें इस्माइल ख़ाँ बिलूच, फ़तेह ख़ाँ बिलूच, गाज़ी ख़ाँ बिलूच और दूसरे कई सरदार थे। बादशाह शेरशाह घोड़ों को दाग़ लगाने की प्रथा में विश्वास रखते थे। यह प्रथा दिल्ली सल्तनत में अलाउद्दीन ख़िलजी के ज़माने से चली आ रही थी। बीच-बीच में कई सुल्तानों ने इस पर ध्यान नहीं दिया। इसका कुपरिणाम यह हुआ कि मनसबदार जिन्हें एक निर्धारित संख्या में घोड़ों का रख-रखाव करना होता था, जान-बूझकर कोताही करते थे। घोड़े कम रखते थे। ज़रूरत पड़ने पर इधर-उधर से उन्हें पूरा करते थे। घोड़ों के रख-रखाव में ख़र्च होनेवाली रक़म का काफ़ी हिस्सा वह बेईमानी से हज़म कर जाया करते। जंग के समय कई लोग मरियल घोड़े भी लाकर गिनती पूरी करने के लिए खड़ा कर देते। घोड़ों पर शाही मोहर का दाग़ लगाने से उस धाँधली पर बादशाह का सीधा नियन्त्रण हो जाता। इसलिए बादशाह शेरशाह ने घोड़ों को दाग़ लगाने की पुरानी प्रथा को सख़्ती से लागू कर दिया। ऐसा वह अपने बिहार की सूबेदारी के ज़माने से भी करते आये थे। अब तो वह बाक़ायदा शहंशाहे-हिन्द थे।

जो बिलूची लोग शेरशाह से ख़ुशआब में मिलने आये उनको शेरशाह ने हुक्म दिया कि वह उसकी फ़ौज में शामिल होने से पहले अपने घोड़ों को दाग़ लगवायें। इस पर इस्माइल ख़ाँ बिलूच ने सिर झुकाकर कहा—"हुज़ूर बादशाह! दूसरे लोग तो

अपने घोड़ों को दाग़ लगवायें। मैं घोड़ों के अलावा ख़ुद अपने जिस्म पर भी शाही दाग़ लगवाऊँगा।''

यह सुनकर बादशाह शेरशाह सूरी इतना ख़ुश हुए कि उन्होंने इस्माइल ख़ाँ को दाग़ लगाने की शर्त से क़तई छूट प्रदान कर दी और उसकी सेवाएँ सिन्ध के सूबे के हाकिम के रूप में पक्की कर दी।

इसी अवसर पर अब्बास ख़ाँ सरवानी, जिसने आगे चलकर 'तोहफ़ते अकबरशाही' लिखी बाद में जिसका नाम 'तवारीख़े-शेरशाही' पड़ा था, उस अब्बास ख़ाँ सरवानी के दादाजान शेख़ बायज़ीद कलकापुर सरवानी ने भी शेरशाह से भेंट की। यह वह वंश था, जिसमें एक-से-एक सूफ़ी सन्त और फ़कीर हुए, जिनके ऊपर अफ़ग़ानों की अगाध श्रद्धा थी। उस वंश में शेख़ मलही सबसे बड़े सन्त हुए। उन्हीं के वंशज थे यह शेख़ बायज़ीद। सारे रोह प्रदेश में, जहाँ के निवासी शेरशाह के पिता और पितामह भी रहे थे, शेख़ मलही और उनके वंशजों का बड़ा सम्मान था।

शेख़ बायज़ीद जब बादशाह शेरशाह सूरी से मिले तो उनके मन में यह संशय था कि क्या यह बादशाह उनका वैसा ही मान-सम्मान करेगा जैसा अफ़ग़ान जाति उनके इलाक़े में करती आयी है? शेरशाह से भेंट होते ही उनकी सारी आशंकाएँ निर्मूल साबित हुईं। नया बादशाह बेहद बा-अख़लाक निकला।

ज्यों ही शेख़ बायज़ीद शेरशाह के शाही ख़ेमे में ख़बर कराने के बाद गये त्यों ही शेरशाह कई क़दम ख़ुद आगे बढ़कर उनके इस्तेकबाल के लिए नज़दीक आये। शेख़ बायज़ीद ने उम्मीद की थी कि बादशाह उनके दोनों हाथ थामकर ही रह जायेगा। मगर शेरशाह ने कहा—''मेरी गुज़ारिश है कि आप गले लगकर मुझे दुआ दें।''

शेख़ बायज़ीद सरवानी बादशाह शेरशाह के उस विनम्र व्यवहार से बेहद कृतज्ञ हो गये। उन्होंने शेरशाह को बताया कि—''लंगाओ के वक़्त से बिलूचियों ने मेरे पुरखों की माफ़ी की ज़मीनों पर क़ब्ज़ा कर रखा है।''

शेरशाह ने तब हुक्म दिया कि—''सरवानियों की जो ज़मीनें बिलूचियों ने दाब रखी हैं वह वापस शेख़ बायज़ीद सरवानी और दूसरे सरवानियों के जो भी जायज़ वारिस हों, उन्हें वापस कर दी जायें। इसके बदले में इस्माइल ख़ाँ बिलूच को गक्खरों के इलाक़े में से निन्दुना का परगना और कुछ और गाँव दे दिये जायें।''

इस्माइल ख़ाँ बिलूच को शेरशाह की हुक्मउदूली करने की हिम्मत न हुई। इसलिए उसने अपने और अपने रिश्तेदारों के अधीन जो सरवानियों की ज़मीनें दबी हुई थीं उन्हें शेख़ बायज़ीद के सुपुर्द कर दिया और परगना निन्दुना ओर गक्खरों के कई गाँव ख़ुद अपने क़ब्ज़े में ले लिये। इस अवसर पर बन्दोबस्त के लिए शेरशाह ने गक्खरों के मुखिया रायसारंग गक्खर को बुलवाया। मगर वह शेरशाह के समक्ष

उपस्थित न होकर बग़ावत पर आमादा हो गया। वह अपने इलाक़े में लूटपाट, शाही सैनिकों की हत्या और दूसरी आतंकवादी गतिविधियों में संलिप्त हो गया। छापामारी करने लगा।

तब गक्खरों के पहाड़ी इलाक़े में उन्हें दबाने के लिए शेरशाह सूरी ने सैन्य-अभियान छेड़ दिया। एक ओर, रोह से आये हुए अफ़ग़ानों को इनाम में प्रचुर धन-सम्पत्ति देने और अपनी सेना में भरती करने का अभियान, उन्होंने पूर्ववर्ती अफ़ग़ान सुल्तान बहलोल लोदी की तरह चलाया। दूसरी ओर, गक्खर प्रदेश के विद्रोहियों के विरुद्ध ज़बर्दस्त दमन-अभियान प्रारम्भ किया।

दरअसल, चिनाब और सिन्धु नदी के प्रदेशों को अधीन करने में शेरशाह को कोई परिश्रम नहीं करना पड़ा था। उन इलाक़ों के इस्लाम ख़ाँ-जैसे अनेक बिलूचों ने स्वतः ही शेरशाह के समक्ष आत्मसमर्पण कर उनकी अधीनता स्वीकार कर ली थी, परन्तु झेलम और सिन्धु नदी के उत्तर में स्थित पहाड़ी प्रदेश में रहनेवाले गक्खरों ने शेरशाह की अधीनता स्वीकारने से साफ़ इन्कार कर दिया और उन्होंने हर तरह से शेरशाह का विरोध और प्रतिरोध किया।

दिल्ली के बादशाह के लिए इस सामरिक महत्त्व के प्रदेश पर अधिकार करना परम आवश्यक था। अतः शेरशाह ने अपने अनुयायियों और कुछ सैन्य टुकड़ियों के साथ पदमान और गरझक की पहाड़ियों के मार्ग से गक्खर प्रदेश का स्वयं दौरा किया और गक्खर सरदारों पर चढ़ायी कर दी। शेरशाह की सेनाओं ने गक्ख़रों के इलाक़ों को बुरी तरह रौंद तो दिया, लेकिन उन पर पूरी तरह क़ाबू नहीं पाया जा सका। विशेष रूप से राय सारंग गक्खर नामक एक सरदार अन्त तक बाग़ी बना रहा और शेरशाह के हाथ न आया। वह छुटपुट हमले जारी किये रहा।

इसलिए इन विद्रोहियों से राज्य की सुरक्षा की दृष्टि से और उत्तर-पूर्वी सीमान्त पर सतत चौकसी और किसी भी बाहरी ख़तरे से निबटने के लिए शेरशाह को एक विशाल क़िला उस क्षेत्र में बनाने की आवश्यकता महसूस हुई। फलतः झेलम कस्बे के 10 मील उत्तर की ओर पहाड़ियों में उन्होंने एक सुरक्षित जगह पसन्द की और वहाँ एक विशाल दुर्ग बनवाया। इस क़िले का नाम भी उन्होंने बिहार के रोहतास के क़िले के नाम पर रोहतासगढ़ ही रखा। इस तरह यह क़िला काबुल की ओर से आनेवाले ख़तरों से हिन्दुस्तान को बचाने की एक मज़बूत सैनिक छावनी बना। इसमें 50,000 अफ़ग़ान सैनिक हमेशा अस्त्र-शस्त्रों से लैस होकर रहते थे। इन्हें सेनापति ख्वास ख़ाँ के नेतृत्व में शेरशाह ने रख छोड़ा था। शेरशाह सूरी इसके बाद कश्मीर के शासक मिर्ज़ा हैदर को हटाकर वहाँ अपना प्रतिनिधि रखकर कश्मीर पर भी अधिकार करना चाहते थे। वह इस ओर विशेष प्रयास करते, उससे पहले ही बंगाल के अपने सूबेदार ख़िज्र ख़ाँ के विद्रोह की उन्हें ख़बर मिली। ख़बर मिलते ही मार्च,

1541 ई. में शेरशाह सूरी बंगाल की ओर चल पड़े। उनका कश्मीर-विजय अभियान अमल में न आ सका।

◘
◘

बंगाल से ख़बर यह आयी थी कि क़रीब एक साल पहले शेरशाह ने अपने जिस सरदार ख़िज्र ख़ाँ को वहाँ का सूबेदार नियुक्त किया था वह बंगाल का स्वतन्त्र-सुल्तान होने का ख़्वाब देखने लगा था। उसने बंगाल के मरहूम सुल्तान महमूद की बेटी से शादी रचा ली थी, इस आशा में कि वह इस तरह भूतपूर्व सुल्तान के वंशजों और समर्थकों की सहज रूप से सहानुभूति और सहयोग प्राप्त कर लेगा। इस शादी के बाद ही उसका आचार-व्यवहार बंगाल में एक स्वतन्त्र-शासक-जैसा हो गया। वह सुल्तानों की भाँति राजसिंहासन पर बैठने लगा और हुक्म चलाने लगा। ख़िज्र ख़ाँ की यह हरकत शेरशाह को बड़ी नागवार गुज़री। उन्होंने विद्रोह की गन्ध भाँप ली। उनके अनुसार बुराई को सिर उठाने से पहले ही कुचल देना ज़रूरी था। वरना वह दूसरे सूबेदारों और सरदारों के लिए भी विद्रोह का रास्ता खोल देती। इसलिए शेरशाह ने ख्वास ख़ाँ और हैबत ख़ाँ नियाज़ी को रोहतास के क़िले में छोड़ा और स्वयं कुछ दूसरे सरदारों के साथ बंगाल की ओर कूच किया। एक भारी लाव-लश्कर के साथ अपने ही एक सूबेदार की बग़ावत को दबाने के लिए तब बादशाह शेरशाह को धुर पश्चिम से धुर पूरब की यात्रा करनी पड़ी। एक लम्बी और तकलीफ़देह यात्रा। वह जहाँ-जहाँ से गुज़रे रास्ते की दुश्वारियों को दूर करने के लिए अपने मातहत स्थानीय हाकिमों को हिदायतें भी देते गये। इस तरह 'शाहराहे-आज़म' की बेहतर तामीर का सिलसिला एक बार फिर ज़ोर पकड़ता चला गया।

शेरशाह जब बंगाल पहुँचे तो सूबेदार ख़िज्र ख़ाँ हाथ बाँधकर उनका शाही इस्तेक़बाल करने को हाज़िर हुआ। शेरशाह ने तब नाराज़गी में ख़िज्र ख़ाँ से पूछा—"तुमने मेरी इजाज़त के बग़ैर मरहूम सुल्तान महमूद की लड़की से निकाह क्यों कर लिया?"

ख़िज्र ख़ाँ चुप।

"जवाब दो ख़िज्र ख़ाँ बैरक? ज़ुबान बन्द क्यों हो गयी तुम्हारी?"—शेरशाह, शेर की तरह दहाड़े।

"जी बादशाह हुजूर।...वो-वो..."

"साफ़-साफ़ कहो। क्या वो-वो लगा रखी है?"

"सुल्तान महमूद के घरवाले बड़ी तंगी में दिन गुज़ार रहे थे। इसलिए मैंने सोचा कि उनकी इस बेटी से शादी कर..."

"अच्छा तो पूरे बंगाल में तुम्हीं हमारे दुश्मन के ख़ानदान के ख़ैरख़्वाह निकले?"

"ऐसी बात नहीं है बादशाह हुजूर। मैंने तो यह सोचकर भी शादी का पैग़ाम क़बूल किया कि इससे हुजूर के दुश्मनों में भी सीधी राह चलने की समझ पैदा हो जायेगी।"

"बहुत ख़ूब ख़िज्र ख़ाँ साहब! क्या दूर की सोच थी इस रिश्ते के पीछे आपकी"—शेरशाह ने व्यंग्य के साथ एक तेज़ाबी-मुस्कान सूबेदार ख़िज्र ख़ाँ की जानिब फेंकते हुए कहा और अपने आस-पास खड़े एक-एक दरबारी की ओर भी देखा। फिर सिर को दो-तीन बार झटककर वह ख़िज्र ख़ाँ से दोबारा मुख़ातिब हुए और धीमे स्वर में बोले—"आपने जब से सोचा...मेरा मतलब है मरहूम सुल्तान के यहाँ से आये रिश्ते पर ग़ौर फ़रमाया...तो ज़रा हमसे भी राय ले ली होती?"

"जी बादशाह हुजूर। यह मुझसे ग़लती हो गयी। माफ़ी चाहता हूँ।" ख़िज्र ख़ाँ ने सिर झुकाकर कहा।

"ग़लती नहीं। गुनाह किया है तुमने सरदार ख़िज्र ख़ाँ बैरक। हुकूमत के किसी भी सरदार के लिए यह मुनासिब नहीं कि वह सुल्तान की इजाज़त के बग़ैर कोई भी बड़ा-फ़ैसला ले। और तुमने तो हमारे दुश्मन की बेटी से यहाँ शादी कर ली और हमें बताया तक नहीं? तुम्हारा आमालनामा अब बंगाल में कितना पाक-साफ है मुझको सब पता है।...तुमने यह काम करके कोई मामूली गुनाह नहीं किया। तुम यक़ीनन हमारी माफ़ी के नहीं, बल्कि कड़ी सज़ा के हक़दार हो।"

यह कहकर भरे दरबार में शेरशाह ने एक संगीन क़ैदी को पहनायी जानेवाली बेड़ियाँ लाने का हुक्म दिया। शेरशाह के रुख़ को भाँपकर अनेक सैनिक नंगी तलवारें खींचकर ख़िज्र ख़ाँ के इर्द-गिर्द खड़े हो गये। बेड़ियाँ लायी गयीं। शेरशाह ने दरबार में गूँजती हुई आवाज़ में कहा—

"तुम्हें हिरासत में लिया जाता है ख़िज्र ख़ाँ। बतौर सूबेदार बंगाल तुम्हारी ख़िदमतगारी इसी वक़्त बर्ख़ास्त की जाती है। लो इस सज़ा को अब बाख़ुशी क़बूल करो, जैसे तुमने हमारे दुश्मन की दुख़्तर को क़बूल फ़र्माया था।...यह बेड़ियाँ जो तुम्हारे लिये लायी गयी हैं, बेहतर होगा कि इन्हें तुम ख़ुद अपने हाथों से ही पहन लो।"

मृत्यु के भय से घबराकर ख़िज्र ख़ाँ ने क़ैदख़ाने के अँधेरों में जाना बेहतर समझा और अपने लिये पेश की गयी बेड़ियों को उसने ख़ुद ही चुपचाप पहन लिया।

इसके बाद बादशाह शेरशाह सूरी ने ऐलान किया—"सभी ओहदेदार इसे देख लें और समझ लें। आइन्दा कोई भी दूसरा सरदार अगर सुल्ताने-हिन्द से इजाज़त

लिये बिना कोई बड़ा और ऐसा नया-नवेला कारनामा अंजाम देगा तो उसे भी यही सज़ा मिलेगी जो यहाँ ख़िज्र ख़ाँ को दी जा रही है।'' बन्दी ख़िज्र ख़ाँ को क़ैदखाने ले जाने के लिए रवाना कर दिया गया।

इसके बाद बादशाह शेरशाह बंगाल में ही कुछ दिन रुके रहे। उन्होंने फिर बंगाल के सूबे में नया फ़ौजी सूबेदार मुक़र्रर करने के बजाय उस सूबे को पाँच प्रशासनिक भागों में बाँट दिया। ऐसा उन्होंने किसी एक हाकिम के हाथों में सुदूर पूर्व के इस सूबे में सत्ता केन्द्रित होने से उसके बाग़ी हो जाने की सम्भावनाओं को जड़ से समाप्त करने के उद्देश्य से किया। इस तरह शेरशाह ने बंगाल में एक नये ढंग का शासन-प्रबन्ध स्थापित किया। उन्होंने 'सूबे' को पाँच 'सरकारों' अर्थात् ज़िलों में बाँट दिया। प्रत्येक सरकार में 'शिकदार' नामक एक ओहदेदार की नियुक्ति की।

शिकदार एक ज़िला स्तरीय सैनिक एवं प्रशासनिक अधिकारी था। उसके पास अपने ज़िले में शान्ति-व्यवस्था की ज़रूरतों को पूरा करने के लिए मतलब भर की सेना रहा करती थी। बादशाह द्वारा नियुक्त यह शिकदार सीधा बादशाह के प्रति जवाबदेह था। लगान वसूली कराना उसका दूसरा प्रमुख दायित्व था।

इन पाँचों शिकदारों के काम-काज की निगरानी के लिए और उनके बीच परस्पर तालमेल बैठाने, उनके बीच मतभेद की स्थिति में अवाम की बेहतरी को ध्यान में रखते हुए फ़ैसला करने हेतु एक सर्वोच्च पदाधिकारी को बादशाह ने बंगाल में अपना प्रतिनिधि नियुक्त किया। काज़ी फ़ज़ीलत को उन्होंने इस काम पर लगाया। काज़ी फ़ज़ीलत के हाथों में कोई सैन्यबल नहीं दिया गया। केवल न्यायिक अधिकार ही उसे सौंपे गये, जिन्हें बादशाह शेरशाह के नाम पर उसे अंजाम देना था। उसे यह देखना था कि सभी सरकारों अर्थात् ज़िलों में काम-काज ठीक से हो रहा है? सरकारी लगान की नियमित वसूली हो रही है कि नहीं? और उसे समय से राजकोष में जमा किया जा रहा है? कहीं कोई शिकदार या अहलकार साज़िश बग़ावत या जनसाधारण की लूट-खसोट पर तो आमादा नहीं है?

इस तरह बंगाल में शासन-व्यवस्था का विकेन्द्रीकृत स्वरूप क़ायम करके जब बादशाह शेरशाह सूरी आगरा को लौटने लगे तो उन्होंने काज़ी फ़ज़ीलत से मुस्कुराकर कहा—''काज़ी फ़ज़ीलत! आपके नाम का मतलब है बुज़ुर्गियत...दूसरों को इज्ज़त बख़्शनेवाला...वगैरह-वगैरह।''

''जी हुज़ूर!'' काज़ी फ़ज़ीलत ने शेरशाह से सलाम अर्ज़ करते हुए हामी भरी।

शेरशाह ने आगे कहा—''मगर हमने सुना है कि आप अपने यार-दोस्तों में काज़ी फ़जीहत के नाम से ज़्यादा मशहूर हैं?''

यह सुनते ही श. ़शाह के तमाम सरदार हँस पड़े। क्योंकि फ़जीहत का सीधा अर्थ था दूसरों की बेइज़्ज़ती करनेवाला। उन्हें ज़िल्लत देनेवाला।

काज़ी फ़ज़ीलत ने कहा कि—"हुजूर बादशाह।...में ख़याल रखूँगा।"

"क्या ख़याल रखेंगे?"—शेरशाह ने कहा और लोग फिर हँसे।

"यही...कि मैं अपने असली नाम के हिसाब से लोगों से इन्साफ़ करूँगा।"

"हुंमम...शरीफ़ आदमियों के लिए आप यक़ीनन काज़ी फ़ज़ीलत रहेंगे। मगर मुझे उम्मीद है कि बदमाशों के लिए आप...हर सूरत में काज़ी फ़जीहत ही साबित होंगे।"

इस बार उपस्थित जनसमुदाय ने दुगने ज़ोर का ठहाका लगाया। इसी के साथ शेरशाह ने ख़ुशी-ख़ुशी बंगाल की धरती से आगरा की अपनी राजधानी के लिए प्रस्थान कर दिया।

"मुझे बंगाल की हर अच्छी-बुरी ख़बर भेजते रहियेगा। ख़ुदा हाफ़िज।"—बादशाह सलामत शेरशाह सूरी के काज़ी फज़ीलत के लिए यह आख़िरी अल्फ़ाज थे। इसी के साथ शाही फ़ौज अपने बादशाह के पीछे-पीछे एक बार फिर एक लम्बी यात्रा पर निकल पड़ी। हाथी, घोड़े, बैलगाड़ियाँ, ऊँट और खच्चर। सैनिक, भिश्ती, खानसामे और ख़िदमतगार। छोलदारियाँ-तम्बू-कनात-गाजे-बाजे। यह और दूसरे तमाम साज़ो-सामान सभी बादशाही फ़ौज के पीछे-पीछे चल दिये।

सारा इलाक़ा, सारी ज़मीन, सारे रास्ते, सारे लोग, अब शेरशाह के अपने थे। उन्हीं की हुकूमत थी। उन्हीं का मुल्क था। उन्हीं की हवा थी और उन्हीं का पानी। था तो सही मायनों में सब-कुछ ख़ुदा का। मगर शेरशाह सूरी इस वक़्त ख़ुदा के सबसे बड़े बन्दे और राजतन्त्र के चलन के मुताबिक ख़ुदा के सबसे बड़े ज़मीनी नुमाइन्दे थे।

◙
◙

बंगाल से शेरशाह वापस आगरा लौट आये। कुछ दिन आराम किया। सोया, खाया, तेल मालिश करायी, वर्ज़िश की, बाग़-बग़ीचों की सैर की। दरबार में दूर-दराज़ से आयी ख़बरों का जायज़ा लिया। हुक्कामों को निर्देश दिये। अवाम से मिलनेवाली शिकायतों पर ग़ौर फ़र्माया। तामीरी कामों का स्तर ऊँचा रखने की हिदायतें दीं।

फिर शेरशाह ने अपनी सेनाएँ तैयार कीं और आगरा से निकल पड़े। इस बार उन्होंने मालवा पर चढ़ायी की। यह साल था 1542 ई. का। शेरशाह ने मालवा पर आक्रमण इसलिए किया क्योंकि अपने राज्य की सुरक्षा और सुदृढ़ता के लिए उस

इलाक़े पर अधिकार करना उनके लिए बहुत आवश्यक था। मल्लू ख़ाँ ने 1537 ई. में माण्डू, उज्जैन और सारंगपुर पर अधिकार कर लिया था। वह कादिरशाह की उपाधि धारण कर एक स्वतन्त्र सुल्तान बन बैठा था। रणथम्भौर को भी क़ब्ज़े में लेकर वहाँ उसने अपना क़िलेदार नियुक्त कर दिया था। यह मल्लू ख़ाँ उर्फ़ कादिरशाह उस समय बादशाह शेरशाह के लिए एक बहुत बड़ी चुनौती बन गया था। क्योंकि वह बराबर अपनी कथनी और करनी से शेरशाह की बराबरी का दावा पेश करने की हिमाक़त कर रहा था।

शेरशाह सूरी को यह हिमाक़त भला कहाँ बर्दाश्त होती? ऊपर से उनके सीने में बदले की पुरानी आग भी सुलग रही थी। वह आग जो उनके प्रिय बेटे कुतुब ख़ाँ के मुग़ल भ्राताओं-असकरी और हिन्दाल की फ़ौजों से 1540 में युद्ध करते हुए मारे जाने के कारण एक बात दिल में जन्मी थी। मालवा के राजाओं और इस मल्लू ख़ाँ के धोखे और वायदा ख़िलाफी के कारण सैन्य सहायता न मिलने से कुतुब ख़ाँ सूर रणक्षेत्र में अकेला अपने लश्कर के साथ लड़ता हुआ मुग़लों के हाथों घिरकर शहीद हुआ था।

शेरशाह को अब अपने इन दुश्मनों को सबक सिखाने का मौक़ा मिला था। इसलिए शेरशाह ने बाक़ायदा अपनी जंगजू फ़ौज के साथ मालवा की दिशा में कूच कर दिया। उन्होंने अपनी फ़ौज का अग्रिम दस्ता शुजात ख़ाँ की सिपहसालारी में पहले ही ग्वालियर-विजय के लिए रवाना कर दिया था। वहाँ मुग़लों के वक़्त का मुहम्मद कासिम अभी भी ग्वालियर क़िले का हाकिम था। इसलिए राह के इस रोड़े को दूर करना शेरशाह की पहली-ज़रूरत थी।

सिपहसालार शुजात ख़ाँ और उसकी अफ़ग़ान फ़ौजों ने ग्वालियर के क़िले का घेरा डाल दिया और मुहम्मद कासिम को आत्मसमर्पण कर देने का सन्देश भेजा। उधर से कोई जवाब नहीं आया। कई दिनों तक अफ़ग़ान फ़ौजों का ग्वालियर का घेरा यूँ ही बिना किसी परिणाम के पड़ा रहा। लेकिन ज्यों-ज्यों शेरशाह के कूच का दिन क़रीब आता गया ग्वालियर के मुग़ल शासक मुहम्मद कासिम के दिल की धड़कनें बढ़ती गयीं। उसे स्वप्न में भी शेरशाह की भारी फ़ौज, तोपख़ाना और रिसाला ग्वालियर की ओर बढ़ता दिखायी देने लगा आख़िरकार उसकी बेचैनी इस क़दर बढ़ी की उसे अफ़ग़ानों को सन्धि-प्रस्ताव भेजना पड़ा।

आगरा से कूच करने से पूर्व ही शेरशाह को अपने सिपहसालार शुजात ख़ाँ का यह ख़त मिल गया कि—"ग्वालियर के हाकिम मुहम्मद कासिम ने हमारी शर्तें मान ली हैं। अब अफ़ग़ानों को ग्वालियर क़िले में आवाजाही की इजाज़त है। उसने कहा है कि उसके मुग़ल लोगों को भी अफ़ग़ान डेरों में आवाजाही की इजाज़त होनी चाहिए। ज्यों ही बादशाह सलामत शेरशाह ग्वालियर तशरीफ़ लायें तो क़िलेदार

मोहम्मद कासिम को उनके दरबार में ले जाया जाये। वह उसी समय ग्वालियर का क़िला बादशाह के आदमियों के सुपुर्द कर देगा।''

शेरशाह सूरी के ग्वालियर पहुँचने पर ग्वालियर का क़िला इस तरह पके आम की तरह उनकी झोली में आ गिरा।

ग्वालियर पर अधिकार के बाद शेरशाह सारंगपुर की ओर बढ़े। कादिरशाह उर्फ मल्लू ख़ाँ जो उज्जैन में बैठा था, शेरशाह के आगमन की बात सुनकर अन्दर से बुरी तरह हिल गया। वह इस अज़ीमुश्शान अफ़ग़ान बादशाह की ताक़त के सामने अपने को बेहद कमज़ोर महसूस कर सोच में पड़ गया। जिस शेरशाह ने मुग़ल बादशाह हुमायूँ को हराकर भगा दिया, उसके सामने भला मेरी क्या बिसात? मल्लू ख़ाँ ने फ़ौरन उज्जैन से अपना प्रतिनिधि सारंगपुर के लिए रवाना किया और ख़ुद भी कुछ दिन बाद वह अपने 200 घुड़सवार सैनिकों का एक हिफ़ाज़ती दस्ता लेकर शेरशाह सूरी से मिलने सारंगपुर को चल पड़ा।

जब बादशाह शेरशाह सूरी सारंगपुर आ पहुँचे तो मल्लू ख़ाँ के वकील ने उनके दरबार में पेश होकर उन्हें सलाम किया और कहा कि—''हमारे अन्नादाता मल्लू ख़ाँ साहब बादशाह सलामत से मुलाक़ात करने के लिए हाज़िर होना चाहते हैं।''

शेरशाह ने हुक्म दिया कि शुजात ख़ाँ जाकर जनाब मल्लू ख़ाँ साहब की अगवानी करे। शेरशाह ने तब अपने डेरों के बाहर आलीशान शाही दरबार लगवाया। इसमें तमाम अफ़ग़ान अमीरो-उमरा और सिपहसालार बड़ी तादाद में उपस्थित थे।

शुजात ख़ाँ मल्लू ख़ाँ उर्फ़ सुल्तान कादिरशाह को अपने साथ लेकर शेरशाह के खुले दरबार में हाज़िर हुआ।

मल्लू ख़ाँ ने आते ही झुककर सिंहासनारूढ़ शेरशाह को तीन बार फ़र्शी सलाम किया। शेरशाह ने भी सिर को एक बार झुकाकर बड़े ठण्डे-अन्दाज़ में मल्लू ख़ाँ को जवाब दिया। फिर चेहरे पर बग़ैर कोई भाव लाये उससे कहा—''आइये....इधर बैठिये कादिरशाह साहब।''

शेरशाह ने दाहिने हाथ की ओर रखे एक मसनदयुक्त दीवान की तरफ़ इशारा किया। मल्लू ख़ाँ झेंपता हुआ उस दीवान पर बैठ गया और बोला—''अरे नहीं बादशाह हुजूर!...इस नाचीज़ को मल्लू ख़ाँ कहते हैं। हम तो आपके गुलाम हैं। अब आपके सामने कौन शाह? कैसा शाह?...''

शेरशाह के दरबारी मल्लू ख़ाँ के इस सकपकाहट-भरे बयान को सुनकर ज़रा मुस्कुराये। मगर शेरशाह सूरी गम्भीर रहे। उन्होंने पूछा—

''आपने अपना डेरा कहाँ लगाया है?''

मल्लू ख़ाँ ने अपने दोनों हाथ नीचे बाँधकर अपनी जगह से खड़े होकर कहा—''मैं तो अकेला ही हुजूर की ख़िदमत में आया हूँ।...अब तो मेरी जगह भी

आपके दरबार में है...अर्ज़ है कि मुझे भी यहाँ झाड़ू लगानेवाले का कोई काम मिल जाये।"

अब तो बड़ी मुश्किल से दरबार के अमीरों ने अपनी हँसी दबायी।

शुजात ख़ाँ ने तब शेरशाह से कहा—"मल्लू ख़ाँ साहब उज्जैन से 200 सवार लेकर आये हैं। यहाँ से थोड़ी दूर पर वह सब ठहरे हैं।"

इस पर शेरशाह ने हुक्म दिया कि—"जनाब मल्लू ख़ाँ साहब को हमारे ही इस मुक़ाम पर रिहाइश के लिए एक लाल रंग का डेरा, एक पलँग, एक छत्र और आराम की ज़रूरी चीज़ें मुहैया करा दी जायें।...और हाँ। इनकी दिलजोयी के लिए भी कुछ इन्तज़ामात कर दिये जायें।"

यह कहकर बादशाह शेरशाह अपने सिंहासन से उठे और अपने शाही डेरे के भीतर चले गये। दरबारे-ख़ास इसी के साथ बर्ख़ास्त हो गया।

शुजात ख़ाँ ने तब मल्लू ख़ाँ से कहा—"आइये। जब तक आपके इन्तज़ाम मुक़म्मल होते हैं, आप मेरे डेरे में चलें। आनन-फ़ानन में अफ़ग़ानों के नौकर-चाकर और डेराबरदार शेरशाह के हुक्म की तामील में जुट गये। सहमे हुए मल्लू ख़ाँ ने एक चैन की साँस ली।

◙
◙

थुलथुल जिस्मवाले मल्लू ख़ाँ ने शेरशाह के डेरे में एक-से-एक कसे हुए कड़ियल जिस्मवाले मज़बूत क़िस्म के अफ़ग़ान योद्धा देखे। उन्हें देखकर उसकी फूँक सरक गयी। स्वयं शेर ख़ाँ भी उम्रदराज़ होने के बावजूद एक छह फुट के लम्बे-तड़ंगे और कसे हुए बदनवाले इन्सान थे। उनकी उम्र अब सत्तर बरस के क़रीब थी। मगर वह साठ बरस से ज़्यादा के नहीं दिखते थे। अगर उनकी दाढ़ी के बाल पके न होते तब तो वह पचपन के ही लगते। अपने डेरे में पड़े-पड़े मल्लू ख़ाँ बड़े तनाव में यह नज़रबन्दी के दिन गुज़ार रहा था। इस बीच वह सिर्फ़ दो बार ही मुश्किल से चन्द लम्हों के लिए शेरशाह से और मिल सका।

शेरशाह के बादशाही ख़ेमे में उसके अमीरों और बाहर से आनेवाले सन्देशवाहकों का आना-जाना बराबर लगा रहता था। शेरशाह सूरी प्रायः उन्हीं में व्यस्त रहते थे। पाँच वक़्त की नमाज़ों के समय नमाज़ अदा करते। मुश्किल में रात में चार घण्टे सोते। फ़ुर्सत के लम्हों में किताबें पढ़ते। शेरशाह को अरबी-फारसी के ग्रन्थों को पढ़ने का बड़ा शौक था। अगर कोई पढ़ा-लिखा शख़्स उनसे मिलता तो उससे इल्म की बातें करने लगते। अक्सर वह ऐसे लोगों से सवाल करते कि क्या उन्होंने 'हाशियाए-हिन्दया' पढ़ा है? इसलिए उनके निजी क्षणों में उन्हें छेड़ना और भी

मुनासिब न था। एक तरह से मल्लू ख़ाँ ने शेरशाह के उस पड़ाव पर वह दिन बड़ी बेबसी और तन्हाई में काटे।

आख़िरकार कुछ दिन बाद आगे के लिए कूच का शाही ऐलान हो गया। सारंगपुर से शेरशाह की फ़ौज प्रस्थान के लिए पूरी तरह उठ खड़ी हुई। अस्त्र-शस्त्र जिरह-बख़्तर से लैस। कमरबन्दी की हालत में खड़ी अपनी उस फ़ौज को बादशाह शेरशाह सूरी ने मल्लू ख़ाँ को दिखाया। अफ़ग़ानों की उस सारी फ़ौज को एकबारगी परेड की मुद्रा में तैयार हालत में देखकर मल्लू ख़ाँ को पसीने आ गये। उसने अपनी ज़िन्दगी में ऐसी शानदार और जानदार फ़ौज कभी देखी नहीं थी।

फ़ौज के इकट्ठा होने के मैदान में शेरशाह अपने मेहमान मल्लू ख़ाँ को अपने साथ में लेकर चले। दोनों लोग अरबी घोड़ों पर सवार थे। शेरशाह अपने सफ़ेद घोड़े पर सवार थे। शेरशाह के दाहिने बाज़ू पर मल्लू ख़ाँ अपने काले घोड़े पर ख़रामा-ख़रामा चल रहा था। शेरशाह के बायें बाजू पर उनका एक सिपहसालार दाहिने हाथ में शाही छत्र थामे, उसे बादशाह के सिर की ओर झुकाये, एक तीसरे शानदार घोड़े पर चल रहा था।

यह तीनों घुड़सवार मैदान के बीचोंबीच जाकर खड़े हो गये। सामने सौ गज़ की दूरी पर लाइन से अनेक घुड़सवार रिसाले खड़े थे। प्रत्येक रिसाले के घुड़सवार अपनी बारी के इन्तज़ार में मुस्तैद थे। पहले रिसाले के रिसालदार ने ललकार-भरी आवाज़ में पुकार लगायी।

''सारे-के-सारे बहादुर जवान...सलामी के लिए तैयार। सलामी...दो।''

रिसालदार की पहली कमाण्ड पर 'तैयार' कहने के साथ सभी घुड़सवारों की तलवार उनकी म्यानों से बाहर आ गयी दूसरी कमाण्ड पर 'सलामी दो' कहते ही आकाश की ओर उनकी नोक उठाकर सिपाहियों ने अपने दाहिने हाथ आगे कर दिये।

तब सामने खड़े रिसालदार ने उसी मुद्रा में तलवार सामने किये हुए अपने घोड़े को एड़ लगायी और वहीं से शाही छत्र की ओर दौड़ लगा दी। सधे हुए अन्दाज़ में घोड़े की लगाम खींचकर वह शेरशाह से मुश्किल से बीस गज़ आगे आकर रुका। फिर वह रिसालदार घोड़े से उतर पड़ा। तलवार को म्यान में रखकर तब उसने अपने बादशाह को बाक़ायदा सलाम किया। उसके बाद वह अपने रिसाले की तरफ़ घोड़े पर पुनः सवार होकर लौट चला। यह था लड़ाई के मैदान में उनका सलामी का अन्दाज़।

• इस पहली सलामी को ही इतने नज़दीक से देखकर मल्लू ख़ाँ का कलेजा मुँह को आ गया। बारी-बारी से सेना में खड़े प्रत्येक रिसाले अर्थात् घुड़सवार-दस्ते ने इसी अन्दाज़ में शेरशाह को सलामी दी। मल्लू ख़ाँ ने देखा कि फ़ौज की सलामी के

पूरे समय वह सख़्तजान अफ़ग़ान बादशाह अपने घोड़े पर अविचलित तनकर बैठा रहा।

इसके बाद शेरशाह की फ़ौज सारंगपुर से उज्जैन के सफ़र पर चल दी। हर सिपहसालार अपने-अपने लश्कर के आगे चल रहा था। उनके रिसालदार और दूसरे सरदार अपनी-अपनी फ़ौजी टुकड़ियों के साथ आगे चल रहे थे। सेना के मध्य में बादशाह शेरशाह मल्लू ख़ाँ को अपने साथ में ही लेकर चल रहे थे। शुजात ख़ाँ बराबर साथ में चलता हुआ मल्लू ख़ाँ पर नज़र रख रहा था।

सुबह से शाम तक लगातार चलने के बाद शेरशाह ने एक मंज़िल पर पड़ाव डाला। छावनी में तम्बू-डेरे तो लगे ही, उसके इर्द-गिर्द सिपाहियों ने मज़दूरों की तरह मिट्टी की खाइयाँ भी खोदीं। बादशाह शेरशाह हर मंज़िल पर ठहरने से पहले मिट्टी खोदवाकर खाइयाँ अवश्य बनवाते थे। यह सैन्य शिविर के लिए उनका आधारभूत सुरक्षा उपाय था। लड़ाई के मोर्चे पर तो खाइयाँ भी खोदी जाती थीं और पुश्ते भी बनवाये जाते थे। अर्थात् मिट्टी की दीवारें खड़ी की जाती थीं।

एक मंज़िल पर जब मल्लू ख़ाँ ने शेरशाह के सैनिकों को खाइयाँ खोदते देखा तो उसने उस कठोर सैन्य अनुशासन पर टिप्पणी करते हुए अफ़ग़ान सैनिकों से कहा—

"तुम लोग हैरतअंगेज़ मेहनत करते हो। रात-दिन ऐसा करते हुए आराम भी नहीं करते। क्या तुम्हारे लिये आराम हराम है?"

इस पर उन सैनिकों ने उत्तर दिया—"हमारे मालिक का यही ढंग है। एक फ़ौजी का यही फ़र्ज़ है कि उसके सिपहसालार का जो भी हुक्म हो या वह जो भी मशक़्क़त करने को कहे उसे मुश्किल न समझा जाये। आराम तो औरतों और बुज़ुर्गों के लिए है। जवाँ मर्दों के लिए तो आराम का तसव्वुर भी निहायत शर्म की बात है।"

यह सुनकर मल्लू ख़ाँ ने कछुए की भाँति अपनी गर्दन भीतर सिकोड़ ली।

शेरशाह की फ़ौज विभिन्न मंज़िलों पर रुकती-ठहरती चली जा रही थी। ऐसी ही एक मंज़िल को तय करते हुए शेरशाह ने मल्लू ख़ाँ को जो उनके साथ-साथ घोड़े पर सवार होकर चल रहा था अपनी ज़िन्दगी का एक पुराना क़िस्सा सुनाया। शेरशाह ने कहा कि—

"जानते हो मल्लू...मैं अपनी जवानी के दिनों में कितनी मेहनत करता था?"

"अरे हुज़ूर! आज भी आप क्या!...किसी जवान से कम हैं?"—मल्लू ख़ाँ ने फ़ौरन दाँत निपोरकर कहा।

"फ़ालतू में बकवास न करो। क़िस्सा सुनो..."

मल्लू ख़ाँ चुप लगा गया। दोनों के घोड़े साथ-साथ चलते रहे। कुछ पल ख़ामोश रहकर शेरशाह बताने लगे—

"जवानी के दिनों में मैं बड़ी मशक्कत करता था। मैं रोज़ाना तीर-कमान लेकर शिकार के पीछे दस-पन्द्रह कोस तक पैदल चला जाता था। शिकार करके ही दम लेता था और वापस लौटता था।"

"क्या आप जंगल में अकेले घूमते थे?"

"अकेला।"

"आपको डर नहीं महसूस होता था।"

"ना...बिलकुल नहीं।"

"कभी रास्ता नहीं भटक जाते थे?"

"कई बार भटका...पर उससे शिकार का शौक कभी कम न हुआ।"—शेरशाह ने कहा।

तब साथ चलते हुए शुजात ख़ाँ ने बादशाह से थोड़ा हिचकिचाकर कहा—

"हुज़ूर।...इन्हें वह डकैतोंवाला क़िस्सा तो बताइये।"

"क्या? क्या? कौन-सा?" मल्लू ख़ाँ ने फ़ौरन शुजात ख़ाँ की बात पकड़ी।

"अरे वह...रहने भी दो यार!"—शेरशाह ने बात ख़त्म करनी चाही। मगर मल्लू ख़ाँ शेरशाह की पीछे पड़ गया।

"बताइये। बताइये...बताइये न बादशाह हुज़ूर।"

"अरे वह क्या था...कि एक बार मैं शिकार के दौरान घने जंगलों में भटक गया। शिकार तो मिला नहीं। मगर मेरा वहाँ छिपे एक डाकुओं के गिरोह से सामना हो गया।....अकेला पाकर उन्होंने मुझे पकड़ लिया। तब कई दिनों मुझे उनके साथ रहना और भटकना पड़ा। उन्होंने मेरी तीरन्दाज़ी का इम्तेहान लिया। फिर खुश होकर अपने गिरोह में शामिल कर लिया।...डकैतों का यह गिरोह जब आस-पास के इलाक़ों को लूटता तो मुझे भी अपने साथ ले जाता। मुझे डकैतों के मुखिया ने अपना हिफ़ाज़ती-तीरन्दाज़ बना लिया था।...एक बार हम लोगों का गिरोह एक नाव में बैठा दरिया पारकर रहा था कि इन डकैतों का एक दूसरा मुख़ालिफ़ गिरोह एक दूसरी नाव पर सामने से आता दिखायी दिया। वह लोग तादाद में हमसे ज़्यादा थे। हमारे गिरोह के सरदार ने अपनी नाव पीछे मोड़वा ली। उन लोगों ने हमारे आदमियों का नदी में ही पीछा किया। बीच धारा में दोनों ओर से तीर-भाले-बरछे चलने लगे। मुठभेड़ में वह लोग भारी पड़े। हमारे कई लोग मारे गये।...आख़िरकार मैं भी पानी

में कूद पड़ा। दो कोस तक तैरने के बद मैं बच गया। फिर मैं उस गिरोहबन्दी की जकड़ से आज़ाद होकर अपनी दुनिया में वापस आ गया।''

''वाक़ई?'' आँखें फाड़कर थुलथुन मल्लू ख़ाँ ने कहा।

''जी हुजूरेवाला....वाक़ई।'' ऐसा कहकर शेरशाह मुँह फेरकर हौले से मुस्कुराये।

उज्जैन पहुँचकर बादशाह शेरशाह ने कालीदाह नामक जगह पर अपना सैन्य शिविर लगवाया। वहाँ सेवास और हिण्डिया का हाकिम सिकन्दर ख़ाँ मियाना आकर शेरशाह से मिला। उसने निहायत शाइस्तगी से नये बादशाह के हुजूर में सलाम अर्ज़ किया और कहा कि—

''अब आप हमारे सरताज बादशाह हैं। इस गुलाम की दोनों रियासतें सेवास और हिण्डिया जो कभी मुग़लों की अमानत थीं अब से आपकी अमानत हैं। उन्हें यह नाचीज़ आपके हवाले करने आया है।''

इस पर शेरशाह ने सिर घुमाकर मल्लू ख़ाँ और दूसरे अमीरों की ओर देखा और कहा—

''शुक्रिया सिकन्दर ख़ाँ मियाना।...हम आपके इस जज़्बे और नेक ख़यालात की क़द्र करते हैं और आपको अपनी नातहती में क़बूल करते हैं। आपकी दोनों रियासतें आपकी देखभाल में ही रहेंगी। जो मालगुज़ारी वगैरह आप मुग़ल बादशाह को देते थे वह उसी तरह आगरा के ख़ज़ाने में जमा कराते रहियेगा।...और इसी मुबारक मौक़े पर हम मल्लू ख़ाँ साहब के ऊपर चल रहे इस उज्जैन, सारंगपुर, माण्डू वगैरह का वज़न भी उन पर से कम किये देते हैं।''

मल्लू ख़ाँ ने अपनी गर्दन पुनः सिकोड़ ली और वह नज़रें नीची करके शेरशाह का अगला फ़र्मान सुनने के लिए कान लम्बे किये चुपचाप अपनी जगह पर बैठा रहा।

शेरशाह ने कहा—''ऐसा करता हूँ कि तीनों जगहों के लिए मैं तीन हाकिम मुक़र्रर किये देता हूँ।...सरदार दरिया ख़ाँ गुजराती।''

''जी हुजूर'' कहते हुए दरिया ख़ाँ गुजराती दो क़दम आगे आया।

''आपको हम उज्जैन देते हैं।...आप गुजरात के सुल्तान महमूद के वज़ीर रहे हैं। अब काफ़ी अरसे से आप हमारी तरफ़ आ गये हैं। आपकी ख़िदमत से हम बहुत ख़ुश हैं। आपको इस तरफ़ का काफ़ी तजुर्बा भी है। लिहाज़ा हमें उम्मीद है कि आप उज्जैन को अच्छी हुकूमत देंगे।''

दरिया ख़ाँ गुजराती ने कृतज्ञतावश तीन बार बादशाह को सलाम पेश किया और पीछे हट गया। पीछे जाकर अदब से वह सभी अमीरों के बीच पहले की तरह हाथ बाँधे खड़ा हो गया। मल्लू ख़ाँ के कलेजे पर पहला हथौड़ा पड़ा।

"आलम ख़ाँ लोदी।" अब शेरशाह ने दुबारा पुकारा।

"जी बादशाह हुज़ूर।" आलम ख़ाँ लोदी दो क़दम आगे आया।

"आपको हम सारंगपुर सुपुर्द करते हैं।...आप भी सुल्तान महमूद के दरबारी रह चुके हैं और गुजरात से लेकर इस इलाक़े तक की अच्छी जानकारी रखते हैं। सारंगपुर की हिफ़ाज़त, बहबूदी और मालगुज़ारी वगैरह का ज़िम्मा अब से आपका।"

आलम ख़ाँ लोदी ने भी झुककर बादशाह को सलाम किया और अपने क़दम पीछे खींच लिये। एक कराह मल्लू ख़ाँ उर्फ़ कादिरशाह के सीने में उभरी और वहीं दबकर रह गयी, जिसे किसी ने भी नहीं सुना।

मल्लू ख़ाँ सोच रहा था कि उसका सुल्तान कादिरशाह बनना गोया कि गुनाह हो गया। हुमायूँ होता तो उससे तो किसी तरह निबट लिया जाता। मगर क्या पता था कि एक दिन इस जाबिर शेरशाह से पाला पड़ेगा? यह बेरहम जिस तरह से आज मेरी मिल्कियत को रेवड़ियों की तरह लुटा रहा है, कल कहीं इसका इरादा इसी तरह मेरी भी तिक्का-बोटी करवाकर लुटाने का तो नहीं? गोया कि जैसे खिला-पिलाकर बकरा हलाल किया जाता है। या अल्लाह...रहम...। मगर मैं जब पूरी तरह अपने-आपको इस अफ़ग़ान की औलाद के हवाले कर चुका हूँ तो फिर यह ज़ालिम किस बात की सज़ा दे रहा है मुझे?...

मन-ही-मन सोचता रहा मल्लू ख़ाँ। तभी उसे याद आया कि शेरशाह का एक बेटा मुग़लों के हाथों मारा गया था। मुग़लों के डर से वह और दूसरे राजे-रजवाड़े कुतुब ख़ाँ सूर की मदद को आगे नहीं आ सके थे। उफ़्फ़...कहीं यह उसी बात का तो बदला नहीं? अगर वाक़ई ऐसा है तो शेरशाह की नज़रों में वह किसी ग़द्दार से कम न होगा...और ग़द्दारी की तो एक ही सज़ा होती है...सज़ाए-मौत। तो गोया कि मैं शेरशाह के लिए एक ग़द्दार? यानी कि दुश्मने-अव्वल? ओह!...मेरे मौला!!...

मल्लू ख़ाँ ने अपना सिर दोनों हाथों से थाम लिया। कई निगाहें उसकी इस हरकत पर तब उसकी ओर घूम गयीं। मल्लू ख़ाँ को तुरन्त अपनी ग़लती का अहसास हुआ। तब वह उन्हीं हाथों से अपनी पगड़ी को सीधा करने लगा। जैसे कुछ हुआ ही न हो और वह तो बस यूँ ही अपनी खिसकी हुई पगड़ी को सिर पर ज़रा जमा रहा हो। किसी को यह अहसास नहीं होना चाहिए कि वह इस मौक़े पर घबरा गया है या कमज़ोर पड़ गया है। एक नक़ली मुस्कान उसने अपने आस-पास के लोगों पर डाली। और सामने देखने लगा।

घाघ अफ़ग़ान सरदार समझ गये कि जनाब की हालत पतली है और अब आया है ऊँट पहाड़ के नीचे। उनमें से कुछ एक तो मल्लू ख़ाँ को और भी घूरकर देखने

लगे। मल्लू ख़ाँ ने तब अपनी निगाहें शेरशाह के चेहरे की तरफ़ घुमा दीं। वह उनके अगले फ़र्मान की प्रतीक्षा करने लगा।

शेरशाह ने कहा—"जनाब मल्लू ख़ाँ साहब! अब जब आपने हमसे अपनी वफ़ादारी की क़सम खा ही ली है तो हम भी आपको नाउम्मीद नहीं करेंगे। आप..."

कहकर शेरशाह दो पल को रुका। मल्लू ख़ाँ ने सोचा कि अब यह अफ़ग़ान बादशाह कहेगा कि—आप माण्डू अपने पास रख लें। चलो यही सही।

...मगर शेरशाह ने कहा—"आपको क्या दिया जाये?...चलिये आपको हम हमारी कालपी की रियासत पेश करते हैं। आप वहीं जाकर रहिये और अब वहाँ की हुकूमत सँभालिये। रहा सवाल माण्डू और रणथम्भौर के क़िलों का तो...रणथम्भौर के बारे में हम वापसी के वक़्त सोचेंगे। शुजात ख़ाँ...।"

"जी बादशाह हुज़ूर।" शुजात ख़ाँ आगे आया।

"तुमने मल्लू ख़ाँ साहब की अच्छी देखभाल की है। तुम्हारी बहादुरी के हम पहले से भी क़ायल हैं। लिहाज़ा उनका माण्डू अब तुम्हारा हुआ।..."

मल्लू ख़ाँ के कलेजे पर अब पूरी तरह से साँप लोट गया। उसकी हालत उस उजड़े हुए इन्सान की-सी थी जिसे भरे चौराहे पर सबके सामने उसकी सारी पोशाक नोचकर नंगा कर दिया जाये। फिर एक फटा हुआ तहमद इज़्ज़त ढँकने के लिए देकर चलता किया जाये।

इसके बाद बादशाह शेरशाह के हुक्म से वह महफ़िल बरख़ास्त हो गयी। दरबार से एक-एक कर लोग जाने लगे। उनके बीच सिर झुकाकर जब मल्लू ख़ाँ भी जाने लगा तो शेरशाह ने उसे पीछे से आवाज़ दी—"मल्लू ख़ाँ!...आप जल्द-से-जल्द कालपी जाने के लिए तैयारी कर लें। अब तो आपका और हमारा साथ हो ही गया है और आप जान ही गये होंगे कि हम अफ़ग़ान कितनी मेहनत-मशक़्क़तवाले आदमी होते हैं। लिहाज़ा अब आपको भी हमारे क़ायदों में ढलकर क़ाफी मेहनत करनी पड़ेगी।"

"जी हुज़ूर।" कहकर मल्लू ख़ाँ घोर चिन्तित मुद्रा में पुनः वहाँ से चलने को हुआ। तब शेरशाह ने कहा—"दरिया ख़ाँ!...आप कल सुबह उज्जैन के महल में मल्लू ख़ाँ साहब से जाकर मिल लीजिये और यहाँ का हिसाब-किताब समझ लीजिये। एक-दो दिन में यह अपने ख़ानदान व मालो-असबाब के साथ यहीं हमारे डेरे में आ जायेंगे। तब आप इनके महल में ठहरकर उज्जैन के सारे इन्तज़ामात सँभाल लीजियेगा।..."

यह कहकर अपने एक मुन्शियों को बादशाह ने बुलवाया और कहा—"उज्जैन, सारंगपुर, माण्डू और काल्पी के शाही फ़र्मान आज ही ज़ारी हो जाने चाहिए। और

हाँ।...आज ही सेवास और हिण्डिया रियासतों की सनद भी हमारी तरफ़ से उसके अब तक के हाकिम रहे सिकन्दर ख़ाँ मियाना के ही नाम फिर से जारी की जाये।"

◙

◙

दो दिन बाद मल्लू ख़ाँ अपने कुटुम्ब को उज्जैन के क़िले से बाहर ले आया। शेरशाह के डेरे से अलग उसने अपना डेरा लगाया। उसने एक दिन कुछ मोअज़्ज़िज़ मुग़लों को शेरशाह के डेरों में मामूली मज़दूरों की तरह काम करते देखा। यह मुग़ल लोग अफ़ग़ानों द्वारा ग्वालियर से पकड़े गये थे। अब वह शेरशाह के क़ैदी थे। उन्हें देखकर मल्लू ख़ाँ और भी दहशत में आ गया। उसने सोचा कि कहीं एक दिन उसका भी ऐसा ही हश्र न हो। वह शेरशाह के पैमाने के बराबर की मेहनत तो क़तई नहीं कर पायेगा। इतनी क़ुव्वत ही नहीं है उसमें। मल्लू ख़ाँ सोचने लगा कि कोई-न-कोई तरक़ीब भिड़ाकर अब इस शेरशाह के चंगुल से निकल भागना ही बेहतर होगा।...

वह अपना सामना तेज़ी से समेटने-बाँधने की और कुछ विचित्र-सी हरकतें करने लगा। कभी अपने कुछ लोगों को बुलवाता। फिर बिना कुछ कहे उन्हें वापस कर देता। अपने डेरे में सुबह-शाम पागलों की तरह इधर-उधर टहलता। शेरशाह को उसकी हरकतों से यह अहसास होने लगा कि यह ज़रूर कहीं भागने का मन्सूबा बना रहा है? तब शेरशाह ने शुजात ख़ाँ को मल्लू ख़ाँ के पास भेजा और कहा कि—"जाकर पता करो यह मल्लू ख़ाँ कहीं फ़रार होने की फ़िराक़ में तो नहीं? अगर ऐसा लगे तो उसे वहीं गिरफ़्तार कर लेना।"

शुजात ख़ाँ मल्लू ख़ाँ के डेरे पर पहुँचा। आख़िर था तो शरीर से एक पूरा देव ही शुजात ख़ाँ। ऊपर से मोटी-मोटी भवों के नीचे अपनी बड़ी-बड़ी आँखों को अगर गोल करके वह किसी को घूर देता था तो सामनेवाले को लगता था जैसे कोई भेड़िया आक्रामक मुद्रा में उसे तड़िया रहा हो।

शुजात ख़ाँ जब मल्लू ख़ाँ के डेरे के भीतर स्थित उसके निजी तम्बू में सिर-झुकाकर दाख़िल हुआ, उस समय मल्लू अपनी एक छोटी-सी सन्दूकची को खोले उसमें कुछ खुदुड़-बुदुड़ कर रहा था।

"अस्सलाम आलेकुम कादिरशाह साहेब!..." शुजात ख़ाँ ने ऊँचे स्वर में कहा। उसके लहजे में तंज़ साफ़ झलकता था। मल्लू ख़ाँ आगन्तुक के इस तरह बिना सूचना के उसके एकान्त में दख़ल देने से सकपका भी गया और झल्ला भी गया। सन्दूकची को भट्ट से बन्द करके बोला—

"वालेकुम अस्सलाम...अरे ख़ान तुम अचानक? कम-से-कम अपने आने की इत्तला तो दे दी होती।"

"क्यों? क्या कुछ ख़ास काम कर रहे थे हुजूर? ...यह क्या है? क्या यह जवाहरात की सन्दूकची है?" शुजात ख़ाँ ने और भी तड़ियाकर पहले मल्लू ख़ाँ को फिर उस चमचमाती सन्दूकची की ओर देखा। मल्लू ख़ाँ ने सन्दूकची को एक किनारे सरकाकर कहा–

"कुछ नहीं...बस कुछ ज़रूरी काग़ज़ात थे।"

जब शुजात ख़ाँ को मल्लू ख़ाँ ने लगातार अपनी ओर टटोलती हुई नज़रों से देखते देखा, तो वह समझ गया कि आगे क्या कुछ होनेवाला है। मल्लू ख़ाँ ऊपर से चाहे कितना बेवकूफ़ दिखता हो पर अन्दर से था वह बहुत चतुर। उसने शुजात ख़ाँ से कहा–"बादशाह सलामत से बता दो कि मेरे पास अपने घरवालों और क़रीबी रिश्तेदारों को कालपी ले जाने के लिए कोई गाड़ी नहीं है।"

शुजात ख़ाँ ने जाकर यह बात शेरशाह से बतायी। इस पर शेरशाह ने कहा–"मल्लू ख़ाँ क्या अब इतना कंगाल हो गया है?...उसे पचास ऊँट, पचास ख़च्चर, दो दर्जन बैलगाड़ियाँ और गाड़ीवान् दे दिये जायें।"

जब ऊँट, खच्चर और बैलगाड़ियों के साथ गाड़ीवान् और अन्य वाहक मल्लू ख़ाँ के पास पहुँचे तो उस रात मल्लू ख़ाँ उन सबों को अपने डेरे में ले गया। उन्हें बैठाकर लज़ीज़ गोश्त के साथ जमकर शराब पिलायी। जिसे पीकर सब-के-सब मस्त हो गये। उन्हें और शराब पिलायी। इतनी ज़्यादा पिलायी की सब-के-सब प्रायः अचेत हो गये।

तब उस रात मल्लू ख़ाँ अपनी वह हीरे-जवाहरात की सन्दूकची सोना-चाँदी-अशर्फ़ियाँ और सारा धन बटोरकर आधीरात के बाद अपने कुटुम्ब सहित भाग खड़ा हुआ। जासूसों ने भोर में बादशाह शेरशाह को ख़बर दी कि मल्लू ख़ाँ अपने बीवी-बच्चों और कुछ गुलामों और कनीज़ों के साथ गुजरात की दिशा में भागता देखा गया है।

इस पर शेरशाह सूरी बहुत ज़्यादा क्रोधित हुए। क़रीब-क़रीब वैसे ही जब बरसों पहले स्वयं उनके भाग जाने पर ज़हीरुद्दीन बाबर अपने शाही डेरे में गुस्साया था। नाराज़ हालत में उन्होंने शुजात ख़ाँ को बुलवाकर कडी फटकार लगायी और कहा कि–

"मल्लू ख़ाँ आख़िरकार एक भगोड़ा गुलाम ही साबित हुआ। तुमने देखा उसने कैसी चालाकी की? मैंने तुमसे कहा था कि उसे ऐसी-वैसी हरकत करते देखना तो फ़ौरन गिरफ़्तार कर लेना। मगर तुमने मेरी बात को संजीदगी से ही नहीं लिया। उस बदबख़्त पर ज़रूरत से ज़्यादा भरोसा किया और इत्मीनान से वहाँ से चले आये। अब जाओ...फ़ौरन जाकर ढूँढ़ों उस मरदूद को। मल्लू ख़ाँ जहाँ भी मिले ज़िन्दा या

मुर्दा उसे ढूँढ़कर और पकड़कर मेरे सामने जल्द-से-जल्द हाज़िर करो। वह जिधर-जिधर जाये अब तुम्हें भी उधर-उधर ही जाना होगा। उसे दबोचे बिना मेरे पास वापस मत आना।''

मल्लू ख़ाँ गुजरात के सुल्तान के पास भागकर इस तरह सरपट गया जैसे कमान से छूटा हुआ कोई तीर। शुजात ख़ाँ उसके पीछे गया तो, मगर कई घण्टों के फ़ासले पर निकला एक भगोड़ा अब भला कहाँ उसकी पकड़ में आनेवाला था? हार-थककर शुजात ख़ाँ अपने सिपाहियों के साथ माण्डू की सीमा से वापस आ गया।

माण्डू का शासन शेरशाह सूरी द्वारा अभी कुछ ही दिन पहले यद्यपि शुजात ख़ाँ को दिया जा चुका था। मगर उसकी इस असफलता से वह इतने नाराज़ हुए कि उन्होंने माण्डू की हुकूमत से उसे उसी वक़्त अलग कर उसके स्थान पर उसे सेवास और हिण्डिया-जैसे छोटे इलाक़े दे दिये, जो अब तक सिकन्दर ख़ाँ मियाना के क़ब्ज़े में थे। जहाँ मात्र 4000 सवार ही रखे जा सकते थे।

बादशाह शेरशाह सूरी जब अपनी फ़ौज के साथ वापस आगरा के लिए रवाना हुए तो वह सिकन्दर ख़ाँ मियाना को भी कुछ सोचकर अपने साथ में लेकर चले। चलते समय शेरशाह ने हाजी ख़ाँ और जुनैद ख़ाँ नामक अपने दो सरदारों को माण्डू का फ़ौजदार तथा नायब फ़ौजदार नियुक्त कर दिया।

शेरशाह उज्जैन से रणथम्भौर के रास्ते वापस चले थे। साथ में सिकन्दर ख़ाँ मियाना को भी ले गये थे। अपनी रियासतों सेवास और हिण्डिया उसके हाथों से लेकर शुजात ख़ाँ को सौंपा जाना उस पुराने मुग़ल मनसबदार सिकन्दर ख़ाँ मियाना को बड़ा खला। इसलिए रास्ते में वह भी शेरशाह को छोड़कर भाग खड़ा हुआ। मगर बादशाह शेरशाह इस बार मल्लू ख़ाँ की फ़रारी की घटना से बेहद चौकन्ने थे। उन्होंने सिकन्दर ख़ाँ मियाना को तब पीछे से सिपाही दौड़वाकर पकड़वा लिया और उसे क़ैद करके अपने साथ आगरा ले गये।

उस्मान ख़ाँ रणथम्भौर के क़िले का फ़ौजदार था। उसे कभी मल्लू ख़ाँ ने वहाँ तैनात किया था। रास्ते में जब बादशाह शेरशाह रणथम्भौर के निकट पहुँचे तो फ़ौजदार उस्मान ख़ाँ ने क़िले से बाहर आकर अपनी अधीनता नये बादशाह के सामने प्रकट की। उसके बाद शेरशाह रणथम्भौर का वह क़िला अपने बड़े बेटे आदिल ख़ाँ को देकर आगरा वापस कूच कर गये।

◙
◙

कभी-कभी किसी व्यक्ति पर मुसीबतों के पहाड़ एक के बाद एक कर टूट पड़ते हैं। यदि व्यक्ति उनसे टूटकर बिखर गया तो क़िस्सा वहीं ख़त्म। लेकिन यदि

साहसपूर्वक विपत्तियों का वह सामना करता है तो उसका संघर्ष एक दिन उसे फिर से उठकर खड़ा होने में बड़ी सहायता करता है। व्यक्ति की निष्ठा और कर्त्तव्यपरायणता, उसके मार्ग की बाधाओं को दूर करने में, सबसे शक्तिशाली कारक होते हैं।

मल्लू ख़ाँ के गुजरात भाग जाने और न पकड़े जा सकने के कारण अच्छा भला एक सिपहसालार शुजात ख़ाँ अचानक शेरशाह की नज़रों से गिर गया। शेरशाह ने ही उसे अत्यन्त महत्त्वपूर्ण माण्डू के क़िले और आस-पास के क्षेत्र का हाकिम बनाया था। फिर चन्द दिनों में ही वह पद उससे छीनकर उन्होंने सिकन्दर ख़ाँ मियाना के अधिकार में रहीं दो बहुत छोटी-छोटी जागीरें सेवास और हिण्डिया उसे झुनझुने के तौर पर थमा दी थीं। भगोड़ा सिकन्दर ख़ाँ मियाना गिरफ़्तारी के बाद पिंजड़े में क़ैद एक बन्दर की तरह शेरशाह सूरी द्वारा आगरा ले जाया गया था।

शेरशाह की पीठ फिरते ही सिकन्दर ख़ाँ मियाना का भाई नासिर ख़ाँ मियाना 6000 घुड़सवारों और 200 हाथियों सहित, सेवास और हिण्डिया की हाथों से फिसली जागीरें पुनः छीनने के इरादे से, शुजात ख़ाँ पर चढ़ आया। शुजात ख़ाँ के पास उस समय सिर्फ़ 2000 घुड़सवार थे।

नासिर ख़ाँ ने अपने सैनिकों से कहा—"पकड़ लो स्साले शुजात ख़ाँ को। मुझे यह आदमी ज़िन्दा चाहिए। ताकि मैं इसे सिकन्दर ख़ाँ भाईजान की ज़मानत के तौर पर अपने पास रख सकूँ।...सारी मुसीबतों की जड़ है यही शुजात ख़ाँ। इसी की वजह से भाईजान की जागीरें गयीं और इसी की वजह से आज यह सारा मालवा हैरान और परेशान है। यह न होता तो आज भाईजान उस शेरशाह की क़ैद में न होते। पकड़कर पेश करो हमारे सामने इस कमबख़्त को।...जब वह शेरशाह सिकन्दर ख़ाँ भाईजान को आज़ाद करेगा तभी मैं इस मूजी शुजात ख़ाँ को छोड़ूँगा।"

उधर जब शुजात ख़ाँ ने सुना कि नासिर ख़ाँ मियाना आ रहा है तब वह अपनी जागीरों से बाहर निकला। उसकी नीलगढ़ के पास नासिर ख़ाँ की फ़ौज से भिड़न्त हुई। आमने-सामने के युद्ध में जल्द ही दोनों पक्षों के अनेक नौसिखिया सिपाही मारे गये और तजुर्बेकार घुड़सवार एक-दूसरे को घायल करते रहे। लड़ाई ज़्यादा देर खिंचने पर व्यर्थता-बोध से ग्रसित होकर कुछ नासिर ख़ाँ की ओर की, तो कुछ शुजात ख़ाँ की ओर की, दोनों तरफ़ की सेनाएँ मैदान छोड़कर भाग-भूग गयीं।

नासिर ख़ाँ के तीन आदमियों ने केवल शुजात ख़ाँ पर ही आक्रमण की प्रतिज्ञा कर रखी थी। यह लोग अपने पुराने आक़ा सिकन्दर ख़ाँ मियाना के बड़े नमकख़्वार और ख़ासुलख़ास थे। इनके नाम थे—मियाँ उमर, सैय्यद ताहिर और मियाँ कोका। तीनों ने मिलकर शुजात ख़ाँ को घेर लिया। इनमें से एक ने शुजात ख़ाँ के बेहद क़रीब जाकर ख़ंजर से उसकी गर्दन पर वार किया और घायल कर दिया। दूसरे ने उसकी नाक को निशाना बनाकर भाला मारा और चूक जाने पर सामने के दाँत तोड़

दिये। चोट खाकर शुजात ख़ाँ घोड़े से गिर पड़ा। उसका शिरस्त्राण भी सिर से फिसलकर धरती पर जा गिरा। तब तीसरे दुश्मन ने घोड़े से कूदकर उसे पकड़ना चाहा। एक हाथ से उसने ज़मीन पर गिरे हुए ख़ून-थूकते शुजात ख़ाँ के लम्बे बाल पकड़ लिये और दूसरे हाथ से तलवार खींचकर उससे बोला–

"चल। तुझे नासिर ख़ाँ के पास ज़िन्दा ले जाना है। वर्ना यहीं ख़त्म कर देता।"

तब तक शुजात ख़ाँ सम्भल गया। उसने पास पड़ी अपनी तलवार उठा ली और उस दुश्मन का हाथ काट डाला। इस तरह उसने अपने-आपको उसके चंगुल से छुड़ा लिया। तब तक शुजात ख़ाँ के एक अन्य साथी झज़्ज़र ख़ाँ ने आकर दूसरे सवार को मार डाला और एक और साथी मुबारक ख़ाँ शिरीन ने आकर तीसरे दुश्मन को हलाक कर दिया। इस तरह शुजात ख़ाँ बचा लिया गया।

शुजात ख़ाँ ने धरती पर गिरा हुआ अपना झण्डा फिर से ऊँचा किया। यह देखकर शुजात ख़ाँ के जो आदमी कुछ देर पहले भाग गये थे वह सभी वापस आ गये। वह सब अपने सरदार के आस-पास आकर इकट्ठा हो गये। फिर शुजात ख़ाँ के दोबारा अश्वारूढ़ होते ही सब-के-सब दुगनी ताक़त से बचे-खुचे दुश्मनों पर टूट पड़े और उन्होंने देखते-ही-देखते विजयश्री प्राप्त कर ली।

नासिर ख़ाँ मियाना भाग गया और उसके 200 हाथी और 100 घोड़े शुजात ख़ाँ को मिल गये। ऊपरवाले की इनायत से शुजात ख़ाँ फ़तेह हासिल करके नीलगढ़ के मैदान से हिण्डिया लौट आया।

अभी इस घटना को कुछ ही दिन बीते थे कि शुजात ख़ाँ ने सुना कि अब मल्लू ख़ाँ आ रहा है। उसने यह भी सुना कि मल्लू ख़ाँ ने माण्डू के फ़ौजदार हाजी ख़ाँ को घेर लिया है। हाजी ख़ाँ आत्मरक्षा के लिए माण्डू के क़िले में घुस गया है। शुजात ख़ाँ को मल्लू ख़ाँ द्वारा इस तरह हमला किया जाना खुद से ज़्यादा अपने बादशाह शेरशाह सूरी की तौहीन लगी।

यद्यपि शुजात ख़ाँ के घाव अभी भरे नहीं थे तो भी वह अपने साथ 200 हाथी और 1000 घुड़सवार लेकर हाजी ख़ाँ की सहायता के लिए निकल पड़ा। माण्डू के क़िले से पहले ही, एक कोस पर शुजात ख़ाँ ने अपने डेरे लगवाये। रातोंरात चोर रास्ते से उसने हाजी ख़ाँ को अपने आने की ख़बर क़िले में भेजी।

दूसरे दिन सूरज निकलने पर शुजात ख़ाँ और मल्लू ख़ाँ की सेनाएँ लड़ाई के मैदान में आमने-सामने होकर लड़ने लगीं। अफ़ग़ान सेना ने अभूतपूर्व वीरता दिखायी। तब माण्डू के क़िले के भीतर से हाज़ी ख़ाँ भी अपने सैनिकों सहित बाहर आकर मल्लू ख़ाँ की फ़ौज पर पिल पड़ा।

इस लड़ाई में विजय शुजात ख़ाँ को मिली और बुज़दिल मल्लू ख़ाँ गुजरात की ओर बैरंग हालत में फिर से भाग खड़ा हुआ। उसे अफ़ग़ानों ने दूर तक खदेड़ा। मल्लू

ख़ाँ की जान तो बच गयी, मगर उसका ख़्वाबे-हुकूमत हमेशा-हमेशा के लिए चूर-चूर हो गया।

जब बादशाह शेरशाह सूरी ने यह ख़बर सुनी तब उन्होंने फ़ौरन तीन काम किये। पहला, हाज़ी ख़ाँ को माण्डू से अपने पास बुलाकर उसे 12000 सवारों का मनसब प्रदान किया। दूसरा, अब तक सेवास और हिण्डिया का जो इलाक़ा शुजात ख़ाँ के पास था उसे दूसरे सरदारों को दे दिया। तीसरा यह कि शुजात ख़ाँ को शाबाशी देते हुए उन्होंने उसे फिर से माण्डू ही नहीं, उसके अलावा उज्जैन, सारंगपुर और मन्सूर के इलाक़े भी दे दिये। इस तरह एक रूठा हुआ बादशाह फिर से अपने एक वफ़ादार का क़द्रदान बन गया।

शेरशाह सूरी मालवा से वापस आने पर दो वर्ष तक आगरा में रहे और बीच-बीच में देहली जाते रहे। इस बीच वह 'शाहराहे-आज़म' और कुछ दूसरी सड़कों के निर्माण और शासन-प्रबन्धं को सुव्यवस्थित करने में भी लगे रहे।

'शाहराहे-आज़म' के पुनः निर्माण का कार्य देहली से लाहौर तक और दूसरी ओर बिहार से होकर बंगाल तक चल रहा था। उसकी निगरानी और अपने प्रभुत्व के पुराने प्रदेशों को देखने की ललक बादशाह को बिहार और बंगाल की ओर उस दौरान एक बार फिर से ले चली। मगर बिहार के रास्ते में शेरशाह सूरी बुख़ार से पीड़ित हो गये। उन्हें आधे-रास्ते में ही पड़ाव डालकर कई हफ़्ते रुकने पर मज़बूर होना पड़ा। बीमारी की हालत में कई बार उन्होंने कहा कि—"बंगाल की ओर सफ़र की सोचकर इस बार मैंने बड़ी भूलकर दी। इस बुख़ार से ख़ुदा अगर मुझे अच्छा कर देगा तो मैं आगरा वापस लौट जाऊँगा। अभी बहुत-सारा काम बाक़ी है।..."

अपने सेवकों के सामने तीव्र ज्वर में बड़बड़ाते हुए शेरशाह ने एक बार यह भी कहा कि—"ख़बरें आ रही हैं...उस पूरनमल ने चन्देरी में बहुत-से मुसलमानों को अपना गुलाम बना रखा है और उनकी लड़कियों को नाचने-वालियाँ बनाकर रख छोड़ा है। यह पूरनमल मेरे बेटे क़ुतुब ख़ाँ के पास भी नहीं गया था। वह लड़का. ..मेरा मासूम बच्चा दुश्मनों के हाथों नाहक़ क़त्ल हो गया। मैं उस पूरनमल को ऐसी सज़ा दूँगा जो दूसरों के लिए इबरत हो।...ताकि....ताकि फिर कोई हिन्द का बाशिन्दा ईमानवालों पर इस तरह ज़ुल्म न ढा सके।" इसके बाद शेरशाह सूरी जैसे ही ज्वर से मुक्त हुए, फ़ौरन आगरा लौट आये।

रायसीन एक ऐसी रियासत थी जो हुमायूँ के शासनकाल के अन्तिम दिनों में बहुत महत्त्वपूर्ण और समृद्ध सत्ता केन्द्र बनकर उभरी थी। यूँ तो रायसीन का राजा

एक़ नाबालिग़ लड़का प्रतापशाह था, परन्तु वहाँ का असल शासक उसका नायब पूरनमल था। वह चौहान राजपूत राय सिलहदी का पुत्र था। उसने चन्देरी पर विजय प्राप्त कर ली थी और वहाँ के बहुत-सारे मुस्लिम अमीरों को, जिनके पास काफ़ी ज़मीन-जायदाद थी, लूटकर और बेघर करके छोड़ दिया था। सन् 1542 ई. में पूरनमल शेरशाह के दरबार में पेश भी हुआ था और उन्हें राजसी भेंटे प्रदान कर उसने अपना सम्मान भी प्रकट किया था। लेकिन शेरशाह को रायसीन की वैभवशाली रियासत और वह विश्वासघाती पूरनमल दोनों ही आँखों में खटक रहे थे।

शेरशाह को कुछ लोगों से यह ज्ञात हुआ था कि पूरनमल ने कई पुराने मुस्लिम अमीरों के परिवारों को बलपूर्वक नेस्तोनाबूद करके उनका सब-कुछ छीन लिया है और उनमें से कुछ तो इतने दरिद्र बना दिये गये हैं कि वह विरोध करने के क़ाबिल ही नहीं रहे। उनके स्त्री और बच्चों को ग़ुलाम बना लिया गया है और उनके घरों की कमसिन लड़कियों को नाचने-गाने का पेशा तक अपनाने के लिए पूरनमल ने मज़बूर कर दिया है।

इन कारणों से बादशाह शेरशाह पूरनमल से मन-ही-मन बेहद ख़फ़ा थे। बेटे कुतुब ख़ाँ की असमय मृत्यु के लिए दोषी दुश्मनों में भी पूरनमल को वह एक गिनते थे। उसके मुस्लिम-जनता के विरुद्ध ऐसे अमानवीय कृत्य शेरशाह के हिसाब से इतने संगीन थे जिनके लिए वह पूरनमल को सख़्त सज़ा देना अनिवार्य समझते थे।

निज़ाम ख़ाँ शेरशाह का छोटा भाई था। इन दिनों आगरा आया हुआ था। शेरशाह अपने दिल की बात केवल उसी से कहते थे। पूरनमल के बारे में शेरशाह निज़ाम से कह रहे थे—

"देखो तो उस बेग़ैरत राजपूत को...उसकी फ़िरकापरस्त और इतनी घिनौनी सोच?...मुसलमानों को अपने इलाक़ों में तबाह कर देने पर तुला हुआ है वह शख़्स। अमीरों को कंगाल कर रहा है। उन्हें लूट रहा है। बहू-बेटियों की अस्मत बाज़ारों में नीलाम कर रहा है।"

"यह सब आपसे किसने कहा भाईजान?" निज़ाम ख़ाँ ने पूछा।

"कई मौलवियों और उलेमाओं ने।"

"और आपने यक़ीन कर लिया? आप तो बिना तस्दीक किये किसी की बात पर फ़ौरन यक़ीन ही नहीं करते। और फिर यह तो पूरनमल राजपूत का मामला है। रायसीन और चन्देरी में हक़ीक़त में क्या हो रहा है? आपने मालूम तो किया होगा?"

"हाँ निज़ाम! मेरे ख़ुफ़िया आदमियों ने मालूमात की थी। उन्होंने बात काफ़ी हद तक सही बतायी है।"

"क्या?"

"यही कि उलेमाओं की ख़बर सही है...वहाँ मुसलमानों का वाक़ई बड़ा बुरा हाल है।"

"और?"

"और यह कि कई अमीरों की जागीरें छीनकर पूरनमल ने अपने राजपूत मातहतों में तक़्सीम कर दी है।"

"यह तो ज़ाहिर-सी बात है। जब हुकूमत बदलती है तो हुक्मराँ अपने हिसाब से जागीरों और रियासतों में फेरबदल करते ही हैं। आप तो यह बताइये कि मुस्लिमों के घरवालों को गुलाम बनाने की बात अब से कुछ देर पहले वह जो मौलवी साहब आपसे कहकर गये हैं उसमें कितना दम है?"

शेरशाह कुछ देर सोचते रहे। फिर साँस छोड़कर बोले—"उसकी ठीक-ठीक तस्दीक़ नहीं हुई। अलबत्ता कुछेक अमीर घरों के मुसलमानों के राजपूतों के यहाँ चाकरी करने की ख़बरें ज़रूर मिली हैं"

"तब इसमें इतना परेशान होने की क्या बात है? आप तो मज़हब के नाम पर मुसलमान और हिन्दू में फ़र्क करने में ख़ुद ही यक़ीन नहीं रखते। सिर्फ़ यही कहते हैं कि सभी को अपने अक़ीदे पर क़ायम रहने का हक़ है और दूसरों के दीनोईमान में मदाख़लत गुनाह है। फिर सियासी तौर पर जब तक कोई इन्सान किसी के अक़ीदे या मज़हब से जुड़ी इबादतगाहों और उनके रीति-रिवाजों वगैरह पर चोट नहीं करता और महज़ अपनी हुकूमत में अपने आदमियों को तरजीह देता है तो वह तो दूसरे तरह का मोआमला हुआ..."

"और वह उसकी ग़द्दारी?...जिसकी वजह से हमारा बेटा कुतुब ख़ाँ नाहक़ उन मुग़लों के हाथों मारा गया?"

कहते हुए एक बार फिर शेरशाह सूरी के भीतर का भावुक पिता जाग गया और उनकी आँखों से आँसू छलक पड़े। वह उन्हें रूमाल से पोंछने लगे। निज़ाम ख़ाँ बड़े भाई के कन्धों पर हाथ रखकर उन्हें सहारा देने लगा।

शेरशाह ने आख़िरकार पूरनमल को सबक सिखाने का फ़ैसला कर ही लिया। उन्होंने अपने सुयोग्य पुत्र जलाल ख़ाँ को आदेश दिया कि वह अपनी विशाल सेना के साथ आगे चले। वह ख़ुद जल्द ही पीछे से आकर उससे मिलेंगे।

जब जलाल ख़ाँ कूच के बाद भीलसा पहुँच गया तो शेरशाह उससे अपनी एक और बड़ी सेना और अपने ज्येष्ठ पुत्र आदिल ख़ाँ के साथ आकर मिल गये। इसके बाद शेरशाह सूरी की उन सम्मिलित फ़ौज ने रायसीन की दिशा में और तेज़ी से क़दम बढ़ाये। पड़ाव-दर-पड़ाव और मंज़िलों को पार करते हुए यह लोग एक दिन रायसीन के दुर्ग के निकट जा पहुँचे।

पूरनमल ने 600 हाथी शेरशाह की सेवा में भेजे। मगर वह स्वयं दुर्ग से बाहर नहीं आया। शेरशाह ने रायसीन के क़िले को घेर लिया। यह घटना सन् 1543 ई. की है। रायसीन का घेरा बहुत दिनों तक पड़ा रहा। पूरनमल शेरशाह से युद्ध नहीं करना चाह रहा था। क्योंकि युद्ध का परिणाम वह जानता था। अफ़ग़ान फ़ौज संख्याबल में अत्यधिक थी और वह कहीं-न-कहीं अपने मन में एक अपराधबोध से भी ग्रस्त था। इसलिए वह शेरशाह के बुलावे पर न तो क़िले से बाहर आया, न ही उसने कोई जवाब दिया।

अब शेरशाह को कोई दूसरा उपाय नहीं सूझा। उन्होंने क़िले में रसद पहुँचने के सारे मार्ग बन्द करवा दिये और वहाँ मौजूद स्त्री-पुरुष-सैनिकों जानवरों को भूखों मार डालने का इन्तज़ाम कर दिया। राजपूतों ने इसके बावजूद आत्मसमर्पण नहीं किया।

कई माह बीत जाने पर भी जब राजा पूरनमल अपनी जगह से टस-से-मस नहीं हुआ तो शेरशाह ने अपने तोपख़ाने के साथ आये तोपचियों और सिपाहियों को यह हुक्म दिया कि—"इस बार हमारे साथ तोपों की तादाद कम है...इसलिए आस-पास के बाज़ारों से पीतल मँगवाया जाये...हमारे ख़ेमों में जहाँ-जहाँ भी पीतल के सामान और बर्तन वगैरह हों उन्हें इकट्ठा किया जाये...उस पीतल को गलाकर उनसे तोपें ढाली जायें।"

इस तरह जब पर्याप्त तोपें बनकर तैयार हो गयीं तो उन सबको दुर्ग के चारों ओर की प्राचीर के सामने लगवाकर शेरशाह सूरी ने क़िले पर गोलाबारी करवायी। तोप के गोलों के प्रहार से चारों ओर की प्राचीरें कई जगह ध्वस्त हो गयीं।

तब पूरनमल को बड़ा भय हुआ। उसने शेरशाह के पास अपना सन्देशवाहक भेजा। सन्देशवाहक सफ़ेद झण्डा लिये शेरशाह के शाही डेरे में आकर शेरशाह सूरी से मिला और बोला- "हुजूर बादशाह! प्रणाम!! हमारे राय साहेब प्रतापशाह पुत्र भूपतशाह के नायब भइया पूरनमल जी ने आपको नमस्कार कहा है। वह आपसे भेंट करने की अनुमति चाहते हैं।"

शेरशाह ने कहा—"उनसे जाकर कहो कि इजाज़त है। वह बेख़ौफ़ हमसे यहाँ आकर मुलाक़ात कर सकते हैं।"

"मगर हुजूर। आपकी यह फ़ौज?"

"पूरनमल से कहो उसकी फ़िक्र न करे। हमने उसे जान की अमान दी। हमारी फ़ौज फ़िलहाल कुछ न करेगी। यह शेरशाह की ज़ुबान है।"

अभिवादन करके पूरनलाल का सन्देशवाहक उल्टे पाँव वापस लौट गया। दोपहर बाद पूरनमल अपने चन्द चुनिन्दा घुड़सवारों के साथ रायसीन के दुर्ग द्वार से बाहर आया और आकर शेरशाह से मिला।

उसने शेरशाह से निवेदन किया कि–"बादशाह सलामत!...आप रायसीन का घेरा उठा लें। बदले में मैं अपनी सारी निजी सम्पत्ति हीरे-जवाहरात आपकी नज़र करने को तैयार हूँ। मुझे आप क्षमा प्रदान करें। मैं आपका जो भी आदेश होगा उसका पालन करने को तैयार रहूँगा।

शेरशाह ने कहा कि–"पूरनमल!...मैंने तुम्हारी बहादुरी के बहुत क़िस्से सुन रखे हैं। तुम अगर रायसीन को मेरे हवाले कर दो तो मैं तुम्हें बदले में अपना बनारस का सूबा दे दूँगा। वहाँ तुम अपने ज़िन्दगी के आख़िरी साल पूजा-पाठ में सुकून से बिता सकोगे। लेकिन शर्त यह है कि तुमने जहाँ-जहाँ भी मुसलमानों के जितने भी आदमी, औरतों और बच्चों को ग़ुलामी में जकड़ रखा है उन्हें तुम फ़ौरन छोड़वा दो।"

इस पर पूरनमल ने कहा- "आली जनाब शेरशाह! मैंने किसी भी मुसलमान या उसके कुटुम्बी जन को कभी गुलाम बनाकर अपने पास नहीं रखा है। मुझे ऐसी कोई जानकारी नहीं है। फिर भी यदि आप ऐसा कहते हैं तो मैं इस बारे में अपने राजा प्रतापशाह जी से बात करूँगा। यद्यपि वह अभी नाबालिग़ हैं किन्तु समझदार हैं। मैं स्वयं राजा तो नहीं हूँ सिर्फ़ उनका नायब हूँ। यह एक इतनी बड़ी बात है जिसे राजा साहब की जानकारी में लाना मेरे लिये परम आवश्यक होगा। मैं उनके पास जाकर आपकी यह बात कहूँगा और उनकी आज्ञा से छानबीन कराकर ही जैसा उचित होगा कार्यवाही अमल में लाऊँगा। परन्तु उसके लिए आपको मुझे कुछ दिन की मोहलत देनी होगी।...क्योंकि प्रतापशाह इन दिनों बाहर गये हुए हैं।"

यह सुनने के बाद शेरशाह ने कुछ सोचा। फिर उन्होंने पूरनमल को अपने पास से जाने दिया। भइया पूरनमल जिस तरह आया था उसी तरह रायसीन के क़िले के भीतर पुनः दाख़िल हो गया। क़िले के द्वार पूर्ववत् बन्द हो गये।

पूरनमल जब क़िले के भीतर गया तो उसने अपने कथनानुसार ही अपने सारे हीरे-जवाहरात एकत्र करके अपने एक प्रतिनिधि के ज़रिये शेरशाह के समक्ष भिजवा दिये और कहलाया कि–"मैं फिर से आपके सामने उपस्थित होने का साहस नहीं जुटा पा रहा हूँ। यदि आप रायसीन दुर्ग से दो मंज़िल दूर चले जायें तो मैं बाहर निकलकर यह दुर्ग आपके सिपाहियों के सुपुर्द कर दूँगा और दूर देशों को चला जाऊँगा। इसके साथ ही मैं आपसे एक वचन भी चाहूँगा कि आप और आपकी फ़ौज मेरे स्त्री बालकों और मेरे आदमियों को किसी प्रकार का नुक़सान नहीं पहुँचायेंगे। इस सिलसिले में आपका ज्येष्ठ पुत्र आदिल ख़ाँ आ जाये या फिर आपके यहाँ एक बुज़ुर्गवार अफ़ग़ान सरदार हैं, जिनकी बड़ी इज़्ज़त सुनी है। नाम है उनका कुतुब ख़ाँ बानेत। अगर इनमें से कोई भी शपथ लेकर हमारी सुरक्षा के लिए वचनबद्ध हो जायेगा तो उसे मैं आप ही का वचन समझूँगा।"

शेरशाह ने पूरनमल के प्रतिनिधि को बाहर भेजा और अपने बेटे आदिल ख़ाँ और बुज़ुर्ग कुतुब ख़ाँ बानेत को डेरे में बुलवाया। उनसे सलाह-मश्विरा किया। कुतुब ख़ाँ बानेत ने कहा- "इसमें कोई हर्ज़ नहीं। अगर हुज़ूर हुक्म दें तो मैं क़िले में जाकर आपकी ओर से पूरनमल को उसकी हिफ़ाजत का यक़ीन दिला सकता हूँ। अगर कहें तो हुजूर की बिना पर अल्लाह का नाम लेकर पाबन्द भी हो सकता हूँ।"

बादशाह शेरशाह सूरी बहुत ऊहापोह में थे। क्या करें क्या न करें? दुश्मन को इस तरह साफ़ निकल जाने दें कि ख़त्म ही कर दें? पाबन्द हो जाने पर अपनी ज़ुबान से फिरा भी तो नहीं जा सकता। ख़ासा अरसा रायसीन में पड़े-पड़े बीत चुका है। यह ज़िद्दी राजपूत हैं कि अड़े हुए हैं।...ख़ैर अगर रायसीन का यह क़िला इस तरह मेरे हाथ में आ जाता है तो इन लोगों की कमर वैसे ही टूट जायेगी। सज़ा तो यों भी पूरी हो जायेगी। बाद में पूरनमल सिर उठाता है तो उसे देख लिया जायेगा। फ़िलहाल मैं कुतुब ख़ाँ बानेत को ही उसके पास भेजकर देखता हूँ।..."

यही सब सोचकर आधे-अधूरे मन से शेरशाह ने बुज़ुर्गवार सरदार कुतुब ख़ाँ बानेत को रायसीन के क़िले में भेज दिया। बादशाह के इस मोअज़्ज़िज़ नुमाइन्दे ने बाक़ायदा खुदा की क़सम खाकर भइया पूरनमल को उसकी सुरक्षा के लिए आश्वस्त किया और वह उसे उसके परिवार और स्त्रियों सहित क़िले से बाहर ले आया। पूरनमल के साथ-ही-साथ उसके मुट्ठी भर राजपूत सैनिक भी क़िले से बाहर आ गये।

सरदार कुतुब ख़ाँ ने तब शेरशाह से निवेदन किया कि पूरनमल के डेरों के वास्ते कोई मुनासिब मुक़ाम बतलाया जाये। तब शेरशाह ने अपने पड़ाव के निकट ही एक स्थान उसे बताया। सरदार कुतुब ख़ाँ बानेत स्वयं पूरनमल के साथ उस स्थान पर गया जो बादशाह शेरशाह सूरी ने बताया था। वहाँ से अगले डेरा कूच के लिए राजपूतों ने अपने डेरे लगा लिये और क़िले से बाहर लाये अपने ज़रूरी सामानों को वहाँ व्यवस्थित करने लगे। रायसीन का क़िला अफ़ग़ानों के हाथ में आ गया। आदिल ख़ाँ, शेरशाह का बड़ा बेटा, अपने लश्करों के साथ उसके मुआयने के लिए उसमें प्रवेश भी कर गया।

इस बात को अभी दो दिन भी नही बीते होंगे कि चन्देरी के लुटे-पिटे मुसलमानों की कुछ विधवाएँ और दूसरी औरतें शेरशाह के पड़ाव के नज़दीक आकर दिन-दहाड़े रोने-बिसूरने और छाती पीटने लगीं। कहने लगीं कि उन्हें बादशाह से इन्साफ़ चाहिए।

शेरशाह ने पूछा कि—"ये लोग कौन हैं? इन्हें सामने लाया जाये।"

वह अजनबी औरतें वहाँ लायी गयीं जहाँ शेरशाह बैठे हुए थे। आते ही सब-के-सब उनके सामने धरती पर गिर पड़ीं। रोते-बिलखते बैन करते बादशाह से

कहने लगीं—"इस जल्लाद पूरनमल ने...इस क़ाफिर ने हमें बर्बाद कर डाला।...इसने ऐसे-ऐसे ज़ुल्मो-सितम हम पर ढाये हैं कि हम कह नहीं सकते। इसने हमारे ख़ाबिन्दों और बेटों को मार डाला....और हमारी लड़कियों को कनीज़ों और नचनियों में तब्दील करके रख छोड़ा है। इस काफिर ने हमारी ज़मीनें हमसे छीन लीं...सारी दौलत लूट करके हमें दर-दर का भिखारी बना दिया...या अल्लाह!...घरों के मर्द हमें छोड़कर भाग गये हैं और इस ज़ालिम के ख़ौफ़ से न जाने इन दिनों किधर-किधर की ठोकरें खाते फिरते होंगे। अरे हाय!...हाय!!...हाय!!!...हम तो बर्बाद हो गये..."

शेरशाह ने अपने आदमियों से कहा—"इन औरतों को सँभालो। डेरों से कनीज़ें बुलवाओ। इन्हें पानी-वानी पिलवाओ। इनकी देखभाल करो।"

इतना सुनते ही उन रोती-बिलखती औरतों में से एक प्रौढ़ा तड़पकर उठी। बाल बिखराये हुए उसने उँगली उठाकर चिल्लाकर शेरशाह से कहा—"ऐ बादशाह। सुनो...आज अगर तुम हमारे साथ इन्साफ़ नहीं करोगे तो हम तुमसे कोई फ़रियाद दोबारा नहीं करेंगी। हम सब-की-सब बदक़िस्मत औरतें यहाँ से यूँ ही लौट जायेंगी। मगर याद रखना...याद रखना कि जब कभी क़यामत का दिन आयेगा तो हम सब मज़लूम औरतें एक बार फिर अपनी क़ब्रों से उठेंगी और उस दो-जहान के मालिक से अपनी फ़रियाद कहेंगी। तब हमारे यह बेबस हाथ होंगे और तुम्हारा गिरहबाँ।..."

शेरशाह सूरी बतौर-ए-शख़्स धर्मान्ध तो नहीं था पर धर्म को माननेवाला अवश्य था। वह इस्लाम के सिद्धान्तों में आस्था रखनेवाला एक न्यायप्रिय शासक था। जब उसने उन पीड़ित औरतों के ऐसे कठोर वचन सुने और इस्लाम के नाम पर दी गयी उस चुनौती को सुना तो वह एकबारगी बुरी तरह हिल गया। तब उसके भीतर का मज़हबी और जज़्बाती मुसलमान जैसे सोते-से जाग गया। उसके दाँत एकाएक भिंच गये और आँखों से गर्म-गर्म आँसू गिरने लगे।

शेरशाह ने उन औरतों से कहा—"तुम सब धीरज रखो। मैंने पूरनमल को क़सम खाकर क़िले से बाहर निकाला है।...देखता हूँ कि...ऐसे में मैं क्या कर सकता हूँ?"

इस पर उनमें से एक दूसरी मुस्लिम बेवा ने चमक कर कहा—"अगर हमारे साथ इन्साफ़ करने में तुम्हारी कोई क़सम आड़े आ रही हो तो अपने उल्माओं से सलाह करो। वह जो फ़ैसला करें, तुम वैसा करो। वर्ना तुम्हारे जो मन में आये करो। हमारा क्या?...बादशाहों और हुक्मरानों से वैसे भी कब कोई उम्मीद आज तरह पूरी हुई है।" सब-की-सब औरतें यह कहकर वहाँ से चलती बनीं।

अच्छे-भले एक धर्मनिरपेक्ष बादशाह की अक़्ल पर उन विषम परिस्थितियों में पत्थर पड़ गये। वह किंकर्त्तव्यविमूढ़ दशा में अपने शाही डेरे के भीतर वापस लौटा। वहाँ उसने अपने कुछ अमीरों और उल्माओं को मार्गदर्शन के लिए बुलवाया और उनसे विचार-विमर्श किया। अमीर शेख़ रफ़ीउद्दीन ने पूरनमल की मुख़ालिफ़त में इस्लाम की दुहाई देकर बहुत-कुछ कहा। उसके बाद सारे उल्माओं ने एक राय से फ़तवा जारी किया कि—''क़ाफ़िरों से किये गये वायदे को निभाना ज़रूरी नहीं है। यह कि पूरनमल यक़ीनन कड़ी सज़ा का हक़दार है क्योंकि उसने इस्लाम के माननेवालों पर बेपनाह ज़ुल्म ढाये हैं और तमाम मुस्लिम औरतों को अपने घरों में नापाक इरादों से रख छोड़ा है। लिहाज़ा हर सूरत में उस क़ाफ़िर को सज़ाए-मौत मिलनी चाहिए।''

इस अवसर पर बूढ़ा अफ़ग़ान कुतुब ख़ाँ बानेत भी शेरशाह के साथ मौज़ूद था। उसने बादशाह को कान में सलाह दी कि—''आप इन उल्माओं की क़तई न सुनें। अपने क़ौल और वायदे से फिरना भी गुनाह है। आप शायद भूल रहे हैं हुजूर कि आपके ही हुक्म पर खुद मैंने आप ही की ओर से पूरनमल और उसके साथियों को ख़ुदा की कसम खाकर ज़ुबान दी है।...ऐसे में उस ज़ुबान का क्या होगा?''

मगर शेरशाह ने कुतुब ख़ाँ बानेत की नेक सलाह को कोई तवज्जो न दी। उल्माओं के उस आनन-फ़ानन में दिये गये फ़तवे के सामने वह जैसे जड़ हो गये थे। इस पर बुज़ुर्ग अफ़ग़ान कुतुब ख़ाँ धीरे से उठा और सिर झुकाकर वहाँ से चला गया। एक के बाद एक कर बाक़ी सब अमीर और उल्मा भी वहाँ से चले गये।

पूरनमल की मौत का फ़तवा जारी हो चुका था। शेरशाह का बेटा आदिल ख़ाँ अभी भी वहाँ खड़ा था। उसने बाप की ओर इस आशय से देखा कि क्या हुक्म है? शेरशाह ने कहा कि—''अब इसके आगे तुम देखो।...ईसा ख़ाँ हाजिब से कहो कि वह अपने फ़ौज और हाथियों को पूरनमल के डेरों से कुछ दूर एक जगह इकट्ठा करे और सिपाहियों से कहे कि बादशाह गोण्डवाना की ओर कूच करना चाहते हैं। मगर उसे अकेले में तुम बता देना कि उसे पूरी रात पूरनमल के डेरों पर निगाह रखनी है ताकि कहीं वह भाग न जाये। उससे कहना कि सुबह-सुबह पौ फटते ही पूरनमल के डेरों को वह अपनी फ़ौज से घेरवा लेगा और वहाँ से पूरनमल को किसी तरह पकड़कर हमारे सामने पेश करेगा। ताकि उसे यहाँ सज़ाए-मौत दी जा सके।''

सुब्रह-सुबह शेरशाह के आदेशानुसार ईसा ख़ाँ हाजिब की अफ़ग़ान फ़ौज ने पूरनमल के डेरों को हाथियों, घोड़ों और सैनिकों का चक्रव्यूह रचकर घेर लिया।

पूरनमल के पास मात्र 1000 राजपूत सैनिक थे। अनेक स्त्रियाँ-बच्चे और निहत्थे कुटुम्बी जन भी थे। किसी सैनिक ने सोते हुए पूरनमल को जगाया और कहा कि उसके डेरों को शेरशाह की फ़ौज द्वारा घेरा जा रहा है। राजपूत तो अपनी आन-बान-शान के लिए मर मिटनेवाले योद्धा प्राचीन काल से रहे हैं। जानमाल से

ज़्यादा उन्हें अपनी इज़्ज़त प्यारी हुआ करती थी। पूरनमल ने अपने ख़ेमे से बाहर आकर स्वयं परिस्थितियों का जायज़ा लिया। वह समझ गया कि उसके साथ विश्वासघात हो गया है। सारे राजपूत कैम्प में तब तक हल्ला मच गया था।

पूरनमल ने अपने खेमे में जाकर अपनी प्रिय पत्नी रत्नावली, जो हिन्दी गीत और भजन बड़े मधुर स्वर में गाया करती थी, का सिर काट डाला और अपनी रक्त सनी तलवार दिखाकर अन्य राजपूतों से कहा—"मैंने तो यह किया है। अब तुम भी अपनी स्त्रियों और लड़कियों को मार डालो।"

उसके बाद क्षण भर में वहाँ परिस्थितियाँ बिगड़ गयीं। इधर राजपूत अपनी स्त्रियों और लड़कियों को मारने-काटने में लगे थे कि उधर अफ़ग़ान सैनिक उन पर भूखे भेड़ियों की तरह टूट पड़े। संख्या में कम होने पर भी पूरनमल और उसके राजपूत सैनिक बड़ी वीरता से अफ़ग़ानों से लड़े, परन्तु सब-के-सब अन्ततः मार डाले गये। पूरनमल की एक लड़की और उसके भाई के तीन बच्चे ही उस विभीषिका में जीवित बचे। उन्हें गुलाम बनाकर बेच दिया गया।

शाहे-हिन्द शेरशाह ने अपने अफ़ग़ान सैनिकों के इस दुष्कृत्य को अपनी आँखों से देखा और उसकी रोकथाम के लिए कुछ भी नहीं किया। वस्तुतः वह उन परिस्थितियों में अपने क़ाज़ियों के सामने ऐसे असहाय और किंकर्त्तव्यविमूढ़ हो गये कि एक बादशाह के फर्ज़ को भी उस दिन भूल गये। मगर इस घटना से वह बुज़ुर्ग और मोअज़्ज़िज़ अफ़ग़ान सरदार कुतुब ख़ाँ बानेत, जो उन राजपूतों को वचन देकर रायसीन के क़िले से बाहर लेकर आया था, इतना शर्मिन्दा हुआ कि आत्मग्लानि के बोझ से दबकर उसने उसी दिन आत्महत्या कर ली।

शेरशाह के गौरवमय जीवन में एक यही ऐसा एकमात्र काला अध्याय है जब वह धर्मान्ध दरिन्दों के प्रतिशोधपूर्ण क्रूर कृत्यों के समक्ष गूँगा, बहरा और तटस्थ बना रहा। ऐसा करके नाहक़ ही उस महान् व्यक्ति ने अपने उज्ज्वल मस्तक पर एक कलंक का टीका लगवा लिया।

इसके बाद रायसीन का क़िला बादशाह शेरशाह सूरी ने मुन्शी शाहबाज़ ख़ाँ अचाखेल सरवानी को दे दिया और वह भारी मन से आगरा लौट गये। वर्षा ऋतु के दौरान वह राजधानी आगरा में ही पड़े रहे। उन दिनों शेरशाह भीतर-ही-भीतर घोर पश्चात्ताप की अग्नि में तिल-तिलकर जलते रहे। महल के बाहर बरसात की झड़ी लगी रहती और बादशाह शेरशाह अपने भीतर उठनेवाले अनगिनत विचारों के बवण्डर से लड़ते रहते।

भाई निज़ाम ख़ाँ उन्हीं दिनों सहसराम से आया। अपने साथ आमों के कई झाबे लाया था वह। शेरशाह को छोटे भाई का आगमन अँधेरों के बीच एक रोशनी की बारीक किरन-जैसा लगा। उन्होंने रायसीन में जो कुछ घटा था उसे तफ़सील के

साथ निज़ाम ख़ाँ से कह सुनाया और कहा—"मुझसे बहुत बड़ी भूल हो गयी मेरे भाई!...अब हिन्द की रियाया मुझ पर हरगिज़ यक़ीन नहीं करेगी।"

इस पर निज़ाम ने कहा—"तो आप अपनी ग़लती सरेआम क़बूल क्यों नहीं कर लेते?"

शेरशाह ने कहा—"कैसे कर लूँ?...बादशाह जो हूँ।"

"तो फिर?"- निज़ाम ने पूछा।

"जो इन्सान अपनी भूलों से सबक न ले, वह इन्सान नहीं।...और जो बादशाह अपनी हर भूल से एक नया सबक न ले, वह बादशाह नहीं।"—शेरशाह का सीधा-सा जवाब था।

▣

▣

एक म्यान में दो तलवारें भला कहाँ रह सकती हैं? भारत एक विशाल देश है। सदियों तक उसका उत्तरी हिस्सा दिल्ली सल्तनत के अधीन रहा। वह बात और है कि सुल्तानों की मज़बूती और कमज़ोरी की बिना पर उनकी अपनी सल्तनत बढ़ती या सिकुड़ती रहती थी। शेरशाह सूरी के समय में उत्तर भारत में उसका साम्राज्य काफ़ी विस्तार पाया। मुल्तान और सिन्ध का अफ़ग़ान राज्य में मिलाया जाना उसी की एक कड़ी था।

अपने बादशाह बनने के प्रारम्भिक वर्ष में हुमायूँ को हिन्दुस्तान की पश्चिमोत्तर सीमा से खदेड़ने के बाद शेरशाह सूरी जब 1541 ई. में खुशआब में ठहरे उन्हीं दिनों उन्होंने सिन्ध को अपने अधिकार में कर लिया था और इस्लाम ख़ाँ नाम के एक स्थानीय सरदार को सिन्ध का हाकिम नियुक्त कर दिया था।

उन्हीं दिनों उत्तर भारत में गक्खरों के विद्रोह को दबाने के लिए शेरशाह ने पहाड़ों की ख़ाक छानी थी। रोहतास नाम का एक विशाल क़िला भी बनवाना शुरू किया था। जहाँ उन्होंने एक भारी सेना रख छोड़ी थी। वह कश्मीर की ओर बढ़ना चाहते थे तभी उन्हें बंगाल के सूबेदार के विद्रोह की ख़बर मिली और सब-कुछ छोड़कर बंगाल भागकर जाना पड़ा।

बंगाल जाते समय सीमान्त प्रदेशों में अपने साम्राज्य की सुरक्षा और गक्ख़रों की रोकथाम के लिए आख़िर उन्हें एक म्यान में तो तलवारें वहाँ छोड़नी ही पड़ीं। एक तो शेरशाह का चहेता सिपहसालार ख्वास ख़ाँ। दूसरा एक अन्य बड़ा योद्धा हैबत ख़ाँ। दोनों को वह रोहतास के क़िले में 50,000 सैनिकों के साथ छोड़ आये थे।

वह दोनों ही सरदार अत्यन्त महत्त्वाकांक्षी और युद्ध कुशल थे। एक योग्य व्यक्ति को दूसरा बराबर का योग्य व्यक्ति अक्सर नहीं भाता। दोनों सरदारों में मतभेद पनप गये। ख़बर शेरशाह तक पहुँची कि ख्वास ख़ाँ और हैबत ख़ाँ में दुश्मनी की हद तक दरार पड़ चुकी है। तब शेरशाह ने अपने चहेते सरदार ख्वास ख़ाँ को अपने पास बुला लिया और हैबत ख़ाँ को पंजाब के सूबे का हाकिम नियुक्त करते हुए उसे आदेश दिया कि वह विद्रोहियों को कुचल दे और आस-पास के इलाक़ों को भी अपने क़ब्ज़े में कर ले।

नये सूबेदार हैबत ख़ाँ को उन दिनों दो विद्रोही शत्रुओं का सामना करना पड़ा। इनमें से पहला अत्यन्त ख़ूँख़ार फ़तेह ख़ाँ जाट था। इसने दिल्ली और लाहौर के रास्ते पर इतनी लूटपाट की वारदातें कर रखी थीं कि पूरा राजमार्ग असुरक्षित हो उठा था। दूसरा विद्रोही बख्शू लंगाह था। इसने अपने-आपको मुल्तान का स्वतन्त्र सुल्तान घोषित कर दिया था।

हैबत ख़ाँ ने सर्वप्रथम फ़तेह ख़ाँ जाट पर चढ़ायी की। उसने फ़तेह ख़ाँ के रिहाइश के केन्द्र अजोधन पाकपट्टन पर हमला बोला। तब वह जाट सरदार वहाँ से भाग खड़ा हुआ। उसका साथ हिन्दू बिलूच दे रहा था। यह लोग भागकर एक अन्य इलाक़े में एक मिट्टी का क़िला बनाकर अपने लश्कर सहित छिप गये। हैबत ख़ाँ को इनका सुराग मिल गया। वह अपनी सेना सहित वहाँ जा धमका और उस मिट्टी के क़िले को घेर लिया। कुछ समय बाद दोनों पक्षों में संघर्ष हुआ जिसमें फ़तेह ख़ाँ जाट और हिन्दू बिलूच को बन्दी बना लिया गया।

इसके बाद हैबत ख़ाँ मुल्तान की ओर बढ़ा और उसने वहाँ के शासक बख्शू लंगाह की सेना को हराकर मुल्तान पर भी अपना अधिकार कर लिया। बख्शू लंगाह और उसके लड़के को हैबत ख़ाँ ने पकड़ लिया और अपनी कामियाबियों की ख़बर शेरशाह को भेजकर बन्दियों के बारे में उनकी आज्ञा माँगी।

हैबत ख़ाँ की इन विजयों से शेरशाह बहुत प्रसन्न हुए। उन्होंने उसे इनामो-इकराम से नवाज़ा और हुक्म दिया कि वह मुल्तान को फिर से आबाद करने की कोशिश करे, क्योंकि वहाँ के बहुत-से लोग सुना है कि...भयभीत होकर भाग गये हैं। शेरशाह ने यह भी आदेश दिया कि लंगाहों के तौर-तरीक़ों के अनुसार ज़मीन की नापजोख न करायी जाये, बल्कि तमाम पैदावार का सिर्फ़ एक-चौथाई हिस्सा ही बतौर लगान वसूल किया जाये।

शेरशाह के आदेशों के तहत ही बन्दियों में से फ़तेह ख़ाँ जाट और हिन्दू बिलूच को मार दिया गया, लेकिन बख्शू लंगाह और उसके लड़के को जीवित रहने दिया गया। शेरशाह ने बख्शू लंगाह को आज़ाद करके उसके लड़के को ज़मानत के तौर पर अपने पास रख लिया। बख्शू लंगाह को गुज़र-बसर के लिए उसकी पुश्तैनी

ज़मीनें बख़्श दी गयीं। शेरशाह ने इसके बाद मुल्तान का शासन अपने एक सुयोग्य सरदार फतेहजंग ख़ाँ को सौंप दिया।

इस तरह भारत के उत्तर-पश्चिम में पंजाब प्रान्त के अलावा सिन्ध और मुल्तान भी शेरशाह के साम्राज्य में शामिल हो गये।

◙

◙

वर्षा ऋतु समाप्त होने को आयी। अब शेरशाह सूरी ने अपने साम्राज्य के दक्षिणी छोर पर दृष्टि डाली। उत्तर में पंजाब, पश्चिम में सिन्ध और मुल्तान से लेकर पूर्व में बिहार और बंगाल तक उनका निष्कण्टक राज्य स्थापित हो चुका था। इसी तरह दक्षिण में मालवा तक उनका क़ब्ज़ा हो गया था। अब अगले सैन्य अभियान में उन्हें राजस्थान क्षेत्र के अन्तर्गत मारवाड़ और मेवाड़ फ़तेह करना बहुत ज़रूरी लगा।

कभी मेवाड़ के गौरव राणा साँगा एक बहुत बड़ी राजपूत-शक्ति हुआ करते थे। बाबर से हारने के बाद वह ऐसे निस्तेज हुए कि कुछ ही वर्षों बाद चल बसे। राणा साँगा की मृत्यु के पश्चात् मारवाड़ राज्य ने, जिसकी राजधानी जोधपुर थी, राजस्थान के सत्ता केन्द्रों में अपना प्रथम स्थान बना लिया। मारवाड़ का राजा मालदेव राठौर अपने पिता की मृत्यु के बाद सन् 1531 ई. में राजगद्दी पर बैठा। राज्य की बागडोर सँभालते ही वह अपने साम्राज्य के विस्तार हेतु निकल पड़ा। उसने सोजत, नागौर, अजमेर, मेरठा, जयतारण, सिवाना आदि अनेक राज्यों और रियासतों पर अधिकार कर लिया। वह जयपुर के राजा के विरुद्ध भी लड़ा और उसने उनके टोंक, टोडा, मलपुर आदि बहुत-से हिस्सों को छीन लिया। इस तरह प्रायः सम्पूर्ण राजपूताने पर कुछ ही वर्षों में मालदेव छा गया। यही नहीं, अपनी शक्तिशाली सेना और उससे भी बलशाली महत्त्वाकांक्षा के सहारे उसने दिल्ली की ओर भी क़दम बढ़ाकर दिल्ली से मात्र तीस मील पहले झज्जर नाम के स्थान तक अपनी राजपूती सीमा का विस्तार कर डाला।

राजा मालदेव के हौसले इतने बढ़ गये कि जून, 1541 ई. में उसने निर्वासित मुग़ल बादशाह हुमायूँ को पत्र लिखकर निमन्त्रण दिया कि -"आप जोधपुर आइये और मेरी सहायता से दिल्ली के सिंहासन को पुनः प्राप्त करने का प्रयत्न कीजिये।"

वस्तुतः शेरशाह-जैसे शक्तिशाली और जुझारू बादशाह की जगह हुमायूँ-जैसा सीधा-सरल शासक मालदेव को अधिक भाता था। वह समझता था कि शेरशाह उसके राजपूत साम्राज्य के लिए अपेक्षाकृत एक बड़ा ख़तरा है। इसलिए उसकी जगह यदि उसके दुश्मन हुमायूँ को दोस्त बनाया जाये तो यह उसके भविष्य के लिए एक लाभकारी स्थिति होगी।

मालदेव ने निर्वासित हुमायूँ को भारत आने का न्योता जून 1941 में भिजवाया। मगर क़िस्मत का मारा वह निर्वासित मुग़ल आया भी तो उसके 13 महीने बाद। तब तक हिन्दुस्तान की राजनीतिक तस्वीर ही बदल चुकी थी। उत्तरी भारत में शहंशाह शेरशाह सूरी अधिकांश भूभागों पर अपने अफ़ग़ानी परचम फहरा चुके थे। इसके अतिरिक्त मालदेव द्वारा पदमर्दित बीकानेर नरेश राव कल्याणमल और कुछ अन्य छोटे-छोटे पराजित राजपूत सरदार शेरशाह सूरी से आ मिले थे और वह उन्हें निरन्तर मारवाड़ पर चढायी करने के लिए ज़ोर डाल रहे थे।

इसलिए शेरशाह ने मालदेव को लिखा कि वह हुमायूँ को पनाह या क़तई कोई मदद न दे। बल्कि वह उसे गिरफ़्तार करके सीधे शेरशाह के हवाले कर दे। शेरशाह का यह ख़त पाकर राजा मालदेव बड़ी दुविधा में पड़ गया। ऐसे में क्या करे? क्या न करे? बड़ी विकट असमंजस की स्थिति उसके सामने आ खड़ी हुई। एक तरफ़ उसका शक्तिशाली शत्रु उस पर दबाव डाल रहा था कि वह उसके दुश्मन को उसे सौंप दे। दूसरी ओर अपने उसी कमज़ोर मित्र की सहायता करने का वह उसे वचन दे चुका था। अजीब कैफ़ियत थी। अगर वह हुमायूँ को धोखे से गिरफ़्तार करता है तो वचन भंग से लेकर राजपूती अतिथि-सत्कार की भावना को ठेस पहुँचती है। यदि गिरफ़्तार नहीं करता है तो उसका मतलब होगा शेरशाह से सीधा संघर्ष।

बहुत सोच-विचारकर कि मारवाड़ प्रदेश में शान्ति बनी रहे और अफ़ग़ान-बादशाह से नाहक़ शत्रुता मोल न लेनी पड़े, मालदेव ने तटस्थता की नीति अपनाया। यह एक ऐसी नीति थी जिसने कि आगन्तुक मिर्ज़ा हुमायूँ का उससे स्वतः मोहभंग हो जाये और उसे ख़ाली हाथ यहाँ से वापस लौटना पड़ जाये।

जब हुमायूँ जोधपुर से लगभग 60 मील की दूरी पर रह गया तो मालदेव ने उसके पास अपने प्रतिनिधियों के माध्यम से अतिथि-सत्कार के रूप में कुछ मौसमी फल भेजे। परन्तु सैन्य सहायता का कोई स्पष्ट सन्देश नहीं भिजवाया। मालदेव के आदमी जिस तरह आये थे बिना कुछ कहे-सुने हुमायूँ को प्रणाम करके वापस जोधपुर लौट गये।

तब हुमायूँ ने अपने पड़ाव से अपने कुछ विश्वसनीय गुप्तचरों को जोधपुर भेजा कि वह वहाँ जाकर मालदेव के असली इरादों का पता लगायें। हुमायूँ के आदमियों ने जोधपुर में शेरशाह के एक ख़ास दूत को राजमहल के बाहर टहलते देखा। वहाँ से लौटकर जब हुमायूँ को उसके गुप्तचरों ने यह ख़बर दी तो उसे दाल में काला नज़र आया। मालदेव के इरादों से आशंकित हो हुमायूँ अगस्त, 1542 ई. में सिन्ध की ओर वापस लौट पड़ा। अब मालदेव राठौर के सैनिकों के विभिन्न दल वापस लौटते मुग़ल सैन्य-दल को जगह-जगह प्रताड़ित करने लगे, ताकि वह बिना समय गँवाये मारवाड़ की धरती छोड़कर मालदेव के राज्य से बाहर निकल जायें और ईश्वर

की कृपा से शेरशाह के कोप का आग़ाज़ न होने पाये। इस तरह परेशान हाल हुमायूँ को एक बार फिर ख़ाली हाथों सरहदे-हिन्द से बाहर का रास्ता देखना पड़ा। लेकिन इस बार शेरशाह के कारण नहीं, बल्कि शेरशाह के प्रभुत्व के कारण।

किन्तु शेरशाह सूरी के लिए मालदेव का यह सहयोगी कृत्य ही पर्याप्त न था। वह तो उससे असन्दिग्ध सहयोग और अधीनता चाहते थे। वह मालदेव की बहुत-सी बातों को नापसन्द करते थे। यह कि उसका हुमायूँ को पकड़कर शेरशाह को न सौंपना। यह कि उसका नागौर और अजमेर पर क़ब्ज़ा किया जाना, जो राज्य कभी दिल्ली सल्तनत का हिस्सा हुआ करते थे। यह कि उसका दिल्ली से महज़ 30 मील दूर तक झज्जर के इलाक़े तक बढ़ आना। उसके अलावा मारवाड़ का शक्तिसम्पन्न राजपूती राज्य अपने-आप में ही शेरशाह के साम्राज्य के लिए एक बड़ा ख़तरा था। वह तो शेरशाह ने जब यह आदेश जारी किया कि अगस्त, 1542 ई. तक पर्याप्त संख्या में अफ़ग़ान फ़ौज तैयार हो जाये ताकि मारवाड़ की सीमा पर उसे हुमायूँ से निपटने के लिए जमाया जा सके, तब जाकर मालदेव ने तेज़ी पकड़ी और पलटकर वापस जाते हुमायूँ के लश्कर को उसके राजपूत सैनिक भाँति-भाँति से बिलबिला देनेवाले कष्ट पहुँचाकर और अधिक तेज़ी से भगाने में कामयाब हुए।

इस प्रकार अनेक कारणों से शेरशाह और मालदेव के मध्य जो युद्ध की पृष्ठभूमि तैयार हुई, उसमें एक-न-एक दिन युद्ध अवश्यम्भावी था। शेरशाह 1543 ई. में जब रायसीन के अभियान से छुट्टी पा गये तो उन्होंने मारवाड़-विजय का अभियान अपने हाथ में लिया। उन्होंने 80,000 सैनिकों की एक अभूतपूर्व एवं विशाल सेना के साथ राजा मालदेव पर आक्रमण कर दिया। इतनी विशाल सेना किसी के शासनकाल में शायद ही कभी देखी गयी हो। जब शेरशाह सूरी आगरा से फ़तेहपुर सीकरी की दिशा में अपनी उस भारी-भरकम सेना को लेकर जा रहे थे तो उन्होंने कई सरदारों से स्वयं पूछा कि- "क्या इतनी बड़ी सेना कभी किसी ने देखी है?"

अफ़ग़ान सरदारों ने उत्तर दिया कि—"नहीं। हमने कभी ऐसी शानदार सेना अपनी ज़िन्दगी में नहीं देखी जिसका ज़मीन पर चलते वक़्त कोई ओर-छोर तक दिखायी नहीं देता था।"

बादशाह शेरशाह सूरी आगरा से चलकर दीदवाना पहुँचे। वहाँ कुछ दिन विश्राम कर जोधपुर की ओर पुनः रवाना हुए। अफ़ग़ान फ़ौज भी उनके साथ टिड्डी दल की तरह जोधपुर की ओर बढ़ी। जो भी उस अफ़ग़ान फ़ौज को देखता, दहशत खा जाता। जहाँ भी वह फ़ौज पड़ाव डालती शेरशाह के क़ायदे के अनुसार अपने इर्द-गिर्द खाइयाँ खोदकर मिट्टी की सुरक्षात्मक दीवारें उठा लेती।

जैसे-जैसे यह फ़ौज आगे बढ़ी ज़मीन रेतीली होती गयी। एक दिन शेरशाह ने मजबूरीवश सन्ध्याकाल निकट आने पर जिस स्थान को रात के पड़ाव के लिए चुना वह रेतीला मैदान था। वहाँ पर शेरशाह के सिपाही बहुत प्रयत्न करने पर भी रेत होने के कारण अपने आस-पास खाईं नहीं खोद पाये। न ही वह लोग मिट्टी की दीवारें खड़ी कर सके। तब शेरशाह के एक किशोर पोते ने जो उस अभियान में उनके साथ गया था एक युक्ति सुझायी। महमूद ख़ाँ उसका नाम था। महमूद ख़ाँ ने अपने दादा शेरशाह सूरी से कहा—"दादा हुजूर! अगर हुक्म दें तो मैं एक तरक़ीब बताऊँ?"

"हाँ-हाँ कहो बेटे!" परेशान और थके हुए शेरशाह ने कहा।

"अगर आप इजाज़त दें तो ऐसा करते हैं कि ख़ाली बोरों में यह रेत भरी जाये और उसकी दीवारें बना दी जाये।"

"वाह! क्या बात कही बरखुरदार!!" कहकर शेरशाह ने अपने पोते की पीठ ठोंकी और सिपहसालारों से कहा—"डेरों के इर्द-गिर्द रेत की दीवारें खड़ी की जायें।"

आनन-फ़ानन में रेत बोरों में भरी जाने लगी और उन बोरों को एक के ऊपर एक रखकर सुरक्षा-दीवारें खड़ी की जाने लगीं। सूर्य अस्ताचल में डूबता, उससे पूर्व शेरशाह की सेना ने यह कार्य पूर्ण कर लिया।

◙

◙

जब शेरशाह सूरी की फ़ौजें जोधपुर से 70 मील उत्तर-पूर्व में और अजमेर से 42 मील पश्चिम में स्थित मेरठा नामक जगह पर पहुँचीं तो राजा मालदेव को बड़ी चिन्ता हुई। वह अपनी राजधानी जोधपुर की रक्षा के लिए 40,000 फ़ौज लेकर शत्रु से मोर्चा लेने के लिए चल पड़ा।

शेरशाह की 80,000 फ़ौज जयतारण के समीप सुमेल नामक गाँव में पहुँचकर ठहरी। वहीं मालदेव की फ़ौज मुक़ाबले के लिए आ पहुँची। क़रीब दो मील दूर उसने भी अपना पड़ाव डाल दिया।

दोनों फ़ौजें एक महीने तक यों ही वहाँ पड़ाव डाले पड़ी रहीं। शेरशाह सूरी को उन दिनों बड़ी दुश्वारियों का सामना करना पड़ा। उनकी फ़ौजों के लिए रसद सामग्री कम पड़ने लगी। उससे अधिक घोड़ों के चारे की समस्या उत्पन्न होने लगी। बड़ी मुश्किल से शेरशाह के आदमी मीलों दूर से यह संसाधन किसी तरह जुटा पाते। मालदेव के इलाक़े में फँसे शेरशाह विकट परिस्थितियों में घिर चुके थे। ऐसे हालात से निकलने के लिए उन्होंने तब एक चाल चली।

शेरशाह ने मालदेव के कुछ ख़ास सरदारों के नाम से स्वयं को सम्बोधित कराकर कुछ फ़र्ज़ी ख़त लिखवाये। किसी में लिखा था- "हे शाहों के शाह! आप अपने हृदय में किसी प्रकार चिन्ता न पालें। युद्ध के समय हम राजा मालदेव को पकड़कर आपके पास ले आयेंगे।" किसी में लिखा था- "हुजूर शेरशाह! हम राठौर राजा को गिरफ़्तार कराने का आपको वचन देते हैं।" ग़द्दारी की भाषा में लिखे गये इन ख़तों को शेरशाह ने अपने किसी आदमी को एक रेशम के ख़रीते में बन्द करके दे दिया और कहा कि वह राजा मालदेव के वकील के डेरे के पास जाये। वहाँ खड़ा रहे और जब वकील बाहर निकले तो ख़रीता उसके रास्ते में डालकर वहाँ से चला आये। ऐसा दिखाये कि जैसे वह ख़तों का पुलिन्दा ग़लती से उसके पास से वहाँ गिर गया हो।

शेरशाह के आदमी ने आदेशानुसार वही काम किया। तरक़ीब कामयाब हो गयी। मालदेव के वकील वीरमदेव ने ज़मीन पर पड़े वह भ्रामक पत्र उठा लिये और उन्हें पढ़कर वह अपने स्वामी मालदेव के पास ले गया। उन पत्रों को पढ़ने के बाद मालदेव की आँखें फटी-की-फटी रह गयीं। वह अपने ही उन कुछ सरदारों पर सन्देह करने लगा जिनके नाम से यह फ़र्ज़ी ख़त जारी हुए थे। विश्वासघात की आशंका से ग्रस्त होकर उस बहादुर राजपूत राजा ने शेरशाह से सीधे-टकराने का विचार त्याग दिया और वह अचानक बिना अपनी फ़ौज से कुछ कहे-सुने, अपने थोड़े-से विश्वसनीय सैनिकों सहित 4 जनवरी, 1544 की रात्रि में चुपचाप उस युद्ध भूमि से चला गया।

सुबह जब राजपूत सरदारों ने राजा मालदेव के अचानक पलायन के बारे में जाना, साथ ही उन्हें स्वयं को मालदेव द्वारा विश्वासघाती समझने की आशंका का पता चला तो उनका राजपूती-रक्त उस अपमान से उपजे विक्षोभ के कारण उबाल खा गया। अभी उनमें बहस-मुबाहिसा चल ही रहा था कि जयन्ता और कुम्पा-जैसे कुछ वीर राजपूत सरदारों ने स्वयं को उस बहस से एकाएक अलग कर लिया। उन्होंने फिर 12000 अनुयायियों के साथ शेरशाह के डेरों पर हमला बोल दिया। वहाँ अफ़ग़ान शिविर में विकट मारकाट मच गयी। कुछ अफ़ग़ान सैनिक तो बिना लड़े भाग खड़े हुए। कुछ ने थमकर राजपूतों से मोर्चा लिया।

एक अफ़ग़ान सैनिक भागा-भागा आया और शेरशाह सूरी को अफ़ग़ानी भाषा में गाली देकर बोला--"घोड़े पर चढ़ो। क़ाफ़िरों ने हमला बोल दिया है।" शेरशाह प्रातःकाल की नमाज़ पढ़ रहे थे। उन्होंने उस अफ़ग़ान को कोई जवाब नहीं दिया। संकेत करके घोड़ा मँगवाया। नमाज़ के बाद का पाठ ख़त्म कर शेरशाह उठे। तुरन्त उनके आदमियों ने उन्हें जिरह-बख़्तर पहनाया और वह तलवार-ढाल हाथ में लेकर अपने घोड़े पर सवार हो गये।

तब तक ख़बर आयी कि उनका बहादुर बेटा जलाल ख़ाँ दुश्मनों के सामने अपनी फ़ौज लेकर पहुँच गया है। जलाल ख़ाँ ने देखते-ही-देखते राजपूती सेना का सफ़ाया करना शुरू कर दिया। जब तक शेरशाह के साथ तमाम फ़ौजी एकत्र होते, जलाल ख़ाँ ने वह युद्ध जीत लिया। जयन्ता और कुम्पा सहित एक-एक राजपूत उस लड़ाई में वीरतापूर्वक लड़ते हुए कट मरे।

मारवाड़ की युद्धभूमि से बिना लड़े पलायन कर चुके राजा मालदेव के समक्ष जब यह सत्य सामने आया तो वह बेहद पछताया। मगर तब तक बहुत देर हो चुकी थी। उसकी अवशेष सेना तितर-बितर हो चुकी थी।

इतना सब होने पर भी शेरशाह सूरी को इस मारवाड़-विजय अभियान में काफ़ी जनहानि उठानी पड़ी। वह राठौर राजपूतों की वीरता और पराक्रम से काफ़ी प्रभावित हुए और उन्हें यह कहना पड़ा कि–"एक मुट्ठी बाजरे के लिए मैं तो तक़रीबन हिन्दुस्तान का तख़्त ही गँवा बैठा था।"

मालदेव भागकर जोधपुर पहुँचा और वहाँ से शीघ्रतापूर्वक अपना ख़ज़ाना इत्यादि समेटकर अपने परिवार सहित सिवाना के दुर्ग में चला गया। इसके बाद शेरशाह ने सरदार ख्वास ख़ाँ, ईसा ख़ाँ और कुछ अन्य सरदारों को नागौर के इलाक़े में छोड़ा और स्वयं वापस लौट चला।

ख्वास ख़ाँ ने अपने नाम पर जोधपुर के दुर्ग के पास एक गाँव बसाया-खवासपुर। उसके बाद उसने और उसके साथियों ने अपनी फ़ौज के ज़रिये नागौर, जोधपुर का दुर्ग, अजमेर और आबू तक का सारा मारवाड़ प्रदेश शेरशाह सूरी के साम्राज्य में शामिल कर लिया।

◙
◙

शेरशाह मारवाड़ की मुहिम से लौट रहे थे। आसमान में बादल घिरने लगे थे। उनके सरदारों ने उनसे अनुरोध किया कि–"बरसात का मौसम क़रीब है। इसलिए अब हमें किसी मुनासिब जगह पर पड़ाव डाल देना चाहिए।"

शेरशाह ने उत्तर दिया–"मैं बारिश का मौसम ऐसी जगह पर ख़र्च करूँगा, जहाँ से मैं अपने आगे के काम जारी रख सकूँ। चलो चित्तौड़ के क़िले की ओर। वहाँ क़याम करते हैं।"

इस तरह मारवाड़ के बाद शेरशाह के मेवाड़-विजय अभियान की शुरुआत हुई। अफ़ग़ानी फ़ौज अब चित्तौड़गढ़ की ओर चल पड़ी।

जब बादशाह शेरशाह चित्तौड़ के दुर्ग से 12 कोस दूर रह गये तो वहाँ चित्तौड़गढ़ के दरबारियों ने आत्मसमर्पण के प्रतीकस्वरूप क़िले की चाबियाँ शेरशाह को भेज दीं। दरअसल, सिसौदिया राजपूतों का किसी जमाने में राजपूताने में वर्चस्व हुआ करता था, परन्तु राणा साँगा की मृत्यु के बाद उनकी हैसियत अत्यन्त साधारण हो गयी थी। मेवाड़ का राज्य इन दिनों बहुत कमज़ोर हो चला था। बनवीर नामक एक व्यक्ति ने राजा विक्रमाजीत की हत्या कर दी थी और वह उसके छोटे भाई राजकुमार उदय सिंह को समाप्त करने की योजना बना रहा था। कहते हैं कि पन्ना धाय नामक एक दासी अपने बेटे की बलि दिलाकर किसी भाँति बालक उदय सिंह को बचा ले गयी थी। इन्हीं उदय सिंह का बेटा आगे चलकर भारतीय इतिहास में महाराणा प्रताप बना।

यह शेरशाह का वक़्त था। चित्तौड़गढ़ में इन दिनों जो अराजकता फैली थी उसके कारण वहाँ बहुत डाँवाँडोल स्थिति थी। इसलिए अफ़ग़ानों का सामना कर पाने की स्थिति में स्वयं को असमर्थ पाकर दरबारियों ने अपनी तरफ़ से चित्तौड़गढ़ की चाबियाँ शेरशाह को भिजवा दी थीं।

चित्तौड़गढ़ के इस तरह झोली में गिर जाने के बाद बादशाहे-हिन्द शेरशाह ने ख्वास ख़ाँ के भाई शम्स ख़ाँ को चित्तौड़गढ़ की ज़िम्मेदारी सौंप दी और जहाजपुर पर भी अपना अधिकार कर लिया।

उसके बाद शेरशाह की फ़ौजों ने उत्तर दिशा में वापस लौटते हुए रणथम्भौर पर भी अधिकार कर लिया। शेरशाह ने रणथम्भौर का क़िला अपने बड़े बेटे आदिल ख़ाँ के हवाले कर दिया और स्वयं कछवाड़े की ओर कूच किया। आदिल ख़ाँ ने रणथम्भौर के क़िले का मोआयना करने की इजाज़त अपने बाप से माँगी।

शेरशाह ने कहा—''मैं तुम्हें ख़ुश करने के लिए कुछ दिनों की छुट्टी देता हूँ। जाओ मगर जल्द वापस आना। ज़्यादा वक़्त क़िले में न ठहरना।''

शेरशाह सूरी अपने इस बड़े बेटे की आदतों और कमज़ोरियों से वाकिफ़ थे। वह शराब-कबाब और राग-रंग का बड़ा शौकीन था। पीने बैठता तो उसकी ऐयाशियाँ हद से ज़्यादा बढ़ जातीं। तब वह प्रमाद और रंगरेलियों में ग़र्क हो जाता। मगर जवान बेटे की जवानी आख़िर कब तक ख़ाक और ख़ून में घसीटी जाये? बुज़ुर्ग शेरशाह को इस बात का भी इल्म था।

जब शेरशाह कछवाड़े के समीप पहुँचे तो उन्हें मालूम चला कि उनका उस इलाक़े का सूबेदार शुजात ख़ाँ कुछ अरसा पहले हिण्डिया की ओर जा चुका है। कुछ लोग शुजात ख़ाँ से वैर रखते थे। वह शेरशाह से बोले कि—''शुजात ख़ाँ के पास इस वक़्त घुड़सवार फ़ौजी नहीं हैं। हालाँकि 12000 सवारों का ख़र्चा शाही ख़जाने

से वह बराबर लेता है मगर उतनी तादाद में घोड़े उसके पास हैं नहीं। यही वजह है कि शुजात ख़ाँ हुज़ूर के सामने आने की हिम्मत नहीं जुटा सका। हिण्डिया जाना तो उसका महज़ एक बहाना भर है।''

मियाँ बायज़ीद और दौलत ख़ाँ के बेटे, उस वक़्त जब यह बातें वैरियों द्वारा शेरशाह से कही जा रही थीं, बादशाह के पास ही थे। यह दोनों शुजात ख़ाँ के एक बेटे के जिगरी दोस्त थे जो उस वक़्त शेरशाह की फ़ौज में ही एक सरदार था। इस दोस्त को जाकर उसके इन दोस्तों ने यह बातें बतायीं। तब शुजात ख़ाँ के बेटे ने अपने एक सेवक के ज़रिये सारा क़िस्सा लिखकर अपने बाप को भिजवा दिया। शेरशाह की फ़ौज तब तक कछवाड़े में पड़ाव डाल चुकी थी।

यह ख़बर सुनकर शुजात ख़ाँ शेरशाह के पास आया और उसने बादशाह से निवेदन किया—''मेरे हुज़ूर। मैंने सुना है कि मेरे कुछ ख़ैरख़्वाहों ने मुझ पर बेईमानी और धोखाधड़ी का इल्ज़ाम लगाया है। मेरी आपसे दस्तबस्ता गुज़ारिश है कि मेरे घोड़ों को दाग़ दिया जाये, ताकि दूध-का-दूध और पानी-का-पानी हो सके।''

शेरशाह ने घोड़ों को दाग़ लगाने और उनकी गिनती करने का हुक्म दिया। शुजात ख़ाँ के लाये गये 7500 घोड़े दाग़ दिये गये। तब शुजात ख़ाँ ने शेरशाह से कहा—''बादशाह हुज़ूर! मेरे बाक़ी घोड़े इलाक़ों में काम पर लगे हैं। अगर हुक्म हो तो मैं उन्हें भी मँगवा लेता हूँ। वह भी दाग़ दिये जायें।''

शेरशाह ने कहा—''बस। अब बहुत हुआ। अब और घोड़ों को मँगवाने की ज़रूरत नहीं। तुम्हारी फ़ौज तुम्हारे साथ है। जिन लोगों ने तुम्हे बदनाम करने की कोशिश की थी उनके मुँह काले हो चुके हैं। तुम जाओ और जाकर बाख़ुशी अपना काम देखो।''

शुजात ख़ाँ ने झुककर शेरशाह का हाथ चूम लिया। वह जब जाने लगा तो शेरशाह ने उससे कहा—''देखो शुजात!...फिर कब हमारा मिलना हो? मगर ज्यों ही तुम्हें ख़बर कभी मिले कि कालिंजर का क़िला फ़तेह हो गया है तो तुम्हे अपनी फ़ौज को तैयार कर फ़ौरन से पेश्तर दकन रवाना होना होगा। हिन्दुस्तान का दक्खिनी इलाक़ा अभी हमें फ़तेह करना बाक़ी है।''

शेरशाह ने अपने अमीरों से मारवाड़ और मेवाड़ के इलाक़ों के बारे में राय की और कहा—''राजपूत क़ौम एक बेहद जंगजू क़ौम है। उनकी बहादुरी किसी से कम नहीं। लिहाज़ा हमें उनकी इस ख़ासियत का एहतराम करना चाहिए।...यहाँ मैं आप लोगों से एक मशिवरा करना चाहूँगा कि जीते हुए इलाक़ों पर हम अपने सूबेदार तैनात कर चुके हैं। क्या मालगुज़ारी वसूल करने के लिए हम अपने ख़ुद के शिकदार और जागीरदार भी यहाँ रखें या फिर उन्हें पुराने राजपूत हाकिमों की देखरेख में ही छोड दें?''

ज़्यादातर अमीरों की राय थी कि राजपूताने को पूरी तरह दबाया न जाये। निचले स्तर पर राजपूतों को स्वायत्तता प्रदान की जाये, जब तक कि वह केन्द्रीय अफ़ग़ान सत्ता के प्रति वफ़ादार रहें। वही किया गया। शेरशाह ने प्रशासनिक दृष्टिकोण से इतना और किया कि प्रमुख महत्त्वपूर्ण स्थानों पर अपनी सैन्य चौकियाँ स्थापित कीं और यहाँ से राजस्थान के अन्य स्थानों से मिलनेवाले आवागमन के मार्गों पर कड़ा पहरा रखा। शेरशाह द्वारा अजमेर, जोधपुर, माउण्ट आबू और चित्तौड़ के क़िलों का सुदृढ़ीकरण किया गया और इन्हें अफ़ग़ान सैनिक दलों की निगरानी में सुरक्षित रख छोड़ा गया।

11

बर्फ़ और अंगारे

अफ़ग़ानों का बड़ा पुराना नाता बर्फ़ और अंगारों से रहा है। जिस ठण्डे प्रदेश में वह पैदा होते हैं वहाँ क़ुदरत गर्म चट्टानों पर भी उन्हें अपने तलवे जलाने के लिए मज़बूर करती है। और अफ़ग़ानों की ज़िन्दगी? वह तो धधकते-अंगारों पर चलने के समान है। बल्कि अफ़ग़ान खुद एक चलता-फिरता अंगारा होता है, जो बर्फ़ के आग़ोश में पलता है। ऐसा कहना ज़्यादा मुनासिब होगा।

शेरशाह सूरी महज़ एक बादशाह नहीं 'शान-ए-तारीख़' था। वह अपने समय का एक ऐसा व्यक्ति था जो किसी राजवंश में नहीं जन्मा था। एकदम धूल से उठा एक ऐसा व्यक्तित्व था जो संघर्ष की आँधियों में तपकर मध्यकालीन भारत के राजनैतिक आकाश पर एक तूफ़ान की तरह छा गया। एक ऐसा अभूतपूर्व तूफ़ान जो सिर्फ़ पाँच बरस चला, मगर जो अपना असर सदियों तक के लिए इस धरती पर छोड़ गया।

"मेरे पुरखों का माज़ी बर्फ़-सा ठण्डा था मगर मेरी क़िस्मत में सुलगते अंगारे लिखे थे।" कालिंजर की लड़ाई शेरशाह की ज़िन्दगी की आख़िरी लड़ाई थी। बारूद में हुए जानलेवा विस्फोट में शेरशाह जब अपनी मृत्युशय्या पर झुलसा हुआ पड़ा था तब यह शब्द उसके आख़िरी वचनों में किसी के द्वारा सुने गये।

वास्तव में हिन्दुस्तान के सम्राट् के रूप में सैन्य संगठन, प्रशासन, राजस्व, मुद्रा, विकास और जनहित के जो कार्य शेरशाह सूरी ने किये वह अपने-आप में मील के पत्थर सरीखे थे। उसने पाँच वर्ष में युद्धों की विभीषिकाओं से गुज़रते हुए सुशासन, न्याय, कानून-व्यवस्था में जो सुधार और जन-कल्याण सम्बन्धी जितने कार्य किये उनको दूसरे शासक पच्चीस वर्ष राज्य करने के बावजूद भी नहीं कर सकते थे।

हुमायूँ के सुयोग्य बेटे अकबर ने भी अपने पूर्ववर्ती शेरशाह के सुशासन और उसकी धार्मिक सहिष्णुता का अनुगमन किया और उसके दिखाये मार्ग पर सुदीर्घ काल तक चलकर ही वह महान् बना। शेरशाह ने सूत्र रूप में जो राजकाज के सिद्धान्त दिये उन्हें और भी विकसित कर जलालुद्दीन मोहम्मद अकबर इतिहास में अपना नाम अमर कर गया। लेकिन जो लोग अपनी राह ख़ुद बनाते हैं इतिहास में उनका नाम चाहे जितना श्वेत और श्याम हो, समय उनसे प्रेरित होकर उसमें नित नये रंग भरता है। शेरशाह सूरी इस लिहाज़ से अकबर महान् से भी अधिक एक रचनात्मक प्रतिभासम्पन्न व्यक्ति और उससे बड़ा राष्ट्र-निर्माता था। यदि उसे अपने जीवन में दस-पन्द्रह बरस और मिले होते तो शायद लोग अकबर को भी उस तरह याद न करते जैसा आज करते हैं। शेरशाह वास्तव में इतिहास का गौरव था और अपनी इसी अद्वितीयता के कारण सदैव रहेगा।

एक शासक के रूप में बादशाह शेरशाह सूरी कड़ी मेहनत करता था। अपनी उम्र के अन्य व्यक्तियों से कई गुना और कहीं ज़्यादा। उसकी दिनचर्या बहुत नियमित और व्यस्तता-भरी हुआ करती थी। उसके दरबारी भी इसलिए उसके साथ उसी तरह क़दम ताल मिलाने का प्रयास करते थे। उसके सोने और आराम करने के घण्टे अत्यन्त सीमित थे और काम के घण्टे असाधारण रूप से अधिक। उसका अपना यह व्यस्ततम जीवन ही शायद उसकी अभूतपूर्व सफलता का सर्वप्रमुख कारण था। वह कहता भी था कि–''बड़े आदमियों को हमेशा काम करते रहना चाहिए। चलते रहना ज़िन्दगी है और बैठ जाना मौत।''

फ़रीद नाम का वह बालक सहसराम से एक दिन जो चला तो फिर चलता ही रहा। चलता ही रहा। दिल्ली सल्तनत के हिस्से रहे हिन्दुस्तान के कोने-कोने में गये उसके क़दम। आगे चलकर खुद उसके नाम का परचम लहराया और जब वह थककर सोया तो भी एक युद्ध के मैदान में। कालिंजर के क़िले को फ़तेह करने के साथ।

शेरशाह राज्य के प्रबन्ध और राजस्व वसूली सम्बन्धी कार्यों की निगरानी स्वयं करता था। उसकी दृष्टि में कोई भी कार्य छोटा या बड़ा नहीं होता था। राजधानी से लेकर युद्ध-क्षेत्र तक जो भी कार्य उसके सामने आते उनमें कुछ-न-कुछ वह अपना शारीरिक योगदान भी करता। उसके मातहत इसीलिए उसके मुरीद थे और उस पर जाँ-निसार करने के लिए हरदम तत्पर रहते थे।

वह रोज़ाना सांसारिक कार्यों के साथ-साथ धार्मिक कार्य भी करता रहता था। जब रात के दो पहर व्यतीत हो जाते तो उसके सेवक उसे जगाते। वह उस अँधेरे

समय में रोज़ाना उठकर स्नान करता। स्नान करने के बाद ख़ुदा की इबादत में लग जाता। उसकी यह प्रार्थना रात्रि के चौथे पहर तक चलती।

इसके बाद शेरशाह के सामने बड़े सवेरे ही दरबार लगता। मन्त्रीगण उसे अपने-अपने विभागों के काम-काज की रिपोर्ट देते। उस समय शेरशाह जो भी आदेश देता उन्हें मार्गदर्शन स्वरूप अभिलिखित कर लिया जाता। वह विभिन्न अधिकारियों को भी उनके सूबों और सरकारों से अक्सर बुलाता और उनके क्षेत्र की कानून-व्यवस्था, निर्माण-कार्यों, मालगुज़ारी की वसूली आदि की जानकारी लेता। अन्त में सबसे पूछता और कोई ख़ास बात? उसके मातहत उससे बहुत घबराते भी थे और उसका आदर भी करते थे। वह जानते थे कि बादशाह से कोई बड़ी बात छिपानी सम्भव नहीं है। यदि वही बात उसे उसके गुप्तचरों से मालूम हुई तो उन्हें ख़ामख़्वाह शेरशाह की नज़रों से गिरना पड़ेगा। इसलिए प्रायः अधिकांश बातें उसे अपने दरबारियों के मुख से ही विदित हो जातीं।

जब मज़े का उजाला हो जाता तो वह हाथ-मुँह धोकर बहुत-से लोगों के साथ नमाज़ पढ़ता। उसके पश्चात् मुश्ताबे-असर और अन्य प्रार्थनाएँ पढ़ता।

तब शेरशाह अपने महल से बाहर आता। वह एक खुली जगह पर खड़ा होकर अपने सरदारों और उन सिपाहियों से मिलता जो उसे सलाम करने आते। उद्घोषक एक-एक व्यक्ति का नाम लेकर कहते कि "फ़लाँ आदमी जो फ़लाँ का बेटा है...हुजूर बादशाह को सलाम करता है।"

यह सिलसिला देर तक रहता, किन्तु सूर्योदय के एक पहर बाद अर्थात् दिन के पहले पहर में वह नमाज़े-इशरक अदा करता? नमाज़ से उठने के फ़ौरन बाद वह आगन्तुक सरदारों और सिपाहियों से फिर से मिलने-मिलाने में लग जाता।

शेरशाह उन लोगों से पूछता—"तुममें से कोई शख़्स ऐसा तो नहीं जिसके पास जागीर न हो?" मालूम होने पर वह युद्ध में जाने से पहले ऐसे अफ़ग़ान सरदार या सैनिक को उसकी योग्यता और सेवा के अनुसार जागीरें या ज़मीनें दिया करता और साथ में कहता—"अगर जंग शुरू होने के बाद मुझसे कोई जागीर माँगेगा तो उसे सज़ा मिलेगी।"

वह आये हुए लोगों से यह भी पूछता कि—"तुम्हारे शहर, क़स्बे या गाँव में किसी के साथ ज़ुल्म या ज़ोर-ज़बर्दस्ती तो नहीं हो रही? साफ़-साफ़ खुलकर बताओ. ..ताकि उसे इन्साफ़ दिया जा सके।"

वह कहा करता था कि—"इन्साफ़ सबसे बड़ी चीज़ है। इन्साफ़ करना ख़ुदा की सबसे बड़ी इबादत है। इसे हिन्दू राजे और मुस्लिम सुल्तान दोनों ही तस्लीम करते हैं।"

शेरशाह इसीलिए हमेशा चौकन्ना रहता था। वह रात-दिन काम करता था। उसने कामों को भली-भाँति निबटाने के लिए रात और दिन में उन्हें बाँट रखा था। वह आलस्य या प्रमाद को कभी अपने पास फटकने नहीं देता था। राज्य के सभी महत्त्वपूर्ण कार्यों को वह स्वयं देखता था। वह अपने मन्त्रियों और सहायकों पर ज़रूरत से ज़्यादा विश्वास नहीं करता था। इस बारे में उसकी अवधारणा ही दूसरी थी। वह कहता था—''पिछले सुल्तानों के वज़ीरों के बेईमान रवैये की वजह से ही मुझे तख़्तोताज नसीब हुआ है। सुल्तान को चाहिए कि वह बेईमान वज़ीर या वकील क़तई न रखे। क्योंकि रिश्वत लेनेवाला रिश्वत देनेवाले से दबा रहता है। ऐसा दबा हुआ आदमी वज़ीर के ओहदे के लायक नहीं। क्योंकि उसमें ख़ुदगर्ज़ी है। ख़ुदगर्ज़ इन्सान न तो कभी वफ़ादार हो सकता है और न कभी सरकारी कामकाज में खरा उतर सकता है।''

नमाज़े-इशरक के बाद शेरशाह विभिन्न प्रकार के कामों को देखता था। वह हर आदमी को अलग-अलग वेतन, उसकी योग्यता और श्रम के अनुसार, देता था। अपनी सेना को मैदान में एकत्र करवाता। नये भर्ती होनेवाले सिपाहियों से वह अवश्य बात करता। अफ़ग़ान सिपाहियों से उन्हीं की भाषा में पूछताछ करता। अगर कोई व्यक्ति उससे अफ़ग़ानी भाषा में ठीक से बात कर पाता तो वह कहता—''तुम मुझे अपना धनुष खींचकर दिखाओ।'' अगर वह अफ़ग़ान धनुष को ठीक ढंग से खींचता तो वह उसको दूसरे सैनिकों की अपेक्षा अधिक वेतन मंजूर कर देता। लोगों से कहता—''मैं अफ़ग़ानी ज़ुबान को अपना दोस्त मानता हूँ।''

शेरशाह अक्सर अपने कोषागार में चला जाता। वह राज्य के विभिन्न भागों से आयी धनराशियों का वहीं बैठकर हिसाब-किताब देखता।

शेरशाह चाहे महल में हो या किसी अभियान में, सर्वत्र वह लोगों से मिलता था। अपनी विजय-यात्राओं के दौरान स्थापित होनेवाले पड़ावों में भी वह आगन्तुक सरदारों को, वकीलों को, ज़मींदारों को और दूसरे राज्यों के राजदूतों को अपने शाही डेरे अथवा दरबार में अपने सम्मुख बुलवाता और उन्हें सुनता। वह उनके सन्देशों और उनकी रिपोर्टों के मुताबिक़ अपने मुन्शियों से सन्देश अथवा राजाज्ञाएँ लिखवाता।

जब दिन के ढाई घण्टे बीत जाते तो वह अपने उल्माओं और मौलवियों के साथ नाश्ता करता और नाश्ते के बाद दोपहर तक ज़रूरी काम करता। कुछ पठन-पाठन भी करता। विद्याव्यसनी तो शेरशाह शुरू से ही था।

दोपहर को वह अदालत लगाकर फ़ैसले करता। उसके बाद थोड़ा आराम करता। आराम के बाद बहुत-से आदमियों के साथ नमाज़ गुज़ारता और फिर क़ुरान का पाठ करने में लग जाता।

खुदा की इबादत करने के बाद वह शाम का अँधेरा होने तक राजकाज में लगा रहता। इस तरह शेरशाह का एक और व्यस्त दिन कब बीत जाता? उसे पता ही नहीं चलता। उसके बाद बादशाहे-हिन्द शेरशाह नींद के आग़ोश में महज़ चन्द घण्टों के लिए डूब जाता। रात के दो पहर बीन जाने पर उसके ख़िदमतगार फिर से उसे उठाते ताकि बादशाह मुल्क और रियाया के काम-काज फिर से देख सकें।

शेरशाह अपने बेटों आदिल ख़ाँ और जलाल ख़ाँ से अक्सर कहा करता था—"सुबह मुँह अँधेरे उठने की आदत डालो...हर नया दिन खुदा की सौग़ात है...नियामत है...उसे भरपूर जीना चाहिए...जितनी ज़्यादा मेहनत हो सके करनी चाहिए...वक़्त का एक-एक लम्हा क़ीमती है। ख़याल रहे कि कोई लम्हा ज़ाया न हो...क्योंकि हमें नहीं मालूम कि कौन-सा दिन हमारी ज़िन्दगी का आख़िरी दिन होगा?...इसलिए हर दिन अपना फ़र्ज़ से सोचकर निभाओ कि यह दिन तुम्हारे लिये दुबारा नहीं आनेवाला।"

▣

▣

शेरशाह यह भी कहा करता था कि—"हुक्मरानों को चाहिए कि अपनी तारीख़ के पन्ने दीन के हरफ़ों से लिखे। उनके मुलाज़िम और अवाम भी दीन से मोहब्बत करें। क्योंकि जो इबादत मौलवी और रियाया के लोग करते हैं हाकिम उसमें शामिल होता है। जरायम और ख़ूंरेज़ी की वजह से तरक़्क़ी की रफ़्तार रुकने लगती है। हाकिम को चाहिए कि जिस पाक परवरदिगार ने लोगों को उसकी रियाया बनाया है उसकी बारगाह में सजदा करे और उन आम आदमियों का हमेशा ख़याल रखे। हाकिम चाहे कितना ऊँचा हो जाये वह खुदा को कभी न भूले।..."

शेरशाह प्रायः कहा करता था—"बादशाहों के लिए यह ज़रूरी है कि वह इमामों की गुज़र-बसर के लिए कुछ दें। क्योंकि हिन्द के शहरों की आबादी और खुशहाली इमामों की इबादत पर मुनस्सर है। मौलवी, मुसाफ़िर और दूसरे ज़रूरतमन्द लोग जो बादशाह तक नहीं पहुँच सकते उनकी ईमानदार लोग मदद करेंगे तो वह लोग बादशाह की तारीफ़ करेंगे। इससे राहगीरों और ग़रीबों को राहत मिलेगी और इल्म, फ़न और दीन की तरक़्क़ी होगी। जो शख़्स यह चाहता है कि सबका मालिक खुदा उसको भी बड़ा बनावे तो उसे उलमा और इमामों की इज़्ज़त करनी चाहिए, ताकि उसको इस दुनिया में इज़्ज़त और दूसरी दुनिया में सुख मिल सके।"

मगर इन बातों का यह अर्थ नहीं है कि शेरशाह सूरी धर्मान्ध था। वह धर्म में आस्था रखता था परन्तु धार्मिकता के नाम पर किसी पर अत्याचार नहीं करता था। शेरशाह अपने व्यक्तिगत जीवन में एक कट्टर सुन्नी मुसलमान था। वह नित्य पाँच

बार की नमाज़ पढ़ने, रमज़ान के दिनों में उपवास रखने और अपने विश्वास के अनुसार बहुत-से धार्मिक कृत्यों में भाग लेने में सदा सजग रहता था। वह इस्लाम की शान और महत्ता का प्रबल समर्थक था। परन्तु रायसीन के कार्यकारी शासक पूरनमल का एकमात्र अपवाद छोड़कर, उसने अपने शासनकाल में धर्मान्धता का परिचय कभी नहीं दिया।

शेरशाह को दिल्ली के उन सुल्तानों की श्रेणी में बैठाना उचित न होगा जो हिन्दुओं को तुच्छ और उनके धर्म को गया-गुज़रा समझते थे। वह इस्लाम को माननेवाला परन्तु एक सहिष्णु शासक था और अपनी ग़ैर मुस्लिम प्रजा पर धार्मिक अत्याचार की नीति को बरतना उचित नहीं समझता था। हिन्दुओं को उसने कभी तंग नहीं किया। उन्हें अपने धर्म का पालन करने की स्वतन्त्रता थी। यद्यपि 'जज़िया' कर हिन्दुओं पर से उसके शासनकाल में भी समाप्त नहीं हुआ था। राजपूत पूरनमल के ऊपर आक्रमण करते समय शेरशाह की धार्मिक कट्टरता का जो नमूना सामने आया उसके अलग कारण थे। उस उदाहरण को छोड़कर उसके समूचे शासनकाल में मन्दिरों और मूर्तियों को तोड़ने और हिन्दुओं के विरुद्ध संगठित रूप से राज्य प्रायोजित कार्य कभी नहीं किये गये।

शेरशाह सूरी की सेना में बहुत बड़ी संख्या में हिन्दू सैनिक भी भर्ती थे। उसके राजस्व के महकमे में अनेक हिन्दू कर्मचारी कार्यरत थे। टोडरमल खत्री-जैसा कृषि-राजस्व का सुयोग्य प्रबन्धक शेरशाह के समय ही नियुक्त हुआ था, जिसकी बाद में अकबर ने भी सेवाएँ लीं और जो उसके नवरत्नों में भी शामिल किया गया।

शेरशाह एक मुस्लिम शासक होते हुए भी इस बात का सदैव ध्यान रखता था कि वह हिन्दुओं के धार्मिक विश्वासों के मामलों में पूर्णतः सहिष्णु अथवा तटस्थ रहे। उसने यह करके दिखाया।

साम्राज्य के हर हिस्से में कानून और व्यवस्था को पुनर्स्थापित करना शेरशाह के सबसे महत्त्वपूर्ण योगदानों में एक था। उसने डाकुओं और राहजनों का कठोरता से दमन किया। उन ज़मींदारों का भी दमन किया जो मालगुज़ारी जमा करने में आनाकानी करते थे अथवा डाकुओं, चोरों और लुटेरों को प्रश्रय देते थे। सरकार का आदेश न माननेवालों से शेरशाह को सख़्त चिढ़ थी। ऐसे लोगों के साथ वह कोई रियायत नहीं करता था, चाहे उनमें उसका अपना ही कोई सगा-सम्बन्धी क्यों न हो। अनुशासनहीन व्यक्तियों को वह समुचित दण्ड अवश्य देता था। शेरशाह के राज्य में अमीर और जागीरदार उससे इतना डरे रहते थे कि कोई भी उसके ख़िलाफ़ बग़ावत करना तो दूर, अपने इलाक़ों से गुज़रनेवाले सामान्य यात्रियों तक को सताने का दुस्साहस वह नहीं करते थे। उल्टे शेरशाह की सुरक्षा सम्बन्धी नीतियों के कारण

जागीरदारों और मुक़द्दमों को अपने इलाक़े से गुज़रनेवाले यात्रियों की सुरक्षा-व्यवस्था के प्रति सदा सतर्क रहना पड़ता था।

शेरशाह ने यात्रियों की सुविधा के लिए प्रत्येक मार्ग पर दो-दो कोस के अन्तर पर सरायें बनवायीं थीं। उसने अपने राज्य में व्यापार और वाणिज्य को बढ़ावा देने, संचार व्यवस्था को सुधारने और गुप्तचरों के माध्यम से राज्य के विभिन्न हिस्सों से सूचनाओं के त्वरित गति से आदान-प्रदान पर बहुत ध्यान दिया। ज़ाहिर है इनके लिए अच्छी सड़कों की बहुत आवश्यकता थी। उसने कुछ नयी सड़कें बनवायीं और एक प्राचीनकाल से चले आ रहे लम्बे राजमार्ग का जीर्णोद्धार कराया।

इस सिलसिले में उसने लाहौर से मुल्तान तक एक नयी सड़क बनवायी। उसने आगरा से जोधपुर और चित्तौड़ तक दूसरी नयी सड़क बनवायी। यह सड़क वहाँ से गुजरात के बन्दरगाहों तक जानेवाली पुरानी सड़क से जुड़ जाती थी। उसने एक अन्य सड़क आगरा से बुरहानपुर तक बनवायी। यह उसके राज्य की दक्षिणी सीमा को दक्षिण भारत से जोड़ती थी। देखा जाये तो यह सभी सड़कें शेरशाह की सामरिक सूझ-बूझ और वाणिज्यिक दूरदर्शिता की परिचायक हैं।

परन्तु भारतीय इतिहास में 'ग्रैण्ड ट्रंक रोड' शेरशाह सूरी की सबसे बड़ी देन कही जाती है। इस राजमार्ग का यह नामकरण अंग्रेजों का किया हुआ है जो आज तक चला आ रहा है। लेकिन आधुनिक सरकारी शब्दावली में इसे मुख्यतः एन.एच.-2 अर्थात् 'नेशनल हाईवे नम्बर टू' के नाम से पुकारा जाता है। दरअसल आज ग्रैण्ड ट्रंक रोड 2,500 किलोमीटर (लगभग 1600 मील) से अधिक की दूरी तय करानेवाली एक महासड़क है। इसका प्रारम्भ दक्षिण बंगाल के चटगाँव से है। मध्य बंगाल के सोनार गाँव से होते हुए यह भारत में बँगलादेश की दिशा से प्रवेश करती है और कोलकाता, वर्धमान, दुर्गापुर, आसनसोल, धनबाद, औरंगाबाद, सासाराम, मुगलसराय, वाराणसी, इलाहाबाद, कानपुर, एटा, दिल्ली, अम्बाला, लुधियाना, जालन्धर, अमृतसर होते हुए पाकिस्तान की ओर जाती है। इसका मुख्य व्यस्त भाग दिल्ली और कोलकाता के बीच है जहाँ यह एन.एच.-2 (राष्ट्रीय राजमार्ग-2) के नाम से जानी जाती है। जबकि दिल्ली-बाघा बार्डर के बीच यह एन.एच.-1 (राष्ट्रीय राजमार्ग-1) के नाम से जानी जाती है। देश के नक्शे पर पश्चिम से पूरब तक हाथी की लम्बी सूड़-जैसी फैल हुई एक अत्यन्त विशिष्ट और महान् सड़क। सिन्धु नदी से लेकर बंगाल में सोनारगाँव तक जानेवाली उस पुरानी शाही सड़क की शेरशाह ने मरम्मत करायी। दूरी नापने के लिए जगह-जगह मील के पत्थर लगवाये। उसका चौड़ीकरण और सुदृढ़ीकरण किया। शेरशाह से पूर्व शताब्दियाँ गुज़र गयीं। प्राचीनकाल में इस सड़क को 'उत्तरापथ' कहा जाता था। इस राजमार्ग की कहीं-कहीं छुटपुट मरम्मत ही होती रही, अगर कहीं के राजा, सुल्तान या हाकिम जागरूक हुए। परन्तु

इतने बड़े पैमाने पर उस सम्पूर्ण राजमार्ग का समग्र रूप से उद्धार यदि किसी शासक अथवा प्रशासक ने किया तो वह था—शेरशाह सूरी। यह सड़क उसी के द्वारा विकसित हुई और उसी के नाम पर 'शाहराहे-आज़म' के नाम से अपने ज़माने में विख्यात हुई।

'शाहराहे-आज़म' सहित अन्य विभिन्न मार्गों पर शेरशाह ने मुसाफ़िरों को राहत पहुँचाने के लिए वृहद वृक्षारोपण पर बहुत ध्यान दिया। उसने सड़कों के दोनों ओर अनेक छायादार और फलदार वृक्ष लगवाये। विभिन्न मार्गों पर कुछ मिलाकर उसने 1700 सरायें भी बनवायीं।

सरायें यात्रियों की सुविधा, सुरक्षा और रात्रि-विश्राम के लिए थीं। शेरशाह की बनवायी सरायों में हिन्दू और मुसलमानों के रहने के लिए अलग-अलग कमरे थे। प्रत्येक सराय में उसने गर्म और ठण्डा पानी, बिस्तर, भोजन और मुसाफिरों और डाकियों के घोड़ों के लिए भी दाना-पानी की व्यवस्था करायी थी। हिन्दुओं को भोजन देने के लिए ब्राह्मण रसोइयों और मुसलमानों के लिए मुस्लिम खानसामों की व्यवस्था थी।

यद्यपि आज के प्रजातान्त्रिक युग में धर्म-मज़हब जाति-बिरादरी के नाम पर अलहदगी को वोट की राजनीति की दृष्टि से भले ही कितना लाभकारी माना जाता हो, परन्तु सामाजिक दृष्टिकोण से यह वर्ग-विभाजन अनुचित और दकियानूसी सोच का विषय समझा जाता है। मध्यकालीन भारत में राहगीरों के लिए सरायों में उनके धार्मिक विश्वासों और सामाजिक रहन-सहन के वैभिन्य को ध्यान में रखकर शेरशाहकालीन खानपान की यह व्यवस्था फिर भी यह दर्शाती है कि शेरशाह सूरी किस हद तक ग़ैर-मुस्लिमों, दूसरे शब्दों में 'क़ाफ़िरों' के प्रति सहिष्णु विचारधारा रखनेवाला व्यक्ति था। अतः हम कह सकते हैं कि हिन्दुस्तान में धर्मनिरपेक्षता की वास्तविक शुरुआत शेरशाह सूरी के समय से ही हुई।

कुछ लोग कहेंगे कि हिन्दू तो प्राचीनकाल से ही व्यापक रूप से धर्मनिरपेक्ष रहे हैं। परन्तु विचारणीय यह है कि अपने देश में धर्मनिरपेक्ष अथवा दूसरों के धर्मों के प्रति सहिष्णु रहना एक बात है और बाहर से आकर एक विजेता का धर्मध्वज उठाये कोई क़ौम अथवा व्यक्ति यदि निरीह एवं विधर्मी प्रजा के प्रति सहिष्णु हो तो उसे उसकी वास्तविक उदारता एवं धर्मनिरपेक्षता कहा जायेगा। शेरशाह का जन्म यद्यपि भारत की मिट्टी में हुआ, परन्तु उसके पूर्वज तो अफ़ग़ानिस्तान से आये थे। उससे पूर्व अनेक कट्टर मुस्लिम सुल्तानों के उदाहरण उसके सामने थे। शेरशाह ने फिर भी एक उदारहृदय एवं सहिष्णु शासक का स्वरूप धारण किया। इन अर्थों में भारत के मध्ययुग में शेरशाह पहला वास्तविक धर्मनिरपेक्ष शासक था। अकबरे-आज़म से भी पहले।

शेरशाह सूरी द्वारा निर्मित सरायों की कुछ अन्य विशेषताएँ थीं। हर एक सराय के दरवाज़े के बाहर पानी के भरे हुए मटके रखने का हुक्म था। इन मटकों से कोई भी चलता-फिरता मुसाफ़िर पानी पी सकता था। इन सरायों में यह नियम था कि जो भी मुसाफ़िर प्रवेश करे उसको उसकी हैसियत के अनुसार सामान, खाना और उसके पशुओं के लिए चारा सरकार की तरफ़ से दिया जायेगा।

प्रत्येक सराय के बीच में पक्की ईंटों की एक मस्जिद बनी हुई थी और हर एक मस्जिद में एक इमाम और एक मुअज़्ज़िन रहता था। साथ में एक शहना और कई चौकीदार होते थे। इनका निर्वाह सरायों के समीप स्थित खेती की ज़मीन से हुआ करता था। प्रत्येक सराय में दो घोड़े पले होते थे जो शीघ्रता से ख़बरें लाने-ले जाने में इस्तेमाल होते थे। वस्तुतः ये सरायें बादशाह और अवाम के लिए डाक-चौकियों की तरह भी इस्तेमाल होती थीं। सरायें विश्राम और संचार का बढ़िया माध्यम थीं।

बड़ी-बड़ी सड़कों के दोनों ओर तथा सरायों के आस-पास लगाये गये फलदार और छायादार वृक्ष यात्रियों के लिए वास्तव में बड़े सुखद थे। बादशाह को यह ख़याल था कि हर आम और ख़ास यात्री उस ज़माने की कठिन यात्राओं में जितना भी सम्भव हो सके आराम उठा सके। पेड़ इसलिए थे कि जिनसे धूप में राहगीरों को छाया मिल सके और गरम लू के दिनों में यात्रीगण वृक्षों के नीचे होकर चल सकें। यदि मार्ग में ही ठहरें तो उन वृक्षों की छाया में विश्राम कर सकें। अपने घोड़ों को उन वृक्षों के नीचे बाँध सकें। बैलों को विश्राम दे सकें।

शेरशाह ने अपने शासनकाल में केवल यात्रियों के विश्राम और भोजन आदि की सुविधाओं की ही व्यवस्था नहीं की थी, वह यात्रियों की जान-माल की सुरक्षा के प्रति भी अत्यन्त संवेदनशील था। उसने अपने सूबेदारों और आमिलों को निर्देश दिया था कि "सौदागरों और मुसाफ़िरों के साथ हमेशा अच्छा सलूक करें। यह देखें कि उनके इलाक़े में कोई उन्हें किसी क़िस्म का नुक़सान न पहुँचाने पाये। अगर सफ़र के दौरान किसी सौदागर की मौत हो जाये तो उसके माल को लावारिस मानकर ज़ब्त नहीं किया जाये। इस सिलसिले में शेख़ निज़ामी का कहा सब याद रखें कि "मुसाफ़िर के माल पर हाथ डालना गुनाह है। उसका माल उसके वारिसान की अमानत समझो। उन्हें ख़बर करो और मरहूम का माल उनको सुपुर्द कर दो।"

गाँवों के स्थानीय मुखिया अर्थात् मुक़द्दम और ज़मींदारों को शेरशाह सड़क पर किसी यात्री की होनेवाली किसी जान या माल की हानि के लिए ज़िम्मेदार ठहराता था। माल चोरी हो जाने पर उस गाँव के मुक़द्दम और सम्बन्धित ज़मींदार को

जल्द-से-जल्द उसका पता लगाकर बरामद करना होता था या फिर चोरों और डाकुओं के ठिकानों का पता खोजी सैनिकों को बताना पड़ता था। वरना उन्हें वही दण्ड दिया जाता जो चोर-डाकुओं के लिए निर्धारित था। बदमाशों का दण्ड बेगुनाह अहलकारों को देना शेरशाह का एक बर्बर कानून तो था, परन्तु यह उस ज़माने में बड़ा कारगर उपाय साबित हुआ। इस बारे में एक-दो क़िस्से बड़े मशहूर हैं :-

एक बार रात के समय शेरशाह के थानेश्वर के डेरे से एक घोड़ा चुराया गया। इसके लिए शेरशाह ने आस-पास के पचास कोस तक के ज़मीदारों को उत्तरदायी माना और यह धमकी दी कि अगर तीन-दिन के अन्दर उस घोड़े और चोर का पता नहीं लगेगा तो हर ज़मींदार को अपनी जान से हाथ धोना पड़ेगा। इलाक़े के सारे ज़मींदार अपने सेवकों और मुक़द्दमों के साथ घोड़े और चोर की खोज में जुट गये। गाँव-घर खँगाल डाले गये। घोड़ा मिल गया और चोर पकड़ लिया गया। घोड़ा शाही डेरे के सामने बाँधा गया और चोर को तुरन्त मृत्युदण्ड दे दिया गया।

दूसरी घटना यह थी कि इटावा के पास एक खेत पर क़ब्ज़े का विवाद था। खेत दो गाँवों की सीमा पर स्थित था। अतः दोनों गाँववालों के बीच उस पर झगड़ा हुआ करता था। उसी सिलसिले में एक गाँववाले की हत्या हो गयी। अब चश्मदीद गवाह कोई था नहीं। इसलिए इस मामले में किसी गाँववाले को उत्तरदायी ठहराना सम्भव नहीं था। मामला शेरशाह की अदालत में पेश हुआ। सारा क़िस्सा पीड़ित पक्ष से सुनकर शेरशाह ने आदेश दिया कि—"क़त्ल की जगह पर एक पेड़ को काटने के लिए दो आदमी भेजे जायें। जो आदमी लकड़कट्टों को मना करने को आवे उसे पकड़कर दरबार में पेश किया जाये।"

एक गाँव का मुक़द्दम लकड़ी काटने के स्थान पर विरोध करने आया। उसे वहाँ छिपे शेरशाह के सिपाहियों ने तब धर दबोचा। जब उस मुक़द्दम को पकड़कर बादशाह के सामने पेश किया गया तो उसने स्वयं को बेगुनाह बताया।

तब शेरशाह ने उसे ताना देकर कहा कि—"तुम्हारे गाँव से इतनी दूर एक पेड़ काटा जा रहा था। उसका हाल तो तुम्हें पता चल गया। लेकिन जब उसी ज़मीन पर एक आदमी के टुकड़े किये जा रहे थे, उसकी ख़बर तुम्हें नहीं लग सकी?"

इसके बाद उसी मुक़द्दम के गाँव के सभी पुरुषों को पकड़ लिया गया और बादशाह की ओर से उन्हें यह धमकी दी गयी कि अगर तीन दिन के भीतर हत्यारे का पता नहीं बताया गया तो उन सबको मार डाला जायेगा। उस विषम परिस्थिति में अपराधी को ढूँढ़ने में कोई विशेष कठिनाई नहीं हुई। एक अपराधी पेश किया गया, जिसे तत्काल मार डाला गया।

यह शेरशाह का ही इक़बाल था कि चोर और साह सभी उसके नाम से काँपते थे। उन दिनों यह कहावत मशहूर थी कि–"एक झुकी कमर की कमज़ोर बुढ़िया भी अपने सिर पर ज़ेवरों का टोकरा रखकर बेख़ौफ़ सफ़र कर सकती है। शेरशाह सूरी के राज में मजाल है कि कोई आदमी उसे एक हाथ से छू भी दे।"

◙

◙

दिल्ली सल्तनत-काल से चले आ रहे प्रशासनिक तन्त्र में शेरशाह ने बहुत अधिक परिवर्तन नहीं किये। उन दिनों अनेक गाँवों को मिलाकर एक परगना बनता था। गाँव का मुखिया मुक़द्दम होता था। परगना एक शिकदार के अधीन होता था, जो कानून-व्यवस्था और सामान्य प्रशासन सँभालता था। जबकि मुन्सिफ़ या आमिल मालगुज़ारी की वसूली करता था। कई परगनों को मिलाकर एक सरकार होती थी। सरकार एक शिकदार-ए-शिकदारान अथवा फ़ौजदार के प्रशासनिक नियन्त्रण में होती थी। दूसरा आला अफ़सर मुन्सिफ़-ए-मुन्सिफ़ान होता था।

लोगों से भूमि-कर-संग्रह करने और राज्य की आमदनी बढ़ाने के नियम इस प्रकार थे। प्रत्येक परगने में ख़ुदा से डरनेवाला एक अमीर शिकदार के पद पर तैनात रहता था। वह ख़जांची था। उसके अधीन एक कारकुन हिन्दी लिखने के लिए और दूसरा फ़ारसी लिखने के लिए नियुक्त था। इस प्रकार राजस्व-सम्बन्धी लेख आम जनता की सहूलियत के लिए दोनों भाषाओं में लिखे जाते थे।

शेरशाह ने अपने शिकदारों को आदेश दिया था कि–"हर फ़सल के समय ज़मीन की नाप की जाये। नाप और पैदावार के मुताबिक़ लगान वगैरह वसूल किया जाये। उसमें से एक हिस्सा किसान को और आधा हिस्सा मुक़द्दम को मिले। यानी कि फ़सल का एक-तिहाई किसान से लगान की शक्ल में वसूल किया जाये। अन्न की क़िस्म को ध्यान में रखकर लगान मुक़र्रर किया जाये, जिससे मुक़द्दम, चौधरी और आमिल लोग किसानों को परेशान न करें। किसान ही मुल्क की ख़ुशहाली के अलम्बरदार हैं।"

सुप्रसिद्ध दार्शनिक चाणक्य ने कहा था कि–"जिस प्रकार जीभ पर रखे शहद अथवा ज़हर का स्वाद चखे बिना नहीं रहा जा सकता उसी प्रकार कर-उगाही के कार्य पर तैनात व्यक्ति संगृहीत धन का ज़रा भी निजी लाभ न उठायें, ऐसा असम्भव है।" अर्थात् मालगुज़ारी वसूलने के मोहकमे से जुड़े अफसर भ्रष्टाचार में तनिक भी लिप्त न हों, ऐसा प्रायः असम्भव है।

शेरशाह इस बात को बख़ूबी समझता था। वह प्रतिवर्ष या दो वर्ष बाद अपने आमिलों को बदलकर उनके स्थान पर दूसरे आमिलों को भेज देता था। चाणक्यवाली बात को बादशाह शेरशाह दूसरे शब्दों में इस तरह कहता था–"मैंने इम्तेहान लेकर बख़ूबी देख लिया है कि परगनों में तैनात होनेवाले हाकिमों को जितनी आमदनी और फ़ायदा होता है उतना दूसरों को नहीं होता। इसलिए मैं अपने अच्छे पुराने तजुर्बेकार और वफ़ादार मातहतों को परगनों में भेजा करता हूँ, जिससे बाक़ी लोगों के मुक़ाबले उन्हें ज़्यादा तनख़्वाह और फ़ायदे मिल सकें। मैं दो साल बाद उनको बदलकर उनकी जगह उन्हीं-जैसे दूसरे मातहतों को भेज देता हूँ, ताकि मेरे राज में मेरे पुराने ख़िदमतगार फलें-फूलें और इन तमाम फ़ायदों को हासिल कर सकें, ताकि उनके लिए सहूलियतों का दरवाज़ा खुल जाये।"

शेरशाह से पूर्व व्यापारियों द्वारा एक स्थान से दूसरे स्थान पर माल लाने-ले जाने के मार्गों पर अनेक स्थानों पर उनसे चुंगी वसूली जाती थी। व्यापारियों को राहत देने के लिए शेरशाह ने अपने राज्य की सीमावर्ती दो चुंगी-चौकियों को छोड़कर बाक़ी सभी चुंगी-चौकियाँ समाप्त कर दीं। इससे व्यापार को बड़ा बढ़ावा मिला। शेरशाह के द्वारा समूचे राज्य में माप-तौल को प्रामाणिक बनाने का भी ठोस काम हुआ, जिससे व्यापारी और ख़रीदार दोनों को बहुत सहायता मिली। घटतौली पर प्रभावी नियन्त्रण स्थापित हुआ।

शेरशाह ने मुद्रा-सम्बन्धी अनेक सुधार किये। उसने पहले से प्रचलित मिश्र धातुओं के खोट-मिले सिक्कों की जगह एक समान वजन और आकारवाले सोने-चाँदी और ताँबे के सुन्दर सिक्के ढलवाये। शेरशाह ने ताँबे का सिक्का जिसे 'दाम' और सोने का सिक्का जिसे 'मोहर' कहा जाता था चलाया। शेरशाह ने ही चाँदी का सिक्का 'रुपया' चलाया जो कि आगे आनेवाली भारतीय मौद्रिक प्रणाली का अभिन्न अंग बन गया। वास्तव में भारत की वर्तमान मुद्रा रुपया शेरशाह सूरी की ही देन है। 'रुपया' शब्द का प्रयोग भी सर्वप्रथम शेरशाह ने ही अपने शासनकाल (1540-1545 ई.) के दौरान किया था। शेरशाह ने अपने शासनकाल में जो रुपया चलाया वह चाँदी का सिक्का था जिसका भार 178 ग्रेन (11.534 ग्राम) के लगभग था। शेरशाह द्वारा निर्मित कराया गया यह चाँदी का रुपया इतना ख़ूबसूरत ढला हुआ होता था कि उसके बाद सदियों तक वह सिक्का एक मानक मुद्रा बना रहा। यहाँ तक कि अकबर के ज़माने में भी शेरशाह का वह चाँदी का सिक्का चला करता था और उसके बाद भी वह सन् 1835 तक, ईस्ट इण्डिया कम्पनी के समय में भी, प्रचलित रहा। यही सिक्का ब्रिटिश मुद्रा-प्रणाली का भी आधार बना। शेरशाह का नाम, उसकी पदवी, टकसाल का स्थान भी अरबी लिपि में उसके सिक्कों के ऊपर अंकित रहते थे। कुछ सिक्कों पर नागरी लिपि में भी शेरशाह का नाम अंकित रहता

था। इस तरह अभिलेखों, मुद्राओं और तत्कालीन साहित्य में हिन्दी भाषा भी पनप रही थी।

शेरशाह सूरी के समय में ही सुप्रसिद्ध हिन्दी कवि मलिक मोहम्मद जायसी हुए जिन्होंने 'पद्मावत'-जैसा अमर महाकाव्य हिन्दी भाषा की अवधी बोली में रचा। जायसी ने अन्य अनेक पुस्तकों की भी रचना की। जायसी यद्यपि बादशाह के राजाश्रय के कवि नहीं थे, परन्तु उस युग में उनके द्वारा राजा रत्नसेन और रानी पद्मावती को नायक-नायिका के रूप में तथा सुल्तान अलाउद्दीन खिलजी को एक खलनायक की भूमिका में रखकर 'पद्मावत'-जैसे काव्य ग्रन्थ की रचना किया जाना कम-से-कम इस बात का द्योतक अवश्य है कि धार्मिक कट्टरता को शेरशाह सूरी के समय में कोई राजाश्रय प्राप्त नहीं था। यह दर्शाता है कि राजनीतिक परिस्थितियाँ हिन्दुओं और हिन्दी के प्रति शेरशाह के काल में काफ़ी हद तक अनुकूल रही होंगी।

शेरशाह ने अपने विशाल साम्राज्य में एक मज़बूत सेना तैयार की। उसने क़बीलाई सरदारों के अधीन केवल क़बीलाई फ़ौज खड़ी करने का चलन त्याग दिया। इसके स्थान पर उसने सैनिकों की सीधी भर्ती करने का सिलसिला शुरू किया। इसमें अफ़ग़ान, तुर्क, हिन्दू आदि सब प्रकार के सैनिक हुआ करते थे। भर्ती के समय हर सैनिक के चरित्र की सघन जाँच पड़ताल करायी जाती थी और उसके चेहरे-मोहरे का हुलिया, नाम-पता इत्यादि सरकारी अभिलेखों में दर्ज किया जाता था। सिपाही के घोड़े पर शाही निशान अनिवार्य रूप से दाग़ा जाता था। तभी उस घोड़े को शेरशाह की फ़ौज में जगह मिलती थी। ऐसा इसलिए किया जाता था कि घटिया नस्ल के घोड़े युद्ध के समय न लाये लगाये जायें और शान्ति के समय ऊलजलूल क़िस्म का कोई घोड़ा कहीं से भी लाकर और उसकी गिनती कराकर फ़र्ज़ी वेतन का भुगतान किसी के द्वारा राजकोष से नहीं लिया जा सके।

शेरशाह की सेना में 1,50,000 सवार, 25,000 तीर-कमानों अथवा तोड़ीदार बन्दूकों से लैस पैदल सिपाही, 5000 हाथी और तोपों का एक विशाल समूह शामिल था। उसके साम्राज्य में विभिन्न भागों में सैनिक छावनियाँ स्थापित थीं। प्रत्येक छावनी में फ़ौज के भारी दस्ते नियुक्त थे जिनका आवश्यकता के समय उपयोग किया जाता था।

शेरशाह की फ़ौज जब मार्च करती थी तो उसका बहुत सख़्त कानून था। यह कि उसके विजयी झण्डों से खेती को कोई हानि न हो। फ़ौज को खड़ी फसलों के मध्य से गुज़रने और उसे कुचलकर तबाह करने की सख़्त मनाही थी। जब शेरशाह अपनी फ़ौज के साथ कूच करता था तो खेती की हालत को स्वयं भी देखा करता था और खेतों की मेंड़ के आस-पास सवार खड़े कर देता था कि वह देखते रहें कि उसके सैनिक किसी किसान के खेत में न घुसें। शेरशाह स्वयं फ़ौजों के साथ हाथी या घोड़े पर सवार दाहिने-बायें देखा करता था कि कोई आदमी किसी खेत-खलिहान

को नुक़सान तो नहीं पहुँचा रहा? अगर किसी को वह ऐसा करता पाता तो अपने ही हाथों उसके कान काट देता था। और जो भी अनाज का पौधा उसने उखाड़ा होता उस आदमी के गले में बँधवा देता और उसको अपने डेरे में घुमवाता।

कहते हैं कि एक ऊँट सवार ने कूच के समय मालवा में एक खेत से कुछ हरी मटर उखाड़ ली। शेरशाह ने उसकी नाक में सूराख़ करवा दिया और उसके हाथ-पैर बँधवाकर उसी ऊँट पर उल्टा लटकाकर सारे रास्ते उसे उसी हालत में ले गया। उसके बाद किसी सैनिक का युद्ध के लिए प्रयाण अथवा वापसी के समय खेती को नुक़सान पहुँचाने का दुस्साहस न हुआ।

शेरशाह किसानों का परम हितैषी थी। वह किसान चाहे उसके राज्य के हों चाहे शत्रु राज्य के। जब वह शत्रु राज्य में प्रवेश करता था तो उस पराये देश के किसानों को भी न तो लूटता था, न उन्हें दास बनाता था और न ही उनकी खेती को नष्ट होने देता था।

शेरशाह कहता था—"किसान तो बेगुनाह और सीधे-सादे इन्सान होते हैं। जिसके हाथ में हुकूमत होती है उसी के नीचे यह लोग हो जाते हैं। अगर मैं इन पर ज़ुल्म करूँगा तो यह लोग अपने खेतों और गाँवों को छोड़कर भाग जायेंगे। किसानों के बिना ऐसे इलाक़े ख़ाली और बरबाद हो जायेंगे। तब इन्हें बसाने और खुशहाल करने में बहुत वक़्त लगेगा।"

शेरशाह का शाही बावर्चीख़ाना एक ऐसा खुला लंगर था जहाँ राजधानी में रहनेवाले सैकड़ों अंगरक्षक सैनिक, सवार, बादशाह के निजी अनुचर भोजन पाते थे। बादशाह का हुक्म था कि उससे मिलने आया कोई किसान, सिपाही, फ़कीर या ग़रीब अगर खाना माँगे तो उसे वहाँ खिला दिया जाये। किसी को भूखा न जाने दिया जाये। निर्धन, बेसहारा और ज़रूरतमन्द लोगों को शाही बावर्चीख़ाने में बैठाने और उन्हें भोजन कराने के लिए अलग से स्थान नियत थे। शेरशाह इस शाही भोजनालय की व्यवस्था पर प्रतिदिन 500 स्वर्ण मुद्राएँ खर्च करता था। शेरशाह का यह वह स्वरूप था जो उसे जंग में आग बरसानेवाले योद्धा से अलग करके एक परम उदार, ग़रीबनवाज़, शान्त और शीतल हृदय के महापुरुष के रूप में मातहतों, शुभचिन्तकों और उसकी प्रजा के समक्ष प्रस्तुत करता था।

हम कह सकते हैं कि शेरशाह सूरी एक ऐसा रहमदिल इन्सान था जिसके भीतर बर्फ़-जैसी शीतलता थी लेकिन जब उसका बाहरी व्यक्तित्व एक फ़ौजी का बाना ओढ़ लेता था तो उसमें अंगारे-ही-अंगारे नज़र आने लगते थे।

शेरशाह ने दिल्ली में यमुना किनारे जो पाण्डवों के क़िलेवाली जगह थी, जहाँ कभी पाण्डवों की इन्द्रप्रस्थ नामक राजधानी हुआ करती थी, वहाँ एक क़िले का निर्माण कराना शुरू किया जो उसके जीवनकाल में तो पूरा नहीं हो सका, उसके पुत्र

जलाल ख़ाँ उर्फ़ इस्लाम शाह के समय में पूरा हुआ। इस क़िले के अतिरिक्त उसने पंजाब में रोहतास नामक एक नया क़िला बनवाना शुरू किया था। वह भी उसके बेटे के समय में ही अन्तिम रूप से पूरा हुआ। शेरशाह सूरी ने अनेक क़िलों की मरम्मत भी करायी। उसने कन्नौज में भी प्राचीन राजाओं की राजधानी कन्नौज के पुराने क़िले को गिरवाकर वहाँ पर पक्की ईंटों का एक नया क़िला बनवाया। उसने अपने विजय-स्थल पर एक नगर बसाकर उसका नाम 'शेरसूर' रखा था। शेरशाह कहा करता था कि—

"अगर मैं काफ़ी सालों तक ज़िन्दा रहा तो हर सरकार में मुनासिब जगह पर एक क़िला बनवाऊँगा, जहाँ आफ़तों के समय मुसीबत-ज़दा लोग पनाह ले सकें और जहाँ से बाग़ियों को दबाया जा सके। फ़िलहाल तो मैं अपनी मसरूफ़ियातों के चलते ईंटों की सरायें ही तामीर करा पा रहा हूँ जो आम रास्तों पर राहगीरों की हिफ़ाज़त और आराम के लिए काम आ सकें।"

क़िले और महल तो बहुत-से बादशाहों ने बनवाये मगर शेरशाह ने आम आदमियों के पैरों के छालों और उनकी भूख-प्यास का ज़्यादा-से-ज़्यादा ख़याल रखा। दुनिया में उसके-जैसे और कितने ऐसे बादशाह हुए हैं? इसीलिए शेरशाह सूरी सही मायनों में शाहों का शाह था।

12

और सो गया शेर

बुन्देलखण्ड में कालिंजर के क़िले पर धावा बादशाह शेरशाह सूरी का अन्तिम विजय-अभियान था। राजस्थान-विजय के उपरान्त वह राजधानी आगरा भी वापस नहीं लौटे। कछवाड़े से ही सीधे कालिंजर के लिए मुड़ गये।

वह रणथम्भौर में अपने बड़े बेटे आदिल ख़ाँ को छोड़ आये थे। उनके साथ उनका दूसरा बेटा जलाल ख़ाँ था। तमाम अमीर, उल्मा और योद्धा साथ थे। हज़ारों घुड़सवारों, पैदल सैनिकों, तीरन्दाज़ों, बन्दूकचियों और तोपचियों की एक दिल दहला देनेवाली उनकी फ़ौज थी। फ़ौज के पीछे सैकड़ों बैलगाड़ियाँ और ऊँटगाड़ियाँ फ़ौजी साज़ो-सामान और आराम-आसाइश के लिए तम्बू-कनात, पलँग, दीवान, मसनद, कालीन, दरी, चादरें, हुक्के, चिलम, तम्बाकू, इन्सानों की खाद्य रसद के साथ-साथ घोड़ों का भी दाना-पानी और ऊँट-बैलों का चारा इत्यादि ढो रही थीं। यह मात्र अनुमान ही लगाया जा सकता है कि उन दिनों युद्ध-अभियानों और लम्बी यात्राओं में दैनिक फ़ौजी पड़ावों के लिए कितना भारी इन्तज़ाम दरकार रहा करता होगा। पड़ाव का अर्थ था एक विशालकाय फ़ौजी छावनी।

उन्हीं दिनों एक छोटी-सी शहज़ादी भी अपने दादा शेरशाह सूरी के पास आ गयी थी। रणथम्भौर के क़िले में जब आदिल ख़ाँ गया तो उन दिनों उसकी यह सात-आठ बरस की मासूम बेटी और उसकी एक बेग़म भी उसके साथ थी। उसकी अम्मी सहित आदिल ख़ाँ ने इस लड़की को अपने वालिद शेरशाह के साथ आगरा वापस जाने को कर दिया था। शेरशाह का वली अहद आदिल ख़ाँ स्वयं में एक बहुत रंगीन मिजाज़ इन्सान था। इसलिए वह रणथम्भौर में कुछ दिनों के लिए अकेला ही रुक गया।

आदिल ख़ाँ की यह नन्हीं शहज़ादी वापसी के सफ़र में अपने दादाजान शेरशाह से बहुत घुल-मिल गयी थी। वह अक्सर रास्ते के पड़ावों पर जनाना डेरों की तरफ़ से खेलती-कूदती हुई शेरशाह के शाही डेरे में आ जाती। वह दादा जी! दादा जी! कहती-बोलती! उसकी मासूम हरकतों और सवालों पर बूढ़े शेरशाह युद्धों की कठिनाइयों को और सफ़र की थकान को भी कुछ पल को भूल जाते।

अपनी उस छोटी-सी पोती पर शेरशाह बहुत वात्सल्य लुटाते थे। नन्हीं शहज़ादी शेरशाह से तरह-तरह के सवाल करती और वह उनका जवाब देते कभी नहीं थकते थे—

''दादा जी! आपके साथ इत्ते सारे आदमी क्यों चलते हैं?''

''दुश्मन से लड़ने।''

''दुश्मन क्या होता है?''

''जो हमारा दोस्त नहीं होता दुश्मन होता है।''

''दोस्त क्यों नहीं होता? मेरे तो कई दोस्त हैं...''

''हाँ मेरी बेटी! आप अच्छी बच्ची हैं न। इसलिए आपके सब दोस्त हैं।''

''हाँ दादा जी! पर आप भी तो अच्छे हैं। तो क्या आपका कोई दोस्त नहीं?''

''हैं न बेटी! कई दोस्त हैं।...पर कुछ हमारे दुश्मन भी हैं।''

''तो दुश्मन का आप क्या करते हैं?''

''उससे लड़ते हैं।''

''कैसे लड़ते हैं?''

''तलवार, बन्दूक और तोप से...''

''तोप क्या होती है दादा जी?''

''फ़ौलाद और पीतल की बनी होती है। उससे गोला-बारूद दाग़ा जाता है। बड़े ज़ोर की आवाज़ होती है। तोप दुश्मन को तबाह कर देती है।''

''बाप रे!...मैंने भी उसकी आवाज़ें सुनी हैं। कित्ते ज़ोर से गरजती हैं। धाँय-धमाक...धम-धम...''

कहकर उस नन्हीं बच्ची ने अपने दोनों कानों पर हाथ रख लिये और उसके नेत्र-विस्फारित हो गये। यह देखकर शेरशाह सूरी हँस पड़े। उन्होंने अपनी उस पोती

को खींचकर अपने सीने से लगा लिया। तभी उस पड़ाव में उनके शाही ख़ेमे में एक पहरेदार ने प्रवेश किया और सूचना दी कि एक ख़बरी उनसे मिलने के लिए बाहर आया हुआ है।

शेरशाह ने शहज़ादी से कहा—"अच्छा हमारी बिटिया रानी! हम फिर मिलेंगे। अभी आप जाइये और अपनी अम्मीजान के पास जाकर खेलिये।"

उन्होंने उस पहरेदार से कहा कि वह शाही ख़ादिम से कहकर उसके साथ शहज़ादी को इनके डेरे तक पहुँचवा दे और उस ख़बरी को अन्दर भेजे।

जाते-जाते शहज़ादी ने कहा—"दादा जी! मुझे तोप देखनी है।"

"अच्छा?...आप डरेंगी तो नहीं?"

"आपके साथ कैसा डर?" बच्ची ने प्रतिप्रश्न किया।

उसके दादाजान उस नन्हीं-परी की बुद्धिमत्ता पर विमुग्ध हो गये। शहज़ादी चली गयी।

कुछ देर बाद एक अफ़ग़ान नौजवान अन्दर आया और उसने शेरशाह को झुककर तीन बार सलाम किया।

"हाँ बोलो मौलाबख़्श! क्या ख़बर लाये हो?"

शेरशाह ने आनेवाले नौजवान से पूछा।

"हुजूर! एक बुरी ख़बर है..."

"बताओ।"

"ख़बर मिली है हुजूर! कि आलम ख़ाँ मियाना ने इन दिनों दोआब में बवाल काट रखा है...उसने मेरठ के परगने और आस-पास के इलाक़ों को बर्बाद कर दिया है...वह पूरी तरह से बग़ावत पर उतर आया है।"

शेरशाह का यह सैन्य पड़ाव शाहबन्दी के पास कालिंजर से उत्तर-पूर्व में लगभग 30 मील पहले केन नदी के तट पर पड़ा हुआ था। दोआब में हुए विद्रोह की यह ख़बर शेरशाह के लिए काफ़ी चिन्ताजनक थी। उन्होंने अपने सिपहसालारों को बुलाकर कालिंजर-अभियान बीच में ही स्थगित कर उत्तर दिशा में वापस होने का हुक्म दिया ताकि दोआब में बाग़ी आलम ख़ाँ को कुचला जा सके। शेरशाह की फ़ौज तब शाहबन्दी से दोआब जाने के लिए डेरा कूच कर गयी।

अभी शेरशाह शाहबन्दी के मुक़ाम से केवल दो पड़ाव ही आगे गये होंगे कि उन्हें दोबारा यह ख़बर मिली कि आलम ख़ाँ को हरा दिया गया है। सरहिन्द के

फ़ौजदार ने और सरदार ख्वास ख़ाँ के दास भगवन्त ने सरहिन्द के पास ही उससे युद्ध करके उसे मौत के घाट उतार दिया है। यह सुनकर शाहे-हिन्द शेरशाह ने चैन की साँस ली।

अब वह पुनः पल्टे और कालिंजर की ओर चल दिये। कालिंजर का क़िला 1230 फुट ऊँची पहाड़ी पर बना एक अजेय-दुर्ग माना जाता था। शेरशाह ने कालिंजर दुर्ग को जीतने के लिए आक्रमण क्यों किया? इसका एक प्रमुख कारण था। शेरशाह ने अपनी मातहती क़बूल करने के लिए रीवा के राजा वीरभान बघेला को अपने दरबार में बुलवाया था, परन्तु उसने शाही आदेश नहीं माना और भयग्रस्त होकर वह अपने मित्र कालिंजर के राजा कीरत सिंह के पास शरण पाने के लिए चला गया। तब शेरशाह ने कालिंजर नरेश कीरत सिंह से आग्रह किया कि वह रीवा नरेश वीरभान को उसे सौंप दे किन्तु राजा कीरत सिंह ने शेरशाह की यह माँग ठुकरा दी। इसलिए शेरशाह ने कालिंजर के क़िले पर चढ़ायी का फ़ैसला लिया। शेरशाह सूरी कालिंजर के राजा कीरत सिंह को दण्ड देने के लिए अपने भारी लाव-लश्कर के साथ उसकी ओर बढ़े और नवम्बर, 1544 ई. में कालिंजर के दुर्ग के चारों ओर घेरा डाल दिया गया।

लेकिन शेरशाह के कालिंजर पहुँचने पर कीरत सिंह न तो स्वयं क़िले से बाहर आया, न ही उसने अपने किसी मन्त्री अथवा प्रतिनिधि को शेरशाह के स्वागत हेतु उनके पास भेजा। राजा कीरत सिंह को शायद रायसीन के राजा पूरनमल के साथ किये गये अफ़ग़ानों के वचन-भंग का पता चल चुका था। इसलिए वह शेरशाह के साथ कोई जोखिम नहीं उठाना चाहता था। उसने एक तरह से बादशाह की अधीनता स्वीकार करने से मन-ही-मन इन्कार कर दिया और वह बादशाह शेरशाह सूरी का प्रतिरोध करने के लिए तैयार हो गया।

उस विशालकाय कालिंजर दुर्ग को भेदना कोई आसान काम नहीं था। प्रारम्भ में कई दिनों तक पर्याप्त दूरी से शेरशाह अपने तोपख़ाने से उस पर गोलाबारी कराते रहे, परन्तु दुश्मन पर उसका कोई विशेष असर नहीं हुआ। उसके बाद कुछ दिन ठहरकर अचानक क़िले की ओर घुड़सवार दस्तों द्वारा धावा बोला गया। दोनों तरफ़ से क़िले के निकट तीरन्दाज़ी हुई। दुश्मन ऊँचाई पर था। अफ़ग़ान फ़ौज के कई घुड़सवार मारे गये। यह हमला भी विफल हो गया।

तब तोपें क़िले की पहाड़ियों के कुछ और नज़दीक ले जायी गयीं। उनसे प्रहार कराया गया। थोड़े-बहुत नुक़सान के अलावा उस ऊँचे क़िले को कोई विशेष अन्तर न पड़ा। रात्रि में भी पैदल सैनिकों द्वारा क़िले पर चढ़ने की कुछ गुपचुप कोशिशें की गयीं। दुर्ग रक्षकों ने क़िले की दीवार से ईंट-पत्थर, खौलता

तेल आदि गिराकर कई अफ़ग़ान सैनिकों के प्राण ले लिये। यह प्रयास भी बेकार हो गये।

एक तड़के सुबह राजा कीरत सिंह के चुनिन्दा घुड़सवार सिपाहियों ने शेरशाह के कुछ ऊँघते हुए पहरेदारों और तोपचियों पर, कालिंजर क़िले से अचानक निकलकर, आक्रमण कर दिया और उनको मार गिराया। इस छापामारी के बाद बुन्देले घुड़सवार जिस तरह हवा के झोंके की भाँति आये थे उसी तरह वह भागकर क़िले में वापस दाख़िल हो गये। क़िले के द्वार फिर से जाम।

शेरशाह ने इस बीच अपने बेटे जलाल ख़ाँ को उसकी फ़ौज के साथ रीवा का क़िला घेरने और उसे फ़तेह करने के लिए भेज दिया। कालिंजर दुर्ग का यह घेरा लगभग छह माह पड़ा रहा। नवम्बर, 1544 से होते-होते मई, 1545 का महीना आ गया मगर कालिंजर का फ़तेह नहीं किया जा सका। अपनी अब तक की नाकामियाबी से शेरशाह सूरी ख़ासे हताश थे। वह जीत हासिल करने के लिए नये-नये पैंतरे चला करते थे। नयी-नयी तरक़ीबें सोचते रहते थे। वास्तविकता यह थी कि बुन्देलखण्ड की उस नीरस किन्तु संघर्षप्रिय धरती पर शेरशाह को इस बार बड़े कड़े मुक़ाबले के दौर से गुज़रना पड़ रहा था। रसद-चारा-पानी-ईंधन जुटाना तो एक बड़ी समस्या थी ही, शेरशाह की सबसे बड़ी समस्या थी कालिंजर दुर्ग को भेद पाने में उनकी फ़ौज और उनकी तोपों का अब तक कुछ भी ख़ास नहीं कर पाना।

एक दिन शेरशाह की वह छोटी-सी पोती, वह नन्हीं शहज़ादी शाही कैम्प में फिर आयी। शेरशाह अपने डेरे के बाहर एक पेड़ के नीचे एक तख़्त पर चिन्तन की मुद्रा में बैठे थे। उनके अंगरक्षक चारों ओर दूर-दूर खड़े चौकन्नी निगाहों से पहरा दे रहे थे।

शेरशाह पर दृष्टि पड़ते ही शहज़ादी—''दादा जी! दादा जी! हम आ गये...'' कहती हुई दौड़ पड़ी। वह कहीं गिर न पड़े उसके साथ आयी एक क़नीज़ और एक नौकर भी उसके पीछे-पीछे दौड़े।

शेरशाह ने हाथ के इशारे से सेवकों को वहीं रोक दिया। बच्ची भागती हुई आयी और अपने दादा जी से लिपट गयी।

''अरे हमारी रानी बिटिया! वाह-वाह...कितना अच्छा हुआ कि आप आ गयीं। देखिये हम यहाँ आप ही का तो इन्तज़ार कर रहे थे।...इतने दिन कहाँ थीं आप?''

"अम्मी ने आने ही नहीं दिया..." रुआँसा-सा मुँह बनाकर शहज़ादी बोली।

"क्यों?" शेरशाह ने उसे गोद में बैठाकर पूछा।

"अम्मी कहती थीं कि जंग चल रही है। दादा जी के पास जाना मना है।"

"अच्छा?...मगर हमने तो आपको अपने पास आने से कभी मना नहीं किया।"

"पता नहीं। अम्मी तो हमारी सुनती नहीं। एक तो जब देखो रोती रहती हैं।"

"वह क्यों?"

"मालूम नहीं...सुबह रोना। शाम रोना। रात को बिस्तर में छिप-छिपकर रोना।"

शेरशाह चुप रह गये। उन्होंने शहज़ादी से आगे कुछ भी कहना मुनासिब न समझा।

वह ख़ुद ही बोली—"बताऊँ दादा जी? अम्मी क्यों रोती है?"

"बताइये" शेरशाह ने कहा।

"उन्हें अब्बू की याद आती होगी...ही ही ही ही।" कहते हुए सिकुड़कर उस फूल-सी बच्ची ने एक लम्बी किलकारी भरी। दादाजान शेरशाह उसकी इस शोख़ और मासूम अदा पर मुस्कुराये बिना न रह सके। उन्हें तब अपने नालायक बेटे आदिल ख़ाँ की सूरत याद आ गयी। नामुराद शराब और ऐयाशियों में गर्क़ होगा रणथम्भौर के क़िले में इन दिनों और इधर हम सब यहाँ इस कालिंजर की चट्टानों में सिर फोड़ रहे हैं।...

"दादा जी! आप हमें अपनी तोपें दिखवायेंगे?" शहज़ादी ने अचानक फ़र्माइश की।

"क्या करेंगी आप तोपें देखकर? सब-की-सब बेकार हैं।" शेरशाह के मुँह से अचानक निकला। उन्होंने उसके बाद एक लम्बी साँस खींची और छोड़ी।

"बेकार हैं?" शहज़ादी ने कहा।

"हाँ बेटी...यहाँ तो हमारी सारी-की-सारी तोपें बेकार हैं..."

"वह क्यों?"

"क्योंकि यह क़िला बहुत बड़ा और बहुत ऊँचा है। इसलिए यहाँ तोपें काम ही नहीं करतीं।"

"लेकिन साजिद के पास तो जो उसकी एक खिलौना-तोप है वह तो बड़े काम की है।...कल उसने उससे मेरी गुड़िया को मार दिया। मुझे बड़ा गुस्सा आया। वह

तो साजिद मेरा अच्छा दोस्त है। इसलिए हमने उसे माफ़ कर दिया। नहीं तो मैं उसकी वह खिलौना-तोप छीनकर उसको भी तोड़ देती।''

उस नन्हीं शहज़ादी की भोली-बातों में शेरशाह को अचानक जैसे कोई एक नया सूत्र मिल गया। शेरशाह ने अपने एक पहरेदार को बुलवाया और उससे कहा–''शाही ख़ानसामा के पास भागकर जाओ। उससे कहो कि आज ही सुबह मीठे खजूरों की जो पिटारी आयी है उसे हमारी शहज़ादी-साहिबा के लिए फ़ौरन यहाँ लेकर आये।''

खजूर की पिटारी लायी गयी। उसमें से दो-तीन खजूर शेरशाह ने उठाकर अपने हाथों से अपनी उस छोटी-सी पोती को बड़े प्यार से खिलाये। फिर अपने सेवकों के हाथों वह मीठे खजूर ज़नाना कैम्प में भिजवा दिये। शहज़ादी को भी फिर उसके साथ आये सेवकों के संग अपनी पुत्रवधू के पास भेज दिया।

उसके बाद शेरशाह ने हुक्म दिया–''आतिशबाज़-तोपची दरिया ख़ाँ को फ़ौरन बुलवाओ। हमारे सभी सिपहसालार भी इसी वक़्त हाज़िर हों।''

शाही कैम्प से शेरशाह के आदमी फ़ौजी छावनी में चारों ओर दौड़ गये। यह सूरज के डूबने का समय था। शेरशाह उठे और अल्लाह की इबादत के लिए अपने डेरे के भीतर चले गये।

◙

◙

दरिया ख़ाँ शेरशाह का एक बड़ा सुयोग्य तोपची था। उसे तोपें ढालने से लेकर गोला-बारूद तैयार करने में महारत हासिल थी। दरिया ख़ाँ को शेरशाह ने इसलिए याद किया था कि वह उससे कहकर तोपों की जगह उनका कोई कारगर आतिशी विकल्प तैयार करवा सके।

शाम की नमाज़ के बाद शेरशाह का खुले में दरबार लगा। इमामों में शेख़ ख़लील और शेख़ निज़ाम, ईसा ख़ाँ हाजिब, मसनद ख़ाँ कल्कापुरी, कुतुब ख़ाँ नायब और दरिया ख़ाँ सरवानी और अन्य कई अफ़ग़ान सरदार उस दरबार में मौजूद थे। सब दम साधे अपने बादशाह शेरशाह की प्रतीक्षा कर रहे थे।

शेरशाह सूरी अपने शाही ख़ेमे से निकलकर बाहर आये। उन्होंने अपने शाही लिबास की जगह आज सिर्फ़ एक ढीला-ढाला सफ़ेद चोगा पहन रखा था। उनका सिर खुला हुआ था। इस वक़्त सिर पर शाही पगड़ी भी नहीं थी। उस सफ़ेद लिबास,

सफ़ेद केशों और अपनी सफ़ेद खशखशी दाढ़ी में शेरशाह मानो किसी फ़कीर-से दिखते थे। मगर बादशाह तो बादशाह।

सारे दरबारी उनके इस्तेक़बाल में उठकर खड़े हो गये। शेरशाह एक शाही दीवान पर बैठ गये। उनका बायाँ हाथ दीवान की पुश्त पर रहा और दायाँ हाथ मुक्त। दाहिने हाथ से अपने सिर के बालों को एक-दो बार सहलाकर उन्होंने उसे अपने दाहिनी जाँघ पर रखकर स्थिर कर लिया। फिर अपने दरबारियो से बोले—"छह महीने...पूरे छह महीने बीत गये इस कालिंजर की ख़ाक छानते हुए। क्यों ईसा ख़ाँ हाजिब!...क्या कहेंगे आप?"

ईसा ख़ाँ हाजिब ने कहा—"जी हुजूर बादशाह! वाक़ई बहुत तवील अरसा गुज़र गया।...हम सब बड़े शर्मिन्दा हैं।"

"शर्मिन्दा होने से काम नहीं चलेगा। अब तो कोई कारनामा कर दिखाने का वक़्त दरपेश है।..." यह कहकर शेरशाह ने बारी-बारी से सभी सरदारों पर नज़र डाली और कहा—"क्यों कुतुब ख़ाँ नायब? तुम क्या सोचते हो? आख़िर हम कामयाब क्यों नहीं हो रहे?"

कुतुब ख़ाँ नायब एक नौजवान सिपहसालार था। साथ ही वह एक जुझारू योद्धा था। थोड़ा संकोच के साथ बादशाह से बोला—"अब हम क्या कहें हुजूर? इतना ऊँचा और बेढब-क़िला है। इसके भीतर कुछ दिखायी भी तो नहीं देता कि इसमें इन्सान रहते हैं या जिन्न?..."

लोग हल्के-से हँस पड़े। युद्ध के मैदान में ऐसे तनावमुक्त क्षण दुर्लभ ही होते हैं। सभी ने कुतुब ख़ाँ नायब के अनाड़ीपन की ज़ुबान का लुत्फ़ उठाया। मगर बादशाह शेरशाह सूरी गम्भीर रहे। अमूमन वह अपने सरदारों के हँसने-बोलने पर ज़रूरत से ज़्यादा पाबन्दी नहीं लगाते थे। पर इस बार बोले—"ये हँसने की बात नहीं है। ठीक कह रहा है कुतुब ख़ाँ नायब। इसको बात ग़ौरतलब है।...बुन्देलखण्ड की ज़मीन का बंजरपन हम सब देख रहे हैं। यहाँ पेड़ भी इतने ऊँचे नहीं मिलते जिन पर चढ़कर दूर तक का जायज़ा लिया जा सके। यह क़िला कितनी ऊँचाई पर है...ऊपर से आस-पास का यह उजाड़ इलाक़ा। क़िले में उड़ती चिड़ियों की तरह झाँकना तो दूर उसके बारे में भी कुछ भी तसव्वुर कर पाना मुश्किल है। राजा कीरत सिंह भी तो देखो कितना ज़िद्दी और चालाक है?"

"एक सूरत है हुजूर बादशाह।..." कोई बोला। सारे सिर एक साथ उसी तरफ़ घूम गये। यह सरदार ईसा ख़ाँ हाजिब का दामाद मसनद ख़ाँ कल्कापुरी था।

"कहो मसनद ख़ाँ" शेरशाह ने कहा।

"हुज़ूर छोटा मुँह बड़ी बात।...आपने लड़ाई के करतबों में दमदमा का नाम तो सुना ही होगा?"

"हाँ-हाँ बेशक!"

"हुज़ूर क्यों न हम दमदमा के तरीक़े से दुश्मन के क़िले के ऊपर और भीतर तीर और गोलियाँ बरसायें?"

शेरशाह के चेहरे पर अब पहली बार एक आश्चर्यमिश्रित मुस्कान आयी और उन्होंने ईसा ख़ाँ हाजिब से कहा—"यह लड़का ठीक कह रहा है। इस बात का तो हमें ख़याल ही नहीं आया। ऐ बरखुरदार! ज़रा इधर तो आओ...तुम्हारी पीठ किधर है?"

मसनद ख़ाँ जोश के साथ बादशाह के पास गया। जाकर उसके सामने सलाम अर्ज़ करके झुका। बादशाह ने सबके सामने कसकर उसकी पीठ ठोंकी। तीन बार। तय यह हुआ कि क़िले की चढ़ायी की कुछ सुरक्षित जगहों पर बाँस-बल्लियों के मचान तैयार कराये जायंगे। उन्हें क़िले के चारों तरफ़ खड़ा किया जायेगा। उन मचानों की इतनी ऊँचाई होगी कि उन पर चढ़कर खड़े होने पर दूर से ही क़िले के भीतर कुछ बेहतर ढंग से मार की जा सके। इन मचानों से बुर्जियों की तरफ़ निशाने साधकर क़िले में योजनाबद्ध ढंग से बाणवर्षा और गोलाबारी की जायेगी। मचान के ऊपरी प्लेटफार्म इतने चौड़े रखे जायेंगे जिन पर एक साथ कम-से-कम चार तीरन्दाज़ सिपाही अथवा बन्दूकची खड़े हो सकें। मज़बूत सीढ़ियाँ उन पर दो तरफ़ से चढ़ने-उतरने का ज़रिया होंगी।

'दमदमा' उन दिनों शक्ति प्रदर्शन का एक ख़ास खेल हुआ करता था। इसमें आमने-सामने टेकरी अथवा मचान पर खड़े होकर योद्धागण एक-दूसरे पर हथियार फेंककर और उनके प्रहार से बचकर ढोल-नगाड़ों के साथ अपने युद्ध कौशल का प्रदर्शन किया करते थे। सैनिक समारोहों में दमदमा की बड़ी पुरानी प्रथा थी। शेरशाह सूरी को कालिंजर के क़िले पर शिकंजा कसने के लिए यह नयी युक्ति बहुत पसन्द आयी। अगले दिन से ही अनेक ऐसे मचान तैयार होने लगे।

गहन विचार-विमर्श के बाद शेरशाह के आग्रह पर तोपची दरिया ख़ाँ सरवानी ने परामर्श दिया कि अगर भारी तोपें कालिंजर में कामयाब नहीं हो रही हैं तो उनकी जगह 'हुक्काह-पूर-अज़ आतिश' तैयार किये जा सकते हैं। यह एक तरह से बारूद से भरे हुए हुक्के हैं, जिन्हें तीरों की जगह एक वज़नी कमान पर रखकर क़िले के भीतर गिराया जा सकता है। जहाँ भी यह गिरेंगे इनके मुहाने पर लगी बारूद फटेगी और दुश्मनों को ज़ख्मी और हलाक करेगी।

शेरशाह ने दरिया ख़ाँ से कहा कि नमूने के तौर पर पहले वह ऐसे दो-तीन अग्निबाण तैयार करे और कल उन्हें चलाकर दिखाये। अगले दिन दोपहर में दरिया ख़ाँ ने बादशाह शेरशाह के सामने ऐसे दो बारूदी हुक्के जिन्हें वह बनाकर अपने साथ लाया था बादशाह को चलाकर दिखाये। बड़े ज़ोर से दगे। दगने के बाद उनका एक अच्छा ख़ासा घातक असर उस ज़मीन पर नज़र आया जहाँ पर वह गिरकर फटे थे।

तब शेरशाह ने बड़े पैमाने पर वह बारूदी हुक्के अर्थात् अग्निबाण निर्मित किये जाने का हुक्म दरिया ख़ाँ को दिया। उधर शेरशाह की फ़ौज युद्धस्तर पर कालिंजर के क़िले के इर्द-गिर्द कुछ ऊँचे-मज़बूत मचानों के निर्माण में जुट गयी। इधर दरिया ख़ाँ अपने बारूद के जानकार साथियों के साथ नये क़िस्म के उन आग्नेय-राकेटों को तैयार करने में पूरे मनोयोग और सावधानी के साथ लग गया।

◙

◙

शेरशाह के आदेशानुसार कालिंजर के क़िले के इर्द-गिर्द अनेक ऊँचे-ऊँचे मचान बना दिये गये। मचानों की ऊँचाई इतनी थी कि क़िले की दीवार के ऊपरी सिरे के आर-पार भीतर के नगर में काफ़ी-कुछ कार्रवाई की जा सकती थी। इस प्रकार पहले से अधिक व्यवस्थित ढंग से अब शेरशाही फ़ौज दुश्मन पर प्रहार करने में सक्षम हो गयी।

अब इन मचानों पर चढ़कर अफ़ग़ान सैनिकों ने क़िले की बुर्ज़ियों पर और उनके पार गोलियों और तीरों की बौछार करना आरम्भ कर दी। शेरशाह के तीरन्दाज़ और बन्दूकची बारी-बारी से इन मचानों पर एक ओर से चढ़कर क़िले के भीतर तीर बरसाते और गोलियाँ चलाते और दूसरी ओर की सीढ़ियों से नीचे उतर जाते। इस प्रकार यह क्रम वहाँ एक अभियान के रूप में जारी हो गया। इससे कालिंजर क़िले के अन्दरूनी नगर में भगदड़ मच गयी। नागरिकों और सैनिकों का संहार होने लगा। वहाँ हाहाकार मच गया। अनेक स्त्री-पुरुष हताहत हुए।

तब राजा कीरत सिंह ने अपनी महिलाओं को जौहर के लिए तैयार किया और अपने सरदारों से भी कहा कि वह अपनी स्त्रियों को अग्निकुण्ड में प्राणोत्सर्ग करने के लिए मानसिक रूप से तैयार कर दें। साथ ही उसने शेरशाह की फ़ौज के दमदमा-हमले से बचने के लिए जवाबी कार्यवाही में अपने अस्त्र-शस्त्र और शक्ति व्यय करने के बजाय क़िले के भवनों और तहख़ानों में दुबककर उस कठिन समय

को चुपचाप गुज़ार देने की सुरक्षात्मक रणनीति अपनायी। दुर्गरक्षकों को केवल यह दायित्व सौंपा गया कि वह क़िले की दीवार का कोई हिस्सा क्षतिग्रस्त हो जाने की दशा में उसकी तत्काल युद्धस्तर पर मरम्मत सुनिश्चित करें और चौकसी रखें। अपना श्रम और शक्ति वह पूरी तरह क़िले के सुदृढ़ीकरण में लगायें, शत्रु पर बाणवर्षा इत्यादि करके अपना श्रम और समय अनावश्यक रूप से न गँवायें। परन्तु कीरत सिंह को शायद अब तक शेरशाह सूरी की तरफ़ से और भी घातक सामरिक तैयारी का अनुमान नहीं था।

22 मई, 1545 को शुक्रवार का दिन था। उस दिन जब दिन की दो घड़ी बीत गयी तो शेरशाह सूरी ने भोजन की इच्छा प्रकट की। वह प्रायः धर्माचार्यों एवं मौलवियों के साथ बैठकर ही भोजन करते थे। जब वह सब एक साथ दस्तरख़्वान पर बैठकर भोजन कर रहे थे तो शेख़ ख़लील ने शेख़ निज़ाम से कहा—"इन क़ाफ़िरों के साथ जिहाद करने के बराबर कोई चीज़ नहीं।...मारे गये तो शहीद हो गये और जीवित रहे तो गाज़ी।"

इस पर बादशाह शेरशाह बोले—"यह बड़ा पुराना नज़रिया है।...दुश्मन चाहे हम-मज़हब हो चाहे क़ाफ़िर...दुश्मन-दुश्मन होता है।"

शेख़ ख़लील ने कहा—"गुस्ताख़ी माफ़ बादशाह सलामत। क्या पूरनमल के बारे में भी आपका यही नज़रिया था?"

शेरशाह कुछ देर चुपचाप भोजन करते रहे। फिर पानी पीकर बोले—"पूरनमल की बात और थी। जबकि कीरत सिंह का मामला महज़ सियासी है।"

बाहर काफ़ी देर से रुके हुए धमाके फिर से शुरू हो गये थे। शेरशाह ने भोजन ख़त्म करके दरिया ख़ाँ को बुलवाया और उसे हुक्म दिया कि ज़्यादा-से-ज़्यादा बारूदी-हुक्के लाये जायें।"

दरिया ख़ाँ अपने आदमियों की मदद से दो दर्जन उन ख़ास अग्निबाणों को लेकर आया और सब-के-सब बादशाह के सामने पेश हुए।

बादशाह ने हुक्म दिया—"इन्हें सामने की उस टेकरीवाली मचान पर ले जाकर जमा दो।...और सुनो। सिर्फ़ इतनों से काम नहीं चलेगा। सभी मचानों पर हमारे तीरन्दाज़ों को अच्छी तादाद में यह बारूदी-हुक्के मुहैया कराओ।...अब दुश्मन से आर-पार की लड़ाई होगी।..." तब तक बादशाह की दृष्टि वहाँ आये सरदार ईसा ख़ाँ पर पड़ी और वह बोले—अरे! ईसा ख़ाँ हाजिब!!...आप भी यहाँ मौजूद हैं?"

"जी मेरे हुजूर!" ईसा ख़ाँ ने कहकर शेरशाह को सलाम किया।

"अपने सब आदमियों से कहिये कि आज क़िले में अतिशबाजी का वह कहर बरपा हो, जिसे दुनिया देखे। चारों तरफ़ की मचानों से हुक्काह-पूर-अज़ आतिश का एक साथ इस्तेमाल किया जाये।"

"जो हुक्म।"

कुछ ही देर में कालिंजर दुर्ग में प्रक्षेपास्त्रों की भाँति वह अग्निबाण प्रत्येक मचान से चल-चलकर बरसने लगे। क़िले पर हर तरफ़ बड़े-बड़े धमाके होने लगे और क़िले के भीतर तबाही के नये-नये मंज़र पेश आने लगे।

शेरशाह सूरी ख़ुद एक मचान पर चढ़ गये। वह अपने हाथों क़िले के भीतर अग्निबाण चलाने लगे। उनके दो सहयोगी उन्हें नीचे के तख़्त से अग्निबाण उठा-उठाकर देते गये और वह उन अग्निबाणों का सन्धान करते गये। अग्निबाण कम पड़ने लगे। शेरशाह बीच-बीच में कहते—"दरिया ख़ाँ अभी तक नहीं आया।...बहुत देर लगा दी।"

कुछ देर बाद जब उन्हें बताया गया कि—"दरिया ख़ाँ आ गया है। बारूदी हुक्के भी आ गये हैं" यह सुनते ही शेरशाह मचान से नीचे उतर आये और बारूदी हुक्कों अर्थात् अग्निबाणों के ज़ख़ीरे के पास जाकर उनका निरीक्षण करने लगे।

इधर उसके सैनिक दूसरी मचानों पर चढ़े हुए क़िले के भीतर अग्निबाणों की वर्षा करने में व्यस्त थे। तभी दैवयोग से बारूद से भरा एक अग्निबाण कालिंजर दुर्ग की एक दीवार से टकराकर फट गया। फटने के साथ ही वह किसी जलते हुए रॉकेट की तरह वापस चक्कर काटकर उसी स्थान पर आ गिरा जहाँ शेरशाह के मँगवाये अग्निबाणों का भारी भण्डार मौजूद था। इससे उन बारूदी हुक्कों के जख़ीरे में एक के बाद एक धमाके होने लगे।

शेरशाह सहित वहाँ खड़े अनेक व्यक्ति वह आतिशी मुक़ाम छोड़कर भागे। शेख़ ख़लील और शेख़ निज़ाम सहित कई लोग वहाँ से भाग निकलने में कामयाब भी हो गये। मगर दुर्भाग्यवश बादशाह शेरशाह सूरी उन विस्फोटों की चपेट में आ गये। क्योंकि जैसे ही वह पल्टे उनकी नज़र अपनी उस पोती, उस नन्हीं शहज़ादी पर पड़ी जो न जाने कैसे और कहाँ से उस ख़तरनाक जगह पर नादानी में भागकर आ पहुँची थी।

पलक झपकते ही वह बच्ची भी उन बारूदी विस्फोटों की चपेट में आ गयी और क्षत-विक्षत होकर उछलकर दूर जा गिरी। यह देखकर शेरशाह के गले से एक घुटी-घुटी चीख़ निकली और वह उस आग और धुएँ के गुबार में घिरे हुए उस बच्ची की ओर दौड़े। तब तक शेरशाह बुरी तरह जलकर जख़्मी हो चले थे और उनका चेहरा

और धड़ बुरी तरह से झुलस चुका था। वह "मेरी बच्ची...मेरी जान"...कहते हुए शहज़ादी के ऊपर औंधे मुँह गिर पड़े। वस्तुतः यह एक बूढ़े आदमी की अपनी फूल-सी पोती को बचाने की एक नाकामयाब कोशिश थी।

जब तक वह आग और बारूद का धुआँ थमता तब तक सब-कुछ बर्बाद हो चुका था। नन्हीं शहजादी चल बसी थी। शेरशाह आधे से ज़्यादा जल चुके थे। उनके सिपाही उन्हें उसी हालत में उठाकर उनके शाही डेरे में ले गये और ले जाकर एक तख़्त पर लिटा दिया। पूरे अफ़ग़ान दल में उस हादसे के बाद भारी मातम छा गया। उनका बहादुर बादशाह अब मौत से लड़ रहा था जिसके बचने की बहुत-कम उम्मीद थी। शाही हकीमों द्वारा लगाया गया दवाओं का लेप और इलाज बुरी तरह जले हुए उस महायोद्धा के घावों को शायद ही कुछ राहत पहुँचा पा रहा हो।

सारे अफ़ग़ान सरदारों में बेचैनी और बेबसी का आलम था। यह एक ऐसा अनर्थ था जिसकी किसी ने कभी स्वप्न में भी कल्पना न की होगी कि अपने बबर शेर को एक दिन वह लोग इस लाचारगी में अपनी आँखों देखेंगे। मगर वक़्त सबसे बड़ा सिकन्दर है। एक दिन बड़े-से-बड़े सिकन्दर को उसके सामने हाथ पसारने पड़ते हैं।

बुरी तरह जल चुके ज़िस्म के साथ बादशाह शेरशाह सूरी अपने तख़्त पर ख़ामोश लेटे हुए थे। दर्द और जलने की पीड़ा उनके चेहरे पर बीच-बीच में झलकती थी जिसे वह संयत करने के लिए अब भी काफ़ी सचेष्ट थे। उनकी कोशिश थी कि अपने बहादुर फ़ौजियों के सामने उनके मुँह से आह या कराह की एक भी आवाज़ भूले से भी न निकलने पाये। होंठ बीच-बीच में अलबत्ता फड़फड़ाते। मगर आँखें मूँदे वह चुपचाप पड़े थे। बीच-बीच में धीरे से कभी पानी माँगते। लेकिन शाही हकीम ने उनको पानी पिलाने से मना कर रखा था। उनका कहना था कि जले हुए आदमी के लिए इलाज का यह एक ज़रूरी हिस्सा होता है।

शेरशाह के अफ़ग़ान सरदार साँसें थामे उनके पास मौजूद थे। लेकिन सिपाहियों को उनके मोर्चों पर फ़ौरन वापस भेज दिया गया था। वह एकतरफ़ा युद्ध अभी फ़िलहाल थमा हुआ था। लोग ख़ामोश थे। कालिंजर की धरती चुप थी। हवा रुकी हुई थी। वक़्त जैसे कुछ देर को ठहर गया था। तभी शेरशाह ने आँखें खोलीं। उनकी निगाहें ईसा ख़ाँ हाजिब और दूसरे सरदारों पर पड़ीं। उन्होंने इशारे से उन्हें पास बुलाया। होंठ हिलाकर धीरे से कुछ कहना चाहा। ईसा ख़ाँ हाजिब ने शेरशाह के जले हुए चेहरे के पास झुककर अपना कान दिया।

शेरशाह ने कहा—"मेरे पास अब वक़्त बहुत-कम है। क्या ही अच्छा हो कि मेरे ज़िन्दा रहते तुम लोग यह क़िला फ़तेह कर लो।"

ईसा ख़ाँ हाजिब ने शेरशाह के डेरे से बाहर आकर बादशाह के सभी अमीरों और सिपहसालारों को अपने बादशाह की आख़िरी ख़्वाहिश बतायी और पूरी फ़ौज को दुश्मन के क़िले पर चारों ओर से तुरन्त जी-तोड़ चढ़ायी कर देने का हुक्म दे दिया। आदेश पाते ही सिर पर ख़ून सवार सारे अफ़ग़ानी सैनिक चारों ओर से टिड्डियों और चींटियों के दल को तरह उमड़ पड़े। सब-के-सब ने तुरन्त एक साथ अपनी जान की परवाह किये बग़ैर कालिंजर के क़िले पर धावा बोल दिया। उस हमले में हाथी सवार और घुड़सवार पीछे रहे गये और शेरशाह की सारी-की-सारी पैदल सेना कालिंजर के चारों ओर के मैदान से क़िले की ओर चढ़ दौड़ी।

अफ़ग़ान सैनिकों ने दुर्ग की प्राचीरों से बरसते ईंट-पत्थर, खौलते तेल, तीरों और बरछों इत्यादि किसी चीज़ की फ़िक्र नहीं की। वह मरे, गिरे, कुचले और घायल हुए। फिर भी आगे बढ़ते गये। वह अपने साथ भागते हुए अनेक सीढ़ियाँ भी ले गये। उन्होंने दुश्मनों की ईंट-से-ईंट बजा दी। वह सीढ़ियों के ज़रिये क़िले के कँगूरों पर चढ़ गये। उन्होंने क़िले का एक दरवाज़ा ध्वस्त कर दिया और वह मारते-काटते उस विशालकाय गढ़ में प्रवेश कर गये। दुर्गरक्षक मारे गये। अफ़ग़ान सैनिकों ने कालिंजर के क़िले में घुसकर क़िले के फाटक खोल दिये। अफ़ग़ानी सेना तब उन मुख्य द्वारों से क़िले के भीतर पिल पड़ी।

दोपहर के बाद ज़ोहर की नमाज़ तक अफ़ग़ान सैनिक कालिंजर के क़िले में दाख़िल हो चुके थे। भीतर और बाहर चारों ओर भयंकर मार-काट हो रही थी। राजपूत स्त्रियाँ क़िले के भीतर जौहर की ज्वाला में प्राणोत्सर्ग कर रही थीं। ऐसे में जो भी राजपूत सैनिक अथवा पुरुष अफ़ग़ानों के मुक़ाबले पर सामने आया मौत के घाट उतार दिया गया। कालिंजर दुर्ग का हर एक दुर्गरक्षक और बुन्देला सिपाही शेरशाह की फ़ौज से लड़ता हुआ शहीद हो गया।

सायंकाल साढ़े चार बजे के बाद सूर्यास्त से पूर्व की तीसरी नमाज़, जिसे अस्त्र की नमाज़ कहते हैं, के समय कालिंजर फ़तेह किये जाने की ख़बर अन्तिम साँसें ले रहे शेरशाह सूरी को सुनायी गयी। उसे सुनकर मरणासन्न शेरशाह के विरूप चेहरे पर एक क्षीण-सी मुस्कान आयी और तब वह शेरदिल बादशाह इस सराय फ़ानी को अल्विदा कहकर हमेशा-हमेशा के लिए सो गया। अपने समय के उस असाधारण प्रतिभासम्पन्न व्यक्तित्व की रूह तब उस कालिंजर की धरती पर ही उसके जिस्म से ज़ुदा होकर इस सरायफ़ानी के सारे जंजालों से मुक्त हो गयी।

जब शेरशाह सूरी कालिंजर दुर्ग को घेरने में लगे हुए थे तो उन्होंने कुछ अरसे बाद अपने द्वितीय पुत्र जलाल ख़ाँ को रीवा दुर्ग को जीतने के लिए भेज दिया था।

जलाल ख़ाँ ने रीवा को घेर तो लिया था परन्तु शेरशाह की आकस्मिक मृत्यु के कारण यह काम पूरा न हो सका।

22 मई, 1545 को शेरशाह के देहावसान के समय उनका ज्येष्ठ पुत्र आदिल ख़ाँ रणथम्भौर में था और कनिष्ठ पुत्र जलाल ख़ाँ कालिंजर से 85 मील उत्तर-पूर्व में स्थित रीवा का घेरा डाले पड़ा था। यद्यपि शेरशाह ने अपने बड़े बेटे को ही अपना वलीअहद अर्थात् उत्तराधिकारी नामज़द किया था तथापि उनके सरदारों ने उनके दूसरे बेटे जलाल ख़ाँ को राजगद्दी के लिए अधिक उपयुक्त समझा। क्योंकि जहाँ आदिल ख़ाँ एक आरामपसन्द और भोग-विलासी व्यक्ति था वहीं जलाल ख़ाँ अत्यन्त मेहनती और सैन्य-संचालन में कुशल शहज़ादा था। अनेक अवसरों पर उसने अपने पिता शेरशाह के समय में ही अपनी वीरता और एक सुयोग्य सेनानायक के रूप में अपनी निपुणता सिद्ध कर रखी थी। इसके अतिरिक्त रणथम्भौर काफ़ी दूर था और रीवा कालिंजर के काफ़ी निकट। अतः सबकी ज़्यादातर राय यही बनी कि राजपद को ज़्यादा दिनों तक ख़ाली नहीं रखा जा सकता। इसलिए ईसा ख़ाँ हाजिब के नेतृत्व में अफ़ग़ान सरदारों ने जलाल ख़ाँ को ही बादशाहे-हिन्द की गद्दी पर बैठाना तय किया। एक दूत भेजकर जलाल ख़ाँ को आनन-फ़ानन में रीवा से कालिंजर बुलवाया गया। उसे उसके पिता की दुःखद मृत्यु की ख़बर भेजी गयी और कहा गया कि—''आप फ़ौरन यहाँ पेशक़दमी कर अपने वालिद मरहूम की जगह क़बूल फ़र्मायें।''

फलतः जलाल ख़ाँ 27 मई, 1545 ईसवी को अपनी फ़ौज के साथ कालिंजर आ पहुँचा और उसी दिन उसका राज्याभिषेक सम्पन्न हो गया। नये बादशाह ने इस्लामशाह की पदवी धारण की। बादशाह बनने के बाद जलाल ख़ाँ ने सबसे पहला काम यह किया कि राजा कीरत सिंह और उसके 70 प्रमुख अनुयायियों को, जिन्हें युद्ध के बाद बन्दी बना लिया गया था, मृत्युदण्ड दे दिया। जलाल ख़ाँ उर्फ़ इस्लामशाह ने 1545 से 1553 तक राज्य किया। उसका शासनकाल अधिकतर आन्तरिक विद्रोहों से निबटने और अपने पिता शेरशाह के बहुत-से छोड़े हुए अथवा अधूरे कार्यों को पूरा करने में बीता। चाहे वह कोई सड़क हो चाहे कोई क़िला या फिर अपने महान् पिता शेरशाह सूरी का स्वयं से शुरू किया गया उसका अपना मक़बरा। शेरशाह सूरी का यह ख़ूबसूरत मक़बरा आज भी बिहार के सासाराम में मौजूद है जो उसके गौरवशाली अतीत की कहानी कहता है।

सासाराम अथवा सहसराम में स्थित शेरशाह का यह मक़बरा वास्तव में दर्शनीय है। इस मक़बरे का मुख्य भवन एक तालाब के मध्य में है जिसकी लम्बाई 2100 फ़ुट और चौड़ाई 1000 फ़ुट है। मक़बरे की कुर्सी वर्गाकार है तथा ऊपरी भाग आठ

कोणोंवाला है। भवन संग-ए-ख़ारा से निर्मित है। इसकी प्रत्येक दीवार 60 फुट लम्बी है और प्रत्येक दीवार में एक दरवाज़ा है। मक़बरे के अन्दर शेरशाह सूरी की क़ब्र तथा एक मस्जिद है।

शेरशाह सूरी ख़ुदा से डरनेवाला और उसके नेक बन्दों से प्यार करनेवाला एक सहृदय इन्सान था। उसके हमराह उसके दोस्त थे। उसके मुख़ालिफ़ उसके दुश्मन। मगर वह दोस्तों और दुश्मनों में जाति-धर्म ऊँच-नीच के आधार पर भेदभाव नहीं करता था। उसकी अफ़ग़ान सेना में और राज्य के विभिन्न ओहदों पर मुसलमान और हिन्दू निष्ठापूर्वक एवं निर्भीकता से कार्य करते थे। शेरशाह की महानता इस एक-तथ्य से स्पष्ट हो जाती है कि उसके मरने के वर्षों बाद उसके परम शत्रु हुमायूँ के पुत्र अकबर महान् ने भी उसके सद्गुणों को सराहा, अपनाया और विस्तार दिया। वस्तुतः शेरशाह की व्यापक सोच की बुनियाद पर ही अकबर ने अपनी उदार नीतियों का महल खड़ा किया।

◙

◙

कलाहारी गाँव से शेरशाह की यह कहानी शुरू हुई थी।...

आज की 'ग्रैण्ड ट्रंक रोड' जिसे उन दिनों 'शाहराहे-आज़म' कहा जाता था, पर ही तो कहीं स्थित था वह कलाहारी गाँव। शेरशाह सूरी की बनायी वह महान् सड़क उस गाँव की धरती को चूमती हुई एक बेहद लम्बी दूरी के लिए निकलती थी। शेरशाह को गुज़रे हुए यही कोई पचास बरस बीत चुके थे। मगर कलाहारी की उस दरगाह पर अकबरे-आज़म के उस ज़माने नें भी वह शाही सड़क, शेरशाह की याद को लोगों के दिलो-दिमाग़ में हरदम ताज़ा किये हुई थी।

दरगाह के फ़कीर बाबा रहमत अली बादशाह शेरशाह सूरी के क़िस्से सुनाते-सुनाते एक दिन जन्नतनशीं हो गये। उनका प्रमुख शागिर्द इतिश्याक़ ख़ाँ तब से उस दरगाह की देखभाल और भी तन्मयता से करने लगा। शेरशाह का गुणगान करनेवाला अब वह दरगाह में अकेला था। बाबा रहमत अली का एक पुराना हिन्दू सईस था मोहनलाल। उसने भी बाबा के मुख से शेरशाह के जीवन के अनेक प्रसंग सुन रखे थे। वह वृद्ध मोहनलाल अब इस दरगाह के फूल-पौधों की देखभाल किया करता था। शेरशाह की उदारता के एक-दो क़िस्से तो वह भी सुना दिया करता था।

एक दिन शाम होने को थी। ''शाहराहे-आज़म' पर इक्का-दुक्का सवारियाँ दरगाह के सामने से गुज़र रही थीं। तभी दरगाह के ठीक सामने चार घोड़ों की एक

बग्घी आकर रुकी। देखने-भालने में वह कोई शाही बग्घी-जैसी मालूम पड़ती थी। बग्घी का कोचवान झट से उतरा। पीछे बैठे दो सशस्त्र सेवक भी उतरे। उन लोगों ने आगे बढ़कर बग्घी का दरवाज़ा खोला।

दरगाह में मौजूद इश्तियाक़ ख़ाँ जो अब कोई 35 बरस का एक परिपक्व व्यक्ति था अपने दो शागिर्दों के साथ इत्तेफ़ाक से दरगाह के मुख्य द्वार पर ही खड़ा था। इश्तियाक़ दरगाह का सबसे ख़ास ख़ादिम था। रहमत अली का पन्द्रह बरस पहले इन्तेकाल हो गया था। अब उनके ख़ानदान के ही एक नफ़ीस मियाँ दरगाह के सज्जादा-नशीन हो गये थे।

इश्तियाक़ अली के देखते-ही-देखते उस शाही बग्घी से एक भारी-भरकम बदन की हस्ती बाहर आयी। उन बुज़ुर्ग ने एक सफ़ेद चोगा-सा पहन रखा था। कन्धे पर एक क़ीमती दुशाला था। सिर पर बड़ी-सी सफ़ेद पगड़ी थी। दाढ़ी के बाल लम्बे और झख सफ़ेद रंग के। उनके तीनों सेवक अदब से एक किनारे खड़े हो गये। हाथों में चाँदी की मूठ की एक छड़ी लेकर वह बूढ़े आदमी धीरे-धीरे लेकिन सधे क़दमों से दरगाह की ओर बढ़े। बुज़ुर्गवार का व्यक्तित्व बेहद सादा होने के बावजूद इतना आकर्षक था कि देखते ही मन श्रद्धा से भर जाये।

"यह कौन-सी जगह है?"—बुज़ुर्गवार ने पूछा।

उनके कोचवान ने कहा—"यह हज़रत कलीमशाह सूफ़ी की दरगाह है हुजूर। बहुत मानी-जानी जगह।"

तब तक इश्तियाक़ ख़ाँ ने आगे आकर उन बुज़ुर्ग अमीर का स्वागत किया—"आदाब अर्ज़ है हुजूर।...खाक़सार को इश्तियाक़ ख़ाँ कहते हैं। इस दरगाह पाक का एक ख़ादिम हूँ मैं।"

"आदाब भाई इश्तियाक़ साहब!...मेरा नाम अब्बास ख़ाँ सरवानी है। मैं बादशाह अकबर की मेहरबानियों की बदौलत एक अदना-सा तवारीख़ी क़लमकार हूँ। क्या आज रात इस दरगाह में मुझे पनाह मिल सकेगी?"

"ज़हेक़िस्मत हुजूर।...इससे ज़्यादा मसर्रत की बात हमारे लिये और क्या हो सकती है कि एक शाही अदीब ख़ुदा की इबादत करनेवाले हमारे पीर के आस्ताने पर हम नाचीज़ों के साथ चन्द लमहे गुज़ारे। आइये...आइये हुजूर। अन्दर तशरीफ़ ले चलिये। मेहमानख़ाने में चलकर हमें अपनी ख़िदमत का मौक़ा दीजिये।"

अब्बास ख़ाँ सरवानी उस दरगाह के चबूतरे की सीढ़ियाँ चढ़ने लगे। एकाएक वह रुककर उस चबूतरे पर ही बैठ गये। सीढ़ियों पर पैर लटकाकर।

"अरे हुजूर! यह क्या तकलीफ़ करते हैं! आप तो भीतर..."

अब्बास ख़ाँ सरवानी ने इश्तियाक़ को हाथ के इशारे से इन्कार करके कहा—"नहीं। मैं यहीं ठीक हूँ। पीर मुरशिद के ठिकाने पर बैठने की इससे बेहतर और क्या जगह होगी? कुछ देर यहीं बैठूँगा। थोड़ा पानी मँगवा दीजिये।"

इतना सुनना था कि इश्तियाक़ के दोनों शागिर्द दौड़कर दरगाह के भीतर चले गये। अब उस दरगाह की इमारत का स्वरूप बड़ा भव्य हो चला था। मुख्य इमारत पक्की दीवारों से घिरी एक विशाल हरे गुम्बद से युक्त थी। उसके चारों ओर की चहारदीवारी लखौरी ईंटों से बनी और सफ़ेद चूने से पुती थी। उसके चारों ओर फूल-पौधे और हरे-भरे कई पेड़ थे। दूर से उस दरगाह की एक अलग ही शान नज़र आती थी।

आनेवाले बुज़ुर्ग ने उस रात...शेरशाह सूरी के बहुत-से क़िस्से बयान किये।...यह भी कहा कि इस बार वह शेरशाह के मक़बरे को देखने के लिए सासाराम जा रहे हैं। इश्तियाक़ ख़ाँ ने भी तब उनके साथ चलने की इल्तिजा की जिसकी उन्होंने हँसकर मंजूरी दे दी।